马克思主义理论研究和建设工程重点教材

马克思主义哲学史

（第二版）

《马克思主义哲学史》编写组

高等教育出版社
人民出版社

二维码资源访问

使用微信扫描本书内的二维码,输入封底防伪二维码下的20位数字进行微信绑定后即可免费访问相关资源。注意:微信绑定只可操作一次,为避免不必要的损失,请您刮开防伪码后立即进行绑定操作!

教学课件下载

本书有配套教学课件,供教师免费下载使用,请访问 xuanshu.hep.com.cn,经注册认证后,搜索书名进入具体图书页面,即可下载。

图书在版编目(CIP)数据

马克思主义哲学史/《马克思主义哲学史》编写组编. -- 2版. -- 北京:高等教育出版社,2020.12(2025.5重印)

马克思主义理论研究和建设工程重点教材

ISBN 978-7-04-054332-2

Ⅰ.①马… Ⅱ.①马… Ⅲ.①马克思主义哲学-哲学史-高等学校-教材 Ⅳ.①B0-0

中国版本图书馆CIP数据核字(2020)第113966号

责任编辑 吴 伟	封面设计 王 洋	版式设计 于 婕
责任校对 李大鹏	责任印制 赵义民	

出版发行 高等教育出版社	网 址 http://www.hep.edu.cn
社　　址 北京市西城区德外大街4号	http://www.hep.com.cn
邮政编码 100120	网上订购 http://www.hepmall.com.cn
印　　刷 北京市白帆印务有限公司	http://www.hepmall.com
开　　本 787mm×1092mm 1/16	http://www.hepmall.cn
印　　张 33.75	版　　次 2012年6月第1版
字　　数 560千字	2020年12月第2版
购书热线 010-58581118	印　　次 2025年5月第7次印刷
咨询电话 400-810-0598	定　　价 66.00元

本书如有缺页、倒页、脱页等质量问题,请到所购图书销售部门联系调换

版权所有　侵权必究

物 料 号　54332-00

马克思主义理论研究和建设工程重点教材

马克思主义理论研究和建设工程咨询委员会委员、审议专家

（以姓氏笔画为序）

王伟光	王晓晖	王梦奎	王维澄	韦建桦
尹汉宁	龙新民	邢贲思	刘永治	刘国光
江流	汝信	孙英	苏星	李捷
李君如	李忠杰	李宝善	李景田	李慎明
冷溶	张宇	张文显	陈宝生	邵华泽
欧阳淞	金冲及	金炳华	周济	郑必坚
郑科扬	郑富芝	侯树栋	逄先知	逄锦聚
袁贵仁	贾高建	夏伟东	顾海良	徐光春
龚育之	梁言顺	蒋乾麟	韩震	虞云耀
雒树刚	滕文生	魏礼群		

《马克思主义哲学史》教材编写课题组

首席专家　赵家祥　　梁树发　　庄福龄　　叶汝贤

主要成员　（以姓氏笔画为序）

　　　　　　王晓升　　李淑梅　　何　萍　　周向军
　　　　　　聂锦芳　　徐俊忠　　郭建宁

《马克思主义哲学史》教材修订课题组（第二版）

首席专家　梁树发　　赵家祥

主要成员　（以姓氏笔画为序）

　　　　　　王晓升　　李淑梅　　郗　戈　　侯衍社
　　　　　　聂锦芳　　徐俊忠

目 录

绪 论 ··· 1
    一、马克思主义哲学史的研究对象和学科特点 ······················ 1
    二、马克思主义哲学的发展阶段 ·· 3
    三、学习马克思主义哲学史的意义和方法 ···························· 7

第一章 马克思主义哲学的形成和哲学的革命 ················· 11
  第一节 马克思主义哲学产生的时代背景和理论渊源 ············· 11
    一、马克思主义哲学产生的时代背景和实践基础 ················ 11
    二、马克思主义哲学产生的理论渊源 ···································· 12
  第二节 马克思、恩格斯世界观的转变过程 ························· 16
    一、马克思、恩格斯哲学研究的开端 ···································· 16
    二、真正的哲学是时代的精神上的精华 ································ 18
    三、对物质利益关系的初步探索 ·· 19
    四、开辟通向历史唯物主义的道路 ·· 21
    五、异化劳动理论及对黑格尔哲学的批判 ···························· 29
    六、历史唯物主义诞生的前夜 ·· 35
  第三节 马克思主义哲学的基本形成和公开问世 ···················· 41
    一、《关于费尔巴哈的提纲》《德意志意识形态》
        与马克思主义哲学的基本形成 ·· 42
    二、《哲学的贫困》《共产党宣言》与马克思主义
        哲学的公开问世 ·· 53

第二章 马克思、恩格斯对欧洲革命经验的哲学分析与总结 ········ 62
  第一节 对1848年欧洲革命经验的总结 ·································· 62
    一、阶级斗争与社会革命理论的新概括 ································ 63
    二、意识形态理论的新阐发 ·· 66
    三、评价历史人物的科学方法 ·· 68

第二节　对巴黎公社经验的总结 …… 71
　　一、打碎资产阶级国家机器 …… 71
　　二、探索无产阶级解放的政治形式 …… 73
　　三、尊重社会发展规律与重视人民群众的首创精神 …… 75
第三节　对各种机会主义的批判 …… 76
　　一、批判拉萨尔主义的改良主义主张，提出过渡时期和
　　　　共产主义发展阶段的学说 …… 77
　　二、批判拉萨尔主义的"自由国家"论，揭示国家的本质和
　　　　发展规律 …… 80
　　三、批判巴枯宁无政府主义，阐明马克思主义的权威观 …… 81

第三章　政治经济学批判与马克思主义哲学的发展 …… 87
第一节　《资本论》及其手稿的写作过程和意义 …… 87
　　一、政治经济学研究的历程 …… 87
　　二、《资本论》的理论结构及其形成过程 …… 90
　　三、《资本论》在马克思主义哲学史上的地位 …… 92
第二节　政治经济学批判中的哲学方法 …… 94
　　一、唯物辩证法的运用和发展 …… 94
　　二、《资本论》的逻辑 …… 97
　　三、科学的研究方法和叙述方法 …… 98
第三节　唯物史观的论证、丰富和发展 …… 103
　　一、唯物史观的科学论证 …… 103
　　二、社会形态及其结构 …… 109
　　三、经济的社会形态及其发展规律 …… 112
第四节　资本批判与人的解放 …… 114
　　一、资本的"本性"与资本主义"拜物教" …… 114
　　二、必然王国与自由王国 …… 116
　　三、共产主义的实现与人的自由全面发展 …… 119

第四章　马克思、恩格斯对古代社会和东方社会发展道路的探索 …… 125
第一节　"亚细亚生产方式"概念的历史分析 …… 125

一、1853 年及其以前的时期 ………………………………………… 126
　　二、19 世纪 50 年代中后期 …………………………………………… 128
　　三、以《资本论》为代表的时期 ……………………………………… 130
　　四、摩尔根《古代社会》一书发表以后的时期 ……………………… 132
　第二节　对俄国社会发展道路的研究和探索 ………………………… 132
　　一、俄国公社的性质和两种可能的发展前途 ………………………… 133
　　二、俄国公社实现"跨越"的历史环境和前提条件 ………………… 134
　　三、对俄国民粹派错误观点的批判 …………………………………… 136
　　四、恩格斯思想与马克思思想本质上的一致性 ……………………… 140
　第三节　马克思晚年对古代社会史的研究 …………………………… 142
　　一、研究的文化环境和目的 …………………………………………… 142
　　二、对历史唯物主义的贡献 …………………………………………… 144
　　三、深化了对社会主义革命理论的认识 ……………………………… 148

第五章　19 世纪 70 年代中期以后恩格斯对马克思主义哲学的丰富和发展 … 153
　第一节　《反杜林论》《自然辩证法》对马克思主义哲学基本
　　　　　原理的系统阐发 ………………………………………………… 153
　　一、系统阐述现代唯物主义基本观点 ………………………………… 154
　　二、系统阐述唯物辩证的自然观 ……………………………………… 157
　　三、深入阐述唯物辩证法的基本特征和基本规律 …………………… 162
　　四、深刻揭示认识发展的辩证过程 …………………………………… 166
　　五、阐明无产阶级的道德观和平等观 ………………………………… 169
　　六、进一步阐述经济基础与上层建筑的关系 ………………………… 172
　第二节　《家庭、私有制和国家的起源》对原始社会的研究和
　　　　　历史唯物主义的新贡献 ………………………………………… 174
　　一、物质生产和人自身的生产 ………………………………………… 175
　　二、原始社会的基本特征和发展过程 ………………………………… 177
　　三、分工的发展与私有制的起源和阶级的产生 ……………………… 179
　　四、国家的起源、本质和消亡的历史必然性 ………………………… 180
　第三节　《路德维希·费尔巴哈和德国古典哲学的终结》等论著
　　　　　对马克思主义哲学的总结和发展 ……………………………… 181

一、论述马克思主义哲学与德国古典哲学的关系 …………………… 182
　　二、首次明确表述哲学基本问题 …………………………………… 184
　　三、全面阐发历史发展的规律和动力 ……………………………… 186
　　四、强调政治上层建筑和社会意识的能动作用 …………………… 188
　　五、反思和深化对资本主义发展规律的认识 ……………………… 191

第六章　19世纪20世纪之交欧洲的马克思主义哲学 …………………… 194
第一节　第二国际时期（1889—1914）马克思主义哲学的曲折发展 …… 194
　　一、恩格斯对第二国际的领导及其思想影响 ……………………… 194
　　二、伯恩施坦修正主义的出现及对他的批判 ……………………… 196
　　三、第二国际时期（1889—1914）马克思主义者的哲学研究的
　　　　主要贡献及其缺陷 ……………………………………………… 199
第二节　考茨基的唯物史观研究及其理论错误 ……………………… 201
　　一、考茨基的生平及理论活动 ……………………………………… 201
　　二、"唯物史观"和"超帝国主义论" ………………………………… 202
第三节　梅林和卢森堡的马克思主义哲学研究 ……………………… 204
　　一、梅林的马克思、恩格斯思想史研究 …………………………… 204
　　二、卢森堡的历史辩证法 …………………………………………… 207
第四节　拉法格和拉布里奥拉的马克思主义哲学研究 ……………… 211
　　一、拉法格的"经济决定论" ………………………………………… 211
　　二、拉布里奥拉的"实践哲学" ……………………………………… 214
第五节　普列汉诺夫的马克思主义哲学研究 ………………………… 219
　　一、普列汉诺夫与劳动解放社 ……………………………………… 219
　　二、辩证唯物主义的世界观性质 …………………………………… 220
　　三、生产力与地理环境的关系 ……………………………………… 222
　　四、社会结构的"五项因素"理论 …………………………………… 222
　　五、论个人在历史上的作用 ………………………………………… 224

第七章　列宁对马克思主义哲学的新发展 ……………………………… 227
第一节　时代变化与列宁对马克思主义哲学的初步运用 …………… 227
　　一、世界经济政治形势的变化和列宁对时代特点的科学分析 …… 227

二、俄国革命形势发展与马克思主义哲学的创造性运用 ………… 231
　　三、在批判各种错误思潮中捍卫和阐述马克思主义哲学 ………… 232
第二节　《唯物主义和经验批判主义》对辩证唯物主义认识论的
　　　　捍卫和发展 ………………………………………………… 235
　　一、认识论中两条对立路线和哲学党性原则 …………………… 236
　　二、以实践为基础的反映论和真理论 …………………………… 238
　　三、物理学新发现的哲学总结和辩证唯物主义物质观 ………… 240
　　四、把唯物主义基本原理贯彻到社会历史领域 ………………… 241
第三节　《哲学笔记》对唯物辩证法的研究和发展 ………………… 244
　　一、唯物辩证法的实质与核心 …………………………………… 244
　　二、一般与个别的辩证法 ………………………………………… 247
　　三、唯物主义的逻辑、辩证法和认识论是"同一个东西" ……… 248
　　四、辩证法体系的构想 …………………………………………… 250
第四节　《帝国主义是资本主义的最高阶段》《国家与革命》
　　　　对历史唯物主义基本原理的阐发与拓展 ………………… 252
　　一、《帝国主义是资本主义的最高阶段》中的历史唯物
　　　　主义思想 ……………………………………………………… 252
　　二、世界经济政治发展不平衡规律与"一国革命首先
　　　　胜利论" ……………………………………………………… 256
　　三、国家与革命学说的总结和深化 ……………………………… 258
第五节　列宁哲学思想在十月革命后的丰富和发展 ………………… 260
　　一、领袖、政党、阶级、群众关系的科学阐释 ………………… 261
　　二、工会问题争论中对马克思主义哲学的发展 ………………… 262
　　三、新经济政策阐述中的哲学思想 ……………………………… 265
　　四、论战斗唯物主义的意义 ……………………………………… 270
　　五、世界历史发展一般规律与革命道路特殊性的辩证法 ……… 273

第八章　苏联、东欧各国的马克思主义哲学研究和探索 ……………… 277
第一节　第二次世界大战前的苏联马克思主义哲学研究 …………… 277
　　一、20世纪20、30年代苏联哲学界的论争 ……………………… 277
　　二、斯大林的《论辩证唯物主义和历史唯物主义》 …………… 283

第二节　第二次世界大战至20世纪50年代中期的苏联马克思主义哲学 ······ 287
一、对两本哲学史著作的批判 ······ 287
二、在生物遗传学领域对摩尔根学派的批判 ······ 289
三、《马克思主义和语言学问题》《苏联社会主义经济问题》中的哲学思想 ······ 290

第三节　20世纪50年代中期以后苏联、东欧的马克思主义哲学研究 ······ 293
一、苏联马克思主义哲学的发展与曲折 ······ 294
二、东欧各国马克思主义哲学的探索 ······ 308

第九章　欧洲资本主义国家学者对马克思主义哲学的研究 ······ 318

第一节　20世纪20、30年代欧洲部分共产党理论家对马克思主义哲学的探索 ······ 318
一、卢卡奇的马克思主义观及"物化理论" ······ 318
二、柯尔施论"马克思主义和哲学"的关系 ······ 324
三、葛兰西的"实践哲学"和文化领导权思想 ······ 328

第二节　20世纪30年代以来西方学者的马克思主义哲学研究 ······ 334
一、马克思主义的自然观和自然辩证法 ······ 336
二、经济在历史发展中的作用 ······ 338
三、马克思主义的阶级和国家的学说 ······ 341
四、意识形态问题 ······ 344
五、关于人的问题 ······ 346
六、生态问题 ······ 348
七、公平正义 ······ 352

第十章　马克思主义哲学中国化的探索和研究 ······ 355

第一节　马克思主义哲学在中国的早期传播 ······ 355
一、马克思主义哲学在中国早期传播的历史背景 ······ 355
二、李大钊与马克思唯物史观的早期传播 ······ 357
三、陈独秀解说马克思主义的精神实质 ······ 359

四、瞿秋白与辩证法唯物论的最初介绍 ·················· 361
第二节　马克思主义哲学中国化的探索 ·················· 364
　　一、马克思主义及其哲学中国化的提出 ·················· 365
　　二、李达对马克思主义哲学中国化的贡献 ·················· 368
　　三、艾思奇对马克思主义哲学大众化的贡献 ·················· 371
第三节　新中国成立后马克思主义哲学在中国的传播与研究 ·················· 373
　　一、马克思主义哲学的广泛传播和普及 ·················· 374
　　二、哲学界关于马克思主义哲学若干理论问题的探讨 ·················· 377
　　三、改革开放以来马克思主义哲学研究的新进展 ·················· 381

第十一章　毛泽东哲学思想是马克思主义哲学中国化的伟大成果 ·················· 390
第一节　毛泽东哲学思想的形成 ·················· 390
　　一、毛泽东早期的思想轨迹 ·················· 390
　　二、第一次国内革命战争时期毛泽东的哲学思想 ·················· 393
　　三、中国革命特殊道路思想的形成 ·················· 398
　　四、《实践论》《矛盾论》的理论贡献 ·················· 401
第二节　毛泽东哲学思想在新民主主义革命实践中的运用与发展 ·················· 412
　　一、实事求是的思想路线 ·················· 412
　　二、唯物辩证法的实际运用 ·················· 415
　　三、阐述新民主主义革命与国家的学说 ·················· 424
第三节　毛泽东哲学思想在社会主义建设时期的运用与发展 ·················· 427
　　一、《论十大关系》探索适合国情的社会主义建设道路 ·················· 427
　　二、《关于正确处理人民内部矛盾的问题》揭示中国社会主义社会的矛盾运动规律 ·················· 430
　　三、"读社会主义政治经济学批注和谈话"进一步探索中国特色的社会主义经济革命和经济建设的重要问题 ·················· 433
　　四、"让哲学从哲学家的课堂上和书本里解放出来" ·················· 438

第十二章　中国特色社会主义理论体系哲学思想 ·················· 442
第一节　中国特色社会主义理论体系哲学思想的形成与发展 ·················· 442
　　一、中国特色社会主义理论体系哲学思想的理论来源与

　　　　　实践基础 ·· 442
　　二、中国特色社会主义理论体系哲学思想的形成发展过程 ············ 444
　　三、中国特色社会主义理论体系的哲学贡献与指导意义 ················ 449
第二节　邓小平理论中的哲学思想 ·· 454
　　一、实事求是、一切从实际出发的思想路线 ································ 455
　　二、改革开放是中国发展的必由之路 ·· 457
　　三、"发展是硬道理" ·· 459
　　四、走有中国特色的社会主义建设道路 ·· 461
第三节　"三个代表"重要思想中的哲学思想 ································ 463
　　一、始终代表先进生产力的发展要求 ·· 464
　　二、始终代表先进文化的前进方向 ·· 465
　　三、始终代表最广大人民的根本利益 ·· 465
　　四、发展是党执政兴国的第一要务 ·· 467
第四节　科学发展观中的哲学思想 ·· 467
　　一、坚持以人为本 ·· 468
　　二、辩证唯物论的发展观 ·· 469
　　三、统筹兼顾的方法论 ·· 470

第十三章　习近平新时代中国特色社会主义思想对马克思主义哲学的创造性运用与发展 ·· 472

第一节　社会主要矛盾新认识 ·· 472
　　一、新时代社会主要矛盾的科学判断 ·· 473
　　二、社会主要矛盾新概括反映了新时代新特征 ···························· 475
　　三、正确对待社会主要矛盾变化 ·· 477
第二节　坚持以人民为中心的根本立场 ·· 479
　　一、把人民对美好生活的向往作为奋斗目标 ································ 479
　　二、依靠人民创造历史伟业 ·· 480
　　三、朝着实现全体人民共同富裕不断迈进 ···································· 482
第三节　发展理念的重大创新 ·· 483
　　一、新发展理念是对经济社会发展规律认识的深化 ···················· 484
　　二、新发展理念的科学内涵 ·· 486

第四节 推动构建人类命运共同体 ·············· 489
　　一、马克思主义世界历史理论的创造性运用 ·········· 490
　　二、推动构建人类命运共同体的基本内涵 ············ 493
第五节 治国理政的科学方法论 ···················· 497
　　一、把马克思主义哲学作为看家本领 ·············· 498
　　二、提高科学思维能力 ························ 501
　　三、全面深化改革的正确方法论 ·················· 503
　　四、坚持知行合一 ···························· 505

阅读文献 ·· 509
人名译名对照表 ···································· 513

第一版后记 ·· 520

第二版后记 ·· 521

绪　　论

人类的哲学思想源远流长。马克思主义哲学是人类哲学思想的瑰宝，马克思主义哲学史是人类哲学思想发展史上的光辉篇章。学习马克思主义哲学史，有助于深入了解马克思主义哲学的形成、发展过程和重要理论成果，更好地掌握马克思主义世界观和方法论。学习马克思主义哲学史，首先要了解它的研究对象、学科特点、发展阶段和学习意义、方法等。

一、马克思主义哲学史的研究对象和学科特点

马克思主义哲学史，是研究马克思主义哲学形成、演变和发展并在实践中发挥重要指导作用的历史及其规律的学科。学习马克思主义哲学史，就要全面了解马克思主义哲学的发展过程，认识它与时俱进的理论品质，把握这一学科发展的基本规律。

马克思（1818—1883）、恩格斯（1820—1895）创立的马克思主义哲学，继承和发展了人类认识史上一切有益成果，深刻揭示了自然界、人类社会和思维发展的基本规律，为无产阶级认识世界和改造世界提供了强大思想武器。马克思主义哲学是同马克思主义政治经济学、科学社会主义以及其他方面理论发展密不可分的，也是同无产阶级改造世界的实践密不可分的。作为无产阶级世界观和方法论形成发展的历史，马克思主义哲学史具有自己鲜明的特色。

第一，马克思主义哲学史是以实践为根本特征的思想发展史。科学的实践观是马克思主义哲学的独特贡献，实践的观点是马克思主义哲学的核心观点。马克思主义哲学的这一特征始终贯穿和体现在马克思主义经典作家的思想历程和理论创造活动中，贯穿和体现在马克思主义哲学范畴和原理的发展演变中，也成为马克思主义哲学史与其他哲学史最显著的区别。马克思主义哲学史不是纯粹的概念演变史，而是植根于实践又指导着实践、随着实践发展而不断发展的历史，是主观与客观、理论与实践、逻辑与历史相统一的发展史。马克思主义哲学史，阐明了马克思主义哲学在不同历史时期与不同国家具体实践相结合形成的各种不同的理论形态，深刻反映了无产阶级认识世界和改造世界的历史进程。

第二，马克思主义哲学史是科学回答时代课题的思想发展史。马克思指

出，问题"是公开的、无所顾忌的、支配一切个人的时代之声。问题是时代的格言，是表现时代自己内心状态的**最实际的**呼声"，哲学要抓住"一个时代的迫切问题"。① 马克思、恩格斯的《关于费尔巴哈的提纲》《德意志意识形态》《共产党宣言》《资本论》《反杜林论》《自然辩证法》，列宁（1870—1924）的《唯物主义和经验批判主义》《哲学笔记》《帝国主义是资本主义的最高阶段》（又称《帝国主义论》），毛泽东的《实践论》《矛盾论》《新民主主义论》等重要著作，无一不是在深刻回答时代重大课题中完成的。立足时代需要、把握时代脉搏、回答时代课题，是马克思主义哲学始终与时代同步伐、保持强大生命力的重要原因，因而也是马克思主义哲学史的一个显著特征。

第三，马克思主义哲学史是不断创新的思想发展史。马克思主义哲学是一个开放的思想体系。马克思主义哲学的创始人及其后继者总是在批判地继承前人智慧和成果的基础上，坚持理论联系实际，不断从社会实践和科学发展中汲取营养，以丰富和发展马克思主义哲学。马克思主义哲学史，就是马克思主义哲学在指导社会主义革命和社会主义建设与改革开放实践中不断丰富发展的历史，是马克思主义哲学在同形形色色的唯心论和形而上学观点不断斗争中证明其真理性的历史，是一部不断总结实践经验、推进理论创新、形成重要理论成果的历史。

第四，马克思主义哲学史是始终站在无产阶级立场、反映劳动人民利益和要求的思想发展史。马克思主义哲学是无产阶级根本利益的科学表达。马克思说："哲学把无产阶级当做自己的**物质**武器，同样，无产阶级也把哲学当做自己的**精神**武器。"② 马克思、恩格斯创立马克思主义哲学的目的，不是为建构一个纯粹的理论体系，而是为实现无产阶级和人类解放提供理论武器。马克思主义哲学史，体现了无产阶级和劳动人民的根本立场，贯穿了无产阶级的根本世界观和方法论，反映了马克思主义哲学为无产阶级所掌握并成为其行动指南的历史进程。

在大学本科阶段开设的"马克思主义哲学史"与"马克思主义哲学原理""马克思主义哲学经典著作导读"等课程，既相互联系又各有侧重，共同构成马克思主义哲学教学体系的重要基础课程。"马克思主义哲学原理"是阐释马

---

① 《马克思恩格斯全集》第1卷，人民出版社1995年版，第203页。
② 《马克思恩格斯文集》第1卷，人民出版社2009年版，第17页。

克思主义哲学一系列概念、范畴、原理的科学体系，论述其体系构成、主要观点、地位作用等内容。"马克思主义哲学经典著作导读"选择马克思主义经典作家具有代表性的哲学著作，全面介绍这些著作的写作背景、基本内容及其理论和现实意义。而"马克思主义哲学史"则主要研究马克思主义哲学形成、变化和发展的历史过程及其规律，着重阐明马克思主义哲学的概念、范畴、原理以及整个理论体系的形成、发展过程，阐明不同时期马克思主义哲学成果的理论贡献、内在联系以及历史作用，展示马克思主义哲学丰富发展的历史过程。

马克思主义哲学史的研究，始于20世纪20年代的苏联。苏联哲学家对马克思主义经典著作进行了较为系统的编辑、出版和阐释。20世纪50年代中期以后，苏联的大学开设了系统的"马克思主义哲学史"课程，出版了一批专门研究马克思主义哲学史的专著和教材。我国马克思主义哲学史的教学和研究，是在改革开放以后全面开展的。1981年，人民出版社出版了中山大学哲学系和中国人民大学马列主义发展史研究所组织编写的我国第一部马克思主义哲学史教材《马克思主义哲学史稿》，初步建立了马克思主义哲学史学科的框架结构。1987年，北京大学出版社出版了黄楠森、施德福、宋一秀主编的《马克思主义哲学史》（三卷本）。1989年至1996年，北京出版社陆续出版了国家"六五"和"七五"哲学社会科学规划重点项目《马克思主义哲学史》（八卷本）。1998年，高等教育出版社出版了黄楠森主编的"面向21世纪课程教材"《马克思主义哲学史》。其间，国内综合性大学的哲学系普遍开设"马克思主义哲学史"课程，标志着马克思主义哲学史学科建设步入正轨并不断提高和完善。

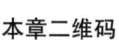

本章二维码

二、马克思主义哲学的发展阶段

马克思主义哲学产生于19世纪40年代中期，至今已有一百七十多年的历史。马克思主义哲学的发展，主要经历了马克思、恩格斯创立并发展马克思主义哲学的阶段，列宁哲学思想形成和发展的阶段以及马克思主义哲学中国化的阶段。

第一，马克思主义哲学的形成及其在欧洲的传播和发展。19世纪40年代，马克思和恩格斯开始从事革命活动的时候，无产阶级已经成为一支独立的政治力量。他们正是在参加工人运动的过程中，总结无产阶级革命经验，吸收自然科学和社会科学的研究成果，批判地继承欧洲哲学特别是德国古典哲学的优秀成果，创立了马克思主义哲学。

1843年，马克思在《黑格尔法哲学批判》中提出市民社会决定国家的观点，开辟了通向历史唯物主义的道路；1844年发表在《德法年鉴》上的《论犹太人问题》和《〈黑格尔法哲学批判〉导言》，完成了从唯心主义到唯物主义、从革命民主主义到共产主义的转变。他在《1844年经济学哲学手稿》中，力图从经济关系探寻共产主义的必然性，把劳动看成社会现象中最本质的东西，初步提出实践标准的思想。尽管在这一手稿中他还没有完全摆脱费尔巴哈人本主义的影响，但他提出的新思想使马克思主义哲学的形成前进了一大步。马克思、恩格斯在1844年9—11月合写的《神圣家族》一书，在马克思主义哲学形成过程中占有重要地位。马克思于1845年春写的《关于费尔巴哈的提纲》和他与恩格斯在1845年10月至1847年4—5月合写的《德意志意识形态》，是马克思主义哲学基本形成的标志，他们在书中明确主张从生产力和交往形式的辩证关系来说明人类社会的发展及其共产主义前景。1847年发表的马克思的《哲学的贫困》和1848年发表的马克思与恩格斯合写的《共产党宣言》，标志着马克思主义哲学的公开问世。

马克思主义哲学诞生以后，先后经受了1848年欧洲资产阶级革命和1871年巴黎公社无产阶级革命的检验。马克思、恩格斯在总结两次革命的经验教训的基础上，对阶级斗争理论和社会革命理论进行了新的概括，强调尊重历史发展规律和重视历史主体作用的高度统一。在此期间，马克思把大部分精力用于政治经济学的研究。马克思在1859年写的《〈政治经济学批判〉序言》中，用极其概括的形式系统地阐述了唯物史观的基本观点，并指出这一思想是进行政治经济学研究的指导思想。马克思的《资本论》不仅是一部伟大的政治经济学著作，而且是一部伟大的哲学著作。它运用唯物史观深刻分析了资本主义经济形态，系统揭示了资本主义社会发展规律，阐述和发展了马克思主义哲学。

19世纪70—80年代，恩格斯系统地研究了自然界和自然科学中的哲学问题，开辟了马克思主义自然观的新领域。《反杜林论》《自然辩证法》《路德维希·费尔巴哈和德国古典哲学的终结》等著作，系统阐述了辩证唯物主义和历史唯物主义的一系列范畴和原理，为马克思主义哲学系统化作出了重大贡献。马克思、恩格斯晚年关于俄国社会发展道路的论述，马克思晚年的《古代社会史笔记》《历史学笔记》和恩格斯根据这些笔记写作的《家庭、私有制和国家的起源》，考察了资本主义以前的各种社会形态，全面论述了整个人类历史的发展过程和发展规律。恩格斯在19世纪80—90年代的一系列书信以及为马克思和自己以前的著作写的"序言""导言"中对唯物史观作了重要的补充。19世纪20世纪之交，梅林（1846—1919）、考茨基（1854—1938）、罗莎·卢森堡（1871—1919）、拉法格（1842—1911）、拉布里奥拉（1843—1904）、普列汉诺夫（1856—1918）等，以及20世纪以来欧美国家的一些研究马克思主义的学者，也在不同程度上对马克思主义哲学的传播和发展做了许多工作。

第二，马克思主义哲学在俄国等国家的传播和发展。19世纪末20世纪初，资本主义进入垄断阶段，俄国成为资本主义矛盾的集合点，世界革命中心转移到了俄国，这是列宁哲学思想产生的历史背景。1883—1917年，俄国马克思主义者在传播马克思主义的过程中，同各种反对马克思主义的思潮，如民粹主义、合法马克思主义、经济主义、孟什维克主义、第二国际修正主义和社会沙文主义等，进行了斗争。在这一时期，列宁写下了《什么是"人民之友"以及他们如何攻击社会民主党人？》《唯物主义和经验批判主义》《哲学笔记》《国家与革命》等代表作，在唯物论、辩证法、认识论、历史观等各方面继承、捍卫、发展了马克思主义哲学，形成了列宁哲学思想，把马克思主义哲学推进到一个新的阶段。

俄国十月革命的胜利开辟了人类历史的新纪元，也开辟了马克思主义及其哲学传播与发展的新时代。十月革命胜利后，列宁在领导巩固无产阶级专政和社会主义建设的过程中，总结实际斗争经验，写下了《论粮食税》《论战斗唯物主义的意义》《论我国革命》等著作，进一步阐述和发展了马克思主义哲学。斯大林（1879—1953）于1938年在《论辩证唯物主义和历史唯物主义》一书中论述了辩证唯物主义和历史唯物主义基本原理，在马克思主义哲学史上产生了重要影响。但这一体系在当时被看做唯一科学的体系，一定程度上束缚了苏联马克思主义哲学研究。1953年斯大林逝世后，苏联哲学界开展了马克思主义哲学基本理论和体系的研究与探讨，努力总结现代自然科学和社会科学的最新成就，特别是资本主义向社会主义和共产主义过渡的辩证法，并广泛研究了社会学、美学、伦理学、宗教和无神论、人和人道主义等问题，取得了许多积极成果。

第二次世界大战结束以后，东欧各国纷纷走上社会主义道路，推动了马克思主义哲学的宣传、普及和研究。东欧各国的哲学家们在辩证唯物主义和历史唯物主义基本原理的研究方面，以及在同各种非马克思主义思潮的斗争中，作出了自己的贡献。同时，马克思主义哲学也在世界范围得到广泛传播，并对世界民族解放运动产生了重要影响。

第三，马克思主义哲学在中国的传播和发展。马克思主义哲学在19世纪末20世纪初传入中国，在与中国革命、建设和改革的具体实践以及中国优秀传统文化相结合过程中，形成了具有中国特点、中国风格和中国气派的马克思主义哲学，即毛泽东哲学思想和中国特色社会主义理论体系哲学思想。

马克思主义哲学在中国早期的传播和发展，是在俄国十月革命的影响下开始的。五四运动后，马克思主义哲学在中国得到迅速传播，李大钊（1889—1927）、陈独秀（1879—1942）、瞿秋白（1899—1935）、李达（1890—1966）、艾思奇（1910—1966）等为此做了大量工作。以毛泽东为代表的中国共产党人，在中国革命的实践中运用和发展马克思主义哲学，创立了毛泽东哲学思想。1937年发表的《实践论》和《矛盾论》，是毛泽东哲学思想系统化的主要标志。在抗日战争和解放战争时期，毛泽东总结革命斗争经验，写下了《论持久战》《新民主主义论》《改造我们的学习》《论人民民主专政》等著作，用许多新思想、新观点丰富和发展了毛泽东哲学思想。毛泽东哲学思想是毛泽东思想的哲学基础，是贯穿于毛泽东思想各个组成部分的活的灵魂。它提出的以实事求是为特征的马克思主义唯物论、以实践为基础的能动的革命的反映论、以对立统一规律为核心的唯物辩证法、以群众路线为主要内容的历史唯物论等观点，对马克思主义哲学的发展作出了独特贡献。

新中国成立后，毛泽东总结社会主义改造和社会主义建设的丰富经验，写了《论十大关系》《关于正确处理人民内部矛盾的问题》《人的正确思想是从哪里来的？》等著作，进一步丰富发展了毛泽东哲学思想。同时，马克思主义哲学以前所未有的规模在全国传播，学习马克思主义哲学蔚然成风。中国哲学界对马克思主义哲学的各个领域展开了深入讨论研究，如"过渡时期工人阶级和资产阶级矛盾性质"的讨论、关于过渡时期的经济基础与上层建筑的讨论、"思维和存在的同一性"的讨论等。以毛泽东为代表的领导集体，对中国社会主义改造和社会主义建设道路进行了多方面的探讨，取得了独创性理论成果，为新的历史时期开创中国特色社会主义提供了宝贵经验和理论准备。但在一段时期内，由于受"左"的错误的干扰，学术讨论往往转变为政治批判，特别是在"文化大革命"时期，哲学学术研究基本陷于停顿。

1978年党的十一届三中全会后，马克思主义哲学在中国的运用、丰富和发展进入新的历史时期。中国共产党总结社会主义改造和社会主义建设的经验教训，重新确立了马克思主义的思想路线，开辟了中国特色社会主义道路，形成了中国特色社会主义理论体系。中国特色社会主义理论体系哲学思想，是中国特色社会主义理论体系的哲学基础。它是在运用马克思主义的立场、观点、方法思考和解决当代中国的重大理论和实践问题的过程中形成的。它赋予了马克思主义哲学新的时代内容。与此同时，中国哲学界围绕检验真理的标准问题，人道主义和异化问题，唯物史观的形成问题，坚持马克思主义哲学与发展马克思主义哲学的关系问题，哲学的对象、体系与功能问题，社会基本矛盾问题，社会主义社会的辩证法问题等做了广泛、深入的探讨，推出了许多有价值的研究成果，为中国特色社会主义理论体系哲学思想的形成和发展作出了重要贡献。

党的十八大以来，以习近平为主要代表的中国共产党人，适应时代发展，从理论和实践结合上系统回答了新时代坚持和发展什么样的中国特色社会主义、怎样坚持和发展中国特色社会主义这个重大时代课题，创立了习近平新时代中国特色社会主义思想。习近平新时代中国特色社会主义思想是对马克思列宁主义、毛泽东思想、邓小平理论、"三个代表"重要思想、科学发展观的继承和发展，是马克思主义中国化最新成果，是党和人民实践经验和集体智慧的结晶，是中国特色社会主义理论体系的重要组成部分，是全党全国人民为实现中华民族伟大复兴而奋斗的行动指南。习近平新时代中国特色社会主义思想坚持辩证唯物主义和历史唯物主义基本原理，继承和发展了马克思主义关于社会基本矛盾及其运动规律的观点，提出"五位一体"总体布局和"四个全面"战略布局，倡导新发展理念，作出我国社会主要矛盾已经转化为人民日益增长的美好生活需要和不平衡不充分的发展之间的矛盾的重要判断；继承和发展了马克思主义关于人与自然、社会关系的观点，提出人与自然是生命共同体；继承和发展了人民群众是历史创造者的观点，提出以人民为中心的发展思想，坚持以人民为中心的价值取向；继承和发展了马克思主义的世界历史理论，提出构建人类命运共同体理念等。

本教材力图全面、准确地展现马克思主义哲学发展的基本轨迹，力求从更深层面揭示马克思主义哲学随着时代的变化、实践的发展、科学的进步不断丰富和发展的内在逻辑，从而使我们能够更全面、深刻地了解和把握马克思主义哲学演变的过程及规律。

三、学习马克思主义哲学史的意义和方法

学习和研究马克思主义哲学史，对于理解和掌握辩证唯物主义和历史唯物

主义的基本原理和方法论，理解和掌握马克思主义及其发展的历史，提高认识世界和改造世界的能力，具有十分重要的意义。

第一，有助于更好地掌握马克思主义哲学基本原理及其精神实质。学习和掌握马克思主义哲学基本原理必须联系提出和形成这个原理时的历史条件，才能真正把握其精神实质。马克思主义哲学史的一个重要内容，就是展现马克思主义哲学随着实践和时代的发展不断丰富发展的过程。通过对这一过程的历史考察，能够更好地把握马克思主义哲学发展的时代背景、历史脉络和理论成果，有助于分清哪些是必须长期坚持的马克思主义哲学基本原理、哪些是需要结合新的实际加以丰富和发展的马克思主义哲学的理论判断、哪些是必须破除的对马克思主义哲学的教条式理解、哪些是必须澄清的附加在马克思主义哲学名下的错误观点，从而更加深刻和准确地理解马克思主义哲学的精神实质。

第二，有助于自觉运用马克思主义世界观和方法论。马克思主义哲学，是整个马克思主义学说的世界观和方法论。它揭示了自然、社会和人类思维发展的最普遍规律，为人们认识世界和改造世界提供了强大思想武器。马克思主义哲学史，深刻体现了马克思主义经典作家研究和思考重大哲学问题的科学方法和路径，体现了对自然、社会和思维发展一般规律的认识过程。学习马克思主义哲学史，有助于树立科学的世界观和方法论，坚持马克思主义根本立场，增加思想深度，增强理论思维能力，克服唯心主义和形而上学的思维方法，提高分析问题和解决问题的能力。正如恩格斯所说："一个民族要想站在科学的最高峰，就一刻也不能没有理论思维。"① 理论思维能力"需要发展和培养，而为了进行这种培养，除了学习以往的哲学，直到现在还没有别的办法"②。

第三，有助于进一步树立和坚定共产主义理想信念。马克思主义哲学是真理观和价值观的统一，无产阶级和人类的解放是马克思主义哲学的主题。马克思主义哲学史，深刻总结了马克思主义哲学诞生以来无产阶级追求自身解放和人类解放的发展历程，体现了马克思主义哲学以推翻一切剥削制度、实现共产主义为己任的崇高价值追求。学习马克思主义哲学史，有助于提高对人类社会发展规律的认识，树立正确的世界观、人生观和价值观，把个人理想与社会发展方向统一起来，进一步坚定共产主义信念，坚持中国特色社会主义的共同

---

① 《马克思恩格斯文集》第9卷，人民出版社2009年版，第437页。
② 《马克思恩格斯文集》第9卷，人民出版社2009年版，第436页。

理想。

第四，有助于加深对中国化马克思主义哲学的理解和把握。马克思主义哲学中国化的过程，是马克思主义哲学基本原理与中国具体实际相结合，吸收、借鉴中国优秀传统文化，不断发展、创新的过程。学习马克思主义哲学史，有助于深入理解马克思主义哲学中国化的历史背景、理论渊源和发展历程，更好地把握毛泽东哲学思想、中国特色社会主义理论体系哲学思想与马克思主义哲学一脉相承而又与时俱进的关系，特别是把握习近平新时代中国特色社会主义思想中蕴涵的马克思主义世界观方法论，全面、准确地把握马克思主义哲学的科学体系。

"马克思主义哲学史"是一门专业性比较强的课程。学习这门课程，需要掌握科学的方法。

第一，精心研读经典作家著作。马克思主义哲学经典著作是学习研究马克思主义哲学史的第一手资料。学习马克思主义哲学史，首先必须下功夫精心研读原著。马克思主义哲学经典著作思想深邃、逻辑严密，而且由于时代变化、语言习惯等方面的差异，读懂、领会有一定难度。要以科学的态度研读原著，联系其写作的时代背景和历史条件，用历史的、发展的眼光看待其思想观点，要把握其基本原理和精神实质，而不要拘泥于个别词句和具体结论。只有这样，才能深入理解马克思主义哲学的丰富内容，掌握贯穿其中的思想精髓。

第二，结合无产阶级革命斗争的历史。马克思主义哲学，是在指导各国无产阶级革命斗争的实践中不断发展的。马克思主义哲学史，既是马克思主义哲学的思想发展史，也是马克思主义哲学指导和推动各国革命运动实践的发展史。列宁指出，"在分析任何一个社会问题时，马克思主义理论的绝对要求，就是要把问题提到一定的历史范围之内"①。学习马克思主义哲学史，不能脱离对各国无产阶级革命斗争的历史考察。只有把二者联系起来，才能真正把握马克思主义哲学形成和发展的实践基础和历史过程，真正理解马克思主义哲学是实践基础上的科学性和革命性的统一。

第三，同深入学习西方哲学史、中国哲学史等其他哲学史结合起来。马克思主义哲学是对人类优秀思想成果的继承和超越，实现了哲学史上的伟大变革。西方哲学特别是德国古典哲学的有益成果是马克思主义哲学的直接理论来

---

① 《列宁专题文集 论马克思主义》，人民出版社2009年版，第302页。

源，中华民族几千年来的哲学智慧为推动马克思主义哲学中国化提供了丰富的思想资源。学习马克思主义哲学史，有必要了解和掌握西方哲学史、中国哲学史等其他哲学史的知识，加深对马克思主义哲学有关概念、原理、方法的理解和掌握，加深对中国化马克思主义哲学的理解和把握，深刻认识马克思主义哲学对人类思想发展史的伟大贡献。

第四，坚持理论联系实际。理论联系实际是马克思主义哲学最重要的方法论原则之一。学习马克思主义哲学史，首先，要联系具体的历史环境和社会条件来理解马克思主义哲学的基本原理和思想观点，既反对教条主义，也反对经验主义。其次，要联系自身思想实际，把改造主观世界和改造客观世界结合起来，坚持学以致用，用以促学，不断提高理论水平和认识能力。最后，要联系中国特色社会主义这一最大实际，推动马克思主义哲学中国化，不断提高运用马克思主义的立场、观点、方法分析和解决现实问题的能力。中国特色社会主义进入新时代，我国社会主要矛盾已经转化为人民日益增长的美好生活需要和不平衡不充分的发展之间的矛盾。我国社会主要矛盾的变化，没有改变我们对我国社会主义所处历史阶段的判断，我国仍处于并将长期处于社会主义初级阶段的基本国情没有变，我国是世界最大发展中国家的国际地位没有变。我们要牢牢把握社会主义初级阶段这个基本国情，牢牢立足于社会主义初级阶段这个最大实际，牢牢坚持党在社会主义初级阶段的基本路线这个党和国家的生命线、人民的幸福线，以经济建设为中心，坚持四项基本原则，坚持改革开放，自力更生，艰苦创业，为把我国建设成为富强民主文明和谐美丽的社会主义现代化强国而奋斗。

思考题：

1. 如何正确理解马克思主义哲学史的研究对象和学科特点？
2. 如何通过对马克思主义哲学发展阶段的掌握深入理解"马克思主义是发展着的理论"？
3. 如何深入理解习近平新时代中国特色社会主义思想是马克思主义中国化最新成果？
4. 如何正确理解学习马克思主义哲学史的意义和方法？

第一章 马克思主义哲学的形成和哲学的革命

19世纪40年代,马克思、恩格斯通过广泛参加社会实践,对资本主义社会矛盾有了深切的了解,对无产阶级和广大群众的利益和要求给予了极大的关注。他们在批判地继承西方的哲学传统和其他优秀思想文化成果的基础上,科学总结社会实践,发现了时代的根本问题及其解决方式,创立了马克思主义哲学,实现了哲学的革命,为无产阶级争取自由解放的斗争提供了科学的世界观和方法论。

第一节 马克思主义哲学产生的时代背景和理论渊源

马克思主义哲学是时代的产物。历史上的各种哲学学说,都是以一定的社会经济、政治和科学文化条件为前提的,都是为表达和满足一定的社会需要而产生的。马克思主义哲学也是特定时代的产物,有其深刻的时代背景和理论渊源。

一、马克思主义哲学产生的时代背景和实践基础

19世纪上半叶的欧洲,正经历一场空前的社会变革,西方主要资本主义国家的大机器生产得到迅速发展,日益形成世界范围的交往关系;生产的发展推动了自然科学和人文社会科学的进步,促进了人们思想观念的转变。但随着资本主义的发展,资本主义生产方式的内在矛盾凸显,经济危机频频发生,贫富差距不断扩大,社会矛盾日益突出,无产阶级和广大劳动人民生活艰难困苦,迫使他们进行社会反抗和斗争;资产阶级为开辟世界市场,用血与火开路,到处建立殖民地,使民族国家之间的矛盾日益激化,等等。这些都是马克思主义哲学产生的主要社会背景和实践基础。

马克思主义哲学的产生是以机器工业的社会化生产为物质前提的。18世纪60年代发生于英国的工业革命,使资本主义生产由工场手工业转向大机器生产阶段,这种生产技术的革命极大地提高了社会生产力,并引起了生产关系和其他社会关系的深刻变革。随着生产力的不断发展,资本主义的生产关系逐步巩

固。19世纪30—40年代，英国的工业革命基本完成，各主要部门都采用了大机器生产，其工业产品销往世界各地。法国在19世纪初开始进行工业革命，大机器的使用量不断增多，从而带来生产的快速发展。然而，资本主义生产关系在促进生产力发展的同时，也暴露出其局限性。1825年，英国爆发了生产相对过剩的经济危机，此后经济危机周期性地爆发。当时的德国在经济和政治上还相当落后，处于封建割据状态。不过，19世纪三四十年代，德国的资本主义工商业在一些地区有了较快的发展，特别是在靠近法国的莱茵省，机器工业已经有所发展。马克思主义哲学的创始人马克思和恩格斯的家乡都位于莱茵省，马克思、恩格斯切身体会到了这种生产关系和社会关系的深刻变化，这也为他们实现世界观的转变、创立马克思主义哲学提供了重要条件。马克思主义哲学的产生，还有无产阶级反抗资产阶级压迫和剥削的实践基础。资本主义生产方式使工人受到残酷的压迫和剥削，迫使工人展开反对资产阶级的斗争。特别是频繁发生的经济危机，不仅给无产阶级和广大劳动人民造成了深重的灾难，而且使无产阶级与资产阶级的斗争"在实践方面和理论方面采取了日益鲜明的和带有威胁性的形式"①。法国里昂工人1831年起义要求增加工资，1834年起义提出建立民主共和国的口号。英国工人在19世纪30—40年代进行了全国性的宪章运动，争取工人的政治选举权，提出废除贫民法、限制工作日、实行政教分离等要求。1844年6月，德国西里西亚纺织工人发动起义，鲜明地提出了消灭私有制的口号，包含着对无产阶级本质的自觉意识的因素，马克思称赞德国无产阶级是"欧洲无产阶级的**理论家**"②。上述革命斗争充分表明，无产阶级已经逐步由自在阶级变为自为阶级，是一个与先进生产力相联系、代表历史发展方向、能够团结带领群众争取自身和全人类解放的革命阶级。马克思和恩格斯早在青年时期就参加了工人的革命斗争实践，同工人组织建立了密切的联系，并积极肯定工人的革命斗争。无产阶级的革命斗争在理论上迫切需要科学世界观的指导，马克思主义哲学正是适应这种迫切需要而创立的无产阶级的科学世界观。

二、马克思主义哲学产生的理论渊源

马克思主义哲学批判地继承了悠久的西方哲学传统，广泛吸纳了其他思想

---

① 《马克思恩格斯文集》第5卷，人民出版社2009年版，第17页。
② 《马克思恩格斯全集》第3卷，人民出版社2002年版，第390页。

文化的优秀成果,其中主要包括古希腊哲学、近代欧洲唯理论和经验论哲学、德国古典哲学以及青年黑格尔派的思想,英国古典政治经济学,法国波旁王朝复辟时期(1815—1830)历史学家的观点,18 世纪末 19 世纪初法国和英国空想社会主义学说以及魏特林的德国空想社会主义学说等。虽然这些理论都不可避免地带有一定的历史局限性,但它们在不同程度上适应了当时社会发展的需要。特别是西方近代的哲学和社会科学成果,蕴涵着许多合理的思想,为马克思主义哲学的产生提供了重要的思想材料和理论渊源。

古希腊哲学家以其丰富的想象、深邃的思考和论辩的方式,开启了西方哲学的传统,为后来西方哲学的发展奠定了基础。马克思从青少年时代就受到古希腊哲学的熏陶,早在中学时期的宗教作文中,他就谈到古希腊的斯多亚派哲学和伊壁鸠鲁主义哲学。在准备写作博士论文期间,马克思探讨了古希腊哲学史。他把德谟克利特(约前 460—约前 370)和伊壁鸠鲁(前 341—前 270)原子论的比较作为博士论文的选题,系统地研究了伊壁鸠鲁关于原子偏离直线而自由运动等思想。

西方近代以来的思想解放运动对马克思、恩格斯具有重要的思想熏陶作用。文艺复兴运动大力倡导人文精神,为哲学的发展提供了人文主义和经验科学等诸多思想内容;宗教改革攻击作为封建制度精神支柱的以罗马教皇为首的天主教会;启蒙运动则强调用人的理性代替神性,倡导人人自由平等的时代精神,提倡变革旧的社会思想和制度。近代唯理论和经验论分别用人的理性和感觉经验怀疑和批判宗教神学,探讨获得真理的可靠途径,进行社会政治思想的启蒙。虽然它们各执一端,但对促进人们的思想解放、破除哲学发展的障碍发挥了重要作用。

德国古典哲学是马克思主义哲学的直接理论来源,其主要代表人物有康德(1724—1804)、费希特(1762—1814)、谢林(1775—1854)、黑格尔(1770—1831)和费尔巴哈(1804—1872)等。康德认为,认识是主体能动地建构客体的活动,但主体的认识只能限于现象界,只能从现象界获得普遍必然的知识,而灵魂、世界、上帝等"物自体"则是信仰的对象。这肯定了认识的主体建构性,肯定了主体的意志自由,但却割裂了现象和本质、必然和自由的关系。黑格尔把思维与存在的同一理解为绝对观念辩证运动的过程,建立了由逻辑学、自然哲学和精神哲学构成的哲学体系。他认为人类历史是由低级到高级的辩证运动过程,体现着绝对观念的自由发展。他的国家观反对封建统治、主张建立自由的理性资产阶级国家,具有历史进步意义,但是他颠倒了市民社会和国家的关系,把理性国家观念作为决定市民社会的力量,作为国家的最高理想。黑格尔的辩证法是唯心主义的,并最终被其封闭的形而上学哲学体系所窒息。费尔巴哈用以人和自然为基础的唯物主义超越黑格尔的唯心主义体系,对宗教神学进行了尖锐的批判,认为黑格尔哲学同宗教密切相关,是用理性思维方式阐述的宗教。费尔巴哈提出,宗教是人的本质的异化,应该将异化给上帝的人的本质重新还给人自己,用人本主义哲学代替宗教和唯心主义哲学。但费尔巴哈脱离人改造自然的实践活动,用消极直观的方式理解人和自然及其相互关系,他只是在自然观上坚持了唯物主义,而在社会历史观上陷入唯心主义。马克思、恩格斯批判地继承了康德、黑格尔等人强调自由精神的思想,改造了黑格尔的唯心辩证法,创立了具有批判性和革命性本质的唯物辩证法。马克思、恩格斯还经历了从赞扬费尔巴哈哲学到揭露它不懂得人的感性实践的直观性缺陷、创立新哲学的思想转变过程。

黑格尔去世后形成的青年黑格尔派,起初进行的是思想解放运动。青年黑格尔主义者从不同角度批判了宗教神学和基督教国家。施特劳斯(1808—1874)提出,《福音书》的记载是不可靠的,是人们无意识形成的神话和传说;布鲁诺·鲍威尔(1809—1882)认为,这些记载是人们故意的编造。鲍威尔进而提出了建立世俗的理性国家的主张。有的青年黑格尔主义者提出要建立行动哲学,契希考夫斯基(1814—1894)主张由理论转向实践,建立面向未来的行动哲学。赫斯(1812—1875)撰写了《行动的哲学》一文,认为精神哲学的任务在于变为行动哲学。他所理解的行动是伦理的活动,是局限于对利己主义者的道德批判活动。马克思、恩格斯起初参加了青年黑格尔派的活动,受到其反对宗教、追求意志自由思想的积极影响。然而,青年黑格尔派迷恋于宗教批判、回避实际斗争,并最终堕落为与群众对立的理论。马克思、恩格斯通过投身于现实社会斗争,思想发生转变,他们对青年黑格尔派进行了深刻的批判,创建了自己的新哲学。

以亚当·斯密(1723—1790)和大卫·李嘉图(1772—1823)为代表的英国古典政治经济学主张自由放任的资本主义,认为通过市场的运作就能调节经济活动,每个人在追求个人利益时,也就自然而然地增进了普遍利益。他们考察了分工、交换对提高生产力、积累国民财富的作用,提出劳动价值论,认为劳动是一切财富的源泉。他们也看到了阶级矛盾,亚当·斯密区分了地主、工人和资本家三个阶级，考察了它们各自的收入形式；大卫·李嘉图描述了各阶级间的经济对立。但是，在他们看来，自由竞争导致贫富两极分化是完全正常的、合理的，他们通过把资本理解为物，通过商品交换表面上的自愿互利、平等交易来论证资本主义制度的永恒合理性。马克思、恩格斯既批判地继承了古典政治经济学的思想，又揭露了其将资本主义私有制永恒化的错误观点。德国资产阶级政治经济学历史学派的先驱弗里德里希·李斯特（1789—1846）把生产力作为政治经济学的基础，这具有重要的启发意义，但他对生产力进行了精神性歪曲，马克思对他的思想也进行了深刻的分析和批判。

法国波旁王朝复辟时期的历史学家梯叶里（1795—1856）、基佐（1787—1874）、米涅（1796—1884）等认为，英法资产阶级革命是贵族和第三等级之间的斗争。他们强调了第三等级群众的历史作用，说明阶级斗争基于各阶级间经济利益的冲突。这些理论对于马克思、恩格斯发现人类有文字记载以来的历史是阶级斗争的历史，探讨资产阶级和封建贵族、无产阶级和资产阶级的斗争，并提出无产阶级要通过革命上升为统治阶级的新观点，具有启发意义。

18世纪末至19世纪40年代初法国、英国和德国的空想社会主义也是马克思主义哲学的重要理论来源。以圣西门（1760—1825）、傅立叶（1772—1837）、欧文（1771—1858）为代表的法国和英国空想社会主义学说，批判了资产阶级对无产阶级的奴役。圣西门认为，法国大革命后建立的资本主义制度是奴役人的制度，并未使人获得自由解放。他把理性作为人的自然本性，认为要按照理性重新组织社会，建立人人平等的实业制度，从而保证每个人能力的自由发展。傅立叶把人类历史划分为蒙昧社会、宗法社会、野蛮社会、文明社会和协作社会，认为现代工商业在创造大量财富的同时，又造成盲目无序的竞争、多数人的贫困以及摧残人的固定分工，而未来的协作社会将协调人们的各种情欲、需要和工作，实现个人利益与共同利益的统一、劳动和享乐的统一。但在他所描绘的未来理想制度中，仍然保留着私有制。欧文认为，英国的工业革命虽然使生产迅速发展，但很多人食不果腹、愚昧无知，人们只是追求物质财富，忽视自己身心的健康发展。要改变这种状况，必须消灭私有制，建立以公有制为基础的"和谐公社"，实行普遍的理性教育。欧文还进行了建立共产主义公社的实验，但未获成功。德国空想社会主义者威廉·魏特林（1808—1871）把人类历史分为原始时期、私有财产的不平等时期和未来平等的共产主义时期。他厌恶资产阶级的民主政治，反对私有制，提出"私有财产是一切罪恶的根源"①，认为应该通过社会革命铲除私有制，建立和谐自由的理想社会。但他主张的是一种粗陋的平均共产主义，带有空想的成分。

马克思主义哲学的产生也受到自然科学发展成果的影响。近代以来，自然科学挣脱了宗教神学的束缚，获得了迅速发展。16—18世纪，自然科学处于收集和分析经验材料的阶段，19世纪上半叶，自然科学进入对经验材料进行理论综合的阶段，出现了自然科学的"三大发现"：细胞学说、能量守恒和转化定律以及达尔文的生物进化论。细胞学说揭示了动物和植物都是由细胞构成的，都遵循共同的规律。能量守恒和转化定律揭示了自然界各种物质运动形态不断运动和相互转化的关系。达尔文的生物进化论用物种经过自然选择而变化并形成新物种的过程，来说明有机界的历史发展和演化。自然科学的新成果为马克思、恩格斯创立唯物辩证的、历史的世界观和方法论提供了背景。

总之，上述各种思想文化成果和科学成果为马克思主义哲学的创立提供了丰富的理论源泉，对马克思、恩格斯创立新世界观具有重要的启迪意义。马克思、恩格斯正是在批判地继承这些思想理论的基础上，创立了马克思主义哲学，实现了哲学的革命性变革。

第二节　马克思、恩格斯世界观的转变过程

马克思主义哲学的创立，是马克思、恩格斯世界观转变的结果。他们经历了从唯心主义到唯物主义、从革命民主主义到共产主义的转变过程。

一、马克思、恩格斯哲学研究的开端

马克思和恩格斯的家乡莱茵省，是当时德国资本主义经济比较发达的地区，自由主义、民主主义和空想社会主义较早地在这里传播。

1818年5月5日，卡尔·马克思出生于特里尔市，他的父亲是当地法律界有名望的律师。马克思是在自由的思想氛围中成长的，他在中学毕业论文中，就把人类的幸福和自身的完美结合起来，把为人类幸福而工作作为自身完美的途径，作为青年选择职业的志向。他说："人只有为同时代人的完美、为他们

---

① ［德］威廉·魏特林：《和谐与自由的保证》，孙则明译，商务印书馆1960年版，第74页。

的幸福而工作，自己才能达到完美。"①

1837年11月，马克思在柏林大学学习期间写给父亲的信中说，"我必须攻读法学，而且首先渴望专攻哲学。这两门学科紧密地交织在一起"②。他想写一部法的形而上学的著作，为此，他研究了康德和费希特哲学，但因无法克服理想和现实的矛盾而中途放弃了写作。他还写了一篇对话，涉及自然科学、历史和谢林哲学。这篇对话促使他研究黑格尔哲学，他"从头到尾读了黑格尔的著作，也读了他大部分弟子的著作"③，并结识了青年黑格尔派的布鲁诺·鲍威尔、科本（1808—1863）等人，参加了青年黑格尔派"博士俱乐部"的活动，受到青年黑格尔派的影响。

1840年至1841年，马克思撰写了博士论文《德谟克利特的自然哲学和伊壁鸠鲁的自然哲学的差别》。在文中，他高度重视伊壁鸠鲁的原子偏离直线而自由的思想，把它作为伊壁鸠鲁哲学的根本特征。他指出，"**原子脱离直线而偏斜不是特殊的、偶然出现在伊壁鸠鲁物理学中的规定。相反，偏斜所表现的规律贯穿于整个伊壁鸠鲁哲学**"④。他认为，伊壁鸠鲁虽然把原子规定为存在与本质的矛盾，但他只是满足于避开矛盾，获得心灵的宁静与自由。马克思不满意这种消极的自由观，指出作为个别主观形式的原子只能逃避"定在"，而不能克服"定在"，不能实现"定在"中的自由，即不能外化到现象世界，通过行动消除现实的痛苦，获得真正的自由。同时，他也不赞同黑格尔追求哲学体系完满的做法，而是主张通过哲学的实践使世界哲学化和哲学世界化。他说："世界的哲学化同时也就是哲学的世界化。"⑤ 这样，他就提出了哲学和世界、理论和实践相互作用的见解。马克思还高度评价了伊壁鸠鲁无神论的思想启蒙作用。他认为，在古希腊，哲学家和民众把天体理解为有福祉的、永恒的神圣事物，而伊壁鸠鲁则用无神论解释天体，把天体崇拜作为人们心灵痛苦的根源。伊壁鸠鲁把自己的哲学称作"灵魂疗伤术"，用来批判这些虚假观念，以便把人们从对物的崇拜中解脱出来。马克思对原子偏斜运动的研究，强调了意志的自由，说明没有任何天上的神或地上的神秘力量能够阻止意识自由的实

---

① 《马克思恩格斯全集》第1卷，人民出版社1995年版，第459页。
② 《马克思恩格斯全集》第47卷，人民出版社2004年版，第7页。
③ 《马克思恩格斯全集》第47卷，人民出版社2004年版，第15页。
④ 《马克思恩格斯全集》第1卷，人民出版社1995年版，第35页。
⑤ 《马克思恩格斯全集》第1卷，人民出版社1995年版，第76页。

现。他关于哲学与世界、理论与实践相互作用的思想，对他后来提出通过感性实践改造世界的新哲学，具有理论铺垫意义。

1820年11月28日，弗里德里希·恩格斯出生于巴门市一个棉纺厂主的家庭。他中学未毕业就被父亲安排学习经商。在不来梅学习商业知识期间，他受到青年黑格尔主义者施特劳斯《耶稣传》反宗教思想的影响，开始研究黑格尔哲学，特别是黑格尔的《历史哲学》，认识到了历史向着自由发展的必然趋势。他在柏林服兵役期间，旁听了柏林大学的哲学课程，受到青年黑格尔派自我意识哲学的影响，发表了三篇批判谢林启示哲学的论文。谢林早年反对宗教，倡导理性哲学，但晚年却转向保守的启示哲学，试图调和知识和信仰、哲学和启示，在黑格尔的理性思维和存在的同一之上，设置一个绝对的、人格化的实体——上帝，把上帝的任意性说成自由。恩格斯批判道，"只有本身包含着必然性的**那种**自由才是真正的自由"①，"思想是通过其实现自身的内部力量来证明自己是可靠的"②。恩格斯虽然赞同黑格尔的理性哲学，但也认识到，黑格尔哲学同神学有一定的联系。在青年黑格尔派"自我意识"哲学的影响下，他认为在消除了黑格尔哲学超人的神秘性之后，就会呈现出"人类的自我意识"的本质。他写道："观念，人类的自我意识就是那只奇异的凤凰，它用世界上最宝贵的东西垒起自焚的柴堆，从化旧时代为灰烬的火焰中恢复青春，重新冉冉升起。"③

从以上可以看出，马克思和恩格斯在刚开始进行哲学研究时，就表现出了追求自由的哲学精神和革命民主主义的倾向。

二、真正的哲学是时代的精神上的精华

马克思博士论文对人的自由的关切，在接下来的《莱茵报》时期得到进一步发展，成为与解决社会经验事实问题相联系的哲学思想。1841年9月至12月，马克思参加了《莱茵报》的筹办工作，1842年5月开始为《莱茵报》撰稿，同年10月起，担任该报主要编辑。在《莱茵报》时期，他深入研究社会现实问题，初步形成了关心社会底层人民生活的思想、致力于研究时代问题的哲学观，表达了力图变革社会政治制度、实现人民自由的愿望和要求。

---

① 《马克思恩格斯全集》第2卷，人民出版社2005年版，第389页。
② 《马克思恩格斯全集》第2卷，人民出版社2005年版，第352页。
③ 《马克思恩格斯全集》第2卷，人民出版社2005年版，第393页。

马克思在《集权问题》一文中提出，哲学要抓住"一个时代的迫切问题"，"真正的批判要分析的不是答案，而是问题"①。问题"是公开的、无所顾忌的、支配一切个人的时代之声。问题是时代的格言，是表现时代自己内心状态的**最实际的**呼声"②。哲学应该是对人民最关心的时代问题的探究，是对人民根本的意愿、要求和呼声的理论表达。集权问题就是需要反映人民心声的、哲学研究的迫切时代问题。

在《〈科隆日报〉第179号的社论》中，马克思批判了脱离人民现实生活的旧哲学，认为旧哲学家将自己封闭起来，进行宁静孤寂的研究，热衷于构造抽象的哲学体系，这在旧德国哲学中表现得尤为突出。他主张哲学应该走出书斋，从"爱好宁静孤寂，追求体系的完满"转向考察人们的现实生活。他强调，"任何真正的哲学都是自己时代的精神上的精华"③，哲学要植根于人民的现实生活，对人民的最美好、最珍贵、最隐蔽的精髓进行汇集、提炼和升华，哲学家应该"是自己的时代、自己的人民的产物"④。在他看来，真正的哲学在人类文化中具有非常重要的地位和作用，它是"文化的活的灵魂"。马克思进一步发挥了他在博士论文中关于哲学和世界相互作用的思想，强调"必然会出现这样的时代：那时哲学不仅在内部通过自己的内容，而且在外部通过自己的表现，同自己时代的现实世界接触并相互作用。……哲学正变成文化的活的灵魂，哲学正在世界化，而世界正在哲学化"⑤。这种新哲学观使马克思在理论与实践的结合上迈出新的步伐，预示了他的哲学思想的发展方向。

三、对物质利益关系的初步探索

在《莱茵报》工作时期，马克思主要围绕反对书报检查令、关于林木盗窃法的辩论以及摩泽尔河沿岸地区的贫困等问题进行研究，这使得他深入到现实生活之中，为他向唯物主义和共产主义转变提供了动力。

1841年12月，普鲁士政府颁布了新的书报检查令，它以自由主义的伪装反对新闻出版自由。马克思揭露了它的反动实质，认为应当使新闻出版有权成

---

① 《马克思恩格斯全集》第1卷，人民出版社1995年版，第203页。
② 《马克思恩格斯全集》第1卷，人民出版社1995年版，第203页。
③ 《马克思恩格斯全集》第1卷，人民出版社1995年版，第220页。
④ 《马克思恩格斯全集》第1卷，人民出版社1995年版，第219页。
⑤ 《马克思恩格斯全集》第1卷，人民出版社1995年版，第220页。

为一个不受外在力量控制的相对独立的公共舆论领域，按照人类精神的自由原则发展。自由报刊是介于管理机构和被管理者之间的中介，一方面，它属于政治的因素、公共的生活，但又同官方的因素保持距离；另一方面，它也属于市民的因素、民间的组织，但又同市民的私人利益保持距离。它把私人利益之间的矛盾转变为公开讨论的问题，用公共舆论的方式维护国家的普遍利益，改变管理机构和被管理者的主从关系，形成双方平等地相互批评的格局。自由报刊是人民的报刊，是公众参与政治生活、行使政治权利的重要场所。书报检查令反对新闻出版自由，也就是否认报刊有讨论公共事务的权利，堵塞人民参与政治生活的渠道。

在《关于林木盗窃法的辩论》中，马克思对莱茵省等级会议关于贫民捡拾枯树枝是否属于盗窃林木的辩论进行了评论，使他接触到了贫民的生存状况和生存权利问题。他指出，林木所有者从自身利益出发，把贫民捡拾枯树枝当做盗窃林木，而事实上枯树枝同树已经没有有机的联系，捡拾枯树枝是贫民的基本生存权利，不能算作盗窃林木。他用国家理性批判林木所有者的私人利益，认为私人利益是由物质欲望驱动的，它抹杀了不同事物之间的区别，不管活树还是枯树枝，都被当做崇拜的偶像。在与私人利益的较量中，理性的法本应占据优势，而省议会投票的结果表明，"**利益所得票数超过了法的票数**"[①]。这促使马克思认识到，国家理性之所以难以战胜私人利益，是因为议会维护林木所有者的私人利益和物质欲望，因此它不具有理性立法的资格。

在《摩泽尔记者的辩护》中，马克思考察了摩泽尔河沿岸地区的贫困问题，分析了广大种植葡萄的农民利益受到损害、陷入贫困状态的事实，揭露了普鲁士政治制度的"官僚本质"。他试图采取客观分析的方法，揭示国家的客观本性、客观关系，认为这种不以人的意志为转移的客观的、本质的关系就是贫困与官僚机构的关系，脱离人民的官僚机构是造成广大种植葡萄的农民陷入贫困境地的主要原因。贫困的蔓延威胁到葡萄种植业经营者的利益，于是他们也起来反对官僚政治。

马克思的《关于林木盗窃法的辩论》和《摩泽尔记者的辩护》对"物质利益"的理解有着明显的不同，前者尖锐地批判林木所有者的私人利益，后者则倾向于承认葡萄种植业经营者的私人利益。此外，在《摩泽尔记者的辩护》

[①] 《马克思恩格斯全集》第1卷，人民出版社1995年版，第288页。

中，马克思对"物质利益"的看法也不尽一致，一方面，他认为官员是自私自利的；另一方面，他又力图用葡萄业经营者的私人利益对抗官员的私人利益。马克思对私人利益的不同理解与他面对的具体情况不同有关。正是对"物质利益"的理解存在理论困惑，促使他对这一问题进一步思考。

总之，在《莱茵报》工作时期，马克思对现实社会问题的研究，推动着他的哲学思想的发展变化，这成为他后来研究经济关系和转向共产主义的最初动因。他曾不止一次对恩格斯说，正是他对林木盗窃法和摩泽尔河地区农民处境的研究，"推动他由纯政治转向研究经济关系，并从而走向社会主义"①。

四、开辟通向历史唯物主义的道路

《莱茵报》对普鲁士国家弊端的揭露和批判，使得普鲁士当局在1843年4月1日查封了《莱茵报》。为了弄清"物质利益"的难题，马克思"从社会舞台退回书房"②，进行理论探索。他在1843年3月中至9月底，撰写了《黑格尔法哲学批判》一书，对黑格尔唯心主义的法和国家学说进行了系统的批判。马克思在1844年2月发表于《德法年鉴》上的《论犹太人问题》和《〈黑格尔法哲学批判〉导言》表明，他已经从革命民主主义转向共产主义。1842年11月，恩格斯离开德国前往英国曼彻斯特，英国的社会现实和工人运动对恩格斯产生了重要的影响，使他的哲学思想和政治立场发生了显著变化，推动着他向唯物主义和共产主义转变，这主要体现在恩格斯的《国民经济学批判大纲》和关于英国状况的一组文章中。马克思和恩格斯通过各自的研究，开辟了通向历史唯物主义的道路。

（一）市民社会是国家的基础

通过《莱茵报》时期对现实社会问题的研究，马克思对黑格尔的唯心主义理性国家观产生了怀疑。为了解决"物质利益"难题，他在克罗伊茨纳赫潜心进行理论研究，写了摘录笔记，被称作《克罗伊茨纳赫笔记》，撰写了《黑格尔法哲学批判》一书。在此书中，马克思借鉴费尔巴哈批判黑格尔哲学是思维和存在、主语和谓语的颠倒的观点，阐明黑格尔关于国家理性决定市民社会的观点是主语和谓语的颠倒。马克思提出了市民社会是政治国家的基础的唯物主

---

① 《马克思恩格斯全集》第39卷，人民出版社1974年版，第446页。
② 《马克思恩格斯文集》第2卷，人民出版社2009年版，第591页。

义观点。

黑格尔建立了一个包罗万象的哲学体系，他的法哲学被囊括于这一体系之中。黑格尔对以基督教为精神基础的封建统治不满，向往自由的理性国家，这反映了德国资产阶级的要求。但是，由于德国资产阶级非常软弱，不敢采取革命行动，因而黑格尔夸大了国家观念的能动作用，把理性国家作为决定性的力量。他考察了家庭、市民社会和国家的关系，认为作为普遍观念的国家决定家庭和市民社会，家庭和市民社会不过是国家观念分化出的两个环节。黑格尔虽然看到了市民社会私人利益之间的冲突，但他把国家作为普遍利益的代表，作为超越私人利益矛盾、实现人人自由的保障。马克思批判道，黑格尔颠倒了市民社会和国家的关系，实际上，家庭和市民社会是国家的基础。市民社会是私人活动的领域，它由追求私人利益的个人及其社会组织构成。国家实质上是维护私人利益的，而并不代表普遍利益。

马克思系统地批判了黑格尔的由王权、行政权和立法权构成的法哲学体系。黑格尔主张建立立宪君主制，在承认王权至上的同时，试图用政治制度和法律对王权加以限制，认为君主主权包含着人民主权，表明了德国资产阶级与封建势力的妥协。马克思反对君主主权，坚持人民主权。他认为，国家制度是以人民为基础的，"不是国家制度创造人民，而是人民创造国家制度"①。"民主制是国家制度的类。君主制则只是国家制度的种，并且是坏的种。民主制是内容和形式，君主制**似乎**只是形式，然而它伪造内容。"② 民主制直接体现着国家制度以人民为基础的本性，是内容和形式的统一，因此，"民主制是一切形式的国家制度的已经解开的**谜**"③。

黑格尔从国家、社会团体、家庭等引申出个人，使个人从属于社会整体；而马克思则从经验的、现实的个人出发来说明社会组织和国家，认为经验的、现实的个人是与他人具有社会联系的人。"'特殊的人格'的本质不是它的胡子、它的血液、它的抽象的肉体，而是它的**社会特质**"④，应该用人的社会特质说明人在国家中的职能和活动，那些行使国家权力的人是私有财产的占有者和维护者。现代政治国家是与市民社会分离的，属于市民社会之外的领域，它无

---

① 《马克思恩格斯全集》第3卷，人民出版社2002年版，第40页。
② 《马克思恩格斯全集》第3卷，人民出版社2002年版，第39页。
③ 《马克思恩格斯全集》第3卷，人民出版社2002年版，第39页。
④ 《马克思恩格斯全集》第3卷，人民出版社2002年版，第29页。

法实现对市民社会的有效统治。马克思提出，应该建立人民普遍参加选举的民主制，在那里，人民既是市民社会的成员，又是行使自身政治权利的主体，从而实现特殊利益和普遍利益的统一，实现人的自由。马克思在这里所说的民主制是超越现代政治国家的理想的社会制度。

马克思在《黑格尔法哲学批判》中关于市民社会是国家基础的观点、关于人民是国家制度的基础的民主观点、关于从现实的个人出发说明社会组织和国家的观点以及克服市民社会和国家二元分离的观点等，表明他已经开始向历史唯物主义转变，但他还未对市民社会进行深入剖析。

（二）超越政治解放，实现人的解放

由于不堪忍受普鲁士政府"把人变成奴隶"的沉闷空气，马克思于1843年10月迁往法国巴黎。当时的巴黎，资本主义工商业已经有了相当大的发展，无产阶级和资产阶级的矛盾十分尖锐，空想社会主义理论广泛传播。受到法国的社会现实和理论的影响，马克思一方面接触工人运动，另一方面继续进行理论研究，从而加速了他向唯物主义和共产主义的转变。

青年黑格尔主义的主要代表人物布鲁诺·鲍威尔在黑格尔的理性国家观影响下，认为通过反对宗教、建立世俗的政治国家，就会实现人的自由解放。马克思通过对黑格尔国家观的批判已经认识到，市民社会是国家的基础，只有变革市民社会，才能实现人的自由解放。在《论犹太人问题》中，马克思区分了政治解放和人的解放。政治解放是指反对封建的基督教国家的资产阶级政治革命，是世俗的资产阶级国家的建立，是市民社会从原来一体化的国家中分离出来，成为独立的存在。人的解放则是要改造市民社会，消灭私有财产，消灭个人的宗教信仰和金钱崇拜，实现每个人的自由发展。马克思认为，政治解放确实是一个历史进步，但它只是使市民社会和国家相分离，却并未触动和改造市民社会，并未克服私人的宗教信仰、利己主义和金钱崇拜。

马克思通过对法国和北美几部资产阶级宪法的分析，阐明市民社会的自由、平等、安全等人权是不真实的。自由这项人权就是"人作为孤立的、自我封闭的单子的自由"①，是自私自利的权利。"自由这一人权的实际应用就是**私有财产**这一人权。"②"这种自由使每个人不是把他人看做自己自由的**实现**，而

---

① 《马克思恩格斯文集》第1卷，人民出版社2009年版，第40页。
② 《马克思恩格斯文集》第1卷，人民出版社2009年版，第41页。

是看做自己自由的**限制**。"① 平等是指人人都是同样的单子式的存在。安全是为了维护人身和私有财产不受侵犯，是利己主义的保障。实际上，在市民社会，人们在私有财产上的等级差别依然存在。只有变革市民社会，废除私有财产，克服对异己的力量——宗教、国家和金钱的崇拜，实现人的类本质，消除人的个体感性存在和类存在的矛盾，才能使人获得解放。总之，马克思在《论犹太人问题》中对政治解放和人的解放进行了区分，指出了资产阶级政治解放的局限性，提出了实现人的解放的历史任务，把彻底变革市民社会作为人的解放的根本途径，这反映了他思想认识的深化。但他关于人的类本质的思想受到费尔巴哈人本主义的影响。

（三）无产阶级的历史使命

在《〈黑格尔法哲学批判〉导言》中，马克思探讨了将理论和实践联系起来，超越政治解放、实现人的解放的问题。马克思批判了青年黑格尔派热衷于宗教批判而忽视对现实政治进行批判的弊端，分析了宗教的性质、作用和赖以存在的世俗基础，强调要把由对宗教的批判转向对现实政治的批判。他认为无产阶级肩负着超越政治解放、实现人的解放的历史使命，无产阶级在正确理论指导下变革市民社会和政治国家，是实现人的解放的根本途径。

马克思论述了宗教的性质和作用，认为宗教既是对颠倒了的世界（国家、社会）的反映，又是对这个世界的抗议。宗教里的苦难是劳苦民众的现实生活苦难的观念表现，但是宗教对人们又具有精神麻痹的作用，它使人们只是在幻想中摆脱苦难，而放弃改变自身生存状况的现实斗争，不可能使人们过上真正的幸福生活。因此，在这个意义上讲，"宗教是人民的**鸦片**"②。宗教有其存在的世俗基础，正是由于国家和社会是颠倒的世界，才产生了宗教这种颠倒的世界意识。在这里，马克思批判了青年黑格尔派局限于宗教批判的做法，认为当前的根本任务是改变宗教赖以存在的世俗基础，由对天国的批判转向对世俗的国家和社会的批判。

马克思继续批判了政治解放的局限性，指出它只是市民社会的一部分人——资产者解放了自己，取得了统治地位，却"毫不触犯大厦支柱"③——市民社会。就德国而言，德国集新旧制度缺陷之大成，它既有封建旧制度野

---

① 《马克思恩格斯文集》第 1 卷，人民出版社 2009 年版，第 41 页。
② 《马克思恩格斯文集》第 1 卷，人民出版社 2009 年版，第 4 页。
③ 《马克思恩格斯文集》第 1 卷，人民出版社 2009 年版，第 14 页。

蛮的缺陷，又有资本主义文明的缺陷。因此，只能通过全面的政治革命和社会革命，德国人才能得到解放。马克思指出，德国的资产阶级难以承担这一任务，它刚刚开始同封建贵族进行斗争，就卷入了无产阶级反对它的斗争。只有无产阶级才能担负起这一任务。无产阶级形成于市民社会，但由于没有财产，又被剥夺了作为市民社会成员的资格和权利。这种社会地位决定了无产阶级能够在正确理论的指导下，进行改变国家和市民社会的革命，实现人的解放。

马克思论述了"批判的武器"和"武器的批判"、理论批判和物质实践改造的关系，指出："批判的武器当然不能代替武器的批判，物质力量只能用物质力量来摧毁；但是理论一经掌握群众，也会变成物质力量。理论只要说服人［ad hominem］，就能掌握群众；而理论只要彻底，就能说服人［ad hominem］。所谓彻底，就是抓住事物的根本。而人的根本就是人本身。"① 马克思的这一论述虽然带有费尔巴哈的人的抽象本质观点的痕迹，但他已经把自己的哲学与无产阶级的革命实践自觉地结合了起来。他把自己的哲学与无产阶级的关系比喻为"头脑"和"心脏"的关系，认为实现人的解放的"头脑"是哲学，它的"心脏"是无产阶级。"哲学不消灭无产阶级，就不能成为现实；无产阶级不把哲学变成现实，就不可能消灭自身"②，即不可能摆脱受奴役的贫困状况。同时，马克思清醒地认识到，仅有革命的理论是远远不够的，还要有群众的革命要求。"理论在一个国家实现的程度，总是取决于理论满足这个国家的需要的程度。"③ 在这里，马克思明确提出了无产阶级和资产阶级的利益对立，把无产阶级作为实现人的解放的主体，把自己的哲学作为无产阶级的思想武器。

在《论犹太人问题》中，马克思论证了政治解放和人的解放的区别，阐明资产阶级通过政治革命只是实现了政治解放，并未实现人的解放。在《〈黑格尔法哲学批判〉导言》中，马克思明确地把无产阶级作为人的解放任务的承担者，把他自己的哲学作为实现人的解放的思想武器。这两篇论文表明，马克思已经确立起超越资产阶级政治解放、为人的解放而奋斗的思想。

---

① 《马克思恩格斯文集》第 1 卷，人民出版社 2009 年版，第 11 页。
② 《马克思恩格斯文集》第 1 卷，人民出版社 2009 年版，第 18 页。
③ 《马克思恩格斯文集》第 1 卷，人民出版社 2009 年版，第 12 页。

（四）批判古典政治经济学的大纲

由于恩格斯比较早离开学校，从事工商业方面的活动，因而也比较早接触到社会经济关系和经济问题。特别是他到了英国后，新的社会环境促进了他的思想发展和转变。恩格斯对英国的经济和社会状况进行了调查研究，深入了解了工人的生产和生活状况，参加了工人的反抗斗争。他认识到了资本主义工商业在社会发展中的巨大作用，同时，也认识到了经济矛盾增加带来的深重的社会灾难。这促使他研究政治经济学，对英国古典政治经济学进行分析批判，向唯物主义和共产主义思想转变。

恩格斯早在1842年11月底写于伦敦的《国内危机》一文中，就探讨了原则和利益究竟何者优先的问题。他认识到，英国社会的各种斗争都是围绕物质利益展开的，这种物质利益的冲突必然会导致社会革命，"这个革命的开始和进行将是为了利益，而不是为了原则，只有利益能够发展成为原则，就是说，革命将不是政治革命，而是社会革命"①。英国是资本主义经济发展较快的国家，古典政治经济学在英国具有重要的理论影响。在阅读亚当·斯密等英国经济学家著作的基础上，恩格斯于1843年9月底或10月初至1844年1月中旬撰写了《国民经济学批判大纲》，此文于1844年2月刊登在《德法年鉴》上。

在《国民经济学批判大纲》中，恩格斯在肯定英国古典经济学是经济学的革命的同时，对它进行了批判，认为它是"一个成熟的允许欺诈的体系、一门完整的发财致富的科学"②。它的主要缺陷在于，"经济学没有想去过问**私有制的合理性**的问题"③，而是将其视为不言而喻的前提。恩格斯则对这一前提的合理性提出质疑，指出"这些前提创造并发展了工厂制度和现代的奴隶制度，这种奴隶制度就它的无人性和残酷性来说不亚于古代的奴隶制度"④。

恩格斯认为，经济学内部存在着从重商主义到重农主义再到古典经济学的劳动价值论的对立，即使在一个经济学体系中，也存在着各种范畴的对立，如资本和劳动、价值和价格、供给和需求、竞争和垄断、生产和分配的对立等。这些理论对立都源于私有制，是私有制造成的"反常的分裂"事实的反映。现代私有制必然造成劳动和资本的分离，必然引发竞争，竞争又会导致垄断。

---

① 《马克思恩格斯全集》第3卷，人民出版社2002年版，第411—412页。
② 《马克思恩格斯文集》第1卷，人民出版社2009年版，第56页。
③ 《马克思恩格斯文集》第1卷，人民出版社2009年版，第57页。
④ 《马克思恩格斯文集》第1卷，人民出版社2009年版，第58页。

"竞争贯穿在我们的全部生活关系中,造成了人们今日所处的相互奴役状况。"① 只有消灭私有制,才能实现人与自然的和解和人与人的和解。恩格斯还强调了劳动的重要性,指出"**劳动**是生产的主要要素,是'财富的源泉',是人的自由活动,但很少受到经济学家的重视"②。亚当·斯密虽然把劳动作为衡量商品价值的尺度,但又认为价值要由工资、资本等决定,这就把劳动因素和分配因素并列了起来,从而也就"没有一个固定的尺度来确定劳动在生产中所占的比重"③。

恩格斯指出,英国古典经济学是自私自利的学说,在它看来,每个人都把自由竞争、追求自身利益作为目的。它采用纯经验主义和纯客观主义的方法揭示私有制社会的经济规律,然而,私有制社会的经济是存在矛盾的,对其进行的经济分析必然会得出与其前提相悖的结论。于是,它就用诡辩和伪善的方式掩盖矛盾,用仁爱的伪装掩饰私有制的反人性。不过,恩格斯这时还受到黑格尔思辨方法的影响,还未区分古典经济学和庸俗经济学,对李嘉图的经济学评价较低。

恩格斯的《国民经济学批判大纲》是马克思主义形成和发展史上第一部研究政治经济学的著作,对马克思产生了重要的影响,是马克思转向研究政治经济学的直接原因之一。马克思称赞它是"天才大纲"④。但它毕竟是恩格斯青年时期不成熟的著作,恩格斯在1871年4月13日致李卜克内西的信和1884年6月26日给叶·帕普利茨的复信中均表示不宜重新刊载此文,认为它存在不确切和错误之处,担心会给读者造成误解,认为它"仅仅具有历史文件的意义"⑤。不过,恩格斯也指出:"我至今对自己的这第一本社会科学方面的著作还有点自豪。"⑥

(五)批判卡莱尔泛神论的历史观

恩格斯通过政治经济学研究,对经济在社会历史中的重要作用有了一定的认识。他在研究政治经济学的同时,批判了托马斯·卡莱尔(1795—1881)泛神论的唯心史观,撰写了《英国状况 评托马斯·卡莱尔的〈过去和现在〉》。这篇论文写于1843年10月至1844年1月中旬,在文中恩格斯对卡莱尔泛神论

---

① 《马克思恩格斯文集》第1卷,人民出版社2009年版,第84页。
② 《马克思恩格斯文集》第1卷,人民出版社2009年版,第72页。
③ 《马克思恩格斯文集》第1卷,人民出版社2009年版,第72页。
④ 《马克思恩格斯文集》第2卷,人民出版社2009年版,第592页。
⑤ 《马克思恩格斯全集》第33卷,人民出版社1973年版,第209页。
⑥ 《马克思恩格斯全集》第36卷,人民出版社1975年版,第172页。

的英雄史观进行了批判，阐明历史是人的活动的历史。

卡莱尔通过对12世纪和19世纪初英国状况的比较认为，现代社会的各种弊端都源于宗教信仰的缺失，经过宗教批判运动，人们已不能回到信仰人格神的时代，但人们总要有所信仰。卡莱尔试图用带有一定理性色彩的神代替感性形象的人格化的神。恩格斯认为，卡莱尔的观点"是德国泛神论的思想方式"①。恩格斯批判了卡莱尔的历史观。

恩格斯指出，我们并不否认历史的启示，我们比以往任何哲学派别都更重视历史。但是，历史不是神创造的，而是人的活动的历史。"历史就是我们的一切"②，离开从事现实活动的人，就谈不上历史。"历史不是'神'的启示，而是人的启示，并且只能是人的启示。"③ 至于神则是人的"不发达意识"对自己本质模糊、歪曲的反映。天启的历史观是把人和世界二元化的结果，它认为社会上有超人一等的真正的贵族、英雄。恩格斯虽然承认人们在才智上的差别，但他认为"天才的真正社会使命不是用暴力统治别人，而是激励别人，引导别人"④。天才应当说服群众相信他的思想的真实性，这样就不必再为自己思想的实现而感到困扰，因为它接着完全会自行实现。这些论述揭示了天启历史观与世俗的英雄史观的联系，为创立唯物史观作了理论铺垫。

（六）18世纪的英国状况

《英国状况 十八世纪》写于1844年1月初至2月初，在同年8月至9月的《前进报》上连载。恩格斯在文中具体运用他的历史观点，探讨了18世纪英国的工业革命及其重大历史意义，分析了英国、法国和德国哲学的特点等。

恩格斯指出，18世纪是革命的世纪，英国、法国、德国都进行了革命。由于每个国家的社会历史条件和文化传统等方面存在差别，这些国家的革命形式各不相同：英国进行的是社会革命、工业革命；法国进行的是政治革命，试图建立自由平等的政治制度；德国革命是德国古典哲学的创立。其中，英国的工业革命是最为深刻、广泛的革命。恩格斯研究了英国工业革命的起因、过程、结果及深远影响。

恩格斯首先探讨了科学的发展。他指出，在18世纪之前，只有一些零散

---

① 《马克思恩格斯全集》第3卷，人民出版社2002年版，第516页。
② 《马克思恩格斯全集》第3卷，人民出版社2002年版，第520页。
③ 《马克思恩格斯全集》第3卷，人民出版社2002年版，第520页。
④ 《马克思恩格斯全集》第3卷，人民出版社2002年版，第522页。

的、偶然的科学成果，到 18 世纪，"知识变成科学，各门科学都接近于完成"①。这主要表现在两个方面：一是它和哲学相结合，造成了对立的哲学观念；二是它和实践相结合，带来了工业革命。由于科学是用自然和社会本身的原因说明自然现象和社会现象的，因此，它同宗教是对立的。作为各种科学发展过程的成果，哲学为了反对基督教的抽象主体性，走向了与宗教对立的另一极端——客体性，从而形成客体性和主体性的对立、自然和精神的对立、唯物论和唯灵论的对立、抽象普遍的实体与抽象单一的实体的对立等。因此，恩格斯认为，18 世纪哲学的片面性使得它没有解决哲学史上一直关注的实体和主体、自然和精神、必然和自由的对立。"但是，18 世纪使对立的双方在针锋相对中得到充分发展，从而使消灭这种对立成为必不可免的事"②，这会在不久的将来得到实现。

恩格斯还仔细考察了英国工业革命的过程，认识到牛顿力学为工业革命准备了科学条件，工业革命就是科学在实践中的应用。英国的机器工业首先是棉纺织业的兴起，然后是毛纺织业、麻纺织业、丝纺织业的产生和发展，接着是金属加工业的产生，采矿业的发展，交通的改善等。恩格斯的这些论述包含着科学技术是生产力的思想。

恩格斯认为，英国社会革命的结果是利益占了主导地位，私有制使人类创造的工业力量被少数资本家所垄断，成为他们牟取私利、奴役群众的工具。工业革命在极大地推动生产发展的同时，造成阶级关系的变化，产生了无产阶级，这是英国工业革命引起的最重要的结果。在英国，私有财产、物升格为世界的统治者，人变为物的奴隶，变为生意世界、金钱的奴隶。一旦消灭这种异己的社会状况，就会使人类走向自由的自主联合③。

由上可见，恩格斯非常强调工业革命、市民社会在社会结构中的基础作用，分析了资本主义社会的矛盾和对立，预示了人类消灭异己的社会力量、实现自由自主的联合的必然发展趋势。

五、异化劳动理论及对黑格尔哲学的批判

1843 年年底，马克思着手分析资本主义的经济关系，研究政治经济学。

---

① 《马克思恩格斯文集》第 1 卷，人民出版社 2009 年版，第 88 页。
② 《马克思恩格斯文集》第 1 卷，人民出版社 2009 年版，第 89 页。
③ 《马克思恩格斯文集》第 1 卷，人民出版社 2009 年版，第 95 页。

1844年4月至8月，他撰写了《1844年经济学哲学手稿》。这是一部未完成的手稿，这部手稿直到1932年才第一次以德文原文全部发表。马克思在这部手稿中系统地分析了工人的异化劳动，提出了消除异化劳动、实现共产主义的理论，并对黑格尔的辩证法和整个哲学进行了批判。马克思认为，资产阶级古典政治经济学虽然把劳动作为创造财富的源泉，但没有看到劳动的异化性质，而把私有财产的存在作为天经地义的理论前提，没有说明私有财产的本质和起源，这是由于"它把资本家的利益当做最终原因"[1]。与之不同，马克思"从**当前的**国民经济的事实出发"[2]，揭露了资本主义社会劳动的异己性。

（一）异化劳动的基本规定

在《1844年经济学哲学手稿》中，马克思提出了异化劳动理论。异化是指主体从自身的活动中分裂出自己的对立面，它作为与主体相疏离、相对立的外在的、异己的力量而存在。异化劳动是指人的劳动活动及其结果与之相离异，并作为异己的力量反过来奴役和支配人。异化劳动包括四个基本规定：

第一，人同自己的劳动产品异化。在资本主义社会，工人生产的产品与他们相分离，作为异己的力量与之相对立。工人生产的产品越多，归他们所有的东西就越少；商品世界的力量越大，工人就越变成廉价的商品。就工人的劳动和劳动产品的直接关系而言，产品应该归工人所有，而事实上，工人劳动的对象化表现为对象的丧失和被对象奴役。

第二，人同自己的劳动活动异化。异化不仅表现在劳动结果上，而且表现在生产行为中，劳动活动的异化也是一个经济事实。在资本主义社会，工人只是为了维持生存才被迫进行劳动，劳动是属于别人的强制的活动，因此，"他在自己的劳动中不是肯定自己，而是否定自己，不是感到幸福，而是感到不幸，不是自由地发挥自己的体力和智力，而是使自己的肉体受折磨、精神遭摧残"[3]。劳动行为异化使得工人把自己的自然生理机能的运用即把吃、喝、生殖等作为自由的活动，而把真正属于人的本质的创造性劳动作为动物式的、不自由的活动。吃、喝、生殖等固然也是人的机能，但如果这些机能成为唯一的、终极的目的，就会沦为动物的机能。

第三，人同自己的类本质异化。马克思借用费尔巴哈的"类本质"概念，

---

[1]《马克思恩格斯文集》第1卷，人民出版社2009年版，第155页。
[2]《马克思恩格斯文集》第1卷，人民出版社2009年版，第156页。
[3]《马克思恩格斯文集》第1卷，人民出版社2009年版，第159页。

把自由的有意识的劳动作为人的类本质,作为人的能动的类生活。在他看来,人的最基本的活动是物质生产劳动,因为它是"产生生命的生活","一个种的整体特性、种的类特性就在于生命活动的性质"①。人的类本质即人区别于动物的特性在于,人的劳动是"自由的有意识的活动"②。劳动固然同人的肉体需要相联系,但人可以自由地对待自己的产品,"人甚至不受肉体需要的影响也进行生产"③,把产品当做理论探讨或审美的对象。自然界是人的无机身体,人可以把越来越多的自然物纳入自己的活动范围,通过劳动将自己的劳动技能、理论知识和审美情趣等对象化到自然对象上,使自然界成为凝结着人的本质力量的人化自然,形成人与自然的实践的、理论的和审美的等多种关系。然而,在资本主义社会,异化劳动从工人那里夺去了其劳动产品,使他们无法通过对象观照自身、确证自身的创造活动和能力,这就夺去了他们的类生活。这样,他们就将劳动当做单纯维持肉体生存的手段了。

第四,人与人关系的异化。马克思追问道,如果人同自己的产品是相对立的,产品不是属于我的,那它到底属于谁呢?如果我的劳动活动不属于我,而是一种异己的活动,那它到底属于谁呢?属于有别于我的另一个存在物,即资本家。人同自身的类本质的异化也"只有通过人对他人的关系才得到实现和表现"④。异化劳动体现的是资本家和工人的关系,是"剥削者和被剥削者的国民经济关系"⑤。

异化劳动四个基本规定之间相互联系。劳动产品的异化是当前的经济事实,马克思由此出发,进而推进到工人的劳动活动的异化,说明工人之所以与自己生产的劳动产品异化,是因为劳动活动就是异化的。然后,他又由前两个规定推出人的类本质的异化,而第四种异化即人与人关系的异化是前三种异化的直接结果。马克思考察了异化劳动和私有财产的关系,指出异化劳动是私有财产的原因,私有财产是异化劳动的结果。当异化劳动导致私有财产之后,异化劳动和私有财产又相互作用、互为因果。这样,马克思就揭露了古典政治经济学将私有财产永恒化观点的错误。既然异化劳动的最终根源不是私有财产,

---

① 《马克思恩格斯文集》第1卷,人民出版社2009年版,第162页。
② 《马克思恩格斯文集》第1卷,人民出版社2009年版,第162页。
③ 《马克思恩格斯文集》第1卷,人民出版社2009年版,第162页。
④ 《马克思恩格斯文集》第1卷,人民出版社2009年版,第164页。
⑤ 《马克思恩格斯文集》第1卷,人民出版社2009年版,第151页。

那又是什么呢？马克思虽然没有作出明确的回答，但提供了进一步思考的线索。他说："我们把**私有财产的起源**问题**变为外化劳动**对人类发展进程的关系问题，就已经为解决这一任务得到了许多东西。"① 他在考察分工和交换问题时说："对**分工**和**交换**的考察具有极为重要的意义，因为分工和交换是人的**活动和本质力量**——作为**类**的活动和本质力量——的**明显外化**的表现。"② 在社会分工条件下，个人不是为自己而生产，而是为他人和社会生产，个人的生产活动是与自己疏离的、外在化的活动，个人不能支配自己的活动，而受到社会分工体系的支配。交换是劳动产品与生产者疏离，外化给他人，由他人支配，以此换取自己所需要的产品。在后来的《德意志意识形态》中，马克思进一步明确地把自发的社会分工作为异化劳动的原因。

（二）异化劳动的扬弃

马克思批判了各种空想社会主义学说，论述了人类最终消灭私有财产、扬弃异化劳动的历史必然性和前景。

马克思通过对以往各种空想社会主义的回顾和批判，对他自己所理解的共产主义的基本特征作了概括：共产主义是对私有财产的积极扬弃，即承认私有财产的异化形式中包含着积极的成果，把它作为建立共产主义的物质基础，而不能抽象地、全盘地否定私有财产，倒退到野蛮的原始状态去。私有财产的扬弃不只是对物质财产的普遍占有，而且是人的自我异化的扬弃，是人对自身本质力量的全面占有，是人的类本质的复归。这种共产主义"是人和自然界之间、人和人之间的矛盾的**真正**解决，是存在和本质、对象化和自我确证、自由和必然、个体和类之间的斗争的真正解决。它是历史之谜的解答，而且知道自己就是这种解答"③。在马克思看来，自然不仅包括外部自然界，而且包括人自身的自然。人是用自己身体的自然物质力量改造和占有外部自然界的。同时，外部自然界是由人改造的人化自然界，是人的本质力量的对象化和公开展示。这样，他就把自然主义和人道主义统一了起来。在私有制下，人同自然界、别人、类、自己生产的对象统统处于异化关系之中，共产主义扬弃了异化，也就恢复了人的社会本质，实现了人和自然、人和人关系的和谐统一，这样，就解开了历史之谜。

---

① 《马克思恩格斯文集》第 1 卷，人民出版社 2009 年版，第 168 页。
② 《马克思恩格斯文集》第 1 卷，人民出版社 2009 年版，第 241 页。
③ 《马克思恩格斯文集》第 1 卷，人民出版社 2009 年版，第 185—186 页。

马克思认为,"**整个所谓世界历史**不外是人通过人的劳动而诞生的过程,是自然界对人来说的生成过程"①。人周围的自然是经过物质生产劳动改造的人化自然,是人的本质力量的展示和自我确证。至于政治的、精神的生产则是生产的一些特殊形式,它们受到物质生产的一般规律的支配。在资本主义社会,物质生产劳动是异化的,其他领域的生产也都有了异化的性质。而随着异化劳动的消除,其他生产的异化也会随之克服。私有财产的扬弃,对象的异化的消除,也是人的感觉和思维器官的全面解放。

马克思还认为,工业展示了人改造自然的本质力量的空前增强,但异化劳动使得人们往往不能把工业的创造物同人的本质联系起来加以认识,而只是当做有用物、人的物欲的对象来看待。在马克思看来,尽管资本主义工业和科学处于异化状态,但又在为人的解放准备条件。

(三)对黑格尔的辩证法和整个哲学的批判

马克思认为,黑格尔虽然阐述了异化和扬弃异化,这包含着合理的成分,但他只是把异化和扬弃异化理解为精神的活动,而不是现实的感性实践活动。因此,有必要对黑格尔的辩证法和整个哲学进行分析批判。

马克思指出,《精神现象学》是"黑格尔哲学的真正诞生地和秘密"②。在该书中,黑格尔立足于实体也是能动的主体的观点,考察了个人意识产生和发展的历史过程,这是一个异化和扬弃异化的过程。马克思洞察到,黑格尔的《精神现象学》以唯心主义的形式抓住了人的劳动的本质,把人理解为一个通过异化和扬弃异化而自我发展的过程。在这一过程中,否定、扬弃是一个"推动原则和创造原则",正是通过否定、扬弃异化才能实现精神与自然、主体与客体的统一,才能使人成为真正的人。马克思批判地认为,黑格尔站在与古典经济学家同样的立场上,只看到了劳动对于人的生成和发展的积极意义,而没有看到劳动的消极方面,没有看到现实劳动的异化性质;他所理解的劳动是抽象的精神劳动,而不是感性的物质劳动。在黑格尔那里,劳动的异化只是一种外观,只是意识的一种异在形式、外在化形式。因此,对异化的否定、扬弃只是思想上的活动,而无需触动现实的社会制度。这样,马克思就既发掘出了黑格尔的辩证法和哲学的积极成果,又揭示了其神秘的、非批判的性质,从而也

---

① 《马克思恩格斯文集》第1卷,人民出版社2009年版,第196页。
② 《马克思恩格斯文集》第1卷,人民出版社2009年版,第201页。

批判了青年黑格尔派只满足于理论批判而不付诸实际行动的弊端。

《1844 年经济学哲学手稿》是一部在马克思主义哲学形成过程中具有承上启下作用的重要著作。在这部著作中，马克思通过分析社会的经济事实，揭示了工人和资本家之间的经济关系，预示了积极扬弃私有财产、实现共产主义的历史必然趋势。但是，他又用人的类本质的异化和复归的抽象的人本主义的方式，说明工人劳动的性质和工人获得解放的途径。1932 年这部手稿全部公之于世后，在国际哲学界产生了很大影响，丰富了马克思主义哲学及其历史发展的研究。但这部手稿毕竟是马克思主义形成过程中的著作，其中的异化思想还明显地带有费尔巴哈人本主义的影响。而部分西方"马克思学家"则不适当地夸大了这部著作在马克思哲学思想中的地位，认为正是这部著作中的思想才是"真正的马克思主义"，以此来贬低、否定马克思思想后来的发展，制造"青年马克思"和"老年马克思"的对立。这就告诉我们，要真正读懂这部手稿，正确认识它在马克思主义哲学史上的地位，就必须坚持正确的分析方法，坚持正确的马克思主义观。

（四）批判交往关系的异化

马克思在 1844 年还撰写了《詹姆斯·穆勒〈政治经济学原理〉一书摘要》①，批判了资本主义社会交往关系的异化。资产阶级思想家们认为，商品交换是与人的本质相适应的永恒的交往形式，马克思从生产的发展说明商品交换，阐明商品交换是生产发展到一定历史阶段的产物，是与私有制相联系的异己的交往关系。

针对詹姆斯·穆勒把货币作为财产转让的方便中介的观点，马克思指出，货币是"异己的媒介"，以货币为中介的商品交换使人与人的关系间接化、异化了，货币成为人们崇拜的对象，成为支配人们活动的目的和权力，人们在生产和产品上的相互补充变成了追求各自私利的关系。商品交换表面上是人与人之间相互承认的平等关系，实际上是彼此的利益较量和争斗。交换双方所承认的只是商品物的价值，而不是人的价值。"对我们来说，我们**彼此的**价值就是

---

① 马克思的《1844 年经济学哲学手稿》和《詹姆斯·穆勒〈政治经济学原理〉一书摘要》的写作时间次序学界有不同的看法。《马克思恩格斯全集》第 1 版《詹姆斯·穆勒〈政治经济学原理〉一书摘要》在前，《1844 年经济学哲学手稿》在后；近年来，有的学者提出相反的看法；还有的学者推测，《詹姆斯·穆勒〈政治经济学原理〉一书摘要》是《1844 年经济学哲学手稿》中第二手稿遗失的主体部分。

我们彼此拥有的物品的**价值**。因此，在我们看来，一个人本身对另一个人来说是某种**没有价值的**东西。"①

在资本主义私有制下，由于生产被抽象化为以谋取货币为目的的活动，因此，生产的具体内容、生产者的特殊兴趣等被忽略了；随着分工的精细化，劳动被分割为不同的部分，劳动成为单调的、摧残人的精神和肉体的活动，成为谋生的手段。只有扬弃私有制和固定的分工，才能消除交往关系的异化，建立人们直接相互生产和交往的社会共同体，实现每个人自由的类本质。

总之，马克思透过商品交换表面上人与人相互承认的平等关系深入到对物质生产和私有制的历史考察之中，揭露和批判了资本主义社会人与人交往关系的异化，这为他后来立足于资本主义生产过程揭露资本主义商品交换自由平等的虚假性，认清资本剥削和奴役人的本质，作了理论铺垫。但马克思在这里对交往关系异化的论述还受到抽象的人的类本质思想的局限。

六、历史唯物主义诞生的前夜

马克思和恩格斯合著的《神圣家族》以及恩格斯撰写的《英国工人阶级状况》，标志着马克思和恩格斯向新世界观进一步接近，为新世界观的确立奠定了基础。

(一)《神圣家族》对青年黑格尔派的批判

1844 年 8 月 28 日前后，恩格斯在从英国回德国的途中到巴黎拜访马克思，与马克思一起度过了 10 天。他们通过亲密交谈，了解到彼此观点的一致性，从而开始了他们终生的友谊和合作关系。他们决定共同撰写一部著作，批判青年黑格尔派《文学总汇报》的观点，这部著作就是《神圣家族》。《神圣家族》写于 1844 年 9 月至 11 月，1845 年 2 月出版。

青年黑格尔派起初对德国封建制度和神学进行批判，起过进步作用。他们还批判了黑格尔哲学，并自以为已经彻底批判了黑格尔的"批判哲学"，其实，他们的"批判的批判"并未超出黑格尔的唯心主义体系。后来，这个学派就变成了迷恋于宗教批判的保守主义。布鲁诺·鲍威尔等人创办的《文学总汇报》散布思辨的唯心主义，反对革命的民主主义，否认人民群众的历史作用。马克思、恩格斯合写的《神圣家族》就是对青年黑格尔派所谓"批判的批判"的批

---

① 《马克思恩格斯全集》第 42 卷，人民出版社 1979 年版，第 37 页。

判。这部著作的全称是:《神圣家族,或对批判的批判所做的批判。驳布鲁诺·鲍威尔及其伙伴》。马克思、恩格斯在《神圣家族》的序言中说:"我们的阐述主要涉及**布鲁诺·鲍威尔**的《文学总汇报》……因为在该报中鲍威尔的批判,从而**整个德国思辨**的胡说达到了顶点。……《文学报》提供了一份材料,就连广大的读者也能通过这份材料识破思辨哲学的幻想。这也就是我们写作本书的目的。"① 这部著作的主要哲学思想是:第一,通过阐释个别和一般的真实关系,揭露黑格尔思辨方法的唯心主义本质。针对青年黑格尔派对当时畅销的长篇小说《巴黎的秘密》的思辨的理解,马克思、恩格斯指出,这是对黑格尔思辨结构的各个细节和方面的运用。他们以"果品"为例,揭露了黑格尔唯心主义思辨方法的秘密,认为黑格尔颠倒了个别和一般的关系,把一般看作是绝对化、独立化的实体。人的认识总是从个别上升到一般,比如,我们从苹果、梨、草莓、扁桃等个别物体得出"果品"这个一般概念。而黑格尔却把"果品"这个概念当做独立存在的,当做苹果、梨、草莓、扁桃等的本质。苹果之所以是苹果,不在于它本身的属性,而在于它体现着"果品"这一概念的本质。在黑格尔看来,苹果、梨、草莓、扁桃等之间的差别是无关紧要的,重要的是要认识到它们都属于"果品"这个概念实体。按照这种理解,显然是不能获得对事物的丰富知识的。然后,黑格尔又从"果品""实体"返回到平时的果实即返回到苹果、梨、扁桃等,使抽象的"果品""实体"获得某种具体内容的外观。黑格尔解释道,一般的"果品""是活生生的、自身有区别的、能动的本质"②,苹果、梨、扁桃等是"果品"能动地外化自身的不同环节和阶段。马克思、恩格斯认为,这种办法是把实体同时理解为能动活动的主体,理解为自我发展和实现的过程,这就把苹果等说成是由"果品"这一概念派生的了,这是唯心主义的本末倒置。但黑格尔也有两个优点:一是他用思辨方法构造哲学体系时,还是以人的感性直观和表象运动为参照和原型的;二是他"常常在**思辨的**叙述中作出把握住**事物**本身的、**现实的**叙述"③。而青年黑格尔派却"**不在任何地方**掺入**现实的**内容"④。

第二,批判精神和群众对立的观点,阐发历史活动的群众史观。布鲁诺·

---

① 《马克思恩格斯文集》第1卷,人民出版社2009年版,第253页。
② 《马克思恩格斯文集》第1卷,人民出版社2009年版,第278页。
③ 《马克思恩格斯文集》第1卷,人民出版社2009年版,第280页。
④ 《马克思恩格斯文集》第1卷,人民出版社2009年版,第280页。

鲍威尔把自我意识作为"绝对的个体"、主体,认为任何历史时代都是由威严的"笔"决定的,即由思想家的观念决定的。马克思、恩格斯批判道:"'**思想**'一旦离开'**利益**',就一定会使自己出丑。"① 他们以法国大革命为例,充分肯定了物质利益在唤起群众热情、推动历史发展中的作用。这表明,他们已经认识到了物质利益对人们的历史活动的推动作用,这是向历史唯物主义的接近。针对鲍威尔把历史说成是由哲学家(自我意识)创造,进而否定群众而回到自身的过程,马克思、恩格斯主张群众史观,他们指出,"历史活动是群众的活动,随着历史活动的深入,必将是群众队伍的扩大"②。

第三,针对青年黑格尔派把历史抽象化、神秘化的倾向,阐述历史的诞生地在于物质生产的观点。马克思、恩格斯认为,青年黑格尔派离开自然科学和工业、离开人对自然的实践关系和认识关系理解历史,把历史当做自我意识发展的历史。因此,他们只能找到"历史上的政治、文学和神学方面的重大事件"③,将其作为历史的动力和基础。他们不懂得,历史的诞生地在"地上的粗糙的**物质生产**"中,而不在"天上的迷蒙的云兴雾聚之处"④。马克思、恩格斯把工业、人对自然的关系纳入历史之中,并把人改造自然的物质生产作为历史的基础。他们明确提出了"生产方式"这一重要概念,并把群众当做物质生产劳动的主体,当做历史的创造者。这表明,他们已经超越了把人对自然的关系排除于历史之外的历史唯心主义,向历史唯物主义接近。针对青年黑格尔派把历史神秘化的目的论观点,马克思、恩格斯指出:"**历史什么事情**也没有做,它'不拥有**任何**惊人的丰富性',它'没有进行**任何**战斗'!……历史**不过是**追求着自己目的的人的活动而已。"⑤ 现实的人才是历史的主体,历史就是现实的、活生生的人的创造活动,没有凌驾于人之上的神秘力量的支配。鲍威尔埋怨法国革命思想没有超出旧世界秩序的范围,马克思、恩格斯指出,思想永远不能超出旧世界秩序的范围,在任何情况下,思想所能超出的只是旧世界秩序的思想范围。"思想本身根本**不能实现什么东西**。思想要得到实现,就要有使用实践力量的人。"⑥ 而先进的思想只有通过指导群众变革旧制度、建立新制度

---

① 《马克思恩格斯文集》第1卷,人民出版社2009年版,第286页。
② 《马克思恩格斯文集》第1卷,人民出版社2009年版,第287页。
③ 《马克思恩格斯文集》第1卷,人民出版社2009年版,第350页。
④ 《马克思恩格斯文集》第1卷,人民出版社2009年版,第351页。
⑤ 《马克思恩格斯文集》第1卷,人民出版社2009年版,第295页。
⑥ 《马克思恩格斯文集》第1卷,人民出版社2009年版,第320页。

的实践才能实现。

第四，批判抽象的个人的观点，论证"人同人的社会关系"的现实性。马克思、恩格斯在批判鲍威尔把人理解为"单个的利己主义原子"的观点时认为，人不是自足的、封闭的原子，人每天都要用外部的东西把自己的胃灌饱。因此，人处于与他人的现实利益关系中，人们的现实联系不是国家的政治生活，而是市民生活。"在今天，只有**政治上的迷信**还会妄想，市民生活必须由国家来维系，其实恰恰相反，国家是由市民生活来维系的。"① 马克思、恩格斯用市民生活说明政治生活，并且已不再将市民社会的人理解为原子式的抽象的人，而是理解为生活于一定社会关系中的现实的人。他们在反驳蒲鲁东（1809—1865）平等占有财产的观点时指出："**对象作为为了人的存在，作为人的对象性存在**，同时也就是**人为了他人的定在**，是他**同他人的人的关系**，是**人同人的社会关系**。"② 这就是说，个人生产的产品（实物）不仅能确证他自己的存在，而且也能满足他人的需要，确证他人的存在。人们之间通过劳动和劳动产品的互相补充、互相满足对方的需要而相互联系。列宁后来评论道："这一段话极有特色，因为它表明马克思如何接近自己的整个'体系'……的基本思想——即如何接近生产的社会关系这个思想。"③

第五，阐述18世纪法国唯物主义的起源、特点和理论归宿。鲍威尔认为，18世纪法国唯物主义和自然神论起源于斯宾诺莎（1632—1677）的理性主义、形而上学。马克思、恩格斯批判道，18世纪法国唯物主义有两个派别，即机械的唯物主义和强调人性、教育等的社会方面的唯物主义，前者起源于笛卡儿（1596—1650），后者起源于洛克（1632—1704）。法国的机械唯物主义继承了笛卡儿的物理学，对自然科学的发展具有促进作用。洛克哲学属于英国的唯物主义传统。在英国近代唯物主义创始人培根（1561—1626）那里，唯物主义"还以朴素的形式包含着全面发展的萌芽。物质带着诗意的感性光辉对整个人发出微笑。但是，那种格言警句式的学说本身却还充满了神学的不彻底性"④。霍布斯（1588—1679）把唯物主义系统化了，但也把它机械化、片面化了。洛克论证了以感觉经验为基础的认识论，由于它合乎法国当时的理论需要，因而

---

① 《马克思恩格斯文集》第1卷，人民出版社2009年版，第322页。
② 《马克思恩格斯文集》第1卷，人民出版社2009年版，第268页。
③ 《列宁全集》第55卷，人民出版社1990年版，第13页。
④ 《马克思恩格斯文集》第1卷，人民出版社2009年版，第331页。

受到法国人的欢迎。爱尔维修（1715—1771）把洛克的唯物主义经验论运用于说明社会生活，认为人是感受外界环境的存在物，追求私利、趋乐避苦是人的本性，人的差别是由后天环境（政治制度和法律等）和教育的不同造成的，人是环境和教育的产物。马克思、恩格斯认为，这种社会方面的唯物主义再向前推进一步，就是按照人性要求来安排社会环境的空想社会主义学说。他们还高度评价了费尔巴哈哲学，认为费尔巴哈的人本主义的唯物主义与社会主义学说有必然的联系。

马克思、恩格斯认为，法国唯物主义并未彻底战胜形而上学，形而上学在德国哲学中，特别是在19世纪初德国思辨哲学中"曾经历过**胜利的和富有内容的复辟**"①。德国思辨的唯心主义强调精神的能动性，这在黑格尔哲学中表现得尤为突出。黑格尔哲学体系中有三个要素："**斯宾诺莎的实体，费希特的自我意识以及前两个要素在黑格尔那里的必然充满矛盾的统一，即绝对精神**。第一个要素是形而上学地改了装的、同人**分离**的**自然**。第二个要素是形而上学地改了装的、同自然分离的**精神**。第三个要素是形而上学地改了装的以上两个要素的**统一，即现实的人和现实的人类**。"②鲍威尔片面地抓住其中的自我意识要素，反对实体要素，把自我意识当做独立存在的、创造世界的主体，这种主体也就成了实体。

《神圣家族》奠定了马克思、恩格斯终生为无产阶级解放事业共同奋斗的基础。虽然此时他们还未意识到费尔巴哈哲学也是对人的一种抽象理解，但他们通过对青年黑格尔派思辨的唯心主义方法、敌视人民群众的观点以及抽象、孤立的利己主义的人等观点的批判，通过对法国社会方面的唯物主义与社会主义学说必然联系的探讨等，已经接近新世界观，处于历史唯物主义诞生的前夜。

（二）对英国工人阶级状况的考察

《英国工人阶级状况》一书，是恩格斯根据他在英国期间的亲身观察和收集的可靠材料，于1844年9月至1845年3月在巴门写作的，1845年在莱比锡出版。

在恩格斯看来，工人阶级的状况是现代社会的核心问题，"是当代一切社会运动的真正基础和出发点"③，是目前社会灾难的最尖锐、最露骨的表现。英国是工业革命的典型国家，因而也是工人阶级发展的典型国家，对英国工人阶

---

① 《马克思恩格斯文集》第1卷，人民出版社2009年版，第327页。
② 《马克思恩格斯文集》第1卷，人民出版社2009年版，第341—342页。
③ 《马克思恩格斯文集》第1卷，人民出版社2009年版，第385页。

级状况的剖析具有典型的意义。恩格斯指出，资本主义生产方式最初是工场手工业，那时，人们散居在邻近城市的农村，把在家中织成的纱和布卖给包买商来换取工资，过着几乎与城市隔离的生活。后来出现的工业革命，带来了产业结构的变革，引起了包括农业、交通业等在内的一切生产部门的变革。棉纺机器的改进、生产效率的提高，断绝了织工的收入，迫使他们到城市的工厂寻找工作，城市中的行会手工业也被淘汰。大工业对人手需要的增加、工资的提高使人们纷纷从农村涌入城市，他们住在工厂附近，从而形成带有城市因素的村镇，进而形成小城市和大城市。因此，大工业对于改造旧城市、创建新兴城市起着根本的作用。工业城市的发展促进了商业的发展，海上贸易的繁荣造就了海港城市。资产阶级工商业是通过竞争而发展的，竞争是一种"社会战争"，它造成贫富两极分化，资本越来越集中在少数资产者手中，而大多数人成为无产者。

恩格斯对工人的状况进行了非常详细的描述，指出工人在创造伟大的现代文明的同时，却住在狭窄、肮脏的贫民窟中，过着忍饥挨饿的生活。强制的劳动使工人的体格、智力和道德力受到伤害，因而"是一种隐蔽的、阴险的谋杀"①。厂主对工人的关系是纯粹的经济关系、买卖关系。资本家赋予金钱一种"偶像的价值"，把它作为衡量人的尺度。资产阶级政治经济学不仅不能治疗这些社会病症，反而加以理论肯定和升华，所以它是"关于赚钱的科学"②。资产者的生产是根据经常波动的市场价格推测的，是依靠盲目的瞎碰、偶然的机遇的，当市场上的供给与需求脱节时，就会导致商业危机。这种危机"定期重演"，成为不治之症。在危机期间，失业者剧增，工人的生活更加悲惨。

恩格斯看到，大工业的人口集中有利于工人的自我觉醒。"工人们开始感到自己是一个整体，是一个阶级；他们已经意识到，虽然他们分散时是软弱的，但联合在一起就是一种力量。……他们意识到自己的受压迫的地位，他们开始在社会上和政治上发生影响和作用。"③ 这样，就形成了无产阶级反对资产阶级的斗争。通过考察英国的工会、宪章运动和空想社会主义派别的活动，他进一步指出，一切工人运动的重大成果，就是工人觉悟到他们是能够向资产

---

① 《马克思恩格斯文集》第1卷，人民出版社2009年版，第409页。
② 《马克思恩格斯文集》第1卷，人民出版社2009年版，第477页。
③ 《马克思恩格斯文集》第1卷，人民出版社2009年版，第435—436页。

级挑战的阶级，是能够实现人类解放的阶级，因为无产阶级的利益和全人类的利益是一致的。工人运动的发展，使得"资产阶级脚下的地基就这样逐渐地动摇起来，总有一天，资产阶级的整个国家的和社会的建筑物将连同它的基础一同倾覆"①。在这里，恩格斯提出了基础与整个国家的和社会的建筑物的关系问题，认为要对它们进行彻底的变革。

在《英国工人阶级状况》一书中，恩格斯通过考察工人悲惨的劳动状况和贫困的生活条件，总结工人运动的经验，论证了摧毁资本主义制度的历史必然性，得出了与马克思一样的结论。马克思在1859年的《〈政治经济学批判〉序言》中，对恩格斯的这部著作给予了高度的评价。恩格斯在1892年德文第二版序言中指出了该书受到德国古典哲学强调抽象一般思想影响的缺陷："本书，特别是在末尾，很强调这样一个论点：共产主义不是一种单纯的工人阶级的党派性学说，而是一种最终目的在于把连同资本家在内的整个社会从现存关系的狭小范围中解放出来的理论。这在抽象的意义上是正确的，然而在实践中在大多数情况下是无益的，甚至是有害的。只要有产阶级不但自己不感到有任何解放的需要，而且还全力反对工人阶级的自我解放，工人阶级就应当单独地准备和实现社会变革。"②

第三节　马克思主义哲学的基本形成和公开问世

1845年春天，马克思的思想发生了由赞扬费尔巴哈哲学到批判费尔巴哈哲学的转变，写下了《关于费尔巴哈的提纲》；随后他与恩格斯合写了《德意志意识形态》，系统阐述了历史唯物主义的基本观点。这两部著作标志着马克思主义哲学基本形成。但马克思、恩格斯在世时，《德意志意识形态》的绝大部分内容未能出版；而《关于费尔巴哈的提纲》则是1888年恩格斯在出版自己的《路德维希·费尔巴哈和德国古典哲学的终结》时作为附录首次发表的。在《哲学的贫困》和《共产党宣言》中，马克思、恩格斯进一步阐发了他们的新世界观的基本观点，这两部著作的发表标志着马克思主义哲学的公

---

① 《马克思恩格斯全集》第2卷，人民出版社1957年版，第548页。
② 《马克思恩格斯文集》第1卷，人民出版社2009年版，第370页。

开问世。

一、《关于费尔巴哈的提纲》《德意志意识形态》与马克思主义哲学的基本形成

《关于费尔巴哈的提纲》是马克思的新世界观——新唯物主义的奠基性文献，恩格斯称它是"包含着新世界观的天才萌芽的第一个文献"①。在《德意志意识形态》中，马克思、恩格斯通过批判以费尔巴哈、布鲁诺·鲍威尔和施蒂纳（1806—1856）为代表的黑格尔以后的德国哲学，以及批判当时在德国流行的所谓"真正的社会主义"或"德国的社会主义"，彻底清算了他们自己以前的哲学信仰，系统阐述了历史唯物主义的基本观点。

（一）批判费尔巴哈的人本主义，阐述新哲学的基本特征

《关于费尔巴哈的提纲》写于布鲁塞尔，共 11 条。马克思在这个提纲中着重论述了感性实践的观点，并以此为基础批判了包括费尔巴哈哲学在内的旧唯物主义以及以往的一切旧哲学，确立了马克思主义哲学这一新世界观的基本要点。

马克思、恩格斯曾认为费尔巴哈的人的类本质的观点超越了布鲁诺·鲍威尔等青年黑格尔主义者把人理解为孤立的利己主义者的观点，对于批判违反人性的现存社会具有重要意义，为社会主义学说提供了理论基础。在 1844 年 8 月 11 日致费尔巴哈的信中，马克思曾赞扬费尔巴哈的《未来哲学》和《信仰的本质》。他说："在这两部著作中，您（我不知道是否有意地）给社会主义提供了哲学基础，而共产主义者也就立刻这样理解了您的著作。"② 1844 年 10 月，施蒂纳出版了《唯一者及其所有物》，此书将利己主义的观点推向极端，把人理解为孤立的、绝对的利己主义者，并批判了费尔巴哈的普遍的人的类本质的观点。马克思认识到，施蒂纳孤立的利己主义的个人的观点与费尔巴哈人的类本质的观点虽然具有相互对立的外观，但都是对人的抽象化理解，费尔巴哈所说的"类"不过是对一个个孤立的人的共同性的抽象而已。这促使马克思把批判的矛头转向费尔巴哈哲学，并通过揭露它脱离实践的直观性缺陷，认识到了一切旧唯物主义哲学的直观性的共同缺陷，找到了旧唯物主义不能制服唯心主

---

① 《马克思恩格斯文集》第 4 卷，人民出版社 2009 年版，第 266 页。
② 《马克思恩格斯文集》第 10 卷，人民出版社 2009 年版，第 13 页。

义的根本原因,从而着手创立以感性的社会实践为基础的新唯物主义哲学。

第一,阐述人与世界关系中的实践观点。马克思指出,包括费尔巴哈在内的旧唯物主义只是把对象、现实、感性当做人消极静观的对象,而不是把它们理解为人能动改造的对象或结果。唯心主义虽然看到了人的主体能动性,但它不懂得实践是感性的物质活动,而是夸大主体精神的能动作用,将对象理解为精神创造的产物,理解为思想的客体。至于人改造外部世界的实践,则超出了唯心主义的视野,因为唯心主义显然不懂得实践是感性的物质活动。费尔巴哈想要研究与唯心主义所说的思想客体不同的感性客体,但他却轻视实践活动,把实践理解为卑污的犹太人的牟利行为,而把理论活动当做体现人的本质的活动。因此,他不懂得人改造客观对象、客体,使之发生变革的意义。马克思把感性物质实践作为哲学的基础,克服了一切旧哲学脱离实践的弊端,合理地解决了理论与实践的关系。

马克思把实践作为思想认识的基础,阐明了人的思维的客观真理性问题。人是在实践基础上认识事物的,并通过实践将思想认识对象化,从而证明人的思维能够认识和把握事物的本质,能够获得真理性、现实性的认识。旧哲学家离开实践争论思维是否具有客观真理性、现实性,这是毫无实际意义的。

马克思认为,直观唯物主义在历史观上必然导致唯心主义。18世纪法国唯物主义只看到了环境和教育对人的决定作用,而不懂得人又是改变环境的能动的主体。它把人分为教育者和被教育者,把前者置于后者之上,把改变环境的希望寄托在教育者即少数杰出人物身上。马克思把人理解为实践的主体,认为人既受环境的决定,又能动地改变环境,并通过改变环境而改变自身。这样,他就在实践基础上论证了环境的改变和人的自我改变的统一。

第二,揭露宗教的世俗基础。马克思认为,费尔巴哈把宗教当做人的本质的自我异化,当做人们把世界二重化为神的天国世界和人的世俗世界的结果。费尔巴哈强调把天国的世界归结为世俗的世界,这固然很有价值,但是他不懂得,更为重要的工作是要剖析世俗世界内部的矛盾和分裂,这是宗教赖以存在的现实基础。实际上,宗教观念不是凭空产生的,而是不合理的现存社会关系的观念反映和表现。反宗教归根结底应该反对宗教赖以存在的世俗社会基础。只有通过实践克服社会矛盾,使现存世界革命化,宗教才能消失。

第三,对人的社会本质的理解。马克思指出,费尔巴哈把人的本质理解为类,即从每个孤立的个人中抽象出来的共同性,包括人的自然性和精神性等。

这样，人在本质上就是抽象的、孤立的存在者了。对人的这种理解同费尔巴哈哲学的直观性密切相关，直观的唯物主义"至多也只能达到对单个人和市民社会的直观"①。如果只是停留于感性直观上，就只能看到单个人和市民社会的表面现象，而认识不到人与人之间的内在关系。马克思立足于实践理解人，阐明实践是在人与人的社会关系中进行的活动。"人的本质不是单个人所固有的抽象物，在其现实性上，它是一切社会关系的总和。"② 这是马克思对人的本质作出的科学规定，是同费尔巴哈人的类本质观点的决裂。马克思强调，费尔巴哈对人的孤立理解使得他撇开社会历史进程，孤立地考察人的"宗教感情"，而没有认识到一定历史阶段的人的实践以及对这种实践的片面理解，是人的"宗教感情"存在的原因，是把理论引向神秘主义的原因。马克思把实践作为社会生活的本质，认为各种观念、理论的现实基础是被哲学家们所忽略的现实的社会实践。他说："全部社会生活在本质上是**实践的**。凡是把理论引向神秘主义的神秘东西，都能在人的实践中以及对这种实践的理解中得到合理的解决。"③

第四，新哲学的基本特征。马克思指明，旧唯物主义的立脚点是现存的"市民社会"，是对"市民社会"的理论维护，而他的新唯物主义的立脚点则是通过彻底改造"市民社会"而建立的新社会，是"人类社会或社会的人类"④，是人的解放的实现。是否诉诸改变资本主义旧世界的革命行动，是旧哲学和新哲学的根本区别。"哲学家们只是用不同的方式**解释**世界，问题在于**改变**世界。"⑤ 马克思的这一著名论断充分体现了新旧哲学的根本区别，体现了马克思的新哲学的根本特征。

《关于费尔巴哈的提纲》是马克思哲学思想根本变革的开端，具有非常重要的意义。恩格斯到达布鲁塞尔后，为了清算他们以前的哲学信仰，全面阐述历史唯物主义的基本观点，为无产阶级的革命实践提供正确的指导，马克思、恩格斯计划并着手写作《德意志意识形态》。

（二）历史唯物主义的创立

《德意志意识形态》由两卷构成，第一卷是批判黑格尔以后的德国哲学，

---

① 《马克思恩格斯文集》第 1 卷，人民出版社 2009 年版，第 502 页。
② 《马克思恩格斯文集》第 1 卷，人民出版社 2009 年版，第 501 页。
③ 《马克思恩格斯文集》第 1 卷，人民出版社 2009 年版，第 501 页。
④ 《马克思恩格斯文集》第 1 卷，人民出版社 2009 年版，第 502 页。
⑤ 《马克思恩格斯文集》第 1 卷，人民出版社 2009 年版，第 502 页。

系统地阐述历史唯物主义的基本理论,第二卷是用历史唯物主义的基本观点和方法批判德国"真正的社会主义"。这部著作写于1845年10月至1847年4—5月,1932年以德文原文发表于《马克思恩格斯全集》历史考证版。

马克思、恩格斯在这部著作中对当时德国各种批判黑格尔哲学的运动进行了分析批判,特别是批判了青年黑格尔派,创立了历史唯物主义。布鲁诺·鲍威尔等人用理性精神、自我意识说明历史,费尔巴哈用人的类本质的异化批判宗教对历史的虚构,施蒂纳不满意用抽象的"类"说明人、说明历史,把有感性形体的个人作为自己哲学的"出发点和返回点",认为这种个人是离群索居的"唯一者",是不受任何现实条件制约的"自我一致的利己主义者"。黑格尔之后的德国哲学家们对历史的理解虽然各不相同,但却有共同的缺陷,即"这些哲学家没有一个想到要提出关于德国哲学和德国现实之间的联系问题,关于他们所作的批判和他们自身的物质环境之间的联系问题"①。费尔巴哈虽然比别人多走了一步,认为宗教是人的自我异化,但他没有进一步追问宗教幻想是如何塞入人脑的,这些幻想赖以产生的现实社会基础是什么。"这个问题甚至为德国理论家开辟了通向唯物主义世界观的道路"②。马克思、恩格斯正是通过追问和探讨这个问题,走向了历史唯物主义。

"真正的社会主义"是一种德国小资产阶级思潮,它的主要代表人物是赫斯、格律恩(1817—1887)等。他们把德国哲学特别是黑格尔和费尔巴哈哲学同法国、英国的空想社会主义理论混合起来,使社会主义理论带有了抽象思辨的性质。他们以"博爱"来反对当时的革命斗争,造成很坏的社会影响,因而受到马克思、恩格斯的深刻批判。

1. 历史的物质前提

青年黑格尔派否认任何历史的物质前提,而马克思、恩格斯则强调历史的物质前提,并通过考察历史的物质前提,创立历史唯物主义。他们从现实的个人出发,指出有生命的个人的存在无疑是一切历史的第一个前提。所以,第一个需要确定的事实就是个人的肉体组织,以及满足个人吃喝穿住的生存需要的物质生产劳动。他们认为,人的最基本的实践活动是物质生产劳动。

马克思、恩格斯从物质生产劳动的角度考察了历史活动和历史关系的四个

---

① 《马克思恩格斯文集》第1卷,人民出版社2009年版,第516页。
② 《马克思恩格斯全集》第3卷,人民出版社1960年版,第261页。

方面。第一，物质生产是满足人们的物质生活资料需要的历史活动，即生产物质生活本身，这是一切历史的基本条件，人们单是为了能够生活就必须每时每刻去完成它，任何历史观都必须注意这个基本事实的全部范围和全部意义。第二，已经得到满足的第一个需要本身、满足需要的活动和已经获得的为满足需要而使用的工具又引起新的需要，这种新需要已经不是动物式的生理需要，而是由社会生产引起和满足的社会性需要。第三，人们在进行物质生产的同时，也进行着人口的生产和繁衍，这通过家庭来实现。因此，一定的人口的存在和延续也是历史的必要条件。第四，个人之间的社会交往关系。物质生产不仅发生人与自然的关系，而且发生人与人的社会交往关系，只有结成人与人的一定社会关系，才有人对自然的能动关系，才有现实的生产活动。"社会关系的含义在这里是指许多个人的共同活动"①。上述诸因素不是历史发展的不同阶段，从有第一批人起，这些因素就同时存在，共同发生作用。因此，现实的个人就是与现实社会历史条件相联系的人，是在既定的、不可自由选择的社会物质前提和条件制约下活动的人。"这些个人是从事活动的，进行物质生产的，因而是在一定的物质的、不受他们任意支配的界限、前提和条件下活动着的。"② 在不同的社会历史条件下活动的个人，具有不同的社会历史规定性。"个人怎样表现自己的生命，他们自己就是怎样。因此，他们是什么样的，这同他们的生产是一致的——既和他们生产**什么**一致，又和他们**怎样**生产一致。因而，个人是什么样的，这取决于他们进行生产的物质条件。"③

2. 社会意识是对社会存在的反映

在物质生产的基础上，思想观念随之产生和发展起来。人们意识的内容是人们的社会存在，即人们的实际物质生产和生活过程。意识的生产最初是直接与人们的物质生产、物质交往、日常语言交织在一起的，意识是被意识到的人们的社会存在，是对人们的实际生活过程的反映。那些"发展着自己的物质生产和物质交往的人们，在改变自己的这个现实的同时也改变着自己的思维和思维的产物。不是意识决定生活，而是生活决定意识"④。马克思、恩格斯在这里提出了社会存在决定社会意识、社会意识反映社会存在的历史唯物主义的基本观点。

---

① 《马克思恩格斯文集》第 1 卷，人民出版社 2009 年版，第 532 页。
② 《马克思恩格斯文集》第 1 卷，人民出版社 2009 年版，第 524 页。
③ 《马克思恩格斯文集》第 1 卷，人民出版社 2009 年版，第 520 页。
④ 《马克思恩格斯文集》第 1 卷，人民出版社 2009 年版，第 525 页。

最初的意识是与生产劳动交织在一起的原始意识、动物式的"畜群意识"，人与绵羊的不同只是在于，人已经用意识代替了本能，或他的本能是已经"意识到的本能"。意识从一开始就与物质即语言纠缠在一起，语言是有物质外壳的、用于人际交往的"现实的意识"，人们的思想只有通过语言才能存在，才能表达出来，"**语言是思想的直接现实**"①。意识起初是对周围自然和周围人们的意识，因而意识是社会的产物，具有社会属性。唯物史观用物质生产活动说明精神活动，用人们的社会存在说明人们的社会意识，这就同把历史说成是意识发展历史的唯心史观区分了开来。"这种历史观和唯心主义历史观不同，它不是在每个时代中寻找某种范畴，而是始终站在现实历史的**基础**上，不是从观念出发来解释实践，而是从物质实践出发来解释各种观念形态"②。

3. 社会结构及诸方面的相互关系

人们的物质生产条件包括生产力、分工和人们的社会交往等，在人们的物质交往关系基础上又形成政治的和精神的交往关系，这样，就构成了社会的基本结构。

第一，生产力和交往关系及其辩证关系。生产力是人对自然的改造关系，是人在一定自然和社会条件制约下改造自然的能力，生产力是全部历史的基础。旧哲学离开人对自然的关系解释历史，或者只是把它作为历史的附带因素，这就把自然、把人对自然的关系从历史中排除了出去，从而造成了自然和历史的对立，致使旧哲学在历史上只能看到重大政治事件、宗教观念和理论等的作用。马克思、恩格斯强调人改造自然的历史活动，这就把自然纳入历史之中，揭示了自然和历史的统一，提出了"历史的自然和自然的历史"③的思想。费尔巴哈虽然把自然和人作为他的哲学的基础，但是，他把自然理解为与人的实践无关的感性直观的对象，而不懂得人生活于其中的自然界是人们世世代代实践改造的结果。马克思、恩格斯认为，自然是在人类历史进程中改变的"历史的自然"，历史是以对越来越多的自然物的改造为基础的"自然的历史"。"当然，在这种情况下，外部自然界的优先地位仍然会保持着"④，即仍然会具有不依赖于人的客观实在性。

---

① 《马克思恩格斯全集》第 3 卷，人民出版社 1960 年版，第 525 页。
② 《马克思恩格斯文集》第 1 卷，人民出版社 2009 年版，第 544 页。
③ 《马克思恩格斯文集》第 1 卷，人民出版社 2009 年版，第 529 页。
④ 《马克思恩格斯文集》第 1 卷，人民出版社 2009 年版，第 529 页。

物质生产劳动不仅包括人与自然的关系，而且包括人与人的物质交往关系。只有结成人与人的社会关系，才有人对自然的能动关系，才有现实的生产活动。在考察人与人的社会关系时，马克思、恩格斯较多使用的是"交往关系""交往形式""交往方式"等概念，他们也提出和使用了"生产关系"概念。交往形式等概念比生产关系概念宽泛，它们既可以指称人们在物质生产领域的交往关系，也可以指称人们政治的、精神的交往关系，而"生产关系"指的是直接在物质生产中结成的人与人的关系。我们需要在《德意志意识形态》中的具体语境下理解这些概念的特定含义。马克思、恩格斯没有明确区分和规定上述概念，这表明，历史唯物主义还带有初创的痕迹。在接下来写作的《哲学的贫困》中，马克思在考察人与人在生产中的关系时，就较多使用"生产关系"概念了。

本章二维码

由于后代继承了前代的生产力、资金等，也就构成了前代和后代之间的历史联系，并由此制约着同一时代人们的相互联系。马克思、恩格斯把人们在生产劳动中的物质交往关系作为基本的社会关系，超越了费尔巴哈的唯心史观。费尔巴哈把人理解为孤立的、感性直观的人，即使他谈到人与人的关系，也只是抽象的爱和友情等道德关系。当意识和感性直观的现象相矛盾时，他就不得不求助于"二重的直观""最高的直观""类的平等化"等，从而陷入唯心史观，这是直观唯物主义在历史领域的必然结果。与之相反，"对**实践的唯物主义者即共产主义者**来说，全部问题都在于使现存世界革命化，实际地反对并改变现存的事物"①。

马克思、恩格斯在考察生产力和生产关系的关系时引入了分工。分工首先与生产力相联系，一个民族生产力的发展水平，最明显地表现在分工的发展程度上。分工又与生产资料所有制相联系，"分工的各个不同发展阶段，同时也就是所有制的各种不同形式"②。自发的社会分工使生产活动及其结果具有个人难以理解和驾驭的异己性，这具体表现在下述方面：一是分工导致私有制。"分工和私有制是相等的表达方式，对同一件事情，一个是就活动而言，另一个是就活动的产品而言。"③在历史上，有了社会分工，生产就成了个人在特定

---

① 《马克思恩格斯文集》第1卷，人民出版社2009年版，第527页。
② 《马克思恩格斯文集》第1卷，人民出版社2009年版，第521页。
③ 《马克思恩格斯文集》第1卷，人民出版社2009年版，第536页。

部门进行的活动,因此,活动的结果也就成为他的私有财产。二是分工造成劳动条件的不合理分配。分工包含劳动条件在不同部门和个人之间的劈分,各个部门的劳动条件有优劣之分,因而分工造成劳动条件的不平等的分配。三是分工造成特殊利益和普遍利益的矛盾。一方面,分工使每个人有了自己特定的活动范围和特殊利益;另一方面,在分工和私有制下,人们分为不同的利益集团和阶级,在经济上占统治地位的阶级为了维护本阶级的利益,将其特殊的阶级利益说成全社会的普遍利益,并运用国家权力来维护它。四是分工把人束缚在特定的活动领域和范围,具有强制性、异己性。分工造成人们之间的相互依赖关系,每个人的需要都要由他人的产品来满足。而由于人的活动范围受到分工和私有制的束缚,因此,人们无法理解和驾驭这种社会关系,它作为异己的力量统治着人。马克思、恩格斯得出了在生产力高度发展的条件下消灭自发的社会分工和私有制的结论。

第二,经济基础和上层建筑及其辩证关系。马克思、恩格斯通过考察生产力和交往关系的关系,进一步深化了对市民社会的理解。他们认为,市民社会是建立在一定生产力基础上的人们的物质交往关系,是从生产和物质交往中发展起来的社会组织。"受到迄今为止一切历史阶段的生产力制约同时又反过来制约生产力的交往形式,就是**市民社会**。……这个市民社会是全部历史的真正发源地和舞台。"① 市民社会中最基本的关系是生产资料所有制关系。他们首先把市民社会理解为现代市民社会,认为"真正的市民社会只是随同资产阶级发展起来的"②。他们还认为,市民社会也是以往各个历史阶段的现实基础。"市民社会这一名称始终标志着直接从生产和交往中发展起来的社会组织,这种社会组织在一切时代都构成国家的基础以及任何其他的观念的上层建筑的基础。"③ 在这里,他们初步提出了经济基础和上层建筑范畴,阐明了市民社会是国家和观念的上层建筑的基础。以生产资料所有制为基础的人们的物质交往关系是经济基础,上层建筑包括建立于经济基础之上的国家、法律等政治的上层建筑和政治法律思想、哲学、道德、艺术、宗教等观念的上层建筑,即意识形态,它们都基于经济基础,并为经济基础服务。

首先,国家和法同所有制的关系。国家和法是以一定的所有制为基础的。

---

① 《马克思恩格斯文集》第1卷,人民出版社2009年版,第540页。
② 《马克思恩格斯文集》第1卷,人民出版社2009年版,第582—583页。
③ 《马克思恩格斯文集》第1卷,人民出版社2009年版,第583页。

国家是统治阶级借以实现其阶级利益的形式，是该时代的整个市民社会的集中表现形式。在私有制社会，人们处于不同的经济地位，统治阶级的利益以损害被统治阶级的利益为前提。现代国家是与现代私有制相适应的，是为了维护资产阶级的特殊利益而在全国范围内组织起来的。资产阶级总是把国家说成全社会普遍利益的代表，"实际上国家不外是资产者为了在国内外相互保障各自的财产和利益所必然要采取的一种组织形式"①。

其次，意识形态同分工、私有制的关系。意识形态是统治阶级特殊利益的观念表现和表达，但它往往采取超阶级的"普遍意识"的形式，因而具有虚假性。比如，同国家相联系的法学、政治学是以概念的形式存在的，思想家们把这些概念固定化，这样，法的概念、国家的概念就披上了真实的普遍概念的外衣。于是，法的观念、国家的观念"在**通常的**意识中事情被本末倒置了"②，这反映在哲学家的头脑中，就成了本末倒置的玄想，即形而上学臆想。实际上，作为观念的上层建筑，意识形态归根结底是由一定生产力水平上的分工和私有制造成的。"统治阶级的思想在每一时代都是占统治地位的思想。"③ 这就是说，一个阶级是社会上占统治地位的物质力量，同时也是社会上占统治地位的精神力量。支配着物质生产资料的阶级，同时也支配着精神生产资料。就内容而言，占统治地位的思想不过是占统治地位的经济关系的观念表现。统治思想是随着统治阶级的变化而变化的，比如，在贵族统治时期占统治地位的是荣誉、忠诚等观念，而在资产阶级统治时期占统治地位的则是自由、平等等观念。统治思想越来越抽象、越来越采取普遍的形式，"因为每一个企图取代旧统治阶级的新阶级，为了达到自己的目的不得不把自己的利益说成是社会全体成员的共同利益"④。意识形态本来是维护统治阶级特殊利益的，但却采取了代表全社会普遍利益的形式，用以掩饰不同阶级之间的利益对立。总之，在生产力发展的一定阶段，必然会有分工和私有制，经济基础表现为人们在经济地位上的阶级差别和对立，上层建筑赋予经济上支配和被支配的阶级关系以政治合理性和观念认同。

上述考察历史的方法既不同于经验论，也不同于唯心论。经验论是对僵死

---

① 《马克思恩格斯文集》第 1 卷，人民出版社 2009 年版，第 584 页。
② 《马克思恩格斯文集》第 1 卷，人民出版社 2009 年版，第 587 页。
③ 《马克思恩格斯文集》第 1 卷，人民出版社 2009 年版，第 550 页。
④ 《马克思恩格斯文集》第 1 卷，人民出版社 2009 年版，第 552 页。

的历史事实的收集,唯心论是把历史虚构为"想象的主体的想象活动",而唯物史观则是"从对人类历史发展的考察中抽象出来的最一般的结果的概括"①。它从经验的观察出发,进而从中抽象出、概括出最一般的结果,并将这种理论概括同现实的历史结合起来。它根据经验说明,"社会结构和国家总是从一定的个人的生活过程中产生的"②。

4. 历史发展的客观规律

人对自然的改造是世世代代延续的,每一代人都继承前一代人遗留下来的生产技术、工具和资金等,并把它们作为自己的活动基础。因此,生产力是一种既定的力量,具有客观性。人们的所有制关系是建立在一定的生产力基础上的,在历史上,私有制是积累起来的过去劳动,劳动则是现实的活动。由于私有制是从积累的必然性中发展起来的,因而它也具有不以人的意志为转移的客观性。生产力和交往关系作为既定的历史环境制约着每一代人的生产活动,而人又根据自己的需要和发展要求改变环境。人和环境是相互作用的,"人创造环境,同样,环境也创造人"③。一方面,环境事先决定了人的社会境遇、生活条件,它们作为既定的条件制约着人的现实活动;另一方面,人又是改变环境的主体,环境是为人所改变的对象。当然,环境也预先规定了新一代人发展的可能范围、界限和方式。

一定的物质交往关系起初是个人自主活动的条件,对生产力的发展有保障和促进作用。社会关系作为人们共同活动的方式,本身就是一种扩大了的生产力。但随着生产力的发展,社会关系就变为阻碍生产力发展的桎梏,最终让位给新的交往形式。这样,就形成一个交往形式历史变化的序列。部落所有制、古典古代的公社所有制和国家所有制、封建的或等级的所有制、资本主义所有制是历史上所有制的几种主要形式。由于这些所有制是与一定历史阶段的生产力相联系的,所以,所有制变化发展的历史也是各个时代的生产力发展的历史。马克思、恩格斯还通过对资本主义私有制与生产力矛盾的分析,预示了未来的共产主义公有制。这是他们最早提出的五种社会经济形态理论。

马克思、恩格斯从城乡分工及其历史演变的视角,具体考察了社会生产发展的历史,特别是考察了资本主义大工业产生和发展的历史过程。大工业造成

---

① 《马克思恩格斯文集》第1卷,人民出版社2009年版,第526页。
② 《马克思恩格斯文集》第1卷,人民出版社2009年版,第524页。
③ 《马克思恩格斯文集》第1卷,人民出版社2009年版,第545页。

一系列社会变革并首次开创了世界历史,使各个国家、民族的生产和生活日益成为世界性的了。资本主义大工业打破了各个国家、民族的封闭状态,克服了狭隘的民族和地域交往的局限性,发展起各个国家、民族内部和外部的分工,逐步形成普遍的、世界范围的生产和交往关系。无论物质生产还是精神生产,都日益成为世界性联系的整体。马克思、恩格斯指出:"各个相互影响的活动范围在这个发展进程中越是扩大,各民族的原始封闭状态由于日益完善的生产方式、交往以及因交往而自然形成的不同民族之间的分工消灭得越是彻底,历史也就越是成为世界历史。"① 可见,世界历史是历史发展的结果,是大工业开创的世界性的生产、分工和交往关系,是形成各个国家和民族相互依存和相互影响的世界性的普遍联系。世界历史的形成一方面促进了社会的发展、文明的进步,另一方面,自发的世界性分工和交往也造成世界范围的异己力量对人的支配。世界历史的形成使得每个人从狭隘的民族的、地域的联系中解脱出来,个人的活动扩大为世界历史性的活动,从而使个人日益成为世界历史性的存在。"每一个单个人的解放的程度是与历史完全转变为世界历史的程度一致的。"② 然而,每个人又受到日益扩大和加剧的异己交往关系的支配,特别是受到世界市场的支配。大工业的产生和发展,使生产力和分工迅速发展,使商品交换范围越来越广,自发地形成世界市场,这是个人无法驾驭的异己的力量。

生产力与生产关系的矛盾运动,使得国家和法以及意识形态也发生相应的变化。马克思、恩格斯指出,在历史上,私法是伴随着私有制的发展而发展的,罗马法对后来资产阶级的私法具有影响作用。法随着经济形式的变化而变化,当出现了保险公司等新的交往形式时,法便承认它们是获得财产的新形式。由于受到社会经济基础的制约,意识形态没有自己独立发展的历史,而只具有相对的独立性。

5. 世界历史与共产主义运动

马克思、恩格斯充分肯定了大机器工业所带来的生产力的快速发展,认为这是形成普遍的世界性交往关系的条件。世界性的交往使人们可以看到不同的民族都有无财产的群众,从而使他们能够联合起来,采取革命行动。"无产阶级只有**在世界历史意义上才能存在**",它的事业——共产主义"只有作为'世

---

① 《马克思恩格斯文集》第1卷,人民出版社2009年版,第540—541页。
② 《马克思恩格斯文集》第1卷,人民出版社2009年版,第541页。

界历史性的'存在才有可能实现"①。因此,历史向世界历史的转变为共产主义运动提供了条件,而狭隘的、地域性的共产主义不是真正的共产主义,"交往的任何扩大都会消灭地域性的共产主义"②。马克思、恩格斯反对脱离现实的条件和斗争空谈共产主义理想。"共产主义对我们来说不是应当确立的**状况**,不是现实应当与之相适应的**理想**",而是"消灭现存状况的**现实的**运动。这个运动的条件是由现有的前提产生的"③。这些观点同空想社会主义划清了界限,特别是同当时在德国流行的"真正的社会主义"划清了界限。马克思、恩格斯认为,共产主义只有经济上先进的各民族"'一下子'同时发生的行动,在经验上才是可能的"④。

马克思、恩格斯认为,只有共产主义的共同体才是真实的共同体。过去的国家是虚假的共同体,个人只是作为阶级的成员隶属于它,对于被统治阶级的成员而言,它是阻碍个人发展的桎梏。在资本主义社会,个人自由发展的社会条件(生产力和交往形式)是作为自发的力量起作用的,所谓个人自由,只是少数个人无阻碍地利用偶然性的权利。而在消灭了资本主义私有制的真实的共同体中,人们将把自己的社会交往关系置于自觉的控制之下,而不让它作为自发的、异己的力量支配人。这种共同体是各个个人"自己的联合",它为个人的自由发展提供了手段。于是,人就由"偶然的个人"变为"有个性的个人"⑤。

《德意志意识形态》系统地阐述了马克思主义哲学的主要观点,标志着马克思主义哲学已经基本形成,在马克思主义哲学史上具有里程碑的意义。

二、《哲学的贫困》《共产党宣言》与马克思主义哲学的公开问世

由于《德意志意识形态》直至 1932 年才全文出版,因此,马克思的《哲学的贫困》是马克思主义哲学公开问世的第一部著作。马克思和恩格斯共同撰写的《共产党宣言》进一步发挥和发展了马克思主义哲学,是马克思主义哲学同工人运动相结合的光辉篇章和马克思主义的纲领性文献。

(一)批判政治经济学的形而上学方法

马克思在看了蒲鲁东刚出版的《经济矛盾的体系,或贫困的哲学》后,在

---

① 《马克思恩格斯文集》第 1 卷,人民出版社 2009 年版,第 539 页。
② 《马克思恩格斯文集》第 1 卷,人民出版社 2009 年版,第 538 页。
③ 《马克思恩格斯文集》第 1 卷,人民出版社 2009 年版,第 539 页。
④ 《马克思恩格斯文集》第 1 卷,人民出版社 2009 年版,第 539 页。
⑤ 《马克思恩格斯文集》第 1 卷,人民出版社 2009 年版,第 574 页。

1846年12月28日致安年科夫（1812或1813—1887）的信中和1847年上半年写作的《哲学的贫困》中，对蒲鲁东政治经济学的形而上学方法进行了批判，他对唯物史观的表述更加准确、完善。

第一，安排经济范畴的方法。蒲鲁东用黑格尔的唯心主义思辨方法安排经济范畴的顺序，并把永恒平等的观念强加给这些范畴，赋予它们以实现平等和消除不平等的特性。马克思认为，历史绝不是范畴的逻辑推演，也不是永恒平等理性的自我表现，而是物质生产发展的历史，是物质资料生产方式变化的历史。蒲鲁东抽掉经济范畴所反映的经济关系及其历史性，认为这些范畴是从"纯粹的、永恒的、无人身的理性"产生的，是"自生的思想"，以便维护资本主义经济关系的永恒性。马克思认为，经济范畴只不过是现实生产关系的理论反映和抽象，人们按照物质生产力的状况建立相应的经济关系，又按照特定的经济关系提出相应的原理和范畴。经济关系是随着生产力的发展而发展的，反映这些经济关系的原理、范畴是历史的、暂时的，在不同的生产力和经济关系基础上，会形成不同的原理、范畴。马克思还指出，蒲鲁东把经济范畴僵硬地分为好和坏两个方面，是对黑格尔辩证法的歪曲，违背了矛盾双方相互依存的辩证方法。马克思进而批判了黑格尔辩证法的唯心主义性质，说明黑格尔所说的辩证运动只是理念的运动，而不是客观事物的运动。黑格尔虽然提出了肯定、否定、否定之否定的辩证法的规律，但他只是抽象出了事物运动的形式，把它变成一个正题、反题、合题的死板的公式，将其强加于事物之上，并论证矛盾的最终调和。

第二，对生产力、生产关系及其相互关系的进一步理解。马克思进一步阐述了生产力概念。首先，生产力是人们在既定社会条件下运用自身能力的结果，是不能自由选择的客观力量。"人们不能自由选择**自己的生产力**——这是他们的全部历史的基础，因为任何生产力都是一种既得的力量，是以往的活动的产物。"① 其次，劳动阶级是首要的生产力。"在一切生产工具中，最强大的一种生产力是革命阶级本身。"② 再次，生产工具是生产力发展水平的物质标志。"手推磨产生的是封建主的社会，蒸汽磨产生的是工业资本家的社会。"③ 手推磨、蒸汽磨都是生产工具，分别是标志着封建社会和资本主义社会的生产

---

① 《马克思恩格斯文集》第10卷，人民出版社2009年版，第43页。
② 《马克思恩格斯文集》第1卷，人民出版社2009年版，第655页。
③ 《马克思恩格斯文集》第1卷，人民出版社2009年版，第602页。

力。最后，生产关系和一切社会关系都将随着生产力的发展而发生变化。在《德意志意识形态》中，马克思、恩格斯虽曾使用过生产关系范畴，但更多使用的是交往关系、交往形式、交往方式等术语。而在《哲学的贫困》中，马克思主要使用的则是生产关系概念，他明确地把生产关系作为人们在直接物质生产中的关系，作为与生产力对应的最基本的社会关系，这说明他精确地把握到了社会关系的核心。在这里，马克思还在批判蒲鲁东的"政治经济学的形而上学"中，阐述了生产关系随着生产力的发展而发生变化的思想。蒲鲁东只知道人们是在一定社会关系下生产麻布的，但不知道这些社会关系和麻布一样，也是由人们生产出来的，而不是永恒的。马克思指出："社会关系和生产力密切相联。随着新生产力的获得，人们改变自己的生产方式，随着生产方式即谋生的方式的改变，人们也就会改变自己的一切社会关系。"① 马克思在这里谈到的社会关系实质就是生产关系，但是与生产力的发展相联系的社会关系又不只是生产关系，还包括其他一切社会关系。马克思指出，人们固然不能放弃已经创造的文明的成果，"然而这并不是说，他们永远不会放弃他们在其中获得一定生产力的那种社会形式。恰恰相反。为了不致丧失已经取得的成果，为了不致失掉文明的果实，人们在他们的交往［commerce］方式不再适合于既得的生产力时，就不得不改变他们继承下来的一切社会形式"②。社会是人们交互活动的产物，在生产力发展的一定状况下，就会有一定的生产、交换和消费形式。"在生产、交换和消费发展的一定阶段上，就会有相应的社会制度形式、相应的家庭、等级或阶级组织，一句话，就会有相应的市民社会。有一定的市民社会，就会有不过是市民社会的正式表现的相应的政治国家。"③ 就物质的社会关系而言，马克思在这里谈到了生产关系、交换关系和消费关系；就思想的社会关系而言，马克思在这里谈到了政治国家。当然，除"凌驾于"市民社会之上的国家这一政治的上层建筑外，还有包括政治法律思想的、道德的、宗教的、艺术的和哲学的形式在内的意识形态的上层建筑。这一思想，马克思在写于1859年1月的《〈政治经济学批判〉序言》中有系统的明确的阐述④。

马克思通过上述分析指出，人既是历史的创造者，又受到既定社会历史条

---

① 《马克思恩格斯文集》第1卷，人民出版社2009年版，第602页。
② 《马克思恩格斯文集》第10卷，人民出版社2009年版，第43—44页。
③ 《马克思恩格斯文集》第10卷，人民出版社2009年版，第43页。
④ 《马克思恩格斯文集》第2卷，人民出版社2009年版，第591—592页。

件的制约，特别是受到不可自由选择的生产力和生产关系状况的制约。也就是说，人们既是他们本身历史的"剧作者"，又是"剧中人物"。因此，现实的人是处于一定历史阶段的人。马克思由此认为，没有抽象的、固定不变的人性，"整个历史也无非是人类本性的不断改变而已"①。资产阶级经济学家们认为，只有两种制度——人为的制度和天然的制度，封建制度是人为的，资本主义制度是天然的。后者有利于积累财富，天然合理，并且具有不受时间制约的永恒性。因此，以前是有历史的，因为有过封建制度；现在再也没有历史了，因为资本主义制度将永世长存。马克思认为，生产力在其中发展的那些生产关系并不是永恒的，而要随着生产力的变化发展而改变。

（二）《共产党宣言》阐述的唯物史观

《共产党宣言》是马克思、恩格斯于 1847 年 12 月至 1848 年 1 月为共产主义者同盟起草的纲领，于 1848 年 2 月发表。《共产党宣言》是指导国际共产主义运动的重要文献，是将全世界无产者联合起来、共同进行反对资本主义制度斗争的行动纲领，对国际共产主义运动和人类解放事业产生了极为广泛和深远的影响。《共产党宣言》揭示了人类历史发展的基本规律，特别是揭示了有文字记载以来历史的阶级斗争规律，着重探讨了资本主义社会基本矛盾运动的规律，以及资本主义社会必然被社会主义社会和共产主义社会所代替的规律。恩格斯在《共产党宣言》1883 年德文版序言中对贯穿这部著作的基本思想作了科学概括："每一历史时代的经济生产以及必然由此产生的社会结构，是该时代政治的和精神的历史的基础；因此（从原始土地公有制解体以来）全部历史都是阶级斗争的历史，即社会发展各个阶段上被剥削阶级和剥削阶级之间、被统治阶级和统治阶级之间斗争的历史；而这个斗争现在已经达到这样一个阶段，即被剥削被压迫的阶级（无产阶级），如果不同时使整个社会永远摆脱剥削、压迫和阶级斗争，就不再能使自己从剥削它压迫它的那个阶级（资产阶级）下解放出来。"② 具体而言，《共产党宣言》主要包括以下哲学思想：

1. 一定的生产力和生产关系是一定时代的政治生活和精神生活的基础

马克思、恩格斯认为，每一历史时代的生产力状况决定着人们在生产中结成的生产关系的性质，它们构成历史的基础。在经济上占统治地位的阶级，必

---

① 《马克思恩格斯文集》第 1 卷，人民出版社 2009 年版，第 632 页。
② 《马克思恩格斯文集》第 2 卷，人民出版社 2009 年版，第 9 页。

然会占据政治上的统治地位，以此来维护本阶级的共同利益，管理社会的共同事务。一定的思想观念是对一定经济关系的反映，私有观念就是以私有制为基础的生产关系的观念表现。社会历史是随着生产力的发展而发展的，在生产力发展的不同阶段，会形成不同的生产关系，特别是生产资料所有制关系。随着以所有制关系为主的社会经济结构的变化，政治统治和人们的思想观念也会发生相应的变化。在以私有制为基础的社会，人们的生产关系表现为阶级关系。因此，马克思、恩格斯指出，"至今一切社会的历史都是阶级斗争的历史"①。恩格斯在1888年英文版上作了注释："这是指有**文字**记载的全部历史。"②

2. 资产阶级和无产阶级矛盾产生和发展的历史

马克思、恩格斯着重考察了资产阶级和无产阶级之间斗争的历史，认为"现代资产阶级本身是一个长期发展过程的产物，是生产方式和交换方式的一系列变革的产物"③。资产阶级在历史上是反对封建统治的革命阶级，它破除了封建的、宗法的关系，使人与人的关系变为赤裸裸的金钱关系。追逐利润的竞争使资产阶级处于动态的生存方式之中，"资产阶级除非对生产工具，从而对生产关系，从而对全部社会关系不断地进行革命，否则就不能生存下去"④。资产阶级不仅在经济上取得了统治地位，而且在政治上变为统治阶级。随着新兴城市的不断涌现，资产阶级瓦解了封建统治赖以存在的农村的基础，生产资料、财产和人口等日益集中于城市，由此产生了"政治的集中"。在资本主义生产方式下，生产力以惊人的速度发展。"资产阶级在它的不到一百年的阶级统治中所创造的生产力，比过去一切世代创造的全部生产力还要多，还要大。"⑤ 资产阶级私有制已经不能容纳巨大的生产力了，从而造成周期性的、愈益全面和猛烈的商业危机。此外，资产阶级还锻造了自己的掘墓人——无产阶级。

无产阶级也经历了不同的发展阶段，它从一开始就处于与资产阶级的对立中。无产阶级从分散的、捣毁机器的经济斗争发展到组成阶级、政党的政治斗争。无产阶级历来就有参加政治斗争的传统，资产阶级在推翻封建统治的斗争

---

① 《马克思恩格斯文集》第2卷，人民出版社2009年版，第31页。
② 《马克思恩格斯文集》第2卷，人民出版社2009年版，第31页。
③ 《马克思恩格斯文集》第2卷，人民出版社2009年版，第33页。
④ 《马克思恩格斯文集》第2卷，人民出版社2009年版，第34页。
⑤ 《马克思恩格斯文集》第2卷，人民出版社2009年版，第36页。

中，就曾动员无产阶级加盟，从而使无产阶级经受了锻炼，积累了斗争经验，使之成为资产阶级的掘墓人。无产阶级的独特性和优越性在于：它是现代大工业的产物，是新的生产方式的代表者，是为社会上绝大多数人谋利益的阶级。在资本主义社会，工人反对资本的积累，资本又通过雇佣劳动而不断积累，从而使社会矛盾激化。"资本是集体的产物，它只有通过社会许多成员的共同活动，而且归根到底只有通过社会全体成员的共同活动，才能运动起来。"① 然而，资本却归资本家私人所有。为了克服资本通过社会化活动而运行和被私人占有之间的矛盾，就要消灭资产者私有制，建立与社会化生产相适应的公有制。

3. 现代物质生产和精神生产的世界历史性

在《共产党宣言》中，马克思、恩格斯进一步阐发了他们在《德意志意识形态》中提出的世界历史的思想。他们认为，随着资本主义工业和商业的发展，社会生产的产品日益增多。这促使资产阶级到世界各地寻找产品销路，从而开拓了世界市场。为了赚取利润，用新的、现代的工业取代了旧的民族工业，资产阶级所加工的往往是来自遥远的民族和国家的原料。随着生产和交换的世界历史性发展，人们需要的满足由依靠本国产品变为越来越依靠其他国家的产品，从而形成不同国家和民族之间广泛的相互依赖关系。不仅物质生产是世界性的，而且精神生产也成为世界性的了。"各民族的精神产品成了公共的财产。民族的片面性和局限性日益成为不可能，于是由许多民族的和地方的文学形成了一种世界的文学。"②

随着现代工商业的发展，形成了现代工商业的大城市，导致城市和乡村的分工和对立。城乡分工和对立不仅表现在民族和国家内部，而且表现在不同民族和国家之间。现代生产工具和交通工具的不断发展，使得资产阶级在世界上到处建立社会联系，经济上落后的农业民族和国家被卷入世界历史潮流之中，受到西方国家的奴役，从而形成了农业民族对工业民族的依附和从属。马克思和恩格斯明确指出：资产阶级"正像它使农村从属于城市一样，它使未开化和半开化的国家从属于文明的国家，使农民的民族从属于资产阶级的民族，使东方从属于西方"③。这样，就加剧了不同阶级之间和不同民族之间的矛盾。

---

① 《马克思恩格斯文集》第2卷，人民出版社2009年版，第46页。
② 《马克思恩格斯文集》第2卷，人民出版社2009年版，第35页。
③ 《马克思恩格斯文集》第2卷，人民出版社2009年版，第36页。

4. 加强无产阶级政党——共产党的建设，用科学社会主义指导反对资产阶级的斗争

共产党要认清科学社会主义同反动的社会主义（包括封建的社会主义、小资产阶级的社会主义和德国的或"真正的"社会主义）、保守的或资产阶级的社会主义以及批判的空想的社会主义和共产主义的本质区别，用科学社会主义学说武装全党，并教育工人，使之意识到无产阶级与资产阶级的对立，自觉进行反对资产阶级的斗争。同时，共产党人要团结其他工人阶级政党和世界上的民主政党，支持一切反对资本主义制度的斗争，批判民主政党中存在的空谈和幻想，坚持共产党的行动纲领和目标。"共产党人为工人阶级的最近的目的和利益而斗争，但是他们在当前的运动中同时代表运动的未来。"①

5. 通过无产阶级革命实现由资本主义向共产主义的根本转变

无产阶级和资产阶级矛盾的加剧，促使无产阶级进行反对资产阶级的斗争。无产阶级政党——共产党将领导无产阶级进行革命，最终推翻资本主义制度，建立共产主义社会，实现无产阶级和广大劳动群众的解放。由资本主义向共产主义的根本转变过程是为实现共产主义而创造条件的过程。

第一，同私有制和传统的私有观念决裂。无产阶级的共产主义革命是历史上最彻底的革命，它既要彻底消灭私有制，又要同私有观念彻底决裂。私有观念是私有制在观念上的反映，是以往私有制社会各种统治阶级所具有的、根深蒂固的观念，对无产阶级和劳动群众也具有腐蚀作用。因此，马克思、恩格斯提出："共产主义革命就是同传统的所有制关系实行最彻底的决裂；毫不奇怪，它在自己的发展进程中要同传统的观念实行最彻底的决裂。"②

第二，无产阶级夺取政权，争得民主。随着资本主义社会基本矛盾的发展，无产阶级必然会组织起来，进行反对资产阶级的革命，推翻资产阶级的国家政权，代之以无产阶级的政治统治。马克思和恩格斯强调，无产阶级革命是历史上最彻底的革命，因此要经历一个复杂的过程。"工人革命的第一步就是使无产阶级上升为统治阶级，争得民主。"③ 社会主义社会就是人民成为国家和社会主人的社会，因而是真正的民主制。无产阶级民主同时也就是对资产阶级实行无产阶级专政。在未来社会，为了协调社会生产和生活，形成良好的社会

---

① 《马克思恩格斯文集》第2卷，人民出版社2009年版，第65页。
② 《马克思恩格斯文集》第2卷，人民出版社2009年版，第52页。
③ 《马克思恩格斯文集》第2卷，人民出版社2009年版，第52页。

秩序，还需要公共权力。但是，当阶级对立和阶级差别逐步消失后，公共权力将会失去政治性质，成为自由的人们自己联合的力量。

第三，进行全面的社会改造和建设。在建立了无产阶级的政权后，无产阶级面临着全面的社会改造和建设任务。其一，无产阶级要夺取全部资本，建立生产资料公有制，大力发展生产力。"无产阶级将利用自己的政治统治，一步一步地夺取资产阶级的全部资本，把一切生产工具集中在国家即组织成为统治阶级的无产阶级手里，并且尽可能快地增加生产力的总量。"① 其二，剥夺私有的地产，废除各种不合理的财产关系。其三，实行国家的信贷管理，建立国家的交通运输业。其四，有计划地组织和扩大社会生产，为社会主义公有制经济和无产阶级的政治统治奠定物质基础。其五，实行农业和工业的结合，逐步消除城乡之间的对立和差别，这是在社会主义制度下进一步推进工业化和城市化的过程，是实现农业劳动的工业化的过程。其六，大力发展公共事业，实行义务教育等。社会主义社会将"对所有儿童实行公共的和免费的教育"②，废除现有工厂中的童工劳动，实行教育同物质生产劳动相结合。

第四，实现每个人能力的自由发展。在资产阶级社会，自由只是自由贸易、自由买卖，只是资本的自由。"资本具有独立性和个性，而活动着的个人却没有独立性和个性。"③ 资本是以实现价值增值为目的的，是对雇佣劳动的奴役。代替资产阶级社会的将是真实的共同体，它为每个人能力的自由发展提供了社会条件。马克思、恩格斯明确指出："代替那存在着阶级和阶级对立的资产阶级旧社会的，将是这样一个联合体，在那里，每个人的自由发展是一切人的自由发展的条件。"④ 这是马克思、恩格斯对共产主义特征的经典表述，是实现无产阶级解放的根本标志，是全世界无产者的共同事业。因此，马克思、恩格斯在《共产党宣言》的结尾发出号召："全世界无产者，联合起来！"⑤

《共产党宣言》的发表及其对实践的指导，深刻地影响了人类历史的发展进程。《共产党宣言》中丰富的哲学思想，鲜明体现了马克思主义哲学本质上是无产阶级的世界观，对全世界无产阶级的革命运动产生了重要和深远的影

---

① 《马克思恩格斯文集》第2卷，人民出版社2009年版，第52页。
② 《马克思恩格斯文集》第2卷，人民出版社2009年版，第53页。
③ 《马克思恩格斯文集》第2卷，人民出版社2009年版，第46页。
④ 《马克思恩格斯文集》第2卷，人民出版社2009年版，第53页。
⑤ 《马克思恩格斯文集》第2卷，人民出版社2009年版，第66页。

响，成为全世界无产阶级和人民群众争取自由解放的强大思想武器。

　　由上可见，马克思主义哲学是近代社会和哲学发展的必然产物。它是适应无产阶级争取自身解放的需要而产生的，同时又是对以往哲学的批判继承和根本变革。马克思主义哲学以无产阶级和人民群众的解放为主题，以实践的观点为核心，深刻地阐明了人与世界的关系，将唯物主义和辩证法、唯物主义自然观和历史观统一了起来，为人们认识真理、争取自由开辟了广阔的道路。

思考题：

1. 如何理解政治解放和人的解放的关系？
2. 如何理解马克思的异化劳动理论？
3. 为什么说实践观点对马克思实现哲学变革具有根本的意义？
4. 怎样理解社会存在和社会意识的关系？
5. 如何理解马克思、恩格斯关于世界历史的思想？
6. 如何理解共产主义革命要同私有制和私有观念彻底决裂？

第二章 马克思、恩格斯对欧洲革命经验的哲学分析与总结

马克思主义哲学诞生以后，先后经受了1848年欧洲资产阶级革命和1871年法国巴黎公社无产阶级革命的洗礼。两次革命既提供了检验理论的机会，也为马克思、恩格斯总结和概括历史发展经验创造了条件，并进一步推动了马克思主义哲学的丰富和发展。

第一节 对1848年欧洲革命经验的总结

1848年的欧洲革命开始于意大利，随后在法国、德国、奥地利等国相继爆发。这次革命以法国革命为中心。虽然各国革命的任务不同，但是从整体上看，革命仍属于资产阶级民主革命范畴。随着资本主义的发展，无产阶级已经获得较为充分的发展，并在协同资产阶级进行革命的过程中，开始提出自己的政治与经济上的要求，与资产阶级形成了直接对立。这极大地触动了当时的资产阶级，使其在利用无产阶级进行反对封建专制主义斗争的同时，随时提防着无产阶级，并随时准备与旧的统治阶级妥协，以共同携手对付无产阶级的反抗。因此，这次革命具有很大的保守性质。

马克思、恩格斯对于欧洲革命高度关注。早在创立历史唯物主义的过程中，他们就有过对于即将到来的欧洲革命的论述，在《共产党宣言》中就明确指出"德国正处在资产阶级革命的前夜"[①]。只要资产阶级采取革命的行动，无产阶级就要同它一起去反对专制君主制、封建土地所有制和小资产阶级。他们强调，无产阶级应该明确地意识到资产阶级与无产阶级的对立，"以便在推翻德国的反动阶级之后立即开始反对资产阶级本身的斗争"[②]。革命爆发以后，他们更是积极参与。法国革命发生不久，马克思就于1848年3月迁往巴黎。当革命席卷德国时，他和恩格斯于同年4月离开巴黎返回德国，并筹办《新莱茵

---

① 《马克思恩格斯文集》第2卷，人民出版社2009年版，第66页。
② 《马克思恩格斯文集》第2卷，人民出版社2009年版，第66页。

报》以指导革命。革命失败后,马克思、恩格斯前往英国,对于欧洲革命的经验进行理论研究和总结。马克思撰写了《1848年至1850年的法兰西阶级斗争》(1849—1850)、《路易·波拿巴的雾月十八日》(1851—1852)等著作,恩格斯则撰写了《德国维护帝国宪法的运动》(1849—1850)、《德国农民战争》(1850)和《德国的革命和反革命》(1851—1852)等著作。这些重要著作既是应用历史唯物主义分析实践问题的典范,又是以新的革命经验丰富和发展历史唯物主义的典范。

一、阶级斗争与社会革命理论的新概括

阶级斗争理论是马克思主义理解和观察历史发展的一个重要理论与方法。1848年的欧洲革命本质上是阶级矛盾和阶级斗争的集中体现。马克思通过研究这次革命,尤其是集中研究法国、德国等国在革命过程中各阶级之间的矛盾、冲突,以及阶级斗争的基本规律,对阶级斗争理论作了完整的崭新概括。他强调了马克思主义与资产阶级学者在阶级斗争观点上的根本区别,概括了阶级和阶级斗争从产生到消灭的根源,以及马克思主义阶级斗争理论的基本观点和基本特征,提出了三条重要论断:"(1)**阶级的存在仅仅同生产发展的一定历史阶段相联系**;(2)阶级斗争必然导致**无产阶级专政**;(3)这个专政不过是达到**消灭一切阶级**和进入**无阶级社会**的过渡……"① 第一条重要论断揭示了阶级存在的经济根源,强调阶级的存在仅仅同生产发展的一定历史阶段相联系,说明阶级并非从来就有,也非永远存在下去的,而是一定历史条件下的产物。第二条重要论断揭示了阶级斗争必然导致无产阶级专政的发展趋势,是对阶级斗争发展规律和无产阶级在未来斗争中的应有主张的强调。第三条重要论断揭示了无产阶级专政的历史使命,即它是达到消灭一切阶级和进入无阶级社会的过渡,这就使无产阶级专政区别于其他阶级专政的根本特质得到确切的说明。这三条重要结论把马克思主义的阶级斗争理论与包括马克思提到的资产阶级历史编纂学家在内的资产阶级思想家的阶级斗争理论从根本上区别开来。从这三条重要结论看,毫无疑问,马克思强调的是他的阶级斗争理论中的无产阶级专政理论的意义,把无产阶级专政理论看作他的阶级斗争理论中的主要内容。半个世纪后,列宁在《国家与革命》中把马克思主义的阶级斗争理论的这个基本特

---

① 《马克思恩格斯文集》第10卷,人民出版社1995年版,第106页。

征做了更为明确的表达。指出:"只有承认阶级斗争、**同时也**承认**无产阶级专政**的人,才是马克思主义者。马克思主义者同平庸的小资产者(以及大资产者)之间的最深刻的区别就在这里。"① 值得注意的是,在理解马克思关于阶级斗争理论的"新贡献"时,一定要把这三个结论看作一个整体,一个关于阶级斗争理论的整体,不要离开阶级斗争理论理解无产阶级专政思想。一方面,要承认没有无产阶级专政思想,阶级斗争理论就不可能是完整的和科学的;另一方面,也要看到无产阶级专政思想的提出正是科学的阶级斗争理论发展的结果,科学的阶级斗争理论是无产阶级专政思想提出的理论基础。无论是马克思提出这三条重要结论时的阶级斗争经验,还是马克思在提出这三条重要结论时提到的资产阶级历史编纂学家的理论教训,都说明了这个道理。

  关于阶级斗争问题的三条重要结论,出自马克思在1852年3月5日写给德国和美国工人运动活动家约瑟夫·魏德迈(1818—1866)的信。在信中,马克思首先提到:"……至于讲到我,无论是发现现代社会中有阶级存在或发现各阶级间的斗争,都不是我的功劳。在我之前很久,资产阶级历史编纂学家就已经叙述过阶级斗争的历史发展,资产阶级经济学家也已经对各个阶级作过经济上的分析。"②马克思指出,在此基础上他"所加上的新内容"就是"证明了"这三个结论。马克思在这里谈到的资产阶级历史编纂学家主要是指以米涅(1796—1884)、基佐(1787—1874)和梯叶里(1795—1856)为代表的法国复辟时期的历史学家。在阶级斗争问题上,他们的理论功绩仅仅在于看到和承认现代社会中有阶级存在和各阶级间的斗争的事实。他们实际并不理解阶级斗争。如果说他们可能已经有一套关于阶级斗争的理论,那么这套理论则不是科学的。这是因为,他们承认阶级和阶级斗争的存在,但不能够说明这种斗争,即不能够正确地说明阶级斗争产生的原因。他们是用财产关系说明阶级斗争的产生,但又不能够解释财产关系是怎么来的,看不到一定的财产关系总是一定社会生产的结果,不能理解财产关系"只是生产关系的法律用语"③。他们甚至用征服来解释财产关系的形成、发展和灭亡,而征服在他们看来不过是一种受人类本性所固有的统治欲支配的政治行为。因此,在关于阶级和阶级斗争现象的理解上,他们的历史观是唯心主义的。

---

① 《列宁专题文集 论马克思主义》,人民出版社2009年版,第206页。
② 《马克思恩格斯文集》第10卷,人民出版社2009年版,第106页。
③ 《马克思恩格斯文集》第2卷,人民出版社2009年版,第591页。

在《德意志意识形态》和《共产党宣言》中,马克思、恩格斯就提出并论证了无产阶级专政思想。但是,把无产阶级专政纳入阶级斗争的必然规律来思考,对无产阶级专政的历史使命作出明确规定,则是总结欧洲革命经验取得的成果。在法国"二月革命"中,无产阶级为资产阶级共和国的建立作出了极大的牺牲,但当无产阶级提出自己的要求时,这个共和国就显现出巩固资本的统治和对劳动的奴役的本来面目,因而不可能满足无产阶级的要求和利益,并残酷镇压了法国工人六月起义。马克思在随后写的《危机和反革命》中指出:"在革命之后,任何临时性的政局下都需要专政,并且是强有力的专政。"① 这是一般性地提出专政对于革命政权的重要性。马克思在《1848年至1850年的法兰西阶级斗争》中第一次明确提出"无产阶级专政"概念。他指出,六月起义的失败昭示了这样一条真理:无产阶级要在资产阶级共和国范围内稍微改善一下自己的处境只是一种空想,"原先无产阶级想要强迫二月共和国予以满足的那些要求,那些形式上浮夸而实质上琐碎的、甚至还带有资产阶级性质的要求,就由一个大胆的革命战斗口号取而代之,这个口号就是:**推翻资产阶级!工人阶级专政!**"② 当然,"无产阶级专政"的目的并非仅在于改善无产阶级的消极处境。马克思强调:"这种专政是达到**消灭一切阶级差别**,达到消灭这些差别所由产生的一切生产关系,达到消灭和这些生产关系相适应的一切社会关系,达到改变由这些社会关系产生出来的一切观念的必然的过渡阶段。"③ 这意味着无产阶级专政成为从资本主义向共产主义发展的历史链条中的一个必然环节。

与阶级斗争必然导致无产阶级专政这一论断相联系,马克思还提出"不断革命"的重要思想。1848年爆发的欧洲革命本质上是资产阶级民主革命,马克思、恩格斯认为,在尚未完成资产阶级民主革命的国家中,无产阶级必须积极地支持和参加资产阶级民主革命,以迅速消除封建专制主义的各种影响。但是,无产阶级无法在资产阶级共和国的范围内去满足自身的利益,因此它要把资产阶级革命当做无产阶级革命的直接序幕,并适时地推进反映无产阶级解放要求的新革命。马克思、恩格斯指出:"对我们说来,问题不在于改变私有制,而只在于消灭私有制,不在于掩盖阶级对立,而在于消灭阶级,不在于改良现

---

① 《马克思恩格斯文集》第2卷,人民出版社2009年版,第69页。
② 《马克思恩格斯文集》第2卷,人民出版社2009年版,第103—104页。
③ 《马克思恩格斯文集》第2卷,人民出版社2009年版,第166页。

存社会，而在于建立新社会。"① 无产阶级的利益和任务是要不间断地进行革命，直到把一切大大小小的有产阶级的统治全都消灭，直到无产阶级夺得国家政权，直到无产者的联合不仅在一个国家内，而且在世界一切举足轻重的国家内，都发展到使这些国家的无产者之间的竞争停止，至少是发展到使那些有决定意义的生产力集中到了无产者手中。显然，不间断革命的思想属于共产主义革命范畴。

"不断革命"的思想提出后，欧洲政治形势的发展趋向保守，工人阶级运动也相对消退，出现了一些新的变化。情况表明欧洲经济政治的发展并没有为"不断革命"的实现提供成熟的客观条件。1859年马克思在《〈政治经济学批判〉序言》中提出的"两个决不会"的结论，可以被直接看作对"不断革命"思想与客观形势发展之间的关系问题的一个回答，而在更广泛的和更根本的意义上，它则是马克思关于1848年欧洲革命经验总结的一个基本结论。这就是："无论哪一个社会形态，在它所能容纳的全部生产力发挥出来以前，是决不会灭亡的；而新的更高的生产关系，在它的物质存在条件在旧社会的胎胞里成熟以前，是决不会出现的。"② 恩格斯晚年在《卡尔·马克思〈1848年至1850年法兰西阶级斗争〉导言》中，关于1848年革命的看法实际是对马克思的上述结论的一个回应。恩格斯通过对1848年以来欧洲的经济和政治发展状况的分析，得出"当时欧洲大陆经济发展的状况还远没有成熟到可以铲除资本主义生产的程度"③的结论，认为1848年革命时期他和马克思关于无产阶级与资产阶级大决战已经开始的看法是不符合实际的，"在1848年要以一次简单的突然袭击来实现社会改造，是多么不可能的事情"④。

二、意识形态理论的新阐发

在1848年欧洲革命前，马克思、恩格斯就确立了对于社会意识的唯物主义基本观点，而随后的革命实践，为他们进一步思考社会意识形态问题提供了新的历史材料。他们在《新莱茵报》上的一系列文章以及《1848年至1850年的法兰西阶级斗争》《路易·波拿巴的雾月十八日》和《德国农民战争》等著作

---

① 《马克思恩格斯文集》第2卷，人民出版社2009年版，第192页。
② 《马克思恩格斯文集》第2卷，人民出版社2009年版，第592页。
③ 《马克思恩格斯文集》第4卷，人民出版社2009年版，第540页。
④ 《马克思恩格斯文集》第4卷，人民出版社2009年版，第541页。

中,深入研究了革命时期各种意识形态的变动过程、意识形态的阶级本质、资产阶级和小资产阶级意识形态的虚幻性以及无产阶级革命理论与无产阶级革命运动相结合的必要性等问题,丰富和发展了意识形态理论。

马克思认为,任何社会革命与社会变迁过程,总有一定的意识形态相伴随。在欧洲革命中,参加革命的阶级和阶层都以各种方式表达一定的意识形态观点,以说明他们对革命的性质、对象、斗争战略与策略等的认识与主张。比如,法国的大资产阶级和小资产阶级在革命一开始,就以"自由、平等、博爱"为旗帜,最广泛地联合一切反对革命对象的社会阶层。他认为,意识形态的最大特点是把某种特殊的、局部的利益,上升为整个社会的利益,并用以动员社会各阶层投身于特定历史任务的解决。因此,意识形态是实现社会动员的必要条件。

利用在社会上仍然具有思想权威意义的传统资源,是意识形态发生作用的一个突出特点。马克思指出:"人们自己创造自己的历史,但是他们并不是随心所欲地创造,并不是在他们自己选定的条件下创造,而是在直接碰到的、既定的、从过去承继下来的条件下创造。"① 然而,利用这些传统资源,毕竟是为了现实的目的,而且是利用历史上可供利用的内容,而不是历史的复原。因此,当革命的目的一旦达到,这种意识形态就会发生新的变化。马克思举例:"旧的法国革命时的英雄卡米耶·德穆兰、丹东、罗伯斯比尔、圣茹斯特、拿破仑,同旧的法国革命时的党派和人民群众一样,都穿着罗马的服装,讲着罗马的语言来实现当代的任务,即解除桎梏和建立现代**资产阶级**社会"②,但是,新的社会形态一旦形成,这些"远古的巨人连同复活的罗马古董"③就都消失不见了,"冷静务实的资产阶级社会把萨伊们、库辛们、鲁瓦耶-科拉尔们、本杰明·贡斯当们和基佐们当做自己真正的翻译和代言人"④。实际上,这只是人们实现现实利益凭借的手段和工具而已。这说明,意识形态及其发展的背后的真实动因是人们的现实利益,而意识形态则是为这种利益服务的观念和思想体系。

马克思运用透过意识形态表象、揭示隐藏于这一表象背后的真实动因的方法,分析了法国革命过程中的复杂现象。他指出,正统派和奥尔良派是秩序党

---

① 《马克思恩格斯文集》第 2 卷,人民出版社 2009 年版,第 470—471 页。
② 《马克思恩格斯文集》第 2 卷,人民出版社 2009 年版,第 471 页。
③ 《马克思恩格斯文集》第 2 卷,人民出版社 2009 年版,第 471 页。
④ 《马克思恩格斯文集》第 2 卷,人民出版社 2009 年版,第 471—472 页。

（即由这两个保皇派政党联合组成的保守的法国大资产阶级政党）中两个大的集团，是什么使这两个集团依附于它们的王位追求者并使它们相互分离呢？不是所谓"信仰"和"原则"，而是两大集团背后的利益对立。"这两个集团彼此分离决不是由于什么所谓的原则，而是由于各自的物质生存条件，由于两种不同的财产形式；它们彼此分离是由于城市和农村之间的旧有的对立，由于资本和地产之间的竞争。"① 当然，马克思也认为，影响人们把自己与旧的王朝联结起来的因素，也有类似旧日的记忆、个人的仇怨、忧虑和希望、偏见以及幻想、信念、信条和原则等，但是它们都是以现实因素为根据的。因此，考察历史中行动着的不同阶级的表现时，必须善于透过支配其行动的意识形态表面而看到其背后的现实动因。

马克思还特别强调要看到和注意揭露资产阶级意识形态的虚假性，指出"在历史的斗争中更应该把各个党派的言辞和幻想同它们的本来面目和实际利益区别开来，把它们对自己的看法同它们的真实本质区别开来"②。意识形态的神圣外衣的背后，实际上就是阶级的利益。当然，马克思还指出，意识形态的虚假性并不能被简单地归结为欺骗。从认识论方面看，特定的意识形态所具有的虚假性，主要是建立在把客观现实的某些方面加以绝对化的基础上的。特定的意识形态总是产生并适应于特定的社会物质条件和社会需要。社会发展的不成熟往往会使人们产生某种不成熟的认识。随着社会发展的深入和社会关系的成熟发展，人们对于意识形态的认识也会更加深入和具体，意识形态会在这种发展过程中，逐渐失去某些不切实际的性质。在1848年欧洲革命中，法国资产阶级取得了政治利益和自身的自由，但在意识形态中，它的阶级立场却被装扮成为全体法国人民的利益反映。

马克思、恩格斯对意识形态理论的新阐发，具体地揭示了意识形态产生的基础、性质、作用及特征等，极大地丰富了马克思主义哲学对于意识形态的认识。

三、评价历史人物的科学方法

唯心史观总是用英雄人物来塑造历史和解释历史。对于1848年欧洲革命期间的重要事件和代表人物，许多资产阶级、小资产阶级的思想家纷纷作出评

---

① 《马克思恩格斯文集》第2卷，人民出版社2009年版，第498页。
② 《马克思恩格斯文集》第2卷，人民出版社2009年版，第499页。

论,在极力贬低甚至诬蔑无产阶级的斗争行为的同时,自觉或不自觉地对于镇压群众的刽子手、窃取革命果实的阴谋家以及政治骗子,作了赞美性或辩护性描述,甚至把历史进程解释为由伟大思想家、统帅和英雄等的愿望、理想、意志所决定,并且归根结底由他们的专断所决定。

面对这一情况,马克思、恩格斯运用历史唯物主义的基本方法,对于历史的演变和历史人物的作用,重新作出了科学的说明和分析,阐述了科学评价历史人物的重要方法。他们认为,把任何重大历史事变的发生,归结为少数人物的恶意煽动,是一种早已过去的"迷信时代"的观点。恩格斯明确指出,"1848年2月和3月突然爆发的运动,不是个别人活动的结果,而是民族的要求和需要的自发的不可遏止的表现"①。革命的失败,也不能被归结为"这个先生或那个公民'出卖了'人民"②。正确认识和理解历史上的重大事件,应该首先关注历史发展中那些不以人的意志为转移的客观因素的作用。任何地方发生革命震动,总有一种社会要求为其背景。因此,分析革命发生和失败的原因,"不应该从一些领袖的偶然的动机、优点、缺点、错误或变节中寻找,而应该从每个经历了动荡的国家的总的社会状况和生活条件中寻找"③。如果违背这个原则,必定导致历史观上的主观主义,得出违背历史实际的认识。

马克思以雨果(1802—1885)对于路易·波拿巴(1808—1873)政变事件的评论为例,指出雨果虽然同情人民群众,猛烈抨击路易·波拿巴的政变行为,但由于他忽视了法国社会阶级力量的配置和对比,以及其他社会状况,把政变的实现归结为路易·波拿巴的冒险与暴力,事件在他的笔下被描绘成为"晴天的霹雳"。然而,"他没有觉察到,当他说这个人表现了世界历史上空前强大的个人主动性时,他就不是把这个人写成小人物而是写成巨人了"④。

马克思强调,像路易·波拿巴这样一个平庸可笑的人物,他之所以能够在革命中扮演英雄角色,完全是由法国特定的阶级斗争形势决定的。离开对于法国阶级斗争形势及其造成的条件和局势的分析,就难以客观地说明这样的历史事件。首先,这次政变发生的历史背景是资产阶级日益走向反动,共和派勾结以秩序党为代表的保皇派,血腥镇压了巴黎工人的六月起义,击溃了曾经是

---

① 《马克思恩格斯文集》第2卷,人民出版社2009年版,第352页。
② 《马克思恩格斯文集》第2卷,人民出版社2009年版,第352页。
③ 《马克思恩格斯文集》第2卷,人民出版社2009年版,第352页。
④ 《马克思恩格斯文集》第2卷,人民出版社2009年版,第466页。

"二月革命"主要支柱的无产阶级,这既使资产阶级无力与保皇派抗争,又使无产阶级在路易·波拿巴发动政变时持相对消极的态度,从而成就了路易·波拿巴的复辟。其次,法国社会虽然已经确立起资本主义制度,但小农人数众多,彼此相互隔离,政治上不能形成一个阶级并保护自己的阶级利益。正如马克思所说:"他们不能代表自己,一定要别人来代表他们。"① 同时,"历史传统在法国农民中间造成了一种迷信,以为一个名叫拿破仑的人将会把一切美好的东西送还他们"②。这正是波拿巴王朝复辟的重要社会基础。最后,在法国工人的六月起义遭到镇压后,秩序党虽然在法国政治生活中占据优势,但由于内部利益冲突,"分解为各个保皇派构成部分"③,又害怕人民重新革命而失去既得利益,因而在与路易·波拿巴争夺最高统治权的斗争中,变得矛盾重重,不再能控制事变了。"因此,它就把自己交给事变支配,交给一种力量支配,它在反对人民的斗争中已经向这种力量让出了一个又一个阵地,直至它自己在这种力量面前变得毫无权力为止。"④ 马克思分析认为,路易·波拿巴的政变之所以成功,并不是他个人意志的产物,而是1848年欧洲革命中,资产阶级在政治上走下坡路的结果,是"先前的事变进程的必然而不可避免的结果"⑤。

当然,强调重视历史发展过程的客观制约性,并非否认个人主观能动性的作用,对个人因素采取虚无主义态度。马克思、恩格斯认为,必须善于把历史发展中的客观因素与主观因素结合起来,在承认客观因素的制约性的前提下,考察历史对于个人因素的选择和为个人因素发挥作用提供的条件与限度,从而科学地说明个人因素对于历史发展的意义。路易·波拿巴的政变之所以成功,另一个重要因素是他的个人品质,"他比无耻的资产者有一个长处,这就是他能用下流手段进行斗争"⑥。在1848年12月10日的总统选举中,路易·波拿巴一方面用所谓"红色幽灵"吓唬大资产阶级,表明他捍卫大资产阶级利益的决心;另一方面又善于"利用群众的庸俗习气来进行投机勾当"⑦,许诺给下级军官增加津贴,给工人设立"荣誉贷款银行",拯救小农和他们的小块土地

---

① 《马克思恩格斯文集》第2卷,人民出版社2009年版,第567页。
② 《马克思恩格斯文集》第2卷,人民出版社2009年版,第567页。
③ 《马克思恩格斯选集》第1卷,人民出版社1995年版,第622页。
④ 《马克思恩格斯文集》第2卷,人民出版社2009年版,第546页。
⑤ 《马克思恩格斯文集》第2卷,人民出版社2009年版,第554页。
⑥ 《马克思恩格斯文集》第2卷,人民出版社2009年版,第531页。
⑦ 《马克思恩格斯文集》第2卷,人民出版社2009年版,第517页。

等,以骗取他们的支持。在当上总统以后,他任命资产阶级保皇党人巴罗(1791—1873)组成秩序党内阁,以换取与占据立法议会多数的"正统主义者"的政治妥协,但又组织所谓"十二月十日会"的秘密团体,充当实现其个人野心的政治打手。他还利用各种手段收买国家军队,攫取军队指挥权,用发行"金条彩票"的诱人幻景来驱除空论式的劳动权,用黄金梦来排除巴黎无产阶级的社会主义梦想等。显然,路易·波拿巴的政治手法是下流的,但正是这种手法因应了资产阶级在政治上走下坡路而出现的下流政治的状况。因此,对于路易·波拿巴实现政变的分析,既要看到特定的阶级斗争状况形成的社会的客观制约性,又不能抹杀个人品质对于历史发展的意义。正确评价历史人物的方法,在于善于把握这两个方面的辩证关系。

第二节 对巴黎公社经验的总结

1871年巴黎公社革命是无产阶级打碎旧的国家机器、建立无产阶级专政的首次尝试,在国际共产主义运动史上写下了伟大而悲壮的一页。马克思高度评价和深入研究了这一重大事件,科学地总结了巴黎公社经验,写下了《法兰西内战》等重要著作,从而既检验了历史唯物主义理论,又根据新的实践经验发展了这一理论。

一、打碎资产阶级国家机器

马克思、恩格斯在总结1848年欧洲革命经验时已经明确提出,无产阶级革命不应像先前资产阶级革命那样,把官僚军事机器从一些人的手里转到另一些人的手里,而应该把它打碎并建立无产阶级的政权。巴黎公社革命的突出特点是,以革命武装实施起义,并且以革命的暴力催生和维护新生的无产阶级政权,实现了人类历史上第一次以无产阶级政权取代资产阶级政权的"英勇的尝试"。

在总结巴黎公社革命的这一经验时,马克思指出,这次革命的特点在于人民在首次起义之后没有解除自己的武装,没有把他们的权力拱手交给"统治阶级的共和主义骗子们"[①];在于人民组成了公社,从而把这次革命的真正领导权

---

① 《马克思恩格斯文集》第3卷,人民出版社2009年版,第207页。

握在自己手中,同时"用他们自己的政府机器去代替统治阶级的国家机器、政府机器"①。在法国历史上,无产阶级多次以武装的形式,实现了革命目标。但每次革命后,统治集团总是把工人的武装当做对其统治的威胁,一旦取得政权做的第一件事就是解除工人武装,而无产阶级一旦被解除武装,就只能忍受统治阶级的蹂躏。这是法国历次革命对于工人阶级的深刻教训。巴黎公社的革命实践,鲜明地把革命暴力对于建立和维护无产阶级政权的意义凸显出来。因此,如果说通过1848年欧洲革命,马克思形成了建立"工人阶级专政"对于工人阶级解放的意义的认识,那么通过对巴黎公社经验的总结,他进一步形成了如何建立和巩固无产阶级专政的重要思想。在巴黎公社失败后不久,马克思对于这一思想再次加以概括,提出:实行无产阶级专政的"首要条件就是无产阶级的大军。工人阶级必须在战场上赢得自身解放的权利"②。

以暴力革命的方式打碎旧的国家机器,是实现无产阶级解放的基本前提。然而,主张打碎旧的国家机器,是否就是主张或赞同无政府主义呢?这个问题的解决对于指导无产阶级革命,对于消除和抵制歪曲马克思的这一主张的错误思潮影响,有着十分重要的意义。事实上,马克思的主张与无政府主义是根本不同的。他认为,政治国家的形成,是市民社会发展的必然产物。政治国家具有双重职能,一方面,它维护着这一社会基本的政治与经济制度,镇压一切对于这一制度的反抗行为,消除对于这一制度的威胁性因素,并成为阶级压迫的工具;另一方面,它还承担着大量的公共建设与社会管理的职能,这虽然使国家具有凌驾于社会之上的企图与性质,但也具有维护社会生活正常进行的意义。现实的国家机器就是在这两种职能的交织过程中实现的。在马克思看来,打碎旧的国家机器,首先就是要把"旧政权的纯属压迫性质的机关予以铲除"③,同时把政权应执行的合理职能"从僭越和凌驾于社会之上的当局那里夺取过来,归还给社会的承担责任的勤务员"④,从而"把它从统治社会、压制社会的力量变成社会本身的充满生气的力量"⑤。这是马克思总结巴黎公社经验作出的重要理论贡献,其中包含着马克思对于无产阶级专政作为新型的政权形

---

① 《马克思恩格斯文集》第3卷,人民出版社2009年版,第207页。
② 《马克思恩格斯文集》第3卷,人民出版社2009年版,第619页。
③ 《马克思恩格斯文集》第3卷,人民出版社2009年版,第156页。
④ 《马克思恩格斯文集》第3卷,人民出版社2009年版,第156页。
⑤ 《马克思恩格斯文集》第3卷,人民出版社2009年版,第195页。

式具有的积极性质的理解,从根本上划清了马克思主义与无政府主义的界限。

二、探索无产阶级解放的政治形式

以革命暴力的方式催生和支持巴黎公社这一无产阶级政权,是巴黎无产阶级的一次英勇尝试。马克思指出:"公社的真正秘密就在于:它实质上是工人阶级的政府,是生产者阶级同占有者阶级斗争的产物,是终于发现的可以使劳动在经济上获得解放的政治形式。"① 这是对于巴黎公社性质和意义的重要理论概括。

第一,公社不是乌托邦。巴黎公社一经产生,就受到资产阶级及其思想家的曲解和攻击,其中比较典型的就是把它解释为"现成的乌托邦"。而马克思是从来就反对乌托邦的,他认为把巴黎公社说成是乌托邦纯粹是无知的欺骗。从工人阶级运动成为现实运动的时刻起,因为他们找到了实现这一目的的现实手段,各种幻想的乌托邦就消逝了。"取代乌托邦的,是对运动的历史条件的真正理解以及工人阶级战斗组织的力量的日益积聚。"② 在革命实践中,巴黎的工人阶级知道,为了谋求自己的解放,并同时创造出现代社会在本身经济因素作用下不可遏止地向其趋归的那种更高形式,他们必须经过长期的斗争,必须经过一系列把环境和人都加以改造的历史过程。"工人阶级不是要实现什么理想,而只是要解放那些由旧的正在崩溃的资产阶级社会本身孕育着的新社会因素。"③ 这不仅有力驳斥了对巴黎公社的诋毁,也揭示了巴黎公社发生的历史基础和现实根据,说明了无产阶级革命事业的长期性、复杂性和艰巨性,再次强调了无产阶级的解放与人类历史发展的一致性。

第二,公社给共和国奠定了真正民主制度的基础。马克思认为,作为一种政权存在,巴黎公社与以往任何政权不同,它是人民群众把国家政权重新收回的政治形式,因而是人民群众获得社会解放的政治形式。确保巴黎公社具有这一性质的根本原因,在于它在政治上采取的一系列全新举措。首先,公社由巴黎各区通过普选选出来的市政委员组成,这些代表中的大多数都是工人或公认的工人阶级代表,他们向人民负责,并随时可以被罢免。其次,公社抛弃了以往资产阶级"三权分立"的政治传统,把它变成一个实干的而不是议会式的机

---

① 《马克思恩格斯文集》第 3 卷,人民出版社 2009 年版,第 158 页。
② 《马克思恩格斯文集》第 3 卷,人民出版社 2009 年版,第 208 页。
③ 《马克思恩格斯文集》第 3 卷,人民出版社 2009 年版,第 159 页。

构，它既是行政机关，又是立法机关，防止把公共权力变成不同政治集团之间利益博弈和投机的场所。最后，公社对于所有公务员，不论职位高低，都只付给跟其他工人同样的工资，有利于防止人们追求升官发财。尽管巴黎公社存在的时间不长，这些制度的实施也不可能尽善尽美，但是，它毕竟在人类历史上，打开了政治真正面向人民的全新向度和想象空间，为真正民主制度的实施作出了历史性的探索。

第三，公社是可以使劳动在经济上获得解放的政治形式。马克思指出，公社是"不但以政治改造，而且以经济改革来开始其工作的"①。"生产者的政治统治不能与他们永久不变的社会奴隶地位并存。所以，公社要成为铲除阶级赖以存在、因而也是阶级统治赖以存在的经济基础的杠杆。"② 这意味着消灭资产阶级所有制应该成为公社的使命，"要把现在主要用做奴役和剥削劳动的手段的生产资料，即土地和资本完全变成自由的和联合的劳动的工具，从而使个人所有制成为现实"③。

第四，公社是法国社会的一切健全成分的真正代表。马克思认为，公社一经成立，所采取的政治和经济措施，既是对于寄生在法国社会机体上的"国家赘瘤"的清除，又是对于孕育在资本主义社会中的"新社会因素"的解放。因而，公社不仅是工人阶级的政府，也是"法国社会的一切健全成分的真正代表"④。首先，公社用武装的人民废除和代替常备军，用公仆制度代替官僚制度，取消了两个最大的开支项目，从而有可能实现历次资产阶级革命都提出的廉价政府这一口号。其次，公社所采取的一系列经济和政治措施，为巴黎的中等阶级免除了经济和政治上的困扰，同时也使法国农民马上就能得到巨大的好处，成为他们利益的天然代表者。这实际上提出了无产阶级专政的政府不仅代表工人阶级的利益，同时也要成为"真正的国民政府"的要求。最后，公社宣布教会与国家分离，一切学校对人民免费开放，并完全不受教会和国家的干涉。"这样，不但人人都能受教育，而且科学也摆脱了阶级偏见和政府权力的桎梏。"⑤ 此外，公社采取的民主和自治原则，取代了旧的集权政府，"带来地

---

① 《马克思恩格斯全集》第17卷，人民出版社1963年版，第593页。
② 《马克思恩格斯文集》第3卷，人民出版社2009年版，第158页。
③ 《马克思恩格斯文集》第3卷，人民出版社2009年版，第158页。
④ 《马克思恩格斯文集》第3卷，人民出版社2009年版，第162页。
⑤ 《马克思恩格斯文集》第3卷，人民出版社2009年版，第155页。

方自治"①，为国家统一提供了全新的"有生命力"的政治基础。这些都体现出公社以其非凡的历史首创精神去培育一个全新社会。

第五，公社必须致力于完成以阶级斗争去消灭一切阶级统治的使命。马克思认为，不论是廉价政府，还是"真正共和国"，都只是公社的伴生物，而不是它的终极目标。公社的终极目标是实现劳动的解放，以自由的联合的劳动条件去代替劳动受奴役的经济条件。实现这一目标，首先需要克服来自资产阶级的反抗。这种反抗一定很激烈。因此，公社的建立不能回避阶级斗争的问题，"必须经历阶级斗争的几个不同阶段"②。只不过由于不同于处在资产阶级统治下的状况，公社能够提供"合理的环境"，"使阶级斗争能够以最合理、最人道的方式经历它的几个不同阶段"，实现"通过阶级斗争致力于消灭一切阶级，从而消灭一切阶级统治"的目标。③

马克思对于巴黎公社给予了高度评价，并确信"无论公社在巴黎的命运怎样，它必然将**遍立于全世界**"④。

三、尊重社会发展规律与重视人民群众的首创精神

马克思、恩格斯认为，社会历史发展有其客观规律，社会革命的发生也是由特定的历史因素决定的。离开了社会发展规律和对特定社会历史因素的分析，就会把历史当做偶然事件的堆积，失去对于历史的科学把握。但是，任何历史都是作为历史主体的人的活动过程，因而研究历史也决不能离开对于作为历史主体的人的能动作用的关注。这是研究历史尤其是研究历史过程中的重大事件的辩证方法。马克思、恩格斯在巴黎公社革命前后的理论和实践活动，充分体现了尊重历史发展规律和重视历史主体的高度统一。

早在《神圣家族》中，马克思、恩格斯就指出："历史活动是群众的活动，随着历史活动的深入，必将是群众队伍的扩大。"⑤ 当巴黎公社革命发生时，马克思称颂它是"真正的人民革命"，赞美公社社员"具有何等的灵活性，何等的历史主动性，何等的自我牺牲精神！"⑥ 巴黎公社革命失败后，他仍满怀激情

---

① 《列宁专题文集 论马克思主义》，人民出版社2009年版，第226页。
② 《马克思恩格斯文集》第3卷，人民出版社2009年版，第198页。
③ 《马克思恩格斯文集》第3卷，人民出版社2009年版，第198页。
④ 《马克思恩格斯文集》第3卷，人民出版社2009年版，第194页。
⑤ 《马克思恩格斯文集》第1卷，人民出版社2009年版，第287页。
⑥ 《马克思恩格斯选集》第4卷，人民出版社1995年版，第599页。

地指出:"努力劳动、用心思索、战斗不息、流血牺牲的巴黎……正放射着它的历史首创精神的炽烈的光芒!"① 这种对巴黎工人阶级历史主动精神和创造精神的高度颂扬,既体现了无产阶级鲜明的政治立场,也是坚持历史唯物主义的生动写照。

当然,对于巴黎公社的支持和赞扬,并不意味着罔顾社会历史规律。马克思、恩格斯认为,人民群众的历史主动性和创造性的发挥,应以承认社会历史发展的客观规律为前提,并且以建立在对于这个规律和事变的正确认识基础上的正确战略与策略为指导。他们对巴黎公社革命进行了冷静分析。早在革命发生前,马克思就曾告诫巴黎的工人阶级:"在目前的危机中,当敌人几乎已经在敲巴黎城门的时候,一切推翻新政府的企图都将是绝望的蠢举。"② 工人阶级应该镇静而坚决地利用共和国的自由所提供的机会,去加强他们的阶级组织。但当巴黎工人阶级迫不得已而发起革命时,马克思、恩格斯还是义无反顾地与巴黎工人阶级一道迎接革命,在竭尽全力声援和指导革命的同时,实事求是地指出它的弱点和错误,恩格斯后来就曾批评公社在政治上受到布朗基派的支配,在经济上受到蒲鲁东派的支配等,这体现了马克思、恩格斯对待历史的严肃态度。

本章二维码

总之,马克思、恩格斯对巴黎公社的经验及其失败的教训进行了总结和分析,从历史观上端正了人们对巴黎公社的认识,初步回答了在各种复杂情况下如何把无产阶级革命推向前进的问题。

第三节 对各种机会主义的批判

19世纪60年代中后期,欧洲工人运动由1848年革命后的低潮开始进入新的高涨。然而,以1871年巴黎公社失败为标志,欧洲"进入了为未来变革的时代作'和平'准备的阶段"③。工人运动也出现了一些新的特点,许多按其成分来说是无产阶级的社会主义政党利用资产阶级议会制度,创办自己的报

---

① 《马克思恩格斯文集》第3卷,人民出版社2009年版,第165页。
② 《马克思恩格斯文集》第3卷,人民出版社2009年版,第127页。
③ 《列宁专题文集 论马克思主义》,人民出版社2009年版,第63页。

纸，建立自己的教育机构，组织工会和自己的合作社等，积极为未来战斗准备力量。但与此同时，工人运动中的机会主义思潮也泛滥成灾。他们把为未来战斗准备力量，解释为放弃战斗；把改善工人生活状况以便去同"雇佣奴隶制"作斗争解释为工人为了几文钱而出卖自己的自由权；宣扬社会和平、背弃阶级斗争等。时代和社会实践向马克思主义提出了反对和肃清机会主义思潮影响的重要课题，马克思、恩格斯领导第一国际开展了反对拉萨尔主义和巴枯宁主义的斗争。他们在斗争中进一步丰富和发展了马克思主义的国家学说和共产主义学说，为工人运动的发展提供了科学的理论指导。

一、批判拉萨尔主义的改良主义主张，提出过渡时期和共产主义发展阶段的学说

拉萨尔主义是存在于德国工人运动中的一个机会主义派别，其创始人拉萨尔（1825—1864）早年曾经在柏林大学学习，并成为黑格尔主义的信徒。19世纪60年代初，他投身于德国工人运动，1863年担任"全德工人联合会"主席。他自我标榜为"马克思的学生"，却在1862年和1863年分别出版的《工人纲领》和《就莱比锡全德工人代表大会的召开给中央委员会的公开答复》中，宣扬"通过和平和合法的道路"、依靠普鲁士"国家的帮助"来实现社会主义的主张。1864年，拉萨尔去世后，约·施韦尔（1833—1875）和哈森克莱维尔（1837—1889）等先后领导"全德工人联合会"，并通过"哥达纲领"继续推行拉萨尔主义路线。马克思、恩格斯通过撰写《哥达纲领批判》等一批重要文献，对这一思潮进行了有力批判。

"哥达纲领"的突出表现，在于它回避资产阶级所有制这一根本性问题，抽象地谈论劳动是一切财富和一切文化的源泉，认为"劳动所得应当不折不扣和按照平等的权利属于社会一切成员"①。马克思批评它以"资产阶级的说法"回避"唯一使这种说法具有意义的**条件**"。② 他认为："只有一个人一开始就以所有者的身份来对待自然界这个一切劳动资料和劳动对象的第一源泉，把自然界当做属于他的东西来处置，他的劳动才成为使用价值的源泉，因而也成为财富的源泉。"③ 这里的根本性问题是生产资料所有制对于劳动实现的意义问题。

---

① 《马克思恩格斯文集》第3卷，人民出版社2009年版，第428页。
② 《马克思恩格斯文集》第3卷，人民出版社2009年版，第428页。
③ 《马克思恩格斯文集》第3卷，人民出版社2009年版，第428页。

马克思指出,"哥达纲领"硬给劳动加上一种超自然的创造力,实际上是回避了这个问题,回避了消灭资产阶级私有制对于工人劳动实现的意义,从而掩盖了资本主义剥削关系和无产阶级受奴役的经济根源,暴露其把工人运动纳入改良主义轨道的企图。工人阶级成为雇佣奴隶的根本原因,不在于他的劳动,而在于生产资料的资产阶级占有。因此,以工人阶级解放作为基本诉求的社会主义,是不能回避消灭资本主义私有制这一根本性问题的。

马克思强调,抛开生产资料所有制问题而空谈平等分配也是一种庸俗社会主义观点。他指出:"消费资料的任何一种分配,都不过是生产条件本身分配的结果;而生产条件的分配,则表现生产方式本身的性质。"① 这里的生产条件的分配,是指生产资料归谁所有和劳动力以什么形式同生产资料相结合的问题。生产条件分配的方式不同,社会各阶级在生产中的地位不同,产品的分配方式也不同。所以,有什么样的生产方式,就有什么样的分配方式。要改变资本主义分配方式,必须首先改变资本主义的生产方式,消灭资产阶级私有制。他强调,在已经弄清楚生产资料所有制与分配的真实关系的条件下,出现把分配看做一种可以不依赖于生产方式的东西,从而把社会主义描述为主要围绕分配兜圈子的现象,这是共产主义思想史上的倒退。

马克思在关于"哥达纲领"空谈"劳动"和"平等分配"等机会主义观点的批判中作出的另一突出理论贡献,是关于共产主义发展阶段的理论。马克思认为,共产主义是从资本主义脱胎而来的,共产主义本身也有一个从低级到高级的发展过程。在这个过程的不同阶段,共产主义会呈现出不同的特征。

第一,从资本主义变为共产主义的"革命转变时期"。马克思指出:"在资本主义社会和共产主义社会之间,有一个从前者变为后者的革命转变时期。同这个时期相适应的也有一个政治上的过渡时期,这个时期的国家只能是**无产阶级的革命专政**。"② 他从"政治上的过渡时期"这一维度,把"无产阶级专政"作为从资本主义变为共产主义的"革命转变时期"的国家形式。这一论断突出了无产阶级专政对于走向共产主义的必然性,并实际上形成了"无产阶级专政国家"这一后来被广泛使用的概念。

第二,共产主义社会的第一阶段。马克思强调,共产主义社会第一阶段是

---

① 《马克思恩格斯文集》第3卷,人民出版社2009年版,第436页。
② 《马克思恩格斯文集》第3卷,人民出版社2009年版,第445页。

刚刚从资本主义脱胎而来的，因此"它在各方面，在经济、道德和精神方面都还带着它脱胎出来的那个旧社会的痕迹"①。表现在消费资料的分配上，由于它消灭了资本主义私有制，谁也不能通过占有生产资料去奴役和占有他人的劳动，从而使它具有与资本主义根本不同的性质。但是，按劳分配原则只能是以"一种形式的一定量劳动同另一种形式的同量劳动相交换"②。"同量劳动相交换"的原则，就其消灭剥削而言，将极大地激发劳动者的劳动热情和创造力，促进社会生产力的极大发展，确实是人类历史上的巨大进步。但这一进步"还是被限制在一个资产阶级的框框里"③，因为这一原则与商品交换中通行的等价交换原则是同一的，只具有形式上的平等，而不能实现事实上的平等。一方面，它以"劳动"作为同一尺度去衡量不同等的人，默认了不同等的个人天赋；另一方面，它撇开了劳动者不同的家庭情况。因此，在提供的劳动相同、从而由社会消费基金中分得的份额相同的条件下，某一个人事实上所得到的比另一个人多些，也就比另一个人富些。因此，马克思认为以"同量劳动相交换"的分配原则，仍然是"资产阶级权利"，是共产主义第一阶段发展过程中的一种弊病。但这种弊病又是不可避免的，因为"权利决不能超出社会的经济结构以及由经济结构制约的社会的文化发展"④。

第三，共产主义社会高级阶段。马克思认为，克服共产主义第一阶段存在的这种弊病，只有到共产主义社会的高级阶段才能实现。他指出，在共产主义社会高级阶段，在迫使个人奴隶般地服从分工的情形已经消失，从而脑力劳动和体力劳动的对立也随之消失之后；在劳动已经不仅仅是谋生的手段，而且本身成了生活的第一需要之后；在随着个人的全面发展，他们的生产力也增长起来，而集体财富的一切源泉都充分涌流之后，"只有在那个时候，才能完全超出资产阶级权利的狭隘眼界，社会才能在自己的旗帜上写上：各尽所能，按需分配！"⑤ 显然，马克思把"各尽所能，按需分配"看做是共产主义社会高级阶段消费品分配的基本原则和基本特征。

在马克思关于从资本主义向共产主义转变与发展阶段的概括中，"无产阶

---

① 《马克思恩格斯文集》第3卷，人民出版社2009年版，第434页。
② 《马克思恩格斯文集》第3卷，人民出版社2009年版，第434页。
③ 《马克思恩格斯文集》第3卷，人民出版社2009年版，第435页。
④ 《马克思恩格斯文集》第3卷，人民出版社2009年版，第435页。
⑤ 《马克思恩格斯文集》第3卷，人民出版社2009年版，第436页。

级专政""按劳分配"和"各尽所能，按需分配"分别成为各阶段的重要特征的表述，这向人们勾画出未来社会发展的可能途径和图景特征，丰富了马克思主义哲学关于社会发展的理论。

二、批判拉萨尔主义的"自由国家"论，揭示国家的本质和发展规律

鼓吹"自由国家"论是"哥达纲领"对于工人运动具有严重腐蚀作用的又一错误观点。它主张德国工人党应当"用一切合法手段去争取建立**自由国家**"①，"**依靠国家帮助**建立生产合作社"②，并从这些合作社里面"**产生总劳动的社会主义的组织**"③。这是基于对国家本质的错误认识而产生的改良主义主张，也直接否定了阶级斗争和无产阶级专政理论，受到了马克思、恩格斯的严厉批判。

恩格斯一针见血地指出："从字面上看，自由国家就是可以自由对待本国公民的国家，即具有专制政府的国家。"④ 马克思进一步指出，争取建立"自由国家"绝不是已经摆脱了狭隘的臣民见识的工人的目的。政治发展的实际过程是，自从封建专制制度瓦解以后，国家一直被当做恶的力量和威胁人们自由的因素加以防范和限制。因此，"自由就在于把国家由一个高踞社会之上的机关变成完全服从这个社会的机关；而且就在今天，各种国家形式比较自由或比较不自由，也取决于这些国家形式把'国家的自由'限制到什么程度"⑤。可见，所谓建立"自由国家"的主张，完全是一种倒向专制主义的落后观念的产物。

马克思在批评这种观点时，还特别注重揭示国家产生与存在的基础。他认为，德国社会长期以来存在着一种"国家崇拜"理论，它把国家当做一种超越阶级对立、维护公共利益的力量，黑格尔甚至把国家看做照亮市民社会的火炬。拉萨尔主义的"自由国家"论以及依靠国家帮助建立生产合作社和实现社会主义等观点，实际上是这种"国家崇拜"的反映。马克思指出，国家从来都不是独立存在物，它是以一定的社会存在为基础并受这个基础制约和服务于这个基础的。在资本主义条件下，不同的国家"不管它们的形式如何纷繁，却有

---

① 《马克思恩格斯文集》第 3 卷，人民出版社 2009 年版，第 440 页。
② 《马克思恩格斯文集》第 3 卷，人民出版社 2009 年版，第 442 页。
③ 《马克思恩格斯文集》第 3 卷，人民出版社 2009 年版，第 442 页。
④ 《马克思恩格斯文集》第 3 卷，人民出版社 2009 年版，第 414 页。
⑤ 《马克思恩格斯文集》第 3 卷，人民出版社 2009 年版，第 444 页。

一个共同点：它们都建立在现代资产阶级社会的基础上，只是这种社会的资本主义发展程度不同罢了。所以，它们具有某些根本的共同特征"①。这一论述，为正确理解国家的存在与本质提供了重要的方法论指导，为批判拉萨尔主义的国家崇拜和改良主义主张，提供了坚实的理论基础。马克思强调，拉萨尔主义的错误就在于"它不把现存社会（对任何未来社会也是一样）当做现存**国家的**（对未来社会来说是未来国家的）**基础**，反而把国家当做一种具有自己的'**精神的、道德的、自由的基础**'的独立存在物"②。

正是依据对国家的这种理解，马克思强调无产阶级政党一方面必须摆脱"拉萨尔宗派对国家的忠顺信仰"的消极影响，另一方面必须科学地回答随着资产阶级社会消亡，国家制度的变化问题。正是依据这一思路，马克思提出了在资本主义社会和共产主义社会之间，有一个"革命转变时期"，而"无产阶级的革命专政"就是同这个时期相适应的"政治上的过渡时期"的国家制度。显然，通过对拉萨尔主义的批判，马克思表现出一种思考国家问题的历史唯物主义思路，并把无产阶级专政纳入国家制度发展的过程中，深化了马克思主义对于国家的本质和发展规律的哲学思考。

三、批判巴枯宁无政府主义，阐明马克思主义的权威观

巴黎公社革命前后，马克思和恩格斯在批判拉萨尔主义的同时，还着力开展反对巴枯宁无政府主义的斗争。米·亚·巴枯宁（1814—1876）出身于俄国的贵族家庭，青年时期参加过俄国民粹派运动。1848年2月，欧洲革命爆发后，他曾积极投身于一线战斗，恩格斯一度称赞他是"**一个能干的、头脑冷静的指挥者**"③。革命失败后，他先后两次被有关当局判处死刑。1851年，他被引渡回俄国并被判处终身流放西伯利亚。但1861年他从流放地逃出，开始"冒冒失失地投身到破坏一切的无政府状态"的活动。从1868年开始，他加入第一国际，但公开地反对和攻击马克思、恩格斯关于无产阶级革命和无产阶级专政的理论，实际上从事着分裂国际的活动。1872年在第一国际海牙代表大会上，巴枯宁被开除出第一国际，然而，他坚持其无政府主义的立场，建立了"反权威主义国际同盟"，继续与第一国际相对抗。1876年，巴枯宁客死伯尔尼。

---

① 《马克思恩格斯文集》第3卷，人民出版社2009年版，第444页。
② 《马克思恩格斯文集》第3卷，人民出版社2009年版，第444页。
③ 《马克思恩格斯文集》第2卷，人民出版社2009年版，第451页。

从理论上看，巴枯宁主义与拉萨尔主义的"国家崇拜"倾向不同，主张从个人自由和阶级平等出发，既反对一切性质的国家，反对一切权威，也反对工人阶级开展政治斗争。1873年，巴枯宁在《国家制度和无政府状态》一书中，极力传播无政府主义的政治纲领，并猛烈攻击马克思、恩格斯及其国家学说，尤其是无产阶级专政理论。为了清除巴枯宁主义的消极影响，马克思、恩格斯把政治上、组织上的揭露与理论上的批判紧密结合起来，捍卫和完善了无产阶级革命和无产阶级专政理论，发展了马克思主义国家学说。

第一，批判庸俗的社会革命起点说，阐明消灭生产资料私有制的意义。巴枯宁认为，社会革命必须以实现个人自由与阶级平等为目的，造成人世间的不平等和奴役的直接原因是私有财产继承。因此，社会革命的起点就是废除私有财产继承。他的基本设想是：社会从废除继承开始，把财产从私人手中交给社会，从而财产的私有制度就会让位于"集产制"，就有可能开始社会新的生产过程。马克思、恩格斯认为，巴枯宁的这种观点，"在理论上是错误的，在实践上是反动的"①。

首先，主张废除继承，颠倒了事物的本来关系。"继承法不是**现存社会经济组织的原因**，而是这种经济组织的**结果**，是这种经济组织的**法律结果**，这种经济组织是以生产资料即土地、原料、机器等的私有制为基础的。"② 继承作为一种法权关系是对私有财产已经成为社会的普遍事实并成为人们社会关系基础的状况的反映。它只不过是以法律的形式来保证私有者具有更换私有财产权利拥有者的权利而已。因此，继承的消亡应是废除生产资料私有制的社会改造的自然历史过程，"我们应当同原因而不是同结果作斗争，同经济基础而不是同它的法律的上层建筑作斗争"③。

其次，主张废除继承，实际上并非真正消灭生产资料私有制。马克思指出，考察继承，必定要假定生产资料的私有制继续存在。如果私有财产在人们生前已经不存在，那么它就不会被人转让，同时也不会在人们死后，从死者那里传给别人。真正反映无产阶级解放要求的，应该是努力使任何生产工具都不再成为私人的财产，以消除社会中某些人以拥有生产资料去支配和奴役他人劳动的社会条件。

---

① 《马克思恩格斯文集》第3卷，人民出版社2009年版，第89页。
② 《马克思恩格斯文集》第3卷，人民出版社2009年版，第88页。
③ 《马克思恩格斯文集》第3卷，人民出版社2009年版，第88页。

最后，主张废除继承，不仅不会使社会革命开始，而且只会使社会革命以失败告终。马克思认为，承认废除继承是社会革命的起点，只能意味着引诱工人阶级离开攻击资本主义社会真正应坚持的阵地。工人阶级的目标"应当是消灭那些使某些人**生前**具有攫取许多人的劳动果实的经济权力的制度"①，离开这一个目标，就会使革命走向迷途。同时，在实行生产资料公有化的条件具备以前，废除继承权还会使一切陷于混乱。马克思举例道，人们为子女储蓄，主要目的就是要保证子女有生活资料。如果子女的生活在双亲死后能够得到保障，那么双亲就不会再去操心给子女留下生活所需的资料了；然而，"现在还没有那种条件，废除继承权只会引起困难，只会惊动和吓坏人们，而不会带来任何好处"②。如果不顾历史条件，冒失行事，会使全体农民和整个小资产阶级围拢在反动派周围，必将危害革命。

第二，批判反对一切性质的国家的观点，捍卫无产阶级专政。反对和消灭一切国家是巴枯宁主义理论中最主要的观点。在他看来，人世间之所以存在着剥削、奴役和不平等，发生对外的掠夺和战争，主要的祸害不在于资本而在于国家，任何国家"都是一种羁绊，它一方面产生专制，另一方面产生奴役"③。这表达了一种对于国家的义愤，但却掩盖了问题的实质和无产阶级革命的根本问题。恩格斯指出，国家权力不过是统治阶级——地主和资本家为维护其社会特权而为自己建立的组织，而巴枯宁却硬说国家创造了资本，资本家只是由于国家的恩赐才拥有自己的资本，必须首先废除国家才能废除资本。恩格斯认为，废除了资本，即废除了少数人对全部生产资料的占有，国家就会自行垮台，"差别是本质性的：要废除国家而不预先实行社会变革，这是荒谬的；废除资本**正是**社会变革，其中包括对整个生产方式的改造"④。这一论述划清了马克思主义国家观同巴枯宁主义国家观的界限，揭示了现代资产阶级国家的阶级实质，也明确指出了废除资本、改造资本主义生产方式是废除现代国家的前提。

巴枯宁主义在国家问题上对于无产阶级革命的最大危害，在于其对无产阶级专政的攻击。巴枯宁质疑《共产党宣言》中要使无产阶级上升为统治阶级、

---

① 《马克思恩格斯文集》第3卷，人民出版社2009年版，第88页。
② 《马克思恩格斯全集》第16卷，人民出版社1964年版，第652页。
③ 转引自《马克思恩格斯文集》第3卷，人民出版社2009年版，第409页。
④ 《马克思恩格斯文集》第10卷，人民出版社2009年版，第377页。

无产阶级专政是达到消灭阶级的过渡的思想,说它是一种"为了解放人民群众,首先必须奴役他们"的矛盾思想,断言任何专政除了"使自己永世长存"以外不可能有别的目的,它"能够在忍受这种专政的人民身上产生和培养的,只是奴役"。针对这一观点,马克思对无产阶级专政理论再次作了重申和进一步阐述,强调无产阶级专政是克服资产阶级反抗和改造旧的经济条件的手段。他指出,只要其他阶级特别是资本家阶级还存在,只要无产阶级还在同它们进行斗争,无产阶级就必须采用暴力措施,也就是政府的措施。"如果无产阶级本身还是一个阶级,如果作为阶级斗争和阶级存在的基础的经济条件还没有消失,那么就必须用暴力来消灭或改造这种经济条件,并且必须用暴力来加速这一改造的过程。"①

马克思深入揭示了无产阶级专政的措施和手段的过渡性质。他认为,无产阶级专政是实现从资本主义社会向共产主义社会转变的政治过渡形式,实施无产阶级专政的措施和方法也必然带有某种过渡性质。虽然在这一过程中随着无产阶级专政的发展,会不断"提供合理的环境"使斗争"以最合理、最人道的方式"进行,但"由于无产阶级在为摧毁旧社会而斗争的时期还是在旧社会的基础上进行活动,因此自己的运动还采取多少同旧社会相适应的政治形式;所以,在这一斗争时期,无产阶级还没有建立起自己的最终的组织,为了解放自己,它还要使用一些在它获得解放以后将会放弃的手段"②。也就是说,在理解无产阶级专政的措施和手段的意义时,不能离开"过渡时期"这一性质和特征。马克思还强调,实行无产阶级专政不是一个短暂的过程。作为适应从资本主义社会向共产主义社会转变时期的政治过渡形式,无产阶级专政适用的时间与空间都不是由其自身决定的,而是由它所承载的基本功能的实现程度决定的。

第三,批判反对一切权威的观点,阐明马克思主义权威观。与反对一切国家和无产阶级专政的观点紧密相连,巴枯宁崇尚个人自治、反对一切权威,宣扬未来社会的理想是不存在着任何权威的,权威等于国家等于绝对的祸害,以争取工人解放为目标的无产阶级国际组织,首先应该尽可能地接近这个未来社会的理想。这既违背人类社会发展要求,也有害于无产阶级解放的实现。恩格

---

① 《马克思恩格斯文集》第3卷,人民出版社2009年版,第403页。
② 《马克思恩格斯文集》第3卷,人民出版社2009年版,第408页。

斯在《论权威》和其他文献中，针锋相对地批判了巴枯宁的这种观点，系统地阐述了马克思主义对于权威的基本观点。恩格斯认为，权威固然具有"意志强加"和要求人们"服从"的性质，但它并非按照谁的主观意志确立的，而是社会生活的客观要求。"一个哪怕只由两个人组成的社会，如果每个人都不放弃一些自治权，又怎么可能存在"①。

在现代的社会关系下，权威的作用尤其突出。恩格斯认为，只要考察一下作为现代资产阶级社会基础的那些经济关系，即工业关系和农业关系，就会发现："它们有一种使各个孤立的活动越来越为人们的联合活动所代替的趋势。"② 代替各个孤立的生产者的小作坊的，是拥有庞大工厂的现代工业，在各种工厂中有数百个工人照管着由蒸汽推动的复杂机器；甚至在农业中，机器和蒸汽也越来越占统治地位。联合活动、相互依赖的工作过程的错综复杂化，正在到处取代各个人的独立活动。恩格斯反问道，联合活动就是组织起来，而没有权威能够组织起来吗？即使社会革命推翻了以自己的权威支配财富的生产和流通的资本家，社会也无法按照反权威主义者的观点来安排。因为生产和流通的物质条件，不可避免地随着大工业和大农业的发展而扩展起来，并且趋向于日益扩大这种权威的范围。要使大工业生产得以正常进行，劳动者必须毫无例外地服从一致的劳动时间；生产各个环节的协调，也要靠权威来解决；想消灭大工业中的权威，就等于想消灭工业本身。总之，一方面是一定的权威，不管它是怎样形成的；另一方面是一定的服从，这都是不得不接受的，而不管社会组织以及生产和产品流通赖以进行的物质条件是怎样的。因此，"把权威原则说成是绝对坏的东西，而把自治原则说成是绝对好的东西，这是荒谬的"③。

恩格斯还认为，权威与自治是相对的东西，它们的应用范围是随着社会发展阶段的不同而改变的，把国家的消亡与消灭权威等同起来是错误的。在未来的社会里，即使消灭了阶级和阶级存在的基础，不仅在生产领域中，权威原则仍然有效，而且在公共领域里，虽然政治国家和政治权威将消失，公共管理职能将失去其政治性质，但维护真正社会利益的简单的管理职能也依然保留。恩格斯特别批评巴枯宁在无产阶级面临革命的时候，片面地反对一切权威、主张个人自治的危害性，指出："革命无疑是天下最权威的东西。革命就是一部分

---

① 《马克思恩格斯选集》第4卷，人民出版社1995年版，第608页。
② 《马克思恩格斯文集》第3卷，人民出版社2009年版，第335页。
③ 《马克思恩格斯文集》第3卷，人民出版社2009年版，第337页。

人用枪杆、刺刀、大炮,即用非常权威的手段强迫另一部分人接受自己的意志。"① 因此,在需要进行无产阶级革命的时刻,反对一切权威这种貌似激进的主张,实际上是背叛无产阶级运动,为反动派效劳的。

总之,马克思主义哲学从诞生之日起,就不断在实践中经受检验和丰富发展。作为这一科学世界观和方法论的创立者,作为无产阶级革命家,马克思、恩格斯在亲身参加革命实践中不断深化理论研究,并在1848年、1871年两次革命经验的基础上,为了深刻揭示资本主义社会的本质及其发展规律,为无产阶级革命提供科学的理论武器,他们发表或写作了一系列重要著作,对马克思主义哲学作了一系列新的阐发和运用,把马克思主义哲学的发展引向了一个新的时期。

思考题:

1. 马克思、恩格斯对于1848年欧洲革命经验总结的思维特点是什么?
2. 如何评价马克思、恩格斯关于巴黎公社原则的思想?
3. 马克思、恩格斯批判拉萨尔主义对于丰富历史唯物主义具有哪些重要意义?
4. 应如何科学地理解马克思、恩格斯关于权威与自治的思想?

---

① 《马克思恩格斯文集》第3卷,人民出版社2009年版,第338页。

第三章 政治经济学批判与马克思主义哲学的发展

从理论形态看，诚如列宁所指出的："马克思的哲学和政治经济学结成了一个**完整的**唯物主义世界观。"① 而从思想发展的进程看，马克思主义哲学的探索、建构过程也是与马克思的政治经济学研究紧密相关的。因此，要全面考察马克思主义哲学的发展，不仅要研究马克思主义哲学著作，还要研究马克思主义政治经济学著作；不仅要研究马克思主义哲学的演进，还要研究马克思主义政治经济学的发展。马克思政治经济学批判和研究的成果集中体现在《资本论》及其手稿中。这些著述是他毕生研究的最高成果，也是他和恩格斯共同的智慧和心血的结晶，不仅是系统地揭示资本主义社会形态发展规律的辉煌巨著，也是丰富、发展马克思主义哲学的经典文献。

第一节 《资本论》及其手稿的写作过程和意义

《资本论》浸透了马克思长达四十余年的思考和探索，要把握和理解《资本论》及其手稿中丰富而深邃的哲学思想，必须首先对其写作过程、理论结构的变化及其出版情况，以及在马克思主义哲学史上的地位有所了解。

一、政治经济学研究的历程

《资本论》从准备、写作到修改、整理和出版经历了一个相当复杂的过程。严格地说，马克思在世时除第一卷外并没有最终定稿，而是留下一部由众多手稿组成的篇幅巨大的著述。

（一）1843—1856 年：《资本论》准备阶段

早在 1842 年至 1843 年，马克思在担任《莱茵报》编辑期间，"第一次遇到要对所谓物质利益发表意见的难事"，这是促使他"研究经济问题的最初动因"。② 1843 年，他写作了《黑格尔法哲学批判》及《〈黑格尔法哲学批判〉

---

① 《列宁全集》第 25 卷，人民出版社 1988 年版，第 39 页。
② 《马克思恩格斯文集》第 2 卷，人民出版社 2009 年版，第 588 页。

导言》，得出"市民社会决定国家"的思想，表达了要通过对政治经济学的批判去解剖"市民社会"的愿望和决心。从1843年10月到1845年1月，马克思在旅居巴黎期间，写下了第一批关于政治经济学的笔记，史称《巴黎笔记》，这是他一生研究政治经济学、撰写这一方面著述的开始。《巴黎笔记》共9册，大部分是他研读同时代人以及前人政治经济学著作的摘录、批注和评论。与这些笔记的写作密切相关，马克思这一时期还写作了着重阐述"劳动异化"的《1844年经济学哲学手稿》。1845年2月，马克思遭到巴黎当局的驱逐，被迫迁往布鲁塞尔。在离开巴黎的前两天，他同达姆斯塔德的出版商签订了出版两卷本的《政治和国民经济学批判》的合同。随后，他全身心地投入到为撰写这一著作的准备中，研读了相关领域的一些重要著述，留下7册被称为《布鲁塞尔笔记》的文献。1845年7月到8月，马克思在英国曼彻斯特图书馆又完成了9册笔记，史称《曼彻斯特笔记》。1847年，为了批判蒲鲁东，已经确立了唯物史观基本立场的马克思创作出版了《哲学的贫困》一书，以论战的形式第一次科学地表述了其政治经济学的研究方法和基本观点。1849年4月，马克思在《新莱茵报》上发表了《雇佣劳动与资本》，为深入解剖资本主义生产方式奠定了基础。1850年9月到1853年8月，马克思在伦敦再一次系统攻读政治经济学说史和同时代经济学家的著作，并做了大量的摘录、札记和评论，留下24册笔记，总计达100个印张以上，这就是著名的《伦敦笔记》。

马克思上述政治经济学批判和研究，可以说是为《资本论》的实际撰写所做的准备性工作。因为写作这样一部剖析资本主义社会复杂经济结构的巨著，必然要求系统地研究、批判地继承前人的优秀成果，在分析中形成自己的独立见解。马克思的这些笔记和著述为他日后写作《资本论》提供了重要的议题、思路和框架。

（二）1857—1867年：《资本论》整体写作阶段

1857年，马克思已经进行了近十五年的政治经济学研究。恰从这一年开始，世界性的普遍的"生产过剩"的危机爆发，这促使他把自己在多年研究中形成的思想加以整理、总结，开始系统地撰写政治经济学著作。1857年8月到1858年5月，马克思写成了篇幅巨大的7册手稿，后称《政治经济学批判大纲》，又称《1857—1858年经济学手稿》。这部著述触及后来在《资本论》中详细加以探讨的许多重要问题，特别在其《导言》中，马克思依据生产力与生产关系之间辩证统一的观点，分析了生产和分配、交换和消费之间的复杂关系，进一步深入阐述了政治经济学的方法论问题。他还首次明确区分了劳动和劳动力，分析和阐释了包括剩余价值等在内的一系列科学概念。可以说，这部手稿在马克思政治经济学研究和《资本论》写作过程中具有承上启下的关键性作用。

由于问题本身的复杂性和写作计划的变化，马克思曾签订的关于出版两卷本的《政治和国民经济学批判》的合同并没有付诸实施。这时他又设想分6个分册来阐述其思想。1859年1月，新写作的《政治经济学批判》第一分册出版，就是他当时计划的6个分册中的最先论述的部分。在该书序言中，马克思深刻概述了历史唯物主义的基本原理，并明确指出这是他用于指导自己研究工作的原则。其后，在写第二分册时，马克思又改变了计划，决定以《资本论》为全书的正标题，而把《政治经济学批判》作为副标题。从1861年8月到1863年6月，马克思创作了篇幅更为庞大的手稿（即《1861—1863年经济学手稿》），共23册。这部手稿大部分是对剩余价值学说史的梳理和批判，马克思把商品作为研究的出发点，分析了资本流通和简单商品流通的区别，并详细地分析和阐明了剩余价值的生产过程。1863年至1865年，马克思在以上两部手稿的基础上又写出了新的手稿（即《1863—1865年经济学手稿》），内容分为三部分，基本上相当于后来《资本论》的第一、二、三卷。这时马克思逐步形成了《资本论》四卷（理论三卷、理论史一卷）结构的计划，1865年，四卷结构计划得以最终确定。

至此，经过近十年的艰苦工作，马克思写出了篇幅浩繁的三部手稿，对政治经济学的一系列重要问题几乎都做了属于自己的独特而详尽的研究和阐发。

（三）1867—1910年：《资本论》出版、整理和研究阶段

1866年到1867年，马克思把此前完成的庞大的手稿加工改写成《资本论》第一卷付印稿，即《资本论》第一卷德文第一版，于1867年9月14日在德国汉堡出版，这是具有划时代意义的事件。正如恩格斯所说："自从世界上有资本家和工人以来，没有一本书像我们面前这本书那样，对于工人具有如此重要的意义。"①

从1868年起，马克思在身患多种疾病、生活更加贫困的艰苦条件下，不仅坚持对德文第一卷第一版以及该卷的其他语言版本进行了精心的修订，还孜孜

---

① 《马克思恩格斯文集》第3卷，人民出版社2009年版，第79页。

不倦地对《资本论》第二、三卷的手稿进行了不同程度的加工和整理，继续进行深化、拓展的研究工作，其中在19世纪70年代就写过7份第二卷手稿。但遗憾的是，马克思最终未能完成《资本论》第二、三卷理论部分和第四卷理论史的整理工作，于1883年3月离开了人世。

马克思逝世后，恩格斯毅然放下自己手中的研究工作，肩负起整理、编辑和出版《资本论》遗稿的艰巨任务。1885年7月，经过恩格斯整理、编辑的《资本论》第二卷在德国汉堡出版。而第三卷就马克思留下的手稿看"只有一个初稿，而且极不完全"①，因此，恩格斯面临的工作的难度更大。为了使原稿更加完善，恩格斯做了艰巨而繁杂的修订、增补和注释等工作，1894年12月，这一卷也在德国汉堡出版。需要指出的是，恩格斯在从事上述工作的过程中，还同那些歪曲、诽谤《资本论》的形形色色的资产阶级学者进行了坚决的斗争，捍卫了这一巨著的鲜明立场和科学价值；同时根据新的情况和新的研究，充实了马克思的手稿，为《资本论》增加了新的内容。可以说，《资本论》这座雄伟的理论大厦的建立，是由马克思和恩格斯共同完成的。

《资本论》第四卷即《剩余价值理论》，是《资本论》的"历史批判部分"。恩格斯考虑到自己年事已高，便把整理和出版这一卷的工作委托给考茨基。考茨基于1905年到1910年以《剩余价值学说史》为书名，分3册陆续发表并出版了这一卷。

二、《资本论》的理论结构及其形成过程

《资本论》所要研究的"是资本主义生产方式以及和它相适应的生产关系和交换关系"②。但问题的关键在于，它们从来都不是显性地摆在研究者面前的实体性存在，而是一个非常复杂而又不断变化的结构。如何全面而深刻地揭示这一结构及其变动过程，马克思可以说费尽心思，《资本论》理论结构的形成过程，实际上也是他探索的思想发展的记录。

早在1844年，马克思就计划写两本书：一本是批判资本主义经济制度，另一本是批判资产阶级政治经济学，但没能实现。1851年，他计划写三本书，即批判资产阶级政治经济学的理论、批判空想社会主义、论述政治经济学史，但

---

① 《马克思恩格斯文集》第7卷，人民出版社2009年版，第4页。
② 《马克思恩格斯文集》第5卷，人民出版社2009年版，第8页。

也没能实现。在《1857—1858年经济学手稿》中，马克思拟定的政治经济学理论体系分篇如下："（1）一般的抽象的规定，因此它们或多或少属于一切社会形式，不过是在上面所阐述的意义上。（2）形成资产阶级社会内部结构并且成为基本阶级的依据的范畴。资本、雇佣劳动、土地所有制。它们的相互关系。城市和乡村。三大社会阶级。它们之间的交换。流通。信用事业（私人的）。（3）资产阶级社会在国家形式上的概括。就它本身来考察。'非生产'阶级。税。国债。公共信用。人口。殖民地。向国外移民。（4）生产的国际关系。国际分工。国际交换。输出和输入。汇率。（5）世界市场和危机。"① 随后在1859年《〈政治经济学批判〉序言》中，马克思又将理论结构修改为："我考察资产阶级经济制度是按照以下的顺序：**资本、土地所有制、雇佣劳动；国家、对外贸易、世界市场**。在前三项下，我研究现代资产阶级社会分成的三大阶级的经济生活条件；其他三项的相互联系是一目了然的。"②

在《1861—1863年经济学手稿》中，马克思再次将以前拟定的理论体系加以调整，即：（1）导言：商品，货币。（2）货币转化为资本。（3）绝对剩余价值：（a）劳动过程和价值增殖过程；（b）不变资本和可变资本；（c）绝对剩余价值；（d）争取正常工作日的斗争；（e）同一时间的工作日。剩余价值额和剩余价值率。（4）相对剩余价值：（a）简单协作；（b）分工；（c）机器；等等。（5）绝对剩余价值和相对剩余价值的结合。雇佣劳动和剩余价值的比例。劳动对资本的形式上的隶属和实际上的隶属。资本的生产性。生产劳动和非生产劳动。（6）剩余价值再转化为资本。原始积累。韦克菲尔德（1796—1862）的殖民学说。（7）生产过程的结果。（8）剩余价值理论。（9）关于生产劳动和非生产劳动的理论。

《资本论》就是按照《1861—1863年经济学手稿》中制订的架构而展开的。马克思将其手稿分为两大部分，一部分是"理论部分"，另一部分是"理论史部分"或"历史批判部分"，计划分开出版。马克思在《资本论》第一卷第一版序言中说："这部著作的第二卷将探讨资本的流通过程（第二册）和总过程的各种形式（第三册），第三卷即最后一卷（第四册）将探讨理论史。"③ 恩格斯后来在编辑时就是按照这个体系，将原稿第二册整理改编为《资本论》

---

① 《马克思恩格斯文集》第8卷，人民出版社2009年版，第32—33页。
② 《马克思恩格斯文集》第2卷，人民出版社2009年版，第588页。
③ 《马克思恩格斯文集》第5卷，人民出版社2009年版，第13页。

第二卷，题名为《资本的流通过程》；将原稿第三册整理改编为《资本论》第三卷，题名为《资本主义生产的总过程》。因此，《资本论》的全部体系共分四大卷，前三卷是关于政治经济学的理论部分，最后一卷是关于政治经济学的学说史部分。

三、《资本论》在马克思主义哲学史上的地位

《资本论》是马克思耗费毕生精力创作的鸿篇巨制，是马克思主义发展史上具有划时代意义的经典著作、马克思主义的"百科全书"，被誉为工人阶级的"圣经"。它深刻揭示了资本主义生产关系的本质和资本主义生产方式的运动规律，科学论证了社会主义必然代替资本主义的历史趋势。

第一，马克思主义哲学发展进程的展示。

《资本论》的创作史，集中体现了历史唯物主义基本观点、方法的探索和深化过程。特别是19世纪五六十年代，《资本论》的创作几乎成为马克思全部的理论活动，可以说，中晚年时期马克思的哲学思想就集中体现在《资本论》中。马克思本人也是这样认为的，在《〈政治经济学批判〉序言》中，他把唯物史观看作从经济学研究中得出并一经得出就用以指导经济学研究的基本结论。《资本论》不仅是马克思运用唯物史观研究政治经济学的成果，而且是将唯物史观系统应用于科学研究的最主要的著作。这一方面是因为当时各门社会科学还处于自己的形成时期，政治经济学几乎是唯一一门比较成熟的科学；另一方面则由于马克思首先是一个革命家，他进行科学研究的根本目的是为了寻找和论证无产阶级解放的条件和途径，而这只能通过解剖资本主义社会才能实现。

第二，唯物史观从"假设"发展到科学的证明。

如果说唯物史观在19世纪40年代中期提出时"暂且还只是一个假设……是一个第一次使人们有可能以严格的科学态度对待历史问题和社会问题的假设"[①]，那么，"自从《资本论》问世以来，唯物主义历史观已经不是假设，而是科学地证明了的原理"[②]。这是因为，它已经作为科学的世界观和方法论应用于一门具体科学的研究，并得到了严格的验证和取得辉煌的成功。《资本论》

---

① 《列宁专题文集 论辩证唯物主义和历史唯物主义》，人民出版社2009年版，第160页。
② 《列宁专题文集 论辩证唯物主义和历史唯物主义》，人民出版社2009年版，第163页。

的巨大功绩在于，它既不把一切历史变动的最终原因归结为人们的思想、观念，也不仅仅限于罗列和揭示社会生活的物质方面；它既没有陷于唯心史观，也没有陷入"物质"崇拜；它从劳动的二重性和商品的二因素出发，一步一步地通过各种中介，引出资本主义社会的全部生活内容，直到它的最抽象的思想形式，从而证实了唯物史观才是研究社会历史的唯一科学方法，而与之对立的唯心史观或旧唯物论只能引导到对社会生活的错误理解中去。

第三，唯物史观的进一步拓展和深化。

如果说1848年的欧洲革命以及马克思对它的总结使唯物史观在社会革命和实践发展中得到检验和深化，那么，《资本论》则使唯物史观在科学认知和理论批判方面得到证实和发展。马克思在《资本论》中更加清楚地表明，唯物史观在本质上不同于旧的"历史哲学"，而是一种科学的历史观和方法论，因而不能把它当成简单的套语或公式；同时它也不同于自然主义和经验主义的历史观和方法论，而是具有理性的、辩证的、历史的批判性质，因而是科学地把握社会历史现实的认识工具。《资本论》不仅发展了唯物史观科学的批判本质，而且使唯物史观的基本范畴、基本原理和整个体系进一步科学化、系统化。因为资本主义生产方式和社会形态是历史上最复杂的生产组织和社会机体，在解剖和完整再现这一机体时必然要求作为方法的唯物史观具有精确化、具体化的特点，而方法论功能的发挥又必然反过来促进理论本身的发展。这一点明显表现在社会物质生活领域中的生产力、生产关系、生产方式、社会经济结构等基本范畴上，表现在关于物质生产内部联系和发展机制，如生产力的内部矛盾、生产关系各环节之间的联系、生产方式的矛盾运动等基本原理上，以及政治生活、精神生活同物质生产之间的关系上。

第四，历史研究中的唯物主义原则和社会研究中的历史主义原则的体现。

唯物史观不仅体现在对社会生活总体性的唯物而辩证的把握上，也体现在对社会形态的具体历史的理解中。无论旧唯物主义历史观还是唯心主义历史观，都对社会历史抱有形而上学的态度，总是奢谈"一般社会组织""一般发展道路"等。在《资本论》中，马克思"抛弃了所有这些关于一般社会和一般进步的议论，而对**一种**社会（资本主义社会）和**一种**进步（资本主义进步）作了**科学的**分析。"[①] 他从各个社会经济形态中选取出一个形态（即商品经济体

---

① 《列宁专题文集　论辩证唯物主义和历史唯物主义》，人民出版社2009年版，第165页。

系）加以研究，根据大量材料把这一形态的活动规律和发展规律做了极详尽的分析。《资本论》成功地揭示了资本主义发生、发展和必然走向灭亡的全过程，证明了只有坚持唯物史观的历史主义观点和方法，才能科学地认识资本主义这一社会形态的具体历史特征。同时，它通过对资本主义历史地位的分析，证实了人类社会由"自然共同体"走向"自由人联合体"这一历史发展的总趋势。

自从有资本以来，《资本论》提供了迄今为止关于资本的产生、本质、功能、逻辑和命运的最深刻的理解和透析，当然会引起广泛的争议，特别是一些资产阶级学者借口时代的变化而否定《资本论》的科学价值和当代意义。针对这种情况，习近平指出："有人说，马克思主义政治经济学过时了，《资本论》过时了。这个说法是武断的。远的不说，就从国际金融危机看，许多西方国家的经济持续低迷、两极分化加剧、社会矛盾加深，说明资本主义固有的生产社会化和生产资料私人占有之间的矛盾依然存在，但表现形式、存在特点有所不同。国际金融危机发生后，不少西方学者也在重新研究马克思主义政治经济学、研究《资本论》，借以反思资本主义的弊端。"① 这一论述表明，《资本论》仍是当今研究资本主义和社会主义不朽的经典，在马克思主义哲学史上具有不可磨灭的永恒价值。

第二节 政治经济学批判中的哲学方法

在漫长的政治经济学研究和探索中，马克思不仅运用和发展了唯物主义辩证法，而且把辩证法、认识论与逻辑学融为一体，创造了独特的"《资本论》的逻辑"，合理地解决了研究方法与叙述方法之间的复杂关系。

一、唯物辩证法的运用和发展

唯物辩证法是马克思主义观察社会历史的哲学方法。从根本上说，《资本论》的方法就是唯物辩证法。正如恩格斯所说："马克思对于政治经济学的批

---

① 习近平：《在哲学社会科学工作座谈会上的讲话》（2016年5月17日），《人民日报》2016年5月18日。

判就是以这个方法做基础的,这个方法的制定,在我们看来是一个其意义不亚于唯物主义基本观点的成果。"①

(一) 扬弃唯心辩证法,创立唯物辩证法

黑格尔是德国古典哲学中集辩证法之大成者,马克思认为其"第一个全面地有意识地叙述了辩证法的一般运动形式"②。但是,黑格尔又是一个唯心主义者,在他那里,辩证法是"头足倒置"的。正是马克思"从黑格尔逻辑学中把包含着黑格尔在这方面的真正发现的内核剥出来,使辩证方法摆脱它的唯心主义的外壳并把辩证方法在使它成为唯一正确的思想发展形式的简单形态上建立起来"③。

马克思对黑格尔辩证法的改造始于 19 世纪 40 年代初,他对辩证法的意义的认识也有一个深化的过程。在《1844 年经济学哲学手稿》中,马克思特别注重否定之否定规律;而在《哲学的贫困》中,马克思批判了蒲鲁东对黑格尔辩证法的歪曲,强调了对立统一规律。19 世纪 50 年代以后,马克思集中精力研究政治经济学,深入解剖资本主义生产方式。在这期间,他特别重视黑格尔辩证法作为认识方法和逻辑方法的意义,同时进一步加强了对黑格尔辩证法的改造,特别是在《资本论》中,唯物辩证法首先是作为科学方法论来应用的。这时的马克思在研究资本主义社会时,积累了卷帙浩繁的材料,要对这些材料进行加工和整理、按照逻辑体系的要求形成严整的科学理论体系,没有科学的方法是难以完成的。

1858 年,马克思在写给恩格斯的信中说:"我又把黑格尔的《逻辑学》浏览了一遍,这在材料加工的**方法**上帮了我很大的忙。如果以后再有工夫做这类工作的话,我很愿意用两三个印张把黑格尔所发现、但同时又加以神秘化的方法中所存在的**合理的东西**阐述一番,使一般人都能够理解⋯⋯"④ 1868 年 5 月 9 日,在给约瑟夫·狄慈根的信中,马克思又重申:"一旦我卸下经济负担,我就要写《辩证法》。辩证法的真正规律在黑格尔那里已经有了,当然是具有神秘的形式。必须去除这种形式⋯⋯"⑤ 1873 年,马克思在《资本论》第一卷第

---

① 《马克思恩格斯文集》第 2 卷,人民出版社 2009 年版,第 603 页。
② 《马克思恩格斯文集》第 5 卷,人民出版社 2009 年版,第 22 页。
③ 《马克思恩格斯文集》第 2 卷,人民出版社 2009 年版,第 603 页。
④ 《马克思恩格斯文集》第 10 卷,人民出版社 2009 年版,第 143 页。
⑤ 《马克思恩格斯文集》第 10 卷,人民出版社 2009 年版,第 288 页。

二版的《跋》中讲道:"我公开承认我是这位大思想家的学生,并且在关于价值理论的一章中,有些地方我甚至卖弄起黑格尔特有的表达方式。"①

从马克思对黑格尔辩证法的态度和不断深化的研究过程可以看出,马克思正是在扬弃唯心辩证法的基础上创立了唯物辩证法,而同时在《资本论》的创作过程中,把唯物辩证法发展到了一个新的高度。

(二) 唯物辩证法与唯心辩证法的根本区别

马克思对黑格尔的重视,很容易给人一种印象,即他的方法纯粹是黑格尔方法的照搬和应用。因此,厘清二者的差别显得十分必要。马克思也很敏锐地注意到了这一点。《资本论》第一卷出版一年后,鉴于人们对《资本论》所应用的方法理解不够,而一些资产阶级学者更是把《资本论》的方法诬蔑为"黑格尔的诡辩",他旗帜鲜明地指出自己的辩证法与黑格尔的辩证法是有本质区别的:"我的阐述方法**不是**黑格尔的阐述方法,因为我是唯物主义者,而黑格尔是唯心主义者。黑格尔的辩证法是一切辩证法的基本形式,但是,只有**在剥去它的神秘的形式之后**才是这样,而这恰好就是**我的**方法的特点。"②

1873年,马克思在《资本论》第一卷第二版的《跋》中,更进一步指出:"我的辩证方法,从根本上来说,不仅和黑格尔的辩证方法不同,而且和它截然相反。在黑格尔看来,思维过程,即甚至被他在观念这一名称下转化为独立主体的思维过程,是现实事物的创造主,而现实事物只是思维过程的外部表现。我的看法则相反,观念的东西不外是移入人的头脑并在人的头脑中改造过的物质的东西而已。"③ 这再次清楚地表明,黑格尔的辩证法是唯心主义辩证法,而马克思的辩证法则是唯物主义辩证法。

另外,马克思的辩证法是无产阶级的世界观和方法论,具有彻底的革命性,而黑格尔的辩证法是资产阶级的世界观和方法论,具有保守性。正因如此,马克思的"辩证法,在其合理形态上,引起资产阶级及其空论主义的代言人的恼怒和恐怖,因为辩证法在对现存事物的肯定的理解中同时包含对现存事物的否定的理解,即对现存事物的必然灭亡的理解;辩证法对每一种既成的形式都是从不断的运动中,因而也是从它的暂时性方面去理解;辩证法不崇拜任

---

① 《马克思恩格斯文集》第5卷,人民出版社2009年版,第22页。
② 《马克思恩格斯文集》第10卷,人民出版社2009年版,第280页。
③ 《马克思恩格斯文集》第5卷,人民出版社2009年版,第22页。

何东西，按其本质来说，它是批判的和革命的。"①

二、《资本论》的逻辑

《资本论》不仅强调和运用了辩证法，更是把辩证法、认识论、逻辑学融为一体，创造了具有普遍意义的科学方法论。正如列宁指出的："在《资本论》中，唯物主义的逻辑、辩证法和认识论〔不必要三个词：它们是同一个东西〕都应用于一门科学"②。《资本论》的逻辑主要体现在以下几个方面。

第一，再现了资本发展的辩证法。《资本论》中的重要范畴——商品、货币、资本一般—资本特殊等——从整体上再现了资本主义的历史发展。商品和货币的矛盾运动，再现了资本主义产生的历史前提；资本这一中心范畴，再现了资本主义生产的本质和阶级对抗的根源；对地租范畴的分析，则再现了资本的发展必然导致农业的资本主义化；对简单协作、工场手工业和机器大工业的分析，再现了当时资本主义发展的三个基本历史阶段及其特征；通过对资本积累的分析，再现了资本从原始积累到现代殖民地的不断增殖过程，不仅揭露了资产阶级血腥起家的真相，而且揭露了资本积累的历史趋势，逻辑地得出了资本主义生产方式由于其不可克服的内在矛盾运动必然走向灭亡的革命结论。

第二，体现了认识资本的方法论。《资本论》揭示了人类认识资本的一般规律，贯穿在对资本主义经济范畴所做的分析始终的矛盾分析方法、从抽象上升到具体的方法等。这些既是科学的逻辑方法，又是科学的认识方法，它们都是辩证唯物主义认识论在《资本论》的逻辑中的体现。《资本论》概括和总结了人类认识资本的历史进程和方法论演变的轨迹。16世纪至17世纪的重商主义是欧洲资本原始积累时期代表商业资产阶级利益的学说，其内容是封建社会末期商业资产阶级和封建国家狂热追求金银货币的诉求在理论上和政策上的反映。18世纪的重农主义是西欧民族国家形成过程中的学说，其主题是"经济民族主义"，即应该采取什么样的经济政策才能使民族和国家强盛起来。它提出自由放任的原则，反对政府干预经济生活，强调"纯产品"（实际是剩余价值）只能在生产领域里才能创造出来，因而"把关于剩余价值起源的研究从流通领域转到直接生产本身的领域，这样就为分析资本主义生产奠定了基础"③。18

---

① 《马克思恩格斯文集》第5卷，人民出版社2009年版，第22页。
② 《列宁专题文集 论辩证唯物主义和历史唯物主义》，人民出版社2009年版，第145页。
③ 《马克思恩格斯全集》第33卷，人民出版社2004年版，第16页。

世纪中叶到 19 世纪初,以亚当·斯密和大卫·李嘉图为代表的英国古典经济学说,反映了较为发达的资本主义社会的经济关系,把资产阶级经济学向前推进了一步。亚当·斯密的理论是同工场手工业向机器大工业过渡时期的经济状况相适应的;大卫·李嘉图的理论则同资本主义大工业相适合,反映了处于上升时期的资产阶级在发展生产力中的进步作用。《资本论》正是在透视和批判资产阶级经济学说的基础上,运用唯物辩证法,深刻剖析了资本的发展过程及其本质,深化了人类对资本、资本主义的认识。

第三,形成了关于资本的逻辑学。《资本论》按照从抽象上升到具体的方法,构成了关于资本的辩证逻辑的范畴体系。其中贯穿着辩证逻辑的一系列规律,特别是对立统一规律。它不仅反映了资本主义经济现象之间的相互区别,也反映了它们之间的相互联系;不仅反映了它们的相对静止,而且反映了它们的绝对运动,因而不是封闭的、固定范畴的静态逻辑,而是开放的、流动范畴的动态逻辑。其中,反映资本主义现实的范畴的内在矛盾,则是这些范畴辩证运动和转化的根本动力。在《资本论》中,唯物主义、辩证法、认识论、逻辑学并不是机械地汇总在一起,而是融合为一个严整的体系,浑然一体,不可分割。作为辩证法,它揭示了资本运动的普遍规律;作为认识论,它揭示了人类对资本的科学认识运动的普遍规律,并概括和总结了人们对资本的认识史;作为逻辑学,它是由经济范畴构成的,从抽象上升到具体的逻辑体系,并揭示了辩证思维的一般规律。当然,也不能把三者绝对等同起来,否则不仅否定了认识论和逻辑学存在的必要性,而且取消了它们之间的相互关系。但是三者的差异并不在于它们是三门科学或三个独立部分,而是它们在功能上有所不同。

三、科学的研究方法和叙述方法

马克思在政治经济学研究特别是《资本论》的写作过程中,对科学的研究方法和叙述方法之间的关系进行了科学解释。他明确指出:"在形式上,叙述方法必须与研究方法不同。研究必须充分地占有材料,分析它的各种发展形式,探寻这些形式的内在联系。只有这项工作完成以后,现实的运动才能适当地叙述出来。"①

《资本论》的研究方法和叙述方法主要体现为矛盾分析、逻辑和历史相统

---

① 《马克思恩格斯文集》第 5 卷,人民出版社 2009 年版,第 21—22 页。

一、从抽象到具体的方法等。

（一）矛盾分析方法

在《资本论》中，马克思的讨论是从分析商品的内在矛盾开始的。正如列宁所指出的，在资产阶级社会里，"最简单、最普通、最基本、最常见、最平凡、碰到过亿万次的**关系**"就是"商品交换"，可以说，商品是资产阶级社会的"细胞"，包含着资产阶级社会的"一切矛盾的萌芽"，包含着资本主义的尚未展开的一切主要矛盾。①

马克思认为，商品具有二重性，是使用价值和交换价值的对立统一。使用价值和交换价值这个矛盾统一体，以劳动二重性——具体劳动和抽象劳动的对立统一为基础。使用价值是具体劳动创造的，交换价值是抽象劳动创造的。随着商品交换的扩大，出现了货币，即充当一般等价物的商品。货币解决了物物交换中遇到的困难，但又使商品的内在矛盾以新的形式扩大了，形成了货币和商品之间的对立。原来是商品—商品的一个交换过程，现在则分裂为商品—货币、货币—商品两个过程，即卖和买两种行为。商品和货币的矛盾是：一方面，商品所有者可能卖不出去商品，即商品无法转化为货币；另一方面，货币持有者可能因等待时机而不能立即购买到商品。这里包含着买卖脱节、导致危机的可能性。

货币转化为资本的决定性条件是劳动力成为商品。劳动力商品和其他商品一样，是使用价值和价值的对立统一。劳动力价值就是生产和维持工人自身及其家庭的生活资料的必要时间，表现形式是工资。劳动力的使用价值在于，在其使用过程中所创造的价值大于劳动力本身的价值，这就是被资本家无偿占有的剩余价值。工人创造的剩余价值有两种形式：绝对剩余价值和相对剩余价值。绝对剩余价值是依靠延长工人工作日的时间而产生的剩余价值。资本家总是尽可能延长工作时间，工人总是为缩短工作时间而斗争，从而使无产阶级和资产阶级的矛盾激化。相对剩余价值是通过提高劳动生产率以减少必要劳动时间，从而相对地增加剩余劳动时间而产生的剩余价值。相对剩余价值的生产推动资本家不断改革技术、改进企业的经营管理，从而提高劳动生产率。所以，马克思说："相对剩余价值的生产使劳动的技术过程和社会组织发生彻底的革

---

① 《列宁专题文集 论辩证唯物主义和历史唯物主义》，人民出版社2009年版，第150页。

命。"① 这是一种更为隐蔽的剥削方式，它是通过降低劳动力价值来实现的。剩余价值有两条出路：一是全部用于资本家的消费，生产规模不变，即简单再生产；二是把剩余价值转化为资本，追加资本，即扩大再生产或资本积累。

随着扩大再生产或资本积累的发展，生产的社会化和资本主义私人占有之间的矛盾、单个企业内部生产的有组织性和整个社会生产的无政府状态之间的矛盾、无产阶级和资产阶级之间的矛盾也在发展着。这些矛盾发展到一定阶段，就不可避免地出现生产过剩的经济危机。原先在简单商品生产和流通中潜伏着的危机的可能性，现在已经变成现实。经济危机表明生产资料的集中和生产的社会化已达到了同它们的资本主义"外壳"不能相容的地步。这个矛盾是资本主义制度本身所不能解决的，用适合生产力发展要求的社会主义公有制代替资本主义私有制就成为历史的必然。

通过矛盾分析方法，马克思深入详细地分析了资本主义社会经济形态各部分、各阶层之间的复杂关系及其矛盾发展过程，揭示了它发生、发展和灭亡的客观规律。

（二）逻辑和历史相统一的方法

在对资本、资本主义的分析中，必须坚持逻辑和历史相统一的原则。所谓历史，不仅指客观现实的历史发展过程，也包括反映客观现实的人类认识的历史发展过程。所谓逻辑，是指人的思维对上述历史发展过程的反映，即历史在理论思维中的再现。逻辑与历史相统一，就是指思维的逻辑与客观现实的历史、与思维的历史相一致。

对此，恩格斯曾指出："历史从哪里开始，思想进程也应当从哪里开始，而思想进程的进一步发展不过是历史过程在抽象的、理论上前后一贯的形式上的反映；这种反映是经过修正的，然而是按照现实的历史过程本身的规律修正的，这时，每一个要素可以在它完全成熟而具有典型性的发展点上加以考察。"② 这就是说，首先，理论的逻辑的起点和进程都应当与客观现实的历史发展进程相一致。例如，《资本论》中对于从商品到货币、再到资本的发展过程的逻辑展开，就是现实中先有商品交换，进而产生货币，到资本主义生产条件具备时货币又转化为资本这个现实过程在理论上的反映。其次，逻辑和历史的

---

① 《马克思恩格斯文集》第 5 卷，人民出版社 2009 年版，第 583 页。
② 《马克思恩格斯文集》第 2 卷，人民出版社 2009 年版，第 603 页。

统一是在总的发展趋势上的统一。如二者都是从低级到高级、从简单到复杂的发展过程,这种统一是包含差别的统一。因为历史的发展常常包含无数的细节和偶然因素,甚至通过迂回曲折的道路来表现其规律性。思维逻辑的任务就在于对历史作出理论的概括和总结,撇开历史发展中的各种细节和偶然因素,以"纯粹"的理论形态把握历史发展的规律。因此,逻辑对历史的反映是"经过修正的"。

但需要注意的是,"把经济范畴按它们在历史上起决定作用的先后次序来排列是不行的,错误的"①。因为,在古代社会和封建社会,耕作居于支配地位,那里连工具、工业的组织以及与工业相适应的所有制形式都多少带有土地所有制的性质。"在中世纪,甚至资本——不是指纯粹的货币资本——作为传统的手工工具等等,也具有这种土地所有制的性质。"②而在资产阶级社会则恰好相反,农业越来越变成仅仅是一个工业部门,完全受资本支配。地租也如此。在土地所有制居于支配地位的社会形式中,自然联系占有优势;在资本居于支配地位的社会形式中,社会、历史所创造的因素占优势。不理解资本就不能理解地租,不理解地租却可以理解资本。资本是资产阶级社会支配一切的经济权力,因而必须放在土地所有制之前来说明。可见,经济范畴的次序是由它们在现代资产阶级社会中的相互关系决定的,"问题不在于各种经济关系在不同社会形式的相继更替的序列中在历史上占有什么地位……而在于它们在现代资产阶级社会内部的结构"③。

总之,逻辑顺序和现实历史过程既相一致又有区别,关键在于这些简单的范畴在成为具体范畴以前是不是一种独立的历史存在,在于这些简单的范畴与占支配地位的范畴之间处于怎样的关系。马克思指出:"比较简单的范畴可以表现一个比较不发展的整体的处于支配地位的关系或者一个比较发展的整体的从属关系,这些关系在整体向着以一个比较具体的范畴表现出来的方面发展之前,在历史上已经存在。在这个限度内,从最简单上升到复杂这个抽象思维的进程符合现实的〔M—16〕历史过程。"④

(三)《资本论》的叙述方法

马克思认为,整个认识过程由两条相反的道路组成,第一条道路的主要特

---

① 《马克思恩格斯文集》第8卷,人民出版社2009年版,第32页。
② 《马克思恩格斯文集》第8卷,人民出版社2009年版,第31页。
③ 《马克思恩格斯文集》第8卷,人民出版社2009年版,第32页。
④ 《马克思恩格斯文集》第8卷,人民出版社2009年版,第26页。

点是分析，第二条道路的主要特点是综合。他指出："在第一条道路上，完整的表象蒸发为抽象的规定；在第二条道路上，抽象的规定在思维行程中导致具体的再现。"①

《资本论》对于资本主义这一具体社会形态的认识，是从商品这个简单而抽象的规定开始的，然后进入较为具体的货币概念。货币是一种特殊的商品，担负着其他商品所不具备的职能，比其他商品更为复杂，因而是一个比其他商品具有更多规定性的概念。而资本不仅包含着货币，而且包含着劳动力成为商品、资本家剥削工人剩余价值等方面的内容，因此，资本这个概念比货币就更为复杂，也更为具体。资本积累是《资本论》第一卷所论述的最复杂、最具体的概念，它包含着此前一切概念的内容，是这一卷一系列范畴的总结。

《资本论》第二卷的考察对象承接第一卷最后所讲的"资本的积累过程"，研究了资本流通的三个阶段：货币资本转化为生产要素资本，即资本家用货币购买生产资料和劳动力等商品；资本家使购买来的生产资料和劳动力相结合，进行生产，并从事生产性的消费；资本家出售商品，换回货币。由此可以看出，这一卷的资本概念比第一卷更为丰富和具体。

《资本论》第三卷是"资本主义生产的总过程"。在这里，资本主义生产这个具体事物进一步表现为"一个具有许多规定和关系的丰富的总体"②。它作为第一卷研究的"资本的生产过程"和第二卷研究的"资本的流通过程"二者的统一而呈现出来。第三卷所要说明的是把资本的运动过程当作一个总体来看时所产生的各种具体形态。因此，在第三卷中所提出的经济概念，如生产价格、利润、利息、平均地租，都是生产过程和流通过程相统一的产物，都是反映资本主义这一具体事物的各种复杂矛盾关系的具体概念。

在《资本论》中，反映资本主义经济关系及其辩证运动的经济范畴，正是按照从简单到复杂、从抽象到具体，一步步地展现出概念、范畴的发展层次，再现了对象本身的客观逻辑。从商品到货币，从货币到资本，高一级的范畴立于低一级范畴的基础上，同时又是更高一级范畴的基础。只有考察了前一种范畴，才能说明后一种范畴，如只有考察了商品，才能说明货币，只有考察了货

---

① 《马克思恩格斯文集》第 8 卷，人民出版社 2009 年版，第 25 页。
② 《马克思恩格斯文集》第 8 卷，人民出版社 2009 年版，第 24 页。

币，才能说明资本。各个范畴之间的逻辑顺序不能跳跃，更不能颠倒，从整个范畴体系中抽掉任何一个中介环节，后面的范畴就难以理解。这种范畴之间的逻辑顺序，看起来似乎是先验的，其实，它以对大量材料的研究为基础，是对资本主义生产方式的内部结构及其发展规律的正确反映，并由此形成了研究方法和叙述方法辩证而统一的关系。

第三节 唯物史观的论证、丰富和发展

《资本论》及其手稿中的哲学思想十分丰富，其中最重要的是对唯物史观的论证、丰富和发展。

一、唯物史观的科学论证

在《〈政治经济学批判〉序言》中，马克思对唯物史观的基本思想做了极为精炼的表述。他指出，人们在自己生活的社会生产中发生一定的、必然的、不以他们的意志为转移的关系，即同他们的物质生产力的一定发展阶段相适合的生产关系。这些生产关系的总和构成社会的经济结构，即有法律的和政治的上层建筑竖立其上，并有一定的社会意识形式与之相适应的现实基础。物质生活的生产方式制约着整个社会生活、政治生活和精神生活的过程。"社会的物质生产力发展到一定阶段，便同它们一直在其中运动的现存生产关系或财产关系……发生矛盾。于是这些关系便由生产力的发展形式变成生产力的桎梏。那时社会革命的时代就到来了。随着经济基础的变更，全部庞大的上层建筑也或慢或快地发生变革。"[①]《资本论》正是以这些基本思想为指导，深刻地揭示出资本主义社会的本质及其发展规律，并使唯物史观的基本原理得到进一步的科学论证和发展。其中最核心的概念就是生产力与生产关系、经济基础与上层建筑及其辩证关系的原理。

（一）生产力和生产关系的辩证关系

《资本论》充分证明了唯物史观关于生产力与生产关系辩证统一原理的正确性，深刻揭示了物质生产在社会生活中的决定作用。

[①] 《马克思恩格斯文集》第2卷，人民出版社2009年版，第591—592页。

1. 生产力内涵的分析

马克思指出:"劳动首先是人和自然之间的过程,是人以自身的活动来中介、调整和控制人和自然之间的物质变换的过程。"① 劳动是人类社会存在和发展的基础和前提,"劳动过程的简单要素是:有目的的活动或劳动本身,劳动对象和劳动资料"②。劳动过程诸要素的有机结合,就形成了现实的生产力。在生产力诸多要素中,人的因素即劳动者占有特别重要的地位。劳动者是生产过程的主体和社会生产力的基础,是生产工具的创造者和使用者。物质要素只有被人所掌握,只有和劳动者结合起来才形成现实的生产力。机器不在劳动过程中服务就没有用,而且还会由于自然界物质变换的破坏作用而解体。但是人本身作为劳动力,其状况又受到客观的社会条件的制约。只有不断改变一切对人发生影响的客观条件,使人的潜力不断地开发出来,才能使人在生产中的作用得到越来越大的发挥。因而,在不同的历史条件下,人作为生产力的因素所起的作用是不同的。人本身就是进行各种物质生产和其他任何生产的主体,所有对人这个主体发生影响的因素,都必然在或大或小的程度上影响和改变人的各种活动,从而或多或少影响物质生产,甚至发挥决定性的作用。

马克思十分重视劳动资料的作用。他指出:"劳动资料是劳动者置于自己和劳动对象之间、用来把自己的活动传导到劳动对象上去的物或物的综合体。"③ 劳动者直接掌握的东西就是劳动资料,"劳动资料不仅是人类劳动力发展的测量器,而且是劳动借以进行的社会关系的指示器"④。劳动过程的诸要素在劳动生产中是以一定的方式有机结合在一起的,这种结合的方式首先表现为生产资料所有制。任何生产劳动都是和一定的所有制形式相联系的,劳动生产力必须在一定的社会关系中才能实现,而生产关系就是人们在生产过程中以生产资料所有制为基础而形成的客观的社会关系。

马克思极其重视科学的作用,认为生产力中也包括科学,生产力决定和推动科学的发展,科学的发展反过来又推动生产力的发展。在资本主义社会,"生产过程成了科学的应用,而科学反过来成了生产过程的因素即所谓职能","只有资本主义生产方式才第一次使自然科学[XX—1262]为直接的生产过程

---

① 《马克思恩格斯文集》第5卷,人民出版社2009年版,第207—208页。
② 《马克思恩格斯文集》第5卷,人民出版社2009年版,第208页。
③ 《马克思恩格斯文集》第5卷,人民出版社2009年版,第209页。
④ 《马克思恩格斯文集》第5卷,人民出版社2009年版,第210页。

服务，同时，生产的发展反过来又为从理论上征服自然提供了手段"①。作为一种精神生产，科学需要从物质生产中获得发展的刺激与一切必要的物质资料和条件。在生产力较低的发展水平上，以实验为基础的科学并不存在，科学只是以萌芽的方式存在于自然哲学、历史哲学和物质生产过程中，其表现形式是直观、猜测和经验积累，因而发展极其缓慢。在资本主义条件下，"现有的机器体系本身已经提供大量的手段。在这种情况下，发明就将成为一种职业，而科学在直接生产上的应用本身就成为对科学具有决定性的和推动作用的着眼点"②。可见，生产力的发展大大地加快了科学的发展。

科学要成为现实的生产力，必须应用于生产之中。马克思认为，科学在生产中的应用主要包括三个方面。首先，通过对劳动者的培养和训练，提高他们的科学知识水平和技术能力，全面开发其潜力。其次，通过协调直接劳动者活动的科学管理，将社会科学运用于劳动过程当中，促进个体劳动向社会劳动过程的转化，发展劳动的社会生产力。最后，更为重要的是，通过生产资料的变革，将自然科学的力量物化于机器体系之中，不仅驱使巨大的自然力为生产服务，替代劳动者的体力消耗，而且把工人的技巧转移到机器上，推动生产过程向科学的应用过程、受控的自然过程的转化，发展一般社会生产力。这是对作为人类社会基础的物质生产过程的根本改造，它将使人不再从事那种可以让物、机器来从事的劳动，预示了在未来社会中，科学活动将取代直接劳动过程而成为社会生活的基础。

生产力的因素还包括生产过程中的社会结合，即劳动者的协作形式和生产资料的合理使用问题。马克思指出，初期资本主义生产比行会手工业所显示出的更巨大的生产力，主要来源于生产过程的劳动结合，即劳动者之间的协作。"问题不仅是通过协作提高了个人生产力，而且是创造了一种生产力，这种生产力本身必然是集体力。"③ 这种集体力的形成，一方面是由于社会接触而引起的竞争心和特有的精神振奋，从而提高了每个人的工作效率；另一方面，劳动者在有计划地同别人共同工作中，摆脱了个人的局限性。为了把这种由协作而产生的社会劳动生产率发挥出来，一切较大的共同劳动都需要统一的指挥，以协调个人的活动。因此，对生产过程的科学管理对于提高劳动生产率具有重大的意义。

---

① 《马克思恩格斯文集》第8卷，人民出版社2009年版，第356—357页。
② 《马克思恩格斯文集》第8卷，人民出版社2009年版，第195页。
③ 《马克思恩格斯文集》第5卷，人民出版社2009年版，第378页。

总之，在资本主义生产条件下，"劳动生产力是由多种情况决定的，其中包括：工人的平均熟练程度，科学的发展水平和它在工艺上应用的程度，生产过程的社会结合，生产资料的规模和效能，以及自然条件"①。这些因素的共同作用使得劳动生产力不断由低级向高级发展。由此，马克思准确地揭示了生产力的具体内涵。他指出："发展社会劳动的生产力，是资本的历史任务和存在理由。资本正是以此不自觉地创造着一种更高级的生产形式的物质条件。"② 在资本主义阶段，社会生产力确实得到了迅速而巨大的发展。但是，由其内在矛盾所决定，这种发展不是无限的，它将不可避免地为更高级的生产方式所替代，这就是生产关系的问题。

2. 资本主义生产关系的历史考察

所谓生产关系就是人们借以进行生产的社会关系，这些关系的总和构成了社会的经济结构。马克思深刻地分析了资本主义生产关系产生的历史必然性，在《资本论》中，他通过对资本原始积累的分析，描绘了这一产生于封建社会的经济结构的历史演变过程。在封建社会内部，由于商品生产两极化的内在规律的作用，形成了资本主义生产的基本条件。在商品生产中，货币和商品、生产资料和生活资料最初并非资本，只有在一定条件下才能转化为资本。转化的条件是：两种极不相同的商品所有者既相互对立，又相互联系。一方面是货币、生产资料和生活资料的所有者，他们需要购买他人的劳动力来增值自己所占有的价值总额；另一方面是自由劳动者，他们是自己劳动力的出卖者。因此，资本关系是以劳动者和劳动资料的分离为前提的。资本关系的产生过程，就是劳动者和他们劳动条件的所有权分离的过程，一方面使生活资料和生产资料转化为资本，另一方面使直接生产者转化为雇佣工人。而资本主义原始积累的过程就是生产者和生产资料相分离的过程，资本主义生产方式一旦站稳脚跟，它不仅要保持这种分离，而且会不断扩大和强化这种分离。

马克思以历史的、辩证的眼光看待资本：一方面，"资本来到世间，从头到脚，每个毛孔都滴着血和肮脏的东西"③，它给劳动者带来了极大的苦难；另一方面，资本主义生产方式取代封建主义生产方式又是历史上的一次巨大进步，它使劳动直接具有社会的性质，第一次使生产在社会规模上进行。资本的

---

① 《马克思恩格斯文集》第5卷，人民出版社2009年版，第53页。
② 《马克思恩格斯文集》第7卷，人民出版社2009年版，第288页。
③ 《马克思恩格斯文集》第5卷，人民出版社2009年版，第871页。

伟大文明作用就在于：它开辟了人类历史一个新的社会阶段，如果说它以前的社会都只表现为人类的地方性发展和对自然的崇拜，那么，在资本主义制度下地方性发展被突破，自然界也才真正成为"人的对象"，真正成为对人而言的有用物，同时对自然界独立存在的规律的认识也不过表现为人的理性发展的程度和人的"狡黠"，其目的是使自然界服从于人的需要。"资本按照自己的这种趋势，既要克服把自然神化的现象，克服流传下来的、在一定界限内闭关自守地满足于现有需要和重复旧生活方式的状况，又要克服民族界限和民族偏见。资本破坏这一切并使之不断革命化，摧毁一切阻碍发展生产力、扩大需要、使生产多样化、利用和交换自然力量和精神力量的限制。"①

但是，资本所带来的社会革命的作用是有限的。资本家之间的竞争加剧了资本集中，少数资本家剥夺多数资本家，社会财富越来越集中于少数资本巨头手中，这虽能在更大规模上实现扩大再生产，从而使生产日益社会化，但这种社会化又与生产资料的私人占有之间存在根本矛盾，这是资本主义生产方式无法通过自身来解决的。生产力的发展，不仅创造了置资本主义于死地的物质条件，而且培育了代表着新的生产方式的强大的无产阶级。资本主义生产方式内在矛盾的发展不仅导致无产阶级和资产阶级矛盾的尖锐化，而且使个别企业生产的有组织性和整个社会生产的无政府状态的对立加剧，导致周期性经济危机的爆发，这表明曾经基本适合生产力发展要求的资本主义生产关系已开始与生产力的发展不能相容了。

在《资本论》中，马克思通过对资本主义生产方式的分析，深刻地阐明了生产力与生产关系的辩证统一，进一步证明了资本主义同其他一切社会一样，都遵循生产关系一定要适合生产力发展状况的客观规律。

(二) 经济基础和上层建筑的辩证关系

在《资本论》中，马克思通过对资本主义社会经济基础和上层建筑矛盾运动的具体分析，科学地验证和发展了唯物史观关于上层建筑必须适合经济基础的规律。

马克思分析了资产阶级意识形态对资本主义生产关系的依赖关系。社会意识形态是由生产关系决定的，它表现了一定社会中人们的利益、意志、愿望和要求，基本职能是直接参与社会生活，从意识上巩固一定的社会关系，因

---

① 《马克思恩格斯文集》第8卷，人民出版社2009年版，第91页。

而构成了人们特定的思想关系和精神生活。社会意识形态是随着生产关系的变化而不断变化的。马克思通过对资本主义社会中的各种社会意识形态——政治、法律、道德、宗教、哲学乃至艺术等的具体分析,深刻地说明了上述思想。例如,在资本主义生产关系出现之前,由于生产力水平低下,人们在物质生活生产过程中的关系,即他们彼此之间以及他们同自然的关系是很狭隘的。这种关系的狭隘性就反映在自然宗教和民间宗教中。而在商品生产者的社会里,一般的社会生产关系是这样的:"生产者把他们的产品当做商品,从而当做价值来对待,而且通过这种物的形式,把他们的私人劳动当做等同的人类劳动来互相发生关系。"①对于这种社会来说,崇拜抽象人的基督教,特别是资本主义发展阶段的基督教,如新教、自然神教等,是最适当的宗教形式。

道德也是如此。资产阶级一方面倡导所谓天赋人权、自由、平等、博爱,即人对抽象人的崇拜;另一方面实际信奉的却是最粗俗的拜物教和最卑劣的个人主义。他们所鼓吹的勤劳、节欲的美德只是针对劳动者的,充分暴露了资产阶级道德的伪善。马克思揭露:"资本是根本不关心工人的健康和寿命的,除非社会迫使它去关心。人们为体力和智力的衰退、夭折、过度劳动的折磨而愤愤不平,资本却回答说:既然这种痛苦会增加我们的快乐(利润),我们又何必为此苦恼呢?"② 这是由资本无限制攫取剩余价值的本性所决定的,因为"这也并不取决于个别资本家的善意或恶意。自由竞争使资本主义生产的内在规律作为外在的强制规律对每个资本家起作用"③。

马克思在考察资本主义社会的经济基础和上层建筑的辩证关系时,特别注意探究了资本主义的法权关系。他指出,资本主义的生产关系不仅决定其意识形态的根本性质,也决定其法权关系。资产阶级所标榜的权利平等和公平,不过是商品生产关系的抽象表达。在资本主义条件下,产品的所有者必须按照价值尺度进行自由交换,才能使产品成为商品。"为了使这些物作为商品彼此发生关系,商品监护人必须作为有自己的意志体现在这些物中的人彼此发生关系,因此,一方只有符合另一方的意志,就是说每一方只有通过双方共同一致的意志行为,才能让渡自己的商品,占有别人的商品。"④ 他们必须彼此承认对

---

① 《马克思恩格斯文集》第5卷,人民出版社2009年版,第97页。
② 《马克思恩格斯文集》第5卷,人民出版社2009年版,第311—312页。
③ 《马克思恩格斯文集》第5卷,人民出版社2009年版,第312页。
④ 《马克思恩格斯文集》第5卷,人民出版社2009年版,第103页。

方是私有者。这种具有契约形式的法的关系，是一种反映经济关系的意志关系。这种法的关系或意志关系的内容是由这种经济关系本身决定的。可见，资本主义的法权关系只是其生产关系的政治外壳和表现形式而已。

马克思着重研究了作为上层建筑的国家权力对经济基础的反作用。资产阶级的国家政权、法律制度对资本主义所有制的巩固和发展起到了重要的作用。在原始积累过程中，国家权力对资本剥夺劳动者和劳动资料的所有权，通过有组织的社会行为对资本主义生产方式的确立等都起到了积极的作用。如英国的圈地运动迫使大批农民丧失生产资料，并使他们变成出卖劳动力的雇佣劳动者，这就是资产阶级利用国家暴力和法律的强制所造成的结果。马克思指出，资本原始积累的方法"利用国家权力，也就是利用集中的、有组织的社会暴力，来大力促进从封建生产方式向资本主义生产方式的转化过程，缩短过渡时间。暴力是每一个孕育着新社会的旧社会的助产婆"①。资本主义生产方式一经确立，国家政权和法律对资本主义所有制的巩固和发展的作用就更加重要，如"新兴的资产阶级为了'规定'工资，即把工资强制地限制在有利于赚钱的界限内，为了延长工作日并使工人本身处于正常程度的从属状态，就需要并运用国家权力。这是所谓原始积累的一个重要因素"②。因此，资产阶级的国家权力和法律是适应资本主义生产关系的需要而产生的，是为维护资本主义生产关系服务的。

在《资本论》中，马克思通过对资本主义社会基本矛盾的分析，深刻地指出，由于资本主义生产力与生产关系、经济基础与上层建筑的对抗性质，无产阶级与资产阶级的矛盾在资本主义制度中无法调和。只要资本主义制度存在，无产阶级就无法摆脱被剥削、被压迫的命运，而且他们创造的财富越多，自己所受的剥削和奴役也越深重。无产阶级要获得自身的解放，彻底消除资本的剥削和奴役，必须进行推翻资本主义制度的无产阶级革命。无产阶级革命根源于资本主义社会的基本矛盾，资本主义必然为社会主义所替代也同样根源于这一矛盾。

二、社会形态及其结构

（一）社会形态的"骨骼"架构

马克思在《资本论》中对资本主义社会形态的解剖，从最基本的经济关系

---

① 《马克思恩格斯文集》第5卷，人民出版社2009年版，第861页。
② 《马克思恩格斯文集》第5卷，人民出版社2009年版，第847页。

入手,一步步再现了资本主义社会的全部生活内容,从而揭示出这一社会形态的整体性、独特性以及它作为人类社会一个特定的历史阶段必然衰落的命运。

在《雇佣劳动与资本》中,马克思认为:"**生产关系总合起来就构成所谓社会关系,构成所谓社会,并且是构成一个处于一定历史发展阶段上的社会,具有独特的特征的社会。**"① 在《〈政治经济学批判〉序言》中,马克思认为,人们在自己生活的社会生产中,发生同他们的物质生产力的一定阶段相适合的生产关系,这些生产关系的总和构成社会的经济结构,即有法律的和政治的上层建筑竖立其上,并有一定的社会意识形式与之相适应的现实基础。在《资本论》第三卷中,他进一步指出,社会生产过程既是人类生活的物质生存条件的生产过程,又是一个在特殊的、历史的和经济的生产关系中进行的过程,"是生产和再生产着这些生产关系本身,因而生产和再生产着这个过程的承担者、他们的物质生存条件和他们的互相关系即他们的一定的经济的社会形式的过程。因为,这种生产的承担者同自然的关系以及他们互相之间的关系,他们借以进行生产的各种关系的总体,就是从社会经济结构方面来看的社会"②。

正如列宁所说,马克思"并不仅以通常意义上的'经济理论'为限;虽然他**完全**用生产关系来**说明**该社会形态的构成和发展,但又随时随地探究与这种生产关系相适应的上层建筑"③。这说明整个资本主义社会形态是个活生生的形态:"有它的日常生活的各个方面,有它的生产关系所固有的阶级对抗的实际社会表现,有维护资本家阶级的资产阶级政治上层建筑,有资产阶级的自由平等之类的思想,有资产阶级的家庭关系。"④

(二)社会形态的表现形式

马克思指出:"从直接生产者身上榨取无酬剩余劳动的独特经济形式,决定了统治和从属的关系,这种关系是直接从生产本身中生长出来的,并且又对生产发生决定性的反作用。"⑤ 但是,这种从生产关系本身中生长出来的经济共同体的全部结构以及这种共同体的独特的政治结构,都是建立在上述的经济形式上的。任何时候,我们总是要在生产条件所有者同直接生产者的直接关系当

---

① 《马克思恩格斯文集》第1卷,人民出版社2009年版,第724页。
② 《马克思恩格斯文集》第7卷,人民出版社2009年版,第927页。
③ 《列宁专题文集 论辩证唯物主义和历史唯物主义》,人民出版社2009年版,第162页。
④ 《列宁专题文集 论辩证唯物主义和历史唯物主义》,人民出版社2009年版,第162页。
⑤ 《马克思恩格斯文集》第7卷,人民出版社2009年版,第894页。

中，为整个社会结构，从而也为主权关系和依附关系的政治形式，总之，为任何当时的独特的国家形式，发现最隐蔽的秘密，发现隐蔽的基础。不过，这并不妨碍相同的经济基础可以由于无数不同的经验的情况、自然条件、种族关系、各种从外部发生作用的历史影响，等等，而在现象上显示出无穷无尽的变异和彩色差别，这些变异和差异只有通过对这些经验上已存在的情况进行分析才可以理解。

马克思精辟地说明，在资本主义社会，阶级统治和被统治的关系是由资本榨取雇佣劳动者的无偿剩余劳动这一独特的经济形式所决定的。这种统治和被统治的关系是直接从生产本身产生的，反过来它又对生产发生"决定性的反作用"。无论什么时候，对于任何独特的国家形式，都应从当时的生产条件所有者同直接生产者的直接关系中，去找出它的"最隐蔽的秘密"和"隐蔽的基础"。同时，也不能从机械的、单一的因果关系上去理解，而必须注意到除经济基础外，由于无数不同的经验事实、自然条件、种族关系、各种从外部发生作用的历史影响等，都会使上层建筑领域显示出无穷无尽的变异和程度差别。比如，同是资本主义国家，就有君主立宪制、共和制等政体形式；在同一个国家内，在经济基础没有发生重大变革的情况下，国家形式也可以有所差别。如果单从经济基础出发而忽略有关的经验事实，就不可能对这些差异和变化做出科学的解释。

但是，在共同构成社会经济基础的各种生产关系中，总有一种生产关系是占统治地位、支配其他生产关系的基本生产关系。马克思指出："在一切社会形式中都有一种一定的生产决定其他一切生产的地位和影响，因而它的关系也决定其他一切关系的地位和影响。这是一种普照的光，它掩盖了一切其他色彩，改变着它们的特点。"① 在封建社会，封建的土地所有制便是这种"普照的光"，它不仅占统治地位，决定着社会的性质，而且渗透到与它不同的生产和生产关系中。资本是受束缚的资本，手工业是行会手工业，商人资本和高利贷资本也寄生在它的生产方式之上。在资本主义社会，基本的生产关系是资本。资本不仅支配自身，而且改造了其他一切经济关系。封建的土地所有制变成了现代的土地所有权，地租则变成了剩余价值的一部分，而土地价格不过是资本化的地租，甚至独立生产者的生产关系也打上了资本主义生产关系的烙印：独

---

① 《马克思恩格斯文集》第8卷，人民出版社2009年版，第31页。

立劳动者的劳动所带来的收入可能分解为生产资料的收入、工资收入、甚至土地所有权的收入等。任何商品通过商业资本家之手都变成了商品资本,任何货币通过银行都变成了货币资本。

三、经济的社会形态及其发展规律

马克思指出:"我的观点是把经济的社会形态的发展理解为一种自然史的过程。"[①] 这指明了社会历史发展过程的客观性和辩证性,是深入考察资本主义经济运动规律得出的科学结论,是对唯物史观的证明和重大发展。

(一)经济的社会形态的发展是"一种自然史的过程"

生产资料私有制是公共的、集体所有制的对立物,其存在条件是劳动资料和劳动都属于私人,私有制的性质又依据这些私人是劳动者还是非劳动者而有所不同。劳动者拥有生产资料的私有制是小生产的基础。在这种生产方式下,因生产规模小、生产资料分散,阻碍生产的协作和生产过程的内部分工,生产力无法自由发展。这种生产方式发展到一定程度,就造成消灭它自身的物质手段,社会内部就会深刻感受到它束缚的力量,反对这种生产方式的社会势力就会活动起来,这种小生产的私有制就向生产资料和劳动者相分离的阶段飞跃。小生产的消灭意味着分散的生产资料转化为社会集中的生产资料,多数人的小财产转化为少数人的大财产,多数人被剥夺了土地、生活资料、劳动工具等,导致劳动者与生产资料相分离。结果是:一方面,社会的生产资料、生活资料被积聚和集中起来,转化为资本;另一方面,劳动者也转化为雇佣工人。资本主义生产方式的产生,就是在生产力发展的基础上,资产阶级剥夺劳动者,劳动者同生产资料相分离的过程。

资本主义作为一种崭新的、进步的生产关系,起初适合生产力的发展,推动社会进步,显示出强大的生命力。但马克思运用唯物史观深入地揭示了资本主义生产方式的实质是资本无限地榨取工人剩余价值,这就决定了资产阶级和无产阶级的物质利益是根本对立的。同时,由于资本受剩余价值规律的支配和竞争规律的外部强制,资本不仅剥夺小生产者,资本家之间也相互吞并,使生产资料日益集中到少数大资本家手中,从而导致资本主义的生产社会化和资本家私人占有之间的矛盾日益尖锐。其结果是:"资本的垄断成了与这种垄断一

---

① 《马克思恩格斯文集》第5卷,人民出版社2009年版,第10页。

起并在这种垄断之下繁盛起来的生产方式的桎梏。生产资料的集中和劳动的社会化,达到了同它们的资本主义外壳不能相容的地步。这个外壳就要炸毁了。资本主义私有制的丧钟就要响了。剥夺者就要被剥夺了。"[①]

资本主义私有制是对个人的、以自己劳动为基础的私有制的第一个否定。随着资本主义的进一步发展,又必然引起对资本主义私有制自身的否定。这个否定不是重新建立私有制,而是在资本主义所造成的社会化大生产的基础上,重新建立起个人所有制。这种个人所有制不同于私有制,实质是从以社会生产为基础的资本主义所有制转化而来的社会所有制。马克思以资本主义社会的经验材料证明,经济的社会形态不是永恒不变的,而是有其发生、发展到灭亡的过程的,这一过程归根结底是由生产力与生产关系的矛盾运动引起的,因而是客观的、不以人的意志为转移的。

(二)经济的社会形态演变的客观性与人的主观能动性

马克思强调经济的社会形态是一种自然史的过程,并不意味着忽视人的能动的创造活动。恰恰相反,只有从二者的相互关系出发,才能正确说明人在历史发展中的作用和如何创造历史。

在《资本论》中,马克思指出,一个社会即使探索到了本身运动的自然规律,"它还是既不能跳过也不能用法令取消自然的发展阶段。但是它能缩短和减轻分娩的痛苦"[②]。也就是说,一方面,社会历史的发展同自然界一样是有规律的,这种规律是客观的、必然的、不依人的意志为转移的。当然与自然界不同,从事各种社会历史活动的人是有意识、有目的的,但这些活动不能摆脱客观规律,不能随意跳跃或取消历史发展阶段。正如奴隶社会不可能自动跃过封建社会而直接进入资本主义社会一样,封建社会也不能自动跃过资本主义社会而直接进入共产主义社会,这是一种客观必然性。另一方面,人在客观规律面前又不是无能为力的。在把握客观规律的前提下,人们可以创造条件改变规律借以发挥作用的形式,使社会历史以更快的速度朝着既定的方向发展,从而"缩短和减轻分娩的痛苦"。正如封建社会代替奴隶社会是历史发展的必然趋势一样,社会主义代替资本主义也是历史发展的必然。但是社会主义何时"分娩"、如何"分娩",就要看人的能动作用发挥的程度。因此,把社会历史发展

[①] 《马克思恩格斯文集》第5卷,人民出版社2009年版,第874页。
[②] 《马克思恩格斯文集》第5卷,人民出版社2009年版,第10页。

的客观规律性与人的主观能动性对立起来,恰恰违背了唯物史观的基本观点。当然,也不应否认,在特定历史条件下,有些国家和民族可能实现"跨越式"发展。例如,马克思、恩格斯晚年就曾设想,俄国农村公社和俄国社会有可能不通过资本主义制度的"卡夫丁峡谷",直接进入社会主义社会;当然这必须是在具备一系列复杂的条件的情况下才能变为现实。

第四节 资本批判与人的解放

马克思对"资本的本性"与资本主义条件下产生的商品拜物教、货币拜物教和资本拜物教的分析,是《资本论》中最深刻、最精华的部分,为他关于人类社会由必然王国向自由王国的过渡、人的自由时间和发展空间的丰富性和无限性等论断提供了理论支撑。

一、资本的"本性"与资本主义"拜物教"

作为现代意义上的资本一经诞生,就成为决定和影响人类经济、政治、文化、道德、宗教乃至一般社会生活等众多方面最深刻、最强大的力量。在《资本论》中,马克思把资本当作一个有机整体来分析和把握,以深邃的哲学眼光洞察"资本的本性",透彻地分析了资本主义社会"拜物教"的实质。

(一)资本的"本性"

马克思认为,资本作为一个有机整体,拥有一种特殊的"主观意志",即作为内在动力推动着资本主义的运动和发展。"资本作为财富一般形式——货币——的代表,是力图超越自己界限的一种无限制的和无止境的欲望。"[①] 追求无限的剩余价值,实现资本的增殖,是资本唯一的主观欲望,这种独特的主观欲望决定了资本对待其他一切事物的内在态度:"对资本来说,任何一个对象本身所能具有的唯一的有用性,只能是使资本保存和增大。"[②]

从不同资本之间的关系来看,资本的本质就是自相排斥,"包含在资本本性里面的东西,只有通过竞争才作为外在的必然性现实地表现出来,而竞争无

---

① 《马克思恩格斯全集》第30卷,人民出版社1995年版,第297页。
② 《马克思恩格斯全集》第30卷,人民出版社1995年版,第227页。

非是许多资本把资本的内在规定互相强加给对方并强加给自己。"① 资本只有通过自由竞争击败甚至吃掉对方才能更好地扩大自己，由此形成不同资本之间的漠不关心和无情的竞争。就资本与雇佣劳动的关系来看，单个资本家希望自己的工人的工资越低越好，以增加自己的利润；而希望别的资本家的工人的工资越高越好，以使其他工人作为自己的产品的消费者，消费自己的产品，增加利润。同样，资本对待其他任何对象和社会力量也以是否能够实现自身的增殖作为最根本的标准。

资本有无限追求剩余价值的趋势，但资本的运动内在地包含着劳动时间和流通时间两个要素，前者是创造价值的要素，后者是限制劳动时间进而限制资本创造总价值的要素。资本需要通过不断的运动实现自身的增殖，但又受到流通的限制，造成在资本主义条件下不可克服的内在矛盾。资本在无限的运动过程中，外在地表现为物与物的关系，但本质是复杂的社会关系，是一种内在地包含着主观欲望的社会有机体的运动过程。资本运动的必然结果是，在无限的"致富欲"的推动下，人们创造了巨大的物质财富，反而成为"物"的奴隶，被"物"所支配，产生了资本主义的"拜物教"。

（二）资本主义"拜物教"

在《资本论》中，马克思深刻揭示了资本主义社会"拜物教"的秘密。"拜物教"是指人们把某种物当作神来崇拜的一种迷信。在古代社会，由于人们实践水平的限制，缺乏科学知识，对于许多自然现象无法理解，从而把某些自然物神化，把它们当作神来崇拜。在以私有制为基础的商品生产条件下，特别是在资本主义社会中，同样存在类似的拜物教观念，这就是商品拜物教、货币拜物教和资本拜物教。

商品拜物教是随着商品经济的发展而产生的。在商品世界中，劳动产品的社会性是作为商品通过市场交换来实现的。商品生产者之间的关系表现为物与物之间的关系，而且作为彼此独立经营的商品生产者，其商品能否卖出、以何种价格卖出，是盈利还是亏损，是幸福还是苦难，这是由其所无法控制的商品生产和商品交换的规律所决定的。这样，商品的命运就决定了商品生产者的命运。市场的盲目自发势力就成为一种神秘的力量控制着商品生产者。这就是商品拜物教产生的根源。

---

① 《马克思恩格斯文集》第8卷，人民出版社2009年版，第180页。

货币拜物教则是商品拜物教的发展形态。货币本身就是充当一般等价物的特殊商品。货币的出现，进一步用物的关系掩盖了商品生产的社会关系，原来商品生产者的命运决定于商品能否顺利实现交换，现在则取决于能否换成货币；原来商品支配人，现在则是货币支配人，似乎货币天然具有支配人的命运的力量。在它面前，任何力量都得甘拜下风。"因此，货币拜物教的谜就是商品拜物教的谜，只不过变得明显了，耀眼了。"①

资本拜物教就是把资本的价值增值看作物本身所具有的"魔力"的观念。本来，资本作为增值价值的价值，反映了资本家和雇佣工人之间的剥削与被剥削的关系，但在资本运动中，它采取了生产资料、生活资料、商品、货币等物质形态，于是给人以错觉，似乎这些物天然就是资本，天然就具有增值价值的"魔力"，特别是生息资本，从表面上看，更直接地表现为资本自身的增值能力。所以，马克思说："在生息资本的形式上，资本拜物教的观念完成了。"②

资产阶级经济学竭力"把物在社会生产过程中像被打上烙印一样获得的社会的经济的性质，变为一种自然的、由这些物的物质本性产生的性质"③。用物与物的关系来掩盖人与人之间的社会关系，掩盖资本对雇佣劳动的剥削，因而资产阶级总是竭力宣扬这种拜物教观念，为剥削制度的合理性辩护。

二、必然王国与自由王国

分析资本主义社会生产方式及其运动，揭示其历史必然性和不合理性，目的是为了创建超越资本主义的社会主义和共产主义社会。在《资本论》第三卷中，马克思以社会实践的历史发展过程为基础，提出了关于必然王国和自由王国及其相互关系的论断。

（一）必然王国与自由王国的辩证关系

马克思指出："自由王国只是在必要性和外在目的规定要做的劳动终止的地方才开始；因而按照事物的本性来说，它存在于真正物质生产领域的彼岸。"④ 在物质生产领域内的自由只能是"社会化的人，联合起来的生产者，将合理地调节他们和自然之间的物质变换，把它置于他们的共同控制之下，而不

---

① 《马克思恩格斯文集》第5卷，人民出版社2009年版，第113页。
② 《马克思恩格斯文集》第7卷，人民出版社2009年版，第449页。
③ 《马克思恩格斯文集》第6卷，人民出版社2009年版，第251页。
④ 《马克思恩格斯文集》第7卷，人民出版社2009年版，第928页。

让它作为一种盲目的力量来统治自己；靠消耗最小的力量，在最无愧于和最适合于他们的人类本性的条件下来进行这种物质变换。但是，这个领域始终是一个必然王国。在这个必然王国的彼岸，作为目的本身的人类能力的发挥，真正的自由王国，就开始了。但是，这个自由王国只有建立在必然王国的基础上，才能繁荣起来。"① 就是说，马克思把社会按照主体活动的不同目的和领域划分为两大王国：必然王国和自由王国。

在物质生产领域内，人们活动的目的是由活动之前的"必需"和活动之外的"外在目的"所规定的，活动的目的和手段相互对立，活动本身不过是实现这种目的的手段。具体地说，物质生产包括生活资料的生产和生产资料的生产；活动主体的消耗包括一般必要劳动和一般剩余劳动；活动的目的是为了满足人的自然需要以及作为满足这一需要的手段（生产本身）所产生的需要，即生存需要和生产需要。生存需要是人的自然需要，但是，人作为社会主体，是"社会人"，人的需要实质上是在社会历史中形成的，社会性是人的需要的最本质的特征，与动物式的本能需要根本不同。但是，由于物质生产首先是为了满足人的生存需要，因此，这种物质生产依然是一个"自然必然性王国"。相对于生存需要而言，生产需要是一种间接的需要，生产本身变成了满足生存需要的手段，而作为劳动力，人本身又是生产的手段，因而在生产活动中，人成了自己手段的手段，所以，生产需要是一种"外在必然性王国"。

只要人类以生产的方式满足生存、发展的需要，"自然必然性王国"和"外在必然性王国"就共同决定了物质生产领域只能是"必然王国"。在这个领域内，人们活动的根本目的是无法改变的，而所谓的"自由"就只能是把自发变为自觉，人类能够达到的最高境界就是"靠消耗最小的力量，在最无愧于和最适合于他们的人类本性的条件下来进行这种物质变换"②。但是，"这个领域始终是一个必然王国"③。

自由王国不是脱离必然王国而单独存在的社会状态，相反，自由王国以必然王国为基础。所谓自由王国，就是人的活动的目的和手段的性质及其关系发生根本性的转变，人们活动的目的不在于满足人们的生存需要和生产需要，超越了"自然必然性"和"外在必然性"的强制，活动的目的由活动本身产生，

---

① 《马克思恩格斯文集》第 7 卷，人民出版社 2009 年版，第 928—929 页。
② 《马克思恩格斯文集》第 7 卷，人民出版社 2009 年版，第 928—929 页。
③ 《马克思恩格斯文集》第 7 卷，人民出版社 2009 年版，第 929 页。

并由活动来满足,活动本身就实现了目的和手段的一致。比如,以发展人的能力本身为目的的科学研究活动,以丰富人的社会关系本身为目的的社会交往活动,以提高人的素质为目的的教育、审美、艺术活动。这些活动是以"社会个人"本身的实现和发展为目的的,并且活动本身就体现了目的和手段的一致、人的价值的实现和创造过程的统一。因此,马克思称之为"真正的自由王国"。

(二) 必然王国向自由王国的飞跃

在马克思看来,从原始社会到资本主义社会的整个"人类史前时期"是一个"必然王国"占据主导地位的阶段。例如,原始社会是"自然必然性王国",人类处于为满足生存需要而进行近乎本能活动的时期,根本谈不上自由;资本主义社会则是一个典型的"外在(经济)必然性王国"。这里,人的活动无论在形式(交换价值)上还是在内容(剩余价值)上都异化了,自由活动出现了,但仍然不完全、不成熟,仍然受到对抗性的社会关系的束缚,因而只属于一定社会形态下的自由。资产阶级经济学家"把自由竞争看成是人类自由的终极发展"①,看作自由个性的绝对形式,其实这不过是局限于资本统治的自由。"断言自由竞争等于生产力发展的终极形式,因而也是人类自由的终极形式,这无非是说资产阶级的统治就是世界历史的终结——对前天的暴发户们来说这当然是一个愉快的想法。"② 奴隶社会和封建社会则是从"自然必然性王国"向"外在必然性王国"的过渡,兼有二者的特征。

只有到了共产主义社会,"自由活动"才成为全部社会的基础和整个社会生活本身,必然王国才被扬弃。人类活动与需要的结构和性质也发生了根本改变。一方面,"个性的劳动也不再表现为劳动,而表现为活动本身的充分发展"③;另一方面,"直接形式的自然必然性消失了"④,"一种历史地形成的需要代替了自然的需要",⑤ 劳动本身成了生活的第一需要。"各尽所能,按需分配"也不再表现为义务和权利、手段和目的的对立,而是表现为实现和发展人的自由个性和直接社会性的统一。此时,社会才真正成为名副其实的"自由人联合体""真正的自由王国",人才成为"社会个人""自由个性"。

---

① 《马克思恩格斯文集》第 8 卷,人民出版社 2009 年版,第 180 页。
② 《马克思恩格斯文集》第 8 卷,人民出版社 2009 年版,第 181 页。
③ 《马克思恩格斯文集》第 8 卷,人民出版社 2009 年版,第 69 页。
④ 《马克思恩格斯文集》第 8 卷,人民出版社 2009 年版,第 69 页。
⑤ 《马克思恩格斯文集》第 8 卷,人民出版社 2009 年版,第 69—70 页。

可见，必然王国向自由王国的飞跃，不是消灭而是扬弃了必然王国。人的自由是从无到有、从低级到高级的发展过程，当人类的活动不再受"自然必然性"和"外在必然性"的强制性制约，活动的目的和手段完全一致的时候，才真正实现了从必然王国向自由王国的飞跃。

三、共产主义的实现与人的自由全面发展

（一）共产主义的实现

马克思、恩格斯对于共产主义社会有诸多深刻而精辟的论述。《共产党宣言》指出："代替那存在着阶级和阶级对立的资产阶级旧社会的，将是这样一个联合体，在那里，每个人的自由发展是一切人的自由发展的条件。"[①] 在《哥达纲领批判》中，马克思从劳动生产力、人的需要、产品分配的角度指出，共产主义社会的高级阶段将是"各尽所能，按需分配"。在《资本论》及其手稿中，马克思依据人的发展状况，提出了"前资本主义社会—资本主义社会—共产主义社会"三大社会形态的理论，以独创性的视角揭示了未来社会的本质。

马克思指出："人的依赖关系（起初完全是自然发生的），是最初的社会形式，在这种形式下，人的生产能力只是在狭小的范围内和孤立的地点上发展着。以**物**的依赖性为基础的人的独立性，是第二大形式，在这种形式下，才形成普遍的社会物质变换、全面的关系、多方面的需要以及全面的能力的体系。建立在个人全面发展和他们共同的、社会的生产能力成为从属于他们的社会财富这一基础上的自由个性，是第三个阶段。第二个阶段为第三个阶段创造条件。"[②]

在第一大社会形态中，由于生产力水平极端低下，人们只是在狭窄的范围内和孤立的地点上发展着，个人与社会的联系十分贫乏，只存在于以自然血缘关系为基础的原始共同体中。随着分工和交换的出现，以血缘关系为基础的原始共同体逐渐为地域共同体所取代。地域共同体的主要特征是人身依附：农奴和领主，陪臣和诸侯，俗人和牧师，在物质生产领域和社会生活领域，都是以人身依附为特征的。随着生产力的进一步发展，分工和交换的逐渐扩大导致了自然经济条件下的劳动者与劳动条件的天然统一开始被破坏，商品经济逐渐取

[①] 《马克思恩格斯文集》第2卷，人民出版社2009年版，第53页。
[②] 《马克思恩格斯文集》第8卷，人民出版社2009年版，第52页。

代了自然经济。商品经济发展最直接、最主要的后果，就是造成人的孤立化和人对物的依赖性，以及地域共同体的瓦解。

在第二大社会形态中，人的发展也进入了新的阶段。马克思指出，由于商品经济的繁荣以及分工和交换的发展，形成了一个商品和货币对人统治的社会，即个人全面依赖于物的社会。在资本主义制度下，劳动者与他的劳动条件相互分离，生产的目的不是创造使用价值，而是创造交换价值。这种生产方式造成原始共同体和地域共同体中的那种人的依赖关系的彻底解体，人不再直接地依赖于别人或某种共同体，而是依赖于商品和货币即依赖于物。这样，人和人之间的社会关系颠倒地表现出来，表现为物和物之间的关系。无疑，"这种物的联系比单个人之间没有联系要好，或者比只是以自然血缘关系和统治从属关系为基础的地方性联系要好"①。但是，在资本主义社会中，人又成为自己创造出来的物的奴隶，在生产财富的同时也生产贫困，资本依靠劳动者的生命力来实现自己的增殖，这样就造成人类个体劳动的片面化与不断发展的人类总体的能力的全面性之间的对抗性矛盾。这一矛盾必然导致人类社会的第二大社会形态为第三大社会形态所取代，人的发展进入更高的阶段。

在以产品经济为基础的共产主义社会形态中，生产的发展和财富的增长必然与人的全面发展相一致，从而人类的全部力量的全面发展成为目的本身，其基本特征就是"建立在个人全面发展和他们共同的、社会的生产能力成为从属于他们的社会财富这一基础上的自由个性"②。全面发展的个人"不是自然的产物，而是历史的产物。要使**这种**个性成为可能，能力的发展就要达到一定的程度和全面性，这正是以建立在交换价值基础上的生产为前提的，这种生产才在产生出个人同自己和同别人相异化的普遍性的同时，也产生出个人关系和个人能力的普遍性和全面性"③。正是资本主义社会化大生产使劳动具有了科学的性质，造成了人自身能力和个人关系得以普遍和全面发展的客观条件，从而为未来社会全面发展的自由个性创造了自由时间和发展空间的前提。

马克思三大社会形态理论再次表明，人的自由全面发展是马克思一生的关切，而如何具体考察人的自由全面发展的现实状况是马克思面临的基本问题。《资本论》及其手稿把自由时间和发展空间作为考察人的自由全面发展状况的

---

① 《马克思恩格斯文集》第 8 卷，人民出版社 2009 年版，第 56 页。
② 《马克思恩格斯文集》第 8 卷，人民出版社 2009 年版，第 52 页。
③ 《马克思恩格斯文集》第 8 卷，人民出版社 2009 年版，第 56 页。

客观依据，是马克思开创历史先河的重大理论贡献，也是对唯物史观极其重大的发展。

（二）人的自由全面发展

马克思认为，时间和空间不仅是一般物质存在的基本形式，也是生命存在的基本形式，尤其是人的存在的基本形式。时间和空间作为人的存在的基本形式，具有不同于一般物质和一般生命的特殊性。人存在的时空不是简单的自然规定性，而是由社会历史决定的。

1. 人的自由时间

在马克思看来，时间不是简单的物理时间，这是因为人不仅以一般运动、一般生命的方式存在，而且本质上是以实践的方式存在着的。依据人们活动的社会领域和历史发展，马克思把必要的生理活动时间以外的人的生存的时间划分为两种：劳动时间（包括必要劳动时间和剩余劳动时间）、可以自由支配的时间（包括闲暇时间和高级活动时间）。

必要劳动只是为了获取生存资料，因而在必要劳动时间内，人基本上处于自身自然再生产状态；在剩余劳动时间里，人开始超出自然再生产的范围，但依然局限于把自身作为物质生产者进行再生产的界限之内；只有在自由时间特别是高级活动时间内，人才真正超出必需和外在目的的限制，把自身的发展作为目的，使自身超出自然主体和生产主体的存在形式，成为自由的社会主体。因此，自由时间才是人类真正自由的存在形式。马克思指出："整个人类的发展，就其超出人的自然存在所直接需要的发展来说，无非是对这种自由时间的运用，并且整个人类发展的前提就是把这种自由时间作为必要的基础。"[①] 可见，自由时间完全是人类社会实践发展的结果，是社会性的尺度，而非简单的纯物理学的尺度。

2. 人的发展空间

马克思认为，人的发展空间不是简单的物理空间，而是标志人的联系、交往、发展的尺度。空间作为人类自由和全面发展的重要条件，有其独特的社会的历史的特点。

就空间的社会属性来说，人的发展空间不仅受到生产关系和一般社会关系的限制，而且生产力和一般交往手段对自由个性的发展空间也具有重要的作

[①] 《马克思恩格斯全集》第32卷，人民出版社1998年版，第215页。

用。马克思在谈到自由时,不仅重申《德意志意识形态》中关于"世界历史性的个人"的思想,而且认为"世界史不是过去一直存在的;作为世界史的历史是结果"。① 同时还特别强调"交通工具的影响",强调"通信和电报联系等等(交通工具当然同时发展),通过这些东西,每一单个人可以获知其他一切人的活动情况,并力求使本身的活动与之相适应"。②

就整个人类发展空间来说,人最初只是在孤立的地点、互相隔绝的条件下发展,原始社会人的联系局限于氏族、部落、部落联盟的范围内,人类活动的空间非常狭小。随着阶级社会的产生和发展,民族、国家发展起来了,特别是商品经济和资本主义市场的发展,人们的联系开始打破地域、民族和国家的限制,建立起普遍的世界性的联系。但是,由于私有制和阶级在创造这种普遍联系的同时,又造成了新的障碍,因此也不可能建立起真正的全人类的普遍联系。

就个人的发展空间来说,原始社会的个人是不独立的,血缘关系的束缚使他们只能活动于自然分工的狭小范围之内。进入文明时代以后,尽管生产和经济发展日益打破这种原有的"自然共同体",使个人开始独立出来,并获得了初步的自由活动的新领域。但个人活动又开始受到劳动分工、阶级划分、民族和国家范围的限制,其活动范围和发展空间仍然受到很大的限制。可见,人的发展空间也完全是人类社会实践、社会交往的结果,完全是社会性的尺度。在资本主义社会,资本家不断侵吞工人的自由时间:"只要存在着一些人不劳动(不直接参加使用价值的生产)而生活的社会,那么,很清楚,这个社会的整个上层建筑就把工人的剩余劳动作为生存条件。"③ 这些不劳动的人从这种剩余劳动中取得两种东西:首先是生活的物质条件,这些产品是工人超过再生产其自身的劳动能力所需要的产品而提供的;其次是由他们支配的自由时间,可以用于闲暇、用于从事非直接的生产活动,也可以用于发展不追求任何直接实践目的的人的能力和社会的潜力。

因此,在马克思看来,剩余价值率之所以是资本主义剥削程度的准确表现,不仅在于必要产品和剩余产品的物的比例,更重要的在于工人的自由时间被"异化"为"剩余劳动时间",人的能力的发展的可能性被剥夺了。资本家

---

① 《马克思恩格斯文集》第8卷,人民出版社2009年版,第34页。
② 《马克思恩格斯文集》第8卷,人民出版社2009年版,第55页。
③ 《马克思恩格斯全集》第32卷,人民出版社1998年版,第213页。

的自由发展是以工人必须把他们的全部时间和他们发展的空间完全用于生产一定的使用价值为基础的，是以工人的发展受到限制为基础的。马克思从"财富就是可供支配的时间"①出发，尖锐地批判资本家侵占工人的精神生活和肉体生活，"窃取了工人为社会创造的**自由时间**，即窃取了文明"②。

而在共产主义社会，"真正的经济——节约——是劳动时间的节约"③，"时间的节约，以及劳动时间在不同的生产部门之间有计划的分配，在共同生产的基础上仍然是首要的经济规律。这甚至在更加高得多的程度上成为规律"④。在这一问题上，马克思主义同狭隘经济主义和抽象人道主义的本质性区别在于：提高劳动生产率，不仅是为了生产出更多的物质产品，更重要的是为了缩短工作日，生产出更多的自由时间，从而为人的自由全面发展提供前提。"节约劳动时间等于增加自由时间，即增加使个人得到充分发展的时间"⑤，人的发展空间和自由时间相一致。无论是人们的自由时间还是发展空间，都只有在未来社会中才能得到无限的发展。只有劳动生产率的极大提高，社会关系的根本转变，才能"把社会必要劳动缩减到最低限度，那时，与此相适应，由于给所有的人腾出了时间和创造了手段，个人会在艺术、科学等等方面得到发展"⑥。"那时，财富的尺度〔Ⅶ—4〕决不再是劳动时间，而是可以自由支配的时间。"⑦ 同时，人们的交往方式和交往关系也发生了根本改变，交往手段和交往条件也得到了极大的发展。劳动时间和自由时间的对立被扬弃，同时，生存空间和发展空间的对立被扬弃，人的全部生存时间变成了自由时间，整个生存空间变成了发展空间，真正实现人的自由全面发展。

总之，马克思剖析资本及资本的逻辑，论证共产主义的必要性和可能性，其根本主题在于人，在于人的全面发展。虽然《资本论》探讨的是商品生产、商品流通和总过程的各种形式，探讨的是物质、利益、财富、阶级和所有制等问题，但贯穿这些方面的价值是"现实的个人"的处境及其未来，是"实践的人和人的实践"，是"人与人的关系"。在《资本论》看来，社会、历史意义

---

① 《马克思恩格斯全集》第32卷，人民出版社1998年版，第216页。
② 《马克思恩格斯全集》第31卷，人民出版社1998年版，第23页。
③ 《马克思恩格斯文集》第8卷，人民出版社2009年版，第203页。
④ 《马克思恩格斯文集》第8卷，人民出版社2009年版，第67页。
⑤ 《马克思恩格斯文集》第8卷，人民出版社2009年版，第203页。
⑥ 《马克思恩格斯文集》第8卷，人民出版社2009年版，第197页。
⑦ 《马克思恩格斯文集》第8卷，人民出版社2009年版，第200页。

上的"时间"与自然时间是有区别的,它离不开人、人的活动和人的感受,衡量这一层面时间的不是物理的尺度,而是社会的尺度、资本的尺度、人的尺度,时间成为人类发展的空间。用马克思的话说,"**时间**实际上是人的积极存在,它不仅是人的生命的尺度,而且是人的发展的空间"①。

如果说在资本主义条件下存在人的异化,人的片面性、单一性发展,那么,人的自由全面发展就成为超越资本主义的社会主义和共产主义的必然要求。我们看到,在新的时代境遇下,特别是中国共产党第十八次全国代表大会以来,以习近平同志为核心的党中央坚持以人民为中心,把人民对美好生活的向往作为奋斗目标,保证全体人民在共建共享发展中有更多获得感,不断促进人的全面发展、全体人民共同富裕,这是在新的时代条件下对马克思上述思想的继承和发展。

思考题:

1. 为什么说"自从《资本论》问世以来,唯物主义历史观已经不是假设,而是科学地证明了的原理"?
2. 如何理解《资本论》的逻辑?
3. 为什么说"经济的社会形态的发展是一种自然史的过程"?
4. 在《1857—1858年经济学手稿》中,马克思是如何依据人的发展状况来描述社会形态演变的?怎样正确理解它与马克思在其他著作中关于社会形态演变的思想的关系?

---

① 《马克思恩格斯全集》第47卷,人民出版社1979年版,第532页。

第四章 马克思、恩格斯对古代社会和东方社会发展道路的探索

马克思、恩格斯不仅研究资本主义社会,而且研究包括人类原始史在内的前资本主义社会;不仅研究西方社会,而且研究东方社会。他们对古代社会和东方社会的研究贯穿于马克思主义哲学形成和发展的整个过程,而又以晚年最为突出。大体说来,马克思在早年和中年重点研究"亚细亚生产方式"及其在社会发展序列中的地位,在晚年则重点研究俄国社会发展道路和人类原始史。马克思、恩格斯晚年之所以注重对东方社会发展道路的研究,是由于1871年巴黎公社失败以后,西欧无产阶级革命陷入低潮,而东方人民反对西方殖民主义统治的民族解放运动日益高涨,他们寄希望于东方革命的胜利能够激发西欧的无产阶级革命,通过东、西方革命的互动,在全世界实现社会主义。可以说,马克思、恩格斯对古代社会和东方社会的研究从纵向和横向两方面说明了历史唯物主义是关于整个人类历史发展的一般规律的科学。

本章二维码

第一节 "亚细亚生产方式"概念的历史分析

1859年,马克思在《〈政治经济学批判〉序言》中总结人类历史发展一般进程时指出:"大体说来,亚细亚的、古希腊罗马的、封建的和现代资产阶级的生产方式可以看做是经济的社会形态演进的几个时代。"① 对于其中"亚细亚生产方式"这个概念的含义及其在社会发展序列中的地位,一直众说纷纭,莫衷一是。在我国史学界,有人说它是原始社会,有人说它是东方奴隶社会,有人说它是东方封建社会,有人说它是一种混合社会,有人说它是西方没有经历过的一种特殊社会,有人说它是普遍奴隶制,等等。还有学者甚至借这一概念,否定五种经济社会形态划分的理论,断言五种经济社会形态划分的理论不

---

① 《马克思恩格斯文集》第2卷,人民出版社2009年版,第592页。

是马克思、恩格斯创立的,不符合人类历史发展的实际,因而是错误的。应该指出的是,马克思、恩格斯著作中的"亚细亚生产方式"概念,是一个历史性概念,在他们的社会形态理论发展的不同时期的著作中,这一概念的含义并不完全相同,应该按照他们的经济社会形态理论发展的不同阶段,考察"亚细亚生产方式"概念在不同时期著作中的具体含义。弄清"亚细亚生产方式"概念的确切含义及其在社会发展序列中的地位,对于坚持马克思、恩格斯创立的五种经济社会形态划分的理论,坚持历史发展具有客观规律性的观点,具有十分重要的意义。

一、1853年及其以前的时期

马克思、恩格斯合写的《德意志意识形态》一书是标志历史唯物主义基本形成的一部著作。在这部著作中,他们提出了关于社会形态及其发展规律的最初见解。在这里,他们把资本主义以前的历史划分为三种依次更替的所有制形式,即"部落所有制""古典古代的公社所有制和国家所有制""封建的或等级的所有制"。[①] 其中的第二种和第三种所有制形式,分别大致相当于西欧的奴隶社会和封建社会。而第一种"部落所有制",从经济结构上看,相当于原始社会的(父系)氏族公社所有制;从社会结构上看,相当于氏族公社所有制解体、奴隶制已经开始出现的时期。这时马克思、恩格斯还没有把氏族公社和氏族公社解体以后产生的农村公社分开。"部落所有制"虽相当于由原始社会向奴隶社会转变时期的农村公社的所有制形式,但由于当时尚未形成科学的原始社会概念,他们并没有自觉地意识到这一点,因而把它作为人类社会发展中的第一个社会形态。资本主义以前的这三种所有制形式,再加上资本主义所有制和将来代替它的共产主义公有制,正好是五种所有制形式,以这五种所有制形式为基础形成五种社会形态,即"部落所有制"社会、奴隶社会、封建社会、资本主义社会、共产主义社会。只是"部落所有制"社会还不是后来所说的原始社会,这反映了他们当时的五种社会形态划分理论尚未完全成熟。

马克思、恩格斯在1848年2月发表的《共产党宣言》中,叙述了奴隶社会、封建社会、资本主义社会的阶级状况,揭示了资本主义社会被未来共产主义社会代替的历史规律。在这里,马克思、恩格斯把奴隶社会、封建社会、资

---

① 参见《马克思恩格斯文集》第1卷,人民出版社2009年版,第521—522页。

本主义社会、共产主义社会看作人类社会从低级到高级依次更替的四种社会形态。人类历史上第一种社会形态即无阶级的原始社会，马克思、恩格斯当时尚未发现。

马克思在1847年年底写成、1849年发表的《雇佣劳动与资本》，第一次以较为精确的语言表述了他的社会形态划分和演进的理论。他指出："**生产关系总合起来就构成所谓社会关系，构成所谓社会，并且是构成一个处于一定历史发展阶段上的社会，具有独特的特征的社会。古典古代**社会、**封建**社会和**资产阶级**社会都是这样的生产关系的总和，而其中每一个生产关系的总和同时又标志着人类历史发展中的一个特殊阶段。"[①] 马克思这里谈的三种社会形态，再加上古典古代社会以前的那个社会形态和未来共产主义社会形态，正好是依次演进的五种社会形态。

综上所述，在19世纪40年代中后期，马克思、恩格斯根据对欧洲历史的研究提出了五种社会形态划分理论。但这种理论尚未完全成熟，有待于进一步完善。到了19世纪50年代初，马克思开始研究东方社会，把视野从西方扩展到东方。1853年，马克思发表了《不列颠在印度的统治》和《不列颠在印度统治的未来结果》两篇文章。在后一篇文章中，马克思第一次提出了"亚洲式的社会""亚洲社会"概念，并把它和"西方式的社会""西方社会"相区别。[②] 他认为，亚洲社会和西方社会相比，主要有以下特点：一是不存在土地私有制，这是东方全部政治史和宗教史的基础，是了解整个东方社会的一把钥匙。二是全国分成许多各自孤立的、农业和手工业相结合的、自给自足的农村公社，这是东方专制制度的基础。三是农业上人工灌溉具有极端重要性，修建和管理水利工程、交通道路的任务，由中央集权的政府承担。四是亚洲社会长期停滞，缺乏内在的发展动力，西方资本主义的入侵动摇了它的经济基础，使亚洲社会发生了真正的革命。在这里，马克思当时认为的亚洲社会是一个古已产生并且一直存在到18、19世纪西方资本主义入侵以前的、与西欧社会完全不同的、独立的地域性的社会形态，因此没有把亚洲社会的历史放在根据欧洲社会的历史提出的五种社会形态演进的序列中去。当他们刚刚开始研究亚洲社会时，更多地看到了它与欧洲社会的不同，尚未发现欧亚两洲社会的共同发展规

---

① 《马克思恩格斯文集》第1卷，人民出版社2009年版，第724页。
② 参见《马克思恩格斯文集》第2卷，人民出版社2009年版，第686页。

律，这是符合人类认识一般进程的。但是，马克思、恩格斯对亚洲社会的认识并没有停止在这种观点上。此后，他们在对世界历史的进一步研究中，逐步克服了亚洲社会特殊论的观点。

二、19 世纪 50 年代中后期

1857—1859 年，马克思对亚洲社会和欧洲社会进行了比较研究，丰富和发展了他在 19 世纪 40 年代中后期提出的五种社会形态依次更替的理论。这反映在马克思《〈政治经济学批判〉导言》《1857—1858 年经济学手稿》中的"资本主义生产以前的各种形式"、《〈政治经济学批判〉序言》等著作中。

第一，研究了原始所有制形式。马克思在"资本主义生产以前的各种形式"中，把原始所有制分为三种形式，即"亚细亚的所有制形式""古代的所有制形式""日耳曼的所有制形式"。与这三种所有制形式相适应，形成亚细亚公社、古代公社、日耳曼公社三种人群共同体。他认为，这三种所有制形式与资本主义生产方式相比较，彼此之间具有一些共同点，如都是劳动者和劳动的客观条件相结合、个人在不同程度上依赖于共同体等；但它们互相之间又有区别。

首先，土地所有制形式和经营方式不同。在亚细亚的所有制形式中，没有土地私有制，财产仅仅是作为公社财产而存在，单个成员本身只是一小块特定土地的占有者。土地经营方式主要有两种：一是单个人同自己的家庭一起，独立地在分配给他的份地上从事劳动；二是按照公社或由公社组成的更大的统一体的规定，公社成员进行集体劳动。在古代的所有制形式中，土地分为公有地和私有地，这两种土地所有制是并列和对立的，国家土地财产是私人土地财产的中介，私人只有作为公社的成员才能分得一份土地。私有地由各个家庭耕种，产品归私人；公有地由公社成员出劳役耕种，收获的产品归公社。在日耳曼的土地所有制形式中，虽然也有公有地和私有地之分，但这种公有地与古代的所有制形式中的公有地不同，它不是与私有地并列的国家的特殊经济，而只是私有地的公共附属物，并不占主导地位，不是独立的。公有地只是作为猎场、牧场、采樵地等生产资料供每个家庭使用，不需要公社成员另行经营；私有地的经营以家庭为单位，每个家庭就是一个经济整体，本身单独构成一个独立的生产中心。

其次，个人对共同体（公社）的依赖情况和社会结构不同。亚细亚公社具有以下特点：共同体十分牢固，个人对共同体的依赖性最强，个人只不过是共同体的附属物；国家和专制政府凌驾于一切小的共同体之上，是土地财产更高的和唯一的所有者，公社只不过是财产的世袭占有者，每个人事实上失去了财产，专制政府和专制君主无偿地占有个人的剩余劳动；水利灌溉设施及重要的交通道路由专制政府统一兴办和管理；公社成员以乡村为基础和居住地，城市不发达；生产的范围仅限于自给自足，农业和手工业结合在一起，长期停滞，没有内在的发展动力，社会结构十分稳定，变化最小最慢。古代公社具有的特点是：拥有小块土地的农民和作为共同体的公社互为存在的前提，互相保障对方的存在；组成公社的农民是彼此平等的，如果破坏了这个平等关系，公社就会瓦解；居民以城市为基础和居住中心，耕地表现为城市的领土，城市公社是按军事方式组织起来的；公社是自给自足的经济，有小农业、作为家庭副业的工业、专门的匠人所从事的工业等主要生产部门。日耳曼公社的特点则是：共同体是松散的，不是以实体的形式存在，只存在于集会及其他共同活动之中，公社成员对共同体的依赖性很小；公社成员既不是以农村为集中的居住地，也不是以城市为集中的居住地，而是各个家庭居住在森林之中，彼此相隔很远的距离，只是在集会时才发生联系；公社的公有地只是被私人当作猎场、牧场、采樵地共同使用，个人的劳动成果全部归自己，不需要服劳役和缴纳贡赋。

第二，研究了从所有制的"原始形式"向"派生形式"的转变。马克思认为，亚细亚的、古代的、日耳曼的所有制形式，虽然都是所有制的原始形式，但已经不是最原始的形式，而是或多或少改变了形式的原始形式，最原始的形式马克思当时尚未发现。他指出：这些公社"已经是**历史的产物**，不仅在事实上，而且在人们的意识里也是如此，因而是一个**产生出来的东西**"①。这些公社既是原生的社会形态（即原始社会）的最后阶段，同时又是从原生的社会形态向派生的社会形态的过渡，即从以公有制为基础的社会向以私有制为基础的社会、从无阶级社会向阶级社会的过渡。派生的社会形态包括奴隶社会、农奴制社会（封建社会）等。

第三，研究了社会形态的划分和演进。从三种土地所有制的原始形式的性质来看，它们是在空间上并列的，都是从"原始形式"向"派生形式"的过渡形式，属于同一社会发展阶段，而不是在时间上依次更替的。而从"原始形式"向"派生形式"的过渡来看，马克思认为由这三种所有制的"原始形式"产生出来

---

① 《马克思恩格斯文集》第8卷，人民出版社2009年版，第127页。

的"派生形式",又是在时间上由低级到高级依次更替的,即它们是处于不同发展阶段的。马克思在19世纪40年代中期,就形成了两个思想:一个是人类社会早期是公有制,后来公有制过渡到私有制;另一个是越是在人类社会的早期,个人对共同体的依赖性越强,后来个人对共同体的依赖性逐渐减弱。

亚细亚的土地所有制形式是公有制,个人只有土地占有权,没有土地所有权,个人对共同体的依赖性最强,在从"原始形式"向"派生形式"的转变中变化最小,并未从中产生出"派生形式",所以马克思就把这种土地所有制形式即"亚细亚生产方式"作为人类历史上第一个社会形态,放在人类历史演进的第一阶段。古代的所有制形式是公有地和私有地并列,个人对共同体的依赖比较弱一些,并且从这种土地所有制形式中派生出奴隶社会,因而马克思把作为西欧奴隶社会特定称号的"古典古代的历史""古代社会"作为人类历史上的第二个社会形态,放在人类历史演进的第二阶段。日耳曼的土地所有制形式表现为私有土地是土地所有制的基础,公有土地是私有土地的补充和附属物,共同体十分松散,个人对共同体的依赖性很弱,并且日耳曼人通过征服奴隶制的西罗马帝国直接发展出以农奴制为基础的封建社会。因此,马克思就把"日耳曼的历史""日耳曼时代"等术语与西欧封建社会相等同,作为人类历史上的第三个社会形态,放在人类历史演进的第三阶段。

马克思在1859年写的《〈政治经济学批判〉序言》是对"资本主义生产以前的各种形式"中提出的社会形态划分理论的总结和升华。在这里,马克思把亚细亚的、古希腊罗马的、封建的生产方式看作前资本主义由低级到高级依次更替的几种社会形态。由此可见,马克思在这一时期认为人类社会依次经历亚细亚社会、古希腊罗马的奴隶社会、封建社会、资本主义社会、共产主义社会五种社会形态。亚细亚社会尚不是后来所说的原始社会,马克思的五种社会形态划分理论仍然需要进一步完善。

三、以《资本论》为代表的时期

这一时期从19世纪60年代开始,到马克思、恩格斯看到摩尔根的《古代社会》一书以前(1877年)为止。

第一,在《资本论》等著作中,仍然使用"亚细亚生产方式"概念,把它作为历史发展中的第一个社会形态。例如,马克思在《资本论》第一卷中指出:"在古亚细亚的、古代的等等生产方式下,产品转化为商品,从而人作为商品生产者而存在的现象，处于从属地位，但是共同体越是走向没落阶段，这种现象就越是重要……这些古老的社会生产有机体比资产阶级的社会生产有机体简单明了得多，但它们或者以个人尚未成熟，尚未脱掉同其他人的自然血缘联系的脐带为基础，或者以直接的统治和服从的关系为基础。"① 这里仍然把"亚细亚生产方式"放在"古代的生产方式"之前，并指出亚细亚生产方式中"个人尚未成熟""尚未脱掉同其他人的自然血缘联系的脐带"，它仍然属于所有制的原始形式；而在古代的生产方式中，则是以"直接的统治和服从的关系为基础"，即以奴隶制为基础。

第二，马克思、恩格斯发现了欧洲和亚洲、东方和西方历史发展的共同性，着重强调了作为人类历史发展中第一个社会形态的"亚细亚生产方式"具有一定的普遍性，作为表述"土地公有制"的术语，它除去在亚洲存在之外，在欧洲古代也曾经存在过。马克思是在阅读了格·路·毛勒（1790—1872）的著作以后形成这一思想的。格·路·毛勒是巴伐利亚国家枢密官、希腊摄政之一，著名的历史学家。他对欧洲马尔克制度做了详细的考察，以极其丰富的历史资料证明了在欧洲各国的古代也曾经存在过土地公有制，欧洲各国的土地私有制就是在土地公有制解体的过程中产生出来的。马克思在大英博物馆从事研究工作期间看到了毛勒的这些著作，给予了极高的评价。他在1868年3月14日致恩格斯的信中说："现在有意思的恰好是，**俄国人**在一定时期内……重分土地的做法，在德国有些地方一直保留到18世纪，甚至19世纪。我说过，欧洲各地的亚细亚的或印度的所有制形式都是原始形式，这个观点在这里（虽然毛勒对此毫无所知）再次得到了证实。"② 马克思在这里把马尔克制度称为"欧洲各地的亚细亚所有制形式"，这就清楚地说明，他是把欧洲马尔克的土地公有制与印度村社的土地公有制看作本质上相同的制度，"亚细亚生产方式"成了土地公有制的同义语。

第三，"亚细亚生产方式"指的仍然不是"人类原始史"，因为这时科学尚未提供"人类原始史"的材料。恩格斯在1885年9月23日写的《反杜林论》第二版序言中说明了这一点。他指出："关于人类原始史，直到1877年，摩尔根才给我们提供了理解这一历史的钥匙。"③

---

① 《马克思恩格斯文集》第5卷，人民出版社2009年版，第97页。
② 《马克思恩格斯文集》第10卷，人民出版社2009年版，第281—282页。
③ 《马克思恩格斯文集》第9卷，人民出版社2009年版，第12页。

总之，马克思、恩格斯在 19 世纪六七十年代，对"亚细亚生产方式"在人类历史发展序列中的地位的看法与前一时期基本相同。它不是指我们现在所说的原始社会，而是指原始社会的最后阶段，这个阶段兼有公有制社会和私有制社会、无阶级社会和阶级社会的两重特点。他们把"亚细亚生产方式"即原始社会的最后阶段作为人类历史发展中的一个独立的社会形态，反映了他们的五种社会形态划分理论尚不十分完善，需要随着科学的发展进一步完善。

四、摩尔根《古代社会》一书发表以后的时期

这一时期是指马克思、恩格斯看到 1877 年发表的摩尔根（1818—1881）的《古代社会》一书以后直到他们先后去世这段时间。这一时期主要著作有马克思写的《路易斯·亨·摩尔根〈古代社会〉一书摘要》和恩格斯写的《家庭、私有制和国家的起源》。马克思、恩格斯高度评价了摩尔根的《古代社会》一书，并根据摩尔根提供的历史材料及其他关于上古史的新材料，说明了人类原始史，科学地确定了"亚细亚生产方式"的性质及其在社会发展序列中的地位，即它是原始社会的最后阶段，兼有公有制社会和私有制社会、无阶级社会和阶级社会的两重特点，用更为科学的原始社会概念取代了"亚细亚生产方式"的位置，完成了原始社会、奴隶社会、封建社会、资本主义社会、共产主义社会依次演进的五种社会形态划分理论。

总之，五种社会形态划分理论是马克思、恩格斯在 19 世纪 40 年代中期提出来的，而在 19 世纪 70 年代至 80 年代最后完成。这个理论贯穿在《德意志意识形态》《共产党宣言》《雇佣劳动与资本》《〈政治经济学批判〉序言》《资本论》《反杜林论》《家庭、私有制和国家的起源》等一系列有代表性的著作中。

第二节　对俄国社会发展道路的研究和探索

1861 年俄国实行的自上而下的农奴制改革，1877—1878 年再次进行的俄土战争，激化了俄国的内外矛盾，俄国处在整个世界发展的"火山口"上，内外矛盾的交织将俄国推到了革命的前夜。19 世纪六七十年代以来，随着马克思主义在俄国知识分子中的广泛传播，马克思与俄国一些民粹派革命家和理论家建立了密切的联系。一方面，这些革命家和理论家为马克思研究俄国问题提供了很多有价值的文献资料；另一方面，俄国革命者迫切要求马克思对俄国革命给予具体指导。这些都成为马克思研究俄国问题和俄国社会发展道路的动因。恩格斯对俄国社会问题和俄国社会发展道路也十分关注。马克思、恩格斯这方面的研究成果主要有：恩格斯于1875年写的《论俄国的社会问题》，马克思于1877年写的《给〈祖国纪事〉杂志编辑部的信》，马克思于1881年写的《给维·伊·查苏利奇的复信》及其草稿，马克思、恩格斯于1882年合写的《〈共产党宣言〉1882年俄文版序言》，恩格斯于1894年写的《〈论俄国的社会问题〉跋》，马克思和恩格斯关于俄国问题的通信以及马克思、恩格斯与俄国革命家之间的通信，等等。

一、俄国公社的性质和两种可能的发展前途

关于俄国公社的性质，马克思在1881年《给维·伊·查苏利奇的复信》草稿中指出："'农业公社'到处都是古代社会形态的**最近的类型**"①，"是从公有制到私有制、从原生形态到次生形态的过渡时期"②，"农业公社既然是原生的社会形态的最后阶段，所以它同时也是向次生形态过渡的阶段，即以公有制为基础的社会向以私有制为基础的社会的过渡"③。这就是说，马克思明确肯定，俄国农村公社是原始社会的最后阶段，是由原生形态向次生形态、由公有制向私有制、由无阶级社会向阶级社会的过渡阶段。

马克思认为，俄国农村公社具有"二重性"，兼有公有制社会和私有制社会、无阶级社会和阶级社会的二重特征。它与原生形态的公社具有不同的特点，主要表现在：一是所有较早的原生形态的公社，都是建立在自己社员的血缘亲属关系上的；农业公社割断了这种牢固而狭窄的联系，就更能扩大范围并保持和其他公社的接触。二是在农村公社内，房屋及其附属物——园地，已经是农民的私有财产；可是远在农村公社出现以前，公有的房屋曾是早先各种形式原生形态的公社的物质基础之一。三是虽然耕地归公社所有，但定期在各个社员之间进行重分；每一个农民用自己的力量来耕种分配给他的田地，并且把生产出来的产品留为己有，然而在较古的原生形态的公社中，生产是共同进行

---

① 《马克思恩格斯文集》第3卷，人民出版社2009年版，第574页。
② 《马克思恩格斯文集》第3卷，人民出版社2009年版，第574页。
③ 《马克思恩格斯文集》第3卷，人民出版社2009年版，第586页。

的，只有产品才拿来分配。

马克思认为，俄国农村公社的"二重性"，一方面成为它具有强大生命力的源泉，另一方面又成为它逐渐解体的根源。他指出："公有制以及公有制所造成的各种社会联系，使公社基础稳固，同时，房屋的私有、耕地的小块耕种和产品的私人占有又使那种与较原始的公社条件不相容的个性获得发展。"① 同时，从积累牲畜开始的动产的逐步积累，动产在农业本身中所起的日益重大的作用等情况，"都起着破坏经济平等和社会平等的作用，并且在公社内部产生利益冲突，这种冲突先是使耕地变为私有财产，最后造成私人占有那些已经变成私有财产的**公社附属物**的森林、牧场、荒地等等"②。马克思谴责沙皇政府、商人、地主、高利贷者、新生的资本主义寄生虫等公社外部的力量对公社的剥削、掠夺和破坏。他清醒地意识到，各种破坏因素的互相结合，"只要不被强大的反作用打破，就必然会导致农村公社的灭亡"③。他虽然对俄国农村公社面临的危机和可能灭亡的命运有充分的估计和思想准备，但并不认为这是公社唯一的前途和命运。马克思设想，在当时的历史环境下，俄国农村公社及土地公有制还有另一种前途和命运，即"不通过资本主义制度的卡夫丁峡谷"直接进入社会主义社会，从而成为俄国社会复兴的因素，成为俄国社会新生的支点。

"通过卡夫丁峡谷"一语，是指公元前321年第二次萨姆尼特战争时期，萨姆尼特人在古罗马的卡夫丁城（今蒙特萨尔基奥）附近的卡夫丁峡谷包围并击败了罗马军队，按照交战双方的惯例，罗马军队必须在由长矛交叉构成的"轭形门"下通过。这被认为是对战败军队的最大侮辱。马克思在给民粹派女作家维·伊·查苏利奇的复信草稿"初稿"和"三稿"中讲道：俄国公社有可能"不通过资本主义制度的卡夫丁峡谷，而占有资本主义制度所创造的一切积极的成果"④。这里的"不通过资本主义制度的卡夫丁峡谷"，意指不遭受资本主义制度的苦难。

二、俄国公社实现"跨越"的历史环境和前提条件

为了表述上的简洁，人们把马克思所说的"不通过资本主义制度的卡夫丁

---

① 《马克思恩格斯文集》第3卷，人民出版社2009年版，第574页。
② 《马克思恩格斯文集》第3卷，人民出版社2009年版，第574页。
③ 《马克思恩格斯文集》第3卷，人民出版社2009年版，第577页。
④ 《马克思恩格斯文集》第3卷，人民出版社2009年版，第578页。

峡谷"表述为"跨越"资本主义制度的卡夫丁峡谷。马克思全面地分析了实现这一"跨越"的历史环境和前提条件。

马克思从四个方面论述了俄国公社实现"跨越"的历史环境：一是俄国是在全国范围内把农村公社保持到今天的唯一欧洲国家，它不是外国征服者的猎获物。土地公有制使它有可能直接地、逐步地把小土地个体耕作变为集体耕作。俄国有广阔的平原，这种土地的天然地势适合于大规模使用机器。俄国农民有劳动组合的习惯，有助于他们从小土地经济向合作经济过渡。二是俄国农村公社是与资本主义同时代的，这有可能使它不经受资本主义的苦难而吸收其积极成果，并对社会进行社会主义改造。三是俄国农村公社处在资本主义陷入深刻危机、即将被社会主义所取代的历史时代，这可以说是俄国公社有可能"跨越"资本主义制度的卡夫丁峡谷的最根本的社会条件。四是俄国革命是挽救俄国公社并保证其正常发展的重要途径。马克思在《给维·伊·查苏利奇的复信》的初稿中说，"要挽救俄国公社，就必须有俄国革命"①，"如果革命在适当的时刻发生，如果它能把自己的一切力量集中起来以保证农村公社的自由发展，那么，农村公社就会很快地变为俄国社会新生的因素，变为优于其他还处在资本主义制度奴役下的国家的因素。"② 马克思、恩格斯在1882年合写的《〈共产党宣言〉俄文版序言》中说："假如俄国革命将成为西方无产阶级革命的信号而双方互相补充的话，那么现今的俄国土地公有制便能成为共产主义发展的起点。"③ 他们所讲的"俄国革命"既不是无产阶级社会主义革命，也不是无产阶级领导的新民主主义革命，而是俄国民粹派和民意党人推翻沙皇政府的革命。一方面，假如民粹派和民意党人推翻沙皇政府的革命取得胜利，会给西方工人运动以新的推动，从而加速西欧无产阶级社会主义革命的胜利。另一方面，西欧无产阶级革命胜利以后，又会利用西欧资本主义取得的一切积极成果，支持俄国社会的社会主义改造，从而使现今的俄国土地公有制成为共产主义发展的起点。

马克思、恩格斯关于"俄国革命"与"西方无产阶级革命"之间的关系的理论，还包含着这样一个思想，即西欧无产阶级革命的胜利，是东方落后国家"跨越"资本主义制度的卡夫丁峡谷的先决条件。他们认为，只有西欧无产阶

---

① 《马克思恩格斯文集》第3卷，人民出版社2009年版，第579页。
② 《马克思恩格斯文集》第3卷，人民出版社2009年版，第582页。
③ 《马克思恩格斯文集》第2卷，人民出版社2009年版，第8页。

级革命胜利以后，东方落后国家才能取得对社会进行社会主义改造的物质技术基础。由于社会主义和资本主义是根本对立的社会制度，西欧占统治地位的资产阶级不会把资本主义大工业创造的物质技术基础拱手让给东方落后国家去搞社会主义，因为它这样做就意味着自掘坟墓、自取灭亡。所以只有在西欧通过无产阶级革命推翻资产阶级的统治以后，东方落后国家才能利用西欧资本主义制度创造的一切积极成果，对社会进行社会主义改造。同时，只有西欧无产阶级革命取得胜利，为东方落后国家作出对社会进行社会主义改造的榜样的时候，东方落后国家才能仿效这种榜样，对本国的社会进行社会主义改造。恩格斯说，落后国家"跨越"资本主义制度的卡夫丁峡谷的"必不可少的条件是：目前还是资本主义的西方作出榜样和积极支持。只有当资本主义经济在自己故乡和在它兴盛的国家里被克服的时候，只有当落后国家从这个榜样上看到'这是怎么回事'，看到怎样把现代工业的生产力作为社会财产来为整个社会服务的时候——只有到那个时候，这些落后的国家才能开始这种缩短的发展过程"①。

三、对俄国民粹派错误观点的批判

民粹主义是代表小生产者利益的空想的农业社会主义思潮，19世纪六七十年代产生于俄国，因它的代表人物以人民的"精粹"自居，提出"到民间去"的口号，发动农民推翻沙皇政府，因而有"民粹派"之称。俄国的民粹派反对沙皇政府的斗争具有一定的进步作用，因而在一定程度上得到了马克思、恩格斯的同情和支持。但他们的思想观点与马克思主义有着本质的区别，因而也受到马克思、恩格斯的批判。

（一）对把关于西欧资本主义起源的历史概述说成是一般历史哲学理论的批判

马克思1877年在《给〈祖国纪事〉杂志编辑部的信》中，批判俄国民粹派理论家、主观社会学者米海洛夫斯基（1842—1904）时说："他一定要把我关于西欧资本主义起源的历史概述彻底变成一般发展道路的历史哲学理论，一切民族，不管它们所处的历史环境如何，都注定要走这条道路，——以便最后都达到在保证社会劳动生产力极高度发展的同时又保证每个生产者个人最全面的发展的这样一种经济形态。但是我要请他原谅。（他这样做，会给我过多的

---

① 《马克思恩格斯文集》第4卷，人民出版社2009年版，第459页。

荣誉，同时也会给我过多的侮辱。）"① 马克思概括了他在《资本论》第一卷中关于西欧资本主义起源的历史概述的基本含义："关于原始积累的那一章只不过想描述西欧的资本主义经济制度从封建主义经济制度内部产生出来的途径。因此，这一章叙述了使生产者同他们的生产资料分离，从而把他们变成雇佣工人（现代意义上的无产者）而把生产资料占有者变成资本家的历史运动。"② 马克思在《给维·伊·查苏利奇的复信》正文中特别指明：他在《资本论》中叙述的关于资本主义起源的"'**历史必然性**'明确地限制在**西欧各国**的范围内"③。

为什么这一关于资本主义起源的历史概述仅仅限于西欧各国，而不适用于当时的俄国公社呢？根据马克思的有关论述，可以归结为以下几个原因：首先，二者的历史前提不同。西欧资本主义起源的历史运动，是把一种私有制形式变为另一种私有制形式，而俄国农村公社是土地公有制，土地从来没有成为农民的私有财产，所以不能把马克思关于从一种私有制形式变为另一种私有制形式的概括，运用到根本没有土地私有制的俄国农村公社上去。其次，二者所处的历史环境不同。西欧当时处在封建制度解体、资本主义兴起的历史环境中，而19世纪七八十年代的俄国农村公社不仅是和资本主义同时代的东西，而且处在西欧资本主义经历着危机、即将被社会主义制度所排挤的历史环境中。正因为如此，它才有可能不遭受资本主义制度的一切不幸和灾难，而利用资本主义制度创造的积极成果，对自身进行社会主义改造。最后，不论人们是承认还是否认俄国农村公社的土地公有制变为小私有制这种转变的历史必然性，提出赞成或者反对这种转变的理由，都和马克思在《资本论》中对西欧资本主义起源的历史概述毫无关系。

马克思还阐述了历史发展的统一性和多样性关系的原理。他指出：古代罗马耕种自己小块土地的自由农民的土地也曾经被剥夺，与自己的生产资料相分离，但在当时的历史环境下，罗马失去土地的农民并没有变成雇佣工人，却成了无所事事的游民，和他们同时发展起来的也不是西欧那样的资本主义生产方式，而是奴隶占有制。据此，马克思得出结论："极为相似的事变发生在不同的历史环境中就引起了完全不同的结果。如果把这些演变中的每一个都分别加

---

① 《马克思恩格斯文集》第3卷，人民出版社2009年版，第466页。
② 《马克思恩格斯文集》第3卷，人民出版社2009年版，第465页。
③ 《马克思恩格斯文集》第3卷，人民出版社2009年版，第589页。

以研究，然后再把它们加以比较，我们就会很容易地找到理解这种现象的钥匙；但是，使用一般历史哲学理论这一把万能钥匙，那是永远达不到这种目的的，这种历史哲学理论的最大长处就在于它是超历史的。"① 这深刻揭示了各个国家和民族的具体历史过程和一般历史哲学理论之间的关系，认为一般历史哲学理论是从对各个国家和民族的具体历史过程的分别研究和相互比较中抽象出来的逻辑结论，它舍弃了不同国家和民族具体历史过程的许多差别和细节，不会与任何一个国家和民族的具体历史过程完全直接吻合，所以它是"超历史的"。而因为它是"超历史的"，所以不能把它当作"万能钥匙"到处生搬硬套，而应以它为指导研究各个国家和民族的具体历史过程。

（二）对认为俄国农村公社自身能长出社会主义的批判

早在19世纪40年代马克思、恩格斯创立历史唯物主义的时候，俄国的知识界就开始涌动着崇拜农村公社的神奇力量的思潮，民粹派就是这种思潮的直接继承者。他们认为，在俄国实现社会主义比在西欧更快、更容易，其理由是：首先，俄国既没有城市无产阶级，也没有城市资产阶级，俄国的农民只需要同政治权力及专制国家作斗争。其次，俄国完好地保存了村社制度和劳动组合的形式，这是俄国优越于西欧的集中表现，村社原则"应当成为我们大家都梦寐以求的未来社会制度的基石"②。最后，俄国农民是"真正的社会主义体现者、天生的共产主义者"③，同"西欧无产者比起来，要无限地接近社会主义"④。

对于民粹派的第一个理由，恩格斯驳斥道：现代社会主义力图实现的变革，就是无产阶级战胜资产阶级，消灭阶级，建立一个没有阶级和阶级差别的社会组织。只有生产力发展到一定程度，发展到甚至对我们现代条件来说也是很高的程度，阶级差别的消灭才能成为真正的进步，才不至于在生产方式中引起停滞和倒退。从这方面来说，资产阶级正如无产阶级本身一样，也是社会主义革命的一个必要的先决条件。"因此，谁竟然断言在一个**虽然**没有无产阶级**然而**也没有资产阶级的国家里更容易进行这种革命，那就只不过证明，他还需

---

① 《马克思恩格斯文集》第3卷，人民出版社2009年版，第466—467页。
② 中共中央马恩列斯著作编译局、国际共运史研究室编译：《俄国民粹派文选》，人民出版社1983年版，第374页。
③ 《马克思恩格斯文集》第3卷，人民出版社2009年版，第396页。
④ 《马克思恩格斯文集》第4卷，人民出版社2009年版，第452页。

要学一学关于社会主义的初步知识。"①

对于民粹派的第二个理由，恩格斯认为，俄国的农村公社并不是什么神奇的东西，而是一种处于文明时代以前的社会制度，是一种原始的农业共产主义。在西欧，随着生产力的提高和人们之间社会交往的扩大，原始的公社土地所有制越来越成为农业生产的桎梏，并且逐渐地瓦解和消灭。俄国把公社制度保留下来，只能说明俄国的农业生产以及与之相适应的农村社会关系还处在很不发达的状态；俄国农村公社的普遍存在，是俄国社会普遍落后的标志，说明俄国社会远远没有达到现代文明的水平。

对于民粹派的第三个理由，恩格斯认为，俄国公社的封闭性和落后性，集中表现为公社社员活动方式和活动范围的褊狭性。"俄国农民只是在自己的公社里面生活和活动；其余的整个世界只有在干预他的公社事务时，对于他才是存在的"，而全世界的意义对他来说"就是公社社员大会"。② 与其说他们是社会主义的"天生选民"，还不如说是过着苟且偷生生活的先民，断言他们比西欧的无产阶级"'更接近于社会主义'，完全是胡说八道"③。

恩格斯明确指出：对俄国公社进行社会主义改造的首创因素，"不是来自公社本身"，"从氏族社会遗留下来的农业共产主义在任何地方和任何时候除了本身的解体以外，都没有从自己身上生长出任何别的东西"，④ "俄国的公社存在了几百年，在它内部从来没有出现过要把它自己发展成高级的公有制形式的促进因素"⑤。

（三）对企图把俄国农村公社和现代工业相嫁接实现社会主义的批判

俄国民粹派理论家尼·弗·丹尼尔逊（1844—1918），是《资本论》俄文版的译者，与马克思交往密切，为马克思提供了不少关于俄国社会状况的文献资料。他承认俄国公社的落后性，认为可以把西方的大工业"嫁接"在俄国公社的基础上，从而实现由农村公社直接向社会主义的过渡。恩格斯对这种"嫁接论"进行了深入批判。

首先，从作为嫁接载体的农村公社来看，由于它本身是一种原始的、自发

---

① 《马克思恩格斯文集》第 3 卷，人民出版社 2009 年版，第 390 页。
② 《马克思恩格斯文集》第 3 卷，人民出版社 2009 年版，第 397 页。
③ 《马克思恩格斯文集》第 3 卷，人民出版社 2009 年版，第 399 页。
④ 《马克思恩格斯文集》第 4 卷，人民出版社 2009 年版，第 457 页。
⑤ 《马克思恩格斯文集》第 4 卷，人民出版社 2009 年版，第 456—457 页。

的、与世隔绝的狭隘组织，它与现代大工业的联系中间相隔很多的历史阶段。它本身既没有容纳现代大工业的机制，也没有组织和管理现代大工业的功能，而且只要一同现代大工业接触就会被冲得土崩瓦解，因此，企图以农村公社作为嫁接现代大工业的基础，完全是一种不切实际的空想。其次，真正作为俄国社会主体的有两部分人：一是广大的俄国农民，二是俄国崇拜资本主义的"社会新栋梁"。前者长期生活在公社的狭小天地中，根本不知道现代大工业为何物，当然也就不懂得如何在公有制原则上管理现代大工业；后者则千方百计地把俄国引向资本主义发展道路。既然没有实行嫁接的主体，嫁接也就成了根本无法进行的空想。最后，作为嫁接对象的现代大工业，不存在于俄国本身，只能来自西欧的资本主义国家，西欧占统治地位的资产阶级决不允许落后国家通过以公社为基础嫁接现代大工业而走上社会主义道路。

四、恩格斯思想与马克思思想本质上的一致性

关于恩格斯与马克思在俄国社会发展道路问题上的思想之间的关系，理论界存在着明显的分歧，有的学者强调两人之间的差别以至对立，另一些学者则强调两人观点之间的一致乃至相同。这些看法都有些失之偏颇。实际上，恩格斯与马克思对这个问题的看法既有差别又在本质上是一致的。它们之间的差别是互相补充的，而不是互相对立的。只有把他们的思想有机地结合在一起，才能全面理解俄国社会发展道路的问题。我们既不能只看到他们思想之间的差别而否认在本质上的基本一致，也不能因为看到了他们思想上的本质一致而否认他们思想之间的差别。

马克思与恩格斯的思想在俄国发展道路问题上的差别主要表现在以下几个方面：首先，在马克思逝世以后，由于俄国农村公社进一步解体，资本主义在俄国获得了更加迅速的发展，俄国已经成为一个资本主义国家，因此，恩格斯比马克思更突出地强调俄国农村公社解体的必然性。其次，马克思在世时，俄国革命形势日益高涨，推动西欧无产阶级革命爆发的可能性十分明显，因而他着重强调要挽救俄国公社，使其免于遭受资本主义制度所带来的一切极端不幸的灾难。马克思逝世以后，俄国民粹派和民意党人推翻沙皇政府的斗争遭到失败，俄国迅速走上了资本主义发展道路，因此，恩格斯着重强调了俄国走上资本主义发展道路的历史必然性。再次，马克思强调俄国农村公社农民的劳动组合习惯有助于他们从小土地经济向合作经济过渡，恩格斯则从劳动组合的发

生、特征、形式及其历史命运等方面，着重批判了劳动组合的落后性。最后，恩格斯对俄国民粹派的批评直接、明显、尖锐、激烈，马克思对俄国民粹派的批评则比较隐晦、曲折、婉转、含蓄。

恩格斯思想与马克思思想在本质上的一致性主要表现在以下几个方面：

首先，表面看来，似乎恩格斯不赞成俄国民粹派关于俄国社会发展道路的观点，马克思则赞成俄国民粹派的观点。这完全是误解。只要我们不是粗枝大叶而是认真细致地阅读马克思的有关论述，深入到马克思著作的字里行间，就可以清楚地看出，马克思和恩格斯一样，从来没有表示过赞同俄国民粹派关于俄国社会发展道路的观点。例如，马克思在1881年给俄国民粹派理论家维·伊·查苏利奇的复信中指出：我"在《资本论》中所作的分析，既没有提供肯定俄国农村公社有生命力的论据，也没有提供否定农村公社有生命力的论据，但是，我根据自己找到的原始材料对此进行的专门研究使我深信：这种农村公社是俄国社会新生的支点；可是要使它能够发挥这种作用，必须首先排除从各方面向它袭来的破坏性影响，然后保证它具备自然发展所必需的正常条件。"① 马克思这里说得十分清楚，他在《资本论》中既没有提供赞成俄国农村公社有生命力的论据，也没有提供俄国农村公社没有生命力的论据。他认为俄国农村公社有两种发展前途：或者在条件具备时成为俄国社会新生的支点、共产主义发展的起点，或者继续坚持1861年以来农奴制改革的方向，像西欧各国一样走上资本主义的发展道路。这里根本没有表示赞同查苏利奇的观点。

其次，似乎恩格斯强调俄国农村公社解体的可能性，马克思则强调避免农村公社解体的可能性。这也是极大的误解。马克思在给查苏利奇的复信及其草稿中，在说明俄国农村公社有可能"不通过资本主义制度的卡夫丁峡谷"而直接过渡到社会主义社会时，都明确指出这是从"理论上"讲的，是从"纯理论上"讲的，是"先验地"讲的；而他在讲到俄国农村公社的土地公有制有可能解体变为土地私有制，从而走上资本主义发展道路时，则是从俄国当时发生的现实情况讲的。很多研究者由于没有注意到这一点，从而认为马克思强调的重点是第一种前途实现的可能性，其实不然，马克思强调的重点在于警告俄国民粹派理论家要警惕和防止第二种前途的实现，在对俄国农村公社发展前途的看法上，马克思与恩格斯的思想之间没有任何矛盾。

---

① 《马克思恩格斯文集》第3卷，人民出版社2009年版，第590页。

最后，表面看来，似乎恩格斯否定俄国农村公社"跨越"资本主义制度的卡夫丁峡谷的可能性，马克思则十分强调这种可能性。这同样也是一种误解。恩格斯分析俄国社会发展道路和前途的根本方法，是抓住俄国农村公社自身的消极性和被动性，他反复强调一个思想，即从俄国农村公社自身不能长出社会主义。因此，无论俄国农村公社和俄国社会走向资本主义还是走向社会主义，其根据都不在公社自身，而在于当时所处的历史条件，即国际环境。恩格斯在1875年写的《论俄国的社会问题》一文中指出："俄国的公社所有制早已度过了它的繁荣时代，看样子正在趋于解体。但是也不可否认有可能使这一社会形式转变为高级形式，只要它能够保留到条件已经成熟到可以这样做的时候，只要它显示出能够在农民不再是单独而是集体耕作的方式下向前发展；就是说，有可能实现这种向高级形式的过渡，而俄国农民无须经过资产阶级的小块土地所有制的中间阶段。然而这只有在下述情况下才会发生，即西欧在这种公社所有制彻底解体以前就胜利地完成了无产阶级革命并给俄国农民提供实现这种过渡的必要条件，特别是提供在整个农业制度中实行必然与此相联系的变革所必需的物质条件。"① 恩格斯这里虽然没有使用"不通过资本主义制度的卡夫丁峡谷"这个术语，却十分清楚地表达了这个思想。可见，恩格斯不仅没有完全否认俄国农村公社"不通过资本主义制度的卡夫丁峡谷"的可能性，而且早于马克思提出了这个思想。恩格斯在1875年写的《论俄国的社会问题》中就提出了这个思想，而马克思是在1877年写的《给〈祖国纪事〉杂志编辑部的信》中才提出这个思想的。

第三节　马克思晚年对古代社会史的研究

马克思晚年在继续写作和修改《资本论》第二、三卷的同时，深入研究了古代社会史，做了大量阅读古代社会史著作的笔记，进一步丰富和发展了历史唯物主义的理论体系。

一、研究的文化环境和目的

19世纪60年代是人类学形成的时期，很多具有奠基性的人类学经典著作，

---

① 《马克思恩格斯文集》第3卷，人民出版社2009年版，第398—399页。

为马克思研究古代社会史提供了丰富的理论资源。1879—1882 年，马克思在阅读、研究这些人类学著作的过程中，撰写了五个笔记：《马·柯瓦列夫斯基〈公社土地占有制，其解体的原因、进程和结果〉（第一册，1879 年莫斯科版）一书摘要》（简称《柯瓦列夫斯基笔记》）、《路易斯·亨·摩尔根〈古代社会〉一书摘要》（简称《摩尔根笔记》）、《约翰·菲尔爵士〈印度和锡兰的雅利安人村社〉（1880 年版）一书摘要》（简称《菲尔笔记》）、《亨利·萨姆纳·梅恩〈古代法制史讲演录〉（1875 年伦敦版）一书摘要》（简称《梅恩笔记》）、《约·拉伯克〈文明的起源和人的原始状态〉（1870 年伦敦版）一书摘要》（简称《拉伯克笔记》）。中共中央编译局以《马克思古代社会史笔记》为题，出版了这组笔记的单行本。

马克思在写作"古代社会史笔记"的同时，还写了"历史学笔记"。这份笔记按编年顺序摘录了公元前 1 世纪至公元 17 世纪中叶世界各国，特别是欧洲各国的政治历史事件。马克思逝世后，恩格斯在整理这份笔记时给它加上了"编年记录"这个标题。这份笔记共分四册，各册的主要内容如下：

第一册笔记，按年代顺序是公元前 1 世纪到公元 14 世纪初，内容包括从罗马帝国初期到意大利封建制的形成的历史，欧洲各民族的历史，5 世纪到 12 世纪的阿拉伯人、土耳其人、蒙古人、花剌子模人的历史以及 14 世纪中叶以前的北欧和东欧的历史。11 世纪到 13 世纪是西方国家和东方国家历史中充满极重要事件的时代，由罗马天主教教会煽动的法、德、意、英封建主的十字军远征，在这个笔记中占有相当篇幅。

第二册笔记是第一册笔记的继续，按年代顺序包括整个 14 世纪和 15 世纪前 70 年左右的时期。这期间，城市势力的增长开始动摇封建制度的支柱。在封建主义的欧洲，阶级斗争异常激烈，爆发了大规模的农民起义。马克思详细地记录了重要起义的情况。马克思在研究群众运动的同时，也注意研究国家机构的发展及军事上的改革等。

第三册笔记，包括的时期从 15 世纪中叶到 16 世纪 70 年代。在欧洲和世界历史中，这一百多年是有非常重要的意义的。临近 16 世纪，资本主义的时代开始了。经历了全盛时期的封建制度正在衰落。货币成为主要的社会力量。黄金热席卷西欧，随着对黄金的追逐，航海家们也有了不少的地理发现。欧洲各国内部，形成了资本主义发展的前提。王权同城市资产阶级联合起来，粉碎了封建主义的势力，像英国那样的大的君主国形成了。这册笔记中有很多篇幅摘录的是宗教改革及与之有关的多次战争,整个16世纪在德国、意大利和法兰西发生的内战。

第四册即最后一册笔记,记述的是16世纪最后25年至17世纪中叶以前的事件。三十年战争史是重点。许多章节详细地说明了这场战争前所发生的各种事件,研究参战各国的历史和它们的相互关系,阐明它们的对外政策以及当时欧洲各国的发展和国际关系的发展过程。在这册笔记中,有关俄国的篇幅比前三册明显增多,但马克思更多的还是注意英国史。[①]

由于马克思在世时和逝世以后相当长的一段时间内"古代社会史笔记"和"历史学笔记"没有公之于世,因此,马克思晚年从事的理论研究曾经一度不为世人所知。于是人们认为,曾经以充沛的精力、顽强的斗志、开拓创新的精神从事理论创造的马克思,在自己生命的最后几年中,居然在理论的舞台和战场上销声匿迹了。时间是最好的见证人和历史之谜的解答者。1941年,苏联首先公开发表了马克思的《摩尔根笔记》。1972年,美国人类学家劳伦斯·克拉德按照荷兰阿姆斯特丹国际社会史研究所收藏的马克思笔记手稿的原样,以《卡尔·马克思的民族学笔记》为题,发表了马克思晚年摘录的四个笔记,即《摩尔根笔记》《菲尔笔记》《拉伯克笔记》《梅恩笔记》。1975年,苏联马克思恩格斯研究院编辑的《马克思恩格斯全集》第45卷出版,收入了马克思的四个笔记,即《柯瓦列夫斯基笔记》《摩尔根笔记》《梅恩笔记》《拉伯克笔记》。至此,马克思的五个笔记全部公开发表。苏联1938—1946年出版的《马克思恩格斯文库》中发表了"历史学笔记"。这两个笔记告诉世人,马克思晚年不仅没有在理论舞台和战场上销声匿迹,而且是以顽强的毅力,忍受着病痛的折磨,拓展着自己的研究视野,进行着新的理论创造,充实和发展着自己已有的理论成果。马克思晚年研究古代社会史的目的和理论贡献在于,从哲学(主要是历史唯物主义)、政治经济学和科学社会主义等马克思主义各个组成部分,全面审视自己的理论,弥补原有理论的不足,用新的学术资料丰富和发展自己的理论,使其理论更加科学和完善。

二、对历史唯物主义的贡献

历史唯物主义是关于整个人类历史发展的一般规律的科学。资本主义社会

[①] 参见《马克思历史学笔记》"前言",红旗出版社1992年版,第1—2页。

以前的原始社会、奴隶社会、封建社会的状况如何，它们是如何演进的，历史唯物主义基本原理是否适用于这些社会形态及其依次演进的过程，需要得到实证知识的论证和科学的检验。马克思晚年的古代社会史研究，在很大程度上是为了通过对前资本主义这几个社会形态的研究，论证、检验和完善历史唯物主义的科学体系。"古代社会史笔记"和"历史学笔记"对历史唯物主义的贡献主要表现在以下几个方面：

第一，完善了关于社会结构的理论。马克思写作"古代社会史笔记"之前，主要论述了阶级社会的社会结构，特别是在《资本论》中详细地阐述了资本主义社会的社会结构，但对作为原始社会的基本单位的氏族组织，尚缺乏研究。马克思的"古代社会史笔记"，详细地研究和说明了氏族组织的社会结构。概括起来是：在生产资料所有制方面，实行原始的生产资料公有制；在生产的劳动组织和劳动方式上，实行氏族公社成员集体生产制；在劳动产品的分配上，实行产品的平均分配；在氏族成员之间的社会关系上，没有阶级剥削和压迫，氏族成员之间是平等、团结、互助的关系；在氏族事务的管理上，实行原始的民主制，整个氏族社会分为氏族、胞族、部落等级次，后来血缘相近的部落又组成部落联盟。

生产力和生产关系、经济基础和上层建筑的关系，是阶级社会社会结构的"骨架"。这种阶级社会的基本社会结构，是否能够用于分析和说明无阶级的原始社会的社会结构，是一个长期没有解决的理论难题。马克思认为，氏族社会的家庭属于社会的经济基础，亲属制度则属于社会的上层建筑。亲属制度随着家庭制度的变化而变化，就意味着上层建筑随着经济基础的变化而变化。马克思在摘录了摩尔根在《古代社会》一书的有关论述后指出："政治的、法律的、宗教的、哲学的体系，一般都是如此。"① 这表明，阶级社会的经济基础和上层建筑相互关系的原理，也适用于说明氏族社会的社会结构。英国历史学家格罗特（1794—1871）否定血缘关系是氏族制度的基础，认为氏族只是观念上有一个共同的祖先。马克思辛辣地予以嘲讽："不是**观念的**而是物质的，直白地说是**肉欲的**！"② 这里的意思是，血缘关系是一种物质的社会关系，属于氏族制度的经济基础；而关于氏族的观念，则属于氏族制度的上层建筑。马克思在"古

---

① 《马克思恩格斯文集》第4卷，人民出版社2009年版，第41页。
② 《马克思恩格斯文集》第4卷，人民出版社2009年版，第118页。

代社会史笔记"中没有论及生产力和生产关系方面相互关系的原理是否适用于原始社会。恩格斯在 1884 年 6 月 26 日致卡尔·考茨基的信中，明确肯定这个原理也适用于原始社会，并且批评了考茨基关于这个原理只适用于资本主义社会而不适用于原始社会的错误观点。恩格斯说："你不应该把**农业**和**技术**同经济学分开，……正如蒙昧人和野蛮人的工具同**他们的**生产分不开一样，轮作制、人造肥料、蒸汽机、动力织机同资本主义生产也是分不开的。正如现代工具制约着资本主义社会一样，蒙昧人的工具也制约着**他们的**社会。你的观点导致的结论是：似乎生产只是**现在**才决定社会制度，但是在资本主义以前并不是这样，因为那时的工具还没有犯下原罪。"①

第二，完善了关于从公有制社会向私有制社会转化的理论。马克思认为，从公有制社会向私有制社会的转化，至少包括以下三个方面的内容：由生产资料公有制向生产资料私有制的转化；由无阶级的社会组织向有阶级的社会组织的转化；由氏族组织向国家政权的转化。对生产资料的关系不同是阶级划分的基础，而国家是阶级矛盾不可调和的产物和表现。因此，生产资料私有制的出现、阶级的产生、国家的形成是三位一体的过程，是历史唯物主义关于社会结构理论与历史发展过程理论的一个基本的主题。但是在马克思系统研究古代社会史和写作"古代社会史笔记"以前相当长的一段历史时期内，始终没有彻底地科学地解决这一问题。他晚年通过对古代社会史的研究，才使这个重要问题得到科学的解决。

生产资料私有制、阶级和国家，都是氏族组织和土地公有制解体的产物。在 1848 年 2 月出版的《共产党宣言》中，马克思、恩格斯认为"至今一切社会的历史都是阶级斗争的历史"②。马克思在研究了古代社会史以后纠正了这种不符合实际的看法。马克思在《柯瓦列夫斯基笔记》中摘录了柯瓦列夫斯基（1851—1916）关于印度公社土地所有制的解体过程的论述，"**公社团体的瓦解**过程，并不以**确立小农所有制**为限，而且不可避免地导致大土地所有制。如上所述，由于与公社毫不相干的**资本家**阶级侵入公社内部，公社的**宗法性质**就消失了，同时公社首领的影响也消失了"③。马克思赞同柯瓦列夫斯基的看法并且

---

① 《马克思恩格斯全集》第 36 卷，人民出版社 1975 年版，第 169—170 页。
② 《马克思恩格斯文集》第 2 卷，人民出版社 2009 年版，第 31 页。
③ 《马克思恩格斯全集》第 45 卷，人民出版社 1985 年版，第 304 页。

补充说："一切人反对一切人的战争开始了。"① 这个补充很重要，说明了生产资料私有制的出现，必然导致阶级和阶级斗争的产生，生产资料私有制是阶级斗争的根源。

如果说殖民主义者的入侵和资本家阶级的破坏是公社瓦解的外部因素，那么生产力的发展所引起的财产占有不平等则是公社瓦解的内部因素。马克思在《摩尔根笔记》中，深刻地说明了这一点，他充分估计了内部的物质因素对公社的瓦解所起的决定性作用，并强调了这一解体的历史必然性。他指出："**氏族酋长**等人由于财富等等已经和**氏族的群众**处于**内部冲突**之中，这种情况，在存在着与**专偶制家庭**相联系的**房屋、土地、畜群**的**私有制**的条件下，乃是不可避免的。"② 在这里把私有财产的出现、专偶制家庭的产生、氏族内部的利益冲突看作综合地瓦解氏族公社的内部的力量源泉。

生产力的发展、私有财产和阶级的产生以及阶级矛盾的尖锐化，必然导致国家的产生。古代社会家族制理论研究的著名代表人物梅恩（1822—1888）不懂得这个道理，他把国家权力看成是脱离社会的经济基础和阶级利益冲突而独立存在的一种永恒的社会制度。马克思在《梅恩笔记》中指出："梅恩忽略了深得多的东西：**国家**的看来是至高无上的独立的存在本身，不过是**表面的**，所有各种形式的国家都是**社会身上的赘瘤**；正如它只是在社会发展的一定阶段上才**出现**一样，一当社会达到迄今尚未达到的阶段，它也会消失。"③ 他强调，先是个性摆脱最初是群体即原始共同体的给人带来满足和乐趣的纽带——从而是个性的片面发展。但是只要我们分析这种个性的内容即它的利益，那时我们就会发现，这些利益又是一定的社会集团共同特有的利益，即阶级利益等，所以这种个性本身就是阶级的个性等，而它们最终全部以经济条件为基础。"这种条件是国家赖以建立的基础，是它的前提"，而梅恩却把"**政治优势**""当作某种驾于社会之上的、以自身为基础的东西"。④

前面讲过，马克思在考察古代社会史的同时，还写了"历史学笔记"。这个笔记考察了从公元前1世纪到公元17世纪中叶的一系列重大历史事件，整理了欧洲历史的材料和亚非一些民族的历史材料。这个笔记，内容十分丰富。它

---

① 《马克思恩格斯全集》第45卷，人民出版社1985年版，第304页。
② 《马克思恩格斯全集》第45卷，人民出版社1985年版，第517页。
③ 《马克思恩格斯全集》第45卷，人民出版社1985年版，第646页。
④ 《马克思恩格斯全集》第45卷，人民出版社1985年版，第647页。

是利用世界历史的实证材料,研究私有制社会如何通过奴隶社会和封建社会过渡到资本主义社会,架起了从"古代社会史笔记"到《资本论》的桥梁。它的历史起点是原始公社解体后产生的第一个阶级社会——奴隶社会,它结束的地方正好是资本主义社会开始的地方。马克思通过对古代社会史的研究,说明了由原始社会到阶级社会(奴隶社会)的转变过程;通过对公元前1世纪到公元17世纪中叶的世界历史的研究,说明了如何通过奴隶社会和封建社会转变到资本主义社会;通过对资本主义政治经济学的研究和《资本论》的创作,揭示了资本主义社会的本质及其发展趋势,说明了从资本主义社会必然转变到社会主义社会和共产主义社会。这样马克思就说明了人类历史由原始社会经过奴隶社会、封建社会、资本主义社会进而前进到社会主义社会和共产主义社会的全过程,揭示了整个人类历史发展的一般进程,完善了历史唯物主义的科学体系。

第三,完善了《资本论》中的土地所有制和地租理论。马克思除了研究古代社会史和世界历史,继续研究政治经济学和写作《资本论》后几卷,也是他晚年生活的不朽乐章。马克思研究古代社会史,特别是研究古代土地制度及其演变的重要目的之一,就是为了深化《资本论》中的地租理论。恩格斯在为其整理出版的《资本论》第三卷写的序言中说:"马克思为了写地租这一篇,在70年代曾进行了全新的专门研究。他对于俄国1861年'改革'以后必然出现的关于土地所有权的统计资料及其他出版物,——这是他的俄国友人以十分完整的形式提供给他的,——曾经根据原文进行了多年的研究,并且作了摘录,打算在重新整理这一篇时使用。"[①] 马克思在研究古代社会史的过程中,还根据印度村社土地所有制演变的实证资料,一方面看到印度农村公社集体土地公有制存在的时间比较长,由土地公有制向土地私有制的转化极其缓慢,经历了漫长的过程,另一方面又看到毕竟已经出现了土地私有制。由此可见他在晚年已经不再坚持包括印度在内的东方"不存在土地私有制"的观点了。

三、深化了对社会主义革命理论的认识

第一,深化了资本主义必然灭亡、社会主义和共产主义必然胜利的理论。这一论断马克思、恩格斯早在《共产党宣言》中就做了明确的表述,后来又在《资本论》中通过对资本主义社会基本矛盾及其发展趋势的科学分析,做了理

---

① 《马克思恩格斯文集》第7卷,人民出版社2009年版,第10—11页。

论上的论证。马克思在"古代社会史笔记"中,通过对古代社会的社会结构及其性质的实证分析,运用辩证思维的方法,对"两个必然"做了进一步的论证。他认为,既然私有制社会、阶级社会是随着生产力的发展,在原始公有制社会、无阶级社会解体的过程中产生的,那么在生产力发展水平极大提高的情况下,社会将在更高的水平上,向公有制社会、无阶级社会"复归",社会主义和共产主义在全世界的胜利是不可避免的,这是符合人类历史发展的客观规律的。马克思的这个"原始共产主义社会—私有制社会—高级阶段的共产主义社会"的历史发展过程的观点,似乎是回到了《1844年经济学哲学手稿》中的"人占有自己的理想化的本质—人的本质的异化和私有财产的出现—私有财产的消灭和人的本质的复归"的观点,但这只是表面的形式上的相似。《1844年经济学哲学手稿》中的观点,虽然在一定程度上是基于对"经济事实"的分析得出的结论,但在很大程度上又是借助于费尔巴哈人本主义哲学和黑格尔的思辨辩证法所作的逻辑推论得出的结论,对此尚缺乏实证的论证。而"古代社会史笔记"中的共产主义理论,则是以历史唯物主义和剩余价值理论为基础,通过对整个人类历史的实证研究得出的科学结论,哲学分析只是起了辅助作用。

第二,深化了无产阶级革命同盟军的理论。无产阶级革命同盟军的理论,包括以下三个方面的内容:

首先,无产阶级在革命过程中与本国的农民结成联盟。马克思在总结欧洲1848年革命的经验教训时就指出,无产阶级革命只有得到农民的支持才能取得胜利。他说:"法国农民一旦对拿破仑帝制复辟感到失望时,就会把对于自己小块土地的信念抛弃;那时奠立在这种小块土地上面的全部国家建筑物,都将会倒塌下来,于是无产阶级革命就会得到一种合唱,若没有这种合唱,它在一切农民国度中的独唱是不免要变成孤鸿哀鸣的。"① 马克思的这一思想得到了巴黎公社实践的验证。巴黎公社失败的主要原因之一,就是没有能够得到外省农民的响应和支持,法国农民面对法国资产阶级对巴黎工人的血腥屠杀无动于衷。马克思的"古代社会史笔记"所涉及的国家,都是以农民为主体的国家,无产阶级与农民建立联盟的问题,将是这些国家无产阶级领导的革命的迫切问题。

---

① 《马克思恩格斯全集》第8卷,人民出版社1961年版,第665页。

其次，在一国的无产阶级革命过程中，要有全世界无产阶级的配合与支持，各国的无产阶级要结成巩固的同盟，否则无产阶级革命也不能成功。马克思1872年9月8日在阿姆斯特丹群众大会上的演说中总结巴黎公社的经验教训时说："巴黎公社之所以失败，就是因为在一切主要中心，如柏林、马德里以及其他地方，没有同时爆发同巴黎无产阶级斗争的高水平相适应的伟大的革命运动。"[①]马克思晚年写作"古代社会史笔记"的目的，就是为了动员各国的无产阶级联合起来，共同反对资产阶级的统治，在全世界实现社会主义和共产主义。

最后，无产阶级在革命过程中，要与被压迫民族的解放运动结成联盟。无产阶级和民族解放运动的关系问题，一直是马克思十分关注的问题。他在19世纪50年代就在《中国革命和欧洲革命》《英人在华的残暴行为》《波斯和中国》以及关于印度问题等多篇文章中，做过深入的论证。马克思晚年在研究古代社会史和写作"古代社会史笔记"的过程中，又对印度和南亚地区、阿拉伯地区、中国和波兰等国家的社会经济状况及民族解放运动进行了深入研究，揭示了无产阶级革命和民族解放运动相辅相成、互相促进、互为条件的关系：一方面，被压迫民族的解放运动能够促进西欧无产阶级革命运动的发展；另一方面，西欧无产阶级革命的胜利是被压迫民族获得解放的重要条件。

通过以上三个方面的探讨，马克思把无产阶级革命和农民革命、一国革命和世界革命、无产阶级革命和民族解放运动有机地联系起来，完善了无产阶级革命同盟军理论，极大地丰富和发展了他在19世纪40年代中期以后提出的"世界历史"理论。

第三，深化了关于东方革命与西方革命相互关系的理论。马克思在研究古代社会史和写作"古代社会史笔记"的过程中，十分关注东方革命和西方革命的关系问题，这个问题主要是在1877年《给〈祖国纪事〉杂志编辑部的信》、1881年《给维·伊·查苏利奇的复信》及其草稿以及他和恩格斯在1882年合写的《〈共产党宣言〉俄文第二版序言》等著作中阐述的。因为在这个问题上马克思的思想与恩格斯的思想基本一致而又互相补充，所以我们应该把马克思的思想与恩格斯1875年写的《论俄国的社会问题》、1894年写的《〈论俄国的社会问题〉跋》以及一些相关的书信结合起来加以研究。关于欧洲无产阶级革

---

① 《马克思恩格斯全集》第18卷，人民出版社1964年版，第180页。

命与东方革命的关系问题,我们在前面已经做了论述,这里仅就学术理论界对马克思、恩格斯的相关思想发生误解的几个问题概要地谈些看法。

首先,马克思、恩格斯是否提出过"东方社会非资本主义发展道路"的思想?我国理论界有些人认为,马克思、恩格斯晚年形成并提出了"东方社会非资本主义发展道路"的思想。这是一种似是而非的模糊认识。马克思、恩格斯晚年只是认为俄国农村公社和俄国社会有两种发展前途:一种是农村公社的土地公有制解体,像西欧那样走上资本主义发展道路;另一种是农村公社的土地公有制和集体耕作制得以保存,在条件具备时,"不通过资本主义制度的卡夫丁峡谷",直接过渡到社会主义社会。马克思、恩格斯从来没有断定俄国农村公社和俄国社会只有一种发展前途,即非资本主义发展道路,更没有断定所有东方国家都走非资本主义发展道路,因为他们已经看到,像印度这样的英国的殖民地,已经逐步走上了资本主义发展道路;在俄国,"资本主义的狂热"也已经"迅速盛行起来"。"东方社会非资本主义发展道路"的思想,完全是一些人"附加在马克思主义名下的错误观点"。

其次,马克思、恩格斯晚年是否否定了他们早年和中年关于前资本主义国家经过资本主义社会前进到社会主义社会和共产主义社会是人类历史发展的一般规律的思想?理论界有些人误解了马克思在《给〈祖国纪事〉杂志编辑部的信》和《给维·伊·查苏利奇的复信》及其草稿中所说的他在《资本论》中"关于资本主义起源运动的历史必然性""明确地限制在西欧各国的范围内"的说法。其实,马克思在这里说的只是他的《资本论》第一卷第二十四章"关于原始积累"中,根据英国和西欧的情况对资本主义起源的具体形式所作的概述仅限于"西欧各国的历史范围内",并非说只有西欧各国才具有走上资本主义发展道路的历史必然性,西欧以外的其他国家都不具备走上资本主义发展道路的历史必然性。事实上,马克思、恩格斯认为,前资本主义国家只有在特定的历史条件下,才能避免资本主义前途,直接过渡到社会主义社会,按照一般规律,前资本主义国家如俄国要通过农村公社和土地公有制的解体走上资本主义发展道路。他们在晚年也没有改变这种观点。

再次,如何理解马克思所说的关于俄国农村公社和俄国社会两种发展前途究竟哪一种发展前途变为现实,取决于它所处的"历史环境"的思想?我国理论界不少人将马克思所说的俄国农村公社和俄国社会所处的"历史环境"作了片面理解,只看到马克思关于俄国公社和俄国社会与西欧资本主义社会处于同一历史时代，因而有可能不经过资本主义的苦难而享受资本主义的积极成果的论述，而忽略了马克思反复强调的一个思想，即俄国农村公社和俄国社会处于资本主义陷入危机，将要被社会主义和共产主义所代替的历史时代。这后一个条件可以说是俄国农村公社和俄国社会"不通过资本主义制度的卡夫丁峡谷"而直接过渡到社会主义社会的最根本的历史条件。

最后，马克思、恩格斯晚年是否提出了经济文化落后的国家首先爆发并取得无产阶级社会主义革命胜利的思想？马克思在《给维·伊·查苏利奇的复信》及其草稿中说："要挽救俄国公社，就必须有俄国革命。"①我国理论界有些人，由于把马克思所说的"俄国革命"理解成了无产阶级社会主义革命，所以由此得出经济文化落后的俄国有可能先于西欧取得无产阶级革命胜利的思想，并且说这个思想是马克思、恩格斯晚年提出来的。这是一个极大的误解。事实上，马克思讲的"俄国革命"，指的是俄国民粹派和民意党人推翻沙皇政府的革命，而不是无产阶级社会主义革命。马克思、恩格斯一向认为，西欧无产阶级革命的胜利是经济文化落后的国家"不通过资本主义制度的卡夫丁峡谷"的先决条件。马克思、恩格斯从来没有提出过经济文化落后的国家可以首先爆发并取得无产阶级社会主义革命胜利的思想。

思考题：

1. 如何理解"亚细亚生产方式"的含义及其在社会形态演变序列中的地位？
2. 如何理解马克思、恩格斯关于俄国社会发展道路的思想及其理论意义和现实意义？
3. 如何理解马克思晚年所做的古代社会史研究对唯物史观和社会主义革命理论的贡献？

---

① 《马克思恩格斯文集》第3卷，人民出版社2009年版，第582页。《马克思恩格斯全集》第19卷，人民出版社1963年版，第441页。

第五章　19世纪70年代中期以后恩格斯对马克思主义哲学的丰富和发展

19世纪70年代中期以后，恩格斯深入研究自然科学，撰写《自然辩证法》；回击杜林（1833—1921）对马克思主义的挑战，写作《反杜林论》；执行马克思的遗愿，写作《家庭、私有制和国家的起源》；阐明马克思主义哲学和德国古典哲学的关系，全面论述马克思主义哲学原理，写作《路德维希·费尔巴哈和德国古典哲学的终结》；重新审视他和马克思发表过的一系列重要著作，为这些著作撰写"导言"或"序言"。此外，恩格斯还写了一批具有重要理论价值的书信。这一时期，恩格斯理论活动的主要特点是：回顾、总结、深化他和马克思创立的马克思主义哲学，把马克思主义哲学系统化，为传承和发展马克思主义哲学留下了众多经典文献。

本章二维码

第一节　《反杜林论》《自然辩证法》对马克思主义哲学基本原理的系统阐发

恩格斯的《反杜林论》是为回击杜林对马克思主义的挑战而写作的。杜林是一个小资产阶级思想家，在政治上主张"自由社会主义"，企图通过工人组织建立一种理想化的所谓"未来的社会共同体"。19世纪70年代，杜林的学说在知识分子中赢得了一定的市场，对德国社会主义工人党产生了不良影响。为了消除杜林主义的影响，维护党的团结统一，恩格斯从1876年9月至1878年6月撰写了《反杜林论》一书，对杜林的"理论体系"进行了深入批判，首次系统地阐述了马克思主义各个组成部分的基本观点。恩格斯的《自然辩证法》从1873年开始写作，一直持续到1883年。恩格斯当初打算把它写成一部反对庸俗唯物主义者毕希纳（1824—1899）的著作，后来扩展为对唯物辩证的自然观的系统阐述。恩格斯为了撰写《反杜林论》，曾一度中断了《自然辩证法》的写作。他写完《反杜林论》后，继续写作《自然辩证法》。1883年马克思逝世后，恩格斯忙于领导工人运动和整理出版《资本论》第二、三卷，不得不中止这部著作的写作,所以《自然辩证法》是一部未完成的著作。尽管如此,恩格斯通过长达10年时断时续的对自然辩证法的研究和写作,基本上实现了他系统阐发唯物辩证的自然观的构想。

一、系统阐述现代唯物主义基本观点

恩格斯在《反杜林论》和《自然辩证法》中,系统阐述了现代唯物主义的基本观点。

(一) 阐述马克思主义哲学的唯物主义性质

恩格斯把马克思和他共同创立的哲学称为"现代唯物主义"。他指出:无论就其历史观还是自然观来说,"现代唯物主义本质上都是辩证的,而且不再需要任何凌驾于其他科学之上的哲学了"①。"马克思和我,可以说是唯一把自觉的辩证法从德国唯心主义哲学中拯救出来并运用于唯物主义的自然观和历史观的人。"② 这说明现代唯物主义具有三个本质特征:首先,它是辩证的唯物主义,克服了包括德国古典哲学在内的近代唯物主义与辩证法相脱离的弊端,实现了唯物主义与辩证法的结合。其次,它是完备而彻底的唯物主义。在马克思主义哲学产生以前,只有自然观上的唯物主义,而在历史观上唯心主义一直独霸统治地位。现代唯物主义则不仅用唯物主义观点解释自然界,而且用唯物主义观点解释人类历史,克服了旧唯物主义把唯物主义自然观和唯物主义历史观割裂开来的弊端,实现了唯物主义自然观和唯物主义历史观的结合,从而把唯心主义从它的最后避难所——社会历史领域中驱逐出去。最后,它是科学的世界观和方法论,而不是凌驾于各门具体科学之上的"科学的科学"。在各门具体的自然科学和社会科学尚未分化和独立的条件下,哲学就必然把这些具体科学的研究内容包括在自身之中,并给它们提供关于事物及其知识的总联系的构想或臆想。随着各门具体科学的发展并从旧哲学中分化和独立出来,作为"科学的科学"或"知识的总汇"的哲学,就没有存在的必要了。

(二) 批判杜林"从原则出发"的"世界模式论"和唯心主义先验论

杜林"从原则出发"的基本观点是:"把每一类认识对象分解成它们的所谓最简单的要素,把同样简单的所谓不言而喻的公理应用于这些要素,然后再

---

① 《马克思恩格斯文集》第9卷,人民出版社2009年版,第28页。
② 《马克思恩格斯文集》第9卷,人民出版社2009年版,第13页。

进一步运用这样得出的结论。"① 杜林用他的方法构造哲学体系时，认为哲学应当包括一切知识和意志的原则，并把这些原则分为三类：一切存在的基本形式或一般的"世界模式论"、关于自然原则的学说、关于人的学说。杜林认为，原则本身先于客观世界即自然界和人类历史，只是后来才被应用于客观世界，而自然界和人类历史都要适应于这些原则。恩格斯指出："原则不是研究的出发点，而是它的最终结果；这些原则不是被应用于自然界和人类历史，而是从它们中抽象出来的；不是自然界和人类去适应原则，而是原则只有在符合自然界和历史的情况下才是正确的。"② 意识和自然、思维和存在、思维规律和自然规律，总是密切地结合的，思维和意识都是人脑的产物，而人本身是自然界的产物，人和自然界是思维的基础，思维在任何时候都不能脱离这个基础。杜林从先验的原则出发进行逻辑推演，推出自然界和人类历史，并不是什么新的发明，而完全是对黑格尔《哲学全书》的拙劣模仿。

恩格斯认为，杜林把"从原则出发"的先验主义方法运用于社会历史领域，必然导致历史唯心主义。在社会历史领域内，杜林不是从人们现实的社会关系出发，而是从社会的最简单的要素出发。他把社会分解为"最简单的要素"，发现最简单的社会至少是由两个人构成的，于是这两个人的关系就成了全部复杂的社会关系的最基本的模式。只要按照公理同这两个人打交道，便可以提出解决一切社会问题的基本模式。借助这个模式，无论在何时何地，也无论是遇到了政治问题还是经济问题，这两个人就会立即出现，并且按照公理加以解决。他把两个人的意志作为社会历史领域的公理，认为两者应该是彼此完全平等的，一方不能首先向另一方提出任何肯定的要求。如果一方把自己的意志强加于对方，以暴力实现自己的要求，就是一种不正义的行为。恩格斯强调，这完全是用社会意识解释社会存在的历史唯心主义观点。

（三）论述世界的物质统一性原理

杜林从他的"世界模式论"和先验主义出发，把世界说成是从没有任何规定性的单一的东西即"存在"开始的。他认为，"存在"一旦被思考，就被思考为统一的东西，因为世界概念是统一的，所以现实的存在、现实的世界就是不可分割的统一体。恩格斯批判了杜林的"世界统一于存在"的错误命题：其

---

① 《马克思恩格斯文集》第9卷，人民出版社2009年版，第101页。
② 《马克思恩格斯文集》第9卷，人民出版社2009年版，第38页。

一，杜林关于"存在"的概念是模糊不清的，它既可以作唯物主义的解释，认为"存在"是物质的存在；也可以作唯心主义的解释，认为"存在"是精神的存在，甚至认为上帝也是存在的。杜林正是把"存在"作了唯心主义的解释，认为"存在"就是"虚无"，并从"存在"即"虚无"发展出变化多端的世界。这完全是在黑格尔范畴体系的牢笼中兜圈子。其二，杜林颠倒了思维和存在的关系，"企图以思维和存在的同一性去证明任何思维产物的现实性"①。恩格斯指出："世界的统一性并不在于它的存在，尽管世界的存在是它的统一性的前提，因为世界必须先**存在**，然后才能是**统一的**。……世界的真正的统一性在于它的物质性，而这种物质性不是由魔术师的三两句话所证明的，而是由哲学和自然科学的长期的和持续的发展所证明的。"②

恩格斯的"世界的物质统一性原理"，第一次阐明了辩证唯物主义的物质范畴。他指出："物质本身是纯粹的思想创造物和纯粹的抽象。当我们用物质概念来概括各种有形地存在着的事物的时候，我们是把它们的质的差异撇开了。因此，物质本身和各种特定的、实存的物质的东西不同，它不是感性地存在着的东西。"③ 狭隘的经验主义者不懂得一般和个别的辩证关系，他们虽然也承认感性地存在着的客观实在性，却不承认哲学的物质概念，并且声称我们"不知道什么是物质和运动"。恩格斯反驳说，"当然不知道，因为物质本身和运动本身还没有人看到过或以其他方式体验过；只有现实地存在着的各种物和运动形式才能看到或体验到。物、物质无非是各种物的总和，而这个概念就是从这一总和中抽象出来的，运动本身无非是一切感官可感知的运动形式的总和"④。恩格斯的物质范畴的定义，运用一般和个别的辩证关系的原理，阐明了哲学的物质范畴与自然科学的物质结构理论的区别。

（四）阐述辩证唯物主义的运动观和时空观

杜林认为，世界最初是不动的，处于物质和机械力的统一状态，只有当这种统一状态停止，运动才开始。他找不到从静止到运动的桥梁，认为只有靠上帝、外力的推动，才能使机械力从不动转化为动。针对杜林这种错误观点，恩

---

① 《马克思恩格斯文集》第9卷，人民出版社2009年版，第46页。
② 《马克思恩格斯文集》第9卷，人民出版社2009年版，第47页。
③ 《马克思恩格斯文集》第9卷，人民出版社2009年版，第511页。
④ 《马克思恩格斯文集》第9卷，人民出版社2009年版，第500页。

格斯在哲学史上第一次提出"**运动是物质的存在方式**"①。运动和物质一样是永恒的、不生不灭的,只能从一种形式转化为另一种形式。没有物质的运动和没有运动的物质都是不可想象的。运动包括十分广泛的内容,"就它被理解为物质的存在方式、物质的固有属性这一最一般的意义来说,涵盖宇宙中发生的一切变化和过程,从单纯的位置变动直到思维"②。恩格斯不仅提出了运动的一般范畴,而且研究了物质运动的具体形式,把运动概括为机械运动、物理运动、化学运动、生命运动和社会运动五种运动形式。这五种运动形式既相互区别,又相互联系、相互转化,体现为一种从低级到高级、从简单到复杂的辩证发展过程,高级运动形式以"扬弃"的形式包括低级运动形式,却不能归结为低级运动形式。运动作为物质的存在方式,无论在质上还是在量上都是不灭的,这是运动的绝对性。但运动的绝对性并不排斥相对静止和平衡。相反,运动以相对静止和平衡为条件。运动与相对静止和平衡是辩证统一、不可分开的。运动是绝对的、无条件的,静止和平衡是相对的、有条件的,相对和绝对的界限也是相对的。

恩格斯认为,物质是永恒运动的,而物质运动又以时间和空间作为自己的形式。他针对杜林割裂时空与物质运动的关系的形而上学观点指出:"一切存在的基本形式是空间和时间,时间以外的存在像空间以外的存在一样,是非常荒诞的事情。"③他还针对杜林认为没有矛盾的无限性而得出的时间有开端、空间有界限的荒谬结论,阐述了时间和空间的无限性问题,认为无限本身就是一种矛盾,想要避开矛盾而说明时空的无限性是不可能的。他强调:"杜林先生永远做不到没有矛盾地思考现实的无限性。无限性**是**一个矛盾,而且充满矛盾。无限纯粹是由有限组成的,这已经是矛盾,可是情况就是这样。物质世界的有限性所引起的矛盾,并不比它的无限性所引起的矛盾少,正像我们已经看到的,任何消除这些矛盾的尝试都会引起新的更糟糕的矛盾。"④

二、系统阐述唯物辩证的自然观

恩格斯概括和总结了19世纪以来自然科学发展的新成就,系统地阐述了

---

① 《马克思恩格斯文集》第9卷,人民出版社2009年版,第64页。
② 《马克思恩格斯文集》第9卷,人民出版社2009年版,第513页。
③ 《马克思恩格斯文集》第9卷,人民出版社2009年版,第56页。
④ 《马克思恩格斯文集》第9卷,人民出版社2009年版,第55页。

唯物辩证的自然观形成的历史必然性及其主要内容。

(一) 论述唯物辩证的自然观与自然科学的关系

首先，哲学上的自然观依赖于自然科学，它以自然科学为基础，从自然科学中汲取必要的成分以丰富自身。恩格斯认为，自然科学的状况在很大程度上决定着自然观的性质和水平。古希腊的朴素唯物的辩证的自然观，是与当时的自然科学把世界当做一个整体来观察而没有进行分门别类的研究相联系的。15世纪下半叶，对自然界进行分门别类的研究的方法从自然科学移植到哲学中来，因而形成了以后几个世纪特有的形而上学的自然观。19世纪中叶，自然科学的发展已经由以经验分析方法为主导的搜集材料的阶段，进入以整理材料为标志的辩证综合阶段。一些以研究自然界发展过程为内容的新的自然科学学科相继建立、发展起来。其中最具代表性的是细胞学说、能量守恒和转化定律以及达尔文（1809—1882）的生物进化论。这一系列新的自然科学成果，不仅沉重地打击了唯心主义和形而上学的自然观，而且从不同侧面具体揭示了自然界的辩证联系。唯物辩证的自然观，就是在总结自然科学发展新成果的基础上形成的。

其次，唯物辩证的自然观对自然科学具有方法论的指导作用。恩格斯通过分析当时的自然科学家大多信奉经验主义而排斥理论思维的指导的错误倾向，深刻论述了包括唯物辩证的自然观在内的辩证思维对自然科学的指导意义。一是对于现今的自然科学家来说，只有辩证法才是最好的思维形式。"因为只有辩证法才为自然界中出现的发展过程，为各种普遍的联系，为一个研究领域向另一个研究领域过渡提供类比，从而提供说明方法"①，如果"没有理论思维，的确无法使自然界中的两件事实联系起来，或者洞察二者之间的既有的联系"②。二是认识人的思维的历史，认识不同时代所出现的关于外部世界的普遍联系的各种见解，对理论自然科学来说，是十分必要的，"因为这种认识可以为理论自然科学本身所要提出的理论提供一种尺度"③。恩格斯认为，哲学对自然界的认识，与自然科学相比有时具有超前性。例如，哥白尼（1473—1543）的日心说可以在毕达哥拉斯（约前580—约前500）那里找到思想渊源，道尔顿（1766—1844）的原子论得益于留基伯（约前500—约前440）和德谟克利特，笛卡儿早在迈尔（1814—1878）、焦耳（1818—1889）以前两百多年就谈

---

① 《马克思恩格斯文集》第9卷，人民出版社2009年版，第436页。
② 《马克思恩格斯文集》第9卷，人民出版社2009年版，第452页。
③ 《马克思恩格斯文集》第9卷，人民出版社2009年版，第436页。

到了运动守恒,康德比拉普拉斯(1749—1827)早50年提出了星云假说。三是自然科学是否接受哲学的指导是不以自然科学家的主观意志为转移的。有些"自然研究家相信,他们只有不理睬哲学和羞辱哲学,才能从哲学中解放出来"。恩格斯批判地指出:"自然科学家尽管可以采取他们愿意采取的态度,他们还得受哲学的支配。问题只在于:他们是愿意受某种蹩脚的时髦哲学的支配,还是愿意受某种建立在通晓思维历史及其成就的基础上的理论思维形式的支配。"①

(二) 自然界发展的辩证图景

恩格斯在《反杜林论》和《自然辩证法》中描绘了自然界发展的辩证图景。他指出:新的自然观的基本点完备了,"一切僵硬的东西溶解了,一切固定的东西消散了,一切被当做永恒存在的特殊东西变成了转瞬即逝的东西,整个自然界被证明是在永恒的流动和循环中运动着"②。他认为,希腊哲学就生动地描绘过自然界发展的辩证图景,但本质的差别在于:"在希腊人那里是天才的直觉,在我们这里则是以实验为依据的严格科学的研究的结果,因而其形式更加明确得多。"③ 恩格斯在《反杜林论》中指出:"自然界是检验辩证法的试金石,而且我们必须说,现代自然科学为这种检验提供了极其丰富的、与日俱增的材料,并从而证明了,自然界的一切归根到底是辩证地而不是形而上学地发生的。"④

恩格斯在阐述唯物辩证的自然观的过程中,深刻地批判了旧唯物主义和唯心主义的自然观。首先,旧唯物主义虽然在一定程度上肯定了物质与运动的不可分割性,但对运动又往往只用"力"这一范畴来解释,把一切运动都归结为力的运动或是在力的范围内的运动,把客观世界中极其复杂多样的运动形式简单地归入机械运动的规律,陷入了机械论。其次,黑格尔认为,自然界只是体现了逻辑的发展,即精神、概念的发展,它本身及其各种事物只有相互并存的关系,而没有先后的时间关系,即没有发展。恩格斯指出:"旧的自然哲学,特别是在黑格尔的形式中,具有这样的缺陷:它不承认自然界有时间上的发展,不承认'先后',只承认'并列'。这种观点,一方面是由黑格尔体系本身

---

① 《马克思恩格斯文集》第9卷,人民出版社2009年版,第460页。
② 《马克思恩格斯文集》第9卷,人民出版社2009年版,第418页。
③ 《马克思恩格斯文集》第9卷,人民出版社2009年版,第418页。
④ 《马克思恩格斯文集》第9卷,人民出版社2009年版,第25页。

造成的,这个体系认为只是'精神'才有历史的不断发展,另一方面,也是由当时自然科学的总的状况造成的。"① 最后,旧唯物主义和唯心主义的自然观,都把主观虚构的联系强加给自然界,而不是用自然界本身的联系解释自然。恩格斯指出:"在自然界和历史的每一科学领域中,都必须从既有的**事实**出发,因而在自然科学中要从物质的各种实在形式和运动形式出发;因此,在理论自然科学中也不能构想出种种联系塞到事实中去,而要从事实中发现这些联系,而且这些联系一经发现,就要尽可能从经验上加以证明。"②

(三)人与自然、人类史与自然史的统一

马克思、恩格斯一向认为,人类与自然、社会与自然、人类史与自然史是统一的。马克思在《1844年经济学哲学手稿》中就曾精辟地指出:"人对人的直接的、自然的、必然的关系是**男人**对**妇女**的关系。在这种**自然的**类关系中,人对自然的关系直接就是人对人的关系,正像人对人的关系直接就是人对自然的关系,就是他自己的**自然的**规定。"③ "在人类历史中即在人类社会的形成过程中生成的自然界,是人的**现实的**自然界;因此,通过工业——尽管以**异化**的形式——形成的自然界,是真正的、**人本学的**自然界。"④ 在他看来,"**人**是自然科学的直接对象","**自然界**是**关于人的科学**的直接对象",所以"自然科学往后将包括关于人的科学,正像关于人的科学包括自然科学一样:这将是**一门**科学"。⑤ 马克思、恩格斯在《德意志意识形态》中,批判了包括费尔巴哈在内的青年黑格尔派主张"自然和历史的对立"的历史唯心主义观点,强调"历史的自然和自然的历史"的结合与统一。⑥ 恩格斯在《自然辩证法》一书中对人与自然、社会与自然、人类史与自然史的统一作出了精彩的论述,其中包括论述劳动在从猿到人转变中的作用,等等。

其一,人类不仅依靠自然界生产和生活,而且通过实践活动改造和改变自然界,极大地影响自然界的发展。恩格斯指出:"只有人能够做到给自然界打上自己的印记,因为他们不仅迁移动植物,而且也改变了他们的居住地的面貌、气候,甚至还改变了动植物本身,以致他们活动的结果只能和地球的普遍

---

① 《马克思恩格斯文集》第9卷,人民出版社2009年版,第14—15页。
② 《马克思恩格斯文集》第9卷,人民出版社2009年版,第440页。
③ 《马克思恩格斯文集》第1卷,人民出版社2009年版,第184页。
④ 《马克思恩格斯文集》第1卷,人民出版社2009年版,第193页。
⑤ 《马克思恩格斯文集》第1卷,人民出版社2009年版,第194页。
⑥ 《马克思恩格斯文集》第1卷,人民出版社2009年版,第529页。

灭亡一起消失。"① 恩格斯深刻地批判了忽视人改造自然的实践活动可以引起人自身变化的自然主义的历史观，指出人在改变自然界的过程中同时也改变了人自身，人的智力就是在改变自然界的实践活动中发展的。恩格斯指出："人的思维的最本质的和最切近的基础，正是**人所引起的自然界的变化**，而不仅仅是自然界本身；人在怎样的程度上学会改变自然界，人的智力就在怎样的程度上发展起来。"自然主义的历史观"认为只是自然界作用于人，只是自然条件到处决定人的历史发展，它忘记了人也反作用于自然界，改变自然界，为自己创造新的生存条件"②。

其二，人类利用、改造自然，应该遵循自然界的发展规律，如果单凭自身的需要，无休止地向大自然索取，违背自然界的发展规律，必定逃不脱自然界的惩罚。恩格斯指出："我们不要过分陶醉于我们人类对自然界的胜利。对于每一次这样的胜利，自然界都对我们进行报复。每一次胜利，起初确实取得了我们预期的结果，但是往后和再往后却发生完全不同的、出乎预料的影响，常常把最初的影响又消除了。"③ 恩格斯举了很多例子说明这种情况，从中总结出一条宝贵经验："我们决不像征服者统治异族人那样支配自然界，决不像站在自然界之外的人似的去支配自然界——相反，我们连同我们的肉、血和头脑都是属于自然界和存在于自然界之中的；我们对自然界的整个支配作用，就在于我们比其他一切生物强，能够认识和正确运用自然规律。"④ 这条经验对于生态环境日益恶化、人与自然关系日益紧张的当今世界，显得弥足珍贵。

其三，恩格斯不仅主张人类与自然、社会与自然、人类史与自然史的统一，强调人类自身和自然界的一体性，而且明确反对把人类和自然界对立起来的错误观点。他指出："事实上，我们一天天地学会更正确地理解自然规律，学会认识我们对自然界习常过程的干预所造成的较近或较远的后果。特别自本世纪自然科学大踏步前进以来，我们越来越有可能学会认识并从而控制那些至少是由我们的最常见的生产行为所造成的较远的自然后果。而这种事情发生得越多，人们就越是不仅再次地感觉到，而且也认识到自身和自然界的一体性，那种关于精神和物质、人类和自然、灵魂和肉体之间的对立的荒谬的、反自然

---

① 《马克思恩格斯文集》第9卷，人民出版社2009年版，第421页。
② 《马克思恩格斯文集》第9卷，人民出版社2009年版，第483、483—484页。
③ 《马克思恩格斯文集》第9卷，人民出版社2009年版，第559—560页。
④ 《马克思恩格斯文集》第9卷，人民出版社2009年版，第560页。

的观点，也就越不可能成立了"①。恩格斯在这里确凿无疑地谴责了"人类和自然对立"的荒谬观点。

三、深入阐述唯物辩证法的基本特征和基本规律

马克思主义哲学是在批判改造黑格尔辩证法、吸收黑格尔辩证法合理内核的过程中形成的。辩证法思想贯穿在马克思主义哲学的各个部分之中，贯穿在马克思主义哲学发展过程的始终。但在19世纪70年代中期以前，马克思、恩格斯主要是用唯物辩证法的基本特征和基本规律分析自然界、人类社会和思维的发展过程，特别是分析资本主义孕育、形成、发展和必然灭亡的过程，尚未对唯物辩证法的基本特征、基本规律以及主要范畴作出系统的概括和阐释。19世纪70年代中期以后，恩格斯通过对杜林的批判和对自然科学的研究，在《反杜林论》和《自然辩证法》这两部著作中，深入系统地阐述了唯物辩证法的基本特征、基本规律和主要范畴。

(一) 对唯物辩证法基本特征的阐述

恩格斯认为，辩证法和形而上学是两种根本对立的世界观和方法论。形而上学用孤立的、静止的、片面的观点观察、分析问题，在它看来，世界上的一切事物都是孤立存在的。正如恩格斯所说，形而上学的思维方式"看到一个一个的事物，忘记它们互相间的联系；看到它们的存在，忘记它们的生成和消逝；看到它们的静止，忘记它们的运动；因为它只见树木，不见森林"②。在辩证法看来，整个世界是一个各种事物和过程相互联系的统一整体，其中每个事物都是这个统一整体上的一个环节，根本不存在同周围其他事物互不相干的、孤立存在的事物。恩格斯指出："辩证的思维方法同样不承认什么僵硬和固定的界线，不承认什么普遍绝对有效的'非此即彼！'，它使固定的形而上学的差异互相转移，除了'非此即彼！'，又在恰当的地方承认'亦此亦彼！'，并使对立的各方相互联系起来。"③恩格斯把事物的发展看做事物内部的必然的自己运动，"辩证法在考察事物及其在观念上的反映时，本质上是从它们的联系、它们的联结、它们的运动、它们的产生和消逝方面去考察的"④。"辩证法被看做

---

① 《马克思恩格斯文集》第9卷，人民出版社2009年版，第560页。
② 《马克思恩格斯文集》第9卷，人民出版社2009年版，第24页。
③ 《马克思恩格斯文集》第9卷，人民出版社2009年版，第471页。
④ 《马克思恩格斯文集》第9卷，人民出版社2009年版，第25页。

关于**一切**运动的最普遍的规律的科学。"① 这就是说，普遍联系和运动发展是辩证法的两个基本特征。

唯物辩证法和黑格尔的唯心主义辩证法是根本对立的。黑格尔把辩证法的规律当做纯粹的思维规律，把这些规律强加于自然界和人类历史，企图把客观世界牵强附会地纳入他虚构的思想体系。而唯物辩证法是建立在唯物主义基础上的，唯物辩证法的规律具有客观性质。恩格斯指出："辩证法的规律是从自然界的历史和人类社会的历史中抽象出来的。辩证法的规律无非是历史发展的这两个方面和思维本身的最一般的规律。"② "辩证法不过是关于自然界、人类社会和思维的运动和发展的普遍规律的科学。"③ 马克思、恩格斯使用的辩证法这个概念包括双重含义：一是指客观世界的辩证法，即包括自然、社会和思维在内的现实世界的辩证运动及其规律；二是指对客观辩证法的自觉反映和理论表达，即以理论形态表达的辩证法。前者称为客观辩证法，后者称为主观辩证法。恩格斯阐明了两者的一致性，"所谓的**客观**辩证法是在整个自然界中起支配作用的，而所谓的主观辩证法，即辩证的思维，不过是自然界中到处发生作用的、对立中的运动的反映"④。那种只承认主观辩证法、不承认客观辩证法，只承认社会辩证法或历史辩证法、不承认自然辩证法的观点，是完全错误的。

（二）对唯物辩证法基本规律的阐述

早在 19 世纪 40 年代，马克思、恩格斯就批判了黑格尔辩证法的思辨性和神秘性，但由于他们当时的主要任务是创立唯物史观，因而没有写出专门的唯物辩证法著作。19 世纪 50—60 年代，马克思在政治经济学研究中，把辩证法、逻辑学和认识论应用于同一门科学。马克思在《资本论》第一卷出版以后，曾经设想写一部论述辩证法的专著。他在 1868 年 5 月 9 日致约瑟夫·狄慈根的信中说："一旦我卸下经济负担，我就要写《辩证法》。辩证法的真正规律在黑格尔那里已经有了，当然是具有神秘的形式。必须去除这种形式。"⑤ 但马克思的设想未能实现。19 世纪 70 年代中期以后，恩格斯通过对杜林哲学的批判和对自然辩证法的研究，在《自然辩证法》一书中，第一次概括出辩证法的基本规

---

① 《马克思恩格斯文集》第 9 卷，人民出版社 2009 年版，第 539 页。
② 《马克思恩格斯文集》第 9 卷，人民出版社 2009 年版，第 463 页。
③ 《马克思恩格斯文集》第 9 卷，人民出版社 2009 年版，第 149 页。
④ 《马克思恩格斯文集》第 9 卷，人民出版社 2009 年版，第 470 页。
⑤ 《马克思恩格斯文集》第 10 卷，人民出版社 2009 年版，第 288 页。

律：辩证法可以归结为下面三个规律，即"量转化为质和质转化为量的规律""对立的相互渗透的规律""否定的否定的规律"。① 恩格斯对辩证法三个规律的归纳，是与马克思的观点一致的。马克思在 1867 年 6 月 22 日致恩格斯的信中说，"你从我描述手工业师傅——由于单纯的量变——变成资本家的第三章结尾部分可以看出，我在那里，**在正文中**引证了黑格尔所发现的**单纯量变转化为质变的规律**，并把它看做在历史上和自然科学上都同样有效的规律。"② 马克思在 1873 年写的《〈资本论〉第二版跋》中指出："辩证法在黑格尔手中神秘化了，但这决没有妨碍他第一个全面地有意识地叙述了辩证法的一般运动形式。在他那里，辩证法是倒立着的。必须把它倒过来，以便发现神秘外壳中的合理内核。"③ 恩格斯对辩证法三个规律的归纳和对这三个规律各自的特点和主要内容的系统阐述，正是脱去了黑格尔辩证法的"神秘外壳"，拯救出了其中的"合理内核"，并且加以唯物主义的改造。可以说，恩格斯的这项工作实现了马克思的遗愿。

对立的相互渗透的规律，又称为矛盾规律和对立统一规律。恩格斯列举大量事实，说明矛盾的客观性和普遍性。他指出："运动本身就是矛盾；甚至简单的机械的位移之所以能够实现，也只是因为物体在同一瞬间既在一个地方又在另一个地方，既在同一个地方又不在同一个地方。这种矛盾的连续产生和同时解决正好就是运动。"④ 恩格斯揭示了矛盾是事物运动的源泉，他在阐明机械的、物理的、化学的、生命的、社会的领域中矛盾诸方面相互联系、相互渗透、相互排斥、相互转化的过程时，批判了形而上学的"抽象的同一性"观点。他认为，辩证法的同一性是具体的同一性，"同一性自身中包含着差异"⑤，"真实的具体的同一性自身包含着差异、变化"⑥，"**与自身的同一**，从一开始就必须有**与一切他物的差异**作为补充"⑦。世界上的一切事物都包含着内在差异，都有自己对立的两极，都有其内部的矛盾。这说明对立面的又统一、又斗争，是一切事物内在的根本属性，是事物发展的内在的源泉和动力。

---

① 《马克思恩格斯文集》第 9 卷，人民出版社 2009 年版，第 463 页。
② 《马克思恩格斯文集》第 10 卷，人民出版社 2009 年版，第 264 页。
③ 《马克思恩格斯文集》第 5 卷，人民出版社 2009 年版，第 22 页。
④ 《马克思恩格斯文集》第 9 卷，人民出版社 2009 年版，第 127 页。
⑤ 《马克思恩格斯文集》第 9 卷，人民出版社 2009 年版，第 476 页。
⑥ 《马克思恩格斯文集》第 9 卷，人民出版社 2009 年版，第 477 页。
⑦ 《马克思恩格斯文集》第 9 卷，人民出版社 2009 年版，第 476 页。

量转化为质和质转化为量的规律。这个规律曾由黑格尔在《逻辑学》一书中加以阐述,但黑格尔阐述的主要是单纯的量的变化到一定点时就转化为质的差别。恩格斯总结自然科学和社会科学发展的新成果,阐明量转化为质和质转化为量、"量变改变事物的质和质变同样也改变事物的量"① 两个方面的情况。他通过对化学上的"同分异构体",经济学上的劳动协作所产生的总的力量同一个个力量的总和"有本质的区别",以及在军事上组织纪律性优势的发挥需要以一定的量为基础的论述,论证质量互变规律的客观性和普遍性。

否定的否定的规律。恩格斯论述了这个规律的普遍性和特殊性,指出:否定的否定的规律"是自然界、历史和思维的一个极其普遍的、因而极其广泛地起作用的、重要的发展规律"②,它在动物界和植物界中,在地质学、数学、历史学和哲学中,都起着作用。否定的否定的规律不仅具有普遍性,而且具有特殊性,"否定的方式在这里首先取决于过程的一般性质,其次取决于过程的特殊性质","每一种事物都有它的特殊的否定方式,经过这样的否定,它同时就获得发展"。③ 恩格斯着重论述了辩证的否定观同形而上学的否定观的根本区别。形而上学的否定观认为,否定不是事物的自我否定,不是由事物内部的矛盾运动引起的,而是由外力强加给事物的;否定是全盘的否定,因而第二个否定是根本不可能的或是没有意义的,所以根本不存在否定的否定。辩证的否定观认为,否定是事物的自我否定,是包含着矛盾的过程,是事物矛盾着的对立面相互作用的结果;辩证的否定是"扬弃",是既克服又保留,否定中包含着肯定;否定是事物联系和发展的环节,否定某个事物不是把它消灭,而是使它发展到一个新的阶段,以便重新"扬弃"前一个否定,进行否定的否定,从而使事物沿螺旋式上升的道路从低级向高级发展。他认为,否定的否定的规律说明了事物发展的全过程和周期性,这个过程经过肯定—否定—否定的否定两次否定、三个阶段,形成一个发展的周期;而否定的否定是整个过程的核心。"按本性说是对抗的、包含着矛盾的过程,一个极端向它的反面的转化,最后,作为整个过程的核心的否定的否定。"④

恩格斯在论述辩证法的主要规律时,反对把辩证法当做单纯的证明工具,

---

① 《马克思恩格斯文集》第9卷,人民出版社2009年版,第133页。
② 《马克思恩格斯文集》第9卷,人民出版社2009年版,第148页。
③ 《马克思恩格斯文集》第9卷,人民出版社2009年版,第149页。
④ 《马克思恩格斯文集》第9卷,人民出版社2009年版,第148页。

强调辩证法是世界观和方法论的统一。他指出：杜林把辩证法看做证明的工具，"这是对辩证法的本性根本不了解。甚至形式逻辑也首先是探寻新结果的方法，由已知进到未知的方法；辩证法也是这样，不过它高超得多；而且，因为辩证法突破了形式逻辑的狭隘界限，所以它包含着更广泛的世界观的萌芽"①。

（三）对唯物辩证法主要范畴的阐述

辩证法的范畴是辩证法基本规律的表现形式。恩格斯在《自然辩证法》一书中，列举了当时自然科学的丰富材料，运用对立统一观点论述了唯物辩证法的一些重要范畴。他认为，同一性和差别性、必然性和偶然性、原因和结果是唯物辩证法的三对值得重视的范畴。这里应注意的是，恩格斯在论述原因和结果的相互作用时，针对形而上学思维方式离开原因和结果的相互作用，单纯追求事物的终极原因，从而导致追求世界的"第一推动力"的错误观点，强调"相互作用是事物的真正的终极原因。我们不能比对这种相互作用的认识追溯得更远了，因为在这之后没有什么要认识的东西了"，"只有从这种普遍的相互作用出发，我们才能认识现实的因果关系"。② 他还指出："在黑格尔那里，起作用的原因和终极的原因之间的对立也已经在相互作用的范畴中被扬弃了。"③

恩格斯在《反杜林论》中着重论述了自由和必然这对范畴。他认为，黑格尔是第一个正确地叙述了自由和必然之间的关系的哲学家。在黑格尔看来，自由是对必然的认识，必然只是在它没有被了解的时候才是盲目的。恩格斯则认为，黑格尔只是从认识上叙述自由和必然的关系，而没有从实践上理解这种关系。他从认识和实践两个方面论述了自由和必然的关系，指出："自由不在于幻想中摆脱自然规律而独立，而在于认识这些规律，从而能够有计划地使自然规律为一定的目的服务"，"自由就在于根据对自然界的必然性的认识来支配我们自己和外部自然"。④ 所以，自由是历史的产物，文化上的每一个进步，都是迈向自由的一步。

四、深刻揭示认识发展的辩证过程

19世纪，自然科学发展到一个新的阶段，即从收集、积累材料，到整理材

---

① 《马克思恩格斯文集》第9卷，人民出版社2009年版，第142页。
② 《马克思恩格斯文集》第9卷，人民出版社2009年版，第482页。
③ 《马克思恩格斯全集》第20卷，人民出版社1971年版，第586页。
④ 《马克思恩格斯文集》第9卷，人民出版社2009年版，第120页。

料、把材料系统化，从以分析为主发展到以综合为主，从经验自然科学发展到理论自然科学的阶段，这为认识的辩证过程的理论提供了科学前提。但是，直到19世纪七八十年代，绝大多数的自然科学家仍然被牢牢地束缚在形而上学和经验主义的传统思维方式之中。他们认为，自然科学不需要任何哲学概括。不少亲自完成了一些重大发现的自然科学家也不能对他们自己的发现在理论上作出正确的说明。杜林则顽固地坚持形而上学的思维方式，宣扬思维具有"无条件真理权""永恒真理""终极真理"等谬论，把绝对真理和相对真理、真理和谬误绝对地对立起来。针对哲学和自然科学方面的这种混乱状况，恩格斯在《反杜林论》和《自然辩证法》中，从多个方面深刻阐述了认识发展的辩证过程。

（一）关于人的思维的至上性和非至上性的关系

恩格斯认为，人的思维、认识，包含着极其复杂的矛盾。他指出："人的思维是至上的，同样又是不至上的，它的认识能力是无限的，同样又是有限的。按它的本性、使命、可能和历史的终极目的来说，是至上的和无限的；按它的个别实现情况和每次的现实来说，又是不至上的和有限的。"① 人的思维的至上性和非至上性的矛盾贯穿于人类认识过程的始终，是人的思维所包含的主要矛盾，"是所有智力进步的主要杠杆"②，即认识发展的主要动力，通过这个矛盾的不断出现和不断解决，推动人的认识向前发展。他指出："思维的至上性是在一系列非常不至上地思维着的人中实现的；拥有无条件的真理权的认识是在一系列相对的谬误中实现的；二者都只有通过人类生活的无限延续才能完全实现。"③

（二）关于认识的有限性和无限性的关系

恩格斯针对割裂认识的有限性和无限性的关系的错误观点，阐明了认识的有限性和无限性的辩证关系。他认为，人们只能通过有限事物去把握无限，"事实上，一切真实的、寻根究底的认识都只在于：我们在思想中把个别的东西从个别性提高到特殊性，然后再从特殊性提高到普遍性；我们从有限中找出和确定无限，从暂时中找出和确定永久"④。恩格斯在肯定人类能够认识无限的

---

① 《马克思恩格斯文集》第9卷，人民出版社2009年版，第92页。
② 《马克思恩格斯文集》第9卷，人民出版社2009年版，第40页。
③ 《马克思恩格斯文集》第9卷，人民出版社2009年版，第91页。
④ 《马克思恩格斯文集》第9卷，人民出版社2009年版，第498页。

同时，又说明人类对无限世界的认识只能逐渐接近，而不能穷尽。他指出，"可认识的物质的无限性，是由各种纯粹的有限性组成的，同样，绝对地认识着的思维的无限性，也是由无限多的有限的人脑所组成的，而人脑是彼此并列和前后相继地从事这种无限的认识的"①。因此，对无限的东西的认识，"按其本性来说，只能通过一个无限的渐近的前进过程而实现"②。

（三）关于认识的相对性和绝对性的关系

恩格斯针对杜林宣扬的"永恒真理""终极真理"的谬论，阐明了认识的绝对性和相对性、绝对真理和相对真理的辩证关系。他认为，真理的相对性和绝对性是同一客观真理的两个方面，它们互相渗透、互相转化。就认识能反映客观对象、符合客观对象、揭示客观对象的发展规律来说，认识具有绝对真理性。同时，客观世界是无限发展的，人类的认识也是无限发展的，认识又具有相对真理性。如果像杜林那样，宣布人类在某个时间达到了能够运用"永恒真理"的地步，那就是说人类已经穷尽了真理。恩格斯列举了科学发展史上的大量事实，说明在无机界、生物界和人类社会的各种科学中，一切真理都是在实践中不断发展的："我们只能在我们时代的条件下去认识，而且**这些条件达到什么程度，我们就认识到什么程度。**"③ 一切真理都是在实践中不断发展的，所以具有相对性，企图在科学中发现最后的"终极真理"，完全是徒劳的。

（四）关于真理和谬误的关系

由于人的思维是至上性和非至上性、无限性和有限性、绝对性和相对性的对立统一，因此人的思维的产物即思想对外部客观世界认识的结果，必然既包含真理的成分又包含谬误的成分。恩格斯指出："很可能我们还差不多处在人类历史的开端，而将来会纠正**我们**的错误的后代，大概比我们有可能经常以十分轻蔑的态度纠正其认识错误的前代要多得多。"④ 真理和谬误的对立既是绝对的，又是相对的。"真理和谬误，正如一切在两极对立中运动的逻辑范畴一样，只是在非常有限的领域内才有绝对的意义"⑤。由于真理和谬误的对立具有相对性，因而二者可以在一定条件下相互转化。恩格斯指出："对立的两极都向自

---

① 《马克思恩格斯文集》第9卷，人民出版社2009年版，第499页。
② 《马克思恩格斯文集》第9卷，人民出版社2009年版，第499页。
③ 《马克思恩格斯文集》第9卷，人民出版社2009年版，第494页。
④ 《马克思恩格斯文集》第9卷，人民出版社2009年版，第91页。
⑤ 《马克思恩格斯文集》第9卷，人民出版社2009年版，第96页。

己的对立面转化，真理变成谬误，谬误变成真理。"① 恩格斯以波义耳定律为例，说明任何真理都有一定的适用范围，超出这个范围，真理就会变成谬误。根据波义耳定律，在温度不变的情况下，气体的体积和它所受的压力成反比。后来雷尼奥发现，这一定律不适合于某种情况。他发现，"对于可以因压力而液化的气体，当压力接近液化开始的那一点时，波义耳定律就失去了效力"②。那么应该如何正确对待波义耳定律和雷尼奥的新发现呢？恩格斯指出：如果雷尼奥因为他的发现而宣布"波义耳定律是可变的，所以不是真正的真理，所以根本不是真理，所以是谬误。但是，如果他这样做，他就会变成一个比波义耳定律所包含的谬误更大得多的谬误；他的一小粒真理就会消失在谬误的沙丘中；这样他就会把他的本来正确的结论变为谬误，而与这一谬误相比，波义耳定律连同附在它上面的少许谬误也可以说是真理了"③。但是，雷尼奥作为一个科学家，他没有这样做，他认为"波义耳定律只是在一定的范围内才是正确的"④。这就是说，雷尼奥的新的科学发现，只是缩小了波义耳定律的适用范围。但这不是对波义耳定律的否定，而是使它的适用范围更加确定，从而使人们能更准确地运用这个定律。

恩格斯认为，实践是解决思维的至上性和非至上性、无限性和有限性、绝对性和相对性矛盾的基础和途径。离开实践和认识的能动性，这些矛盾是根本无法解决的。他指出，人类的实践活动能够对必然性、因果性作出验证："单凭观察所得的经验，是决不能充分证明必然性的"，"必然性的证明寓于人的活动中，寓于实验中，寓于劳动中"。⑤ "由于**人的活动**，因果观念即一个运动是另一个运动的**原因**这样一种观念得到确证"，"人的活动对因果性**作出验证**"。⑥

五、阐明无产阶级的道德观和平等观

杜林以永恒的真理观为依据，推导出道德观和平等观的永恒性。恩格斯以认识发展的辩证过程的原理为基础，深刻地批判了杜林关于道德观和平等观的永恒性的荒谬观点，阐明了无产阶级的道德观和平等观。

---

① 《马克思恩格斯文集》第 9 卷，人民出版社 2009 年版，第 96 页。
② 《马克思恩格斯文集》第 9 卷，人民出版社 2009 年版，第 96 页。
③ 《马克思恩格斯文集》第 9 卷，人民出版社 2009 年版，第 96 页。
④ 《马克思恩格斯文集》第 9 卷，人民出版社 2009 年版，第 96—97 页。
⑤ 《马克思恩格斯文集》第 9 卷，人民出版社 2009 年版，第 484 页。
⑥ 《马克思恩格斯文集》第 9 卷，人民出版社 2009 年版，第 482—483 页。

（一）对无产阶级道德观的阐述

杜林认为，"道德的真理，只要它们的最终的基础都已被认识，就可以要求具有同数学的认识相似的适用性。"他就这样赋予了"道德的真理以最后的终极性"。① 恩格斯认为，这种观点十分荒唐。事实上，在道德领域中，如在善恶问题上，最后的终极的真理恰恰是最稀少的。善恶观念从一个民族到另一个民族、从一个时代到另一个时代变更得极其厉害，以致它们常常是相互矛盾的。恩格斯指出，在当时的欧洲，主要有三种道德：一种是封建贵族的道德，与这种道德并列的有现代资产阶级的道德，和资产阶级道德并列的又是未来的无产阶级的道德。这样，过去、现在和将来就提供了三大类同时和并列地起作用的道德论。在这些道德论中，哪一种是合乎真理的呢？恩格斯认为，"如果就绝对的终极性来说，哪一种也不是；但是现在代表着现状的变革、代表着未来的那种道德，即无产阶级道德，肯定拥有最多的能够长久保持的因素"②。现代社会的三个阶级，即封建贵族、资产阶级和无产阶级各有自己的特殊的道德。阶级是根据它所在生产关系中的不同地位划分的。各个阶级的道德都是根源于一定的经济关系的。恩格斯指出："人们自觉地或不自觉地，归根到底总是从他们的阶级地位所依据的实际关系中——从他们进行生产和交换的经济关系中，获得自己的伦理观念。""一切以往的道德论归根到底都是当时的社会经济状况的产物。"③

恩格斯认为，在阶级社会，不存在超阶级的道德。只有阶级消灭以后，真正人的道德才能实现。他指出："社会直到现在是在阶级对立中运动的，所以道德始终是阶级的道德；它或者是为统治阶级的统治和利益辩护，或者当被压迫阶级变得足够强大时，代表被压迫者对这个统治的反抗和他们的未来利益。"④ 虽然在道德方面也和人类认识其他事物一样，总的来说是不断进步的，"但是我们还没有越出阶级的道德。只有在不仅消灭了阶级对立，而且在实际生活中也忘却了这种对立的社会发展阶段上，超越阶级对立和超越对这种对立的回忆的、真正人的道德才成为可能"⑤。

---

① 《马克思恩格斯文集》第9卷，人民出版社2009年版，第97、98页。
② 《马克思恩格斯文集》第9卷，人民出版社2009年版，第98—99页。
③ 《马克思恩格斯文集》第9卷，人民出版社2009年版，第99页。
④ 《马克思恩格斯文集》第9卷，人民出版社2009年版，第99—100页。
⑤ 《马克思恩格斯文集》第9卷，人民出版社2009年版，第100页。

杜林在社会革命的前夜妄图把一种永恒的、不以时间和现实变化为转移的道德，强加给未来的无阶级的社会，其目的就是维护旧的统治阶级的道德，把统治阶级的道德当做永恒的、终极的、从此不变的伦理规律强加给我们。

（二）对无产阶级平等观的阐述

杜林的平等观是以先验主义为基础的。他不是从对象本身去认识某一对象的特性，而是从对象的概念中逻辑地推导出这些特性。首先从对象构成对象的概念，然后颠倒过来，用对象的映像即概念去衡量对象。这样就不是概念应当和对象相适应，而是对象应当和概念相适应了。所以在杜林那里所谓的"现实哲学"也是纯粹的先验主义的意识形态，它不是从现实本身推导出现实，而是从观念推导出现实。前面已经讲过，杜林把社会分解为它的最简单的要素，而且在这里发现最简单的社会至少由两个人组成，杜林就按公理同这两个人打交道，认为"两个人的意志，就其本身而言，是彼此完全平等的，而且一方不能一开始就向另一方提任何肯定的要求"①。杜林的这种平等观是十分荒谬的，也是十分脆弱的，根本经不住科学的分析和历史的检验。

首先，断言两个人或两个人的意志就其本身而言是彼此完全平等的，这不仅不是公理，而且是过度的夸张。两人甚至就其本身而言，在性别上可能就是不平等的，因为这不是两个男人，而是一个男人和一个女人，他们建立了家庭，即以生产为目的的社会结合的最简单的和最初的形式。迄今为止，在家庭中，男女始终是不平等的，妇女一直处于从属地位。

其次，只是在两个意志什么愿望也没有的时候，才能完全平等；一旦它们不再是抽象的人的意志而转化为现实的人的意志的时候，平等就完结了。杜林自己也把人分成两类，分成具有人性的人和具有兽性的人，分成善人和恶人，绵羊和山羊。他们的智慧和能力在质量上是有区别的。这种区分实际上是为现实中存在的一些人统治压服另一些人的不平等辩护的。杜林就这样在根本上破坏了他自己建立起来的平等大厦。

恩格斯考究了平等观念在历史上的作用。平等观念通过卢梭起了一种理论的作用，在法国大革命中和大革命后起了一种实际的政治作用，而今天在差不多所有国家的社会主义运动中仍然起着巨大的鼓舞作用。这一观念的科学内容的确立，也将确定它对无产阶级鼓动的价值。无产阶级的平等观和资产阶级的

---

① 《马克思恩格斯文集》第 9 卷，人民出版社 2009 年版，第 102 页。

平等观有着本质的区别。

从资产阶级由封建时代的市民等级破茧而出的时候起,从中世纪的等级转变为现代资产阶级的时候起,资产阶级就由它的影子即无产阶级不可避免地一直伴随着。同样地,资产阶级的平等要求由无产阶级的平等要求伴随着。从消灭阶级特权的资产阶级的平等要求提出的时候起,同时就提出了消灭阶级本身的无产阶级的平等要求。尤其是从法国资产阶级大革命开始把公民的平等提到重要地位以来,法国无产阶级就针锋相对地提出社会政治、经济的平等要求,这种平等成了法国无产阶级所特有的战斗口号。恩格斯概括了无产阶级平等观的实质:"无产阶级平等要求的实际内容都是**消灭阶级**的要求。任何超出这个范围的平等要求,都必然要流于荒谬。"① 恩格斯认为,平等观念具有历史性,它"无论以资产阶级的形式出现,还是以无产阶级的形式出现,本身都是一种历史的产物,这一观念的形成,需要一定的历史条件,而这种历史条件本身又以长期的以往的历史为前提。所以,这样的平等观念说它是什么都行,就不能说它是永恒的真理。"②

六、进一步阐述经济基础与上层建筑的关系

恩格斯在《反杜林论》中,系统论述了马克思主义哲学、政治经济学和科学社会主义三个主要组成部分以及它们之间的相互联系,其中包括很多历史唯物主义的基本原理。主要有:生产力与生产关系的辩证关系,经济基础与上层建筑的辩证关系,从无阶级社会向阶级社会、从公有制社会向私有制社会的过渡,阶级的产生、本质以及阶级斗争在社会发展中的作用,国家的起源、本质及社会职能,道德和法对经济基础的依赖性及其阶级性和历史性,分工及其在社会发展中的作用,人的自由和人的解放,等等。其中,他通过批判杜林所谓的"政治关系的形式是历史上基础性的东西,而经济的依存不过是一种结果或特殊情形,因而总是次等的事实","政治状态是经济状况的决定性的原因,相反的关系只是次等的相反结果"等历史唯心主义观点,③ 进一步论述了经济基础对上层建筑的决定作用。

---

① 《马克思恩格斯文集》第9卷,人民出版社2009年版,第113页。
② 《马克思恩格斯文集》第9卷,人民出版社2009年版,第113页。
③ 《马克思恩格斯文集》第9卷,人民出版社2009年版,第165页。

（一）通过分析经济对政治的"基础性"地位，阐明经济基础对上层建筑的决定作用

首先，把重大的政治事件看做历史上起决定作用的东西这种观念，是一种支配整个历史观的古老观念，它使人们看不到人民群众创造历史的作用。这种观念虽然被法国复辟时代的历史学家动摇，但杜林对此毫无所知。其次，经济利益是目的，政治暴力仅仅是达到经济利益的手段，目的比用来达到目的的手段要具有大得多的"基础性"。同样，在历史上，关系的经济方面也比政治方面具有大得多的"基础性"。再次，私有财产是由于经济的原因而产生的，即由于生产关系和交换关系发生了变化，是为了提高生产和促进交换。在这里，暴力没有起任何作用。因为在掠夺者能够用暴力占有他人的财产以前，私有财产的制度必须是已经存在了；暴力虽然可以改变占有状况，但是不能创造私有财产本身。最后，在资产阶级革命中，市民阶级之所以能够战胜封建贵族，是由经济状况决定的，而不是由政治状态决定的。在革命前，就政治状态来说，封建贵族拥有一切，市民阶级一无所有；可是就经济状况来说，那时市民是国家最重要的阶级，而封建贵族已经丧失了他们的全部社会职能。资产阶级革命不是按照杜林的原则，使经济状况适应政治状态，而是相反地把陈腐的封建废物抛开，并造成使新的经济状况能够存在和发展的政治状态。

（二）通过分析暴力工具对经济状况的依赖，阐明经济基础对上层建筑的决定作用

首先，暴力不是单纯的意志行为，它要求具备各种实现暴力的作用的现实前提，特别是工具即武器，其中较完善的战胜较不完善的。其次，这些工具（武器）必须是生产出来的，所以同时也可以说较完善的暴力工具（武器）的生产者战胜较不完善的暴力工具（武器）的生产者。暴力的胜利是以武器的生产为基础的，而武器的生产又是以整个生产为基础的，因而是以"经济力量""经济状况"，以可供暴力支配的物质手段为基础的。总之，在任何时候和任何地方，都是经济条件和经济上的权力手段帮助暴力取得胜利，没有它们，暴力就不成其为暴力，因此绝不能说"本原的东西必须从直接的政治暴力中去寻找，而不是从间接的经济力量中去寻找"①。恰恰相反，暴力本身的"本原的东西"就是经济力量。

---

① 《马克思恩格斯文集》第9卷，人民出版社2009年版，第165页。

（三）通过分析政治权力与经济发展的关系，阐明经济基础对上层建筑的决定作用

首先，一切政治权力开始都是以某种经济的、社会的职能为基础的，随着社会成员由于原始公社的瓦解而变为私人生产者，因而和社会公共职能执行者更加疏远，这种权力不断得到加强。其次，"政治权力在对社会独立起来并且从公仆变为主人以后，可以朝两个方向起作用。或者它按照合乎规律的经济发展的精神和方向发生作用，在这种情况下，它和经济发展之间没有任何冲突，经济发展加快速度。或者它违反经济发展而发生作用，在这种情况下，除去少数例外，它照例总是在经济发展的压力下陷于崩溃"①。恩格斯还以一个民族对另一个民族的征服为例，说明政治权力的作用受经济发展程度的制约。他指出："由比较野蛮的民族进行的每一次征服，不言而喻，都阻碍了经济的发展，摧毁了大批的生产力。但是在长时期的征服中，比较野蛮的征服者，在绝大多数情况下，都不得不适应由于征服而面临的比较高的'经济状况'；他们为被征服者所同化，而且多半甚至不得不采用被征服者的语言"，因而"经济发展总是毫无例外地和无情地为自己开辟道路"。②

第二节 《家庭、私有制和国家的起源》对原始社会的研究和历史唯物主义的新贡献

恩格斯对原始社会的历史早有研究，他在1869年至1870年就研究了爱尔兰的历史，查阅了古爱尔兰文原著，并且开始写作"爱尔兰史"，原计划写四章，但实际上只写了第一章"自然条件"和第二章"古代的爱尔兰"的一部分。19世纪70年代，他在《反杜林论》和《自然辩证法》中，对人类的起源、原始社会的特点及其向奴隶社会的转变做了深入探讨。1878—1882年，他写了《论德意志人的古代历史》《法兰克时代》《马尔克》等论述欧洲原始社会史的长篇论文，对德国遗留的农村公社制度以及古希腊、罗马的历史进行过深入的研究。恩格斯为实现马克思的"遗愿"和"未能完成的工作"，于1884

---

① 《马克思恩格斯文集》第9卷，人民出版社2009年版，第190页。
② 《马克思恩格斯文集》第9卷，人民出版社2009年版，第191页。

第二节 《家庭、私有制和国家的起源》对原始社会的研究和历史唯物主义的新贡献

年3月底至5月底写了《家庭、私有制和国家的起源》(以下简称《起源》)。该书运用了他以前研究原始社会史的成果和马克思在《路易斯·亨·摩尔根〈古代社会〉一书摘要》中的"批语"①,论述了物质生产和人自身的生产,原始社会的基本特征和发展规律,分工的发展与私有制和阶级的产生,国家的起源、本质及消亡的历史必然性等一系列历史唯物主义基本原理。从这部著作可以看出,马克思、恩格斯不仅深入研究了资本主义社会,而且研究了包括原始社会在内的前资本主义社会,全面探讨了各个社会形态的结构、特点和发展规律。《起源》一书在马克思主义哲学史上占有极其重要的地位,对历史唯物主义的发展作出了新的贡献。列宁在《论国家》一文中曾高度评价这部著作,指出它是一部现代社会主义的基本著作,"其中每一句话都是可以相信的,每一句话都不是凭空说的,而是根据大量的史料和政治材料写成的"②。

一、物质生产和人自身的生产

恩格斯在《起源》第一版序言中,论述了人类社会存在和发展的基础。他认为,根据唯物主义观点,历史中的决定性因素,归根结底是直接生活的生产和再生产。但是,生产本身又有两种:"一方面是生活资料即食物、衣服、住房以及为此所必需的工具的生产;另一方面是人自身的生产,即种的繁衍。一定历史时代和一定地区内的人们生活于其下的社会制度,受着两种生产的制约:一方面受劳动的发展阶段的制约,另一方面受家庭的发展阶段的制约。"③这就是著名的"两种生产"理论。"两种生产"理论提出后,受到两个方面的攻击或歪曲:一方面来自反马克思主义者的攻击和歪曲,如俄国主观社会学家米海洛夫斯基,指责"两种生产"理论"更正"了唯物史观物质生产决定论的公式;俄国民粹派历史学家卡列也夫(1850—1931)说,"两种生产"理论的提出表明恩格斯的观点发生了本质的变化。另一方面来自马克思主义者内部的错误理解,如日本的河上肇认为,"两种生产"理论破坏了唯物史观物质生产"一元论"的性质,陷入了"二元论"。上述两种观点都是错误的。

第一,"两种生产"理论是马克思、恩格斯的一贯思想,而不是恩格斯在《起源》中第一次提出来的。马克思、恩格斯在《德意志意识形态》一书中就

---

① 《马克思恩格斯文集》第4卷,人民出版社2009年版,第15页。
② 《列宁专题文集 论辩证唯物主义和历史唯物主义》,人民出版社2009年版,第284页。
③ 《马克思恩格斯文集》第4卷,人民出版社2009年版,第15—16页。

明白无误地论述了"两种生产"理论。他们指出,"生命的生产,无论是通过劳动而生产自己的生命,还是通过生育而生产他人的生命,就立即表现为双重关系:一方面是自然关系,另一方面是社会关系"①。这里说的"通过劳动而生产自己的生命"的生产,就是物质生产;"通过生育而生产他人的生命"的生产,就是人自身的生产。两种生产都包括两个方面的关系:一是人与自然之间的关系,二是人与人之间的社会关系。他们还指出:这两方面关系"从历史的最初时期起,从第一批人出现以来","就同时存在着,而且现在也还在历史上起着作用"。② 这说明"两种生产"始终是人类社会存在和发展的基础。《起源》一书对"两种生产"理论的新贡献,并不在于、也完全不是第一次提出这个理论,而在于恩格斯运用人类学的新材料,深入具体地论述了这个理论。

第二,恩格斯认为,物质生产和人自身的生产的社会关系在历史发展的不同阶段所起的作用不同,而不是认为物质生产和人自身的生产在历史发展的不同阶段所起的作用不同。他指出,劳动即物质生产越不发展,劳动产品的数量、从而社会的财富越受限制,社会制度就越在较大程度上受血族关系的支配。然而,在以血族关系为基础的这种社会结构中,劳动生产率日益发展起来;与此同时,私有制和交换、财产差别、使用他人劳动力的可能性,从而阶级对立的基础等新的社会成分,也日益发展起来。这就使各种社会关系代替血族关系而对社会制度起了支配作用。恩格斯在这里只是说,在原始社会,其他的社会关系很薄弱,社会制度在较大程度上受血族关系的支配,这种血族关系不仅支配着人自身的生产,而且支配着物质生产。到了阶级社会,私有财产出现,阶级和国家形成以后,人们之间的血族关系对社会制度的支配作用越来越小,而其他的社会关系对社会制度的支配作用越来越大。无论在原始社会还是在阶级社会,物质生产与人自身的生产相比,都是更加基础的东西。在原始社会,血族关系之所以对社会制度起支配作用,归根结底还是由于物质生产的不发达状况造成的。这说明,晚年的恩格斯并没有离开物质生产"一元论",陷入所谓的"二元论"。

第三,恩格斯是以物质生产特别是生产技术的状况划分历史时代,而不是以人自身的生产划分历史时代的。摩尔根根据生活资料生产的进步,把人类历

---

① 《马克思恩格斯文集》第1卷,人民出版社2009年版,第532页。
② 《马克思恩格斯文集》第1卷,人民出版社2009年版,第532页。

史划分为蒙昧时代、野蛮时代和文明时代三大时代，又把蒙昧时代和野蛮时代各划分为低、中、高三个阶段。恩格斯继承了摩尔根的历史分期法，克服了它的某些局限性，把它建立在彻底的历史唯物主义基础之上。他指出，在蒙昧时代低级阶段，人类居住在热带和亚热带的森林中，以植物的果实、根茎为食物，这是人类社会真正开始的阶段。在蒙昧时代中级阶段，人们开始用火，采食鱼类。由于有了新的食物，人们便不受气候和地理条件的限制，具备了开拓新的生活区域的可能性。在蒙昧时代高级阶段，人类发明了比较复杂的工具——弓箭，通过劳动提高了人的智力。在野蛮时代初级阶段，从人类学会制陶术开始，出现了原始的农业和畜牧业。野蛮时代中级阶段，东大陆从驯养家畜开始，西大陆从灌溉、栽培食用植物和建筑上使用砖与石头开始。野蛮时代高级阶段，从冶炼铁矿石开始，并由文字的发明及其应用于文献记录而过渡到文明时代。恩格斯在分别叙述了蒙昧时代和野蛮时代低、中、高各个阶段的划分标志以后，把摩尔根的历史分期概述如下："蒙昧时代是以获取现成的天然产物为主的时期；人工产品主要是用做获取天然产物的辅助工具。野蛮时代是学会畜牧和农耕的时期，是学会靠人的活动来增加天然产物生产的方法的时期。文明时代是学会对天然产物进一步加工的时期，是真正的工业和艺术的时期。"① 恩格斯不仅以物质生产特别是生产技术作为划分历史时代的标志，而且明确指出：虽然家庭发展与物质生产并行，但家庭发展"对于时期的划分没有提供这样显著的标志"②。

二、原始社会的基本特征和发展过程

马克思、恩格斯在创立和发展唯物史观的过程中，曾多次探讨过原始社会问题，这些研究得出了不少科学的结论，为后来对原始社会的研究奠定了基础。但此前的这些研究仅限于父权制氏族，尚未涉及母权制氏族，因而对于氏族的起源、特征和发展规律问题均未作出系统的理论分析。

恩格斯在《起源》中，科学地阐述了原始社会的婚姻家庭关系，揭示了氏族的产生、特征和解体过程。他指出，考察原始社会，了解氏族的产生和发展，必须首先了解婚姻家庭的起源和发展。家庭作为社会生产和生活的一种组

---

① 《马克思恩格斯文集》第 4 卷，人民出版社 2009 年版，第 38 页。
② 《马克思恩格斯文集》第 4 卷，人民出版社 2009 年版，第 32 页。

织形式，它的产生、存在和发展受特定的经济关系的制约，每一种家庭形式都与社会生产发展的一定阶段相适应。在原始社会的早期，人类刚刚脱离动物界，尚无所谓婚姻和家庭。婚姻和家庭关系开始于两性间的性生活受到习俗所规定的某种限制。血缘家庭是人类历史上第一种家庭形式，后经过普那路亚家庭、对偶制家庭，最后过渡到专偶制家庭（一夫一妻制家庭）。从血缘家庭过渡到普那路亚家庭的动力，直接表现为人类自身生产的自然选择的淘汰作用，但最深层的原因和动力还是物质生产。随着婚姻家庭形式的发展，自然选择的淘汰作用日益减弱，物质生产的决定作用越来越大。从对偶制家庭过渡到一夫一妻制家庭，自然选择原则的作用就基本消失了。恩格斯还对未来共产主义社会的婚姻家庭关系做了展望和预言："结婚的充分自由，只有在消灭了资本主义生产和它所造成的财产关系，从而把今日对选择配偶还有巨大影响的一切附加的经济考虑消除以后，才能普遍实现。到那时，除了相互的爱慕以外，就再也不会有别的动机了。"[1]

恩格斯根据"两种生产"理论和婚姻家庭形式的改变，论述了氏族的产生、特征和解体过程。他指出，氏族是从普那路亚家庭产生出来的，它既是一个出自共同祖先的血缘亲属集团，又是组织原始社会生产和生活的社会经济单位，也是一个处理公共事务的社会管理机关。最初的氏族是母系氏族，后来逐渐过渡到父系氏族。若干血缘相近的氏族组成一个胞族，若干胞族组成一个部落，若干部落又组成部落联盟。氏族、胞族、部落、部落联盟各自有由其成员选举产生的首领和社会管理机构，以处理内部的公共事务。恩格斯对氏族制度的特征作了描述，指出它是一种"十分单纯质朴"的"美妙的制度"，没有士兵、宪兵和警察，没有贵族、国王、总督、地方官和法官，没有监狱，没有诉讼，而一切都是有条有理的。家庭经济都是由若干个家庭按照共产制共同经营的，土地乃是部落的财产，仅有小小的园圃归家户经济暂时使用。一切问题都由当事人自己解决，在大多数情况下，历来的习俗就把一切调整好了。不会有贫穷困苦的人，因为共产制的家户经济和氏族都知道它们对于老年人、病人和战争残废者所负的义务，大家是平等、自由的，包括妇女在内，他们还不曾有奴隶；奴役异族部落的事情，照例也是没有的。[2]

---

[1] 《马克思恩格斯文集》第4卷，人民出版社2009年版，第95页。
[2] 参见《马克思恩格斯文集》第4卷，人民出版社2009年版，第111页。

恩格斯同时也指出了氏族制度的局限性。他指出："全盛时期的氏族制度，如我们在美洲所见的，其前提是生产极不发展，因而广大地区内人口极度稀少；因此，人类差不多完全受着同他异己地对立着的、不可理解的外部大自然的支配"；虽然在部落内部大家是平等、自由的，但"部落与部落之间便存在着战争，而且这种战争进行得很残酷，使别的动物无法和人类相比"；人们的眼界十分狭隘，部落与部落之间缺乏联系，社会关系极其简单，人们"彼此完全没有差别，他们都还依存于——用马克思的话说——自然形成的共同体的脐带"。① 所以，在私有制、阶级和国家产生以后，氏族制度就被"炸毁"了。

三、分工的发展与私有制的起源和阶级的产生

生产力以及分工的发展与私有制的起源和阶级的产生是同一过程的不同方面。马克思、恩格斯在《德意志意识形态》中就曾指出："分工的各个不同发展阶段，同时也就是所有制的各种不同形式。"② 恩格斯在《反杜林论》和《起源》中，论述了阶级产生的具体途径，说明奴隶社会的形成是历史的进步，论述了三次社会大分工与私有制的起源和阶级的产生之间的关系，并指出，"分工的规律就是阶级划分的基础"③。

在原始社会后期，随着生产力的发展，出现了第一次社会大分工，即农业和畜牧业的分离，以及原始人群分化成游牧部落和农业部落。这次分工，扩大了交换的范围，使交换从偶然性变成经常性的了，并且使牲畜成为交换的工具，具有了货币的职能。产品交换进一步促进了生产力的发展，推动了生产工具的改进，提高了劳动生产率，出现了剩余产品，牲畜和土地逐渐由公有向私有转化，使得吸收新的劳动力成为可能，于是把战争中的俘虏变为奴隶。恩格斯指出："从第一次社会大分工中，也就产生了第一次社会大分裂，分裂为两个阶级：主人和奴隶、剥削者和被剥削者。"④

随着生产力进一步发展，出现了第二次社会大分工，即手工业与农牧业的分离，以及专业工匠的形成。这次分工，扩大了贸易的范围，出现了金属货币，以交换为目的的商品生产日益发展，氏族成员之间的财产差别和利益对抗

---

① 《马克思恩格斯文集》第 4 卷，人民出版社 2009 年版，第 112—113 页。
② 《马克思恩格斯文集》第 1 卷，人民出版社 2009 年版，第 521 页。
③ 《马克思恩格斯文集》第 9 卷，人民出版社 2009 年版，第 298 页。
④ 《马克思恩格斯文集》第 4 卷，人民出版社 2009 年版，第 180 页。

日趋扩大和严重，私有财产制度已经确立，奴隶制不再是零星现象，而成为社会制度的一个根本的组成部分。"除了自由民和奴隶的差别以外，又出现了富人和穷人的差别——随着新的分工，社会又有了新的阶级划分。"① 婚姻家庭制度也发生了变化，对偶制家庭变成了一夫一妻制家庭，"个体家庭开始成为社会的经济单位了"，这时已经接近"氏族制度的墓穴"，"走到文明时代的门槛了"。②

在前两次分工的基础上，产生了第三次社会大分工，即商业与生产领域的分离，以及特殊的商人阶层的出现。商人是一个不从事生产而只从事交换的阶层，通过为卖而买、贱买贵卖，从农民、牧民、手工业者那里获利，加速了小生产者的破产和分化，于是"财富便迅速地积聚和集中到一个人数很少的阶级手中，与此同时，大众日益贫困化，贫民的人数也日益增长。……奴隶的强制性劳动构成了整个社会的上层建筑所赖以建立的基础"③。"氏族制度已经过时了。它被分工及其后果即社会之分裂为阶级所炸毁。它被**国家**代替了。"④ 第三次社会大分工的出现和国家的形成，是从野蛮时代进入文明时代的标志。

四、国家的起源、本质和消亡的历史必然性

马克思、恩格斯一向重视国家问题的研究，在《黑格尔法哲学批判》中，马克思就提出了"不是国家决定家庭和市民社会，而是家庭和市民社会决定国家"的著名论断，开辟了通向历史唯物主义的道路。此后，马克思、恩格斯逐步丰富和发展了国家学说。恩格斯在《起源》中系统而具体深入地论述了国家的起源、本质和消亡的历史必然性。

恩格斯论述了雅典国家、罗马国家以及德意志人的国家的形成与演变过程，在分别叙述这三种类型的国家形成演变过程的各自特点的基础上，总结出了国家形成的一般规律。他认为，国家绝不是从外部强加于社会的一种力量，也不像黑格尔所断言的是"伦理观念的现实""理性的形象和现实"。"确切地说，国家是社会在一定发展阶段上的产物；国家是承认：这个社会陷入了不可解决的自我矛盾，分裂为不可调和的对立面而又无力摆脱这些对立面。而为了

---

① 《马克思恩格斯文集》第 4 卷，人民出版社 2009 年版，第 183 页。
② 《马克思恩格斯文集》第 4 卷，人民出版社 2009 年版，第 183—184 页。
③ 《马克思恩格斯文集》第 4 卷，人民出版社 2009 年版，第 187 页。
④ 《马克思恩格斯文集》第 4 卷，人民出版社 2009 年版，第 188 页。

使这些对立面，这些经济利益互相冲突的阶级，不致在无谓的斗争中把自己和社会消灭，就需要有一种表面上凌驾于社会之上的力量，这种力量应当缓和冲突，把冲突保持在'秩序'的范围以内；这种从社会中产生但又自居于社会之上并且日益同社会相异化的力量，就是国家。"① 他指出，国家具有不同于氏族组织的特点：其一，氏族组织按血缘关系划分居民，而国家按地区划分国民；其二，氏族组织拥有自己的自动的武装组织，而国家设立了公共权力，是一种暴力机关；其三，为了维持公共权力，国民就需要向国家缴纳捐税和购买国家发行的公债。

恩格斯揭示了国家的阶级本质，说明它是经济上占统治地位的阶级压迫被统治阶级的工具。他指出："由于国家是从控制阶级对立的需要中产生的，由于它同时又是在这些阶级的冲突中产生的，所以，它照例是最强大的、在经济上占统治地位的阶级的国家，这个阶级借助于国家而在政治上也成为占统治地位的阶级，因而获得了镇压和剥削被压迫阶级的新手段。"② 国家既然不是从来就有的，而是阶级矛盾不可调和的产物和表现，所以它也不会永远存在下去，而是将随着阶级的消灭而消亡。他指出："在生产者自由平等的联合体的基础上按新方式来组织生产的社会，将把全部国家机器放到它应该去的地方，即放到古物陈列馆去，同纺车和青铜斧陈列在一起。"③

第三节　《路德维希·费尔巴哈和德国古典哲学的终结》等论著对马克思主义哲学的总结和发展

19世纪80年代，马克思主义在欧洲获得了广泛传播，成了指导工人运动的主导思想，欧洲工人运动蓬勃发展。资产阶级哲学流派，特别是新康德主义和新黑格尔主义，为了消除马克思主义的巨大影响，竭力复活德国古典哲学中的消极因素，污蔑马克思主义哲学是费尔巴哈的唯物主义和黑格尔的辩证法的简单相加。为进一步划清马克思主义哲学与资产阶级哲学的界限，恩格斯写了《路德维希·费尔巴哈和德国古典哲学的终结》（以下简称《费尔巴哈论》）。

---

① 《马克思恩格斯文集》第4卷，人民出版社2009年版，第189页。
② 《马克思恩格斯文集》第4卷，人民出版社2009年版，第191页。
③ 《马克思恩格斯文集》第4卷，人民出版社2009年版，第193页。

该书是1886年他应德国社会民主党机关刊物的请求，对丹麦哲学家和社会学家卡·尼·施达克（1858—1926）于1885年出版的《路德维希·费尔巴哈》一书写的评论。1888年，恩格斯对书中内容作了进一步修改，并写了序言，以单行本的形式出版。恩格斯在该书和晚年的书信，以及他为马克思和自己以前的著作写的导言或序言中，论述了马克思主义哲学与德国古典哲学的关系，首次明确表述哲学基本问题，全面阐发了历史发展的规律和动力，强调了政治上层建筑和意识形态的能动作用，反思并深化了对资本主义发展规律的认识，为马克思主义哲学增添了许多新的内容。

一、论述马克思主义哲学与德国古典哲学的关系

恩格斯全面系统地回顾了他与马克思共同创立的新哲学，是如何从黑格尔哲学出发，经过费尔巴哈这一"中间环节"，而又同它脱离并超越它的过程。

恩格斯充分肯定了黑格尔对哲学发展的贡献。首先，恩格斯认为，在19世纪的德国，包括黑格尔哲学在内的哲学革命作了政治革命的前导。例如，黑格尔在《法哲学原理》的序言中指出，"凡是现实的都是合乎理性的，凡是合乎理性的都是现实的"①，这句话表面看来是为当时的德国现实辩护的保守思想，但根据黑格尔的辩证法，现实性绝不是某种社会状态或政治状态在一切环境和一切时代所具有的属性。在历史进程中，以前一切现实的东西都会成为不现实的，都会丧失自己的必然性、自己存在的合理性和存在的权利；一种新的有生命力的现实的东西就会代替正在衰亡的现存的东西。这样这个命题就变成为另一个命题："凡是现存的，都一定要灭亡。"② 其次，恩格斯指出了黑格尔哲学的真实意义和革命性质，在于它认为世界不是既成事物的集合体，而是过程的集合体，否定了关于人的思维和行动的一切结果具有最终性质的看法。在黑格尔看来，人们对真理的认识是一个过程，永远不可能通过发现绝对真理而使认识过程完结，不仅在哲学认识的领域是这样，在其他认识领域以及实践活动领域也是这样。历史同认识一样，永远不会在人类的一种完美的理想状态中结束；完美的社会、完美的"国家"只是在幻想中才能存在的东西；一切依次更替的历史状态都是人类社会由低级到高级的无穷发展进程中的暂时阶段。

---

① 《马克思恩格斯文集》第4卷，人民出版社2009年版，第268页。
② 《马克思恩格斯文集》第4卷，人民出版社2009年版，第269页。

第三节 《路德维希·费尔巴哈和德国古典哲学的终结》等论著对马克思主义哲学的总结和发展

恩格斯指出，在黑格尔的辩证哲学面前，"不存在任何最终的东西、绝对的东西、神圣的东西；它指出所有一切事物的暂时性；在它面前，除了生成和灭亡的不断过程、无止境地由低级上升到高级的不断过程，什么都不存在。它本身就是这个过程在思维着的头脑中的反映"①。最后，恩格斯认为，黑格尔是一个富于创造性的天才，一个百科全书式的学识渊博的人物，如黑格尔的精神现象学、自然哲学、精神哲学，而精神哲学又包括历史哲学、法哲学、宗教哲学、哲学史、美学诸多领域。黑格尔力求指明贯穿这些领域的发展线索，所以他在各个领域中都起了划时代的作用。

恩格斯同时指出，上述的辩证法思想，虽然蕴涵在黑格尔的哲学中，"但是他本人从来没有这样明确地作出这个结论"②。黑格尔为什么不能明确地作出革命方法的结论呢？主要有两个原因：其一，从理论上说，黑格尔建立了一个庞大的唯心主义体系，按照传统的要求，哲学体系需要以某种绝对真理来完成，而黑格尔自己就发现了这个绝对真理。他的唯心主义体系扼杀了他的哲学的革命性质。其二，从实践上说，黑格尔的哲学体系是为普鲁士王朝的合理性作论证的。人类既然发现了绝对真理，那么，在实践上也一定能够达到在现实中实现这个绝对真理的地步，他认为，绝对真理应当在弗里德里希·威廉三世（1770—1840）向他的臣民再三许诺而又不予兑现的那种等级君主制中得到实现。保守的唯心主义体系的内部需要，使革命的思想产生了极其温和的政治结论。

恩格斯对以黑格尔为代表的旧哲学的终结和创建新哲学的道路做了总结。他指出：旧哲学在黑格尔那里终结了，"一方面，因为他在自己的体系中以最宏伟的方式概括了哲学的全部发展；另一方面，因为他（虽然是不自觉地）给我们指出了一条走出这些体系的迷宫而达到真正地切实地认识世界的道路"，即"沿着实证科学和利用辩证思维对这些科学成果进行概括的途径去追求可以达到的相对真理"。③ 马克思、恩格斯正是沿着这条道路，批判地吸收了黑格尔辩证法的"合理内核"，创造了辩证唯物主义和历史唯物主义这一崭新的哲学，在哲学史上实现了一次伟大的革命性变革。

恩格斯论述了黑格尔哲学体系的解体过程以及费尔巴哈在克服黑格尔体系

---

① 《马克思恩格斯文集》第4卷，人民出版社2009年版，第270页。
② 《马克思恩格斯文集》第4卷，人民出版社2009年版，第271页。
③ 《马克思恩格斯文集》第4卷，人民出版社2009年版，第273页。

方面的功绩。他指出，因为黑格尔的整个学说为容纳各种极不相同的实践的党派观点留下了广阔场所，所以在其解体过程中产生了具有不同政治倾向的哲学派别：老年黑格尔派代表封建贵族和资产阶级保守派的利益，固守黑格尔的唯心主义体系；青年黑格尔派则代表资产阶级激进派的利益，企图借助黑格尔的辩证法批判封建专制制度和宗教神学。费尔巴哈就是青年黑格尔派的一位杰出代表，他的《基督教的本质》一书，直截了当地使唯物主义重新登上王座。费尔巴哈认为："自然界是不依赖任何哲学而存在的；它是我们人类（本身就是自然界的产物）赖以生长的基础；在自然界和人以外不存在任何东西，我们的宗教幻想所创造出来的那些最高存在物只是我们自己的本质的虚幻反映。"① 恩格斯指出："这部书的解放作用，只有亲身体验过的人才能想象得到。那时大家都很兴奋：我们一时都成为费尔巴哈派了。"② 但他在肯定费尔巴哈的功绩的同时，也指出了其理论的两大弱点，即"以美文学的词句代替了科学的认识，主张靠'爱'来实现人类的解放，而不主张用经济上改革生产的办法来实现无产阶级的解放"③。正是由于这些弱点，费尔巴哈虽然打破了黑格尔的体系，却没有制伏黑格尔哲学。

二、首次明确表述哲学基本问题

恩格斯总结了人类认识史，特别是两千多年来的哲学发展史，第一次明确表述了哲学基本问题。他指出，"全部哲学，特别是近代哲学的重大的基本问题，是思维和存在的关系问题"④，这一问题在哲学发展的不同时代，其具体内容和表现形式不尽相同。在远古时代，人们思考的是"灵魂对外部世界的关系"问题；在中世纪经院哲学内部，表现为唯名论与唯实论的斗争；到了近代，"只是在欧洲人从基督教中世纪的长期冬眠中觉醒以后，才被十分清楚地提了出来，才获得了它的完全的意义"。⑤

恩格斯认为，哲学的基本问题包括两个方面的内容。第一方面的内容是思维和存在、精神和物质何者为本原的问题，对这一问题的不同回答，是区分唯

---

① 《马克思恩格斯文集》第4卷，人民出版社2009年版，第275页。
② 《马克思恩格斯文集》第4卷，人民出版社2009年版，第275页。
③ 《马克思恩格斯文集》第4卷，人民出版社2009年版，第276页。
④ 《马克思恩格斯文集》第4卷，人民出版社2009年版，第277页。
⑤ 《马克思恩格斯文集》第4卷，人民出版社2009年版，第278页。

第三节 《路德维希·费尔巴哈和德国古典哲学的终结》等论著对马克思主义哲学的总结和发展

物主义和唯心主义两大哲学派别或两大哲学阵营的标准。他说:"凡是断定精神对自然界说来是本原的,从而归根到底承认某种创世说的人……组成唯心主义阵营。凡是认为自然界是本原的,则属于唯物主义的各种学派。"① 他特别强调,唯物主义和唯心主义这两个用语没有任何别的意义,如果给它们加上别的意义,就会造成混乱。第二方面的内容是思维和存在的同一性问题,即人的思维能不能认识世界,对这一问题的不同回答,是区分可知论和不可知论的标准。恩格斯认为,绝大多数哲学家,包括费尔巴哈在内的唯物主义者和包括黑格尔在内的唯心主义者,都属于可知论者。近代一些哲学家否认彻底认识世界的可能性,如康德和休谟(1711—1776),属于不可知论者。对不可知论最令人信服的驳斥是实践,即实验和工业。恩格斯指出,"既然我们自己能够制造出某一自然过程,按照它的条件把它生产出来,并使它为我们的目的服务,从而证明我们对这一过程的理解是正确的"②,不可知论就被驳倒了。他认为,实践不仅是对不可知论最令人信服的驳斥,而且是哲学发展的动力:"在从笛卡儿到黑格尔和从霍布斯到费尔巴哈这一长时期内,推动哲学家前进的,决不像他们所想象的那样,只是纯粹思想的力量。恰恰相反,真正推动他们前进的,主要是自然科学和工业的强大而日益迅猛的进步。"③

恩格斯关于哲学基本问题的论述,具有重大的理论意义和现实意义。在哲学基本问题上,马克思主义哲学坚持彻底的唯物主义和可知论立场,它认为唯物主义最根本的意义在于要求"人们决心在理解现实世界(自然界和历史)时按照它本身在每一个不以先入为主的唯心主义怪想来对待它的人面前所呈现的那样来理解;他们决心毫不怜惜地抛弃一切同事实(从事实本身的联系而不是从幻想的联系来把握的事实)不相符合的唯心主义怪想",从而"第一次对唯物主义世界观采取了真正严肃的态度,把这个世界观彻底地(至少在主要方面)运用到所研究的一切知识领域里去了"。④ 费尔巴哈由于只把唯物主义应用于研究自然界,不能同时把它应用于研究人类历史领域,所以他虽然在自然观上是唯物主义者,在历史观上却依然是唯心主义者。恩格斯关于哲学基本问题的论述,对于我们坚持用科学世界观和方法论认识世界和改造世界,在当代

---

① 《马克思恩格斯文集》第4卷,人民出版社2009年版,第278页。
② 《马克思恩格斯文集》第4卷,人民出版社2009年版,第279页。
③ 《马克思恩格斯文集》第4卷,人民出版社2009年版,第280页。
④ 《马克思恩格斯文集》第4卷,人民出版社2009年版,第297页。

错综复杂的哲学斗争中识别哲学史上各种哲学派别的真伪优劣，具有重要的理论意义。马克思主义哲学关于哲学基本问题的观点，对于指导我国改革开放和社会主义现代化建设，具有十分重要的现实意义。同时也要注意，对哲学基本问题的意义要辩证地理解，切忌简单化、片面化。

三、全面阐发历史发展的规律和动力

马克思、恩格斯认为，历史发展具有客观规律性，物质生产或生产方式是历史发展的根本动力。恩格斯在《费尔巴哈论》和晚年的一些书信中，全面阐发了历史发展的规律和动力。他认为，在马克思主义产生以前，历史唯心主义独霸统治地位，它用头脑中臆想的联系代替历史本身的现实联系，把历史看成是受"客观观念"或伟大人物思想动机支配的，不承认历史发展具有不依人的意志为转移的客观规律性。为此，恩格斯指出："应该通过发现现实的联系来清除这种臆造的人为的联系；这一任务，归根到底，就是要发现那些作为支配规律在人类社会的历史上起作用的一般运动规律。"①

恩格斯通过分析历史规律与自然规律的区别，说明了历史发展的客观规律与作为历史主体的人的实践活动之间的关系。他认为，人类社会的发展与自然界的发展的重要区别之一，就是自然界事物的变化是盲目的、无意识的，自然界的发展规律就通过这些盲目的、无意识的事物之间的相互作用表现出来；人类社会的发展则不同，人类的活动是有意识、有目的的，正是人类有意识、有目的的实践活动构成了人类社会的历史。人类通过实践活动创造了自己的历史，从而也就形成了人类社会历史的发展规律。从这个意义上说，社会历史规律也是历史主体实践活动的产物，在作为历史主体的实践活动之外，没有社会历史的创造主，也没有社会历史规律的创造主。而且，人类社会历史的发展规律不能自发地实现，需要通过人的有意识、有目的的实践活动才能实现。离开人类有意识、有目的的实践活动，就没有人类社会的历史，当然也就谈不上人类社会历史的发展规律。

恩格斯认为，历史唯物主义和历史唯心主义的分歧，并不在于是否承认人的有意识、有目的的活动在历史发展中的作用，也不在于是否承认精神力量（意志）在历史发展中的作用，因为历史是从许多单个意志的相互冲突中产生

---

① 《马克思恩格斯文集》第4卷，人民出版社2009年版，第301页。

第三节 《路德维希·费尔巴哈和德国古典哲学的终结》等论著对马克思主义哲学的总结和发展

出来的,而在于历史唯心主义仅仅停留在人的思想动机上,把人的思想动机看做是历史发展的最根本动力,而历史唯物主义则指出了人的思想动机背后的更深刻的动力。他指出,历史唯心主义"认为在历史领域中起作用的精神的动力是最终原因,而不去研究隐藏在这些动力后面的是什么,这些动力的动力是什么。不彻底的地方并不在于承认**精神的**动力,而在于不从这些动力进一步追溯到它的动因"①。

那么,如何发现这些精神动力背后的动力、动因呢?恩格斯认为,最基本的方法就是把个人的活动归结为阶级的活动、群众的活动。他指出:"问题涉及的,与其说是个别人物,即使是非常杰出的人物的动机,不如说是使广大群众、使整个整个的民族,并且在每一民族中间又是使整个整个阶级行动起来的动机;而且也不是短暂的爆发和转瞬即逝的火光,而是持久的、引起重大历史变迁的行动。……这是能够引导我们去探索那些在整个历史中以及个别时期和个别国家的历史中起支配作用的规律的唯一途径。"② 在恩格斯看来,在资本主义社会以前,历史人物思想动机背后的动因和思想动机之间的联系是混乱而隐蔽的,当时要发现它几乎是不可能的。而在资本主义社会,这种联系已经变得非常简单,使人们有可能发现思想动机背后的动力。英、法两国的历史充分说明,资产阶级反对封建贵族、无产阶级反对资产阶级的斗争,至少是这两个最先进国家推动近代历史发展的动力。这些阶级的产生是由于经济的原因,由于一定的生产方式。因为各个阶级在生产关系中处于不同的地位,具有不同的利益,所以彼此之间必然进行各种形式的斗争。这样就说明了思想动机背后的动力是物质生活资料的生产方式。

承认个人在历史上的作用,承认思想动机在历史上的作用,也就意味着承认偶然性在历史上的作用。这是因为个人的性格、爱好、习惯、知识水平、身体素质、经历、经验等,都具有一定的偶然性;人的思想动机虽然归根结底是有物质根源的,但也在一定程度上受偶然因素的影响。这些偶然因素在社会发展中确实是起作用的。马克思曾经说过:"如果'偶然性'不起任何作用的话,那么世界历史就会带有非常神秘的性质。这些偶然性本身自然纳入总的发展过程中,并且为其他偶然性所补偿。"③ 恩格斯认为,历史唯物主义和历史唯心主

---

① 《马克思恩格斯文集》第4卷,人民出版社2009年版,第303页。
② 《马克思恩格斯文集》第4卷,人民出版社2009年版,第304页。
③ 《马克思恩格斯文集》第10卷,人民出版社2009年版,第354页。

义的区别,不在于是否承认偶然性的存在及其在历史发展中的作用,而在于历史唯心主义把历史的发展完全归结于偶然性,历史唯物主义则在偶然性背后发现隐蔽着的必然性,即客观规律性。在历史领域内,"尽管各个人都有自觉预期的目的,总的说来在表面上好像也是偶然性在支配着","但是,在表面上是偶然性在起作用的地方,这种偶然性始终是受内部的隐蔽着的规律支配的"。①

历史发展的必然性与偶然性的关系,表现为历史决定论和主体选择的关系。历史唯物主义的历史决定论,是一种承认社会历史发展具有客观规律性、必然性和因果制约性的理论,是建立在唯物主义和辩证法基础上的决定论。主体选择是指作为历史主体的人,从自身的需要和知识结构、经验、技能出发,根据历史的客观条件和发展趋势确定自己行为的方式和方向的活动。在历史唯物主义看来,纯粹的必然性只存在于逻辑中。在现实生活中,规律是非直接的,只是作为一种趋势、一种平均数而存在。恩格斯在谈到利润率和一般经济规律的本质时指出:"它们全都没有任何其他的现实性,而只是一种近似值,一种趋势,一种平均数,但不是**直接的**现实。其所以如此,部分地是由于它们所起的作用被其他规律同时起的作用打乱了,而部分地也是由于它们作为概念的特性。"②

四、强调政治上层建筑和社会意识的能动作用

恩格斯在《费尔巴哈论》和晚年的书信中,一如既往地坚持社会存在对社会意识、经济基础对上层建筑的决定作用的基本原理。他指出,"物质存在方式虽然是始因,但是这并不排斥思想领域也反过来对物质存在方式起作用,然而是第二性的作用"③;经济状况、生产方式制约着历史的发展进程,"它构成一条贯穿始终的、唯一有助于理解的红线"④。

恩格斯晚年针对片面理解和故意歪曲历史唯物主义关于经济状况、生产方式在历史发展中起决定作用的观点,把它曲解为"经济唯物主义"的错误,在坚持经济状况、生产方式在历史发展中起决定作用的原理的前提下,强调了政治上层建筑和社会意识的能动作用。恩格斯回顾了他和马克思创立历史唯物

---

① 《马克思恩格斯文集》第4卷,人民出版社2009年版,第302页。
② 《马克思恩格斯文集》第10卷,人民出版社2009年版,第693—694页。
③ 《马克思恩格斯文集》第10卷,人民出版社2009年版,第586页。
④ 《马克思恩格斯文集》第10卷,人民出版社2009年版,第668页。

第三节 《路德维希·费尔巴哈和德国古典哲学的终结》等论著对马克思主义哲学的总结和发展

义的过程，认为他们在创立历史唯物主义的早期阶段，面临的是历史唯心主义独霸统治地位的状况，当时的主要任务是把唯心主义从它的最后避难所——社会历史领域中驱除出去，把历史观建立在唯物主义的基础上。因此，强调的重点是社会存在对社会意识、经济基础对上层建筑的决定作用，对于上层建筑和社会意识的能动作用，"在马克思和我的著作中通常也强调得不够，在这方面我们大家都有同样的过错。这就是说，我们大家首先是把重点放在从基本经济事实中**引出**政治的、法的和其他意识形态的观念以及以这些观念为中介的行动，而且**必须这样做**。但是我们这样做的时候为了内容方面而忽略了形式方面，即这些观念等等是由什么样的方式和方法产生的。这就给了敌人以称心的理由来进行曲解或歪曲"①。

恩格斯论述了国家政权对经济的发展可能出现的三种反作用情况及其对国家政权自身发展的影响：一是国家政权沿着经济发展的同一方向起作用，在这种情况下，它就会发展得比较快；二是国家政权沿着与经济发展相反的方向起作用，在这种情况下，它经过一定的时期就会崩溃；三是国家政权阻止经济发展沿着某些方向走，而给它规定另外的方向。很明显，在第二种和第三种情况下，政治权力会给经济发展带来巨大的损害，并造成人力和物力的极大浪费。他还从多方面论述了社会意识对社会存在的相对独立性和能动反作用，指出：社会意识与社会存在的变化发展具有非完全同步性；社会意识与社会经济发展水平具有不平衡性；社会意识具有历史继承性；各种社会意识形式之间相互作用、相互影响；不同国家和民族之间的社会意识相互作用、相互影响；社会意识对社会存在具有能动的反作用，促进或阻碍社会存在的发展，这是社会意识相对独立性的集中表现。

恩格斯认为，政治权力和社会意识的相对独立性与旧式分工（即具有固定专业划分的分工）密切相关。他指出："从分工的观点来看问题最容易理解。社会产生它不能缺少的某些共同职能。被指定执行这种职能的人，形成**社会内部**分工的一个新部门。这样，他们也获得了同授权给他们的人相对立的特殊利益，他们同这些人相对立而独立起来，于是就出现了国家。"② 国家的相对独立性是如此，社会意识的相对独立性也是如此。他进一步认为，分工是产生哲学

---

① 《马克思恩格斯文集》第 10 卷，人民出版社 2009 年版，第 657 页。
② 《马克思恩格斯文集》第 10 卷，人民出版社 2009 年版，第 596 页。

唯心主义的重要根源之一。由于国家、法、意识形态成为社会分工的独立部门，具有自己的相对独立性和独特的发展规律，因此，专门从事国家、法、意识形态的工作人员，往往容易离开现实的经济基础，看不到经济基础对国家、法、意识形态的归根结底的决定作用，片面夸大它们的相对独立性，单纯从思维中构造国家、法、意识形态等理论，从而导致哲学唯心主义。

恩格斯根据社会存在和社会意识、经济基础和上层建筑的辩证关系，特别是上层建筑和社会意识的相对独立性及能动反作用的原理，阐明了各种社会因素的"交互作用"的历史辩证法和客观规律性与主观能动性相统一的历史发展的"合力论"。这是恩格斯晚年对历史唯物主义最为突出的贡献之一。

关于历史发展的"交互作用论"，恩格斯认为，根据唯物史观，历史过程中的决定性因素归根结底是现实生活的生产和再生产。他指出，"无论马克思或我都从来没有肯定过比这更多的东西。如果有人在这里加以歪曲，说经济因素是**唯一**决定性的因素，那么他就是把这个命题变成毫无内容的、抽象的、荒诞无稽的空话。经济状况是基础，但是对历史斗争的进程发生影响并且在许多情况下主要是决定着这一斗争的**形式**的，还有上层建筑的各种因素"①。"这里表现出这一切因素间的相互作用，而在这种相互作用中归根到底是经济运动作为必然的东西通过无穷无尽的偶然事件……向前发展。否则把理论应用于任何历史时期，就会比解一个最简单的一次方程式更容易了。"② 恩格斯在历史决定论的基础上，建立起各种社会因素"交互作用"推动社会发展的原理，就是把系统论思想运用于研究人类社会，把人类社会当做一个有机整体来考察，从组成人类社会的一切因素的相互依赖、相互结合、相互渗透、相互制约中揭示出人类社会这个系统的整体功能和发展规律。没有历史决定论，就没有历史观上的唯物主义；没有"交互作用"的原理，历史决定论就变成了毫无内容的、抽象的、荒诞无稽的空话，历史唯物主义也就变成了机械决定论和宿命论。

关于历史发展的"合力论"，恩格斯指出："历史是这样创造的：最终的结果总是从许多单个的意志的相互冲突中产生出来的，而其中每一个意志，又是由于许多特殊的生活条件，才成为它所成为的那样。这样就有无数互相交错的力量，有无数个力的平行四边形，由此就产生出一个合力，即历史结果，而这

---

① 《马克思恩格斯文集》第10卷，人民出版社2009年版，第591页。
② 《马克思恩格斯文集》第10卷，人民出版社2009年版，第591—592页。

个结果又可以看做一个作为整体的、不自觉地和不自主地起着作用的力量的产物。""各个人的意志……虽然都达不到自己的愿望，而是融合为一个总的平均数，一个总的合力，然而从这一事实中决不应作出结论说，这些意志等于零。相反，每个意志都对合力有所贡献，因而是包括在这个合力里面的。"① 在这里，恩格斯既精辟地说明了社会发展的客观规律性和人的主观能动性的一致，又概括地总结了他和马克思发现这种一致性所用的方法。这种方法就是：从人的活动的思想动机追溯其物质根源，把个人的活动归结为阶级和群众的活动，从表面的偶然性寻找内在的客观必然性，揭示出单个人的意志和各个单个意志相互作用所产生的"合力"（即历史结果）之间的关系。

五、反思和深化对资本主义发展规律的认识

在恩格斯晚年，资本主义获得了进一步发展，显示出较强的自我调节功能，在短期内仍然没有灭亡的迹象。恩格斯在回顾欧洲 1848 年革命和 1871 年巴黎公社革命的经验教训时认为，企图通过一两次大的革命冲击，就把资本主义制度消灭，是不切实际的幻想。

恩格斯在《英国工人阶级状况》1892 年德文第二版序言中提出了以下看法：一是 1848 年革命失败以后，从 1850 年至 1870 年，欧洲工业以前所未有的速度飞快发展，创造了巨大的社会财富。二是经济危机的周期延长。自 1842 年以后，经济危机从每 5 年一次变为每 10 年一次，周期延长一倍。三是经济危机引起的社会震动变得小了，破坏力开始减弱，危机后经济复苏较快。四是经济危机虽然仍然是不可避免的，但它还不足以导致资本主义制度的灭亡，人们已经把经济危机看成自然而然的事情，积累了克服危机的经验，危机以后资本主义的发展又会走上正轨。从此可以看出，恩格斯这时已经不仅把经济危机看做最终导致资本主义灭亡的因素，而且开始把它看做资本主义制度的自我调节机制。

1895 年，恩格斯在逝世前夕为马克思的《1848 年至 1850 年的法兰西阶级斗争》一书写了导言，总结了 1848 年和 1871 年革命的经验教训。他指出：其一，就客观条件而言，1848 年至 1871 年，资本主义的生产力获得了长足发展，原来比较落后的德国甚至成为真正第一流的工业国，资本主义大工业在很多国

---

① 《马克思恩格斯文集》第 10 卷，人民出版社 2009 年版，第 592—593 页。

家还刚刚确立。也就是说，它还是新生的，还有很大的扩张能力，欧洲的经济发展状况远没有成熟到可以铲除资本主义生产方式的程度。其二，就主观条件而言，当时尚未形成能够推翻资本主义制度、建立社会主义新制度的革命群众及其领导。当时工人运动的一些领导人，如布朗基（1805—1881）、蒲鲁东，尚不知道如何进行革命以及革命胜利后应该干什么，而且还在内部进行无谓的斗争，消耗自己的力量。巴黎以外的工农大众在1871年巴黎公社期间，不仅没有投身革命，而且在革命遭到残酷镇压时无动于衷。其三，随着历史条件的变化，工人阶级应该改变自己的斗争形式。在推翻资本主义的条件尚未成熟的时候，要准备与资产阶级作长期的、合法的斗争，而不能再像1848年和1871年那样，企图通过一次突然的暴力袭击就能战胜资产阶级。在这里，应当特别提及的是恩格斯的自我反省、自我批判精神。他公开承认1848年和1871年企图通过一次简单的突然袭击就取得胜利是"错了"，是一种"迷误"，是"一个幻想"，是"不对的"，是"没有什么成果的"。马克思、恩格斯的可贵之处，不仅在于他们敢于对黑暗的现实和各种错误理论进行无情的批判，而且还在于他们勇于自我反省、自我批判，不断克服自己理论的局限性，不断为自己的理论开辟新境界。马克思、恩格斯正是通过自我反省、自我批判，逐步全面地认识资本主义的发展规律，既看到资本主义的种种弊端和自身不能最终克服的矛盾，又肯定其推动生产力发展的积极作用，肯定其当时还有生命力和扩张能力，从而不断调整对资本主义寿命的认识，科学地把握资本主义的历史命运，为无产阶级的斗争指出符合实际的战略和策略。

在马克思主义诞生以来的这一百多年间，资本主义发生了一系列新的变化，虽然多次遭遇经济危机和衰退，但总的说来还是获得了发展，并且在第二次世界大战后出现了较长的相对稳定发展的时期，至今仍看不出在短期内灭亡的迹象。马克思、恩格斯在早年把资本主义寿命估计过短的认识，确实与资本主义发展的客观历史进程存在着明显的反差。但如果以此为根据，得出马克思主义"过时"的结论，无疑是完全错误的，其认识根源在于没有掌握马克思、恩格斯对资本主义寿命的认识的历史演变的内在逻辑，没有正确把握马克思、恩格斯关于对资本主义本质特征的深刻剖析和资本主义必然灭亡的揭示。可以清楚地看出，马克思、恩格斯思想的历史演变的内在逻辑与资本主义发展的客观历史进程相比较，在总的趋势上是基本一致的。他们逝世以后资本主义发展的客观历史进程，不仅不是对他们关于资本主义寿命认识的证伪，反而是对它的证实。虽然恩格斯当时认为资本主义还有一定的生命力和扩张能力，但是他更加强调资本主义必然灭亡的历史命运是不可挽回的。

思考题：

1. 如何理解恩格斯的《反杜林论》和《自然辩证法》对马克思主义哲学原理的系统阐发及其在马克思主义哲学史上的地位？
2. 如何理解恩格斯的《家庭、私有制和国家的起源》中的哲学思想及其在马克思主义哲学史上的地位？
3. 如何理解《路德维希·费尔巴哈和德国古典哲学的终结》中的哲学思想及其在马克思主义哲学史上的地位？
4. 如何认识恩格斯晚年的书信对历史唯物主义的贡献？
5. 如何正确认识马克思哲学与恩格斯哲学的关系？

第六章 19世纪20世纪之交欧洲的马克思主义哲学

19世纪与20世纪之交,由于国际工人运动的蓬勃发展,马克思主义哲学在欧洲产生了广泛而深远的影响。在马克思、恩格斯的指导和关怀下,一批马克思主义理论家、哲学家和革命活动家在欧洲各国成长起来。他们深入思考世界历史和欧洲社会出现的新变化,总结工人运动的经验,反思社会主义运动中出现的问题,吸取自然科学和社会科学的新成就,在与无政府主义和修正主义的斗争中,推动了马克思主义哲学的传播和发展。

第一节 第二国际时期(1889—1914)马克思主义哲学的曲折发展

第二国际是各国社会主义政党的国际联合组织,亦称"社会主义国际""社会党国际"。1889年7月14日,第一次"国际工人和社会主义者代表大会"在巴黎召开,标志着第二国际的成立。随后,在恩格斯的直接领导下,第二国际坚持马克思主义的指导思想,促进了国际工人运动和社会主义运动的发展;但在恩格斯逝世后,随着伯恩施坦修正主义的出现,第二国际内部出现了明显的理论分裂,一批马克思主义思想家在与形形色色的错误思想作斗争中,捍卫并发展了马克思主义哲学。

本章二维码

一、恩格斯对第二国际的领导及其思想影响

马克思逝世后,恩格斯为第二国际的创立与马克思主义思想的传播和发展做了大量的工作,这些工作极大地推动了马克思主义哲学的传播与发展。恩格斯对第二国际的领导及其思想影响主要体现在三个方面。

第一,亲自参加第二国际的筹建工作,把第二国际建立在马克思主义学说的基础上。19世纪70年代,欧美各国资本主义机器大生产迅速发展,形成了巨大的产业工人队伍,其人数、组织性、纪律性和觉悟程度都大大增强,工人运动在各国蓬勃发展起来。在马克思和恩格斯的指导下,欧美各国纷纷建立了群众性的工人阶级政党。1875年,德国工人运动中的爱森纳赫派和拉萨尔派实行合并,建立了统一的德国社会主义工人党。1876年，美国社会主义者左尔格（1828—1906）、魏德迈（1818—1866）等人组建了社会主义工人党（后改名为社会劳工党）。1879年，法国的盖得（1845—1922）和拉法格等人创立了法国工人党（正式名称为法国社会主义者工人联合会）。1884年，英国产生了以海德门（1842—1921）为首的社会主义组织——社会民主联盟。丹麦（1878）、比利时和西班牙（1879）、意大利和荷兰（1882）、瑞士和瑞典（1889）、匈牙利（1890）、保加利亚（1891）等国也先后建立了工人阶级的政党和组织。到19世纪80年代末，随着工人运动的高涨、工人阶级政党和组织的发展，成立一个国际性组织，联合各国的工人阶级力量来推翻资本主义制度的要求被迫切地提出来了。为此，恩格斯分别给拉法格、李卜克内西（1826—1900）、倍倍尔（1840—1913）等法国和德国工人党的领袖写信，制定策略，要求他们与法国的改良主义党可能派和机会主义组织社会民主联盟划清界限，保证新的国际组织建立在马克思主义的基础上。

正是在恩格斯的帮助和推动下，第二国际直接继承了第一国际的传统，把马克思、恩格斯提出的"全世界无产者，联合起来！"和"剥夺资本家阶级的政治权利和经济权利，生产资料社会化！"作为第二国际的纲领。恩格斯还在1882年2月10日致约翰·菲力浦·贝克尔（1809—1886）的信中明确提出了第二国际的任务，即国际"再也不会是一个宣传的团体，而只能是一个行动的团体了"①；第二国际的历史使命，就是要组织国际工人阶级，准备进行无产阶级革命。第二国际成立后，恩格斯还同各国的马克思主义者建立了通信联系，指导和帮助他们制定社会主义政党的纲领，准备进行社会主义革命，从而保证了第二国际初期的马克思主义性质。

第二，恩格斯晚年的思想成果对第二国际的马克思主义理论研究产生了直接的影响。马克思逝世后，恩格斯继续开展政治经济学、哲学、阶级斗争学说和无产阶级革命学说的研究，出版了《家庭、私有制和国家的起源》《路德维希·费尔巴哈和德国古典哲学的终结》《关于共产主义者同盟的历史》《关于普鲁士农民的历史》等著作，整理并出版了马克思《资本论》的第二、三卷（第四卷由考茨基整理出版）。这些著作的出版对第二国际的马克思主义哲学发展产生了重要的影响。其中，《家庭、私有制和国家的起源》一书对第二国际理论家研究和吸收历史唯物主义学说产生了直接的影响，如拉法格和拉布里奥拉

---

① 《马克思恩格斯文集》第10卷，人民出版社2009年版，第478页。

把维科（1668—1744）的历史哲学和摩尔根的人类学成果引入唯物史观的研究，把经济作为一个系统进行起源学叙述，就是因为受到了《家庭、私有制和国家的起源》一书的影响。

第三，积极培养各国的马克思主义理论家，要求把马克思主义理论与各国的革命实践相结合。恩格斯在1886年11月29日致弗里德里希·阿道夫·左尔格的信中，批评了美国马克思主义者教条式地对待他和马克思的学说，指出他们的学说是"行动的指南"①，而不是教条；他在1887年1月27日致弗洛伦斯·凯利-威士涅威茨基（1859—1932）的信中进一步指出："我们的理论是发展着的理论，而不是必须背得烂熟并机械地加以重复的教条。越少从外面把这种理论硬灌输给美国人，而越多由他们通过自己亲身的经验（在德国人的帮助下）去检验它，它就越会深入他们的心坎。"②恩格斯的这一思想对当时马克思主义哲学的传播和发展具有重要意义。

二、伯恩施坦修正主义的出现及对他的批判

恩格斯在世时，危害第二国际工人运动的思想主要是无政府主义，他领导第二国际开展了对无政府主义的斗争。恩格斯去世后，危害第二国际工人运动的思想主要是改良主义。伯恩施坦（1850—1932）就是改良主义的主要代表人物，他的修正主义就是对改良主义思想的理论论证，给第二国际内部带来了严重的思想混乱。比如法国出现了米勒兰主义和饶勒斯（1859—1914）的修正主义理论；意大利党内也出现了以屠拉梯（1857—1932）为首的改良主义派别等。为了克服工人运动中的改良主义思想，保持工人运动的健康发展，德国、法国、奥地利和俄国等国的马克思主义者对伯恩施坦的修正主义及其在各国的代表人物进行了理论批判。

爱德华·伯恩施坦，出生在柏林一个犹太血统的家庭。1872年加入德国社会民主党。1878年德国颁布反社会主义法后，他在瑞士参与筹办党的机关刊物《社会民主党人报》，并从1881年起担任该报主编，1888年迁到英国伦敦继续编辑和出版该报。在此期间，他积极揭露和批判俾斯麦（1815—1898）政府的反动政策和党内的机会主义思想，因此得到恩格斯的赞赏和信任，被指定为遗嘱执行人之

---

① 《马克思恩格斯文集》第10卷，人民出版社2009年版，第557页。
② 《马克思恩格斯文集》第10卷，人民出版社2009年版，第562页。

第一节 第二国际时期（1889—1914）马克思主义哲学的曲折发展

一。但是1895年恩格斯去世后，伯恩施坦在德国社会民主党的理论刊物《新时代》上以"社会主义问题"为总标题发表了一组文章，阐述了他的修正主义的基本观点。他认为，资本主义社会已经建立起现代的信用制度，创造了完善的邮政、电报、客运、货运等交通通信工具，商业统计和情报机构不断改进，工业家组织不断扩展，这些都是资本主义制度的新机能。因此，资本主义获得了新的经济形式，其适应能力增强了，能够克服自身的危机，并逐步生长出越来越多的社会主义因素。他由此得出结论：资本主义将不再发生危机，马克思有关资本主义崩溃的预言和无产阶级革命的原则都不再适用了，无产阶级可以通过工会和社会改良的方式实现社会主义。他的这种观点是与马克思、恩格斯关于社会主义革命的观点相背离的，是误把资本主义的新表现形式当作社会主义的新因素了。

1899年，伯恩施坦在《社会主义的前提和社会民主党的任务》一书中，对马克思和恩格斯的哲学、政治经济学和科学社会主义理论进行了全面的修正。在哲学方面，他极力消除马克思、恩格斯的唯物史观和辩证法学说中的革命性因素。就唯物史观而言，他指出，马克思在《〈政治经济学批判〉序言》中把揭示历史必然性及其根源当作唯物史观研究的根本任务，而对历史必然性及其发展趋势的预言又是以肯定物质的生产力和生产关系运动的决定性和政治、意识形态对物质的生产力和生产关系运动的从属性为根据的，这就使马克思有关"资本主义崩溃"和无产阶级革命的预言出现了"误差"。因此，恩格斯在晚年提出了"合力论"，强调历史的进程是经济因素和非经济因素共同作用的结果。他认为，要计算革命的到来、估计革命的后果，就必须考察从生产力、生产关系到上层建筑、文化传统、地理环境等各个因素的相互影响和相互作用。据此，伯恩施坦把马克思和恩格斯的唯物史观的发展分为早期和晚期两个阶段，认为早期是不成熟形态，晚期是成熟形态；唯物史观应该沿着成熟形态发展，加强对道德、法权、意识形态等非经济因素的历史作用的研究。

就辩证法而言，伯恩施坦认为，马克思、恩格斯在《共产党宣言》中对资本主义经济和社会发展趋势的预言、对工人阶级成熟程度和革命实现的估计，都是从黑格尔的思辨的矛盾辩证法中推论出来的；并把"一件需要几个世代才能实现的事"[①] 看成是在近期通过一次革命就能完成的事。他提出："黑格尔

---

① ［德］爱德华·伯恩施坦著，殷叙彝编：《伯恩施坦文选》，人民出版社2008年版，第159—160页。

辩证法是马克思学说中的叛卖性因素，是妨碍对事物进行任何推理正确的考察的陷阱。"① 马克思、恩格斯的唯物史观中的伟大贡献都是不管黑格尔的辩证法而作出的，而他们的唯物史观中的布朗基主义则是保留"黑格尔的杂质"②的结果。要清除马克思、恩格斯唯物史观中的布朗基主义，就必须在唯物史观中清算和超越黑格尔的辩证法。伯恩施坦既否定黑格尔的辩证法包含合理的因素，否定黑格尔的辩证法对马克思主义哲学的积极影响，又抹杀黑格尔的辩证法与马克思主义辩证法的根本区别，割裂马克思主义辩证法与唯物史观相互交融、密不可分的关系。唯物史观将无产阶级和广大群众作为革命的主体，这同试图通过少数革命家密谋进行革命冒险的布朗基主义也有本质的区别。伯恩施坦通过否定马克思主义辩证法，否定无产阶级革命的必要性。

伯恩施坦修正主义的出现，激起了德国社会民主党内的不满和反对。1898年10月至1903年，德国社会民主党先后召开了五次代表大会，梅林、倍倍尔、考茨基、罗莎·卢森堡、蔡特金（1857—1933）、李卜克内西等人对伯恩施坦的修正主义观点进行了批判，维克多·阿德勒（1852—1918）、普列汉诺夫等其他国家的第二国际的领袖人物也参加了会议，并对伯恩施坦的观点展开了批判。其中的三次代表大会都通过了反对修正主义的决议案，声明德国社会民主党坚持马克思、恩格斯的科学社会主义学说，坚持阶级斗争的立场，反对"把社会民主党改成一个民主的社会主义的改良政党"③。梅林、倍倍尔、考茨基、卢森堡、蔡特金、李卜克内西等人明确指出，伯恩施坦的观点违背了马克思、恩格斯社会主义理论的基本原则，他以英国为例分析和预测现代社会的经济、政治发展，他的分析和预测无论在方法论上，还是在实践路径上，都是根本错误的。针对伯恩施坦的改良主义观点，卢森堡写了一系列的批判文章，编辑成《社会改良还是革命？》一书，从哲学上阐发了社会革命和改良的辩证关系，对伯恩施坦的修正主义观点进行了系统的理论批判。这本书在当时产生了很大的影响，被誉为马克思主义辩证法的杰作。针对伯恩施坦有关马克思无产阶级专政理论过时的观点，卢森堡从哲学史的角度分析了马克思主义辩证法与黑格尔

---

① [德]爱德华·伯恩施坦著，殷叙彝编：《伯恩施坦文选》，人民出版社2008年版，第163页。
② [德]爱德华·伯恩施坦著，殷叙彝编：《伯恩施坦文选》，人民出版社2008年版，第174页。
③ 中共中央马恩列斯著作编译局、国际共运史研究室编：《德国社会民主党关于伯恩施坦问题的争论》，生活·读书·新知三联书店1981年版，第282页。

辩证法的关系，提出了"回到马克思"的口号。

第二国际于1900年在巴黎召开第五次代表大会，批判法国的米勒兰主义。在会上，以盖得为首的左派对米勒兰（1859—1943）的叛变行为进行了谴责，坚决反对社会主义者参加资产阶级政府。盖得的这一主张得到了卢森堡的支持。拉法格也对法国的修正主义理论——饶勒斯的康德主义的观念起源学说和认识论学说进行了批判，阐发了马克思主义的观念起源学说和认识论学说。

德国社会民主党和第二国际召开代表大会批判伯恩施坦修正主义这件事表明，第二国际内部既有机会主义和修正主义思潮，也始终存在着反对机会主义和修正主义的思想斗争。因此，不能武断地把第二国际（1889—1914）的所有理论观点都斥为修正主义的或错误的，也不能以某一国家和人物的思想涵盖全貌，或以问题的论述来模糊理论的分歧和差别，必须通过分析各国马克思主义理论的发展状况和各国的马克思主义理论家与修正主义者的思想，来了解和把握第二国际时期马克思主义哲学的传播和发展。值得指出的是，列宁虽然是第二国际马克思主义哲学的主要代表之一，但因他是第三国际的创立者和领导人，他的哲学思想也代表了第三国际的理论观点。因此，列宁的哲学思想将在后面一章详细论述。

三、第二国际时期（1889—1914）马克思主义者的哲学研究的主要贡献及其缺陷

作为国际性的工人运动和社会主义政党的组织，第二国际内部无论是在理论观点上，还是在政治立场上，都不是完全统一的。在理论观点上，分为正统马克思主义、无政府主义和修正主义三个派别；在政治立场上也有左派、中派和右派之分。所谓左派，就是坚持马克思、恩格斯的无产阶级专政学说，强调阶级斗争、无产阶级革命对于工人运动的意义；所谓右派，就是认为马克思、恩格斯的无产阶级专政理论过时了，主张工人运动放弃阶级斗争和无产阶级革命，走合法议会的道路；所谓中派，就是主张对修正主义采取调和和折中主义的立场。正是理论观点和政治立场的分歧构成了第二国际内部复杂的思想斗争。

值得注意的是，第二国际大多数理论家的理论观点和政治立场是基本一致的，比如，列宁、李卜克内西和卢森堡是正统马克思主义和左派的杰出代表；伯恩施坦是修正主义的代表人物，也是政治上的右派。但也有理论家的理论观点和政治立场是变化的，考茨基、普列汉诺夫就是如此。第二国际内部出现的

理论观点和政治立场的分歧当然与理论家们自己的思想认识有关，但这些分歧归根结底还是由当时世界历史的复杂变化和各国工人运动发展的不平衡造成的。第二国际时期马克思主义者的哲学研究的主要贡献在于以下四点。

第一，第二国际理论家积极整理和出版马克思的著作，大力宣传和解释马克思、恩格斯的著作，从而将越来越多国家的无产阶级和广大人民群众团结在马克思主义哲学的旗帜下。

第二，结合欧洲资本主义的新变化和工人运动的新发展，发展唯物史观，研究帝国主义现象。各国的马克思主义哲学家们根据新的时代特点，对唯物史观的实质、经济基础与上层建筑的关系、家庭和伦理关系等问题作了新的研究，对资本积累方式的新变化进行了研究，创立了帝国主义理论。

第三，探讨了唯物史观和辩证法的关系。巴黎公社失败以后，工人运动获得了新发展。无产阶级的反抗迫使资本主义国家逐步采取议会民主等让步政策缓和阶级矛盾，从而使资本主义国家处于比较平稳的和平发展时期。在这一时期，无产阶级如何开展反对资本主义的斗争，是否还需要马克思主义的阶级斗争和社会革命理论的指导，第二国际理论家们围绕这一问题展开了激烈的争论。第二国际的马克思主义者论证了改良和革命的辩证关系，坚持辩证法的批判的、革命的本质，反对割裂唯物史观和辩证法，反对将渐变方法绝对化的"和平长入社会主义"的修正主义。第二国际的马克思主义者还吸取当时自然科学和人文社会科学的新成果，丰富和发展马克思主义的历史观和方法论。

第四，把马克思主义哲学与各国的革命实践、各民族的文化传统相结合，创造具有民族特征的马克思主义哲学，推动了马克思主义哲学在各国的发展。在恩格斯的指导下，欧美国家的马克思主义者开始结合本民族的革命实践和文化传统，创造适合本民族发展的马克思主义哲学，从而形成了各具特色的马克思主义哲学。

由于复杂的客观环境和主观原因，第二国际马克思主义者也存在着一定的理论缺陷。第一，有的第二国际马克思主义者对马克思、恩格斯哲学在哲学史上实现的根本变革缺乏深入的理解，存在着有时用旧哲学观点理解马克思主义哲学的情况。第二，有的第二国际马克思主义者的世界观转变不够彻底，在对唯物史观的理解上存在着社会达尔文主义、实证主义倾向等。第三，第二国际马克思主义者虽然阐发了唯物史观关于经济基础和上层建筑辩证关系的观点，但仍然在一定程度上存在着经济决定论的倾向。

第二节 考茨基的唯物史观研究及其理论错误

考茨基是德国社会民主党的理论家，他无论在马克思主义哲学理论研究上，还是在政治立场上，都是一个十分复杂的人物。他曾是一个马克思主义者，对研究和传播马克思主义作出过贡献，但后来成为一名机会主义者、修正主义者，背叛了马克思主义的学说和事业。

一、考茨基的生平及理论活动

卡尔·考茨基，生于布拉格。他的父亲是捷克人，剧院的画家；母亲是德国人，写过许多社会题材的小说，马克思及其家人、恩格斯、倍倍尔都十分尊敬她。她的思想和热情也对考茨基的成长有重要影响。1875 年，考茨基在维也纳大学学习期间加入奥地利社会民主党。

考茨基的理论活动及其对马克思主义的态度可分为三个时期。19 世纪 70 年代中期到 80 年代初，是考茨基成为马克思主义者以前的时期。在这一时期，他是毕希纳派庸俗唯物主义的信徒，信奉达尔文、斯宾塞（1820—1903）、穆勒（1806—1873）的思想。19 世纪 80 年代初到 1910 年，是考茨基从事马克思主义理论工作的时期，他长期担任德国社会民主党的理论刊物《新时代》的主编，与恩格斯一直保持着十分密切的联系，并花了五年时间整理出版了马克思的《资本论》第四卷，即《剩余价值学说史》，这是他对马克思主义的一个重要贡献。他还积极宣传和阐释马克思的著作，对马克思的《哲学的贫困》和《资本论》作了通俗的解释，出版了《资本论》第一卷的普及本。他撰写了一系列有关历史和经济学说的著作，宣传马克思主义，其中包括《法兰西革命时期的阶级矛盾》《爱尔福特纲领解说》《土地问题》《伦理与唯物史观》等。他基本改变了其早年对社会达尔文主义的理解，把人类社会理解为自然界的一个特殊部分，认为它有自身的特殊规律。他反对唯意志论，认为意志建立在社会特殊规律的基础之上，无产阶级革命和无产阶级掌握政权具有历史必然性。他通过分析 19 世纪末 20 世纪初社会矛盾斗争的特点，提出无产阶级革命新时代到来的观点。他还在宗教和伦理等方面进行了较深入的研究。不过，他缺乏对无产阶级革命的自觉能动性的理解。19世纪80年代初,考茨基因伯恩施坦与他同属"正统的马克思主义"者而对伯恩施坦的观点是认同和钦佩的;到80年代末,他因伯恩施坦修正马克思主义而与其发生尖锐对立。这一时期,他在理论上反对修正主义,坚持马克思主义的立场,但在政治上即在革命与战争等问题上左右摇摆,成为政治上的中派。从1910年到他去世,是考茨基由政治上的中派转向右派的时期。尽管他与伯恩施坦存在理论上的分歧,但在政治上则与之一样,主张以改良主义方式解决革命和战争问题。考茨基通过写作《民族国家、帝国主义国家和国家联盟》《过渡时期经济》《无产阶级专政》《恐怖主义与共产主义》《从民主制到国家奴隶制》等著作,力图论证和平过渡的可能性和现实性。因此,考茨基受到德国社会民主党内左派和第三国际的严厉批评。德国社会民主党的左派和列宁都斥责考茨基的机会主义、沙文主义立场,称考茨基是无产阶级的叛徒。

考茨基的机会主义和沙文主义的政治立场是由他的理论的不彻底性决定的。他的唯物史观理论带有浓厚的自然主义色彩而缺乏历史辩证法。这一缺陷表现在他的"唯物史观"和"超帝国主义论"中,就是否认矛盾和阶级斗争,否认无产阶级革命。

二、"唯物史观"和"超帝国主义论"

在大学期间,考茨基主要研究历史、经济学和法学,在理论上主要受达尔文、斯宾塞、穆勒等人思想的影响,即使后来接受了马克思、恩格斯的唯物史观,也从未放弃自己的达尔文主义观点,而是把马克思、恩格斯的唯物史观融于他的历史观之中,形成自己的"唯物主义历史观"。在《唯物主义历史观》一书中,他阐明了自己的"唯物史观"的独特性,认为"在马克思和恩格斯创立唯物主义世界观的时候,还谈不上什么达尔文主义。他们是从黑格尔出发的,我是从达尔文出发的。我所研究的首先是达尔文,后来才是马克思,首先是有机体的发展,后来才是经济的发展,首先是物种的生存斗争,后来才是阶级斗争"[①]。这种历史观首先是与自然科学思想相联系的,并不是与经济学思想相联系的。从这里可以看到马克思、恩格斯的唯物史观与考茨基的"唯物史

---

① [德]卡尔·考茨基著,《哲学研究》编辑部编:《唯物主义历史观》第一分册,上海人民出版社1964年版,第17页。

观"之间的根本区别：首先，马克思、恩格斯的唯物史观是建立在唯物辩证法的基础之上的，具有批判性和革命性；而考茨基的"唯物史观"是建立在达尔文进化论的基础之上的，带有这个时期的有机发展观的特点。其次，马克思、恩格斯的唯物史观强调生产力、科学技术对于历史进步的意义，本质上是历史主义的，而考茨基的"唯物史观"则强调历史中的自然因素，肯定自然唯物主义对历史唯物主义的优先性，带有很强的自然主义的色彩。

考茨基反对与他同时代的希法亭（1877—1941）、卢森堡、阿克雪里罗德（1850—1928）等人从政治或经济的角度研究唯物史观，认为他们的错误在于把《资本论》等同于马克思的唯物史观，没有看到马克思在写作《资本论》之前就已经有了唯物史观的基本观点，因而没有把唯物史观从马克思的政治经济学理论和科学社会主义理论中抽象出来，阐发它的世界观意义。他提出，从逻辑的方面看，唯物主义作为一种世界观，是唯物主义历史观的基础和逻辑根据，唯物主义历史观是唯物主义在历史中的运用；从历史的方面看，"马克思和恩格斯在发展他们的历史观以前，已经在哲学上达到一种唯物主义的观点了"①。这种唯物主义观点是从费尔巴哈那里获得的，不过，马克思以对社会存在与社会意识关系的说明超越了费尔巴哈，把费尔巴哈的唯物主义发展为辩证唯物主义，唯物主义的历史观也就是辩证唯物主义与历史观的结合。考茨基承认，他对唯物主义历史观的理解与普列汉诺夫的"一元论的历史观"是一致的，是一种自然主义的有机历史观。他分别从人的认识史、生命进化史的角度考察了自然与社会的关系，分析了阶级和国家的自然的和社会的起源，其中对人类的婚姻、种族的斗争和发展、地理和技术的进步等方面的研究，体现了其"唯物史观"的主要特点。

考茨基根据自己的"唯物史观"，提出了"超帝国主义论"，为从资本主义向社会主义的和平过渡提供理论根据。他不同意把帝国主义定义为包括卡特尔、保护关税、金融统治以及殖民政策在内的现代资本主义，也不同意把帝国主义定义为扩张本国领土，而主张从工业资本与农业资本的关系上，从资本主义生存的历史条件上来定义帝国主义。他认为："帝国主义是高度发展的工业资本主义的产物。帝国主义就是每个工业资本主义民族力图征服和吞并愈来愈

---

① ［德］卡尔·考茨基著，《哲学研究》编辑部编：《唯物主义历史观》第一分册，上海人民出版社1964年版，第21页。

多的农业区域，而不管那里居住的是什么民族。"① 这一定义把帝国主义严格限定在产业资本方面，为他的"超帝国主义论"留出了理论空间。在他看来，资本主义本身是一个发展过程，可依资本主义政策的变化分为三个阶段：民族国家—帝国主义国家—国家联盟。所谓的国家联盟就是"超帝国主义"阶段，即资本主义发展的新阶段，帝国主义各国可以通过卡特尔而联合成国际金融资本，以消除资本主义国家的竞争、冲突、战争和经济危机，从而实现资本主义向社会主义的和平过渡。考茨基并不否认帝国主义的矛盾冲突及其给人类带来的危险性，但他企望通过资本主义内部生产制度的变化、政策的调整来解决帝国主义给人类带来的种种灾难，并认为这是完全可能的。"如果到了这种超帝国主义的时代，那么至少资本主义道义上的破产趋势就有可能暂时缓和下来。"② 在这里，考茨基的改良主义观点和幻想已暴露无遗。

"超帝国主义论"的改良主义观点根源于考茨基的理论的不彻底性。这一理论只是在现象的层面上分析帝国主义的政策，而没有揭示帝国主义的经济根源和内在矛盾，说明帝国主义灭亡和社会主义革命的必然性。而这种不彻底性归根结底是因为他的唯物史观过于强调自然主义的观点，缺乏历史辩证法。

第三节 梅林和卢森堡的马克思主义哲学研究

梅林和卢森堡都是德国社会民主党的马克思主义理论家，政治上的左派代表人物。与考茨基不同，他们都重视马克思的辩证法思想，反对对唯物史观的自然唯物主义理解，强调历史主义的观点，代表了这一时期德国马克思主义哲学中的人文主义传统。

一、梅林的马克思、恩格斯思想史研究

弗兰茨·梅林，德国共产党的创始人之一，德国工人运动的杰出领袖，著名的马克思主义理论家、哲学家、历史学家和文艺评论家，在诸多学术领域都

---

① [德] 卡尔·考茨基：《帝国主义》，史集译，生活·读书·新知三联书店1964年版，第2页。
② [德] 卡尔·考茨基：《帝国主义》，史集译，生活·读书·新知三联书店1964年版，第36页。

有所建树。他出生于一个为普鲁士服务的官吏家庭，先后在莱比锡大学和柏林大学攻读哲学和文学史，获哲学博士学位，毕业后从事新闻工作。梅林于1891年加入德国社会民主党，从早年的资产阶级民主主义者转变为马克思主义者。随后，梅林先后担任德国社会民主党理论刊物《新时代》杂志和《莱比锡人民报》的主编，积极宣传马克思主义理论和德国社会民主党的方针政策。在这一时期，梅林在理论上展开了对伯恩施坦的修正主义和考茨基的机会主义的批判，颂扬和支持俄国的十月革命；在实践上，他与李卜克内西、卢森堡等德国社会民主党的左派一起，创立了德国共产党，成为工人运动的领袖。1919年1月29日，梅林病逝于柏林。

梅林最突出的贡献是开创了马克思、恩格斯的思想史研究。《马克思传》是他叙述马克思、恩格斯思想史的主要著作。在这部著作中，梅林第一次以精神文化为主线叙述了马克思、恩格斯的思想历程，突出了哲学在马克思、恩格斯思想形成过程中的作用和地位。他特别强调马克思、恩格斯的早期哲学批判和宗教批判对于他们思想形成的作用，分析了马克思博士论文中的辩证法思想及其对于马克思辩证法形成的意义，并以马克思的辩证法为核心，论述马克思、恩格斯历史唯物主义的基本原理。

第一，从马克思、恩格斯思想的起源上说明历史唯物主义的内容。在梅林看来，马克思、恩格斯哲学区别于其他哲学的根本点，就在于它不是把人类精神发展规律的根源归于自然界或人的自然的存在，而是从人的现实的、社会的活动出发来说明人的精神发展的规律。梅林说："马克思和恩格斯的真正光荣其实是在于，用历史唯物主义本身对它的正确性作出了最光辉的证明。"[①] 在马克思、恩格斯那里，人的生产和再生产主要是经济的活动，而现代社会的经济活动就是工业。马克思、恩格斯高于以往哲学家之处就在于他们发现了法国革命和英国工业与现代社会结构的关系，从而揭示出现代社会发展的物质基础，并且用这个物质基础来阐发现代社会——资本主义社会的产生、发展和灭亡的历史必然性，说明人类历史的发展规律，创立了历史唯物主义学说。这样，梅林就从马克思、恩格斯思想的起源上说明了马克思、恩格斯是如何从对政治经济学和法国革命的研究中发现了工业与历史的联系，从而以工业的发展来说明历史的。

第二，强调人的精神发展、个体自由的实现是历史唯物主义的主题。梅林

---

① ［德］梅林：《保卫马克思主义》，吉洪译，人民出版社1982年版，第9页。

认为，马克思虽然以人类历史规律为研究对象，但是，他绝不排除人的活动在历史发展中的能动作用，恰恰相反，他是通过考察人的精神发展、个体自由的实现来说明人类历史发展的规律的。从早年的博士论文到《共产党宣言》，马克思的哲学研究始终围绕着人的精神发展、个体自由的实现问题展开。在博士论文中，马克思区分了伊壁鸠鲁和德谟克利特的精神和实践，并站在伊壁鸠鲁一方，以原子的个体性阐发自我意识的原理，而在《共产党宣言》中，马克思进一步把这个原理表述为"每个人的自由发展是一切人的自由发展的条件"[①]。梅林指出，历史的发展在马克思那里不再是机械的运动，而是人通过自己的活动与自然发生联系，认识和支配自然并不断发展的过程。

第三，从哲学观念上区分了历史唯物主义与自然科学的唯物主义，把马克思主义哲学定义为历史唯物主义。梅林认为，历史唯物主义与自然科学的唯物主义是两种根本不同的哲学观念。自然科学的唯物主义也研究人，但它把人作为自然界的产物，强调自然对人类社会的优先性，却没有看到人同时也是社会的产物，人的意识不仅受到自然的制约，而且还受到历史的制约。与之不同，历史唯物主义把人看作是社会的产物。固然，历史唯物主义承认人的自然存在，也有对人的自然存在的说明，但是，历史唯物主义是从历史的、社会的角度来看待和说明人的自然存在的，是要说明人是如何从自然的人变成社会的人的。自然科学的唯物主义是使唯物主义庸俗化、浅薄化的哲学观念，而历史唯物主义恰恰是在消除这种哲学观念的基础上建立起来的，是一种崭新的哲学观念。因此，从哲学观念的对立看，历史唯物主义的创立不是把自然科学的唯物主义纳入其中，而是对自然科学唯物主义的否定和超越，是以新的历史的观点否定自然科学的唯物主义的非历史的观点。

第四，强调了历史唯物主义的方法论意义。梅林反对把历史唯物主义当作一成不变的理论，强调历史唯物主义会随着科学的发展、经济生活的变革和人的自然、精神生活领域的日益扩大而对人类历史规律作出新的概括，发展出新的理论。他认为，历史唯物主义的方法就是历史主义，这是相对于自然科学的精确方法而言的。自然科学的方法，如数学的方法，强调的是精确性和无矛盾性，而历史主义的方法则是从社会矛盾中寻找历史的根据；自然科学的方法是不具有阶级性的，而历史主义的方法是有阶级性的，历史唯物主义就是"工人

[①]《马克思恩格斯文集》第 2 卷，人民出版社 2009 年版，第 53 页。

阶级的历史观"①。"只有在无产阶级获得解放时，历史唯物主义才会达到它的全盛期，历史才能成为严格意义的科学，它才能成为它本来应该是而一直未曾是的东西：人类的领路人和教导者。"②

可以说，梅林阐发马克思、恩格斯思想史的理论框架，也是他对历史唯物主义理论的理解。把梅林的这些观点与考茨基的观点加以比较可以清楚地看到：梅林是以历史主义的观念阐发马克思、恩格斯的历史唯物主义原理，坚持的是人文主义的马克思主义哲学传统，而考茨基是以自然科学的观念阐发历史唯物主义的基本原理，坚持的是科学主义的哲学传统。

二、卢森堡的历史辩证法

罗莎·卢森堡，生于波兰，1898年迁居德国，参加德国社会民主党的活动，后来成为德国社会民主党的左翼领袖，德国共产党的创始人和领导人之一，第二国际杰出的革命家和理论家。她的主要著作有《社会改良还是革命？》《俄国社会民主党的组织问题》《群众性罢工、党和工会》《民族问题和自治》《资本积累论》《社会民主党的危机》《论俄国革命》《马克思主义的停滞和进步》等。卢森堡结合19世纪末至20世纪初西欧资本主义的新变化，研究了帝国主义现象和俄国革命，阐发了她的政治哲学观点。同时，她还对伯恩施坦的修正主义展开了积极的理论批判，阐发了马克思的革命的辩证法原理。

第一，"历史辩证法"是卢森堡对马克思辩证法的理解和阐释。她认为，马克思辩证法的本质就是最全面的历史观点。她指出："马克思的思想作品之所以具有这种不寻常的作用，不仅是他本人的天才，而且也因为他始终按他所论述的一切问题之间的最重要的辩证关系，从最全面的历史观点去阐明它们。"③ 她认为，马克思的历史辩证法是由哲学、政治经济学和科学社会主义学说构成的总体：哲学是历史辩证法的历史观点和方法，贯通于政治经济学和科学社会主义之中，亦是联结政治经济学和科学社会主义的纽带；政治经济学是历史辩证法的历史起点和基本内容，位于历史辩证法的现实层面；科学社会主义是历史辩证法用于观察资本主义经济现象的理论视野，位于历史辩证法的理

---

① ［德］梅林：《保卫马克思主义》，吉洪译，人民出版社1982年版，第75页。
② ［德］梅林：《保卫马克思主义》，吉洪译，人民出版社1982年版，第75页。
③ 中共中央马恩列斯著作编译局、国际共运史研究室编：《卢森堡文选》上卷，人民出版社1984年版，第403页。

想层面。由于这三个要素的有机结合,马克思的辩证法不再是空洞抽象的概念体系,而是既具有现实性和客观必然性,又具有理想性和批判性的总体性理论,是面向未来的哲学。卢森堡把马克思辩证法的这种结构关系概括为"通过客观的必然性进行历史的论证,通过经济分析进行科学的论证"①,认为这是思维和存在、现实和理想、理论和方法的总体。

卢森堡十分重视政治经济学批判对于马克思辩证法的意义,认为正是通过政治经济学批判,马克思把辩证法置于对资本主义的现实批判之中,从而变成了一种历史主义的方法,具有非体系化和批判性特征。马克思的辩证法正是由于具有这种特征,才打开了其理论的发展空间,成为不断发展的理论。这就从方法论上驳斥了马克思主义"过时论"和"绝对真理论"的观点。她把马克思的辩证法运用于分析帝国主义现象,分析社会革命与合法改良的辩证关系,并通过这两个方面的分析形成了她的世界历史观和政治哲学。

第二,提出资本积累理论。卢森堡的资本积累理论中最重要的哲学概念是"总体的资本主义"。她认为,"总体的资本主义",就是全球资本主义,亦即包括一切非资本主义形态在内的资本主义。帝国主义时代的出现,标志着资本主义进入了一个建构世界体系的阶段。从这一理解出发,她从经济和政治的整体上定义帝国主义,并以资本积累的历史趋势揭示了帝国主义的本质及其前景。在她看来,"作为一个历史过程,资本积累,不管它的理论如何,在一切方面是依存于非资本主义的社会阶层及社会结构形态的"②。资本积累不可能在资本主义体系内部,在工人和资本家的活动之间完成,而必须在资本主义体系的外部,即资本主义生产方式与非资本主义生产方式之间,在工人、资本家和第三阶层之间完成。非资本主义生产方式的存在是资本主义实现资本积累的必要条件和历史前提。由此出发,卢森堡分析了资本积累的内在矛盾和历史前景,认为"资本主义是第一个具有传播力的经济形态,它具有囊括全球,驱逐其他一切经济形态,以及不容许敌对形态与自己并存的倾向。但是,同时它也是第一个自己不能单独存在的经济形态,它需要其他经济形态作为传导体和滋生的场所。……在自己的生命史中,资本主义本身是一个矛盾,它的积累运动带来了

---

① 中共中央马恩列斯著作编译局、国际共运史研究室编:《卢森堡文选》上卷,人民出版社 1984 年版,第 372 页。
② [德] 卢森堡:《资本积累论》,彭坐舜、吴纪先译,生活·读书·新知三联书店 1959 年版,第 289 页。

冲突的解决，但同时，也加重了冲突"①。

卢森堡对资本积累前提的设定和分析，从两个方面发展了马克思资本积累的思想。一是发展了马克思关于无限制追求商品的价值及其实现是资本积累的内在动力和本质的思想。卢森堡强调，资本积累是受着资本无限追求和扩大商品价值的欲望驱使而发生的，帝国主义时代东西方国家之间的关系是通过资本积累而建立起来的，因而这种关系的性质和特点也是由资本积累的性质和特点所决定的。这样，马克思资本积累理论中所包含的世界经济运动的思想就被揭示出来了。二是发展了马克思分析资本积累的历史主义方法。卢森堡把东方前资本主义国家的存在作为资本积累的历史条件和国际环境，强调世界历史必然经历一个资本主义时代，并以西方资本主义国家与东方非资本主义国家之间的矛盾关系来揭示这一时代的特征，实际上是把马克思的历史主义方法扩展到资本主义以外的世界考察国际资本的形成和发展。由此，卢森堡建立起研究世界历史的新模式。这种新模式有两个特点：一是把资本积累的内在逻辑与外在条件有机结合在一起，通过分析东西方国家之间的矛盾关系，说明帝国主义时代的历史运动及其规律；二是把东方国家纳入世界历史的研究之中。虽然卢森堡在她的前提中始终把东方国家置于资本积累运动中的被动、消极和从属的方面，但她也始终强调，这个被动的、消极的方面是资本积累的必要历史条件，是世界历史形成中的必要一环。

第三，批判伯恩施坦的修正主义观点，提出社会革命与合法改良的辩证法。卢森堡认为，伯恩施坦把社会革命与合法改良绝对对立起来，把合法改良看作是实现工人利益的唯一手段，否定社会革命对于实现工人利益的意义，并由此宣称马克思、恩格斯的无产阶级专政学说已经"过时"了。因此，要从理论上驳斥伯恩施坦的修正主义观点，必须说明社会革命和合法改良之间的辩证关系。她提出，社会革命和合法改良是历史过程中的两种不同的活动方式：社会革命是一个阶级为了实现经济形态变革的目的而发动的政治行动，即"阶级历史在政治方面的创造行为"②；合法改良是一定社会为解决人们的权利关系而进行的立法活动，即"社会在政治方面维持生存的手段"③。这两种活动的历

---

① ［德］卢森堡：《资本积累论》，彭坐舜、吴纪先译，生活·读书·新知三联书店1959年版，第376页。
② 中共中央马恩列斯著作编译局、国际共运史研究室编：《卢森堡文选》上卷，人民出版社1984年版，第130页。
③ 中共中央马恩列斯著作编译局、国际共运史研究室编：《卢森堡文选》上卷，人民出版社1984年版，第130页。

史进步意义也不同：社会革命发生在社会形态更替、社会制度变革的阶段，是推动社会发生质变的力量，而合法改良只是在一定社会形态、社会制度的范围内起作用，是社会变化的量的积累过程。社会革命和合法改良是历史进步中的两个必不可少的、不可相互替代的因素，它们在哪一个时期起主导作用以及起作用的方式，都是由社会历史进程决定的。伯恩施坦的错误在于，他不是把社会革命和合法改良放到历史进程中加以考察，而是把它们抽象出来、对立起来，于是他就用好的方面和坏的方面来评判社会革命和合法改良，强调合法改良是比社会革命更好的方面，以此取消社会革命。卢森堡强调，社会革命和合法改良是客观的历史活动，两者正是因为相互对立而形成相互补充。卢森堡研究这两种活动的相互关系，绝不只是要说明这两种活动的客观性和不可替代性，而是要突出社会革命的意义，论证社会革命在帝国主义时代的现实性和必要性。因此，她强调"每个时代的法制都不过是革命的**产物**"①，强调"为社会改良而斗争是**手段**，而社会革命是**目的**"②。

当然，卢森堡在强调社会革命的同时，并不否认合法改良的历史意义。她认为，资产阶级创立的民主制对于工人阶级来说是必要的、不可缺少的。首先，民主制是必要的，因为它创立了各种政治形式（自治、选举权等），在无产阶级改造资本主义社会时可以给它充当跳板和支撑点。其次，民主制是不可缺少的，因为无产阶级只有在民主制中，在为民主制而斗争中，在运用民主权利中，才能意识到自己的阶级利益和自己的历史使命。总之，民主制之所以不可缺少，不是因为它使无产阶级夺取政权成为多余，倒是因为它使无产阶级夺取政权成为唯一可能，也是必要的。在这里，卢森堡从社会发展的量变和质变的关系上说明了合法改良与社会革命对于实现社会主义的意义。

总之，卢森堡的理论贡献主要在两个方面：一是提出了总体性概念。她的总体性概念不是逻辑的，而是历史的，这个概念包含着全球资本主义环境中资本主义国家与非资本主义国家、资本主义生产方式与前资本主义生产方式的内在关联，这些内容是不能与她提出的分析世界历史必然性和内在结构的模式与方法分离开来随意运用的。如果不能认识到这一点，把卢森堡的总体性概念仅

---

① 中共中央马恩列斯著作编译局、国际共运史研究室编：《卢森堡文选》上卷，人民出版社1984年版，第130页。
② 中共中央马恩列斯著作编译局、国际共运史研究室编：《卢森堡文选》上卷，人民出版社1984年版，第70页。

仅当作一种分析模式、一种方法，而抛弃它的历史内容，她的很多理论就变得不可理解了。因此，对于卢森堡的总体性概念，不能仅仅从抽象的方法论的角度来理解，而必须在内容和形式的结合上理解它的历史辩证法的内涵。二是阐发了马克思辩证法与黑格尔辩证法的联系，肯定了马克思辩证法的革命性质，进而论证了马克思的无产阶级专政理论对于指导帝国主义时代的社会主义革命的必要性和合理性。西方马克思主义者柯尔施在《马克思主义和哲学》中对她的思想评价很高，提出西方马克思主义者是卢森堡创立的马克思主义哲学传统的继承人；卢卡奇（1885—1971）在《历史与阶级意识》中肯定和借鉴了卢森堡的总体性思想，提出了他自己的总体性方法，用它来分析阶级意识。

第四节 拉法格和拉布里奥拉的马克思主义哲学研究

在第二国际时期（1889—1914），拉法格和拉布里奥拉都重视历史主义方法论的研究，重视人为环境的研究，并吸取维科的历史哲学和摩尔根的人类学成果，对唯物史观开展研究。

一、拉法格的"经济决定论"

保尔·拉法格，法国马克思主义理论家，法国工人党的创始人之一。1865年2月，拉法格从巴黎到达伦敦，第一次见到了马克思，此后他深受马克思思想的影响，逐步成长为一名马克思主义的宣传者和理论家。1866年，拉法格担任国际工人协会总委员会的委员，两年后同马克思的女儿劳拉结婚。他曾参加巴黎公社的斗争，公社失败后流亡国外。在国外，他依然从事马克思主义的组织活动和理论创造活动。他还参加了批判巴枯宁的斗争，参加了法国工人党和第二国际的创建活动。他的主要著作有《懒惰权》《卡尔·马克思的经济唯物主义》《革命前后的法国语言》《唯心史观和唯物史观》《财产及其起源》《卡尔·马克思的经济决定论》（中译本书名为《思想起源论》）等。

拉法格把对马克思主义哲学的研究与对伯恩施坦主义的批判紧密地结合起来。19世纪90年代，受伯恩施坦思想的影响，法国社会主义运动中出现了改良主义的思潮，主要代表人物是米勒兰和饶勒斯，他们在理论上主张用康德哲学解决人的观念起源和认识论的问题，反对马克思主义哲学。对此，拉法格以马克思主义的历史观考察了观念的起源和认识论的问题，写了《唯心史观和唯物史观》《马克思的唯物主义和康德的唯心主义》《卡尔·马克思的历史方法》《认识问题》等著作，批判了法国康德主义者的观点，系统地阐发了马克思主义的唯物史观和认识论理论。拉法格的马克思主义哲学研究还带有法国唯物主义哲学的特色。18世纪法国唯物主义哲学的一个重要特点，就是联系社会生活的变化和发展思考正义、道德和自由的问题。拉法格继承了这一传统，把对马克思的经济决定论的理解与对正义观念、自由和道德等问题的思考结合在一起，并把它运用于宗教观念和语言起源的文化研究，使之成为唯物史观理论中的一个重要部分，因此他的唯物史观理论具有鲜明的法国唯物主义哲学传统的风格。

拉法格把他理解的唯物史观定义为"经济决定论"，其中最主要的内容就是深入民族的文化史中，研究人为环境的产生、人为环境与自然环境之间的关系、经济的起源及其对人的思想产生的作用。在《卡尔·马克思的经济唯物主义》中，他指出："从马克思学派的唯物主义者的观点来看，人是两种环境的产物：宇宙的或自然的环境和经济的或人为的环境的产物，我说'人为的'环境，是因为它是人类创造的产物。人类社会的民事的和政治的制度、宗教、哲学体系和文学都是植根于经济环境里。它们在经济的土壤里获得自己盛衰的因素。"[①] 在这里，他把"经济决定论"的理论内容归结为：一是阐发人与环境之间的交互作用关系；二是把经济当作人类文化的活动，考察它在不同民族文化中的起源及其发展规律，说明民族的生产方式对该民族的思想观念和文化习俗的影响；三是从对经济的进化、人与环境相互作用的历史考察中，揭示人类思想的起源。其中的第一点即是他的"两种环境学说"，这是"经济决定论"的基础。

在人与环境的关系问题上，拉法格认为，人和人类社会的进化受着双重环境的影响，即受着"宇宙的环境或自然的环境"和"经济的或人为的环境"的影响。但这两种环境对人和人类社会的影响是不同的，而这又决定了人对这两种环境的作用也不同。"宇宙的环境或自然的环境"，主要指地理环境，包括气候、土壤、动植物区系等，它"制约着机体的生存，每一个机体是特定的特征的综合"[②]；"经济的或人为的环境"，主要指包括经济、政治和文化习俗在内的综合有机体，它历史地产生着，不断地发展出新的内容和形式。拉法格分析

---

① 中共中央马恩列斯著作编译局、国际共运史研究室编：《拉法格文选》上卷，人民出版社1985年版，第140页。
② [法] 拉法格：《思想起源论》，王子野译，生活·读书·新知三联书店1963年版，第29页。

了两种环境的差别及其对人和人类社会进化的不同影响。一是两种环境对人的作用不同。自然环境造成人种的差异,"不同种类的自然环境因而给人类、植物界和动物界带进差异"①;人为环境则力图消灭人类之间的差别,这是由人为环境的特点所决定的。人为环境是以生产方式的高低来区分的,只要生产方式的水平相等,不论人种的差别有多大,其生活方式、需要、利益、情欲和智力的发展都是同样的。二是两种环境的变化速度和存在方式不同。自然环境的进化是极端缓慢的;相反地,人为环境的进化却是一天比一天加速。自然环境不是被创造出来的,而是非历史的存在;而人为环境则是不断被创造出来的,是历史性的存在。从野蛮时代到文明社会,人为环境经历了一个由简单到复杂的过程,人为环境中的经济的、社会的、法律的和政治的关系,习惯、风俗、风尚和道德观点,常识和社会舆论、宗教、文学、艺术、哲学、科学、生产方式和交换方式等不断地变化、相互影响,不仅改变着人与自然环境的关系,也改变着人的生活、人的存在。因此,与自然环境的缓慢变化不同,人为环境的"平衡状态是以极端的不稳定和日益增长的不稳定为特征,它经常由于一个部分中发生的变化的结果而遭受到破坏,因为一个部分中的变化将在它的其余部分引起相应的影响"②。三是两种环境的变化方式不同。自然环境的各部分之间的影响是直接的或者说是机械的,如地层的变化直接影响到森林植物的生长,而"人为环境的各部分只有靠人的中介才能彼此发生影响"③。拉法格虽然强调人为环境对人和人类社会进化的意义,但他也不否认自然环境的作用,强调"这两种环境的共同的作用和反作用决定人和人类社会的进化"④。

拉法格进而说明了人对环境的作用。在他看来,人为环境是人创造的,这一点本身就体现了人对环境的作用,即人在历史中的主动性。这表明:历史的动力是人,"既然人创造着和继续不断地改变着人为环境的部分,那末显而易见地,历史的动力是人"⑤;生产方式是人的最基本的活动方式,它所体现的主要"不是人生产什么,而是他如何生产"⑥,它是社会环境中最能动、最不稳定

---

① [法]拉法格:《思想起源论》,王子野译,生活·读书·新知三联书店1963年版,第29页。
② [法]拉法格:《思想起源论》,王子野译,生活·读书·新知三联书店1963年版,第31页。
③ [法]拉法格:《思想起源论》,王子野译,生活·读书·新知三联书店1963年版,第31页。
④ 中共中央马恩列斯著作编译局、国际共运史研究室编:《拉法格文选》上卷,人民出版社1985年版,第168页。
⑤ [法]拉法格:《思想起源论》,王子野译,生活·读书·新知三联书店1963年版,第34页。
⑥ [法]拉法格:《思想起源论》,王子野译,生活·读书·新知三联书店1963年版,第35页。

的部分,也是动摇整个上层建筑的部分。因此,拉法格论述了生产方式对人为环境的作用:首先,生产方式对人为环境的作用是历史地发生的,它对人为环境的能动作用,随着人的活动的变化、机器的生产运用而不断增大。其次,生产方式能够迅速进步,主要在于现代生产既吸引了从事生产的大多数人,也吸引着参加精神、政治、文学活动的少数人来关心生产;它刺激着作为历史动力的残酷、贪财和虚荣三种恶德;不断创造出人的经济的和政治的冲突。最后,生产方式具有民族性。这决定了生产方式具有相对性和不可重复性的特征,从而决定了人类历史发展的不确定性。拉法格特别强调生产方式与民族的生活事件、传统文化之间的联系,强调一个民族生存的自然环境对生产方式的影响,认为"人为的环境不仅通过一个民族内部的斗争,而且还通过国际的斗争而获得改造。因此,一个民族的生活中的历史事件取决于应受改造的人为环境和这个民族被自然环境以及遗传的和获得的习惯所创造的那种形态之间所建立的关系如何"①。他进而指出了人类历史规律区别于自然规律的两个特点:历史规律朝着日益复杂的方向发展,因而具有不确定性和不可还原性;人类历史规律与文化传统有着不可分割的联系,在不断革新文化传统中发展,文化传统的民族性、多样性决定了历史规律的不可重复性。

拉法格虽然把马克思的历史观定义为"经济决定论",但他不是在机械唯物主义的水平上,而是在历史主义的水平上阐发这一学说的。这就使他对经济的决定作用的说明根本不同于机械唯物主义:机械唯物主义只承认经济的决定作用,而否认人对经济的反作用;拉法格却以人与环境之间的相互作用关系,把人的经济活动看作是一个经验而能动的过程,从而克服了机械唯物主义的宿命论。当然,作为一名19世纪末的马克思主义哲学家,拉法格的"经济决定论"带有这一时期的鲜明特点,即以经济作为马克思主义哲学的主题,而没有对政治等上层建筑展开专门的研究。

二、拉布里奥拉的"实践哲学"

拉布里奥拉,意大利杰出的理论家和社会运动的活动家。他出生在意大利一个中学校长的家庭。1861年,18岁的拉布里奥拉在卡西诺完成宗教学校的学业后,进入那不勒斯大学,并在那里受斯巴芬达(1817—1883)的影响,走

---

① [法]拉法格:《思想起源论》,王子野译,生活·读书·新知三联书店1963年版,第37页。

上了研究历史主义哲学的道路。拉布里奥拉一方面深化了马克思主义的历史主义哲学传统，另一方面又以马克思主义哲学改造了意大利哲学，使意大利哲学具有了时代的普遍性，成为19世纪国际工人运动的共同财富。他以马克思的实践观点改造维科的历史哲学，从而以文化历史的方法阐发了历史唯物主义的基本原理，并在这个意义上把马克思主义哲学定义为"实践哲学"或"生活哲学"。梅林曾经高度评价拉布里奥拉的这一哲学贡献："他的不可磨灭的功绩是，他本人冲破了由民族差别，首先是由妨碍国际无产阶级紧密合作的德意志民族与罗曼语国家精神生活的差别所造成的限制。"① 拉布里奥拉的著作主要有《纪念〈共产党宣言〉》《论历史唯物主义》《关于社会主义和哲学的探讨》《从一个世纪到另一个世纪》等。

(一) 唯物史观的历史观念

在拉布里奥拉看来，唯物史观产生的革命性意义首先是变革了以往的历史观念，因此，要理解唯物史观的内容及其全部意义，就必须进到哲学史中，考察马克思主义历史观念所实现的变革。他认为，历史的观念是对历史的本质的揭示，即历史的思想形式。但历史的观念不是抽象的，而是具体的、发展的，是每一时代的人对自己时代的历史的认识，唯物史观的历史观念就是它所产生的那个时代的历史的思想形式，必然有着自身特定的内容。

第一，确立"历史完全是一个整体"②的观点。这个观点是对历史的性质的确定，也是对以往的历史观念的变革。拉布里奥拉列举了哲学史上的种种历史观，如实证主义的、唯心主义的、达尔文主义的、决定论的历史观等，认为这些历史观或把历史归于认识论问题，或否定历史观的经验基础，或以动物界的生存竞争说明人的历史、否定人在历史中的创造性。与之不同，马克思主义的历史观把历史看作人们社会生活的有机整体，认为这个有机整体是经验的、客观的，又是人的自我创造的活动。历史是人的文化的整体，是由人的创造活动及其成果——人为环境之间的相互作用而构成的经验过程。

第二，把民族文化作为历史的单位。拉布里奥拉反对抽象地谈论人类的历史和马克思的经济基础决定上层建筑的命题，认为人类的历史、经济基础与上

---

① [意] 安·拉布里奥拉:《关于历史唯物主义》，杨启潾、孙魁、朱中龙译，人民出版社1984年版，第151页。
② [意] 安·拉布里奥拉:《关于历史唯物主义》，杨启潾、孙魁、朱中龙译，人民出版社1984年版，第4页。

层建筑之间的关系,总是一定民族、一定时代的社会构造的,如果撇开具体的民族的和时代的条件,就必然会把经济基础决定上层建筑这一原理变成一种抽象的公式,"甚至唯物主义历史观点也可以变成抽象推论的形式"①。从这一观点出发,拉布里奥拉把马克思的经济基础决定上层建筑的观点,首先运用于叙述一个民族的形成过程,说明人类的生活方式、生产方式是怎样的,是如何由一个民族的文化传统规定的,从而证明了人们生活方式的变化、生产方式以及社会制度的变革、社会革命的发生,都必须从民族内部的和外部的存在条件中得到说明。

第三,把现代社会作为历史的内容。拉布里奥拉认为,马克思主义的历史观念区别于维科的历史观念的地方在于:它把历史的观念建立在对现代社会的研究之上,从而赋予了历史观念以时代的内容。马克思和恩格斯与资产阶级的历史学家、政治经济学家一样,以现代社会说明人的历史,揭示历史的规律。但是,马克思和恩格斯是站在无产阶级的立场上看待现代社会,是通过剖析资本主义社会的生产力与生产关系、经济基础与上层建筑之间的矛盾,来说明资本主义的起源、发展及其灭亡的规律,说明无产阶级革命的历史必然性和未来前景。在经济基础决定上层建筑这一原理中,不仅包括对经济基础、上层建筑的发展的说明,而且还包括对社会主义运动的说明。其中,后者是更为重要的方面,决定了唯物史观的革命性和批判性。他指出,唯物史观的革命性和批判性来自两个方面:"一是因为它发现了正处于形成过程中的无产阶级革命的发展的原因和道路;一是因为它对过去由于生产关系和生产力发展之间矛盾的尖锐化而达到某种紧急关头的阶级对抗中发生的一切其他的社会革命,竭力去寻找它们发展的原因和条件。"② 拉布里奥拉由此而把唯物史观的历史观念的时代内容归结为:一是意大利的社会主义运动,二是世界资本主义的发展,三是现实的民族解放运动和社会主义运动。他把民族文化历史的叙述与现代社会的历史叙述紧密地结合起来,说明各民族文化的现代发展,说明现代社会的历史如何使各民族文化获得世界历史的普遍性以及不同民族文化发展道路的共同性,以此揭示唯物史观的"历史"观念的时代特征。

---

① [意] 安·拉布里奥拉:《关于历史唯物主义》,杨启潾、孙魁、朱中龙译,人民出版社1984年版,第72页。
② [意] 安·拉布里奥拉:《关于历史唯物主义》,杨启潾、孙魁、朱中龙译,人民出版社1984年版,第71页。

拉布里奥拉强调历史是社会生活的整体，他把人类历史理解为人的自我创造的过程，这是其历史唯物主义学说的中心点；而民族文化和现代社会的内容是人的自我创造活动的经验基础，缺乏这两个方面的内容，人的自我创造活动就是抽象的。正是在这种结合中，拉布里奥拉以马克思、恩格斯的唯物史观改造了意大利的历史主义哲学，更新了意大利的历史主义的历史观念。

(二) 唯物史观的起源

在拉布里奥拉看来，唯物史观不是凭空产生的，而是从以往的哲学中产生出来的，是对以往哲学的人性观的变革。他分析了从古希腊哲学到19世纪历史哲学对人的本性和人的发展的种种说明，论证了唯物史观与先前哲学之间的继承和变革关系。

拉布里奥拉认为，尽管从古希腊开始，哲学家们就开始思考人类历史的问题了，但真正提出历史研究任务、努力揭示社会发展的历史必然性的思想，是从17世纪才开始的。当时出现的政治哲学和政治经济学，对新的社会制度作了多方面的深入研究，其中最典型的是霍布斯和卢梭（1712—1778）的学说。这些学说以对人的本性、人的自由的研究的形式展开，是直接针对封建专制制度的，因而富于革命性。不过，囿于当时的条件，它们只是"抽象地考察人，也就是说，用逻辑的抽象方法把单个人同他们的历史联系和必要的社会属性分割开来进行研究"[①]。之后，这些学说在维科、孟德斯鸠（1689—1755）、魁奈（1694—1774）那里通过消除宗教对人和人的自由研究的影响而实现了新的发展。因此，到19世纪，历史哲学已经能够完整地描述人的观念，"而不掺杂任何宗教的思想和假说"[②]。但这些学说对资本主义社会采取了非批判的态度。

拉布里奥拉认为，真正对资本主义社会展开批判的是浪漫主义和空想社会主义学说。浪漫主义的批判是针对自然法和社会契约学说等理性主义哲学的，其目的是把人们从理性的束缚中解放出来，面向社会生活本身。空想社会主义学说的批判是针对资产阶级政治经济学的，认为资产阶级政治经济学只是揭示了资本主义社会的经济规律，却没能找到资本给人带来贫穷的原因，并不能给社会的每一个人带来同样的幸福。人类要根除不平等的社会制度，必须建立新

---

① ［意］安·拉布里奥拉：《关于历史唯物主义》，杨启潾、孙魁、朱中龙译，人民出版社1984年版，第94—95页。
② ［意］安·拉布里奥拉：《关于历史唯物主义》，杨启潾、孙魁、朱中龙译，人民出版社1984年版，第96页。

的历史观念,这种新的历史观念就是社会主义。从历史观念的变革来看,浪漫主义和空想社会主义的贡献就在于使人类对历史的思考由外部转向了主观的批判,这就为唯物史观的产生提供了重要的思想基础。唯物史观的创始人马克思和恩格斯正是通过进一步深化对社会本身的批判,揭示了社会产生矛盾、对抗的根源,从而找到了根除社会矛盾和对抗的力量和手段,这就是无产阶级及其革命。

拉布里奥拉对唯物史观的起源的考察,始终是围绕着人的本性和人的发展的思路展开的。在他看来,唯物史观对人类历史的科学说明是对近代以来的哲学、政治经济学、浪漫主义和空想社会主义有关人的自由学说的批判继承;作为一种新的历史观念,唯物史观是以科学社会主义理论为前提的,而它的理论形式则是历史辩证法。他强调:"对我们来说,只有下面两点是重要的:历史唯物主义只有在对社会主义的理论认识的基础上才能产生;历史唯物主义现在已经能够借助于本身的原则说明自己的起源,这是它成熟的最令人信服的证明。"①

拉布里奥拉进而确定了唯物史观的研究任务:"问题不在于根据生物学的资料作出归纳的或演绎的结论,而在于首先弄清楚人在社会中的生活方式……的特点,在于寻找构成意志和行动的基质的种种需要的协调和从属关系。问题不在于发现人的愿望或给它们以评价,而在于设法指出事实本身所包含的必然性。"② 唯物史观是试图用思维来再现经历过若干世纪的社会生活的起源和逐步复杂化的过程。它应该包括两个方面的内容:从人们的物质生活现象出发,研究人们的生活方式、生产方式,揭示人类历史发展的规律;探究考察历史的方法。

拉法格和拉布里奥拉对马克思主义哲学的理解有两个共同点:其一,他们把马克思主义哲学等同于历史唯物主义学说,而没有像考茨基和普列汉诺夫那样,力图建立一个优先于历史唯物主义的哲学世界观;其二,他们借鉴了维科的历史哲学和摩尔根的人类学方法的成果,力图对历史唯物主义作文化哲学的阐释。这也是他们对马克思主义哲学的发展作出的贡献。虽然由于受时代的局

---

① [意] 安·拉布里奥拉:《关于历史唯物主义》,杨启潾、孙魁、朱中龙译,人民出版社1984年版,第105页。
② [意] 安·拉布里奥拉:《关于历史唯物主义》,杨启潾、孙魁、朱中龙译,人民出版社1984年版,第54页。

限，他们对马克思主义文化哲学的研究只限于方法论的叙述，却为马克思主义哲学的发展提供了启示。

第五节 普列汉诺夫的马克思主义哲学研究

格奥尔基·瓦连廷诺维奇·普列汉诺夫，俄国和国际工人运动著名的活动家和理论家。普列汉诺夫的一生经历了复杂多变的政治道路。概略地说，他的政治立场变化过程可以分为四个时期：民粹主义时期（1876—1883）、马克思主义时期（1883—1903）、孟什维主义时期（1903—1914）和社会沙文主义时期（1914—1918）。在这四个时期中，建立劳动解放社对于普列汉诺夫的马克思主义哲学研究有着重要意义。

一、普列汉诺夫与劳动解放社

建立劳动解放社，标志着普列汉诺夫从一个民粹主义者转变成为一个马克思主义者。在这一时期，普列汉诺夫翻译出版了大量的马克思主义著作，写作了许多马克思主义哲学著作，为俄国马克思主义哲学的创立和发展作出了贡献。而解散劳动解放社则是普列汉诺夫由马克思主义者转变为孟什维主义者的开端，这也深刻地体现了普列汉诺夫政治立场的变化。

劳动解放社是在1883年9月25日，由普列汉诺夫与查苏利奇（1849—1919）、阿克雪里罗德、捷依奇（1855—1941）和伊格纳托夫（1890—1938）五人在日内瓦建立的俄国马克思主义者的组织。普列汉诺夫是劳动解放社的领袖。在建立劳动解放社的初期，他写了《社会主义与政治斗争》《我们的意见分歧》两篇文章，阐发了劳动解放社的性质，提出了劳动解放社的任务。他认为，俄国革命应该是以工人为主体的无产阶级革命，工人以及包括农民在内的广大人民群众的解放才是俄国革命的目的。为了实现这一目的，俄国的革命知识分子必须把先进的理论即马克思主义，与俄国的工人运动相结合，发挥革命的知识分子和无产阶级政党在无产阶级革命中的能动作用，进行一场自觉的革命。劳动解放社的主要任务就是把马克思、恩格斯学说中最重要的著作翻译成俄文，在俄国传播马克思主义，批判俄国的民粹主义、无政府主义、新康德主义、经济主义等俄国和国际工人运动中的资产阶级思潮和修正主义思潮，分析俄国革命提出的种种政治、经济和理论问题。

劳动解放社期间,普列汉诺夫在理论上和实践上做了多方面的工作。在理论上,他写了许多著作,其中的哲学著作有《论一元论历史观之发展》《唯物主义史论丛》《论个人在历史上的作用问题》等。他还开展了批判伯恩施坦的修正主义、俄国经济派与"合法马克思主义"的斗争,并协助列宁办《火星报》,担任《火星报》的撰稿人和编辑。在革命实践中,他与恩格斯、西欧社会民主主义党建立了牢固的联系,促进了国际无产阶级政党之间的交流,也为在俄国建立社会民主党做了大量的工作。1903 年 8 月 19 日,在俄国社会民主工党第二次代表大会上,捷依奇代表劳动解放社正式宣布该社融于俄国社会民主工党的组织之中。

二、辩证唯物主义的世界观性质

与卢森堡、拉法格和拉布里奥拉把马克思主义定义为历史唯物主义不同,普列汉诺夫把马克思主义哲学定义为"辩证唯物主义",强调"辩证唯物主义的世界观"性质,并以这一世界观为方法阐发历史唯物主义原理。他提出,马克思主义哲学是"一个完整的、首尾一贯的和彻底的世界观"①,它把唯物主义的哲学原则从对自然界的说明贯彻到对历史的说明之中。但是,历史唯物主义绝不是简单地把自然的唯物主义运用于历史领域,而是必须经过新的哲学世界观的创造,而其中最重要的一环就是要建立一种能够说明历史进程的原则,即唯物主义的辩证法。他强调,"对历史作唯物主义的解释,要以辩证的思维方法为前提"②,马克思创立的唯物辩证法的根本点,是对历史作唯物主义的说明。唯物主义辩证法的逻辑起点是黑格尔的辩证法,中经费尔巴哈的唯物主义批判,直到揭示出人类历史的现实基础,解决了社会制度的起源问题,才最终建立起来。在这个意义上,可以说马克思的唯物主义辩证法同时也是他的唯物史观的研究方法。

普列汉诺夫认为,在建立唯物史观的方法上,黑格尔的辩证法起了重要的作用。从唯物主义的自然观到唯物主义的历史观之间有一个对人的自由和必然

---

① [俄] 普列汉诺夫:《普列汉诺夫哲学著作选集》第 1 卷,生活·读书·新知三联书店 1959 年版,第 495 页。
② [俄] 普列汉诺夫:《普列汉诺夫哲学著作选集》第 1 卷,生活·读书·新知三联书店 1959 年版,第 494 页。

关系的思考，而这一问题是黑格尔以辩证法的形式提出的。

他说：黑格尔提出的"我们只有在认识了自然规律和社会历史发展规律并且服从这些规律、依靠这些规律的限度内，才是自由的。这一点是在哲学方面、也是在社会科学方面的一个最伟大的成果，可是，只有现代辩证唯物主义才充分地利用了这个成果"①。在这里，普列汉诺夫所肯定的黑格尔在解决自由和必然关系上的哲学贡献，是指他立足于现象的生成过程，在历史的基础上提出和解决自由和必然的关系，而他强调黑格尔的伟大成果只有现代辩证唯物主义才能充分利用，是说黑格尔辩证法的内在矛盾使之注定不能完成建立唯物史观的哲学任务，唯物史观的建立只有在把黑格尔的历史辩证法贯彻到底的时候才是可能的。

普列汉诺夫认为，在从黑格尔的辩证法到马克思的唯物主义辩证法中间，费尔巴哈的唯物主义起了重要的作用，它给马克思的历史辩证法提供了一般唯物主义的原则。这种原则包括费尔巴哈提出的构成人脑的物质的思想，以及他对存在和思维关系的说明，即"存在是主体，思维是客体；存在决定思维，而不是思维决定存在"的观点。普列汉诺夫指出，费尔巴哈的唯物主义原则对于马克思和恩格斯哲学思想的创造所产生的影响，不是短暂的，而是一个持续的过程，因为它们成了马克思和恩格斯哲学世界观的一个有机构成部分。

普列汉诺夫关于唯物主义辩证法如何从对黑格尔的辩证法和费尔巴哈的唯物主义的改造中产生的思想，揭示了马克思主义哲学与黑格尔的辩证法和费尔巴哈的唯物主义之间的联系和区别。在他看来，马克思和恩格斯是从黑格尔辩证法中所包含的现实的历史内容出发，经过对费尔巴哈唯物主义一般原则的吸取和改造，最后脱去了黑格尔辩证法的思辨的、神秘的外衣，保留了其中的方法论内容，并使之上升为哲学的一般原则。这就是唯物主义的辩证法。而它作为哲学世界观的最高意义，就是唯物主义的辩证方法。正是由于有了这个方法，马克思才达到了对历史观的一元论论证，即强调生产力的第一性。普列汉诺夫从两个方面论证了这一原理：第一个方面是通过考察生产力与地理环境的关系，来论证生产力对于建立社会与自然关系的意义；

---

① ［俄］普列汉诺夫：《普列汉诺夫哲学著作选集》第 1 卷，生活·读书·新知三联书店 1959 年版，第 493—494 页。

第二个方面是论证生产力对于经济关系、政治关系、社会心理和社会意识形态的决定作用。

三、生产力与地理环境的关系

普列汉诺夫在论述地理环境对人类社会的作用时，吸取了当时的地理学、人类学的成果。但他坚决反对"地理环境决定论"和"人种学"从自然主义的观点看待地理环境与人类社会之间的关系，把地理环境对人类社会的作用说成是通过影响人的生理和心理而实现的，或者说，是直接影响人类社会生活的。在他看来，地理环境对人类社会的作用是以生产力为中介的，是依生产力发展水平的高低而不断变化的、有规律的和必然的过程，因此，地理环境对人类社会的作用是一个变量。

普列汉诺夫考察了地理环境和生产力的关系在人类历史的不同阶段的表现。他认为，地理环境是生产力发展的自然前提，又随着生产力的发展而越来越迅速地进入人的历史，成为对人类社会发展有用的自然资源。这就构成了地理环境与生产力之间这样的一种关系："生产力发展本身是为环绕着人的地理环境的属性决定的。这样，自然本身给了人使它自己服从于人的手段。"① 地理环境与生产力的关系在原始社会和工业社会的不同意义证明，人对地理环境的关系经过了一个从直接依赖到间接依赖的阶段，"地理环境经过社会环境影响于人"② 只是在原始社会以后才变得明显起来。他强调，由于生产力的作用，人与周围的地理环境的关系是非常变动不定的，"在生产力发展的每一个阶段上，这种关系都和以前不同"③。普列汉诺夫认为，这些观点构成了马克思主义哲学对于生产力与地理环境关系的既唯物又辩证的说明。

四、社会结构的"五项因素"理论

普列汉诺夫在《马克思主义基本问题》中强调，唯物史观揭示的经济基础决定上层建筑是通过历史发展的五项因素的相互作用而实现的。这五项因素及

---

① ［俄］普列汉诺夫：《普列汉诺夫哲学著作选集》第1卷，生活·读书·新知三联书店1959年版，第765页。
② ［俄］普列汉诺夫：《普列汉诺夫哲学著作选集》第1卷，生活·读书·新知三联书店1959年版，第766页。
③ ［俄］普列汉诺夫：《普列汉诺夫哲学著作选集》第1卷，生活·读书·新知三联书店1959年版，第766页。

其相互关系是：生产力的状况；被生产力所制约的经济关系；在一定的经济"基础"上生长起来的社会政治制度；一部分由经济直接所决定的，另一部分由生长在经济上的全部社会政治制度所决定的社会中的人的心理；反映这种心理特性的各种思想体系。普列汉诺夫称其为说明人类社会结构的公式，并以这个公式论述了生产力对经济关系、政治法权制度、社会心理和意识形态的根源性。

普列汉诺夫认为，生产力对经济关系、政治法权制度、社会心理和意识形态的决定作用不是机械的，而是辩证的，其中包含着作用和反作用，包含着同一民族内部的多样复杂的社会联系和不同民族之间的思想文化的影响等。对于"五项论"这一公式，必须深入到具体民族的历史过程来加以说明。其中，他对生产力与经济和社会心理之间复杂交错的关系的说明贡献最大。他指出："社会经济和它的心理乃是人们的'生活的生产'、他们争取生存的斗争的同一现象的两方面，在生产中人们由于生产力的特定状态而一定地结合着。"① 正因为如此，任何进步着的社会的经济是变化着的：生产力的新的状态引起新的经济结构，同样引起新的心理、新的"时代精神"。他认为，把经济和社会心理看作一定生产力状态下的同一现象的两个方面，与马克思强调的生产力决定经济基础，经济基础决定意识形态的上层建筑的原理并不矛盾。

普列汉诺夫对社会心理作了辩证的分析。他指出："社会的心理适应于它的经济。在特定的经济基础上命定地建筑着适合于它的意识形态的上层建筑。可是，另一方面，在生产力发展上的每一个新步骤把人们在其日常生活的实践中置于新的互相关系中，这个新的关系是和旧的过时的生产关系不相适合的。这个新的从未有过的情况反映于人们的心理上，有力地变化着它。"② 普列汉诺夫论述了社会心理的三个重要特点：一是社会心理不是社会单个人的心理的简单组合，而是阶级的心理，因此，社会心理是一个整体，相对于经济基础和意识形态的思想体系而言，它构成了一种社会的环境；二是社会心理是在日常生活的层面上发生的，因而是不成体系的、自发的；三是相对于经济基础而言，社会心理不是纯粹被动的，先进的阶级心理对于新的经济基础的建立具有积极

---

① ［俄］普列汉诺夫：《普列汉诺夫哲学著作选集》第 1 卷，生活·读书·新知三联书店 1959 年版，第 716 页。
② ［俄］普列汉诺夫：《普列汉诺夫哲学著作选集》第 1 卷，生活·读书·新知三联书店 1959 年版，第 719 页。

的、能动的作用。因此,社会心理虽然是经济基础的反映,却又与经济基础相互作用,从而成为历史进程中与经济并行的另一面。普列汉诺夫还用同样的方法论证了生产力对于政治、法权制度和意识形态变革的作用,说明了生产力对政治、法权制度和意识形态的根源性。

综上所述,在普列汉诺夫看来,人类历史发展的自身规律是必然的,因而是普遍的,但不是机械的,而是充满了民族、时代的个性特征,是十分复杂、丰富和具体的。这就是普列汉诺夫坚持的辩证唯物主义关于人类历史的基本观点。

五、论个人在历史上的作用

普列汉诺夫为了批判民粹派的英雄史观,驳斥他们攻击马克思主义者因强调规律而必然陷入宿命论、无为主义的泥坑的观点,阐述了个人在历史上的作用。他认为,人民群众是历史的创造者;杰出人物对历史进程也有能动作用,但是这种作用不是万能的,它从根本上要受历史进程的制约,杰出人物只能改变历史事件的个别外貌,却不能改变历史事件的一般趋势。

第一,意志自由和历史必然性。普列汉诺夫认为,要阐明个人在历史上的作用,首先必须说明人的意志自由与历史必然性的关系问题。民粹派攻击马克思主义哲学的一个重要论点是:人的自由意志与历史必然性是不相容的,马克思主义强调历史必然性而否定了人的自由。为了驳斥民粹派的这一观点,普列汉诺夫考察了人的活动对于历史必然性的意义,指出马克思主义哲学在强调历史必然性的时候,并不排除人的意志自由的作用,而是努力说明人的活动是"必然事变链条中必要的一环"①;历史必然性的实现离不开人的自由意志的作用。

第二,历史的必然性和偶然性。普列汉诺夫把历史必然性和意志自由置于人类历史事件发生的原因中去考察,认为历史的必然性就是历史的规律,其原因分为两类:一类是由生产力的发展所决定的人类历史运动,这是人类历史发展的终极的和最一般的原因;另一类是"某个民族的生产力发展赖以进行的历

---

① [俄]普列汉诺夫:《论个人在历史上的作用问题》,唯真译,生活·读书·新知三联书店1965年版,第3页。

史环境"①，这个历史环境决定了该民族生产力发展的特殊性，因而是人类历史运动的特殊原因。这两个原因规定着历史事件的一般趋势，也决定着杰出人物的出现和作用的大小，决定着历史发展的必然性。所谓历史的偶然性，是指"社会活动家的个人特点及其他'偶然性'的作用"②，这是人类历史运动的个别原因。由于有了这个原因，才会有人类历史的个别外貌。普列汉诺夫并不否认个人在历史发展过程中的作用，认为在历史发展的一定条件下，个人的性格、才干、爱好也会对历史的发展产生影响，甚至能够影响社会的命运，但无论如何，个人的作用都只是偶然的，只能造成历史事变的个别外貌，而不能改变历史的一般趋势。因此，在人类历史进程中，历史发展的一般原因和特殊原因占据支配地位，主导着人类历史发展的必然性，历史发展的个别原因则居于从属地位，是被一般原因和特殊原因规定的。

第三，个人发挥历史作用的条件。普列汉诺夫通过分析个人作用的条件，揭示了英雄史观产生的认识论根源。他认为，为了使一个拥有某种才能的人能够运用他的这种才能来对事变进程产生重大影响，需要具备两个条件："第一，他所具备的才能应当使他比别人更加适合那个时代的社会需要：如果拿破仑所具备的不是他那种军事才能，而是贝多芬的音乐才能，那他当然就不会做到皇帝。第二，当时的社会制度不应阻碍具备有恰合当时需要并于当时有益的特性的那个人物施展其能力。"③ 这两个条件既是个人发挥历史作用的历史舞台，又是对个人发挥历史作用的限制，因为一旦历史对有才能的个人的需要得到满足，它就会阻止其他有才能的人发挥作用，这就给人们造成了错觉，以为那些在历史上发挥过作用的个人具有独一无二的力量，从而把历史创造的全部原因都归于杰出的个人。那么，人们对历史领域的个人作用产生错觉也就可以理解了。在这里，普列汉诺夫揭示了英雄史观产生的认识论根源，同时也进一步证明了个人作用对历史必然性的依赖性和从属性。

普列汉诺夫是一个复杂多变的思想家。事实上，他的政治立场的转变与他的马克思主义哲学研究有着十分紧密的联系。虽然普列汉诺夫对于马克思主义

---

① ［俄］普列汉诺夫：《论个人在历史上的作用问题》，唯真译，生活·读书·新知三联书店1965年版，第37页。
② ［俄］普列汉诺夫：《论个人在历史上的作用问题》，唯真译，生活·读书·新知三联书店1965年版，第37页。
③ ［俄］普列汉诺夫：《论个人在历史上的作用问题》，唯真译，生活·读书·新知三联书店1965年版，第31—32页。

哲学的发展作出了许多贡献,但他的研究从总体上看是缺乏辩证法思想的。虽然他把马克思主义哲学定义为"辩证唯物主义",但他的哲学理论中却没有专门的辩证法部分,也没有认识论的辩证法。列宁在《谈谈辩证法问题》中已经指出了普列汉诺夫的这一缺陷:"对于辩证法的这一方面,通常(例如在普列汉诺夫那里)没有予以足够的注意:对立面的同一被当做**实例**的总和……而不是当做**认识的规律**(**以及客观世界的规律**)。"① 因此,普列汉诺夫也就不能认识帝国主义时代的复杂矛盾,不能精辟地分析帝国主义时代的革命和战争的关系,揭示帝国主义时代各国经济、政治发展的不平衡规律,从而制定无产阶级革命的策略。列宁对普列汉诺夫的这一批评不仅是针对普列汉诺夫个人的,也是针对第二国际时期(1889—1914)的马克思主义哲学在研究过程中出现的问题的。列宁既是第二国际时期的正统马克思主义哲学家,也是第三国际的创始人。列宁的哲学思想是马克思主义哲学从19世纪向20世纪转变的至关重要的一环。

思考题:

1. 如何看待第二国际时期(1889—1914)马克思主义哲学研究中的斗争?
2. 如何看待第二国际时期(1889—1914)马克思主义哲学研究与马克思、恩格斯的哲学思想之间的关系?
3. 试析卢森堡的历史辩证法与马克思的辩证法之间的关系。
4. 拉法格的"经济决定论"是机械唯物主义吗?
5. 拉布里奥拉对唯物史观史的叙述与普列汉诺夫对唯物史观史的叙述有何区别?
6. 普列汉诺夫是如何论述个人在历史上的作用的?

---

① 《列宁专题文集 论辩证唯物主义和历史唯物主义》,人民出版社2009年版,第148页。

第七章　列宁对马克思主义哲学的新发展

19世纪末20世纪初，在世界历史的新变化中诞生了列宁主义。列宁主义是帝国主义和无产阶级革命时代的马克思主义。列宁在《唯物主义和经验批判主义》《哲学笔记》《帝国主义是资本主义的最高阶段》《国家与革命》《论战斗唯物主义的意义》等著作中，创造性地发展了马克思主义哲学，形成了列宁哲学思想。列宁哲学思想总的特征是，既坚定地坚持马克思、恩格斯创立的辩证唯物主义和历史唯物主义世界观，强调世界的客观性、社会历史发展的客观规律性，强调社会实践，又坚定地坚持唯物辩证法，强调人的主观能动性的重要作用，强调对立统一规律在辩证法体系中的重要地位，强调事物发展过程的"连续性的中断"，强调历史进程中的变动与革命。列宁哲学思想是人类文明进步的宝贵精神财富，在马克思主义哲学发展史上产生了重大影响并占有重要地位。

第一节　时代变化与列宁对马克思主义哲学的初步运用

19世纪末20世纪初，伴随世界范围内科学技术的发展和资本主义生产方式的变化，世界历史进入了一个新时代。以弗拉基米尔·伊里奇·列宁为代表的俄国马克思主义者，坚持马克思主义基本原理与无产阶级革命运动的结合，深入研究资本主义发展到帝国主义阶段后的规律和特点，总结无产阶级反对资产阶级斗争的新经验，概括20世纪初期自然科学、哲学社会科学发展的最新成果，创造性地运用和发展了马克思主义哲学。

一、世界经济政治形势的变化和列宁对时代特点的科学分析

19世纪70年代后，世界资本主义在科学技术发展的推动下进入了相对平稳的发展时期。到第一次世界大战爆发前，欧洲主要资本主义国家已从自由竞争阶段发展到垄断阶段——帝国主义阶段。这一时期，帝国主义国家在生产力快速发展的同时，各种社会矛盾不断激化，世界工人运动出现新情况；俄国等东方国家革命形势不断高涨，世界革命的重心逐渐由西方向东方转移。面对新

形势新问题，列宁对新时代的特征作了科学的概括，为世界无产阶级制定正确的政策、策略提供了理论指导。

19世纪后期，自然科学进入了崭新的发展阶段，开始了自然科学革命。自然科学的进步极大地推动了世界工农业生产的发展，特别是在西欧和美国，生产力有了巨大的提升，它们在世界经济中占据支配地位。工业生产从"棉纺织时代"进入到"钢铁时代"。一些新兴工业部门，如化学、电力等发展也很快。工业的发展推动了农业机器的大量使用，农业生产也有了很大的发展。随着国际贸易的不断发展，资本输出的不断扩大，主要资本主义国家加强了对弱小国家的控制，形成了世界性的资本主义经济政治体系。

19世纪70年代以来，社会生产力的巨大发展加速了资本的集中，拥有巨额资本的大企业、大公司不断出现，逐渐形成了各种形式的垄断组织，开始了从自由资本主义向垄断资本主义的过渡。这种情况在美、英、德、法表现得尤其明显。英、法两国从19世纪70年代末期便开始了资本集中化的过程。俄国、意大利、日本等国在19世纪末期也相继从自由竞争阶段过渡到了垄断阶段。

与此同时，世界工人运动出现了新情况。一方面，马克思主义学说广泛传播，推动了各国工人运动的不断发展，工人阶级政党纷纷成立，并通过罢工等手段，积极开展同资产阶级的斗争；另一方面，资本主义国家的社会经济关系和工人运动的形势发生了新变化，各国资产阶级不同程度地调整了统治策略，并利用垄断利润的一小部分收买本国工人的上层分子，致使一些国家的工人革命意识削弱，热衷于反对资产阶级的合法斗争，修正主义思潮开始出现并不断扩大影响。在此情况下，如何解答新形势下的新问题，根据形势变化制定无产阶级的革命策略，是各国马克思主义者面临的重要任务。

列宁从时代的高度认识自由资本主义到帝国主义的转变。首先，列宁把这种转变本身看作一个新的时代开始的标志，并把这个时代称为帝国主义时代。帝国主义时代，"即马克思主义者所公认的资本主义崩溃的客观条件已经成熟、社会主义的无产阶级群众已经存在的时代"①。"社会主义的无产阶级群众"就是无产阶级革命的主体。列宁特别指出，它的存在，实际是从时代的这一变化中发现了无产阶级革命的机会；是帝国主义条件下资本主义的社会基本矛盾的

---

① 《列宁全集》第26卷，人民出版社1990年版，第121页。

激化，造成了帝国主义战争发生的客观条件，而不是说资本主义可以通过战争或在战争中能够找到解决这个矛盾的出路；是由于它实际找不到这个出路，社会发展才客观地提出社会主义的制度要求。正是这一关于帝国主义时代与社会主义革命内在联系的思想，形成了他关于现时代是帝国主义和无产阶级革命的时代的历史认识。列宁还谈到关于时代认识的科学方法，这就是"首先分析从一个时代转变到另一个时代的客观条件"；分析"哪一个阶级是这个或那个时代的中心，决定着时代的主要内容、时代发展的主要方向、时代的历史背景的主要特点等等"①；"善于把某一具体现象和该时代可能发生的各种现象的总和区别开来"② 的方法；等等。根据这一关于历史观察和时代认识的方法，列宁得出关于帝国主义问题的以下结论：

第一，帝国主义及其基本特征。资本主义从自由竞争阶段过渡到垄断阶段以后出现了许多新情况新问题。如何科学认识垄断资本主义的基本特征，正确把握新时代无产阶级的历史使命，是马克思主义者面临的时代课题。列宁在1916年完成的《帝国主义是资本主义的最高阶段》一书中科学地回答了这些问题。列宁指出，帝国主义最突出的特征就是垄断，"帝国主义是资本主义的垄断阶段"③。在帝国主义阶段，资本主义的某些基本特性开始转化成自己的对立面，从资本主义到更高级社会经济结构过渡的特点已经全面形成和暴露。垄断在使资本主义生产走向更高社会化的同时，却没有消除私有制，反而使得生产社会化和生产资料私人占有之间的矛盾更趋尖锐。根据对帝国主义的经济实质的全面论述，列宁得出一个结论："帝国主义是过渡的资本主义，或者更确切些说，是垂死的资本主义。"④ 这是对帝国主义特性的完整论述。

第二，历史进入无产阶级革命新时代。列宁从帝国主义是资本主义最高阶段、过渡阶段的观点出发，提出了"帝国主义是无产阶级社会革命的前夜"⑤的论断，有力地批驳了资产阶级和修正主义的各种错误观点，澄清了各国社会民主党对帝国主义时代的模糊认识。列宁指出："目前所达到的资本主义发展

---

① 《列宁专题文集 论资本主义》，人民出版社2009年版，第91页。
② 《列宁全集》第28卷，人民出版社1990年版，第127页。
③ 《列宁专题文集 论资本主义》，人民出版社2009年版，第175页。
④ 《列宁专题文集 论资本主义》，人民出版社2009年版，第211页。
⑤ 《列宁专题文集 论资本主义》，人民出版社2009年版，第105页。

阶段成为无产阶级社会主义革命的时代。"①"这个时代已经开始。"② 列宁这个结论是以帝国主义战争的事实为根据的。帝国主义就是战争,各帝国主义国家为了争夺殖民地和势力范围必然引起战争,而战争必然引起革命,即无产阶级社会主义革命。列宁还科学地揭示了新的时代条件下帝国主义经济政治发展不平衡的规律,提出了社会主义革命能够首先在一国或几国取得胜利的观点。

第三,民族战争仍具有现实性。帝国主义战争是帝国主义时代的特有现象,但是不能认为在帝国主义时代只有帝国主义战争发生。帝国主义时代虽然意味着民族战争的时代已经过去,但是民族战争并不可能完全消失。在帝国主义战争之外,或者说在帝国主义战争的同时,还有民族战争的发生。民族战争作为"统一民族地域,作为发展资本主义的基地,扫除资本主义以前的残余"③ 的战争,作为摆脱帝国主义国家的压迫和奴役,获得民族解放的战争,在帝国主义时代不仅是必要的、可能的,而且是进步的。列宁强调要分清两种战争的不同性质,以决定社会民主党人对于战争的态度。革命的社会民主党人坚决反对帝国主义战争,并同党内的社会沙文主义作斗争。革命的社会民主党人坚决地支持民族战争,但是又告诫人们不要把帝国主义战争误认为民族战争,要警惕帝国主义分子和机会主义者混淆两种战争的性质,把帝国主义战争当成民族战争的阴谋。帝国主义时代民族战争发生的根据,在于帝国主义时代资本主义在各国发展的不平衡,在于这些国家资本主义不够发达甚至处于殖民地状况的特殊历史环境。列宁谈到,处于交战国中的塞尔维亚人进行的"为民族生存而战"的战争和"在印度和中国,觉悟的无产者也只能走民族的道路,因为他们的国家还没有形成为民族国家"④。由上可知,就世界历史的现实和发展趋势来说,列宁从时代转变来认识战争的性质,指出与帝国主义时代相联系的战争总体上是帝国主义战争,而这种战争的前途不是资本主义的上升和它的制度的巩固,而是社会主义革命,是具有新的社会制度特征的社会主义国家的诞生。他在看到这一时代变化和社会运动的总的趋势和特征的同时,还看到世界历史发展中的不平衡事实,看到一些被压迫、被奴役民族通过民族战争而实现民族解放的道路选择的现实性和合理性,体现了马克思主义哲学关于世界历

---

① 《列宁专题文集 论无产阶级政党》,人民出版社2009年版,第189页。
② 《列宁专题文集 论无产阶级政党》,人民出版社2009年版,第189页。
③ 《列宁全集》第26卷,人民出版社1990年版,第24页。
④ 《列宁全集》第26卷,人民出版社1990年版,第35页。

史认识的方法论的唯物辩证性质。

第四，辩证地理解帝国主义的发展趋势。列宁明确了帝国主义作为"过渡的资本主义"的历史地位，宣告其暂时的、历史的性质。同时他指出，资本主义不可能有一分钟原地不动，必须前进再前进。如果以为这一腐朽趋势排除了资本主义的迅速发展，那就错了。在帝国主义时代，某些工业部门、某些资产阶级阶层、某些国家，不同程度地时而表现出这种趋势，时而表现出那种趋势。整个说来，资本主义的发展比从前要快得多。

二、俄国革命形势发展与马克思主义哲学的创造性运用

巴黎公社失败后，第一次无产阶级革命的高潮没有出现在生产力较发达、工人运动力量较强的西欧，而是出现在经济文化比较落后的俄国。这种看似偶然的现象背后有其必然性，它是俄国内外许多复杂因素综合作用的结果。沙皇的残酷统治、改革停滞、对外战争、工人失业、粮食短缺、士兵厌战和工人农民的反抗斗争，使俄国成为各种矛盾的焦点，造成了革命的形势。

俄国是一个封建色彩浓厚、经济文化落后的国家，但自1861年废除农奴制度以后，俄国资本主义也迅速发展起来。由于俄国沙皇政府、大资产阶级和大地主的多重剥削压迫，工人、农民和知识分子的不满情绪和革命意识不断高涨。随着垄断资本主义的形成，俄国的产业工人队伍不断壮大，工人运动此起彼伏，农民革命运动不断高涨，并成为工人运动的同盟军，知识分子在反对沙皇专制制度、要求自由民主的斗争中也发挥了十分积极的作用。19世纪80年代，马克思主义在俄国迅速传播开来，各种革命组织纷纷建立。1883年，普列汉诺夫领导建立了劳动解放社；1895年，列宁领导建立了彼得堡工人阶级解放斗争协会；1898年，俄国的马克思主义团体联合成立了俄国社会民主工党。工农革命运动的迅速发展以及与马克思主义的日益结合，使得在帝国主义链条薄弱环节的俄国在1905年爆发了资产阶级民主革命。1917年3月，俄国人民一举推翻了腐朽的沙皇政府，取得了资产阶级民主革命的胜利。1917年11月，在以列宁为代表的布尔什维克党的领导下，俄国工人和士兵通过武装起义，推翻了资产阶级政权，建立了世界上第一个无产阶级专政国家，开辟了人类历史的新纪元。

列宁的哲学思想，是19世纪末20世纪初帝国主义和无产阶级革命时代的马克思主义哲学，是马克思主义哲学在俄国创造性运用和发展的结果。马克

思、恩格斯通过对西欧主要资本主义国家的分析研究，揭示了资本主义必然灭亡、社会主义必然胜利的历史趋势，发现了资本主义社会以及人类社会运动发展的规律。那么，究竟应该怎样根据马克思、恩格斯揭示的人类社会发展的一般规律认识俄国社会发展的道路呢？要正确地回答这个问题，首先取决于对俄国现状和社会性质的认识，即俄国有没有资本主义，或俄国是不是一个资本主义国家的问题；其次是俄国资本主义的命运问题；第三是俄国社会革命的道路问题，即是照搬西欧发达资本主义国家的道路，还是选择适合俄国实际的发展道路？列宁从事马克思主义理论研究的最初任务就是寻找解决以上问题的答案。从1893年完成的《农民生活中新的经济变动》和《论所谓市场问题》，到1894年完成的《什么是"人民之友"以及他们如何攻击社会民主党人？》，再到写于1895年年底至1899年1月的《俄国资本主义的发展》，都是"**利用**已经创造出来的**唯物主义**方法和**理论**政治经济学方法，来**研究**俄国生产关系及其演进情形"①。他在书中详尽地描绘了俄国由地主经济演化为资本主义经济的过程，用客观事实论证了俄国资本主义的现实、进步意义及其过渡性质，论证了俄国走向社会主义道路的现实可能性，为制定布尔什维克党的革命纲领和策略奠定了理论基础。

三、在批判各种错误思潮中捍卫和阐述马克思主义哲学

19世纪末20世纪初，俄国先后出现的民粹派、"合法马克思主义"和经济派等思潮，对马克思主义的传播发展、俄国革命的发展造成了很大的消极影响。列宁批判了这些错误思潮，捍卫和发展了马克思主义哲学。

（一）批判民粹派的空想社会主义，阐明历史发展的客观规律

俄国的民粹派是19世纪60年代末70年代初产生的一个代表小生产者利益的空想社会主义派别。民粹派宣扬主观社会学和英雄史观，否认社会发展的客观规律，歪曲和攻击唯物史观，成为俄国传播马克思主义和建立工人阶级政党的主要障碍。列宁在1894年发表了《什么是"人民之友"以及他们如何攻击社会民主党人？》等著作，对民粹派进行了彻底的批判。

第一，批判"人类天性论"，论述社会历史发展的客观规律性。民粹派认为，凡是符合人类天性的制度就是公平合理的理想社会制度，反之就是应当取

---

① 《列宁全集》第1卷，人民出版社1984年版，第232页。

消的社会制度,从根本上否认了社会历史发展的客观性和规律性。列宁对马克思的社会经济形态理论作了精辟的论述和发挥,指出:"只有把社会关系归结于生产关系,把生产关系归结于生产力的水平,才能有可靠的根据把社会形态的发展看做自然历史过程。"① 这揭示了生产力的最终决定作用和社会历史发展的客观规律性,从根本上批判了民粹派在历史观上的唯心主义。

第二,批判"个人创造历史"的唯心史观,论证历史发展的必然性和人民群众的巨大作用。民粹派认为,历史是由"具有自己一切思想和感情的个人"创造的,并以此来否定马克思主义关于历史必然性的论断,捏造历史必然性和个人作用冲突的荒唐的神话。列宁批驳说:"恰巧相反,只有根据决定论的观点,才能作出严格正确的评价,而不致把什么都推到自由意志上去。同样,历史必然性的思想也丝毫不损害个人在历史上的作用:全部历史正是由那些无疑是活动家的个人的行动构成的。"② 列宁关于历史必然性与个人能动作用辩证关系的论述,深化了唯物史观关于历史发展必然性的思想,划清了唯物史观和形而上学宿命论的界限,有力地驳斥了民粹派对马克思主义历史决定论的歪曲。列宁还进一步阐明了人民群众的历史作用,驳斥了民粹派所谓的只有英雄才能创造历史的唯心史观,为解决俄国社会革命主体问题提供了理论根据。

(二) 批判"合法马克思主义"的"客观主义",阐明历史唯物主义阶级性和科学性的统一

俄国"合法马克思主义"标榜所谓的"客观主义",借口资本主义具有历史必然性而片面肯定资本主义,打着马克思主义的旗号维护资本主义制度,其代表人物是司徒卢威(1870—1944)。列宁对此进行了深刻分析和揭露,进一步阐发了历史唯物主义基本观点。他指出,"客观主义者"在谈论历史过程的必然性时,一方面,只承认资本主义发展的必然性,而不承认资本主义灭亡的必然性,认为资本主义是不可超越的;另一方面,他们总是站在为现实作辩护的立场上,只肯定现有的必然性,而不愿揭露现有的阶级矛盾,揭露资产阶级与无产阶级的对抗。历史唯物主义则不仅指明资本主义存在和发展的必然性,而且指明了资本主义灭亡的必然性,因而它"贯彻自己的客观主义,比客观主义者更彻底、更深刻、更全面"③。同时,历史唯物主义也具有明显的阶级性,

---

① 《列宁专题文集 论辩证唯物主义和历史唯物主义》,人民出版社2009年版,第161页。
② 《列宁专题文集 论辩证唯物主义和历史唯物主义》,人民出版社2009年版,第179页。
③ 《列宁全集》第1卷,人民出版社1984年版,第363页。

其本身就"包含有所谓党性，要求在对事变作任何评价时都必须直率而公开地站到一定社会集团的立场上"①。列宁强调，历史唯物主义"对世界各国社会主义者所具有的不可遏止的吸引力，就在于它把严格的和高度的科学性（它是社会科学的最新成就）同革命性结合起来，并且不仅仅是因为学说的创始人兼有学者和革命家的品质而偶然地结合起来，而是把二者内在地和不可分割地结合在这个理论本身中"②。

（三）批判经济派的自发论，阐明上层建筑的能动作用

经济派是19世纪末期俄国社会民主工党内的自由主义知识分子在伯恩施坦修正主义影响下产生的一个机会主义派别。经济派崇拜自发论，醉心经济斗争，否定自觉的政治斗争，是当时俄国提高无产阶级觉悟、建设无产阶级政党的一大障碍。列宁在20世纪初期写了《怎么办?》等著述，批判了经济派的自发论和修正主义的错误观点，系统地阐述了政治对经济的反作用，捍卫和发展了唯物主义历史观。

第一，在坚持经济对政治的决定作用的前提下，强调政治对经济的反作用。俄国经济派盲目崇拜经济斗争，否定政治斗争的作用。列宁对此明确指出，根据经济利益起决定作用这一点，绝不应当作出经济斗争（等于工会斗争）具有首要意义的结论，因为总的说来，各阶级最重大的、"决定性的"利益只有通过根本的政治改造来满足。具体说来，无产阶级的基本经济利益只能通过无产阶级专政代替资产阶级专政的政治革命来满足。他强调，政治固然是以经济为基础的，但政治又代表着一个阶级的根本经济利益，对于经济具有十分积极的能动作用。无产阶级只有把经济斗争提高到政治斗争，通过政治革命建立无产阶级专政，才能完成自身的根本任务。

第二，阐明革命理论和革命政党的巨大能动作用。经济派崇拜工人运动的自发性，轻视革命理论和革命政党的重要作用，认为依靠工人的自发运动就可以养成社会主义意识，就会自发地走上社会主义道路。列宁深刻地批判了这一错误，论述了革命理论对于工人运动的重要作用，强调"没有革命的理论，就不会有革命的运动"③，就不会有坚强的社会主义政党。建立一个集中统一的、

---

① 《列宁全集》第1卷，人民出版社1984年版，第363页。
② 《列宁专题文集　论辩证唯物主义和历史唯物主义》，人民出版社2009年版，第213—214页。
③ 《列宁专题文集　论无产阶级政党》，人民出版社2009年版，第70页。

能够领导无产阶级解放斗争的无产阶级政党，是摆在俄国马克思主义者面前的一项迫切任务，是夺取革命胜利的必要条件。

在新的时代条件下，列宁通过总结自然科学成果，批判经验批判主义，深入研究唯物辩证法，运用马克思主义哲学研究帝国主义的基本特征和俄国社会的特点，进一步丰富和发展了马克思主义哲学，在马克思主义的自然观、认识论、辩证法、历史观等方面作出了突出贡献。

第二节 《唯物主义和经验批判主义》对辩证唯物主义认识论的捍卫和发展

《唯物主义和经验批判主义》是列宁系统阐述辩证唯物主义和历史唯物主义基本原理，特别是辩证唯物主义认识论的重要哲学著作。列宁在批判以波格丹诺夫（1873—1928）为代表的俄国马赫主义者的主观唯心主义哲学和总结马克思、恩格斯以来哲学发展新成果的基础上，对一系列重要哲学问题进行了新的概括和阐释，从而发展了马克思主义哲学。

列宁哲学思想是对 19 世纪末 20 世纪初世界历史发展、俄国革命形势发展和自然科学发展的概括和总结。X 射线、柏克勒尔射线、电子、镭元素、原子论、相对论等自然科学的新发现，动摇了传统物理学的一些旧观念和形而上学唯物主义自然观。一部分自然科学家受旧理论崩溃的影响，由于不懂得辩证法而陷入唯心主义。其中，最具代表性的是马赫主义，又称经验批判主义。这一思潮的创始人是奥地利物理学家、哲学家恩斯特·马赫（1838—1916）和德国哲学家理查·阿芬那留斯（1843—1896）。马赫主义者歪曲物理学家提出的"物质消失了"的本来含义，断言唯物主义的物质概念被自然科学驳倒了；歪曲发现电子的意义，企图想象没有物质的运动，宣扬唯能论；歪曲科学新发现证明的科学定律的相对性，否认科学规律的客观性和认识客观规律的可能性。俄国以波格丹诺夫为代表的一批"想做马克思主义者"的人企图用马赫主义补充、修正和替代马克思主义哲学。他们把马赫主义说成是最新的"20 世纪的自然科学的哲学"，声称马克思主义哲学已经"过时"。这股经验批判主义思潮在俄国布尔什维克党内的影响日益扩大，严重冲击着作为无产阶级政党的世界观基础的辩证唯物主义和历史唯物主义，对俄国革命构成威胁。这决定了批判马赫主义，根据自然科学和哲学发展的新成果，阐述马克思主义哲学基本原理，丰富和发展辩证唯物主义和历史唯物主义的必要性。为此，列宁写了《唯物主义和经验批判主义》。

一、认识论中两条对立路线和哲学党性原则

马赫在1872年出版的《功的守恒定律的历史和根源》一书中，宣称物理学是"揭示感觉之间的联系的规律"的科学，把物理学的对象理解为感觉之间的联系，而不是物或物体之间的联系。1883年，他在《力学发展的历史评述》中重复同样的思想，认为"感觉不是'物的符号'，而'物'倒是具有相对稳定性的感觉复合的思想符号。世界的真正要素不是物（物体），而是颜色、声音、压力、空间、时间（即我们通常称为感觉的东西）"。列宁指出："马赫在这里直截了当地承认物或物体是感觉的复合，十分明确地把自己的哲学观点同一种相反的、认为感觉是物的'符号'（确切些说，物的映象或反映）的理论对立起来。这后一种理论就是**哲学唯物主义**。"[①]

感觉是物的反映，还是物是感觉的复合？这个提问不仅具有认识论的意义，而且具有世界观的意义，它与恩格斯在《路德维希·费尔巴哈和德国古典哲学的终结》一书中提出的哲学基本问题的第一个方面的意义相吻合。马赫主张物是感觉的复合而不是感觉的源泉，也就是把感觉看作是第一性的，把物质看作是第二性的。表现在认识论上，就是主张从思想和感觉到物的唯心主义路线。因此，正如列宁所说："我们现在谈的完全不是唯物主义的这种或那种说法，而是唯物主义和唯心主义的对立，哲学上两条基本**路线**的区别。从物到感觉和思想呢，还是从思想和感觉到物？恩格斯坚持第一条路线，即唯物主义的路线。马赫坚持第二条路线，即唯心主义的路线。"[②]

在科学的哲学物质观基础上，列宁进一步阐明了物质和意识之间的辩证关系，指出物质和意识的对立既是绝对的，又是相对的。列宁特别强调了这一对立的相对性，指出"就是物质和意识的对立，也只是在非常有限的范围内才有绝对的意义，在这里，仅仅在承认什么是第一性的和什么是第二性的这个认识论的基本问题的范围内才有绝对的意义。超出这个范围，这种对立无疑是相对

[①]《列宁专题文集 论辩证唯物主义和历史唯物主义》，人民出版社2009年版，第5页。
[②]《列宁专题文集 论辩证唯物主义和历史唯物主义》，人民出版社2009年版，第6页。

的"①。这就是说，在认为物质和意识谁是第一性、谁是世界本原这个哲学基本问题范围内，它们的对立是绝对的。否认这种对立的绝对性，就是抹杀物质和意识的区别，就是取消两种世界观和两条认识路线的对立。但是，在这个问题的范围之外，物质和意识的对立则是相对的，二者具有同一性。一方面意识是物质的产物，而另一方面物质又为意识所反映；物质可以转化为精神，精神可以转化为物质。如果否认这种对立的相对性，看不到两者在一定条件下可以相互依存、相互转化，就会陷入形而上学，陷入不可知论。列宁的这一思想凸显了马克思主义哲学的辩证性质。

列宁在对马赫主义的物质概念和经验概念的批评中，进一步指明这两个概念的不同定义关系到两条哲学基本路线。马赫主义者认为，世界的本原就是"感觉""要素"。"感觉"和"要素"就是经验或"纯粹经验"。他们把自己的哲学叫作经验批判主义，就是为了否定经验中包含的客观内容，主张唯一存在的只是感觉、经验，从而否定了物质世界的客观性。列宁指出，经验"这个概念的各种不同的'定义'，只是表现着被恩格斯十分鲜明地揭示出的哲学上的两条基本路线"②。

哲学基本问题的第二个方面，即思维能不能认识现实世界，能不能在关于现实世界的表象和概念中正确地反映现实，这是思维和存在的同一性问题。绝大多数哲学家对这个问题作了肯定回答，主张世界是可以认识的。但是，某些哲学家否认认识世界或彻底认识世界的可能性。休谟和康德就属于这一类哲学家。俄国马赫主义者切尔诺夫（1873—1952）歪曲和攻击恩格斯对不可知论的批评，把恩格斯对康德的"自在之物"不可认识的批评歪曲为对"自在之物"的存在的批评。列宁在关于休谟和康德的不可知论的比较中，驳斥了这一观点，指出休谟和康德这两个哲学家的共同点是把现象和显现者、感觉和被感觉者、为我之物和"自在之物"根本分开。不同点则是休谟根本不愿意承认"自在之物"，认为关于"自在之物"的思想本身在哲学上是不可允许的，是"形而上学"；康德则承认"自在之物"的存在，不过宣称它是"不可认识的"，属于另一个根本不同的领域，即属于知识不能达到而信仰却能发现的"彼岸"领域。恩格斯所批评的不是承认"自在之物"存在的观点，而是关于"自在之

---

① 《列宁专题文集　论辩证唯物主义和历史唯物主义》，人民出版社2009年版，第54—55页。
② 《列宁专题文集　论辩证唯物主义和历史唯物主义》，人民出版社2009年版，第58页。

物"不可认识的观点。

在此基础上，列宁提出了"三个重要的认识论的结论"："（1）物是不依赖于我们的意识，不依赖于我们的感觉而在我们之外存在着的。……（2）在现象和自在之物之间决没有而且也不可能有任何原则的差别。差别仅仅存在于已经认识的东西和尚未认识的东西之间。……（3）在认识论上和在科学的其他一切领域中一样，我们应该辩证地思考，也就是说，不要以为我们的认识是一成不变的，而要去分析怎样从**不知**到**知**，怎样从不完全的不确切的知到比较完全比较确切的知。"① 第一个结论是关于认识的唯物主义前提，肯定了认识对象的客观性，是对恩格斯提出的哲学基本问题的"第一个方面"的思想在认识论中的贯彻和发挥；第二个结论阐述了辩证唯物主义认识论的可知论，同不可知论划清了界限；第三个结论是关于认识的辩证法。这三个重要结论，准确概括了马克思主义认识论的基本内容，是对马克思主义认识论的重要贡献。

列宁指出，必须把考察马赫主义对宗教的关系问题，扩大为阐述哲学的党性问题，因为这一问题明显地表现出它的哲学路线、阶级实质和社会政治作用。揭露马赫主义在宗教问题上标榜的"中立"立场的虚伪性，可以揭露它在哲学上标榜"无党性"的虚伪性。他强调，在经验批判主义认识论的烦琐语句后面，不能不看到哲学上的党派斗争，这种斗争归根结底表现着现代社会中敌对阶级的倾向和思想体系。唯物主义和唯心主义按实质来说，是两个斗争着的党派，而这种实质被冒牌学者的新名词或愚蠢的无党性掩盖着。列宁还特别指出："马克思和恩格斯在哲学上自始至终都是有党性的，他们善于发现一切'最新'流派对唯物主义的背弃，对唯心主义和信仰主义的纵容。"② 他们总是明确地把唯物主义和唯心主义两条路线对立起来，始终坚持唯物主义路线，批判唯心主义路线。列宁指出，马赫主义者以无党性自夸，奢望"凌驾"于唯物主义和唯心主义之上，超越它们之间的对立，而事实上这帮人每时每刻都在陷入唯心主义。通过考察马赫主义对宗教和自然科学的态度，可以发现它的哲学的资产阶级性质，发现资产阶级确实为了本阶级的利益在利用马赫主义。

二、以实践为基础的反映论和真理论

波格丹诺夫宣称，他只承认"仅仅在某一时代范围内的客观真理"，说马

---

① 《列宁专题文集　论辩证唯物主义和历史唯物主义》，人民出版社2009年版，第23—24页。
② 《列宁专题文集　论辩证唯物主义和历史唯物主义》，人民出版社2009年版，第121页。

克思主义否定任何真理的绝对客观性，否定任何永恒真理。列宁批评波格丹诺夫把下面两个问题搞混了：（1）有没有客观真理？（2）关于绝对真理和相对真理之间的相互关系。波格丹诺夫对客观真理的否定，在于他把真理看作是"思想形式"，看作是"人类经验的组织形式"。列宁指出，如果真理只是思想形式，那就是说，不会有不依赖于主体、不依赖于人类的真理了，因为除了人类的思想以外，我们和波格丹诺夫都不知道别的什么思想。如果真理是人类经验的形式，那就是说，不会有不依赖于人类的真理，不会有客观真理了。列宁的这一论述当然不能被理解为列宁似乎不承认真理是一个认识范畴，真理是对客观外部世界的正确反映。列宁是针对波格丹诺夫的真理观的唯心主义实质，强调真理的客观性，强调不能离开真理所反映的一定的客观内容来认识真理。在这个意义上，一切真理都是客观真理。波格丹诺夫真理观的要害在于否认真理的客观性。针对这一错误，列宁在这里把真理或客观真理与真理的客观性等同起来。

当然，波格丹诺夫并不回避"客观性"这个概念，问题在于他对"客观性"的理解是不正确的。他把客观性的基础限定在"集体经验的范围内"，认为即使是物理世界也是"社会地组织起来的经验"。列宁指出，这是根本错误的唯心主义的定义。物理世界是不依赖于人类和人类经验而存在的，在不可能有人类经验的任何"社会性"和任何"组织"的时候，物理世界就已经存在了。波格丹诺夫用经验的"普遍性"说明（实为代替）真理的客观性。但是，具有"普遍性"的未必就是真理。列宁用宗教教义与科学的对立说明了这个道理，指出现在看宗教教义比科学学说具有更大的"普遍性"，人类的大部分至今还信奉宗教教义，但宗教教义不是真理。

真理观上的主观主义表现为相对主义，表现为对绝对真理的否定。波格丹诺夫在论证他的相对主义真理观时，硬把恩格斯与他拉在一起，曲解恩格斯在《反杜林论》里的观点。他还以恩格斯在书中说明永恒真理的客观性时使用的一个例子，以证明恩格斯的错误，这就是"拿破仑死于1821年5月5日"。列宁针对波格丹诺夫对恩格斯的反驳指出，如果你不能断定"拿破仑死于1821年5月5日"这个命题是错误的或是不确切的，那么你就得承认它是真理。如果你不能断定它在将来会被推翻，那么你就得承认这个真理是永恒的。把真理是"经验的生动的组织形式"这类词句叫作反驳，这就是用一堆无聊的话来冒充哲学。列宁还指出，恩格斯之所以举出这样一个非常浅显的例子，直接目的是为了反驳和嘲笑在绝对真理和相对真理的关系问题上的"独断的、形而上学的唯物主义者杜林",实际是为了辩证地提出和解决绝对真理和相对真理的关系问题。

真理是相对性和绝对性的统一。所谓真理的相对性,是指实现一定的认识和达到这种认识的真理的条件性;所谓真理的绝对性,是指客观真理的存在(即认识的客观对象的存在)的无条件性,向这个真理的接近的无条件性。相对真理和绝对真理之间的关系是辩证的。绝对真理寓于相对真理之中,相对真理的总和构成绝对真理。相对真理和绝对真理的区分具有相对性、不确定性。但是,我们又不能相对主义地对待相对真理和绝对真理的界限。所以,在真理问题上,列宁特别强调了辩证法和相对主义的界限,并得出结论:"辩证法,正如黑格尔早已说明的那样,**包含着**相对主义、否定、怀疑论的因素,可是它**并不归结为**相对主义。马克思和恩格斯的唯物主义辩证法无疑地包含着相对主义,可是它并不归结为相对主义,这就是说,它不是在否定客观真理的意义上,而是在我们的知识向客观真理接近的界限受历史条件制约的意义上,承认我们一切知识的相对性。"①

在真理标准问题上,马赫把自然科学的研究对象问题同认识论上区别真理和谬误的问题混为一谈,用前一个问题否定后一个问题,把实践标准从科学认识中排除出去。列宁则坚持实践是检验真理的唯一标准的观点,主张"生活、实践的观点,应该是认识论的首要的和基本的观点"②。这是关于认识的实践标准的确定性观点,也是这个问题上的唯物主义观点。同时,列宁也反对把认识的实践标准作绝对化的理解,承认实践标准也具有不确定性,指出:"实践标准实质上决不能**完全地**证实或驳倒人类的任何表象。这个标准也是这样的'不确定',以便不让人的知识变成'绝对',同时它又是这样的确定,以便同唯心主义和不可知论的一切变种进行无情的斗争。"③

三、物理学新发现的哲学总结和辩证唯物主义物质观

"物理学"唯心主义是一种国际性思潮,它的实质是否认或怀疑物质的客观实在性。列宁指出,"物理学"唯心主义的认识论根源,在于片面夸大认识

---

① 《列宁专题文集 论辩证唯物主义和历史唯物主义》,人民出版社2009年版,第43页。
② 《列宁专题文集 论辩证唯物主义和历史唯物主义》,人民出版社2009年版,第49页。
③ 《列宁专题文集 论辩证唯物主义和历史唯物主义》,人民出版社2009年版,第49页。

过程中某一特征、方面、部分的意义,特别是把辩证认识的下述两个成分绝对化:一是物理学的数学化使部分习惯于数学抽象思维的物理学家,在做数学方程式的运算时往往忘记数学公式所反映的客观内容,把世界看成从属于数学方程式,得出人给予自然界以规律的结论;二是由于现代自然科学的迅速发展,物理学旧理论急剧崩溃,物理学家被迫接受了相对性原理。但是,由于他们不懂得辩证法,不了解绝对真理和相对真理的关系,片面夸大知识的相对性,否定真理的绝对性,从而否定了客观真理,从相对主义走向唯心主义。列宁还揭露了产生"物理学"唯心主义的阶级根源,这就是19世纪末20世纪初资本主义进入帝国主义阶段,资产阶级进一步走向反动。

针对马赫主义对物质概念的歪曲和攻击,列宁给物质下了一个明确的科学的定义,即"物质是标志客观实在的哲学范畴,这种客观实在是人通过感觉感知的,它不依赖于我们的感觉而存在,为我们的感觉所复写、摄影、反映"①。这个定义概括起来有三层意义:一是从物质与意识既对立又统一的关系中把握物质,揭示了"客观实在性"这一物质的最本质的规定。二是坚持了辩证唯物主义的能动的反映论和可知论,把哲学的物质概念同自然科学的具体物质概念区别开来。哲学的物质概念是对一切物质形态、结构和属性的共同本质的概括,自然科学的具体物质概念是对特定的物质形态、结构和属性的认识。三是既概括了自然界的物质性,也概括了人类社会的物质性,在物质观上完成了自然和历史的统一,为系统地、科学地说明世界的物质统一性奠定了基础。

四、把唯物主义基本原理贯彻到社会历史领域

列宁批判了波格丹诺夫在社会存在和社会意识的关系上的错误观点。波格丹诺夫认为,人们在生存斗争中,只有借助于意识才能结合起来,没有意识就没有交往。因此,形形色色的社会生活都是意识—心理的生活,社会性和意识性是不可分离的。社会存在和社会意识,按这两个词的确切的含义来说,是同一的。列宁批判了这一观点,指出社会存在和社会意识不是同一的,正如一般存在和一般意识不是同一的一样。人们可以能动地反映社会存在,但是这种反映只能是对社会存在的近似正确的"复写"。社会存在永远不会被社会意识完全把握。如果说社会意识同社会存在是"同一"的,那就完全颠倒了社会存在

---

① 《列宁专题文集 论辩证唯物主义和历史唯物主义》,人民出版社2009年版,第35页。

和社会意识的关系。坚持物质第一性、意识第二性的原理，在社会历史领域必然承认社会存在决定社会意识。

列宁还指出，波格丹诺夫在哲学基本问题上陷入唯心主义的原因，在于他是按照唯心主义精神歪曲唯物主义基本原理的。波格丹诺夫看不到唯物主义一般原理同历史唯物主义基本原理之间的内在的不可分割的联系，因此必然陷入谬误。列宁指出："一般唯物主义认为客观真实的存在（物质）不依赖于人类的意识、感觉、经验等等。历史唯物主义认为社会存在不依赖于人类的社会意识。在这两种场合下，意识都不过是存在的反映，至多也只是存在的近似正确的（恰当的、十分确切的）反映。在这个由一整块钢铸成的马克思主义哲学中，决不可去掉任何一个基本前提、任何一个重要部分，不然就会离开客观真理，就会落入资产阶级反动谬论的怀抱。"①

波格丹诺夫把自然科学、生物学上的一些名词术语搬到社会学上来，企图用"社会唯能论"和"社会选择学"来解释社会进步和资本主义危机，用以代替历史唯物主义的生产力、生产关系、阶级斗争等范畴。列宁指出，这些生物学术语、唯能论术语和资本主义的"发展""危机"等是没有什么内在联系的，依靠这些概念是不能对社会现象作任何研究，不能对社会科学的方法作任何说明的。波格丹诺夫是用枯燥不堪的僵死的经院哲学来冲淡马克思的结论。马克思主义哲学认为，人类社会和自然界是根本不同的领域，它们各自有着不同的矛盾和规律，绝不能把低级运动形式和高级运动形式相互等同。社会存在决定社会意识的原理，为社会科学研究提供了唯一正确的理论和方法。波格丹诺夫用生物学和"唯能论"的空洞概念来说明社会现象，把自然规律和社会规律混为一谈，根本否认了社会历史规律的客观性和特殊性。

列宁从哲学史的角度说明以波格丹诺夫为代表的"现代俄国的马赫主义"的历史特点，即对马克思主义哲学的辩证唯物主义与历史唯物主义的割裂。列宁首先从马克思、恩格斯的哲学与费尔巴哈的哲学的关系说起。他指出，费尔巴哈"下半截是唯物主义者，上半截是唯心主义者"，毕希纳、福格特（1830—1883）、摩莱肖特（1822—1893）和杜林等人在一定程度上也是这样，不过有一个本质上的差别，就是所有这些哲学家和费尔巴哈比起来，都是一些

---

① 《列宁专题文集 论辩证唯物主义和历史唯物主义》，人民出版社2009年版，第111—112页。

第二节 《唯物主义和经验批判主义》对辩证唯物主义认识论的捍卫和发展

侏儒和可怜的庸才。马克思、恩格斯的学说是从费尔巴哈那里产生出来的,是在与庸才们的斗争中发展起来的,自然他们所特别注意的是修盖好唯物主义哲学的上层,也就是说,他们所特别注意的不是唯物主义认识论,而是唯物主义历史观。"因此,马克思和恩格斯在他们的著作中特别强调的是**辩证**唯物主义,而不是辩证**唯物主义**,特别坚持的是**历史**唯物主义,而不是历史**唯物主义**。"①列宁强调,那些想当马克思主义者的马赫主义者是在与此完全不同的历史时期接近马克思主义的,这时候资产阶级哲学已经专门从事认识论的研究了,对历史哲学注意得比较少,主要的注意力集中在保护或恢复下半截的唯心主义,而不是集中在保护或恢复上半截的唯心主义。他说,马赫主义者不理解马克思主义,因为他们是从另一个方面接近马克思主义的,他们接受了马克思的经济理论和历史理论,但并没有弄清楚它们的基础,即哲学唯物主义。因此,应当把波格丹诺夫等叫作颠倒过来的俄国的毕希纳分子和杜林分子。"他们想在上半截成为唯物主义者,但他们却不能摆脱下半截的混乱的唯心主义!在波格丹诺夫那里,'上半截'是历史唯物主义,诚然,是庸俗的、被唯心主义严重地糟蹋了的历史唯物主义;'下半截'是唯心主义,是用马克思主义的术语、马克思主义的词句装饰打扮起来的唯心主义。"②

列宁用费尔巴哈和以波格丹诺夫为代表的"现代俄国马赫主义者"的实例对马克思主义哲学的整体性的说明,给予我们的启示是:首先,马克思主义者必须坚持辩证唯物主义和历史唯物主义相统一的完整世界观,离开辩证唯物主义,不可能达到历史唯物主义;既不可能由一般唯心主义达到历史唯物主义,也不可能由"非历史"的片面的唯物主义达到历史唯物主义;离开历史唯物主义的辩证唯物主义,其实也是不存在的。处于割裂状态的所谓辩证唯物主义和历史唯物主义,都不是本来意义的、完整的、"纯粹的"唯物主义。其次,一般唯物主义是历史唯物主义的不可逾越的基础,既不能指望可以由"下半截的"唯心主义到达历史唯物主义,也不能指望可以通过"捷径",即企图在达到历史唯物主义后再去实现完全的唯物主义,去建构完整的科学世界观。最后,就哲学家的或每个人的哲学修养来说,接受一种科学的完整的世界观,具体地说,由唯心主义到唯物主义的转变,或者由一般唯物主义到辩证的历史的

---

① 《列宁专题文集 论辩证唯物主义和历史唯物主义》,人民出版社2009年版,第115—116页。
② 《列宁专题文集 论辩证唯物主义和历史唯物主义》,人民出版社2009年版,第116页。

唯物主义的转变，是一个包含着批判、反思、建构和创新等环节的自觉的复杂的过程。

《唯物主义和经验批判主义》是一部在马克思主义哲学史上产生了重要影响的著作。关于"哲学上两条基本路线"的思想、物质和意识的对立的绝对性和相对性的论述、"三个重要的认识论的结论"、哲学党性原则的思想、实践的观点是认识论的首要的和基本的观点的结论、物质定义、马克思主义哲学是一整块钢的思想等，都为马克思主义哲学增添了新的内容。

第三节 《哲学笔记》对唯物辩证法的研究和发展

《哲学笔记》是列宁在1895—1916年间研读哲学著作和探讨马克思主义哲学问题时所写的摘要、短文、札记和批语。为了科学判定时代性质、特点和任务，应对各种资产阶级思潮的挑战，特别是同第二国际理论家把马克思主义庸俗化和政治上的机会主义作斗争，列宁在瑞士伯尔尼大量阅读欧洲哲学史上著名哲学家的著作，尤其是辩证法著作，写下了八个笔记本的摘录性笔记。这八个笔记本在列宁去世后被发掘、整理和出版，并被命名为《哲学笔记》。这本笔记体著作在关于唯物辩证法的实质与核心方面，在关于辩证法、认识论和逻辑学三者之间的关系方面，在关于唯物辩证法的体系构想方面，以及在马克思主义认识论等方面，发展了马克思主义哲学特别是唯物辩证法思想。

一、唯物辩证法的实质与核心

列宁关于辩证法的实质和核心的思想有一个形成过程。列宁在《黑格尔〈逻辑学〉一书摘要》中关于辩证法的性质的观点是他提出辩证法的实质和核心思想的基础。他指出："**辩证法**是一种学说，它研究**对立面**怎样才能够**同一**，是怎样（怎样成为）**同一的**——在什么条件下它们是相互转化而同一的，——为什么人的头脑不应该把这些对立面看做僵死的、凝固的东西，而应该看做活生生的、有条件的，活动的、彼此转化的东西。"① 列宁把辩证法的对象、内容理解为对立统一（同一）的，接近于他后来明确提出的关于辩证法的实质和核

---

① 《列宁专题文集 论辩证唯物主义和历史唯物主义》，人民出版社2009年版，第132页。

心的思想。

列宁首先谈到的是唯物辩证法的核心。黑格尔在《逻辑学》一书中曾经谈到认识的方法问题,指出这个方法是分析的,又是综合的,它作为判断的环节,应当叫作辩证的环节。列宁认为,黑格尔在这里也说出了"辩证法的极好的规定"①。但他认为,黑格尔的这个规定不够明确。于是,他对此作了发挥。他首先把它扩充为三条,并把这三条称作"**辩证法的要素**"②。然后又扩充为七条和十二条,最后扩充到十六条,即"辩证法的十六要素"。列宁对此作了如下概括:"可以把辩证法简要地规定为关于对立面的统一的学说。这样就会抓住辩证法的核心,可是这需要说明和发挥。"③ 这里,列宁明确地提出了对立统一学说是辩证法的核心的观点。"核心"概念的提出,表明列宁关于辩证法的认识的深化,超越了关于辩证法的要素的直接认识,而深入到对要素的关系、结构的认识。

列宁是在《黑格尔〈哲学史讲演录〉一书摘要》中把"辩证法的实质"与对立统一规律联系起来的。他说,如果不把不间断的东西割裂,不使活生生的东西简单化、粗陋化,不加以划分,不使之僵化,那么我们就不能想象、表达、测量、描述运动。思想对运动的描述,总是粗陋化、僵化。不仅思想是这样,感觉也是这样;不仅对运动是这样,对任何概念也都是这样。由此,他得出结论:"这就是辩证法的**实质**。对立面的统一、同一这个公式正是表现**这个实质**。"④ 列宁的这一思想,直接地说,是在对运动的理解中提出的。针对黑格尔对诡辩论的代表芝诺关于"运动本身是一切存在的东西的辩证法"的评论,列宁指出,问题不在于有没有运动,而在于如何用概念的逻辑来表达它。他关于辩证法的实质的阐述,可以看作是他"用概念的逻辑"对运动的表达。列宁指出:"表达这个本质的基本概念有两个:(无限的)非间断性(Kontinuität)和'点截性'(=非间断性的否定,即**间断性**)。运动是(时间和空间的)非间断性与(时间和空间的)间断性的统一。运动是矛盾,是矛盾的统一。"⑤ 由此可见,"概念的逻辑"就是对立面的统一的逻辑。总之,列宁在这里不仅明

---

① 《列宁全集》第55卷,人民出版社1990年版,第232页。
② 《列宁专题文集 论辩证唯物主义和历史唯物主义》,人民出版社2009年版,第139页。
③ 《列宁专题文集 论辩证唯物主义和历史唯物主义》,人民出版社2009年版,第141页。
④ 《列宁专题文集 论辩证唯物主义和历史唯物主义》,人民出版社2009年版,第143页。
⑤ 《列宁专题文集 论辩证唯物主义和历史唯物主义》,人民出版社2009年版,第143页。

确提出了"辩证法的实质"这一概念,而且表明他的关于辩证法的实质在于对立统一规律的思想已经形成。

由此,列宁在《谈谈辩证法问题》一文的开头对辩证法的实质作了明确的阐述。他指出:"统一物之分为两个部分以及对它的矛盾着的部分的认识……是辩证法的**实质**(是辩证法的'本质'之一,是它的基本的特点或特征之一,甚至可说是它的基本的特点或特征)。"① 列宁关于辩证法的实质的这个认识,实现了关于辩证法的认识由结构到实质的跨越,提升了对对立统一规律的认识。列宁正是在关于对立统一规律的内容和它同辩证法的其他规律的关系中来说明其"实质"的意义的。

第一,对立统一规律解释了事物发展的源泉和动力。列宁指出,对立面的同一、统一,就是承认自然界的、社会的和精神的一切现象和过程具有矛盾着的、相互排斥的、对立的倾向。要认识在"自己运动"中、自身发展中和蓬勃生活中的世界一切过程,就要把这些过程当作对立面的统一来认识。按照这一观点,在关于外部世界的认识中,主体的"主要的注意力正是放在认识'**自己**'运动的**泉源**上"②,认识到正是构成事物的两个方面的对立统一构成了事物变化、发展的源泉和动力。

第二,对立统一规律是理解质量互变规律、否定之否定规律和辩证法的其他范畴的钥匙。唯物辩证法认为,事物的变化、发展有两种不同的状态:一种是不显著、渐进的、量的变化,即量变;一种是显著的、剧烈的质的变化,表现为"渐进过程的中断",事物"向对立面的转化",亦即质变。事物的发展总要经历从量变到质变的过程,同时也是一个由肯定到否定再到否定之否定的过程。现存事物就是处于肯定状态的事物。在发展中,由于该事物的内部的矛盾性而引起的自身变化累积到一定程度,该事物就会发生质的变化,即一事物变成他事物,新事物代替旧事物。这个由事物的肯定状态到否定状态的转变,是事物发展中的第一次否定。事物的发展还要经历第二次否定,即否定的否定。否定,就是变化,就是发展。这种由辩证的否定实现的发展,其根据还在于事物自己的运动、事物内部的矛盾性。总之,无论是事物变化、发展的量变质变过程,还是否定之否定过程,都是贯穿对立统一的矛盾的过程。列宁谈到了对

---

① 《列宁专题文集 论辩证唯物主义和历史唯物主义》,人民出版社2009年版,第148页。
② 《列宁专题文集 论辩证唯物主义和历史唯物主义》,人民出版社2009年版,第149页。

立统一规律对于理解辩证法的其他规律的决定意义。例如对于量变质变规律和否定之否定规律的理解，他认为，只有"发展是对立面的统一（统一物之分为两个互相排斥的对立面以及它们之间的相互关系）"的观点，"才提供理解'飞跃'、'渐进过程的中断'、'向对立面的转化'、旧东西的消灭和新东西的产生的钥匙"。① 列宁还谈到在相对与绝对、一般与个别的关系中包含的对立统一关系。

二、一般与个别的辩证法

在《哲学笔记》中，列宁对一般与个别的辩证法作了充分阐述。在列宁看来，一般与个别的辩证关系本质上是一种对立统一关系。首先，一般与个别是对立着的两个方面，一般不是个别，个别不是一般。个别是指现实存在的具体的单一的事物，又指事物的个性；一般指具体的单一的事物所属的一类事物，它是在许多个别事物中重复出现的东西，是把许多个别事物联系起来的相似点、共同点，因而它又是事物的共性。但是，一般与个别又是同一的，个别与一般相连而存在。一般只能在个别中存在，只能通过个别而存在。任何个别（不论怎样）都是一般。任何一般都是个别的（一部分，或一个方面，或本质）。一般与个别的辩证法具有普遍性。任何一个命题，即使是最简单的、最普通的命题，如树叶是绿的，伊万是人，茹奇卡是狗等等，"**就已经有辩证法：个别就是一般**"②。

一般是对具体事物的抽象，并以概念的形式表达出来。列宁把概念形象地比喻为"运动的各个方面、各个水滴（='事物'）、各个'**细流**'等等的**总计**"③。按照唯物主义观点，对于概念、一般，基础的东西、作为出发点的东西，是一个一个的具体的事物，是个别。没有离开个别的一般，也没有离开具体事物的关于该事物的概念。这就是概念、一般的客观性。所以，他指出："（抽象的）概念的形成及其运用，**已经**包含着关于世界客观联系的规律性的看法、见解、**意识**。""否定概念的客观性、否定个别和特殊之中的一般的客观性，是不可能的。"④

---

① 《列宁专题文集 论辩证唯物主义和历史唯物主义》，人民出版社2009年版，第149页。
② 《列宁专题文集 论辩证唯物主义和历史唯物主义》，人民出版社2009年版，第150页。
③ 《列宁专题文集 论辩证唯物主义和历史唯物主义》，人民出版社2009年版，第134页。
④ 《列宁专题文集 论辩证唯物主义和历史唯物主义》，人民出版社2009年版，第136页。

从个别到一般,从具体事物到抽象的一般概念,是一个过程,一个认识和思维的辩证过程。按照认识发展的规律,一般、概念以及关于任何事物的本质的和规律的认识,都只具有相对的意义,都只是在一定程度上表现了事物的本质和规律。所以,在认识的发展中,人们在认识一种新的具体事物时所具有的或遇到的关于该类事物的既定概念,"它是僵死的,它是不纯粹的、不完全的","**一般**的含义是矛盾的"①。这些概念一定会在与具体事物相联系的实践和认识的过程中,得到检验、修正、充实和发展。

列宁从概念与具体事物的关系的角度对一般与个别的关系的说明,已经涉及一般与个别的辩证法问题与认识论问题的联结,表明作为唯物辩证法范畴的一般与个别的关系,又是认识论的,是具有一般世界观意义的关于认识的对象与认识的结论、思维与存在的关系。

三、唯物主义的逻辑、辩证法和认识论是"同一个东西"

列宁在《哲学笔记》中提出了唯物主义的逻辑、辩证法和认识论三者是"同一个东西"的思想,这是他对马克思主义哲学的重要贡献。马克思、恩格斯关于辩证法规律的论述是列宁作出这一结论的思想资源。列宁正是通过对《资本论》的阅读和评价作出了三者是"同一个东西"的结论。他指出:"虽说马克思没有遗留下'**逻辑**'(大写字母的),但他遗留下《资本论》的**逻辑**,应当充分地利用这种逻辑来解决这一问题。在《资本论》中,唯物主义的逻辑、辩证法和认识论〔不必要三个词:它们是同一个东西〕都应用于一门科学,这种唯物主义从黑格尔那里吸取了全部有价值的东西并发展了这些有价值的东西。"② 恩格斯在《反杜林论》《自然辩证法》《路德维希·费尔巴哈和德国古典哲学的终结》等著作中,关于辩证法是自然、人类社会和思维的运动和发展的普遍规律的科学的概括,关于辩证法的规律和客观辩证法与主观辩证法的关系的论述,以及关于外部世界和人类思维的运动的规律在本质上是同一的论断,在不同程度上都具有三者是"同一个东西"的思想意义。

列宁首先在《黑格尔〈逻辑学〉一书摘要》中,阐述了唯物主义的逻辑、

---

① 《列宁专题文集 论辩证唯物主义和历史唯物主义》,人民出版社2009年版,第143页。
② 《列宁专题文集 论辩证唯物主义和历史唯物主义》,人民出版社2009年版,第145页。

辩证法和认识论三者是"同一个东西"的思想。这充分体现在他关于逻辑的理解中。他认为："逻辑不是关于思维的外在形式的学说，而是关于'一切物质的、自然的和精神的事物'的发展规律的学说，即关于世界的全部具体内容的以及对它的认识的发展规律的学说，即对世界的认识的**历史**的总计、总和、结论。"① 在这里，列宁从逻辑的内容的角度把逻辑与辩证法和认识论统一了起来。他认为，既然逻辑是"关于世界的全部具体内容的以及对它的认识的发展规律的学说"②，它当然就既是辩证法，又是认识论。同样的思想还有：逻辑学"不仅是对思维**形式**的描述，不仅是对思维**现象的自然历史的描述**……而**是和真理的符合**"③。"按照这种理解，逻辑学是和**认识论**一致的。"④"逻辑学是关于认识的学说，它是认识论。认识是人对自然界的反映。但是，这并不是简单的、直接的、完整的反映，而是一系列的抽象过程，即概念、规律等等的构成、形成过程，这些概念和规律等等（思维、科学＝'逻辑观念'）有条件地**把握**永恒运动着和发展着的自然界的普遍规律性。"⑤ 作为认识对象的自然界的运动、发展决定了人的认识必须是发展的，客观的辩证法决定主观的辩证法，决定逻辑、辩证法和认识论是同一个东西。列宁还在《卡尔·马克思》中谈到：辩证法，按照马克思的理解，同样也根据黑格尔的看法，其本身包括现在称之为认识论的内容，这种认识论同样应当历史地观察自己的对象，研究并概括认识的起源和发展，从不知到知的转化。正因如此，列宁才在稍后的《黑格尔辩证法（逻辑学）的纲要》中，明确地提出唯物主义的逻辑、辩证法和认识论是"同一个东西"的论断。他在后来的《谈谈辩证法问题》一文中重申了这一思想，特别指出"辩证法**也就是**（黑格尔和）马克思主义的认识论"⑥。

应该说明的是，我们虽然能够从黑格尔哲学的有关阐述中发现或者引申出逻辑、辩证法和认识论三者是"同一个东西"的思想，但是列宁的这一思想与黑格尔的思想有着本质的区别，这就是决定或说明三者是"同一个东西"的基础不同。黑格尔是从观念出发说明三者是"同一个东西"的，而列宁则是从客

---

① 《列宁专题文集 论辩证唯物主义和历史唯物主义》，人民出版社2009年版，第131页。
② 《列宁专题文集 论辩证唯物主义和历史唯物主义》，人民出版社2009年版，第131页。
③ 《列宁全集》第55卷，人民出版社1990年版，第146页。
④ 《列宁全集》第55卷，人民出版社1990年版，第146页。
⑤ 《列宁专题文集 论辩证唯物主义和历史唯物主义》，人民出版社2009年版，第136页。
⑥ 《列宁专题文集 论辩证唯物主义和历史唯物主义》，人民出版社2009年版，第151页。

观世界的本质及其运动来说明的。在黑格尔那里是唯心主义的"三者同一"论，在列宁这里则是辩证唯物主义的"三者同一"论。辩证唯物主义的世界观基础决定了逻辑、辩证法和认识论的同一，并且不是抽象的同一，而是具体的同一。因而，三者既是一个东西，又是不同的东西。就其反映的根本内容来说，它们是一个东西，但在形式上，它们是辩证唯物主义哲学的不同方面，研究对象有不同侧重。三者是"同一个东西"，是辩证唯物主义哲学体系中逻辑、辩证法和认识论三个方面的关系的特殊性质和形式，不仅科学地揭示了辩证唯物主义哲学的基本内容，而且特别揭示了这一哲学的世界观和方法论的一致性。

四、辩证法体系的构想

马克思在1858年1月16日给恩格斯的信中曾指出："我很愿意用两三个印张把黑格尔所发现、但同时又加以神秘化的方法中所存在的**合理的东西**阐述一番，使一般人都能够理解……"①但马克思没有实现他的这一夙愿。恩格斯在辩证法的研究上作过很大的努力，对马克思主义哲学的系统化作出重要的贡献，但也没有完成对唯物辩证法体系的系统阐释。列宁在《马克思和恩格斯通信集》提要中摘录了马克思的这段话，并作了批注，表明他很注意马克思的这一愿望。他认为，黑格尔虽然有以《逻辑学》为标志的辩证法体系，但它是建立在唯心主义基础上的，因而是不科学的。列宁在研读黑格尔、马克思、恩格斯的著作，特别是把《资本论》和黑格尔的《逻辑学》作对比研究时，以短文、纲要、札记和批注等形式提出了关于辩证法体系的思想。

列宁关于唯物主义的逻辑、辩证法和认识论是"同一个东西"的思想，是构建辩证法体系的基本原则。也就是说，不能企图把辩证法构造成一个与马克思主义认识论和逻辑学完全割裂开来的独立体系，而应改造成一个融马克思主义的逻辑、辩证法和认识论于一体的哲学体系。只是在关于"一切物质的、自然的和精神的事物"的发展规律的学说的意义上，它是辩证法；在关于认识的本质和规律的学说的意义上，它是认识论；在关于思维发展规律的学说的意义上，它是逻辑学。

把对立统一理解为辩证法的实质和核心，无论是对辩证法的总体的理解，

---

① 《马克思恩格斯文集》第10卷，人民出版社2009年版，第143页。

还是对于辩证法体系的建构（我们暂且不去争论列宁是否有意去从事这种建构），都具有根本的意义。就辩证法体系的构建来说，找到了对立面的统一这个辩证法的实质和核心，就找到了这个体系的建构的基本路径，发现了辩证法的全部概念、范畴、原理之间的关系以及由其构成的辩证法的基本结构。

关于逻辑起点的选择，对于辩证法体系的构建来说，具有基本的意义，是决定这个体系的构建成为实际步骤以及使这个体系真正成为科学的条件。无论是黑格尔以唯心主义的形式提供的逻辑学体系构建的经验，还是马克思《资本论》的逻辑的经验，体系构建的逻辑起点都是从"最简单的、最普通的、最常见的'存在'"开始。这个"存在"在黑格尔的逻辑学中是"纯概念"，在马克思的《资本论》中是"个别的商品"。从列宁的"辩证法的要素"可以看出，列宁虽然没有特别指出辩证法体系的逻辑起点具体是什么，但可以看出其基本原则是明确的，这就是"十六要素"中的第一条"考察的客观性"。

辩证法的"十六要素"具有关于辩证法体系的整体设想的意义。其基本内容可以简述为：考察的客观性、事物的客观存在、事物的多种多样的关系、事物的自己运动、事物的内在矛盾、对立面的统一、对立面的斗争、分析和综合的统一、事物的普遍联系、对立面的转化、认识的增多、认识的深化、哲学认识的发展、否定的否定、内容和形式、质和量。这些要素可以概括为五个方面的内容：辩证法的客观性、辩证法是关于事物普遍联系和发展的学说、对立统一规律是辩证法的核心、辩证法的其他规律和范畴、关于认识和思维的辩证规律。因此，可以说唯物辩证法是一个以客观存在为起点，以对立统一规律为核心，按照存在—联系—运动—认识的过程展开的有机整体。

列宁在《黑格尔辩证法（逻辑学）的纲要》和《谈谈辩证法问题》中，总结了马克思的《资本论》和黑格尔逻辑学的研究和阐述方法，明确提出一般辩证法的研究和阐述方法，同样是辩证法体系的研究和阐述方法。这个方法除了选择最简单、最普通、最常见的东西作为辩证法体系的逻辑起点外，还有分析与综合的结合、从具体到抽象和从抽象到具体两者结合的方法。

总之，《哲学笔记》是列宁为解决时代提出的迫切问题所作的哲学理论准备。虽然一个完整而严密的科学的辩证法体系还没有呈现，还仅仅是一种可能的计划、构想，并且它的有些内容还有待补充，有的表述有待精确化，有些原则有待彻底贯彻，但是距离这样一个体系建构的实现，已经不远了。列宁通过对哲学史的考察以及对黑格尔哲学的研究，特别是通过对《资本论》等马克思和恩格斯著作的研读，提出了一系列具有重大理论意义的哲学见解，丰富和发展了马克思主义哲学特别是唯物辩证法思想。

第四节　《帝国主义是资本主义的最高阶段》《国家与革命》对历史唯物主义基本原理的阐发与拓展

欧洲爆发的第一次世界大战，把战争和无产阶级及其政党对待战争的态度、帝国主义的本质及其趋势、时代特点、国家与革命等一系列迫切问题提上了议事日程。列宁运用马克思主义哲学原理深入研究和解决重大理论与现实问题，完成了《社会主义与战争》《论欧洲联邦口号》《帝国主义是资本主义的最高阶段》等一批重要著作。特别是十月革命胜利后，列宁在运用马克思主义哲学原理对社会主义革命和建设的探索中，推动了马克思主义哲学的发展，特别是历史唯物主义的发展。

一、《帝国主义是资本主义的最高阶段》中的历史唯物主义思想

《帝国主义是资本主义的最高阶段》奠定了列宁的帝国主义理论的基础。列宁在开头部分就指出："在最近15—20年中，特别是在美西战争（1898年）和英布战争（1899—1902年）之后，新旧两大陆出版的经济学著作以及政治学著作，愈来愈多地用'帝国主义'这个概念来说明我们所处时代的特征了。"①在帝国主义概念出现之前，一些经济学家对资本主义由集中引起垄断的现象已有所认识。马克思在《资本论》中对资本主义所作的分析，证明了竞争产生生产集中，生产集中发展到一定阶段就导致垄断。恩格斯在编辑整理《资本论》第二、三卷时，还阐述过关于卡特尔、托拉斯等垄断组织的出现及影响，分析了交易所的形成和作用。在列宁之前，一些资产阶级和小资产阶级的经济学家和历史学家、第二国际理论家和马克思主义理论家已经对帝国主义进行了研究。列宁在《帝国主义是资本主义的最高阶段》《关于帝国主义的笔记》以及有关的书评和论著中，对各种关于帝国主义的观点进行了科学分析和评价，对一系列根本问题作了回答。

---

① 《列宁专题文集　论资本主义》，人民出版社2009年版，第106页。

列宁深刻揭示了帝国主义的经济实质是垄断的资本主义,指出"集中发展到一定阶段,可以说就自然而然地走到垄断"①,垄断是"现阶段资本主义发展的一般的和基本的规律"②。而资本主义的垄断实际是金融资本的统治,因此他把20世纪看做是从一般资本统治到金融资本统治的转折点。所以,列宁说,如果必须给帝国主义下一个尽量简短的定义,那么这个定义就应当是:"帝国主义是资本主义的垄断阶段"③。这样的定义虽然简短,但能包括主要之点,因为一方面,金融资本就是和工业家垄断同盟的资本融合起来的少数垄断性的最大银行的银行资本;另一方面,瓜分世界,就是由无阻碍地向未被任何一个资本主义大国占据的地区推行的殖民政策,过渡到垄断地占有已经瓜分完了的世界领土的殖民政策。但是,这样的定义也有它的局限性,也就是,要从中分别推导出应当下定义的现象的那些最重要的特点,毕竟是不够的。因此,如果不忘记所有定义都只有有条件的、相对的意义,永远也不能包括充分发展的现象一切方面的联系,就应当给帝国主义下这样一个定义,其中要包括帝国主义的如下五个基本特征:(1)生产和资本的集中发展到这样高的程度,以致造成了在经济生活中起决定作用的垄断组织;(2)银行资本和工业资本已经融合起来,在这个"金融资本"基础上形成了金融寡头;(3)和商品输出不同的资本输出具有特别重要的意义;(4)瓜分世界的资本家国际垄断同盟已经形成;(5)最大资本主义大国已把世界上的领土瓜分完毕。④

列宁还深刻地揭示了帝国主义的发展趋势,认为这个趋势首先表现为停滞和腐朽,其结果就是在一切政治制度下都发生全面的反动。列宁根据对帝国主义的经济实质的全部论述,得出一个结论:"帝国主义是过渡的资本主义,或者更确切些说,是垂死的资本主义。"⑤ 在1920年写的《帝国主义是资本主义的最高阶段》法文版和德文版序言中,列宁进一步提出了"帝国主义是无产阶级社会革命的前夜"⑥ 这一论断。列宁关于帝国主义是"垂死的资本主义"的论断,并不是宣布帝国主义立即就可以灭亡,或者说帝国主义的灭亡是指日可待的事情。他只是根据帝国主义的经济实质而对它的趋势与命运作出判断,这

---

① 《列宁专题文集 论资本主义》,人民出版社2009年版,第108页。
② 《列宁专题文集 论资本主义》,人民出版社2009年版,第111页。
③ 《列宁专题文集 论资本主义》,人民出版社2009年版,第175页。
④ 《列宁专题文集 论资本主义》,人民出版社2009年版,第175—176页。
⑤ 《列宁专题文集 论资本主义》,人民出版社2009年版,第211页。
⑥ 《列宁专题文集 论资本主义》,人民出版社2009年版,第105页。

种趋势与命运当然总是要表现为一个或长或短的过程。列宁关于帝国主义发展趋势的论断的巨大的方法论意义，在于告诉人们要以历史的观点看待事物，包括社会发展进程中的资本主义、帝国主义现象，一方面，不要把现存的事物、现象永恒化，要始终把它看做一种过程性的存在；另一方面，不要把现存事物、现象的变化、发展的趋势当作立即可以发生的事实。列宁的《帝国主义是资本主义的最高阶段》一书蕴涵着丰富的哲学思想，它是对历史唯物主义的运用、阐发和丰富，主要表现在以下五个方面：

一是根据历史唯物主义社会存在决定社会意识的基本原理，认识生产社会化的客观性。列宁在说明资本主义由于竞争和生产集中产生垄断的事实时，揭示了资本主义的帝国主义阶段生产社会化的客观性，指出："帝国主义阶段的资本主义紧紧接近最全面的生产社会化，它不顾资本家的愿望与意识，可以说是把他们拖进一种从完全的竞争自由向完全的社会化过渡的新的社会秩序。"① 生产社会化的客观性在资本主义条件下，其社会后果是其通过与生产资料仍旧是少数人的私有财产之间的矛盾而加剧资本主义的社会矛盾，为社会主义革命创造客观条件。生产社会化的客观性的根据在于生产发展的逻辑自身，而不在于资本家的意识与愿望。

二是贯彻历史分析的全面性观点，既从经济上，也从政治和意识形态上揭示帝国主义的特点。列宁把《帝国主义是资本主义的最高阶段》一书的写作目的规定为"对帝国主义的**基本**经济特点的联系和相互关系，作一个简要的、尽量通俗的阐述"②，但是，他实际上并没有停留在对帝国主义的经济特点的认识上，而是同时谈到它的政治的和意识形态的方面。例如，他在谈到帝国主义"加强了夺取殖民地的趋向"时，指出了"在金融资本的基础上生长起来的非经济的上层建筑，即金融资本的政策和意识形态"，对加强这种趋向的作用。③ 在关于帝国主义定义问题上，列宁指出考茨基关于帝国主义的错误定义的方法论上的原因，在于他"把帝国主义的政治同它的经济割裂开了"④。

三是重申生产关系是社会关系体系中的基础的和决定性的关系的观点，强调在关于社会现象及其关系的认识中要善于发现隐藏在其后面的生产关系。马

---

① 《列宁专题文集　论资本主义》，人民出版社 2009 年版，第 116 页。
② 《列宁专题文集　论资本主义》，人民出版社 2009 年版，第 106 页。
③ 《列宁专题文集　论资本主义》，人民出版社 2009 年版，第 172 页。
④ 《列宁专题文集　论资本主义》，人民出版社 2009 年版，第 179 页。

克思早在《雇佣劳动与资本》中就提出了社会是生产关系的总和的观点。① 在《什么是"人民之友"以及他们如何攻击社会民主党人？》一文中，列宁把马克思用于社会分析的方法概括为："就是从社会生活的各种领域中划分出经济领域，从一切社会关系中划分出**生产关系**，即决定其余一切关系的基本的原始的关系。"② 列宁在《帝国主义是资本主义的最高阶段》中重申了关于社会分析的这一辩证的和唯物主义的方法。在谈到帝国主义过渡的、垂死的趋势时，他批评资产阶级经济学家对资本主义的认识仅仅停留在"交织"等的说法上，指出："'交织'这个说法说明了什么呢？它只抓住了我们眼前发生的这个过程的最引人注目的一点。它表明观察者只看到一棵棵的树木而看不到森林。它盲目地复写表面的、偶然的、紊乱的现象。它暴露出观察者被原始材料压倒了，完全没有认识这些材料的含义和意义。股票的占有，私有者的关系，都是'偶然交织在一起的'。但是隐藏在这种交织现象底下的，构成这种交织现象的基础的，是正在变化的社会生产关系。"③ 他强调，必须把一切社会现象放到一定社会的"交织"着的社会关系总体中去认识，并且善于从这种关系的总体中找出作为其基础的生产关系，把社会关系"归结于"生产关系。

四是坚持把对一定对象的认识放到该对象存在的一定历史条件下，因为客观上一切事物的产生、存在和发展都是历史的现象与结果。而对于一定社会现象的认识，则是把它放到一定社会经济形态中。在关于殖民政策和帝国主义的关系的认识上，列宁批评那种"'泛泛地'谈论帝国主义而忘记或忽视社会经济形态的根本区别"④ 的方法。因为，殖民政策和帝国主义在资本主义最新阶段以前，甚至在资本主义以前就已经有了。以奴隶制为基础的罗马就推行过殖民政策，实行过帝国主义。作为资本主义最新阶段的帝国主义，实际是"现代帝国主义"。

五是坚持阶级和阶级斗争是阶级社会的客观事实的观点。阶级社会中人们的社会关系实质是阶级关系。这是社会生活和社会现象的根本方面，是阶级社会中一切现象的内在的、本质的方面，因而又是决定的方面。列宁在批评有些

---

① 《马克思恩格斯选集》第1卷，人民出版社2012年版，第340页。
② 《列宁专题文集　论辩证唯物主义和历史唯物主义》，人民出版社2009年版，第158—159页。
③ 《列宁专题文集　论资本主义》，人民出版社2009年版，第212页。
④ 《列宁专题文集　论资本主义》，人民出版社2009年版，第169页。

资产阶级经济学家和考茨基"拿资本家同盟互相进行斗争和订立契约的形式……问题来偷换斗争和协议的内容问题"时,作了以下阐述:"斗争的**形式**由于各种比较局部的和暂时的原因,可能发生变化,而且经常在发生变化,但是,只要阶级存在,斗争的**实质**,斗争的阶级**内容**,是始终**不会**改变的。"① 这其实是历史唯物主义的一个基本原理。

二、世界经济政治发展不平衡规律与"一国革命首先胜利论"

列宁在关于帝国主义和第一次世界大战的研究中,揭示了帝国主义国家之间经济和政治发展不平衡规律,作出了社会主义革命可能首先在一个国家,并且可能在经济文化相对落后国家发生的结论和预测。这是对马克思主义哲学的重大发展。十月革命的胜利,在实践上证明了上述两个彼此相关的论断的科学性。

平衡与不平衡是关于两个或两个以上事物同时性发展状态的一种比较。唯物辩证法认为,平衡是相对的,不平衡是绝对的。这包括关于社会现象的观察。马克思、恩格斯在资本主义自由竞争阶段就已经发现并且指出资本主义各个企业、各个生产部门、各个国家之间在经济上发展的不平衡,认为由于生产资料的资本主义私有制和生产的无政府状态,由于资本主义商品生产的基本性质和特征,资本主义各个企业、各个生产部门以至各个资本主义国家之间的发展是不平衡的。但是,在自由竞争阶段,这种不平衡的表现并不突出,发展较为缓慢。列宁在《论欧洲联邦口号》一文中,明确提出"经济和政治发展的不平衡是资本主义的绝对规律"②。在《帝国主义是资本主义的最高阶段》中,列宁也指出:"在资本主义制度下,各个企业、各个工业部门和各个国家的发展必然是不平衡的,跳跃式的。"③ 帝国主义的垄断,特别是金融资本的统治,加剧了世界经济内部的不平衡和矛盾。

资本主义经济发展的不平衡必然引起资本主义政治发展的不平衡。它首先表现为资本主义各国政治、军事力量和它们在国际政治舞台上的地位的变化,这种变化使有些资本主义国家可能提出按照新的实力对比重新分割世界、划分势力范围的要求;其次表现为在各资本主义国家中无产阶级革命的政治条件发

---

① 《列宁专题文集 论资本主义》,人民出版社2009年版,第162页。
② 《列宁专题文集 论社会主义》,人民出版社2009年版,第4页。
③ 《列宁专题文集 论资本主义》,人民出版社2009年版,第150页。

展程度的不同，如阶级力量对比情况、阶级矛盾激化程度、阶级斗争的发展、无产阶级的觉悟程度和组织状况等。而在资本主义国家里，无产阶级革命的政治条件的发展同经济发展并不一定是成正比的，这是另一种意义的不平衡，然而是更根本的和意义更深刻的不平衡。由此，列宁进一步提出，社会主义革命有可能在经济文化相对落后国家，即帝国主义链条的薄弱环节发生。

列宁从"经济和政治发展的不平衡是资本主义的绝对规律"引出了"社会主义可能首先在少数甚至在单独一个资本主义国家内获得胜利"[①]的结论。在1916年写的《无产阶级革命的军事纲领》中，他进一步指出："资本主义的发展在各个国家是极不平衡的。而且在商品生产下也只能是这样。由此得出一个必然的结论：社会主义不能**在所有**国家**内**同时获得胜利。它将首先在一个或者几个国家内获得胜利，而其余的国家在一段时间内将仍然是资产阶级的或资产阶级以前的国家。"[②]

在关于俄国革命问题的思考中，列宁丰富和发展了"一国革命首先胜利"的理论。1917年，列宁在《远方来信》中阐发了俄国革命的形势和任务。接着，在"四月代表会议"和《关于修改党纲的决议》等文献中，列宁强调，对帝国主义和帝国主义战争的估计，要联系日益迫近的社会主义革命。列宁着重指出，帝国主义，特别是沙俄帝国主义根本不是严密的整体，因为俄国还有许多地区和劳动部门在从自然经济和半自然经济向资本主义过渡。"这是落后现象，是一个弱点。"[③] 就是说，俄国社会机体的这种不严密性，构成整个帝国主义链条上最薄弱的环节。加上第一次世界大战造成的和不断加剧的经济和政治危机，俄国革命的发生是可能的。俄国革命确实按照列宁的分析和推断发生了。1923年，列宁在《论我国革命》中指出，这一时期发生的俄国革命，是和第一次帝国主义世界大战相联系的革命。这样的革命势必表现出一些新的特征，或者说正是由于战争而有所改变的一些特征，因为世界上还从来没有过在这种情况下发生的这样的战争。这其实并不违背历史发展的规律。俄国革命表现出的某些特殊性符合世界发展的总的路线，即使是这样，俄国革命还是有别于以前西欧各国的革命，而且这些特殊性到了东方国家又会产生某些局部的新东西。列宁批评苏汉诺夫（1882—1940）等人虽自称马克思主义者，但又不懂

---

① 《列宁专题文集　论社会主义》，人民出版社2009年版，第4页。
② 《列宁专题文集　论社会主义》，人民出版社2009年版，第8页。
③ 《列宁全集》第29卷，人民出版社1985年版，第480页。

得这一革命的辩证法。

列宁的关于世界经济政治发展不平衡规律和"一国革命首先胜利论",是对历史唯物主义的社会革命理论的重大发展。

三、国家与革命学说的总结和深化

第一次世界大战后期,国际无产阶级革命运动得到蓬勃发展,无产阶级在少数国家,甚至在单独一个国家夺取资产阶级政权的时机接近成熟,客观形势把无产阶级社会革命如何对待国家的问题提上日程。为适应无产阶级革命形势发展的需要,列宁在1916年秋冬就给自己提出研究国家问题的任务。1917年1—2月,列宁在苏黎世图书馆深入研究了马克思主义对待国家的态度问题,做了大量的笔记。在此基础上,列宁于1917年8—9月完成了《国家与革命》一书。

列宁把无产阶级革命的根本意义、"**革命**的首要的基本的标志"[①],概括为国家政权从一个阶级转到另一个阶级的手里,提出"一切革命的根本问题是国家政权问题"[②]的观点。他联系政权问题来谈革命问题,提出政权的性质决定革命的性质的思想。具体地说,在俄国,就是只有把全部政权掌握在苏维埃手里,革命才能成为真正人民的、真正民主的革命。无产阶级如果不能够独立地掌握国家政权,革命就不可能胜利。

列宁系统地考察了马克思、恩格斯关于国家问题的论述,以批判考茨基主义对马克思国家学说的歪曲,恢复真正的马克思的国家学说。列宁特别考察了恩格斯在《家庭、私有制和国家的起源》中关于国家问题的思想,认为恩格斯十分清楚地表达了马克思主义关于国家的历史作用和意义这一问题的基本思想,并把这一思想精确地概括为"国家是阶级矛盾**不可调和**的产物和表现"[③]。

列宁进一步阐释了马克思的阶级斗争必然导致无产阶级专政的思想,指出:"阶级斗争学说经马克思运用到国家和社会主义革命问题上,必然导致承认无产阶级的**政治统治**,无产阶级的专政,即不与任何人分掌而直接依靠群众武装力量的政权。"[④] 列宁反对离开无产阶级专政谈论阶级斗争,认为把马克思

---

① 《列宁专题文集 论马克思主义》,人民出版社2009年版,第167页。
② 《列宁选集》第3卷,人民出版社2012年版,第19页。
③ 《列宁专题文集 论马克思主义》,人民出版社2009年版,第180页。
④ 《列宁专题文集 论马克思主义》,人民出版社2009年版,第198页。

第四节 《帝国主义是资本主义的最高阶段》《国家与革命》对历史唯物主义基本原理的阐发与拓展

主义局限于阶级斗争学说，就是歪曲马克思主义，把马克思主义变为资产阶级可以接受的东西。只有承认阶级斗争，同时也承认无产阶级专政的人，才是马克思主义者。

列宁的国家与革命理论，不是各自独立存在的关于国家和关于革命的两个理论问题，而是一个问题，是一个统一的关于革命与国家的关系的理论，一个实质说来是革命对于国家的态度问题的理论。它包括三个方面的内容：一是无产阶级专政的必要性，二是关于打碎旧的国家机器，三是国家消亡问题。关于第一个方面的内容，列宁通过对国家的起源、本质和职能的阐释作了回答，特别是通过对马克思主义的阶级斗争学说与无产阶级专政理论的关系的说明而作了回答。列宁的明确结论是：从资产阶级统治向无产阶级统治过渡的时期必须有国家，必须以无产阶级国家来代替资产阶级国家。关于第二个方面的内容，列宁通过对马克思、恩格斯关于1848—1851年欧洲资产阶级革命和巴黎公社经验的考察，指出马克思、恩格斯在《共产党宣言》中，国家问题还提得非常抽象，而在《路易·波拿巴的雾月十八日》中，问题提得具体了，并且作出了非常准确、明确、实际而具体的结论，即过去一切革命都是使国家机器更加完善，而这个机器是必须打碎、必须摧毁的。列宁认为这是"马克思主义国家学说中主要的基本的东西"①。关于第三个方面的内容，列宁认为，马克思主义历来用历史的观点看待国家，既然国家是阶级矛盾不可调和的产物，所以国家会随着阶级的消灭而废除；既要承认在由资本主义到共产主义的过渡时期无产阶级专政的必要性，又要看到无产阶级国家同资产阶级国家的区别，这个区别在于无产阶级国家是正在走向消亡的国家。在马克思主义者看来，国家的消亡同国家政权的夺得和建立一样，同样是一个革命过程。作为实现国家消亡的革命，就是利用政权的力量"对社会进行的国家的即纯政治的改造"②，"国家的社会主义改造"③。而这一改造要显示出其全部意义和作用，就必须同正在实行或正在准备实行的"剥夺剥夺者"联系起来，也就是同变生产资料资本主义私有制为社会主义公有制联系起来。

国家消亡有其政治基础，也有其经济基础。国家完全消亡的经济基础就是共产主义的高度发展。这个发展的表现包括作为"**现代社会**不平等的最重要的

---

① 《列宁专题文集　论马克思主义》，人民出版社2009年版，第200页。
② 《列宁专题文集　论马克思主义》，人民出版社2009年版，第216页。
③ 《列宁专题文集　论马克思主义》，人民出版社2009年版，第217页。

根源之一"① 的脑力劳动和体力劳动对立的消失，表现为在剥夺资本家以后，在现代社会已经达到的技术水平的基础上，人类社会的生产力的蓬勃发展。列宁把所有的人都参加国家管理看作国家消亡的条件或表现，把在一些最先进的资本主义国家中已经做到的人人都识字，其次是千百万工人已经在邮局、铁路、大工厂、大商业企业、银行业等巨大的、复杂的、社会化的机构里"受了训练并养成了遵守纪律的习惯"，看作所有人都参加国家管理的"经济前提"②，实际是国家消亡的经济前提。

国家问题就是民主问题。国家的消亡也就是民主的消亡。列宁通过民主形态的改变说明了无产阶级民主同资产阶级民主的本质区别，即人民大多数享有民主，对人民的剥削者、压迫者实行强力镇压，即把他们排斥于民主之外，"这就是民主在从资本主义向共产主义**过渡**时改变了的形态"③。列宁还从恩格斯关于巴黎公社教训的总结中得出彻底的民主与社会主义的一致。这种一致同社会主义改造相联系，并表现为种种形式的具体的民主制度，诸如国家机关的职能变为非常简单的监督和计算的手续以及民族自决权的制度等。这些制度在实际生活中的共同存在和彻底发展，形成彻底的民主。高度的民主同社会主义改造相联系。这种改造同时表现为对真正民主的形式、民主制度的探索和实行。而在民主制度的认识上，列宁对资产阶级民主共和制作了批判性分析，揭露了它的本质，指出在资本主义社会里，在它最顺利发展条件下，比较完全的民主制度就是民主共和制。但是这种民主制度始终受到资本主义剥削制度狭窄框子的限制，因此，它实质上始终是少数人的即只是有产阶级的、只是富人的民主制度。

总之，列宁关于国家与革命问题的论述，是对马克思主义国家学说的总结和深化，是对历史唯物主义的丰富和发展。

第五节　列宁哲学思想在十月革命后的丰富和发展

俄国十月革命的胜利"改变了整个世界历史的方向，划分了整个世界历史

---

① 《列宁专题文集　论马克思主义》，人民出版社2009年版，第267页。
② 《列宁专题文集　论马克思主义》，人民出版社2009年版，第271页。
③ 《列宁专题文集　论社会主义》，人民出版社2009年版，第29页。

的时代"①。十月革命也提出了历史的新课题,即在生产力相对落后的国家如何建设社会主义。俄国是一个介于发达的欧洲和落后的东方之间的国家,经济和文化相对落后,农民占人口的绝大多数,资本主义没有得到充分发展。在这种情况下,俄国的社会主义建设道路必然有其特殊性。列宁在探索适合俄国实际的社会主义建设道路的过程中,把马克思主义哲学发展到一个新的水平。

一、领袖、政党、阶级、群众关系的科学阐释

十月革命胜利后的整个国际形势朝着有利于人民革命的方向发展,而此时的共产主义队伍内部却出现了把革命工作简单化的"左派"幼稚病,严重阻碍了无产阶级革命的发展和马克思主义政党的建设。为了推进国际共产主义运动,指导共产国际和各国共产党的建设,列宁于1920年发表了《共产主义运动中的"左派"幼稚病》,从理论高度批判了"左派"共产主义的错误,阐述了一系列马克思主义哲学基本原理,尤其是针对"左派"表现出来的无政府主义征候,论述了领袖、政党、阶级、群众之间的辩证关系。

关于领袖、政党、阶级、群众之间的关系,德国"左派"共产党人将它们彼此对立起来,认为在德国存在着"领袖的党"与"群众的党"、"领袖的专政"与"群众的专政"的对立,并自称代表"群众的党"和"群众的专政",提出"打倒领袖""取消政党"的口号。列宁对这种观点提出了严厉批评,指出"'是党专政还是阶级专政?是领袖专政(领袖的党)还是群众专政(群众的党)?'——单是问题的这种提法就已经证明思想混乱到了不可思议的无可救药的地步"②。

列宁认为,领袖、政党、阶级、群众是相互联系的统一整体,"谁都知道,群众是划分为阶级的;只有把不按照生产的社会结构中的地位区分的大多数同在生产的社会结构中占有特殊地位的集团对立时,才可以把群众和阶级对立起来;在通常情况下,在多数场合,至少在现代的文明国家内,阶级是由政党来领导的;政党通常是由最有威信、最有影响、最有经验、被选出担任最重要职务而称为领袖的人们所组成的比较稳定的集团来主持的"③。无产阶级是同社会

---

① 《毛泽东选集》第2卷,人民出版社1991年版,第667页。
② 《列宁专题文集 论无产阶级政党》,人民出版社2009年版,第249页。
③ 《列宁专题文集 论无产阶级政党》,人民出版社2009年版,第249页。

化大生产相联系的，因而是最先进、最有远见、最有前途的阶级，它肩负着推翻资本主义、建设社会主义、最终实现共产主义的伟大使命。而阶级总是需要一定的政党组织来代表其阶级意志和利益，无产阶级要完成自己的历史使命，就必须依靠用马克思主义理论武装起来的无产阶级先锋队，即共产党的领导。同时还必须有一个坚强的领导核心，这就是最有威信、最有影响、最有经验、被选出担任最重要职务的领袖，这些领袖来自人民群众并代表人民群众的利益。无产阶级政党有着自己的领导核心，这是革命取得胜利的保证，也是其在政治上成熟的表现。

列宁认为，无产阶级政党要是不学会把领袖和阶级、领袖和群众结成一个整体，结成一个不可分离的整体，便不配拥有这种称号。而无产阶级政党若不能造就一批有经验、有极高威望的党的领袖，那么无产阶级专政、无产阶级的"意志统一"就只能是一句空话。德国"左派"把领袖、政党、阶级、群众之间的关系对立起来，其实质是否认政党，否定党的纪律和党的领导，这就等于完全解除无产阶级的武装而有利于资产阶级。他既肯定了人民群众在创造历史中的地位，也肯定了领袖、政党对于阶级和群众的领导作用，将领袖、政党、阶级、群众有机地统一起来，这是对俄国革命经验的哲学总结。

二、工会问题争论中对马克思主义哲学的发展

从1920年11月全俄工会第五次代表大会，到1921年3月俄共（布）第十次代表大会，先是在俄共（布）中央内部，后在全党发生了关于工会问题的争论。争论由托洛茨基（1879—1940）挑起。布哈林（1888—1938）以折中主义的立场出现，实际上站在托洛茨基一边。列宁先后发表《论工会、目前局势及托洛茨基同志的错误》的讲话和《再论工会、目前局势及托洛茨基同志和布哈林同志的错误》的小册子，对托洛茨基和布哈林在工会问题上的错误理论进行了批评。列宁关于工会问题的思想在无产阶级专政理论、政治与经济关系的理论和辩证逻辑思想等方面，发展了马克思主义哲学。

无产阶级专政理论是马克思主义哲学的重要内容。在工会问题上列宁对马克思主义哲学的发展，表现为提出无产阶级专政体系理论。列宁指出，托洛茨基在"工会的作用和任务"这样一个广泛的题目下所发表的见解，特别是关于工会是一个直接的国家权力组织的观点，"是犯了一系列牵涉到无产阶级专政

问题的本质的错误"①。列宁从无产阶级专政实现的"整个过程"出发,肯定工会作用的重要性,认为"没有工会这样的基础,就不能实现专政,就不能执行国家职能"②。但是,工会的作用"是一种非常特殊的作用。"它包括了全体产业工人,把他们吸收到自己的组织中,"它是一个掌权的、统治的、执政的阶级的组织,是实现专政的阶级的组织,是实行国家强制的阶级的组织"。"但是,工会却不是国家组织,不是实行强制的组织,它是一个教育的组织,是吸引和训练的组织,它是一所学校,是学习管理的学校,是学习主持经济的学校,是共产主义的学校"③。

列宁指出,无产阶级专政不可能由包括全体无产阶级的组织来实现,而只能由吸收了阶级的革命力量的先锋队来实现。列宁批评托洛茨基"正是在工会的作用……这个基本问题上,忽略了一点,即这里是一个由若干齿轮组成的复杂体系,而不可能是一个简单的体系"④。"没有一些把先锋队和先进阶级群众、把它和劳动群众连结起来的'传动装置',就不能实现专政。"⑤ 无产阶级专政体系,是由党、苏维埃机关、工会和其他联系群众的机构有机联系和共同发挥作用的结果,而党则是这个体系中的领导力量,工会是它的"传动装置"。

列宁精辟地阐述了政治和经济之间的辩证关系。托洛茨基责难列宁在工会作用问题上是"从政治上"看问题,而他则是"从经济上"看问题。布哈林企图把这两种看法结合起来。列宁指出,托洛茨基的这种责难是非常荒谬的,并且重申"政治是经济的集中表现","政治同经济相比不能不占首位。不肯定这一点,就是忘记了马克思主义的最起码的常识"。⑥ 而那种认为从政治上看问题和从经济上看问题具有同等价值,两者都可以采用的主张,同样是"忘记了马克思主义的最起码的常识","在理论上堕落到**折中主义**立场上去了"。⑦ 列宁指出,在工会作用问题上,所谓从政治上看问题,意思就是说:如果对待工会的态度不正确,就会使苏维埃政权灭亡,使无产阶级专政灭亡。托洛茨基和布哈林企图说明,他们所关心的是提高生产,而列宁等所关心的只是形式上的民

---

① 《列宁选集》第4卷,人民出版社2012年版,第371页。
② 《列宁选集》第4卷,人民出版社2012年版,第369页。
③ 《列宁选集》第4卷,人民出版社2012年版,第368页。
④ 《列宁选集》第4卷,人民出版社2012年版,第369页。
⑤ 《列宁选集》第4卷,人民出版社2012年版,第370页。
⑥ 《列宁专题文集 论辩证唯物主义和历史唯物主义》,人民出版社2009年版,第302页。
⑦ 《列宁专题文集 论辩证唯物主义和历史唯物主义》,人民出版社2009年版,第302页。

主。列宁指出："这样说是不对的，因为问题**只**在于（从马克思主义的观点来看，**也只能**在于）：一个阶级如果不从政治上正确地看问题，就不能维持它的统治，**因而也就不能完成它的生产任务**。"①

当然，根据历史唯物主义的经济基础决定上层建筑的基本原理，在一般情况下，经济对于政治具有决定作用。但是，马克思主义哲学又承认，政治对经济具有反作用。在一定条件下，决定事物进程和结果的，可能是政治而不是经济。所以，列宁从来反对抽象地、只从原则出发谈论经济和政治的关系。具体到工会问题，就不能照搬经济基础决定上层建筑这个基本原理，而是要作具体分析。托洛茨基不懂得这一点，他搬出列宁在苏维埃第八次代表大会上讲过的"我们要少搞一点政治，多搞一点经济"②，以证明列宁在这个问题上是自相矛盾的。列宁指出，自然，我在过去、现在和将来都希望我们少搞些政治，多搞些经济。"但是不难理解，要实现这种愿望，就必须不发生政治上的危险**和政治上的错误**。"③ 而托洛茨基"正好是用自己的错误使党的注意力和力量脱离切实的'生产'工作而去进行空洞的、毫无内容的争论"④。

列宁对布哈林在工会问题上的争论中以"缓冲派"自居表现出来的折中主义进行了揭露和批评，阐述了关于辩证逻辑的思想。他指出，布哈林在工会问题上所犯错误的理论实质，在于他用折中主义偷换了政治和经济之间的辩证关系。"既是这个，又是那个"，"一方面，另一方面"，这就是布哈林在理论上的立场，是折中主义。"辩证法要求从相互关系的具体的发展中来全面地估计这种关系，而不是东抽一点，西抽一点。"⑤ 布哈林在关于工会作用问题的折中主义的阐述中，使用了"逻辑上的根据"这个提法。而从布哈林的全部议论看，他"在这里所持的观点是形式逻辑或经院哲学逻辑的观点，而不是辩证逻辑或马克思主义逻辑的观点"⑥。

列宁在揭露和批评了布哈林观点的折中主义性质后，提出了辩证逻辑的基本要求。这就是：第一，要真正地认识事物，就必须把握住、研究清楚它的一

---

① 《列宁专题文集　论辩证唯物主义和历史唯物主义》，人民出版社 2009 年版，第 302—303 页。
② 《列宁专题文集　论辩证唯物主义和历史唯物主义》，人民出版社 2009 年版，第 304 页。
③ 《列宁专题文集　论辩证唯物主义和历史唯物主义》，人民出版社 2009 年版，第 304 页。
④ 《列宁专题文集　论辩证唯物主义和历史唯物主义》，人民出版社 2009 年版，第 309 页。
⑤ 《列宁专题文集　论辩证唯物主义和历史唯物主义》，人民出版社 2009 年版，第 310 页。
⑥ 《列宁专题文集　论辩证唯物主义和历史唯物主义》，人民出版社 2009 年版，第 312 页。

切方面、一切联系和"中介"。我们永远也不会做到这一点，但是，全面性这一要求可以使我们防止犯错误和防止僵化。第二，从事物发展、"自己运动"、变化中来考察事物。第三，必须把人的全部实践——作为真理的标准，也作为事物同人所需要它的那一点的联系的实际确定者——包括到事物的完整的"定义"中去。第四，"没有抽象的真理，真理总是具体的"。列宁说："自然，我还没有把辩证逻辑的概念全部说完。但是暂时这些已经够了。"①

三、新经济政策阐述中的哲学思想

十月革命胜利后，列宁领导的新生苏维埃政权，在镇压剥削阶级反抗的同时，开始了向社会主义的过渡。列宁根据形势的变化和俄国当时的经济结构，曾经提出一个建设社会主义经济基础的计划，但由于1918年春夏之交发生的外国帝国主义的武装干涉和国内战争而未得到实施。随后，为适应战争形势和保卫新生革命政权的需要，俄国实行了"战时共产主义政策"。这个政策的实施帮助新生苏维埃政权挺过了国内战争的危机，但国民经济遭到严重破坏、粮食和燃料严重匮乏、大部分企业无法开工和人民生活极端困苦的情况并没有得到改变，特别是农民由于对余粮收集制的强烈不满，而引发动乱，加上喀琅施塔得叛乱，俄国陷入严重的经济、政治危机。面对这些新情况，列宁认识到"战时共产主义政策"已经不适应现实社会的实际了，于是提出了新经济政策，并在1921年3月召开的俄共（布）第十次全国代表大会上通过了实行新经济政策的决议。

列宁指出，无产阶级在取得国家政权以后，最主要最根本的任务是大大提高社会生产力。这是对历史唯物主义基本原理的贯彻和发挥。把发展生产力看作最主要最根本的任务，是因为生产力是社会发展的根本动力和判断社会进步的根本标准，只有提高生产力，才能建立起社会主义的经济基础，使新生的无产阶级政权得以巩固。俄国无产阶级取得政权后的首要任务是提高生产力，这是以俄国的特殊情况和革命的特殊经验为根据的。俄国虽然是一个资本主义国家，但在生产力发展和文化发展方面同其他资本主义国家相比则要落后得多。正是由于生产力的落后，造成了俄国社会的极度贫困，激化了社会矛盾，并由于战争而造成革命的形势。但列宁认为，不能把历史的偶然直接地当作必然，把落后作为常态，使生产力长期处于落后状态，而是要利用新生政权的力量，

---

① 《列宁专题文集　论辩证唯物主义和历史唯物主义》，人民出版社2009年版，第314页。

通过一系列技术和制度环节大大发展生产力，迅速建立起社会主义的物质技术基础。

列宁根据俄国实际，提出发展生产力的两条基本路径：一是通过诸如改造小农的物质技术的办法提高农民经济生产力，二是发展大工业。如果说，发展大工业对于社会主义和共产主义制度的建立来说是不言自明的道理，那么，强调提高农民经济生产力的要求的根据就在于俄国特殊的经济结构和特殊的经验。1918年5月，列宁在《论"左派"幼稚性和小资产阶级性》一文中分析了俄国当时的经济结构，指出俄国当时存在着五种经济成分：（1）宗法式的，即在很大程度上属于自然经济的农民经济；（2）小商品生产（这里包括大多数出卖粮食的农民）；（3）私人资本主义；（4）国家资本主义；（5）社会主义。其中，国家资本主义和社会主义不是占优势的经济成分，占优势的是由第一种和第二种成分构成的小资产阶级经济。因此，发展农民经济生产力具有全局性的意义，在总体上能够起到改变俄国经济结构和提高生产力水平的作用。

列宁认为，"无产阶级专政就是无产阶级对政治的领导"[①]。而要善于指导政治，最实际的步骤就是"首先去解决最迫切而又最'棘手的'任务"，即"采取那种能够立刻提高农民经济生产力的办法"[②]。"只有**经过**这种办法才能做到既改善工人生活状况，又巩固工农联盟，巩固无产阶级专政。"[③] 在当时，即1918年春夏之交至1920年年底发生的国内战争，加剧了对俄国经济的破坏，阻碍了俄国生产力的恢复。加上1920年的歉收，饲料缺乏，牲畜死亡，从而更严重地阻碍了运输业和工业的恢复，这决定了必须立刻采取迅速的、最坚决的、最紧急的办法来改善农民的生活状况和提高他们的生产力。列宁提出用粮食税代替余粮收集制的新经济政策，就是从解决农民的问题，从工农联盟和"提高农民的生产力"的要求出发的。列宁关于俄国革命后苏维埃政权的主要任务是发展生产力，特别是农民经济生产力的思想，体现了他在俄国经济和社会发展指导上的从实际出发的唯物主义精神。

新经济政策的提出，是彻底贯彻唯物辩证法的结果。列宁无论在实行新经济政策这个总的问题上，还是在这一政策实行的具体形式上，都贯彻总体性方法。例如，在谈到如何消除人们在实行粮食税问题上的意见分歧时，列宁曾经

---

① 《列宁专题文集　论社会主义》，人民出版社2009年版，第216页。
② 《列宁专题文集　论社会主义》，人民出版社2009年版，第216页。
③ 《列宁专题文集　论社会主义》，人民出版社2009年版，第216页。

谈到认识实行粮食税政策的意义的方法。这就是"不从这个问题的'眼前最惹人注目的'方面,而从它的一般原则方面来加以考察"①。"换句话说:就是要看一看我们现时正在勾画当前政策中某些实际措施的那幅图画的整个基本背景。"② 对粮食税的考察是这样,对国家资本主义的考察也是这样。在列宁看来,只有在现时的一定的总体中,才能够真正把握包括在这一总体中的一定部分的本质及意义。这个总体展现的是,国家资本主义和社会主义在俄国现时经济结构中都不是占优势的经济成分。占优势的是由第一种和第二种成分构成的小资产阶级经济,是其与私人资本主义合在一起,既同国家资本主义又同社会主义的斗争。列宁还看到了在这种斗争中国家资本主义与社会主义的统一性,看到了苏维埃政权的最大的和最严重的危险是让小私有者的无政府状态继续下去,而国家资本主义正是遏制这种危险的一个要素。

1922年,列宁曾经谈到新经济政策实施一年来的几个主要教训,其中谈到对国家资本主义的认识。这种认识正是运用矛盾的普遍性与特殊性的关系的原理的结果。列宁指出,按照所有经济学著作的解释,国家资本主义就是资本主义制度下由国家政权直接控制这些或那些资本主义企业的一种资本主义。但是俄国是一个无产阶级国家,它依靠无产阶级,给无产阶级种种政治上的优先权,并通过无产阶级把下层农民吸引到自己方面来。因此,国家资本主义把很多人都弄糊涂了。要消除这种现象,必须记住基本的一点,即俄国现有的这种国家资本主义,是任何理论、任何著作都没有探讨过的。原因很简单,所有同这一名词有关的常用概念都只适用于资本主义社会的资产阶级政权。我们的社会虽已脱离资本主义轨道,但还没有走上新轨道,不过领导这个国家的已不是资产阶级,而是无产阶级。这样,在俄国就出现了另一种形式的国家资本主义。这种国家资本主义,"就是我们能够加以限制、能够规定其范围的资本主义"③。列宁在这里区分了两种不同形式的国家资本主义,一种是资产阶级政权下的国家资本主义,一种是无产阶级政权条件下的国家资本主义。列宁看到了两种国家资本主义的差异,但是他更重视的不是这种差异,而是它们的一致,即都是以市场关系为基础的资本主义。俄国当时存在的经济条件、内部危机,使之不得不通过市场关系,即通过资本主义来发展新制度下的俄国经济,通过

---

① 《列宁选集》第4卷,人民出版社2012年版,第488页。
② 《列宁选集》第4卷,人民出版社2012年版,第488页。
③ 《列宁专题文集 论社会主义》,人民出版社2009年版,第324页。

国家资本主义通向社会主义。列宁把实行新经济政策称作暂时的"退却"。但是，相当多的党的干部和群众不理解这个政策，在执行中表现为怀疑和动摇，甚至想尽早终止这个政策。列宁批评当时的一些报刊和俄共在国家资本主义问题上所犯的错误。这个错误"就是染上了知识分子习气，堕入了自由主义，自作聪明地来理解国家资本主义，并且去翻看旧本本"①。"可是那些书里写的完全是另一回事，写的是资本主义制度下的国家资本主义，而没有一本书写到过共产主义制度下的国家资本主义。连马克思也没有想到要就这个问题写下片言只语，他没有留下任何明确的可供引用的文字和无可反驳的指示就去世了。因此现在我们必须自己来找出路。"②

列宁指出，关于俄国当前主要任务的深入思考只能得出的一个结论，那就是"现在我们需要有比以前在国内战争中表现出来的更大的灵活性"③。在通向社会主义的道路上作为暂时的退却策略的新经济政策，表现的正是一种灵活性的实践辩证法。列宁谈到什么是退却和实行退却的意义，指出："提出改行新经济政策的任务，是因为经过了在空前困难的条件下，在国内战争的条件下，在资产阶级强迫我们采用残酷斗争的形式的条件下直接进行社会主义建设的试验之后，到1921年春天情况已经很清楚：不是直接进行社会主义建设，而是要在许多经济领域退向国家资本主义；不是实行强攻，而是进行极其艰苦、困难和不愉快的长期围攻，伴以一连串的退却。要动手解决经济问题，也就是说，保证经济转到社会主义的基础之上，就必须这样做。"④ 列宁同时承认："退却是一件难事，尤其是对于已经习惯于进攻的革命家，尤其是在他们几年来习惯于进攻并取得巨大成就的时候，尤其是在他们周围的各国革命家一心向往发起进攻的时候，那就更难了。"⑤ 进攻有困难，退却也不是一件容易的事。进攻与退却战略的选择不取决于其本身的难易程度，而取决于历史运动本身。在这个问题上，列宁的思路是，这个以新经济政策的实施表现出来的社会主义建设的战略变化，是依据经济社会发展的基础，依据由当时政治和经济发展形成的客观历史形势而发生的。他认为，在一定条件下，直接进攻是合理的，如

---

① 《列宁专题文集　论社会主义》，人民出版社2009年版，第323页。
② 《列宁专题文集　论社会主义》，人民出版社2009年版，第323—324页。
③ 《列宁选集》第4卷，人民出版社2012年版，第734页。
④ 《列宁专题文集　论社会主义》，人民出版社2009年版，第280—281页。
⑤ 《列宁专题文集　论社会主义》，人民出版社2009年版，第326页。

1918年实行的"战时共产主义政策"。而在条件发生变化了的情况下,由直接进攻而转为间接进攻,由进攻转为退却,由强攻转为围攻,则是合理的。正确的指导在于根据形势、条件的变化,合理地改变斗争的形式。所以,行动的战略、策略选择是灵活的,但不是任意的。

与进攻与退却的关系相联系的是革命与改良的关系。结合对新经济政策的意义的认识,列宁还谈到俄国无产阶级革命事业发展中的革命与改良的辩证关系。他指出,目前的新事物,就是俄国革命在经济建设的一些根本问题上必须采取"改良主义的"、渐进主义的、审慎迂回的行动方式。有人为此怀疑,这是不是意味着革命"放弃阵地""承认失败"?列宁指出:"改良行动通常是缓慢地、审慎地、逐渐地前进,而不是倒退。"① 所谓改良主义的办法,就是不摧毁旧的社会经济结构——商业、小经济、小企业、资本主义,而是活跃商业、小企业、资本主义,审慎地逐渐地掌握它们,或者说,做到有可能只在使它们活跃起来的范围内对它们实行国家调节。"从直接和彻底摧毁旧社会经济结构以便代之以新社会经济结构的意义上说,这是完成任务的一种革命办法。"② 列宁指出:"只有马克思主义才精确地正确地规定了改良同革命的关系。"③ 无产阶级取得胜利以前,改良是革命的阶级斗争的副产品。取得胜利以后,改良在国际范围内仍然是一种"副产品",但对取得胜利的国家来说,如果经过极度紧张的斗争,实力显然不足以用革命手段来实行某种过渡,那么改良又是一种必要的、合理的喘息时机。列宁批评了革命队伍中存在的那种对于革命方法的迷信,指出:"对于一个真正的革命者来说,最大的危险,甚至也许是唯一的危险,就是夸大革命作用,忘记了恰当地和有效地运用革命方法的限度和条件。"④

列宁还把马克思主义哲学关于事物变化发展的"度"的辩证法思想运用于新经济政策的认识中。在谈到作为新经济政策的特殊形式的流转自由和贸易自由时,他强调政策实施要"掌握分寸",认为"从理论上说来能不能在一定的程度上给小农恢复贸易自由、资本主义自由而不至于因此破坏无产阶级政权的根基呢?……能够,因为问题在于掌握分寸"⑤。列宁承认,苏维埃俄国"在这

---

① 《列宁专题文集 论社会主义》,人民出版社2009年版,第291页。
② 《列宁专题文集 论社会主义》,人民出版社2009年版,第289页。
③ 《列宁专题文集 论社会主义》,人民出版社2009年版,第294页。
④ 《列宁专题文集 论社会主义》,人民出版社2009年版,第290页。
⑤ 《列宁专题文集 论社会主义》,人民出版社2009年版,第206页。

方面犯了很多错误，走得太远了"①，"我们做得超过了理论上和政治上所必要的限度"②。租让，也是新经济政策的特殊形式，是苏维埃政权为反对小私有者的（宗法式的和小资产阶级的）自发势力而和国家资本主义订立的一种合同、同盟或联盟。苏维埃政权实行租让制这种国家资本主义的目的，是为了加强大生产以反对小生产，加强先进生产以反对落后生产，加强机器生产以反对手工生产，增加可由自己支配的大工业产品的数量，加强由国家调整的经济关系以对抗小资产阶级无政府状态的经济关系。但对于这个政策的实施，列宁还是提出了一个"在什么程度上和什么条件下对我们有利而无害"③的问题。

在新经济政策问题上，把辩证法贯彻到底的标志，是关于这一政策的两面性的认识。从俄国在革命胜利后向社会主义社会转变的道路选择和实际进程出发，列宁着重谈的是改行新经济政策的必要性和这一政策的积极意义。但是，同任何事物一样，新经济政策也有其另一面，即消极面。在这个问题上，列宁表达的思想是，俄国无产阶级在新经济政策的俄国通向社会主义的俄国的过程中，不必担心新经济政策具有消极性，而是"必须适应新经济政策"，"必须善于克服新经济政策的一切消极面，使之缩小到最低限度"④。另外，列宁还谈到退却"蕴藏着巨大的危险"，而"最危险的就是惊慌失措"⑤。因此，对于新经济政策的实行来说，纪律和秩序是最重要的。

新经济政策思想是列宁对马克思主义、科学社会主义的突出贡献，其意义不仅在于对俄国实现由资本主义向社会主义过渡的科学指导，而且在于对一切在经济文化相对落后条件下实现革命的国家实现这种过渡的指导。租让、流转和贸易自由、市场、商业等具体理论和实际问题的合理解决，是列宁和俄共（布）运用辩证唯物主义与历史唯物主义科学世界观和方法论的结果，他提出的这些新结论、新思想，丰富和发展了马克思主义哲学。

四、论战斗唯物主义的意义

《论战斗唯物主义的意义》是列宁晚年的一篇重要哲学文章，是列宁为俄

---

① 《列宁专题文集 论社会主义》，人民出版社2009年版，第206页。
② 《列宁专题文集 论社会主义》，人民出版社2009年版，第207页。
③ 《列宁专题文集 论社会主义》，人民出版社2009年版，第221页。
④ 《列宁全集》第43卷，人民出版社1987年版，第301页。
⑤ 《列宁选集》第4卷，人民出版社2012年版，第673页。

共（布）理论刊物《在马克思主义旗帜下》第3期撰写的一篇指导性文章。列宁根据当时俄国政治和意识形态领域的斗争形势，着重谈了党在哲学战线的工作方向，提出了马克思主义哲学家的任务，强调共产党员要同各种唯心主义思潮和迷信思想作斗争，并在斗争中同非共产党员的彻底的唯物主义者结成联盟，战斗唯物主义者同现代自然科学家结成联盟。

列宁首先对共产党员提出要求，指出共产党员不仅应该是一个彻底的唯物主义者，还应该同作为彻底唯物主义者的非共产党员结成联盟。共产党员以及所有成功地开始了大革命的革命家不能认为单靠自己的手就能完成革命事业。革命家能够起到的只是真正富有生命力的先进阶级的先锋队的作用，并且先锋队只有当它不脱离自己领导的群众并真正引导全体群众前进时，才能完成其先锋队的任务。"在各种活动领域中，不同非共产党员结成联盟，就根本谈不上什么有成效的共产主义建设。"① 列宁指出："吸收一切拥护彻底的战斗唯物主义的人来共同反对哲学上的反动，反对所谓'有教养社会'的种种哲学偏见，是我们不可推诿的责任。"② 在这里，"战斗唯物主义"不是特定形态的唯物主义，而是指任何一种形态的唯物主义都应具有的性质、品格和精神。列宁并没有给其直接下一个定义，而是通过俄国现实条件下马克思主义哲学和共产党人面临的哲学的和全部意识形态的任务，揭示了它的内涵及意义。

列宁指出，《在马克思主义旗帜下》杂志要彻底贯彻战斗唯物主义精神，就"首先应该是一个战斗的刊物"，"要坚定不移地揭露和追击当今一切'僧侣主义的有学位的奴仆'"③。"僧侣主义的有学位的奴仆"是马克思、恩格斯曾经给予高度评价的德国工人哲学家约瑟夫·狄慈根对当时社会中时髦哲学家的评价。列宁认为，只要看看那些当今所谓"有教养的人"（在俄国就是那些喜欢自命为先进人物的知识分子）对狄慈根所作的这个评价的态度，看看"资产阶级的阶级利益、阶级立场及其对各种宗教的扶持同各种时髦哲学流派的思想内容之间的联系"④，就能够理解这个刊物为什么应该是战斗的了。

列宁同时认为，《在马克思主义旗帜下》要成为战斗唯物主义的刊物，"应

---

① 《列宁专题文集　论辩证唯物主义和历史唯物主义》，人民出版社2009年版，第323页。
② 《列宁专题文集　论辩证唯物主义和历史唯物主义》，人民出版社2009年版，第323页。
③ 《列宁专题文集　论辩证唯物主义和历史唯物主义》，人民出版社2009年版，第324页。
④ 《列宁专题文集　论辩证唯物主义和历史唯物主义》，人民出版社2009年版，第324页。

该是一个战斗的无神论的刊物","必须不倦地进行无神论的宣传和斗争"①，纠正俄国在这方面工作中的大量缺点。特别是要利用那些有许多具体事实和对比来说明现代资产阶级的阶级利益、阶级组织同宗教团体、宗教宣传组织之间的关系的书籍和小册子。他指出，一个马克思主义者如果以为，被整个现代社会置于愚昧无知和囿于偏见这种境地的亿万人民群众（特别是农民和手工业者）只有通过纯粹马克思主义的教育这条直路，才能摆脱愚昧状态，那就是最大的而且是最坏的错误。对彻底的战斗唯物主义者来说，现在最重要的事情"就是要善于唤起最落后的群众自觉地对待宗教问题，自觉地批判宗教"②。他提出要密切注意用各种文字出版的一切有关文献，把这方面的一切多少有些价值的东西翻译出来，尤其要翻译出版 18 世纪末战斗的无神论的著作，认为 18 世纪无神论者所写的那些泼辣的、生动的、有才华的政论，机智地公开地抨击了当时盛行的僧侣主义，这些政论在唤醒人们的宗教迷梦方面，往往要比那些文字枯燥无味，几乎完全没有选择适当的事实来加以说明，而仅仅是转述马克思主义的文章要合适千百倍。

列宁指出，战斗唯物主义为了完成应当进行的工作，除了同没有加入共产党的彻底唯物主义者结成战斗唯物主义的联盟外，同样重要甚至更重要的是同现代自然科学家结成联盟。在他看来，结成这一联盟是有基础的，这就是现代自然科学家"倾向于唯物主义，敢于捍卫和宣传唯物主义，反对盛行于所谓'有教养社会'的唯心主义和怀疑论的时髦的哲学倾向"③。同现代自然科学家结成联盟的要求，来自于现代自然科学的急剧变革在哲学上的反映，即"一些大大小小的反动的哲学学派和流派"的产生及其"提出的种种问题"。因此，战斗唯物主义要"吸收自然科学家参加哲学杂志所进行的这一工作，不解决这个任务，战斗唯物主义决不可能是战斗的，也决不可能是唯物主义"④。

列宁指出，同"资产阶级思想的侵袭和资产阶级世界观的复辟"进行斗争的任务，要求自然科学家"应该做一个现代唯物主义者，做一个以马克思为代表的唯物主义的自觉拥护者，也就是说，应当做一个辩证唯物主义者"⑤。为

---

① 《列宁专题文集 论辩证唯物主义和历史唯物主义》，人民出版社 2009 年版，第 324 页。
② 《列宁专题文集 论辩证唯物主义和历史唯物主义》，人民出版社 2009 年版，第 325 页。
③ 《列宁专题文集 论辩证唯物主义和历史唯物主义》，人民出版社 2009 年版，第 327 页。
④ 《列宁专题文集 论辩证唯物主义和历史唯物主义》，人民出版社 2009 年版，第 327 页。
⑤ 《列宁专题文集 论辩证唯物主义和历史唯物主义》，人民出版社 2009 年版，第 328 页。

此，列宁提出应该组织从唯物主义观点出发对黑格尔辩证法作系统的研究，对马克思在他的《资本论》及各种历史和政治著作中实际运用的辩证法开展研究。"根据马克思怎样运用从唯物主义来理解的黑格尔辩证法的例子，我们能够而且应该从各方面来深入探讨这个辩证法，在杂志上登载黑格尔主要著作的节录，用唯物主义观点加以解释，举马克思运用辩证法的实例，以及现代史尤其是现代帝国主义战争和革命提供得非常之多的经济关系和政治关系方面辩证法的实例予以说明。"① 而关于黑格尔辩证法研究的意义，对于现代自然科学家来说，就是他们将从"作了唯物主义解释的黑格尔辩证法中可以找到（只要他们善于去找，只要我们能学会帮助他们）自然科学革命所提出的种种哲学问题的解答"②。唯物主义如果不给自己提出并不断完成对黑格尔辩证法的研究的任务，就不能成为战斗的唯物主义。

列宁的《论战斗唯物主义的意义》一文中关于战斗唯物主义的"两个联盟"的思想，特别是"自觉地对待宗教问题，自觉地批判宗教"③ 和从唯物主义出发对黑格尔辩证法作系统研究的思想，是对马克思主义哲学的重要发展。

五、世界历史发展一般规律与革命道路特殊性的辩证法

关于经济文化相对落后国家的革命是列宁一直关注和思考的问题。这个问题也是世界范围内国际工人运动理论家之间、马克思主义者之间长期争论的问题。争论特别在以考茨基、普列汉诺夫、苏汉诺夫等俄国革命的否定派为一方，以列宁等马克思主义者为另一方的政治家、理论家之间发生。俄国孟什维克经济学家和政论家苏汉诺夫的《革命札记》一书集中反映了革命否定派的观点。列宁正是在看到此书后，写了《论我国革命》这个评论，批判了俄国小资产阶级民主派和"第二国际英雄们"的错误理论观点，揭示了俄国革命的合理性，阐述了世界历史发展的一般规律与各国革命道路的特殊性之间的关系。

包括苏汉诺夫在内的俄国小资产阶级民主派和第二国际理论家都以"俄国生产力还没有发展到可以实行社会主义的高度"④ 为借口，试图否定俄国社会主义革命的合理性。列宁批评他们都自称马克思主义者，但是对马克思主义的

---

① 《列宁专题文集 论辩证唯物主义和历史唯物主义》，人民出版社2009年版，第328页。
② 《列宁专题文集 论辩证唯物主义和历史唯物主义》，人民出版社2009年版，第329页。
③ 《列宁专题文集 论辩证唯物主义和历史唯物主义》，人民出版社2009年版，第325页。
④ 《列宁专题文集 论社会主义》，人民出版社2009年版，第358页。

理解却迂腐到无以复加的程度。列宁指出，他们对于马克思主义中有决定意义的东西，即马克思主义的革命辩证法一点也不理解，一举一动都暴露出他们是些怯懦的改良主义者。他们到目前为止只看到过资本主义和资产阶级民主在西欧的发展这条固定道路。"因此，他们不能想象到，这条道路只有作相应的改变，也就是说，作某些修正……才能当做榜样。"①

列宁认为，人类社会发展是普遍性与特殊性的统一，是世界历史发展的一般规律与各国革命发展道路的特殊性的统一。一方面，世界历史发展有其一般规律，各个国家的具体发展道路总的说来是服从这一规律的；另一方面，各个国家的发展必然具有各自的特点，社会发展一般规律正是在这种各具特点的各国的具体发展中得到表现。一个国家不可能完全沿着另一个国家的道路发展，而不作任何改变。经济文化相对落后国家的发展道路不同于经济文化发达国家的发展道路，发达国家之间和非发达国家之间的发展道路也会各具特色。个别国家在其发展道路上呈现这样那样的特点的事实，不能被作为其离开了世界历史发展总进程、总路线的根据，不能被看作是违背世界历史发展一般规律的。由此，列宁批评俄国革命的否定派"根本不相信任何这样的看法：世界历史发展的一般规律，不仅丝毫不排斥个别发展阶段在发展的形式或顺序上表现出特殊性，反而是以此为前提的"②。

列宁分析了造成俄国革命道路特殊性的原因。第一，这是和第一次帝国主义世界大战相联系的革命，它势必表现出一些新的特征，或者说正是由于战争而有所改变的一些特征，因为世界上还从来没有过在这种情况下发生的这样的战争。第二，俄国是个介于文明国家和初次被这场战争最终卷入文明之列的整个东方各国即欧洲以外各国之间的国家，所以能够表现出而且势必表现出某些特殊性。"这些特殊性当然符合世界发展的总的路线，但却使俄国革命有别于以前西欧各国的革命，而且这些特殊性到了东方国家又会产生某些局部的新东西。"③ 因此，苏汉诺夫等将和平时期资本主义和资产阶级民主在西欧的发展道路当作"规定了今后世界历史发展的一切形式"④ 的想法是极端错误的。列宁认为："既然建立社会主义需要有一定的文化水平（虽然谁也说不出这个一定

---

① 《列宁专题文集 论社会主义》，人民出版社 2009 年版，第 357 页。
② 《列宁专题文集 论社会主义》，人民出版社 2009 年版，第 357—358 页。
③ 《列宁专题文集 论社会主义》，人民出版社 2009 年版，第 358 页。
④ 《列宁专题文集 论社会主义》，人民出版社 2009 年版，第 360 页。

的'文化水平'究竟是什么样的,因为这在各个西欧国家都是不同的),我们为什么不能首先用革命手段取得达到这个一定水平的前提,**然后**在工农政权和苏维埃制度的基础上赶上别国人民呢?"① 列宁的这个思想表达了在一定国家的社会发展道路的选择和实现上马克思主义的革命辩证法的另一种表现,并且是更根本的表现,即历史发展的客观规律性和革命者的主观能动性的有机结合。在遵循社会发展的一般规律和趋势的前提下的任何国家、民族的具体发展道路的选择和革命目标的实现,都是革命主体发挥主观能动性的结果。通向新社会的经济条件成熟了,并不意味着实现革命转变的条件已经成熟。历史的发展表明,革命形势从来不是等来的,不是经济发展的自然结果,而是造成的,即实际说来是实践的结果,而这个实践是包含着革命者的一切能动的因素——意识、意志、智慧、激情——作用的发挥的。两大历史辩证法的规律——普遍性与特殊性的统一、客观规律性与主观能动性的统一——的结合,构成每一个国家、民族实现正确的道路选择和发展的客观逻辑。十月革命胜利后,列宁领导俄国人民正是按照这样一种思路、逻辑来建设国家的。

列宁在《论我国革命》中阐述的世界历史发展一般规律与各国发展道路特殊性的关系,是对"经济政治发展不平衡规律"理论和"一国首先胜利"理论的发挥和发展。把这一原理与列宁在《十月革命四周年》中提出的关于"革命转变"(即资产阶级民主革命可以转变为无产阶级社会主义革命,后一革命可以顺便解决前一革命的问题)的理论②和新经济政策的思想等联系起来,可以看出,列宁关于经济文化相对落后国家的革命道路理论已经初步形成一个较为系统完整的科学理论体系,这是对马克思主义社会革命理论的一个突出贡献。

本章二维码

思考题:

1. 列宁怎样在对各种错误思潮的批评中捍卫和发展马克思主义哲学?
2. 试述《唯物主义和经验批判主义》包含的哲学思想及其在马克思主义

---

① 《列宁专题文集 论社会主义》,人民出版社 2009 年版,第 359 页。
② 参见《列宁专题文集 论社会主义》,人民出版社 2009 年版,第 243 页。

哲学史上的地位。
3. 试述《谈谈辩证法问题》包含的哲学思想和《哲学笔记》对马克思主义哲学发展的贡献。
4. 如何认识列宁关于世界经济政治发展不平衡规律与"一国革命首先胜利"的理论？
5. 试述"十月革命"后列宁哲学思想对马克思主义哲学的继承与发展。

第八章　苏联、东欧各国的马克思主义哲学研究和探索

1917年俄国十月革命胜利后，苏联在社会主义理论和实践的探索中，对马克思主义哲学进行了研究和阐发。此外，东欧社会主义国家的马克思主义哲学研究和探索也获得了一定程度的发展，并具有自己的特色。

第一节　第二次世界大战前的苏联马克思主义哲学研究

列宁逝世后，经过20世纪20、30年代哲学界的论争，马克思主义哲学在苏联哲学领域占据了主导地位。苏联建立后，在探索社会主义道路中，涌现了一批马克思主义哲学工作者，并逐步形成了马克思主义哲学的宣传、教学和研究队伍，其中著名的有布哈林、卢那察尔斯基（1875—1933）、梁赞诺夫（1870—1938）、阿多拉茨基（1878—1945）、德波林（1881—1963）、阿斯穆斯（1894—1975）等。他们在整理、出版和研究马克思、恩格斯、列宁著作，编写新的教科书，普及和发展马克思主义哲学中作出了贡献。斯大林在1938年出版的《联共（布）党史简明教程》第四章第二节中，简明扼要地阐述了辩证唯物主义和历史唯物主义基本原理，也对马克思主义哲学的宣传和研究发挥了重要作用。

一、20世纪20、30年代苏联哲学界的论争

十月革命后，在新的国际形势下，如何在一个经济文化相对落后的国家巩固新生的无产阶级政权和建设社会主义，是俄国马克思主义者面临的历史性课题。对此，列宁在逝世前曾经作出许多重要探索。1924年1月列宁逝世后，苏联共产党领导层内就如何理解和阐释列宁主义、一国能否建成社会主义、社会主义工业化和农业集体化等问题进行了一系列理论争论和政治斗争。这些争论和斗争，也影响到这一时期苏联马克思主义哲学的发展。

（一）改变思想文化领域的混乱现状

十月革命后初期，俄国思想文化领域的情况非常复杂。一批资产阶级知识分子不仅仍然占据着大学讲台，而且继续控制着主要的出版机构、刊物和学术

团体。在哲学领域出现了形形色色的流派，他们大多宣扬宗教唯心主义，对唯物主义和无神论持公开的批评态度，有人甚至直接攻击马克思主义和新生的苏维埃政权。

造成这种局面的原因是多方面的。首先，这是无产阶级夺取政权后，资产阶级在思想文化领域仍然占有优势的一种表现。其次，当时的苏维埃政权正忙于国内战争和反对外国军事干涉。最后，1921年年初开始实施的新经济政策允许资本主义在一定范围内存在和发展，思想文化领域的资产阶级知识分子也因此而更加活跃。以列宁为代表的共产党人对这种状况显然是不满意的。为此，一方面，苏维埃政权开始创办一系列学院、出版社和刊物。列宁还亲自批准著名的孟什维克哲学家阿布拉姆·莫伊谢耶维奇·德波林和柳博芙·伊萨科夫娜·阿克雪里罗德参加"红色教授学院"的哲学教学工作。另一方面，从1922年开始，随着政治和经济形势的好转，布尔什维克开始对资产阶级知识分子的错误思想进行批判。特别是1922年3月，针对思想文化领域的混乱状况，列宁发表了《论战斗唯物主义的意义》一文，强调唯物主义的战斗性和宣传无神论的重要性。

1922年12月，作为多民族社会主义国家的苏维埃社会主义共和国联盟（苏联）宣告成立。1922年夏天，苏维埃政府解散了一批从事反苏维埃活动的资产阶级知识分子的学术团体和协会，逮捕了一批从事反对马克思主义和苏维埃政权活动的资产阶级教授和作家，有的被驱逐出境。同时，苏维埃政府颁布了新的高等学校章程，削弱了教授委员会的权限，并对高等学校教师和学生的社会成分提出要求。到1927年前后，由资产阶级知识分子控制的各种刊物和学术团体逐渐停止了活动，其错误观点在思想文化领域的影响被逐步削弱。

（二）布哈林对社会主义建设道路的探索及有关争论

尼古拉·伊万诺维奇·布哈林，联共（布）和共产国际的领导人之一，马克思主义理论家和经济学家，曾任联共中央委员和政治局委员、共产国际执行委员会委员和主席团委员、《真理报》主编等职。列宁逝世后，他在战胜"新反对派"和"托洛茨基-季诺维也夫联盟"的斗争中起了重要作用，后由于和斯大林的分歧于1929年被解职，1938年在肃反中以叛国罪被判死刑，1988年苏联最高法院为他平反。布哈林著述多，涉及面广，理论方面的重要著作有《世界经济和帝国主义》《过渡时期的经济》《共产主义ABC》《历史唯物主义理论》等。布哈林是苏联哲学史上最有争议的人物之一，列宁曾经对他作出过这样的评价："布哈林不仅是党的最宝贵的和最大的理论家，他也理所当然被认为是全党喜欢的人物，但是他的理论观点能不能说是完全马克思主义的，很值得怀疑，因为其中有某种烦琐哲学的东西（他从来没有学过辩证法，因而——我想——他从来没有完全理解辩证法）。"① 这一评价对于理解布哈林的思想具有十分重要的意义。

布哈林认为，十月革命胜利后的苏联存在着工人阶级、农民阶级和资产阶级。工人阶级的总路线应是"利用这个资产阶级，到一定的时候就战胜它"，"主要是用经济排挤的方法去战胜它"②；对于敢于反抗无产阶级专政的应予以镇压。阶级之间"将不是矛盾的扩大和加深，而是矛盾的缓和"③，但也不排除在一定时间内阶级矛盾的尖锐化。他提出，在社会主义国有经济尚未完全建立的时候，可以允许私营企业的存在和发展，允许私人交易，可以通过立法来控制资本主义经济的发展。布哈林的这些主张实际是列宁的新经济政策思想路线的继续。他还认为，没有平衡，社会就不能长期存在；社会主义国家在经济社会发展中也会产生不平衡，而这必须在尊重客观经济规律的前提下，通过国家政策的调整去不断建立新的平衡。他提出了要平衡工农业生产的发展，要在国有经济和非国有经济之间保持合理的比例关系，注意使用私人资本主义在一定程度上、一定范围内和一定时期内对社会有益的职能等观点。

布哈林的这些观点在提出之初就产生了一些争论，但并未形成大范围的论战。后来由于布哈林被打成右倾机会主义分子，他的观点也受到了理论界的严厉批判。布哈林对阶级问题的分析以及注重社会主义经济平衡的思想，在一定程度上反映了事物在对立统一运动中的统一性，适合当时刚刚进入社会主义建设时期的苏联实际。但斯大林等以社会阶级关系中的对立性为依据来批判布哈林的观点，其后果是忽视了社会主义建设时期许多重大关系之间的比例平衡和合作关系，采取了简单消灭非国有经济等做法。可以说，布哈林的那些独立的思考在今天仍然具有重要的借鉴意义。

（三）机械论派与德波林学派的论争

苏联建立初期，在哲学领域不仅存在着公开的马克思主义反对派，而且在马克思主义者内部对哲学的认识也存在着严重分歧。当时流行着一种否定哲学的思潮。这一思潮有两个来源：一是马赫主义对传统哲学的拒斥。马赫主义虽

---

① 《列宁选集》第4卷，人民出版社2012年版，第745页。
② 《布哈林文选》上册，人民出版社1981年版，第296页。
③ 《布哈林文选》中册，人民出版社1981年版，第202页。

然受到过列宁的批判,但是其排斥传统哲学的观念在一些苏联哲学家和科学家中仍有影响。二是布尔什维克内部出现的贬低和排斥哲学的"左"的倾向。一些人认为,哲学和宗教一样只是剥削阶级的奢侈品,无产阶级并不需要哲学。实际上,列宁在1922年发表的《论战斗唯物主义的意义》一文针对的不仅是宗教唯心主义,而且包括这种简化和歪曲马克思主义哲学的倾向。

1924年,伊万·伊万诺维奇·斯克沃尔佐夫-斯捷潘诺夫(1870—1928)发表了一篇名为《历史唯物主义和现代自然科学》的文章,认为唯物史观完全可以和机械论的自然观结合在一起。这篇文章受到了扬·埃内斯托维奇·斯腾(1899—1937)等人的批评,从而引发了一场延续数年的论战。在论战中逐渐形成了两个对立的派别,即机械论派和德波林学派(又称辩证论派)。

机械论派并不是一个严格的理论派别,而是持相似观点的一批哲学家和科学家。国立季米里亚捷夫科学研究所是机械论派的重要阵地,代表人物除著名的无神论宣传者、科学家和政论家斯克沃尔佐夫-斯捷潘诺夫外,还包括物理学家阿尔卡季·克利缅季耶维奇·季米里亚捷夫(1880—1955)、哲学家阿克雪里罗德等。布哈林虽然没有积极参与论战,但也被认为是机械论者。机械论派的观点主要包括:一是"还原论"倾向,认为自然界和人类社会的一切现象都可以还原为机械运动。二是否定哲学的地位和作用,认为既然一切现象都可以用简单的力学(不一定是机械力学)来说明,那么自然科学本身就是唯一科学的世界观,独立于自然科学之外的哲学世界观是不必要的。三是不理解辩证法的实质和意义,往往把辩证法等同于黑格尔主义,甚至提出"辩证法就是经院哲学"的口号。四是在质变和量变的关系问题上,往往持否定质变的庸俗进化论观点,甚至否认质的客观性;在必然性和偶然性的关系问题上,只承认客观必然性,否认偶然性;不理解矛盾是事物运动的内在源泉等。当然,虽然这些苏联学者被称为机械论者,但他们并不是严格意义上的机械唯物主义者或形而上学唯物主义者,他们中许多人是忠诚的马克思主义者并且坚持唯物主义历史观。因此,在反对宗教唯心主义的斗争中,他们曾与辩证唯物主义者组成统一战线。

与机械论派不同,德波林学派则有典型的"学派"特征。德波林是20世纪20年代苏联哲学界的理论权威和领导者之一。他是1922年1月由俄国共产党(布尔什维克)中央创办的最早的哲学和社会经济理论刊物——《在马克思主义旗帜下》的首任主编。这本杂志也是德波林学派的主要阵地。德波林学派的主要成员包括哲学家尼古拉·亚历山德罗维奇·卡烈夫（1901—1936）、伊万·卡皮托诺维奇·卢波尔（1896—1943）以及上文提到的斯腾等人，他们大多是德波林的学生。学派的基本观点包括：一是反对"还原论"，认为机械运动只是运动的一种形式，不能用它取代更复杂的运动形式；二是不仅认为哲学作为世界观有独立存在的意义，而且强调哲学对自然科学的指导作用，有时甚至夸大了这一作用；三是不仅认为唯物辩证法是马克思主义哲学的本质内容，而且强调马克思主义哲学仅仅是作为关于思维的学说和科学方法论的辩证法；四是强调质变和量变、必然性和偶然性的辩证统一，反对机械论者的相关错误认识。与机械论派相比，德波林学派对辩证法的理解和肯定更符合马克思主义哲学原意，但又走向另一极端，它的观点过于黑格尔化，以至于忽视了唯物辩证法与黑格尔唯心辩证法之间的本质区别。

机械论派与德波林学派的争论最后是以行政干预的方式结束的。1929年4月，马克思列宁主义科学研究机构第二次全苏代表会议对两派的论战作出总结，通过了两个批评机械论派的决议，宣告了德波林学派的胜利。这对苏联成立初期流行的机械论观点和哲学虚无主义思潮的批判具有积极意义。这场争论后，许多苏联学者开始认真研究辩证法，但以行政手段直接干预学术争论的做法，对其后苏联马克思主义哲学的研究和发展也产生了一定的消极影响。

（四）对德波林学派的批判

1929年12月27日，斯大林发表了《论苏联土地政策的几个问题》，批评了在农业领域中理论工作滞后于实际工作，理论与实际相脱离的状况。哲学界在讨论斯大林讲话的过程中，就如何评价哲学界的工作产生了尖锐的意见分歧。以红色教授学院党支部委员会负责人马尔克·波里索维奇·米丁（1901—1987）和巴维尔·费多罗维奇·尤金（1899—1968）为代表的一批年轻人，批评德波林等哲学界的领导埋头于哲学的经院式研究，对具体的、现实的问题不闻不问，使哲学界游离于党的中心工作。德波林学派的卡烈夫、斯腾等人不同意米丁等人的指责，认为哲学界刚刚取得了反对机械论的胜利，不存在理论落后于实际的情况。一场新的争论由此展开。

1930年3月之前是争论开始阶段，争论的范围局限在红色教授学院内部。从1930年3月末到12月初是争论的第二阶段。争论超出了红色教授学院的范围，米丁、尤金等人得到了苏共中央的支持，争论变成了对德波林学派的批判。当时对德波林学派的批判主要包括：一是认为他们低估了列宁的哲学遗产。二是认为他们有理论脱离社会主义建设实践、哲学脱离政治的"形式主义倾向"。三是认为他们在哲学研究工作中没有贯彻哲学的党性原则。四是认为他们没有划清唯物辩证法与黑格尔唯心辩证法的界限。

1930年12月21日适逢斯大林生日，这一天他在红色教授学院发表讲话，批评德波林学派犯了"孟什维克式的唯心主义"的错误。随后，苏共中央作出批判德波林学派的决议，《在马克思主义旗帜下》杂志和领导苏联哲学界的战斗唯物主义者和辩证论者协会也被改组，协会的领导人由德波林等更换成米丁等。德波林学派的一些哲学家和科学家，如卡烈夫、斯腾甚至在后来的肃反扩大化中被镇压。

苏联哲学界对德波林学派对马克思主义哲学作黑格尔式理解的理论倾向、理论脱离实际的倾向和低估列宁哲学的倾向的批判，是苏联马克思主义哲学发展史上的重要事件，对苏联马克思主义哲学的建设与发展具有积极意义。但是，这个批判也有它的消极作用。首先，对德波林学派的定性是错误的，把关于马克思主义理论的正常争论和理论偏差看成是对马克思主义的反对是片面的。其次，一味地强调哲学要为政治服务，要解决实际问题，既导致了形式主义，也影响了哲学的发展。最后，对德波林学派的批判使对学术问题的不适当的行政干预进一步升级。

总之，一系列的斗争和争论构成了过渡时期苏联马克思主义哲学发展的图景，成为这一时期整个理论斗争的组成部分。当然，过渡时期的苏联哲学史不仅仅是一个斗争和争论的过程，同时也是一个马克思主义哲学的传播和发展、争论和共识相交织的过程。首先，列宁在十月革命后进一步发展了马克思主义哲学，这是苏联建国初期的首要哲学成就。其次，基于编写哲学教科书的需要，在20世纪20、30年代苏联初步形成了一个马克思主义哲学体系，其重要特征是把马克思主义哲学划分为辩证唯物主义和历史唯物主义两个部分。这方面的代表作是由米丁等人主编的《历史唯物主义》（1932）和《辩证唯物主义》（1933—1934）。这一关于马克思主义哲学体系的认识，一方面对马克思主义哲学体系的结构提供了一种说明，凸显了马克思主义哲学的主要贡献；另一方面，由于对辩证唯物主义和历史唯物主义之间的关系未能作出科学的、清晰的说明，也在马克思主义哲学家之间在对马克思主义的形成、实质和结构的理解上引起较大争议。最后，这一时期的苏联哲学工作者以极大的热情投入到对马克思主义哲学的研究之中，取得了丰硕成果，其中既有对马克思主义经典作家的哲学思想的研究,也有以辩证唯物主义和历史唯物主义为主要框架的对马克思主义哲学的阐发。

二、斯大林的《论辩证唯物主义和历史唯物主义》

约瑟夫·维萨里昂诺维奇·斯大林曾经是苏联共产党中央委员会总书记,在列宁逝世后,作为苏联共产党的主要领导人,领导了苏联人民进行反法西斯的卫国战争和社会主义建设。在哲学上,斯大林曾经写过大量的论述或涉及马克思列宁主义哲学思想的著作,对苏联乃至国际共产主义运动的实践产生过重大影响。他的相关著作有《论列宁主义基础》《论列宁主义的几个问题》《论辩证唯物主义和历史唯物主义》《马克思主义和语言学问题》《苏联社会主义经济问题》等。

1938年,为了对苏共全党进行马克思列宁主义教育,斯大林主持编写了《联共(布)党史简明教程》["联共(布)"是苏联共产党(布尔什维克)的简称]。斯大林亲自撰写了该书的第四章第二节《论辩证唯物主义和历史唯物主义》。

(一)对辩证唯物主义和历史唯物主义的定义

斯大林指出:"辩证唯物主义是马克思列宁主义党的世界观。它所以叫作辩证唯物主义,是因为它对自然界现象的看法、它研究自然界现象的方法、它认识这些现象的方法是**辩证的**,而它对自然界现象的解释、它对自然界现象的了解、它的理论是**唯物主义的**。""历史唯物主义就是把辩证唯物主义的原理推广去研究社会生活,把辩证唯物主义的原理应用于研究社会历史。"① 这就是对苏联哲学乃至整个马克思主义哲学发生过重要影响的斯大林关于辩证唯物主义和历史唯物主义的定义。斯大林还把马克思主义哲学的基本观点区分为理论和方法两个方面,用马克思主义辩证方法的四个特征和哲学唯物主义理论的三个特征来概括辩证唯物主义理论的主要内容。他把历史唯物主义看作辩证唯物主义在社会生活领域的"推广"和运用,实际是对辩证唯物主义和历史唯物主义之间的关系做了一个说明。但是在关于马克思主义哲学的形成问题上,从这个说明人们自然会得出辩证唯物主义形成在先,历史唯物主义形成在后的结论。而这是不符合马克思主义哲学形成的实际的。辩证唯物主义和历史唯物主义的

---

① 《斯大林选集》下卷,人民出版社1979年版,第424页。

形成是同时的，它们的形成在时间上没有先后之分。斯大林的这个关于历史唯物主义的定义、关于辩证唯物主义与历史唯物主义的关系的说明，后来虽然受到苏联哲学家及其他国家的一些哲学家的质疑和批评，但是影响是长远的。

（二）关于辩证方法的四个基本特征

关于辩证方法的基本特征，斯大林在《论辩证唯物主义和历史唯物主义》中概括的第一个和第二个基本特征，实际就是"普遍联系"和"变化发展"的规律，斯大林对这两个特征作了经典阐述。第三个基本特征实际是质变和量变相互转化的规律，但斯大林对这一问题的阐述存在着不足之处：一是只阐述了量变转化为质变，没有阐述质变向量变的转化；二是只承认质变的飞跃式方式，不承认质变的渐进性方式。第四个基本特征实际是对立统一规律，斯大林在这方面的阐述也存在着不足：只论述了矛盾双方斗争性的方面，没有论述矛盾双方统一性的方面，而且没有提到列宁关于对立统一规律是唯物辩证法的实质和核心的思想。

值得注意的是，斯大林只阐述了马克思主义辩证方法的四个基本特征，没有阐述辩证法的否定之否定规律，也没有阐述辩证法的一系列范畴，这显然是不全面的。不过，斯大林也试图把否定之否定规律的内容包含在质变和量变相互转化的规律之中。他指出："因此，辩证方法认为，不应该把发展过程了解为圆圈式的运动，了解为过去事物的简单重复，而应该把它了解为前进的运动，了解为上升的运动，了解为从旧质态到新质态的转化，了解为从简单到复杂、从低级到高级的发展。"① 这段论述也显示出斯大林不承认辩证法否定之否定规律的原因所在，即他只承认运动的前进性方面，而忽略运动的圆圈式或曲折性方面，没有认识到发展是螺旋式运动过程。

总之，从斯大林对马克思主义辩证方法四个基本特征的阐述看，他对唯物辩证法的理解大部分是正确的，但也存在不少问题。此外，由于斯大林对辩证法的阐述只停留在方法层面，对于主观辩证法与客观辩证法的统一以及列宁所强调的辩证法、认识论和逻辑学的统一等思想都没有论及。

（三）关于哲学唯物主义的三个基本特征

斯大林论述的哲学唯物主义的第一个基本特征主要涉及物质及其存在形式，包含了世界的物质统一性和多样性、运动和物质不可分割、物质世界运动

---

① 《斯大林选集》下卷，人民出版社1979年版，第427页。

的客观规律性以及客观规律的辩证性质等马克思主义哲学的基本观点。对于哲学唯物主义的第二个基本特征,斯大林把马克思主义认识论的基本观点与马克思主义物质观结合在一起来阐述:从物质和意识的关系出发,阐明了物质的客观实在性;从意识的本质是物质的反映以及思维是物质的产物出发阐明了物质第一性、意识第二性的原理。这一部分涉及物质的定义、哲学基本问题的第一个方面、反映论以及思维是人脑的产物等马克思主义哲学的基本观点。斯大林论述的哲学唯物主义的第三个基本特征主要涉及马克思主义哲学的可知论观点和客观真理观。在这里,他把不可知论看成唯心主义的一个特征。他还从物质决定意识,物质第一性、意识第二性的原理出发,阐述了社会存在决定社会意识的原理以及社会意识的作用和意义的观点,并且把社会存在和社会意识的关系问题概括为历史唯物主义的基本问题。斯大林想把马克思主义哲学关于世界观和认识论的丰富内容概括为哲学唯物主义的几个特征,虽有简明扼要的优点,但遗漏了许多重要观点,如认识的辩证法、实践在认识中的作用等。

(四) 关于历史唯物主义

斯大林把历史唯物主义看作是辩证唯物主义在社会生活领域的推广和运用,阐述了社会历史发展的决定性因素——生产以及生产的三个特点。

首先,斯大林论证了物质资料的生产方式是决定社会发展的主要力量。在斯大林看来,归根到底决定社会面貌、社会思想、观点和政治设施等等的不是别的社会因素,而是"社会物质生活条件"。他对"社会物质生活条件"做了解释。他坚持社会物质生活条件是一个体系的观点,这个体系"无疑包括社会所处的自然环境,即地理环境"①;包括人口的增长,人口密度的大小;包括物质资料的生产方式。他认为,地理环境不可能是社会发展的主要的原因,决定的原因。人口的增长也不是而且不可能是决定社会制度的性质、决定社会面貌的社会发展的主要力量。"既然如此,那么在社会物质生活条件体系中,究竟什么是决定社会面貌、决定社会制度性质、决定社会从这一制度发展到另一制度的主要力量呢?""历史唯物主义认为,这种力量就是人们生存所必需的**生活资料的谋得方式**,就是社会生存和发展所必需的食品、衣服、鞋子、住房、燃料和生产工具等等**物质资料的生产方式**。"② 生产方式包括两个方面,一方面是

---

① 《斯大林选集》下卷,人民出版社1979年版,第440页。
② 《斯大林选集》下卷,人民出版社1979年版,第441页。

生产力,它由生产物质资料的生产工具以及有一定的生产经验和劳动技能来使用生产工具、实现物质资料生产的人共同构成;另一方面"就是人们在生产过程中的相互关系,即人们的**生产关系**"。"生产、生产方式既包括社会生产力,也包括人们的生产关系,而体现着两者在物质资料生产过程中的统一。"①

其次,斯大林从社会动力学的角度阐明了生产的变化和发展是社会变化和发展的根本动因。不过,他的论述也表现出这样一种倾向,即没有提基础(经济基础)概念,而是认为生产方式决定上层建筑,这实际上是重复了过渡时期一些苏联学者把生产力纳入决定上层建筑的基础(经济基础)之中的观点,斯大林后来对这一观点有所反思。他还指出:"社会发展史首先是生产的发展史,是各种生产方式在许多世纪过程中依次更迭的历史,是生产力和人们生产关系的发展史。"② 20世纪20、30年代的苏联学者普遍使用社会经济形态概念来揭示社会历史发展的阶段性,在斯大林提出上述论断之后,苏联哲学界逐渐以生产方式概念取代了社会经济形态概念。这一取代也是有片面性的,未能把上层建筑方面的内容包含在社会历史发展的阶段性之中。

最后,斯大林对生产力和生产关系作了进一步阐述:一是明确论述了生产关系必须适合生产力性质是一个历史规律。二是从生产工具这一社会生产力发展的测量器和人的劳动能力这两个方面出发,简述了从古到今生产力的发展史,基本上准确地把握了生产力发展史的主要线索。三是简述了从古到今生产关系的发展史,并提出"历史上生产关系有五大类型:原始公社制的、奴隶占有制的、封建制的、资本主义的、社会主义的"③。这里关于生产关系的五大类型理论也就是社会历史发展的五形态(阶段)说。尽管对这一理论一直存在着一些争议,但这一理论的影响是深远的。四是在论及社会主义的生产关系时,斯大林提出了社会主义生产关系和生产力性质"完全适合"的错误论断。此外,斯大林还阐述了新旧生产方式更迭的一般历史规律等。

斯大林的《论辩证唯物主义和历史唯物主义》在继承列宁的哲学道路和总结过渡时期苏联马克思主义哲学探索的基础上,清晰、通俗和基本准确地阐述了马克思主义的哲学理论,并在一些具体观点上发展了马克思主义哲学,但也存在一些明显不足,这些不足特别表现在对一些马克思主义哲学基本原理和基

---

① 《斯大林选集》下卷,人民出版社1979年版,第442页。
② 《斯大林选集》下卷,人民出版社1979年版,第443页。
③ 《斯大林选集》下卷,人民出版社1979年版,第446页。

本观点的简单化的理解和阐释上。随着该书的出版，马克思主义哲学的辩证唯物主义和历史唯物主义体系得以在苏联确立。同时，由于苏联在国际共产主义运动中的地位，该书得以在全世界范围内广泛传播，在马克思主义哲学史上产生了深远影响。

第二节　第二次世界大战至 20 世纪 50 年代中期的苏联马克思主义哲学

第二次世界大战以及苏联卫国战争（1941—1945）的爆发中断了苏联马克思主义哲学发展的正常进程。从第二次世界大战爆发到 1953 年斯大林逝世这一时期，苏联哲学界发生的重要事件主要包括对两本哲学史著作的批判，在生物遗传学领域对摩尔根学派的批判以及斯大林在《马克思主义和语言学问题》（1950）与《苏联社会主义经济问题》（1952）中对哲学问题的探讨。

一、对两本哲学史著作的批判

对两本哲学史著作的批判不是纯粹的哲学史问题，而是涉及马克思主义哲学与以往哲学的关系问题。

（一）对《哲学史》第三卷的批判

在卫国战争期间，苏联哲学研究重心转向为战争服务，如爱国主义、道德和政治因素在战争中的作用、对法西斯主义及其理论基础的批判等成为当时哲学研究的重点。同时，由于德国法西斯发动的对苏战争具有扼杀社会主义政权和宣扬日耳曼人征服斯拉夫人的种族主义的双重特征，强调哲学的党性原则和突出俄罗斯民族的哲学成就也成为当时哲学研究的重点。在战争期间，苏联学者加强了对俄罗斯哲学史，尤其是其唯物主义传统的研究。1944 年，苏共中央作出的批判《哲学史》第三卷的决议就与上述形势有关。

《哲学史》是由格奥尔基·费多洛维奇·亚历山大罗夫（1908—1961）等人主编的一部多卷本著作，1940—1943 年出版了第一卷至第三卷，其中第三卷以阐述 18 世纪末 19 世纪初的德国古典哲学为主要内容。苏共中央认为，《哲学史》第三卷的主要问题在于：一是抹杀了黑格尔的辩证法和他的唯心主义独断论的哲学体系之间的矛盾；二是没有揭露黑格尔辩证法的局限性，没有强调它与唯物辩证法的对立，夸大了黑格尔哲学的意义；三是没有揭示黑格尔唯心主义辩证法与马克思主义辩证法之间的对立所反映的资产阶级世界观与无产阶级世界观之间的对立；四是没有批判德国古典哲学中反动的社会政治思想，如黑格尔、费希特等人颂扬普鲁士国家，称颂日耳曼人为优秀民族，贬低斯拉夫人，从而为战争和殖民政策辩护，等等。因此，苏共中央要求该书必须重写。

《哲学史》第三卷受到批判的主要原因是该书不符合斯大林的观点。按照斯大林的思路，研究一个哲学体系时，不能把它的哲学观点和政治观点分割开来。他当时已对德国古典哲学有一个基本的判断，认为德国古典唯心主义哲学是对法国大革命和法国唯物主义的贵族式的反动。这一观点是非常片面的，不仅违背了马克思主义经典作家的相关论断，而且有悖于哲学史的常识。从这一判断出发，斯大林当然不会同意《哲学史》第三卷对德国古典哲学的较为客观的评价。

（二）关于《西欧哲学史》的讨论会

第二次世界大战结束以后，国际形势发生了巨大变化。一方面，苏联的国际地位空前提高，东欧和亚洲新出现了一批社会主义国家，国际共产主义运动出现了蓬勃发展的态势。另一方面，为了遏制国际共产主义运动的发展，以美国为首的资本主义阵营主动挑起了与社会主义阵营之间的冷战。冷战不仅贯穿于经济和政治领域，意识形态领域同样成为两大阵营、两种势力交锋的重要阵地。

正是在这种形势下，意识形态领域的斗争问题又被苏共中央提上议事日程。新一轮的斗争首先是从文艺界开始的。1946年，列宁格勒出版的《星》和《列宁格勒》杂志发表了被认为是反苏的和宣扬资产阶级颓废艺术的文学作品。苏共中央作出决议，严厉批判了文艺界出现的无思想性的形式主义、不问政治、脱离现实、崇洋媚外以及丧失布尔什维克战斗精神的倾向，并责令《列宁格勒》停刊，《星》彻底整顿。随后，包括文学、戏剧、音乐等领域的苏联文艺界开始了一场声势浩大的向资产阶级思想进攻的运动。1947年的哲学讨论会正是在这种背景下召开的。讨论会的主题是批判亚历山大罗夫的另一本哲学史著作——《西欧哲学史》。

亚历山大罗夫是当时苏联哲学界的主要领导人之一，《西欧哲学史》原是他的一部讲稿，1945年出版后得到了苏联哲学界的高度评价。苏联官方最初对该书持肯定态度，但后来态度发生了改变，动员哲学界开展对它的批判。

在苏联主管意识形态工作的领导人看来,《西欧哲学史》存在的问题主要是:第一,关于哲学史的定义是不正确的,它不是把哲学史看作唯物主义与唯心主义斗争的历史,而看成"人类对于周围宇宙的知识之前进、上升、发展的历史"①;第二,在阐述哲学史的过程中丧失了哲学的党性原则,在批评某个资产阶级哲学家以前,总是"颂扬他们的功绩",向他们"焚香顶礼",从而成了资产阶级哲学史家的俘虏;第三,对哲学史的叙述不够全面,没有包括俄国哲学史,客观上降低了俄国哲学的作用;第四,对某一哲学体系的阐述与其产生的具体历史环境以及社会阶级根源相脱节、对哲学史的叙述与自然科学史相脱节。

对《西欧哲学史》的上述认识与批判是片面的,它只看到《西欧哲学史》的缺点,没有看到它的优点和理论价值。这场批判导致的一个直接的消极后果,就是对哲学史的理解的简单化、片面化和公式化。

二、在生物遗传学领域对摩尔根学派的批判

在 20 世纪二三十年代苏联的哲学论争中,就曾经出现过以马克思主义哲学的名义粗暴干涉自然科学的错误倾向。苏联卫国战争胜利后,这种干涉更加严重,这特别表现为 1948 年开始的生物遗传学领域对摩尔根学派的批判。

20 世纪 20 年代,苏联生物遗传学领域形成了两个主要派别——摩尔根学派和米丘林学派。摩尔根学派是美国遗传学家托马斯·亨特·摩尔根(1866—1945)的思想传入俄国后逐渐形成的,其基本观点是,生物的遗传性取决于其细胞染色体上一种被称为基因的特殊物质,外界环境不能直接决定生物的遗传特性。米丘林学派是由俄国著名的生物学家伊万·弗拉基米洛维奇·米丘林(1855—1935)创立的,其基本思想是,强调遗传过程中生物体与环境的相互作用,主张生物在外界条件作用下获得新的特性并且这些特性是可以遗传的。米丘林去世后,该学派的代表是特洛菲姆·杰尼索维奇·李森科(1898—1976)。虽然米丘林学派在苏联一直被作为社会主义的科学加以支持,但直到卫国战争结束,摩尔根学派仍然可以独立开展研究和教学。

1948 年,情况发生了根本变化。在 7 月 31 日至 8 月 7 日召开的全苏农业科

---

① [苏]日丹诺夫:《日丹诺夫论文学与艺术》,戈宝权、曹葆华、陈冰夷、李立三译,人民文学出版社 1959 年版,第 83 页。

学院大会上，李森科作了题为《论生物学现状》的报告，对摩尔根学派展开了批判。李森科认为，摩尔根学派的理论不仅是唯心主义和不可知论的，而且是反动的。所谓它是唯心主义的，是指摩尔根学派否认环境对生物遗传特性的决定作用并否认获得性可以遗传，而主张一种神秘的并且不受物质环境约束的特殊物质决定着生物的遗传。这被看作变相的"活力论"。所谓它是不可知论的，是指摩尔根学派认为生物特性的变异是基因"突变"的结果，是不确定的、偶然的，从而否认了变异规律的可知性。在李森科看来，摩尔根学派的理论的反动性体现在：一是它与马尔萨斯的人口论有联系。因为它在生物进化问题上赞同达尔文的种内竞争观点，这种观点是反科学、反人民的。二是它的不可知论倾向否认了人们掌握生物遗传的客观规律并把这一规律运用于社会主义建设的可能性。三是它的基因不变论是为种族歧视作辩护的，为反动的优生学提供了基础。李森科对摩尔根学派的批判得到了苏共中央和斯大林的支持。在李森科作《论生物学现状》的报告之前，斯大林亲自修改了他的报告。全苏农业科学院大会结束后，摩尔根学派受到了毁灭性打击：研究所被撤销，实验室被关闭，课程被取消，教科书被销毁，教师被开除。直到1964年尼基塔·谢尔盖耶维奇·赫鲁晓夫（1894—1971）下台后，摩尔根学派的理论才重新被提及。在摩尔根学派遭到批判之后，一场以反对资产阶级思想的影响为内容的批判运动在物理学、化学、控制论、心理学、生理学等领域广泛开展起来。

对摩尔根学派的批判是把马克思主义哲学在自然科学领域的运用简单化、庸俗化的一个极端表现。它不是去尊重客观对象的特殊发展规律，而是把一种简单化、程式化的思维模式强加于对象。这种思想方法打的是唯物主义的旗号，实质是唯心主义的和形而上学的，其后果是对苏联自然科学的发展的严重阻碍。以生物遗传学为例，在苏联的摩尔根学派遭受灭顶之灾的这一时期，西方的摩尔根遗传学理论不断取得重大突破，极大促进了生物遗传学的发展。

三、《马克思主义和语言学问题》《苏联社会主义经济问题》中的哲学思想

斯大林在《马克思主义和语言学问题》《苏联社会主义经济问题》两本小册子中对自己以前的一些哲学观点做了修正，提出了一些新思想。

（一）《马克思主义和语言学问题》

20世纪50年代之前，在苏联语言学界长期占统治地位的是尼古拉·雅科夫列维奇·马尔（1864—1934）的理论。马尔试图把自己的语言学理论建立在马克思主义基础之上，但是他的一些观点实际上是把马克思主义哲学庸俗化了。例如，他认为语言是一种上层建筑，是有阶级性的；否认语言发展的继承性，认为语言的发展是通过周期性爆发的形式实现的；把语言和思维割裂开来，认为思维可以离开语言而存在。1950年5月，《真理报》发表了批评马尔的文章，由此开始了历时两个月的语言学讨论。斯大林参与了讨论，并将他的相关文章和通信汇编成《马克思主义和语言学问题》一书。

首先，在这部著作中，斯大林澄清了语言的本质和语言与思维的关系。他指出："语言既不能列入基础一类，也不能列入上层建筑一类"①，"马克思主义者不能认为语言是基础的上层建筑"②。语言是人们交际的工具，它可以为各个阶级服务，因而它不具有阶级性。同时，针对马尔割裂语言与思维的做法，他指出，语言是思维的物质外壳，认为思维可以离开语言而存在是一种唯心主义。其次，斯大林肯定了质变的非爆发形式。针对马尔提出语言的发展是通过周期性爆发的形式实现的观点，斯大林认为这一观点不符合语言发展的规律。"从旧质过渡到新质经过爆发的规律，不仅不适用于语言发展的历史，而且也不是在任何时候都适用于诸如基础或上层建筑之类的其他社会现象。对于分成敌对阶级的社会，爆发是必需的。但是对于没有敌对阶级的社会，爆发就决不是必需的了。"③ 斯大林还举了苏联的农业集体化就是以逐渐过渡的形式来实现的实例。显然，斯大林在这里修正了自己以前的看法。最后，斯大林对于作为语言学问题理论前提的基础与上层建筑的关系作了阐述。为了阐明语言与上层建筑的区别，他还论述了上层建筑的历史性以及上层建筑和生产的关系，指出："上层建筑是某个经济基础存在和活动的那一个时代的产物。因此上层建筑的生命是不长久的，它是随着这个基础的消灭而消灭，随着这个基础的消失而消失的。"④ "上层建筑同生产、同人的生产活动没有直接联系。上层建筑是

---

① 《斯大林选集》下卷，人民出版社1979年版，第525页。
② 《斯大林选集》下卷，人民出版社1979年版，第506页。
③ 《斯大林选集》下卷，人民出版社1979年版，第519页。
④ 《斯大林选集》下卷，人民出版社1979年版，第504页。

通过经济的中介、通过基础的中介同生产仅仅有间接的联系。"①

在《关于辩证唯物主义和历史唯物主义》中，斯大林对历史唯物主义的阐述遗漏了基础（经济基础）概念，同时把基础与上层建筑的关系演绎成为生产方式与上层建筑的关系，《马克思主义和语言学问题》对此作了修正和补充。同时，斯大林在这里也明确回答了为什么生产力不应包括在经济基础之中这一问题。不过，斯大林的论述还存在不足，即他以为随着旧的经济基础的消亡，旧的上层建筑也会立即消亡，这是不符合上层建筑发展的规律的。正如后来一些苏联学者指出的，用强制的办法干涉文化和艺术的发展，对于思想文化遗产的虚无主义态度，都是与斯大林这一错误认识相联系的。

（二）《苏联社会主义经济问题》

1940年前后，受苏共中央的委托，苏联科学院经济研究所开始集体编写包括社会主义部分在内的政治经济学教科书。1951年4月，《政治经济学》"未定稿"完成，开始广泛征求意见，并于1951年年底召开大型讨论会。斯大林参与了讨论，他写作的一些指导意见和回信后来汇编成《苏联社会主义经济问题》（1952）。

首先，斯大林在书中肯定了社会主义经济规律的客观性，并阐述了马克思主义的规律观。社会主义经济规律是否具有客观性，这是布尔什维克夺取政权后一直存在争议的问题。一些苏联学者认为，由于苏维埃国家的特殊性，苏维埃国家和领导人能够废除现存的政治经济学规律，"制定"和"创造"新的经济规律。斯大林驳斥了这一观点，认为所谓规律，即自然界或社会中不以人们的意志为转移的客观过程的反映。他指出："人们能发现这些规律，认识它们，研究它们，在自己的行动中考虑到它们，利用它们以利于社会，但是人们不能改变或废除这些规律，尤其不能制定和创造新的科学规律。"② 斯大林还指出，虽然在天文、地质以及其他一些类似的过程中，人们即使认识了它们的规律，也无力影响它们，但是在其他场合，人们绝不是无能为力的。在这些场合，如果人们认识了自然规律，并善于应用和利用它们，"便能限制它们发生作用的范围，把自然界的破坏力引导到另一方向，使自然界的破坏力转而有利于社会"③。

---

① 《斯大林选集》下卷，人民出版社1979年版，第505页。
② 《斯大林选集》下卷，人民出版社1979年版，第540页。
③ 《斯大林选集》下卷，人民出版社1979年版，第540页。

其次，斯大林对生产力和生产关系作了新的阐述。一是开始明确使用"经济基础"概念，认为每个社会形态，包括社会主义社会在内，都有自己的由人们生产关系的总和所构成的经济基础。二是在说明政治经济学的对象是生产关系时，也对生产关系所包括的内容做了明确规定，指出生产关系"包括：（一）生产资料的所有制形式；（二）由此产生的各种社会集团在生产中的地位以及他们的相互关系，或如马克思所说的，'互相交换其活动'；（三）完全以它们为转移的产品分配形式"①。斯大林把生产关系分成三个方面的思想在《论辩证唯物主义和历史唯物主义》中就有体现，只是在这里论述得更加明确，这一思想在马克思主义哲学史中的影响也是深远的。

最后，斯大林对自己以前提出的在社会主义制度下生产关系完全适合生产力的论断做了修正。他指出，这一命题可以表述为在社会主义制度下"生产关系同生产力性质的完全适合"，但"'完全适合'这种说法是不能在绝对的意义上来理解的"②。"不能把这种说法理解为仿佛在社会主义制度下决没有生产关系落后于生产力的增长的现象"③，即在社会主义制度下，社会的生产关系和生产力之间没有任何矛盾，而应当理解成在社会主义制度下，"通常不会弄到生产关系和生产力发生冲突，社会有可能及时使落后了的生产关系去适合生产力的性质"④。

第三节　20世纪50年代中期以后苏联、东欧的马克思主义哲学研究

20世纪50年代中期以后，苏联马克思主义哲学的发展可以划分为两个时期。前一时期（1953—1986），苏联的马克思主义哲学研究出现了繁荣局面，取得了一系列理论成就。后一时期（1986—1991），苏联哲学界作出过有益的反思和探索，但随着改革的变质和苏联解体，哲学界和理论界不可避免地陷入混乱，马克思主义哲学的发展出现了倒退趋势。此外，这一时期东欧社会主义国家的哲学家们对马克思主义哲学也进行了可贵探索，提出了一些有启发性的

---

① 《斯大林选集》下卷，人民出版社1979年版，第594页。
② 《斯大林选集》下卷，人民出版社1979年版，第577页。
③ 《斯大林选集》下卷，人民出版社1979年版，第577页。
④ 《斯大林选集》下卷，人民出版社1979年版，第577页。

见解。

一、苏联马克思主义哲学的发展与曲折

（一）1953—1986 年苏联马克思主义哲学研究的一般变化与特点

这一时期，苏联社会主义建设取得了突出成就，苏联成为世界上第二大强国。在政治和思想文化领域，它一方面开始纠正过去的一些错误，政治生活出现了较为宽松的局面；另一方面又出现了一些问题，如苏共二十大（1956）提出社会主义和资本主义两大体系"和平共处""和平竞赛"以及有可能实现从资本主义向社会主义"和平过渡"的观点；苏共二十二大（1961）提出"一切为了人、一切为了人的幸福"的口号以及苏联已成为"全民国家"、苏共已成为"全民党"的观点。这些观点，有的在当时冷战的国际形势下显得不切合实际，有的空洞、抽象甚至背离了马克思主义。与此同时，马克思主义哲学研究领域也出现了新的变化，呈现一些新的特点。

首先，对哲学研究的管理体制有所改进：哲学与自然科学的不正常关系得到了改善，不再对自然科学观点随意贴上政治标签，列宁倡导的关于哲学家与自然科学家结成联盟的思想得到恢复；不再过分夸大哲学的党性原则和批判职能，不再对非马克思主义哲学持简单的否认态度；尽量减少对不同的学术观点作行政裁决；允许学术争论中不同派别的存在等。1970 年 3 月，苏联科学院哲学法学部召开的、旨在批判巴维尔·瓦西里耶维奇·科普宁（1922—1971）的《列宁的哲学思想和逻辑》一书的讨论会体现了这一变化。尽管会议组织者米丁等人试图效仿 1947 年对亚历山大罗夫《西欧哲学史》的批判，会上也的确有不少学者对科普宁持严厉的批判态度，但也有许多学者对其持支持态度，如博尼法齐·米哈伊洛维奇·凯德罗夫（1903—1985）、弗拉基斯拉夫·亚历山德罗维奇·列克托尔斯基（1932—   ）、埃瓦德·瓦西里耶维奇·伊利因科夫（1924—1979）。还有一些学者则对科普宁持较为温和的批判态度，如马尔克·莫伊谢耶维奇·罗森塔尔（1906—1975）、捷奥多尔·伊里奇·奥伊泽尔曼（1914—2017）。科普宁本人则无论在会上还是在会后都始终坚持自己的观点。

其次，苏联马克思主义哲学教科书虽然没有根本性的改变，但是内容有所调整。1954 年年初，苏联哲学界组织了关于辩证唯物主义与历史唯物主义教科书的讨论，突破了斯大林的《论辩证唯物主义和历史唯物主义》的理论框架并批判了该书的一些错误观点。由费多尔·瓦西里耶维奇·康斯坦丁诺夫

(1901—1990) 主编的《马克思主义哲学原理》(1958)（中译本 1959）出版后多次修订、再版，成为马克思主义哲学教科书的权威版本。该书的基本框架表现为对 20 世纪 30 年代米丁等主编的哲学教材的一种回归。

再次，苏联马克思主义哲学研究的视野得到广泛拓展。由于斯大林个人崇拜在哲学领域的彻底否定，苏联哲学家开始广泛探讨在斯大林时期不为重视的马克思主义哲学的重要课题，如对立统一规律、否定之否定规律以及本质与现象、原因与结果、形式与内容、可能与现实、必然性与偶然性等辩证法的基本范畴，在这一时期得到深入研究。不仅如此，这一时期，苏共中央所提出的重大哲学课题，以及苏联社会主义建设过程遇到的现实问题，也为苏联哲学注入时代内涵，拓展了苏联哲学研究的视野。随着现代自然科学的发展以及全球性问题的产生，探讨哲学与科学的关系以及现代自然科学领域中的哲学问题成为苏联哲学关注的热点问题。从 20 世纪 50 年代中后期到 80 年代初期，苏联共召开三次全苏现代自然科学哲学问题会议，就正确处理哲学和自然科学的关系、一般科学方法论等问题进行深入的探讨，极大地拓宽了苏联哲学研究的视野。

最后，苏联马克思主义哲学研究中出现了"人道主义化"的趋势，并演变为 20 世纪中期以后苏联哲学发展的主要趋势之一，对苏联社会、意识形态和马克思主义哲学产生了重大影响。这一趋势主要体现在：一是在讨论哲学问题时，人的因素，以及主观的、能动的、主体的方面得到了更多的肯定和强调。二是在哲学研究中，关于人、人性、人道主义的一系列理论问题越来越受到重视。这种"人道主义化"趋势的产生有其复杂的历史背景和动因，其影响也是双重的。它虽然推动了苏联马克思主义哲学对人的问题的研究，但一些抽象人道主义性质的理论内容也出现在对马克思主义哲学的阐释中。

(二) 1953—1986 年苏联马克思主义哲学研究的进展

这一时期，苏联哲学界冲破斯大林哲学教条的束缚，拓展和深化马克思主义哲学研究的广度和深度，马克思主义哲学在辩证唯物主义、历史唯物主义、自然科学领域的哲学问题、全球性问题和马克思主义哲学史等研究领域取得长足发展。

1. 辩证唯物主义研究

这一时期，辩证唯物主义是苏联马克思主义哲学研究的重要内容。苏联哲学家围绕物质范畴、唯物辩证法的规律及其范畴、认识论等问题展开探讨，出版了一系列著作，极大地推进了辩证唯物主义的发展。在唯物论方面，从 20 世纪60年代初至80年代初，苏联学者就广泛关注自然科学发展的最新成果，并在哲学与自然科学相互关系基础上，强调自然科学领域内的新发现、新发展对哲学意义上的物质概念的丰富和具体化，深化了对物质范畴的理解。同时，苏联哲学家还进一步研究空间和时间概念，着重探讨了时空的客观性、绝对性与相对性、连续性与间断性以及无限性等问题。苏联学者对物质及其存在形式等问题所进行的研究，改变了之前对这一领域的研究较为薄弱的状况。

这一时期，辩证唯物主义认识论也得到进一步的研究。苏联哲学家对认识论的探讨，主要集中在认识主体和认识客体的范畴、认识主客体间的关系、认识与实践的关系、辩证唯物主义反映论等方面。关于认识主体与客体，科普宁、列克托尔斯基等苏联哲学家侧重从社会性的角度理解，从而把主客体关系归结为社会的人的活动。在这一问题中，如何理解主体在认识过程中的能动作用也是苏联学者探讨的重要议题。在《马克思主义认识论导论》中，科普宁从认识的合目的性和有目的性、真理以及人对现实的创造性反映三个方面概括了主体在认识过程的能动作用①。关于认识与实践的关系，苏联学者主要探讨了实践在认识中的地位、实践的本质、实践的认识论功用等问题。在论述实践的认识论功用上，苏联学者往往强调实践是认识的基础与实践是真理的标准两个命题。他们认为，实践能够成为真理的标准，原因在于实践是认识的基础和来源。随着现代自然科学和社会科学的发展，苏联学者进一步探讨了科学与实践的关系问题，实现了对辩证唯物主义反映论的发展。

这一时期，关于唯物辩证法研究也取得了重大进展。为了清除斯大林关于马克思主义哲学阐释中的一些错误观点，苏联哲学家们恢复了对唯物辩证法的研究，并有大量的有影响的著作出版，如由罗森塔尔主编的《马克思主义辩证法史（从马克思主义的产生到列宁阶段）》（1971）、由库尔萨诺夫主编的《马克思主义辩证法史（列宁阶段）》（1973）、凯德洛夫的《辩证法、逻辑和认识论的统一》（1963）、科普宁的《作为逻辑和认识论的辩证法》等。在这些著作中，之前被斯大林忽视的否定之否定规律得到进一步的探讨，不为哲学家们重视的辩证法的基本范畴如目的、整体与部分、属性与关系、可能性等等，也得到广泛而深入的研究。这一时期，作为逻辑、认识论和方法论的辩证法成为苏联哲学研究的热点。在此问题上，苏联哲学划分出三个不同的研究方向，

---

① 参见［苏］科普宁：《马克思主义认识论导论》，马迅、章云译，求实出版社1982年版。

即对辩证法的普遍规律在认识中的作用的分析；通过研究认识史以揭示认识以及思维形式和思维方法的发展规律；从认识的起源、对象和内容出发，研究认识和思维的规律性和形式。

马克思主义哲学研究对象是这一时期唯物辩证法研究的重要课题，也是苏联哲学界争论最为激烈的问题之一。基于对作为逻辑、认识论和方法论的辩证法与客观辩证法的关系的不同理解，苏联哲学界在哲学研究对象问题上形成不同的观点，划分为"本体论派"和"认识论派"。"本体论派"认为，"哲学的对象就是客观存在即作为客观存在的物质及其所具有的变化和发展的规律性"①。持此种观点的哲学家认为，对客观世界及其规律的认识是认识和探讨人、社会和人类思维等问题的基础。"认识论派"则把人及其存在问题视为哲学研究的首要对象。他们认为，马克思主义哲学是在人的活动以及认识的基础上来研究客观世界的，客观世界的一切问题的解决都依赖于人及其存在问题的解决。在争论中，"本体论派"对"认识论派"的批判主要在于：否定了马克思主义哲学的世界观职能，缩小了马克思主义哲学的作用和意义；向现代唯心主义和实证主义否认哲学本体论职能的观点靠拢；忽视了唯物辩证法的阶级立场等。而"认识论派"对"本体论派"的批判主要体现为：没有说明为什么马克思、恩格斯和列宁都没有从肯定意义上使用过"本体论"一词；没有能够很好地说明列宁关于辩证法就是逻辑和认识论这一观点；没有很好地区分哲学和自然科学的研究对象以及试图复活旧的"自然哲学"和恩格斯批判过的杜林的"世界模式论"等。直到20世纪80年代，"本体论派"与"认识论派"的争论并未形成统一的意见，分歧依然存在。

除了物质观、认识论和辩证法，这一时期苏联的辩证唯物主义研究还开辟了一些新的领域，如科学研究的逻辑。20世纪50年代末和60年代初，在科普宁的推动下，科学研究的逻辑成为苏联马克思主义哲学的一个独立研究方向。与此相联系，一般方法论和科学方法论，特别是对系统理论的探讨，成为苏联哲学界研究的热点问题。关于系统概念，苏联学者强调系统的整体性、规律性、多层次性，其中最为突出的是整体性。关于系统的整体性，苏联学者认为其是由系统的结构决定的，具体表现为系统具有其各部分、各要素所不具备的

---

① 贾泽林、周国平、王克千、苏国勋等编著：《苏联当代哲学》，人民出版社1986年版，第90页。

属性和特征。同时，苏联哲学家还探讨系统性原则的方法论意义，强调系统性原则是辩证唯物主义的重要组成部分。他们还认为，系统理论的发展，使人们看待现实事物的方式发生了改变，对事物的理解不再局限于事物自身，而是作为系统的要素来认识，因而具有了哲学世界观的意义。

2. 历史唯物主义研究

这一时期，对斯大林哲学模式的反思，以及苏联乃至整个当代世界的发展所提出的新问题，使得历史唯物主义研究成为苏联哲学最为活跃的领域，也取得一些突出成果。一方面，随着历史唯物主义范畴和基本理论研究的进一步深入，原本属于历史唯物主义领域的课题逐渐分化为新的独立学科；另一方面，当代自然科学的进步、科学技术的发展，以及苏联社会主义建设的发展，为苏联哲学提出了全新的时代课题，促进了历史唯物主义研究的发展。这一时期苏联哲学界关于历史唯物主义的探讨主要集中在历史唯物主义基本理论、社会经济形态、社会主义社会及其相关问题上。

苏联哲学家首先关注的是历史唯物主义的研究对象。在苏联历史唯物主义教科书中，历史唯物主义的对象被定义为"社会发展的最一般规律"。而如何理解这一规律，苏联哲学界展开了详尽的探讨。以科普宁为代表的"认识论派"哲学家认为，历史唯物主义与辩证唯物主义是同一个东西，都是关于存在规律与形式的学说，从而突出社会历史的认识论意义。"本体论派"哲学家则认为，"认识论派"的观点割裂了马克思主义哲学认识论职能与世界观的联系，主张将社会存在作为单独的对象加以研究，以强调社会存在与社会意识的关系的本体论意义。在这一问题上，康斯坦丁诺夫的观点得到普遍认可。他认为："历史唯物主义不同于专门的社会科学，它首先而且主要是研究社会发展的最一般规律，即社会经济形态产生和存在的规律以及发展的动力。"①

这一时期，历史唯物主义的基本范畴和基本问题得到深入研究。关于社会存在，苏联哲学家借助于存在范畴来理解，认为"社会存在是社会的物质生活，也具有客观实在的性质。但由此不能得出结论：似乎社会生活中的物质东西的任何一种表现都是社会存在"。"只有当这些自然物被社会的物质关系的体系所包含的时候，它们才能成为社会存在。"② 所谓社会意识范畴，就是指：

---

① [苏]康斯坦丁诺夫主编：《马克思列宁主义哲学原理》，人民出版社1985年版，第184页。
② [苏]德里亚赫洛夫、拉津、拉索夫、什季列尔编：《历史唯物主义范畴》，安起民、梁映东、周隆滨、刘奔译，北京师范大学出版社1984年版，第43页。

"以表现现实之观念反映的结果在群众、阶级和其他社会集团的实践活动中是如何巩固和利用的（指对社会有意义的巩固和利用）"①。而二者的相互关系就表现为社会意识与社会存在的相适应。这种相适应是建立在社会存在第一性的基础之上的，表现为社会存在决定社会意识。不仅如此，经济基础和上层建筑、生产力与生产关系、社会经济形态等范畴也得到深入的研究。社会经济形态是这一时期历史唯物主义研究的一个热点。从20世纪50年代开始，一些哲学家深入发掘马克思一系列经济学手稿中的社会经济形态思想，讨论了关于社会经济形态概念的含义，关于亚细亚生产方式、关于社会发展阶段问题。关于社会经济形态范畴的内涵，有学者认为它的首要的基本含义是一定历史时代的生产关系的总和，也就是一定时代的社会经济结构、经济基础、经济制度。关于历史发展的阶段性始终是苏联学者集中探讨的问题之一，并发生社会发展阶段的"五形态""六形态"与"三形态"之争。有学者依据马克思在《〈政治经济学批判〉序言》中关于社会经济形态演进时代的划分，肯定了亚细亚生产方式是社会历史发展的独立阶段（由此坚持人类社会历史的"六阶段"说）；有学者则根据马克思晚年的研究和笔记，否定亚细亚生产方式是人类社会发展的独立阶段，认为社会发展的"五阶段"（或"五形态"）才是对人类社会发展一般规律的科学概括。在"三阶段论"与"五阶段论"的争论中，"三阶段论"主张将人类社会历史发展过程划分为原始社会、对抗性社会和共产主义社会三个阶段。这种观点一经问世，就遭到持"五形态论"的学者的猛烈批评。

构筑历史唯物主义体系，是这一时期苏联哲学家关注的另一重要问题。1980年，苏联哲学界连续召开了两次有关历史唯物主义范畴体系化的学术会议，构筑历史唯物主义新体系的"系统化运动"在苏联兴起。围绕这一问题，苏联哲学形成诸多观点，按其方法论，大致划分为四种：辩证唯物主义和历史唯物主义统一原则、哲学基本问题原则、从抽象上升到具体的原则以及上述几种原则的综合原则。其中最具代表性的观点是从抽象上升到具体的"构筑原则"，认为构筑历史唯物主义科学体系应采用马克思在《资本论》中分析资本主义的方法，先找出能够作为体系起点的理论范畴，并以此为逻辑起点，运用从抽象到具体的逻辑方法，科学建构历史唯物主义的理论体系。关于历史唯物

---

① ［苏］德里亚赫洛夫、拉津、拉索夫、什季列尔编：《历史唯物主义范畴》，安起民、梁映东、周隆滨、刘奔译，北京师范大学出版社1984年版，第45页。

主义的初始范畴，苏联哲学界并未形成统一认识。有的哲学家倾向于将活动视为社会的"细胞"，进而看作历史唯物主义的初始范畴；有的学者主张把不依赖于人的意识、具有客观性的物质的社会关系视为历史唯物主义的初始范畴。他们认为"活动"不具备社会性，不能体现具有第一性的物质的社会关系，从而反对将"活动"视为历史唯物主义的初始范畴。

社会主义社会发展的辩证法是苏联历史唯物主义研究的主要课题之一。从20世纪50年代中期开始，苏联哲学界重新肯定矛盾在社会主义社会发展进程中的作用，开始对社会主义社会的矛盾展开探讨。60年代初期，"两种辩证法"论在苏联哲学界流行起来，持这种观点的学者认为，社会生活的变化决定着辩证法规律的内容和表现形式的变化，因此辩证法在资本主义社会和社会主义社会存在着不同的表现形式，即"对抗性辩证法"和"和谐辩证法"。这种观点遭到众多哲学家的严厉批判。反对者认为，这实际是同一种方法即唯物辩证法运用于分析本质上不同的社会，而不是统一的辩证法在两种社会有不同的表现形式。80年代初，波兰政治危机的爆发，使苏联哲学对社会主义社会矛盾的认识发生较大变化。一些哲学家开始重新认识社会主义社会矛盾的性质，认为在社会主义社会中也存在着对抗性矛盾，并且肯定了非对抗性矛盾在一定条件下可以转化为对抗性矛盾的观点。

此外，阶级、国家和革命、发达的社会主义社会、生活方式和社会精神生活等也成为这一时期历史唯物主义研究的热点问题。这些问题的提出和研究与苏共纲领所提出的一些观点密切相关。

3. 马克思主义哲学史研究

苏联哲学中的马克思主义哲学史概念，最初是指马克思主义哲学对全部哲学史的研究，而不是现在意义上的以马克思主义哲学史为对象的研究。这种意义的马克思主义哲学史研究最初只被看作是马克思主义的一般哲学史研究的一个部分。在苏联，独立的具有确定规定性的马克思主义哲学史研究，是随着对马克思和恩格斯的哲学思想、列宁的哲学思想，特别是对马克思主义哲学史发展的列宁阶段的认识不断深化逐渐形成的。它的形成大体可以追溯到20世纪50年代中期。此前，哲学家个人或集体进行的关于马克思和恩格斯哲学思想形成的研究、马克思主义哲学形成与发展的研究，甚至对他们的具体哲学观点的研究，按其性质当然属于马克思主义哲学史研究。十月革命前后，普列汉诺夫的某些著作（如《论一元论历史观之发展》等）和列宁的某些著作（《什么是

"人民之友"以及他们如何攻击社会民主主义者?》《唯物主义和经验批判主义》等)包含丰富的马克思主义哲学史的内容。梁赞诺夫、阿多拉茨基的出版和著述活动通常被看作创立了俄国的"马克思学",这种研究也在一定程度上具有马克思主义发展史和马克思主义哲学史的意义。列宁逝世后,苏联哲学家关于列宁哲学遗产的研究,苏联哲学形成的研究,对斯大林某些哲学思想的质疑与反思,以及关于马克思主义与人道主义的关系等问题的讨论,按其对象、性质也都属于马克思主义哲学史研究。但是,这种研究总的说还是个别的、零星的和偶然发生的。它是一种在没有马克思主义哲学史的确定理念、更没有明确提出专门的整体的马克思主义哲学史研究任务的情况下学者们的一种学术行为。所以,总体上还不能说这一时期的俄国、苏联已经有了马克思主义哲学史研究。转折发生在50年代中期以后,标志是1955年6月苏联科学院主席团举行会议,在专门讨论哲学所的工作时明确提出的马克思主义哲学史研究问题。会议决议批评所长亚历山大罗夫没有按计划完成由其负责的《哲学史》的撰写任务。关于该所的马克思主义哲学研究,决议指出,辩证唯物主义研究组绝没有对辩证法、逻辑和认识论一致的问题进行研究,历史唯物主义研究组对社会主义社会发展的普遍规律的研究绝对做得很差,"哲学史组则几乎没有研究马克思列宁主义哲学史、西欧哲学史和东方哲学的问题"[①]。这里谈到马克思主义哲学史的方式值得注意,即它是与西欧哲学史、东方哲学并列提到的,表明马克思主义哲学史已经开始从一般哲学史中分离出来,获得了独立的学科意义,成为马克思主义哲学研究的特定领域。

从50年代中期到50年代末,苏联的马克思主义哲学史研究呈现的重要动态是:一方面,关于马克思主义哲学的列宁阶段问题被明确地提了出来,从而对列宁哲学遗产的研究被提到了第一重要位置;另一方面,对斯大林哲学思想、对20、30年代苏联哲学论战,哲学家们表现出一种质疑与反思的强烈意向。但是,由于独立的马克思主义哲学史研究刚刚起步,所以这一时期的研究成果不算多。关于列宁哲学遗产研究,仅有几篇论文和会议报告、报道。有代表性的是罗森塔尔发表的题为《论列宁〈哲学笔记〉的意义》一文,该文对《哲学笔记》产生的历史条件、写作目的、辩证法问题以及对研究自然科学的哲学问

[①] 参见贾泽林等编译:《苏联哲学纪事(1953—1976年)》,生活·读书·新知三联书店1979年版,第32页。

题和哲学史问题的意义等作了阐述。米丁在全苏社会科学教研室主任会议哲学分组会议上所做的题为《研究列宁的哲学遗产是我们最重要的任务》的报告中，提出要把全面研究唯物辩证法问题放到哲学研究工作的中心，其中任务之一是阐明列宁关于辩证法、逻辑和马克思主义认识论的统一这一论点的全部具体内容。除关于列宁哲学思想研究外，在一般马克思主义哲学史研究方面，主要成果是表现在关于马克思哲学观点形成问题研究和普列汉诺夫对马克思和恩格斯在哲学上的发展的评价，批评在以往的苏联著作中关于普列汉诺夫歪曲了马克思哲学观点形成的整个过程的评价。1958年5月9日，苏联科学院主席团作出的出版《哲学史》五卷本（原计划出版四卷本）的决议，推动了马克思主义哲学史研究。出版《哲学史》五卷本的计划后来修改为出版六卷本（第六卷分上下两册，于1965年出版）。第六卷探讨从1917年十月社会主义革命起到该书写作时的哲学和社会学思想的发展。

60、70年代是苏联的马克思主义哲学史研究活跃期。苏联哲学家力图通过列宁哲学思想研究，论证列宁哲学思想构成了马克思主义哲学发展的特定阶段，即把马克思主义哲学发展为马克思列宁主义哲学。1967年10月，苏联著名哲学史家约夫楚克在《哲学问题》第10期发表题为《马克思主义哲学史及其发展的列宁阶段的某些问题》一文，特别对"列宁阶段"做了解释。他反对把列宁阶段仅限于1924年，即列宁逝世以前的时期。他说，列宁逝世后40多年内在列宁主义原则基础上马克思主义哲学已经创造的和现在正在创造的所有好的东西都属于列宁阶段。今天来看，马克思主义哲学的实际发展既继承了列宁哲学思想，又超越了这一思想。马克思主义哲学发展到一个新的阶段，而没有停留在列宁阶段。所以，约夫楚克关于马克思主义哲学的列宁阶段的观点是不正确的。

考察发现，苏联学者在这一时期对列宁哲学思想的研究，集中在列宁的辩证法、国家学说、社会形态、人的问题、发展理论、科学管理和不同社会制度国家之间的和平共处等问题上。这些问题对于适应当时阶段的苏联社会主义建设与发展的需要来说，都具有迫切性。

关于列宁的辩证法思想的研究，罗森塔尔在1963年出版了《列宁和辩证法》一书。他特别提出列宁辩证法思想中的渐进性概念的意义，并把它运用于对社会主义发展过程的认识。他说，在列宁的那些专门论述社会主义改造的著作中出现了一个表示新条件下质变特点的新概念。这个概念就是渐进性。列宁在这个概念中注入了深刻而正确的内容。但是,罗森塔尔从辩证法的渐进性出发得出在社会主义社会只有矛盾的统一才是动力的结论则是片面的。

对列宁的国家学说的研究,比起对于列宁的其他哲学思想的研究,苏联哲学家们得出的结论可以说是离开列宁最远的。他们的结论是,马克思列宁主义关于国家的定义已经不适应了,事实上无产阶级专政已向全民国家过渡。苏联哲学家们得出这个结论的理由主要在于两点:一是所谓"在工人、农民和知识分子的根本利益一致的基础上形成了苏联人民的牢不可破的社会政治上和思想上的一致,在这种条件下,一个阶级,即工人阶级的专政就不需要了"。二是所谓无产阶级专政职能上的变化。他们认为,由于社会主义的胜利,随着剥削阶级的消灭和社会主义生产关系的巩固,无产阶级专政国家的职能发生了根本转变,即从主要是对剥削阶级反抗的镇压职能而变为组织经济和文化教育的职能。由此决定,无产阶级专政国家逐渐发展为社会主义社会劳动者的全民组织。苏联学者作出的这种错误结论,除了对马克思列宁主义的国家学说缺乏正确的理解外,一个重要原因是苏共领导集团对苏联社会主义社会发展阶段作出了错误判断,即在第二次世界大战结束以后,虽然苏联在恢复国民经济,促进社会主义经济发展方面取得了重大成就,但整个说来,它也只能算是处于由资本主义向社会主义过渡的后期,离马克思主义创始人所说的那种生产力高度发达、阶级对立完全消失、人民在根本利益上的一致已经实现差得很远。但是,其领导集团却宣布苏联已经进入发达社会主义阶段,全体苏联人民在共产党的领导下已经开始了向理想中的伟大共产主义社会迈进。为了适应对这样一种社会主义社会发展阶段的认识,在涉及国家性质、无产阶级政党性质等一系列根本问题上必须作出相应的判断和解释,于是就有了苏联已经是"全民国家""全民党"的高调,哲学家们关于国家问题上的种种奇谈怪论不过是对这一脱离实际的领导意志的一种迎合。

关于人性、人的本质和人的发展理论,即按照苏联哲学家所说的人道主义问题,既是一个马克思主义哲学基本原理问题,又是一个马克思主义哲学史问题。因为这个问题直接说来是一个马克思主义与人道主义的关系问题,是我们能否将人道主义看作马克思主义的本质的问题。而这个问题又总是历史地展开的,它涉及对马克思的一些早期著作思想内容的性质的认识,涉及对马克思的早期思想的性质的认识。西方"马克思学"家有的把青年马克思说成是人道主义者,把成熟的马克思说成是科学主义者。有的则认为马克思自始至终是一位人道主义者。一些苏联学者持有同西方"马克思学"家同样的认识,或接近他们的认识。50年代中期,苏联马克思主义哲学就已经有文章谈到人道主义问题,谈社会主义、共产主义与人道主义的关系。到60年代苏联学者对这个问题的研究就进入了高潮,并一直持续到70、80年代。哲学家们一方面把人道主义作为一个与马克思主义哲学史有密切联系的专门问题进行研究,一方面将其贯彻到辩证唯物主义和历史唯物主义的研究中,并有使其逐渐人道主义化的趋势。有的哲学家得出结论说:人道主义是马克思主义哲学的"基本问题",是科学社会主义意识形态中的中心问题,是科学社会主义国家活动的主导原则之一。他们说,共产主义是现实人道主义的完满体现和最高体现。共产主义意味着人类个性、个人的一切感情和特性的全面发展,使人道主义具有崇高的意义。他们研究了马克思主义哲学中的人的问题,研究了"列宁与人的问题"。有人还用列宁几乎没有使用"异化"这一术语和没有提出消灭异化的问题作为论据,证明列宁的人道主义是不彻底的。当然,也有学者反驳这一说法,指出列宁的社会主义革命论,就其实质来说就是关于克服造成异化的根本原因的学说。对列宁来说,人及其解放的问题是一个中心问题。

在马克思主义哲学史研究中,苏联哲学家除着重开展对列宁哲学思想的研究外,还对马克思和恩格斯的哲学思想、马克思主义哲学史一般问题、苏联马克思主义哲学史以及国外马克思主义哲学思潮开展研究。

在关于马克思哲学思想研究方面,比较多地集中在马克思主义哲学的形成问题上。有影响的研究成果主要是1964年出版的奥伊则尔曼的《马克思主义哲学的形成》一书。该书对从马克思的中学作文开始直到《共产党宣言》这个期间的马克思和恩格斯的所有能找到的著作做了系统的研究,表明主要研究意图在于:一是要论证从马克思主义哲学形成的思想资源方面看,它不仅仅是改造和吸收以德国古典哲学为主的传统哲学思想资源的结果,而且是对哲学的、经济学的和社会主义的传统资源进行综合改造吸收的结果;二是对马克思的一些早期著作发表后西方学者发表的各种错误的、非马克思主义的观点进行批判。在"马克思的《关于费尔巴哈的提纲》"一节中,他不仅在实践与理论的结合上说明如何解决哲学根本问题,发现新哲学,而且提出对实践本身应该从理论上加以分析的思想。

在一般马克思主义哲学史研究方面,应该提到的是1967年出版的《哲学史简编》第二版(约夫楚克、奥伊则尔曼等主编)。一篇公开发表的关于该书的书评指出，该书之所以有特别大的意义，是因为它详尽地分析了马克思列宁主义哲学的产生和发展的历史。首先，它对马克思主义哲学发展的列宁阶段的阐述比第一版有了很大改进；其次，恢复了普列汉诺夫在马克思主义哲学史上的应有地位；最后，对马克思主义哲学史上的列宁阶段的阐述，不只限于分析列宁在发展马克思主义哲学上的贡献，而且对列宁逝世后马克思主义哲学的发展也进行了详尽的探讨。应该指出的是，1965年出版的《哲学史》第六卷坚持的虽然仍然是传统的马克思主义哲学史理念，研究对象是人类全部哲学遗产，而以马克思主义哲学形成与发展为对象的马克思主义哲学史在书中虽然得到了集中阐述，但还是没有从一般哲学史中独立出来，并且在结构上得以反映。但是，从1978年出版的《苏联马克思列宁主义哲学史（三十年代）》所谈的内容全部是马克思主义哲学来看，这个时候马克思主义哲学史已经是一门独立的学科存在了。

关于苏联马克思主义哲学史，苏联学者通常把它纳入马克思主义哲学史的列宁阶段，但把它从马克思主义哲学史的列宁阶段中划分出来是必要的。因为苏联马克思主义哲学，包括苏联马克思主义哲学史，对于列宁哲学来说，有其特殊的表现和意义：首先是对马克思主义哲学问题上的某些观点有新的认识；其次是对历史上发生的"哲学事件"有新的评价。这特别是指对普列汉诺夫在马克思主义哲学史上的贡献和地位有了更为肯定和积极的评价，对发生在20世纪20年代末30年代初的哲学大论战中对德波林学派的错误打击和评价，特别是对斯大林关于该学派"孟什维克式的唯心主义"的不适当评价予以否定。同时也认识到这一时期的马克思主义哲学发展，以及哲学论战本身，在苏联马克思主义哲学发展史上具有特殊的意义。

马克思主义及其哲学在同各种错误思潮的斗争中发展，这是马克思主义及其哲学发展的一个规律。苏联哲学家的马克思主义哲学史研究从来没有忘记同国外学者的交流，更没有忘记同各种非马克思主义和反马克思主义思潮的斗争。这方面的代表性著作有尼·伊·拉宾1962年出版的《论西方对青年马克思思想的研究》。该书批判了资产阶级思想家围绕"青年马克思"问题而形成的主要流派，其中特别是西方"马克思学"。代表性著作还有《哲学史》第六卷。它的下册开始的两章分别是对现代资产阶级哲学、社会学、美学、伦理学以及历史哲学和哲学史的唯心主义学说的批判。有B. E. 叶夫格拉弗夫主编的《苏联哲学史》，它阐述了苏联马克思主义哲学家与哲学和意识形态中的资产阶级学说的斗争，对社会改良主义、修正主义和反共主义观点进行了批判。有

1984年出版的А.Г.梅斯里夫钦科主编的《当代国外马克思列宁主义哲学》(上、下)。该书虽然不是一本专门的批判马克思主义研究中的各种错误思潮的著作，但每一章关于一定国家的马克思主义哲学研究的阐述，都用一节的篇幅来阐述该国学者对哲学史的研究，对资产阶级哲学、修正主义和改良主义的批判。

(三) 1986—1991年苏联改革时期的马克思主义哲学研究

社会主义是通过改革不断完善和发展的社会。从20世纪50年代中期开始，面对来自内部僵化的体制对苏联经济社会快速发展的束缚，以及冷战中西方国家经济社会发展带来的严峻挑战和巨大压力，苏联针对经济社会发展中的问题，开始进行体制上的尝试性改革。然而，苏联的改革始终没有形成正确的指导思想，虽然取得一定的成绩，但没有取得根本性突破，并产生了许多严重的失误，一定时期苏联的改革和社会发展实际处于停滞不前的状态。

1985年，戈尔巴乔夫（1931—　）出任苏共中央总书记。他上台后针对苏联社会发展中的弊端推出了一系列改革措施，但收效不大。1988年，戈尔巴乔夫在苏共第十九次代表大会上推出了后来被称为"人道的、民主的社会主义"的路线，并把"社会主义多元论""民主化"和"公开化"作为三大"革命性倡议"。这种所谓"新思维"给党内外造成了严重的思想混乱，引发了社会动荡。随后戈尔巴乔夫在错误路线上越走越远，公开宣布放弃苏共的法定领导地位，放弃马克思列宁主义的指导地位，实行多党制，最终导致苏联改革的失败和国家的解体。这一时期，苏联实行的改革对当时苏联哲学界和马克思主义哲学的研究也产生了巨大的负面影响。

在改革初期，苏共中央就在许多场合表达了对哲学工作的不满。在中央全会（1985年4月）、苏共二十七大（1986年2月）以及全苏社会科学（1986年10月）等会议上，苏共中央批评哲学界存在理论脱离实际、缺乏创新勇气、作风腐朽——教条主义、派别主义、互相吹捧和自吹自擂盛行等不良现象。在《苏共中央关于〈共产党人〉杂志的决议》中，甚至为苏联哲学工作确立了具体的研究方向和研究课题，如"社会主义社会在新的历史阶段发展的辩证法""科学技术进步的社会哲学和方法论问题""在社会的前进发展中人的因素的作用不断增长"等。在哲学家们对以往哲学进程的反思中，值得提到的是1987年4月，《哲学问题》杂志组织召开的以"哲学与生活"为主题的讨论会。这次会议主要讨论了三个方面的问题：关于如何看待苏联哲学中存在的问题；关于苏联哲学问题存在的根源；关于振兴苏联哲学的途径。对于苏联哲学中存在的问题，有人全盘否定70年的苏联哲学的发展。也有哲学家在会上历数从30年代起苏联哲学界存在的"五种错误倾向"。它们是："处理问题的简单化和粗俗化"，"处理问题的专断性"，"见风使舵"，"哲学表述的规范化、义务化和教条化"以及"哲学成了教训的说教"。尽管存在这些问题和弊端，但多数哲学家认为苏联哲学在认识论、逻辑学、科学认识方法、哲学史等领域取得的显著成就不容抹杀。关于苏联哲学问题存在的根源，哲学家们普遍认为在于政治对哲学的巨大压力。正是由于这种压力，哲学丧失了自身应有的批判性，成了"政治的婢女"。关于振兴苏联哲学的途径，哲学家们表达了给哲学发展以自由、正确处理哲学与政治的关系等诉求。

在"哲学与生活"讨论会后，苏联哲学家们又召开了关于"哲学是不是科学"的讨论会。会上，虽然有哲学家支持马克思主义哲学是科学的观点，但认为苏联的马克思主义哲学并非真正的马克思主义哲学，而是被斯大林曲解了的马克思主义哲学。会上，有学者主张哲学与科学是性质完全不同的两种东西，即"科学不是哲学"，"哲学不是科学"。这种主张实际把"哲学是不是科学"的讨论引向了另外一个方向，即把马克思主义哲学是不是一个具有真理性的学说体系问题变成了两个学科之间的关系问题。但是，群众总是把科学与真理看作是一回事的，所以，那种只可能被一些职业哲学家认同和坚守的"哲学不是科学"以及由此引申出的"马克思主义哲学不是科学"，在群众中往往会造成一种误解，即以为马克思主义哲学不是真理。所以，这种把哲学与科学分割开来的说法看起来似乎很"专业"，但是其实际效果则不是提高了这场讨论的理论高度，而是降低了它的高度，并且导致关于马克思主义哲学性质的认识上的混乱。关于马克思主义哲学中的人的理论问题，也是这一时期苏联哲学家们探讨的一个重要问题。在"哲学与生活"讨论会上，缺少关于人的理论成为苏联马克思主义哲学受到批判的重要理由。在讨论会上，有学者从"人道主义问题是马克思主义活的灵魂"的认识出发，主张将人视为马克思主义哲学研究的中心。在谈到哲学今后的任务时，有学者强调"我们的全部哲学都要把人视为社会进步的最终目的，视为最高的价值和一切事物的尺度，也就是说，要使哲学人道化"。[①] 1989年，戈尔巴乔夫的理论顾问之一、时任苏共中央书记和《真理报》主编的弗罗洛夫（1929—1999）主编的《哲学导论》出版，成为苏联马

[①] 《哲学的新思维——苏联"哲学与生活"会议材料选登》，载《哲学译丛》，1988（4）。

克思主义哲学教科书的标准版本。这也标志着人与人道主义问题成为苏联哲学研究的核心。该书虽反映了苏联马克思主义哲学领域的一些新的研究成果，如突出了人的问题、实践问题和文化问题，但它否定马克思主义哲学的无产阶级意识形态职能，删去了哲学的党性原则、马克思主义哲学的阶级基础以及阶级、国家、革命等内容，因而存在着根本缺陷。

1990年7月，苏共二十八大正式确立的以私有化为核心的人道的、民主的社会主义的基本纲领，其哲学基础正是在苏联哲学界泛滥已久的抽象人道主义。抽象人道主义包含着两个层次的内容：一是抽象人道主义的伦理原则，二是作为抽象人道主义伦理原则的哲学前提的人本主义历史观。抽象的人道主义伦理原则的基本特征是宣扬一种超阶级的、适用于全人类的人的价值和尊严，本质上是资产阶级的伦理观，与作为一种伦理原则的社会主义人道主义有本质区别。而人本主义历史观的基本特征是：把抽象的人作为万物的尺度和历史的出发点；从抽象的人出发，虚构所谓人所固有的共同本性，即抽象的人性；然后以这种"本性"为尺度，把历史看作人的异化和复归过程，它本质上是一种唯心史观。戈尔巴乔夫的抽象人道主义哲学随同他的所谓改革一起破产，在马克思主义哲学发展史上留下了深刻的教训。随着苏联解体，苏联哲学的终结，马克思主义哲学遭受重大挫折。苏联解体后，无论是继续坚持马克思主义哲学立场的人，还是离开这个立场的人，都从各个不同角度认识导致这个重大挫折的教训，而从马克思主义哲学自身来说，许多学者认为主要的教训还是在哲学与生活、哲学与实践的关系方面，即马克思主义哲学不能通过创新发展回答现实生活提出的问题，在于马克思主义哲学的教条化。也就是说，苏联改革时期哲学界被批评过的理论脱离实际、缺乏创新勇气、作风腐朽等问题，并没有得到认真对待和彻底克服。所以，当面对错误的改革路线和错误的发展道路，甚至出现重大社会倒退的趋向和现实时，马克思主义哲学并没有发挥它本应该有的批判的和战斗的功能，捍卫真理，抵制错误和历史倒退。

二、东欧各国马克思主义哲学的探索

第二次世界大战结束以后，东欧各国先后走上社会主义道路，确立了马克思主义的指导地位，从而为马克思主义哲学的宣传、普及、研究提供了有利条件和制度保证。在这些国家，一批马克思主义哲学研究机构先后建立；高校普遍设立了马克思主义哲学教研室并向学生讲授辩证唯物主义和历史唯物主义基本原理；大量翻译和出版了马克思主义经典作家的著作；创办了相关刊物，为发表马克思主义哲学研究成果提供阵地等。这些研究机构和高校取得了可喜成绩，在马克思主义哲学的研究和宣传方面作出了自己的贡献。但是1956年苏共二十大后，东欧各国试图通过改革摆脱苏联模式，寻求适合本国实际的社会主义发展道路。在这个过程中，东欧的哲学界也试图摆脱苏联马克思主义哲学的理解模式，并致力于把马克思主义人道主义化。这一"人道主义的马克思主义"思潮对东欧各国的政治和社会生活产生了广泛而深远的影响，在国际上也引起了不小的反响。

（一）东欧各国的主要学术思潮

1. 南斯拉夫的"实践派"

南斯拉夫是东欧社会主义国家中最早同苏联关系破裂的国家。由于南斯拉夫主要是依靠自己的力量取得革命胜利的，因此，他们不愿屈从于苏联的控制，也不承认社会主义只有一种模式。

在这样一种独立思考的过程中，南斯拉夫理论界掀起了两次批判"斯大林主义"的高潮，并最终形成了"辩证唯物主义派"与"实践派"的分野。那些坚持马克思主义哲学是科学和人道主义的结合，反对现代西方哲学和"西方马克思主义"哲学的哲学家组成了"辩证唯物主义学派"，其主要代表是安·斯托伊科维奇（1924—2007）、杜尚·涅杰利科维奇（1899—1984）等；而那些强调马克思主义哲学是人道主义，坚持用西方哲学和"西方马克思主义"哲学重新解释马克思主义，力图创造"人道主义的马克思主义"哲学的哲学家组成了"实践派"，其主要代表是米哈依洛·马尔科维奇（1923—2010）、加约·彼得洛维奇（1927—1993）、斯韦托扎尔·斯托扬诺维奇（1931—2010）、鲁迪·苏佩克（1913—1993）、普雷德腊格·弗兰尼茨基（1922—2002）等。

2. 波兰关于人的问题的哲学

波兰是东欧社会主义阵营中面积最大、人口最多的国家。在第二次世界大战后的一个短暂时期里，波兰党的一些领导人曾试图避免完全屈从于苏联的社会主义模式，走适合本国的发展道路。1956年波兰发生了"十月事件"①，并

---

① 1956年10月，执政的波兰统一工人党决定召开中央全会改组政治局，推举1948年被逐出中央、主张改革的前领导人哥穆尔卡重新上台执政。此举遭到苏联反对，苏联领导人强行前去干涉，并调动军队打算武力解决问题，两国几乎发生大规模流血惨剧。这就是20世纪50年代震惊世界的波兰"十月事件"。

导致"非斯大林化"的过程。在这一过程中，波兰马克思主义哲学围绕关于人的问题，发生了两个派别的激烈争论，其中以列斯泽克·科拉科夫斯基（1927—2009）和亚当·沙夫（1913—2006）为代表的一派在理论上带有西方马克思主义的特点，而以雅罗舍夫斯基等人为代表的一派则比较忠实于传统马克思主义的人学理论。

3. 捷克斯洛伐克的"人道主义的马克思主义"

与南斯拉夫、波兰等国相类似，战后捷克斯洛伐克的马克思主义哲学研究也出现了分化趋势，除苏联马克思主义哲学的研究方向之外，1956年苏共二十大以后，特别是1968年的"布拉格之春"①事件发生后，捷克斯洛伐克的"人道主义的马克思主义"思潮逐步形成和发展起来，主要代表是卡雷尔·科西克（1926—2003）等。

4. 匈牙利的"布达佩斯学派"

在匈牙利，曾在卢卡奇周围聚集的一批学生，在20世纪50年代形成了"布达佩斯学派"。该派活跃于50年代后期特别是60年代的匈牙利理论舞台上。其主要代表人物有：赫勒（1929—2019）、费赫尔（1933—1994）、马尔库什（1934—2016）、瓦伊达（1935— ）等。从1964年至1975年十余年时间里，他们在自己所创办的《实践》杂志发表论文，并在国内外产生一定影响。

（二）东欧马克思主义哲学界讨论的主要问题

1. 关于实践问题

"实践派"的主要代表人物虽然在某些具体问题上存在着分歧，但是他们在马克思主义哲学的一些基本问题上仍然持大体一致的看法。这主要表现在，他们试图以实践为核心建构马克思主义哲学体系。在哲学观上，他们认为，"哲学的根本任务是要造就一种能够指导人类在一定历史时期中全部活动的总体性的批判意识"②。他们根据这样一种哲学观把实践看作是马克思主义哲学的核心概念。他们所说的实践主要是变革社会状态的实践，即造就一个比较人道

---

① 1968年1月5日，杜布切克接替诺沃托尼任捷克斯洛伐克共产党中央第一书记，发起了名为"布拉格之春"的改革，但这场改革被认为有脱离苏联控制的倾向。当年8月20日，苏联及华约成员国武装入侵捷克斯洛伐克，改革也因此告终。

② 马尔科维奇：《南斯拉夫的马克思主义哲学——"实践派"（续完）》，陈慰、商英伟摘译，载《哲学译丛》，1981年2期，第73页。

的世界的实践。他们根据马克思的有关论述强调,人是一种"实践的存在",人能够根据自己的潜能进行自由的创造性活动,但是人的这种创造性活动在一定条件下是可能被异化的。因此,他们认为:"实践是一个规范概念,它指的是人类特有的理想活动,这种理想活动的目的在其本身,它具有根本的价值,同时也是对其他一切活动形式进行批判的标准。"① 既然这里所说的实践是一种理想的实践,那么这种实践就不能和人们日常生活中的劳动等同起来。在实践派看来,只有自觉自由的劳动才是实践。那么人类如何才能达到这样一种理想状态的实践呢?实践派认为,人具有各种潜在的品质,其中既有积极的品质,也有消极的品质。随着社会的发展,社会状况的变化,积极的潜在品质会占据优势地位,从而不断达到这种理想状况。他们还根据这样一种实践观来理解辩证法。对他们来说,"辩证法既不是一种抽象的绝对精神的结构(如黑格尔所说),也不是自然界的一种一般性结构,而是在历史上属于人类实践的一般结构"②。因此,他们所说的辩证法实际上就是实践的辩证法。他们还把实践概念引入到认识、价值和历史领域。按照他们的看法,不存在所谓的自在真理和自在价值。一切真理和价值都是与人的实践联系在一起的,都是一定社会实践条件下的真理和价值。从历史的角度讲,以实践为核心的哲学就是要考察,什么样的社会组织结构才能最大限度地发挥个人的创造力?他们通过对于这样的问题的讨论来思考自己国家所应该选择的发展道路。

与实践派不同的是,"布达佩斯学派"从卢卡奇的早期著作《历史和阶级意识》及其对社会存在本体论的探讨出发,把马克思主义的社会的、革命的实践提到了首位。他们所说的实践主要是社会革命意义上的实践,而不是改造自然意义上的实践。他们以"社会本体论者"自称,但他们关注的重点不在于本体论,而在于社会。诸如外部世界或自然界的问题以及物质概念、运动规律,在"布达佩斯学派"那里都失去了哲学上的重要性。在他们看来,哲学的对象是社会实践,哲学通过对社会实践的分析而给即将实现的、未来的实践提供一个坚实的基础。哲学应该集中注意力以研究社会问题和历史问题,马克思主义应当成为革命的理论,成为"革命的马克思主义"。如果要理解"本体论"的

---

① 马尔科维奇:《南斯拉夫的马克思主义哲学——"实践派"(续完)》,陈慰、商英伟摘译,载《哲学译丛》,1981年2期,第73页。
② 马尔科维奇:《南斯拉夫的马克思主义哲学——"实践派"(续完)》,陈慰、商英伟摘译,载《哲学译丛》,1981年2期,第74页。

话，就应该把它理解为对具体的社会状况的分析，理解为"实践本体论"。

无论是"实践派"还是"布达佩斯学派"所理解的实践都是一种狭义上的实践。这种实践观实际上是在亚里士多德传统的意义上理解的实践，而不是马克思以及黑格尔哲学中广义的实践。把这种意义上的实践理解为全部哲学的核心无疑限制了哲学的广泛研究领域。把这样一种实践提升到本体论的地位也使哲学无法真正地思考传统形而上学中的诸多重大问题。

2. 关于人的问题

以沙夫为代表的哲学家把人看做是马克思贯穿始终的中心问题，认为马克思在早期所提出的问题就是哲学人类学问题，即个人及其与自然和社会的关系问题。马克思正是通过分析人的问题而转向理论上的历史唯物主义和政治上的共产主义，也正是通过对人的分析，特别是异化问题的分析，看到了经济问题的重要性。沙夫对此专门作了推论，认为共产主义是一种致力于推翻基本经济异化关系的基础上的社会运动，这意味着共产主义纲领是某种人类学理论，特别是某种幸福理论的结果。他所倡导的是一种以幸福为目标的社会主义人道主义。他说："当我作为一个马克思主义者、宣称根据我给自己规定的目的而决定我的行动原则乃是社会主义的人道主义的时候，我发现自己被编入'社会幸福主义'（在这个词的特殊意义上）的行列"①。他说，要达到人的幸福，财产问题必须受到关注。马克思把解决经济问题和解决政治问题联系在一起，其主要目的是要实现人的解放。在沙夫看来，马克思主义哲学不仅是一种乐观的人道主义，而且是一种彻底的人道主义。这种彻底的人道主义就是要推翻一切压迫人的社会关系。沙夫把个体概念置于马克思主义人类学的中心地位，并把自然-社会的规定性和实践看做是个体的人的本质。沙夫关于马克思正是通过分析人的问题而转向理论上的历史唯物主义和政治上的共产主义的见解的正确性是值得怀疑的，但是，他从自然-社会的规定性和实践来理解"个体的人的本质"，无疑是正确的。

与沙夫的幸福的人道主义、彻底的人道主义不同，科拉科夫斯基在批判教条主义的基础上，虽然也同样提出了走向"人道主义的马克思主义"的口号，但是他特别强调乌托邦的重要性。对于他来说，乌托邦不是一个贬义词，不是

---

① [波兰] 亚当·沙夫:《人的哲学》，林波、徐懋庸、段薇杰、张振辉译，生活·读书·新知三联书店 1963 年版，第 62—63 页。

指一种不切实际的空想,而是一种社会意识状态。这种社会意识就是一种通过激烈的社会变革来实现社会进步的积极意向。在对于人的理解上,他特别强调历史过程中个人的道德责任。他指出,现实生活中的实际选择不是由历史哲学决定的,而是由我们的道德感决定的。"历史过程与道德无关,个人对自己的行为要负全部责任。"① "斯大林主义"关于只要有利于社会-经济的进步,一切行动都是道德上应当的观点,抹掉了"道德权利"和"历史进步"之间的区别,使道德成为历史的工具,并把历史的发展作为道德败坏的托词。他主张用伦理社会主义来取代科学社会主义,认为社会主义是这样一种社会价值的总和,它的实现是个人义不容辞的道德责任,而道德上的行动是出于对责任的纯粹了解,出于纯粹的绝对命令,而不管现实是否会产生符合我们愿望的结果。科拉科夫斯基在关于个人的理解上把道德与责任统一起来的观点是值得肯定的,但是,他在"道德权利"与历史进步、道德行动与其结果的关系上表现出的"道德至上"倾向则是不可接受的。

科西克于 1963 年出版的《具体的辩证法》试图通过对人的关注而把人们的思想引到"人道的、民主的社会主义"上来。科西克所探讨的是人在历史中、在宇宙中的地位问题。他既抛开物质和自然的本体论,也避免"哲学人类学";既反对实证主义的倾向,又反对人本主义的观点。他把现实看做一个有机的过程,在这个过程中,人通过变成"自然的"人而实现自身,同时自然被人所展开而变成"人的"自然,而当人被包括在现实中和当现实被看做自然和历史的总体性时,解决人的哲学问题的条件就产生了。据此,科西克把实践范畴看做是说明人的存在本质的中心范畴,认为人和自然、自由和规律、人本主义和科学主义的二元论,不可能从意识和物质的角度克服,而只能在实践的基础上才能克服。

沙夫、克拉科夫斯基以及科西克虽然都要走向"人道主义的马克思主义",但是他们各自强调的重点不同,因此,对于我们从不同的角度来理解人的问题具有一定的启发意义。但是这绝不意味着我们可以把马克思主义归结为人道主义,把人道主义同历史唯物主义对立起来。科西克用人的自主抉择否定人的活动受到历史条件的制约,就是一种把人道主义与历史唯物主义对立起来的理论表现,这显然没有贯彻他自己所宣称的辩证法。

---

① Leszek Kolakowski, *Marxism and Beyond*, Pall Mall Publication, London, 1969. p. 161.

3. 关于异化问题

20世纪30年代以来，马克思的《1844年经济学哲学手稿》的正式出版也引起了东欧的马克思主义哲学家的极大的关注。"实践派"哲学家十分重视异化理论。他们断言，当代世界的基本的人道主义问题都包括在马克思的异化理论之中，整个马克思主义是一个伟大的异化理论。他们把异化看做是不仅根源于社会，而且根源于人本身的必然现象。虽然他们承认异化的相对消除是可能达到的，但对于异化最终消除的可能性表示怀疑，声称全面消除异化只是一种空想。与此相应，"实践派"哲学家不同意异化将随着社会主义的建立而自然消失的观点，认为社会主义的中心之点是异化问题，为消除异化而斗争，就是为社会主义而斗争。他们还从人道主义立场对理想的社会主义重新加以解释，认为"社会主义不仅是一种社会的经济形态，而且是一种新的生活方式。在这种生活方式中，人将真正地成为人；对马克思来说，社会主义是一个真正人性的和人道主义的社会"①。

沙夫认为，马克思在《1844年经济学哲学手稿》中所表达的异化理论不是什么不成熟思想，而是涉及马克思主义哲学的最重大的问题。在强调异化理论在马克思主义哲学理论中的核心地位的同时，他还把这种异化理论用来分析社会主义社会中的现实问题。在对于异化本身的理解方面，沙夫区分了异化和自我异化，并说明了异化、物化和拜物教之间的关系。按照沙夫的理解，异化是人与自己所创造的东西所发生的关系。而自我异化是人和社会、别人和自己所发生的关系。在异化、物化和拜物教的关系上，沙夫反对把异化和物化等同起来。物化是异化的一种极端形式。这种极端形式就是认为：人的一切社会关系表现为一种物的形式。而拜物教是同物化同等意义的范畴。沙夫的这种理解与卢卡奇基本是一致的。从社会现实的角度来看，沙夫认为异化是一种社会历史现象。与历史上的其他社会形态一样，社会主义社会中也存在着异化。他认为，社会主义社会中的异化现象主要表现为三个方面：第一，人与社会制度之间的关系的严重异化。按照他的看法，国家永远都是异化的产物，所以马克思主义强调人类社会最终要消灭国家，而政党可能成为异化的产物，比如，资产阶级政党。沙夫说："党是能够异化的，在特殊情况下，这还是不可避免的。"②

---

① 《南斯拉夫哲学论文集》，生活·读书·新知三联书店1979年版，第315页。
② 沙夫：《社会主义与异化（续）》，载《哲学译丛》，1982年3期，第9页。

按照沙夫的看法，在社会主义的条件下，也会出现官僚主义。这种官僚主义就是一种异化现象。第二，在社会主义条件下，人和自然也会出现异化，在他看来，人在改造自然的时候会出现人口爆炸，生态恶化。他说，人对自然的控制不能"毫无节制"，否则"自然，人的自然环境可能变为异化的力量"。① 第三，人可能会和他自身的人格发生异化。在社会主义社会中，我们有一个人格方面的理想模式，但是人也可能背离这种理想模式。比如，罪犯、极端的民族主义和种族主义就是如此。在沙夫看来，既然异化是一种社会历史现象，那么社会主义社会中的异化是可以被克服的。克服异化，并为人的个性的全面和自由的发展创造条件，实现人的本质，这是共产主义作为一种运动的本质意义，是共产主义从个人幸福出发的本质意义。因此，沙夫宣称，社会主义国家中异化长期存在是可以得到解释的。社会主义之优越于资本主义，不是在于它摆脱了一切异化，而是由于它为自觉地反对异化提供了更好的条件。

出于对人的问题的关注，以科西克为代表的哲学家也十分重视对异化问题的研究。他们把马克思对人的异化的分析同第一次工业化直接联系起来，认为人的异化是工业文明的不可分离的一个部分。因此，他们不仅批判资本主义社会，而且批评社会主义社会。在他们看来，社会主义社会目前正处在工业化的时代，同样存在着人的异化现象，例如人在社会中仅仅成为手段而不是目的，脑力劳动与体力劳动分离的非人化的劳动分工，个人创造力的贬值以及官僚主义的出现等。他们向往一种不同于"斯大林主义"的新的社会主义模式，这种模式将把个人的创造性和个人的自我实现作为社会的基石。与沙夫等人不同，"布达佩斯学派"的赫勒从日常生活的角度来看待异化。按照赫勒的理解，所谓日常生活就是"个体的再生产"。这种再生产包含两个部分。一个部分是随着社会条件的变化而出现的可变的东西，比如交通工具等；另一部分是相对不变的部分。赫勒把这个相对不变的部分称为"人类条件"。其中包括语言、交往、工作、想象、意识、理解等②。日常生活中的这些不变的部分与自然现象不同，它是人类为自己的目的而创造出来的，是"自为"的，但是，有时它也会像自然一样成为自在存在的东西。比如，对于婴儿来说，它就是如此。实际上，这些相对不变的部分对于许多人来说，在一定程度上都具有自在的意义。

---

① 沙夫：《社会主义与异化（续）》，载《哲学译丛》，1982年3期，第13页。
② 赫勒：《日常生活是否会受到危害》，载《国外社会科学》，1990年2期，第59页。

这种自在意义上的日常生活对于人来说就是一种异化现象。赫勒强调日常生活的人道化，这就是要把日常生活中的这种自在现象转变成为自为现象。在日常生活中的这些现象往往是相对稳定的，人要通过自己的创造性活动改变这种自在现象，使它更能有助于实现人的自由和人的个性。日常生活的世界是一个习惯世界。日常世界的人道化就是要改变这个习惯的世界。这个习惯世界中的有些东西是非人道的。比如，在传统社会中奴隶与主人的交往就是非人道的。改变这种习惯的世界需要人进行创造性想象。通过这种创造性的想象活动，自在的世界就会变成自为的世界。

沙夫、科西克和赫勒等从不同的角度分析了现代社会中所存在的异化现象，分析了这种异化现象产生的根源，指出了解决异化现象的出路。这无疑是有积极意义的。但是如果我们把一切社会问题都纳入到异化概念中，那么这反而会妨碍我们对于社会现象的深入理解。异化概念只是分析社会问题的一个视角，而不是其全部。同时这个视角的背后包含了一种人道主义的理想，从这种人道主义的理想的视角来分析社会问题常常具有乌托邦的性质。

4. 关于国家管理模式问题

东欧的一些学者对于他们当时所实行的社会主义制度进行了反思。"布达佩斯学派"的成员特别重视对社会包括对社会主义社会的批判性考察。他们认为，现行的社会主义制度没有像西方国家那样把市场和国家区分开来，国家直接干预了经济活动。他们把国家的这种做法称为"对需要的专政"，即国家直接对人的需要进行控制。"布达佩斯学派"的部分成员认为，"对需要的专政"有如下的局限性：第一，虽然工人没有像西方国家那样面临着失业的风险，但是却没有选择的权利，没有管理和控制生产和企业的权力。他们对国家产生了一种严格的依附关系。第二，国家通过对需要的控制而对社会劳动阶层实行严格的控制，工人只能得到维持基本生存的物质产品。第三，经济的活动服从于政治的需要。他们认为，在社会主义国家存在着两种最大化原则，一种是统治集团对于社会发展的进程和方向进行最大控制的政治原则，一种是生产的最大化原则。而在他们自己的国家中，生产的最大化原则服从于政治最大化的原则。为此，他们提出了社会改革的方案。在他们看来，社会主义正在以两种方式发展：或者选择"国家的管理模式"，在那里，生产由官僚精英决定；或者选择对资本主义模式的简单模仿，推动市场资本主义。他们主张超越现行的社会主义以及资本主义，而采取一种"激进的民主"的道路，建立一种非资本主义的混合经济和民主国家。在他们看来，现行社会主义未能实行真正的民主，而资本主义社会只有形式的民主。只有超越了形式的民主，建立一种"激进民主"制度才能解决社会主义制度中的问题。他们所主张的"激进民主"实际上就是把资本主义现行的政治民主制度进一步贯彻到经济领域中，实行经济民主。他们不反对私有制，但是，他们主张把财产的所有权和使用权分离开来。虽然财产是私有的，但是人民可以对它进行民主管理。在他们看来，社会主义应以实现"合理化和人道化"的社会为目标。他们要求根据人民的利益来进行管理，管理应当受到人民的有效监督，并强调"劳动人民的社会组织"是唯一能够依赖的社会管理的机器，从而有效地反对和阻止官僚主义。他们进一步指出，对管理的民主控制只是实现合理化和人道化社会的一个方面，它还有另一生死攸关的方面，就是社会中的个人最大可能地选择自由。他们宣称，应当使个人作为个体在生活中发挥作用，而不是作为一个被整合到劳动分工中去的工人而起作用；应当赋予个人以这样的地位，即社会关系中的主人和塑造自己的命运的地位。

应该说，他们所提出的改革思路对于我们进一步重新思考社会主义的模式是有积极的借鉴意义的。然而从后来的实践看，他们的思路似乎并不适合自己的国家，也没有在他们自己的国家中发挥作用。东欧国家的剧变标志着他们的这种所谓改革理论的失败。

本章二维码

思考题：

1. 有人认为，哲学研究就应当百花齐放、百家争鸣，因此苏联建国初期对宗教唯心主义、机械论派、德波林学派的批判都是错误的。如何评价这一观点？
2. 谈谈斯大林的哲学思想对马克思主义哲学的贡献以及它的不足。
3. 从苏联哲学界对亚历山大罗夫《哲学史》第三卷和《西欧哲学史》一书的批判中应汲取的经验与教训是什么？
4. 怎样理解1953—1986年苏联的马克思主义哲学研究的成就和经验教训？
5. 怎样认识和评价第二次世界大战后东欧各国对马克思主义哲学的探索？

第九章　欧洲资本主义国家学者对马克思主义哲学的研究

20世纪以来，欧美资本主义国家的学者没有停止对马克思主义哲学的研究。这种研究的起伏变化既与欧美社会发生的一系列重大历史事件有关，也与其中出现的各种社会思潮密切相关。一些学者试图吸收马克思主义哲学中的某些要素，并把它和其他各种思潮结合起来分析欧美社会出现的各种新情况，其中包含了对马克思主义哲学的各种不同的甚至是相互冲突的解释，有的具有一定的启发意义，但有的则是对马克思主义哲学的错误理解和歪曲。

第一节　20世纪20、30年代欧洲部分共产党理论家对马克思主义哲学的探索

本章二维码

当十月革命在俄国取得胜利的时候，中欧和西欧国家相继发生的一系列革命却失败了。20世纪20年代至30年代，欧洲各国共产党的一些理论家开始总结俄国十月革命胜利的经验以及西欧国家革命失败的教训。在理论上，他们力图从马克思主义立场出发，思考无产阶级革命等问题，提出了一系列独特的看法，并批判了第二国际某些人物的思想。人们把这种思想称为"西方的"马克思主义，以区别于以列宁主义为代表的俄国马克思主义。

一、卢卡奇的马克思主义观及"物化理论"

卢卡奇，匈牙利著名的哲学家、文艺批评家和社会活动家。他出生于布达佩斯一个富有的犹太人家庭，1909年获布达佩斯大学哲学博士学位，先后在德国柏林和海德堡等地从事哲学和文艺学研究。卢卡奇于1918年加入匈牙利共产党，1919年3—8月担任匈牙利苏维埃共和国主管文化和教育的人民委员。20世纪30年代，他在莫斯科马克思恩格斯研究院工作。第二次世界大战后回到匈牙利，担任布达佩斯大学的教授，培养了许多青年学者。这些青年学者后来

在20世纪60年代形成了匈牙利的布达佩斯学派。他的主要著作有《心灵与形式》《历史与阶级意识》《审美特性》《社会存在本体论》等。

（一）卢卡奇的马克思主义观

恩格斯去世之后，在第二国际内部出现了修正主义的倾向。面对这样的倾向，如何理解正统马克思主义就成为学者们必须回答的问题。卢卡奇在《什么是正统马克思主义？》一文中对于这个问题给出了自己的特殊解答。他说："我们姑且假定新的研究完全驳倒了马克思的每一个个别的论点。即使这点得到证明，每个严肃的'正统'马克思主义者仍然可以毫无保留地接受所有这种新结论，放弃马克思的所有全部论点，而无须片刻放弃他的马克思主义正统。"① 如果马克思的全部观点都放弃了，那么正统的马克思主义究竟应该保留马克思思想中的什么东西呢？对此，卢卡奇的回答是："马克思主义问题中的正统仅仅是指方法。"② 那么正统马克思主义所应该坚持的方法究竟是什么方法呢？这就是辩证法。这种辩证法是与实证主义方法对立的。实证主义方法在社会历史问题的研究上就是要用一种类似于自然科学的方法来研究社会现象。按照这样的方法，人们对于资本主义社会现象只能采取一种价值中立的"科学"立场，而不能否定或者批判资本主义制度。如果用这种实证主义方法来研究资本主义社会，那么资本主义制度就是历史中的一种必然现象，我们只能通过议会制度等方法来改良资本主义，而不是彻底颠覆资本主义制度。相反，卢卡奇强调，辩证法是一种革命的理论，是促使资本主义制度解体的理论。卢卡奇对于正统马克思主义的这种理解显然是要批判马克思主义内部所出现的实证主义和改良主义。这些修正主义者表面上坚持马克思思想中的一些基本原理，实际上是用适当修改了的原理来为其改良主义和实证主义服务。因此，对于卢卡奇来说，即使放弃马克思的每一个个别论点，只要坚持辩证法，坚持革命的道路，就仍然是正统的马克思主义。然而，如果放弃了马克思的每一个个别论点而只是坚持辩证法，那么这就可能会使马克思主义脱离它的唯物主义基础，使马克思主义黑格尔化。而黑格尔化的马克思主义完全可能像当年的黑格尔一样只是在思想上包含了某种程度的革命精神，而实际上却无法真正地付诸实践。

---

① ［匈牙利］卢卡奇：《历史与阶级意识》，杜章智、任立、燕宏远译，商务印书馆1992年版，第47页。
② ［匈牙利］卢卡奇：《历史与阶级意识》，杜章智、任立、燕宏远译，商务印书馆1992年版，第48页。

（二）资本主义社会中的物化现象

对于卢卡奇来说，实证主义在理论本质上与马克思在《资本论》中所批判的拜物教是一致的。卢卡奇借助马克思《资本论》中的商品拜物教理论，深入分析了资本主义社会中出现的物化现象。按照马克思的商品拜物教理论，产品一旦作为商品出售，它就获得一种神秘的性质：它把人与人之间的关系用物的交换关系的形式表现出来，这与宗教领域中的情况类似。在商品生产和交换领域中，物的交换关系是人的社会关系的产物，但是它却获得了一种独立于人的物的形式。卢卡奇把马克思所说的商品拜物教理解为"物化"，即人的活动和社会关系获得了物的特性，变成了物。这种物化现象，在客观上表现为商品交换关系获得了一种物的形式，表现为一种人可利用却无法驾驭的铁的规律即商品交换规律；而在主观上则表现为人的活动本身也具有了物的特性，可以作为商品在市场上出售。在资本主义社会，由于商品交换在社会生活中占据统治地位，因此物化现象渗透到资本主义社会的一切领域，并成为资本主义社会中的普遍现象。卢卡奇这里所说的物化与对象化不同，对象化是人的实践活动的一种普遍形式，而物化是资本主义社会中所特有的普遍现象，如工人（人）把自己当作物（商品）在市场上出售。这种物化现象又与异化不同。从狭义上来说，当人在实践中所对象化的东西成为对抗人自己的东西时才会出现异化。而物化是一种特殊的异化现象，即在资本主义社会中，人自己构造了一种制度，在这种制度中，人把自己变成了物。

卢卡奇认为，资本主义社会中的物化现象对人的影响是巨大的。首先，人的自主性丧失了。人在商品交换的体系中变成物，变成可计算的对象。商品的生产和交换过程都是按照合理的可计算的原则进行的，劳动被按照最有效的、最合理的方式组织起来，并按照确定的机械模式来进行。这样，人的创造性以及其他具有人的性质的东西就成为一切错误的根源。[①] 其次，社会现象似乎必须服从铁的规律。物化现象掩盖了物的直接"物性"，而使它获得一种新的物性。[②] 比如，商品的直接"物性"是满足人的需要的那种使用价值，但在商品交换中它却获得了一种新的"客观"性质——价值，似乎一切商品都有价值这

---

① 参见［匈牙利］卢卡奇：《历史与阶级意识》，杜章智、任立、燕宏远译，商务印书馆1992年版，第150页。
② 参见［匈牙利］卢卡奇：《历史与阶级意识》，杜章智、任立、燕宏远译，商务印书馆1992年版，第154页。

种"客观性质"。在卢卡奇看来,只是由于在资本主义社会人和人之间的关系采取了物的形式,社会现象才具有客观规律的形式。最后,社会分工专门化。在合理化过程中,人们只考虑局部系统的优化而不考虑总体,而局部系统之间的统一纯粹是由计算决定的,它们之间的联系必定是偶然的。[①]

卢卡奇所说的物化概念强调人所创造的东西取得了独立于人的物的形式并导致了物化意识——商品拜物教,这与马克思早期思想中的异化概念有相似之处。但是,两者并不完全一致。物化概念更注重人的活动、人和人之间的关系等在资本主义社会中具有的物的性质——类似于自然的性质,强调物化成为资本主义社会中的普遍现象。这样,卢卡奇就把马克思在《资本论》中对于资本主义经济关系的批判进一步拓展为对整个资本主义社会的批判,这对后来西方学者的社会批判理论产生了重要影响。

(三)"具体的总体"的辩证法

对于社会历史现象的研究,实证主义使人局限在局部系统中,无法把握社会总体。而要突破这种限制就要采用马克思主义的辩证法思想。在卢卡奇看来,在马克思的方法中本质的东西就是总体性观点。这个总体性观点是在吸收了黑格尔的观点来批判康德关于总体的主张的基础上而提出的。马克思颠倒了黑格尔的辩证法,而维护了这种方法的本质。总体性观点就是主张"把所有局部现象都看作是整体——被理解为思想和历史的统一的辩证过程——的因素"[②],而这个因素的本质不是由它自身决定,而是由它所从属的这个整体决定的。在这里,不能局限于从总体与部分的关系的角度理解卢卡奇的总体性观点。他所说的总体是具体的总体。要理解这一观点,必须联系黑格尔在《精神现象学》和《逻辑学》中关于认识现实的辩证方法的论述。在黑格尔那里,认识现实的方法就是人类精神自我认识的方法,这种认识从不完善到完善,从抽象到具体,最终达到的真理是一个全体,一个包含了诸多范畴于自身的全体。卢卡奇认为,马克思接受了黑格尔的这种认识现实的辩证法,也是把各种抽象的规定综合为一个统一的总体,并通过这个总体来把握事物。他说:"总体的

[①] 参见[匈牙利]卢卡奇:《历史与阶级意识》,杜章智、任立、燕宏远译,商务印书馆1992年版,第150页。
[②] [匈牙利]卢卡奇:《历史与阶级意识》,杜章智、任立、燕宏远译,商务印书馆1992年版,第77页。

范畴决不是把它的各个环节归结为无差别的统一性、同一性。"① 相反，认识的总体范畴就是综合了各个抽象的规定，具体之所以具体，是因为它是许多规定的综合，因而是多样性的统一，而这个综合了诸多抽象规定的具体就是具体的总体。可见，卢卡奇力图通过"具体的总体"的观点来概括马克思主义的辩证法。

在卢卡奇那里，总体性观点还同时包含着历史的意义。在他看来，如果认识事物的思想过程会导致具体的总体，那么，由这种思想过程所把握的历史也会达到这种具体的总体，"只有在这种把社会生活中的孤立事实作为历史发展的环节并把它们归结为一个总体的情况下，对事实的认识才能成为对现实的认识"②。他认为，历史是人创造的，人会在创造历史的过程中认识历史。如果说人所创造的历史构成了一个有联系的总体的话，那么人也在创造历史中认识历史的总体，而认识历史就是要把握历史的总体。他强调："辩证方法不管讨论什么主题，始终是围绕着同一个问题转，即认识历史过程的总体。"③ 他同时认为，要认识历史总体从而改变现实还要依赖于一个本身是总体的主体。④ 在资本主义社会，只有作为总体的阶级，才能在行动中改变资本主义社会的现实。但是资产阶级不能完成这个任务，因为它无法实现主体和客体的统一。它的这种主体和客体的分裂状况，反映在思想上就表现为它思想中的二律背反。无产阶级则是一个总体的主体，是能够把主体和客体统一起来的总体。因此，卢卡奇关于总体的主体的观点是力图为无产阶级革命的正当性及其使命提供论据。

卢卡奇"具体的总体"的辩证法思想吸收了黑格尔的思想，并从这个角度来理解历史过程和无产阶级革命，这对批判实证主义的社会历史观、批判机械决定论具有积极的意义。但是，他在讨论关于如何认识历史的总体的时候，把总体性与"经济的优先性"对立起来，夸大了"总体性"在马克思主义辩证法中的地位。

---

① ［匈牙利］卢卡奇：《历史与阶级意识》，杜章智、任立、燕宏远译，商务印书馆1992年版，第61页。
② ［匈牙利］卢卡奇：《历史与阶级意识》，杜章智、任立、燕宏远译，商务印书馆1992年版，第56页。
③ ［匈牙利］卢卡奇：《历史与阶级意识》，杜章智、任立、燕宏远译，商务印书馆1992年版，第85页。
④ 参见［匈牙利］卢卡奇：《历史与阶级意识》，杜章智、任立、燕宏远译，商务印书馆1992年版，第91页。

（四）无产阶级与社会历史中的主客体统一

卢卡奇吸收了黑格尔的思想，并用它来解释人类历史，用无产阶级来代替黑格尔提出的人类精神。黑格尔认为，认识的过程，实际上是人的精神外化出一个客体和这个客体重新回归自身的过程，亦即主体和客体统一的过程；人的精神作为一个实体所展开的认识过程，实际上就是精神的自我发展和自我认识，最后达到绝对精神的过程。卢卡奇根据这一观点，认为无产阶级既是总体，同时又是主体。这个作为总体的主体与黑格尔的人类精神一样，可以自我展开、自我认识，并由此达到对社会总体的认识。但是，无产阶级的这种自我认识，不是在纯粹思想的范围中进行的，而是在实践中进行的，因为在资本主义社会中，工人变成了商品，变成了客体。但是，这种客体不是直接性的客体，而是间接性的客体即制造出来的客体，是工人自己把自己变成了客体（商品）。因此，工人能够直接意识到自己的客体地位。虽然在资本主义生产方式中，工人被迫把他的劳动力客体化，但是"因为主体性和客体性之间的分裂恰恰是发生在把自己客体化为商品的人的身上，正因此，他的这种地位就变得可以被意识到了"①。相反，奴隶即使知道自己是奴隶，并不意味着他达到了自我意识，因为他没有在实践中把自己作为客体生产出来。

由于无产阶级自己制造了自己的物化地位，所以他能够认识到自己的这种地位，并改变自己的这种地位。而资产阶级没有把自己作为客体生产出来，它不可能把资本主义社会的产生和存在理解为无产阶级的产物，更不愿意承认无产阶级在资本主义社会的产生和存在中的作用。因此，它从直接的现状出发来认识资本主义社会，认同资本主义社会中存在的物化状况。按照卢卡奇的这个思路，作为总体的无产阶级似乎就可以克服自主性的丧失，克服物化所造成的不良后果，如盲目屈从于规律，无法认识总体等。然而遗憾的是，卢卡奇的整个思路是按照黑格尔唯心主义哲学来进行的，他按照黑格尔的人类自我异化、克服异化并回归自身的观念来解释人类历史，解释无产阶级革命运动，背离了唯物史观，背离了从生产力与生产关系、经济基础与上层建筑的矛盾运动来解释历史过程的基本思想。

此外，20世纪60年代，卢卡奇开始写作《社会存在本体论》，虽然这是一

---

① ［匈牙利］卢卡奇：《历史与阶级意识》，杜章智、任立、燕宏远译，商务印书馆1992年版，第251—252页。

部未完成的书稿,但是它从历史和理论两个维度全面论述了本体论问题。他一方面对当代思想家们在本体论问题上的错误观念进行了批判,另一方面又对马克思的本体论思想进行了全面的梳理和叙述。他认为,自然是社会的基础,"自然无论是有机自然,还是无机自然的规律和范畴构成了社会范畴的一个归根结底(在根本改变它的本质的意义上)不可取消的基础"①。同时,他又强调马克思虽然以自然本体论为前提,但是马克思的社会存在本体论对这种自然本体论进行了转换。卢卡奇认为,马克思把劳动确定为社会存在的本体论基础,在劳动中"自然性和社会性的本体论上的混合形式取代了纯粹自然的规定"②,借助于劳动使自然问题获得了全新的本体论说明。卢卡奇强调,虽然马克思的本体论以经济学为中心,但是"决不意味着他的世界观是'经济决定论'"③。应该说,卢卡奇的这些观点在一定程度上修正了其早期的思想,特别是物化理论以及与此相关的总体性理论,承认自然在马克思哲学中的基础地位,承认马克思的思想不是"经济决定论"。

二、柯尔施论"马克思主义和哲学"的关系

柯尔施(1886—1961),出生于德国汉堡附近的土托斯推托的一个银行家家庭,曾经在慕尼黑、柏林等地接受良好教育,1910年获得耶拿大学博士学位。此后,他参加了包括费边社以及"独立的德国社会民主党"等诸多社会活动。1920年他加入德国共产党,参与编辑党内的杂志《国际》。因后来他与党内领导层发生冲突,1926年被开除出党,此后专注于马克思主义理论研究,但其理论观点则离马克思主义愈来愈远。1933年希特勒上台以后,柯尔施移居美国,直到在美国病逝。柯尔施比较有影响的成果是在1923年发表的《马克思主义和哲学》长篇论文。该文在共产国际内部引起了较大争议,受到了严厉批评。1930年,柯尔施在重新出版《马克思主义和哲学》的时候,又增加了《〈马克思主义和哲学〉问题的现状——一个反批评》一文。

---

① [匈牙利]卢卡奇:《关于社会存在的本体论·上卷——社会存在本体论引论》,重庆出版社1993年版,第644页。
② [匈牙利]卢卡奇:《关于社会存在的本体论·上卷——社会存在本体论引论》,重庆出版社1993年版,第645页。
③ [匈牙利]卢卡奇:《关于社会存在的本体论·上卷——社会存在本体论引论》,重庆出版社1993年版,第641页。

(一) 马克思主义和哲学的关系

马克思早年在批判黑格尔哲学的时候指出，只有扬弃哲学，特别是扬弃黑格尔哲学才能实现哲学；19世纪40年代以后，马克思则主要致力于经济学和科学社会主义理论的研究。那么，是否这就意味着马克思放弃了哲学研究，意味着马克思的科学社会主义理论与哲学无关？在柯尔施看来，这不仅是一个理论问题，而且是一个关系到无产阶级革命的实践问题。

柯尔施认为，无论是资产阶级思想家还是某些马克思主义者都否认马克思的思想中包含了哲学，并存在着三种不同的倾向：第一种倾向是，资产阶级学者"一再互相担保，马克思主义没有任何它自己的哲学内容"①，认为如果马克思的思想中有哲学的话，那么马克思的哲学不过是19世纪哲学史中的一个分支。第二种倾向是，由于受实证主义的影响，第二国际的某些思想家否定马克思主义中包括哲学内容，把马克思主义理解为一种经济学说和社会学说，认为"马克思主义从其本性上来讲与哲学没有任何关系"，其中"不包含任何哲学问题上的特定立场"。② 柯尔施强调马克思主义是哲学，实际上与卢卡奇一样都是要批判马克思主义中所存在的那种实证主义倾向。第三种倾向是，关心社会主义的思想家，感到马克思主义本身缺乏哲学内容，并力图用文化哲学的东西或者用康德、狄慈根、马赫的哲学观念来补充马克思主义。③

在柯尔施看来，这些思想家们把哲学史完全表述为"观念的历史"，使哲学脱离了革命。他指出："自从19世纪中叶以来，全部资产阶级哲学，尤其是资产阶级的哲学史著作，出于社会经济的原因，已经抛弃了黑格尔哲学和辩证的方法。它已经返回到这样一种哲学的和写哲学史的方法，这种方法使得它几乎不可能从像马克思的科学社会主义这样的现象中得出任何'哲学的'东西来。"④ 这种哲学史的写作方法就是把哲学和革命割裂开来。他认为，马克思的哲学扬弃了黑格尔哲学，并且像黑格尔一样把哲学和革命结合起来。马克思主

---

① ［德］卡尔·柯尔施：《马克思主义和哲学》，王南湜、荣新海译，重庆出版社1989年版，第4页。
② ［德］卡尔·柯尔施：《马克思主义和哲学》，王南湜、荣新海译，重庆出版社1989年版，第4页。
③ 参见［德］卡尔·柯尔施：《马克思主义和哲学》，王南湜、荣新海译，重庆出版社1989年版，第4页。
④ ［德］卡尔·柯尔施：《马克思主义和哲学》，王南湜、荣新海译，重庆出版社1989年版，第7页。

义和黑格尔思想、无产阶级革命和资产阶级革命处于密切的联系之中，人们可以从这种联系中把握马克思主义的思想本质。柯尔施的思路是：既然马克思主义是从资产阶级哲学体系中产生出来的，那么，马克思主义就与哲学不可分割地联系在一起；既然资产阶级哲学是从资产阶级革命中产生出来的，那么，马克思主义也一样，是与无产阶级革命不可分割地联系在一起的。马克思在扬弃了黑格尔哲学之后并没有从根本上否定哲学，而是把哲学又重新包含在自己的理论之中。

（二）对理论和实践关系的思考

柯尔施强调马克思主义中包含了哲学，实际上就是要强调马克思主义与革命实践之间的内在联系。在这种内在联系中，马克思主义是现实中的一部分，而不是在现实之外观察现实并描述现实的一种理论体系。他说："对现代辩证唯物主义来说，重要的是，在理论上要把哲学和其它意识形态体系当作现实来把握，并且在实践上这样对待它们。"马克思、恩格斯"总是把意识形态——包括哲学——当作具体的现实而不是空洞的幻想来对待的"[①]。他进一步论证，马克思的《关于费尔巴哈的提纲》的第 11 条表明，马克思主义是一种革命的哲学，"它的任务是以一个特殊的领域——哲学——里的战斗来参加在社会的一切领域里进行的反对整个现存秩序的革命斗争"[②]。马克思主义要"消灭"（扬弃）黑格尔哲学，就是要消灭资本主义社会现实，从哲学上扬弃黑格尔哲学就是在思想领域中进行无产阶级革命。这种思想领域中的无产阶级革命当然是社会现实的一部分。

柯尔施把哲学看作现实的一部分，意味着哲学不仅被动地反映现实，而且直接地参与改变现实，意味着哲学作为一种思想体系，和现实之间存在着一定的互动。哲学通过思想影响现实，而现实也改变着人们的哲学思考。思想过程和革命过程是相互作用的，这两者之间的互动构成了"历史过程的具体整体"[③]。柯尔施的这种总体性理论的核心，实际上是强调理论在革命中的作用，反对把理论与革命实践脱节。

---

① ［德］卡尔·柯尔施：《马克思主义和哲学》，王南湜、荣新海译，重庆出版社1989年版，第35页。
② ［德］卡尔·柯尔施：《马克思主义和哲学》，王南湜、荣新海译，重庆出版社1989年版，第38页。
③ ［德］卡尔·柯尔施：《马克思主义和哲学》，王南湜、荣新海译，重庆出版社1989年版，第13页。

然而，柯尔施对理论和实践相统一的这种解释和强调使他走向了另一种错误的轨道，就是反对列宁提出的反映论观点。他认为，列宁的唯物主义有一个严重的缺点，因为"列宁回到了'思维'和'存在'、'精神'和'物质'的绝对对立"①，按照这种观点，思维就只能是存在的反映，理论和实践之间的辩证关系就会因此被忽视。他说："对于马克思主义来说，前科学的、超科学的和科学的意识，不再超越于和对立于自然的和（首先是）社会历史的世界而存在。如果它们也是作为世界的一个'观念的'组成部分的话，那么它们就作为世界的真实的客观的组成部分而存在于这个世界之中。"② 在这里，他把观念的东西纳入到客观世界之中，并使之成为客观世界的一个组成部分，这容易使人忽视思想和客观存在之间的差别。

（三）马克思主义发展的三个阶段

在柯尔施看来，马克思主义是把理论和实践结合在一起的总体，它在本质上总是包含了哲学。但是，他认为马克思主义并不是每个历史时期都自觉地把哲学作为其本质内涵而展示出来，在马克思主义发展的不同历史阶段，它与哲学的关系也表现出不同的特点。因此，他把马克思主义的发展划分为三个阶段。

在第一个阶段，马克思主义作为总体性理论而存在。这个阶段开始于欧洲革命，包括马克思、恩格斯写作和出版《共产党宣言》的时期。按照柯尔施的看法，马克思、恩格斯的理论在这个时期"完完全全为哲学思想所渗透"，"它是一种把社会发展作为活的整体来理解和把握的理论；或者更确切地说，它是一种把社会革命作为活的整体来把握和实践的理论"。③ 这个理论没有被分解为经济、政治、哲学等具体的部门知识，它们都是作为革命理论总体中的一个部分而发挥作用。马克思的作为总体的革命理论集中体现在《共产党宣言》中。

在第二个阶段，马克思主义发生分化。这个阶段开始于1848年的欧洲革命，结束于19世纪末。尽管在这个时期曾经发生过巴黎公社等无产阶级革命，马克思、恩格斯虽然也参与工人阶级的各种活动，但他们的主要精力还是集中

---

① ［德］卡尔·柯尔施：《马克思主义和哲学》，王南湜、荣新海译，重庆出版社1989年版，第81页。

② ［德］卡尔·柯尔施：《马克思主义和哲学》，王南湜、荣新海译，重庆出版社1989年版，第50—51页。

③ ［德］卡尔·柯尔施：《马克思主义和哲学》，王南湜、荣新海译，重庆出版社1989年版，第22—23页。

于理论思考,即便如此,这也并没有改变马克思主义理论的实践本质。他说:"甚至在马克思和恩格斯的后期著作中,马克思主义理论的核心特征实质上仍然没有变化。因为在后期的论述中,马克思和恩格斯的马克思主义作为科学社会主义,仍然是社会革命理论的唯一整体。"① 尽管马克思主义创始人后期的科学研究表现出一定的理论和实践分离的特点,但是他们的工作是为了把它们更加科学地结合起来。

在第三个阶段,马克思主义的总体性理论重新恢复。柯尔施认为,这个阶段从1900年开始直到某个不确定的未来。在这个时期,马克思主义超越了把马克思主义实证化和分解为各种具体科学的倾向,而重新恢复其总体性和革命性的特征。他认为,在这个时期,列宁和卢森堡等人进行了建设性的工作。列宁所领导的十月革命在实践上把马克思主义的理论和实践结合起来了。他强调列宁在十月革命前写出的《国家与革命》的意义,指出:"当列宁从理论上在一个决定性的时刻把这一问题提到议程上时,这便早早地预示着,在革命的马克思主义之中,理论和实践的内在联系已经被有意识地重建。"②

可以看出,柯尔施对于马克思主义发展史的考察主要是以理论和实践之间的相互关系为基本线索的。这种划分方法虽然从一个侧面反映了马克思主义发展的某些特征,但没有从马克思主义理论发展的内在逻辑上揭示马克思主义发展的历史与趋势。

三、葛兰西的"实践哲学"和文化领导权思想

葛兰西(1891—1937),出生在意大利南部撒丁岛的贫困农村,1911年,他进入都灵大学学习,后来曾参加过"意大利社会党"。1926年,他一度担任意大利共产党总书记,并于同年被法西斯主义分子逮捕入狱。在狱中,他以顽强的意志与病魔作斗争,写作了《狱中札记》,它成为集中体现葛兰西思想的代表作。

(一) 对"实践哲学"基本思想的阐发

在《狱中札记》中,葛兰西提出了"实践哲学"这个重要概念。他有时用

---

① [德] 卡尔·柯尔施:《马克思主义和哲学》,王南湜、荣新海译,重庆出版社1989年版,第24页。
② [德] 卡尔·柯尔施:《马克思主义和哲学》,王南湜、荣新海译,重庆出版社1989年版,第31页。

它来称呼马克思主义，有时主要指马克思主义哲学，特别是马克思主义历史观。他在论述实践哲学的过程中，对马克思主义哲学中的一些基本问题提出了自己的看法。

第一，实践哲学的核心是把实践作为哲学的基础。葛兰西认为，这种以实践为基础的哲学可以超越传统的唯心主义和传统的唯物主义。他指出："实践哲学则在既超越了作为过去社会的表现的传统唯心主义和传统唯物主义，又保持了自身的重要要素的意义上，作到了这一点。"① 他把这种超越了传统唯物主义和唯心主义的思想称为"一元论"，认为"它肯定既不是唯心主义的一元论，也不是唯物主义的一元论，而是具体历史行为中对立面的同一性，也就是与某种组织化（历史化）的'物质'，以及与被改造过的人的本性具体地、不可分割地联系起来的人的活动（历史-精神）中的对立面的同一性"②。葛兰西的一元论实际上就是实践一元论，它模糊了唯物主义和唯心主义之间的原则区分。

葛兰西认为，一切客观性都是人的客观性，不存在历史和人类之外的客观性。任何人都不能从"宇宙本身的观点"来看世界，从而"发现"世界是统一于物质的。恩格斯强调，世界的统一性在于物质性的命题要通过哲学和自然科学的长期发展来证明。这也表明，马克思主义所强调的客观性是"人类的客观"③，而不是自在的客观。这种"人类的客观"又被葛兰西理解为"普遍地主观的"。在他看来，如果人们普遍地赞同世界的统一性，那么它就是普遍地主观的，也就是"人类的客观"。正是由于某些人不赞同世界统一于物质，而认为世界统一于精神，所以才有了思想上的斗争。而通过这种斗争，人们可以达到世界统一于物质的思想。

葛兰西把那种承认在人之外的客观性的思想称为形而上学的唯物主义，并认为这种唯物主义会导致神秘主义。他说："形而上学唯物主义的'客观的'观念显然意指一种甚至存在于人之外的客观性；但当人们断言即使人并不存在，某种现实也会存在时，人们或者是在用隐喻说话，或者是落入到一种神秘

---

① [意]葛兰西：《狱中札记》，曹雷雨、姜丽、张跣译，中国社会科学出版社2000年版，第351页。
② [意]葛兰西：《狱中札记》，曹雷雨、姜丽、张跣译，中国社会科学出版社2000年版，第287页。
③ [意]葛兰西：《狱中札记》，曹雷雨、姜丽、张跣译，中国社会科学出版社2000年版，第362页。

主义中去了。"① 按照马克思主义的观点，在人产生之前或者在人之外是否存在着客观的世界，这是本体论问题，这个问题是由科学的发展和哲学的发展来解决的，而人所认识的世界的客观性，是认识论问题。当然，认识论问题和本体论问题又是相互联系的。在本体论上，形而上学唯物主义只是抽象地强调人之外的自然的客观性，而否定这种客观性与人的认识和实践活动的联系。唯心主义则强调人之外自然的客观性只能是人所认识到的客观性，似乎没有人的认识，自然界就无所谓客观存在。马克思主义哲学既承认人之外的自然的客观性，又强调这种客观性是人的认识和实践活动的结果。葛兰西从认识论上对形而上学唯物主义的批判是正确的，即人所说的客观性都是人所认识到的客观性，但不能因此而从本体论上否定人之外的客观存在。

第二，实践哲学还是一种社会历史理论。对于葛兰西来说，实践哲学不仅在客观性的理解上超越了传统唯物主义和唯心主义，而且在历史理论上超越了因果决定论。他指出，社会历史现象中的因果规律是没有"因果价值"的，这就否定了用机械的因果规律解释社会历史现象的错误做法。在他看来，社会历史是人的意志活动，即它是由人们的实践活动或者政治活动等创造的。这就是他所谓的绝对的历史主义或者绝对的人道主义。但是，他在强调实践活动的地位的时候，过分地强调了上层建筑的作用。他认为，上层建筑特别是意识形态的变革是经济基础变革的表现，并且是由经济基础的变革所决定的，这种观点是原始的幼稚病，是机械的历史唯物主义，它"认为每一个政治行动都是由基础直接决定的，都是基础的一个实在而永恒（在实现了的意义上）的变化"②。在他看来，如果把每一个政治行动都看做是直接由经济基础决定的，这就是对历史唯物主义的机械理解。

葛兰西认为，经济基础和上层建筑之间存在着必然的"交互作用"，这种作用是"真实的辩证过程"。③ 然而，一旦经济基础决定上层建筑的理论被动摇了，一旦经济基础和上层建筑之间的关系只是一种相互作用关系，那么，对于无产阶级革命来说，这意味着最重要的不是改变经济基础，而是改变上层建

---

① ［意］葛兰西：《狱中札记》，曹雷雨、姜丽、张跣译，中国社会科学出版社 2000 年版，第 363 页。
② ［意］葛兰西：《狱中札记》，曹雷雨、姜丽、张跣译，中国社会科学出版社 2000 年版，第 322 页。
③ ［意］葛兰西：《狱中札记》，曹雷雨、姜丽、张跣译，中国社会科学出版社 2000 年版，第 280 页。

筑。根据这种想法,葛兰西提出,"建立'卡塔希斯'要素因此就变成了全部实践哲学的出发点"①。这里所说的"卡塔希斯"要素是指"从纯粹经济的(或利己主义的-感情的)要素到伦理-道德要素的过渡,也可以说是从结构到人们头脑中的上层建筑的更高层次的思想构建"②。这就是说,全部实践哲学应该从伦理道德因素出发。这样,他就过分强调了政治实践的作用,而经济基础的决定作用在一定程度上却被忽视了。

第三,葛兰西反对把实践哲学分割为关于社会历史的唯物主义和关于自然的唯物主义。他认为,按照这样的方式就不能理解"辩证法的重要性及其意义"③。这是因为,如果把辩证唯物主义与关于历史和政治的学说即历史唯物主义割裂开来,那么社会历史就会按照自然科学的方法来加以构造,而关于自然的观点就会成为一种脱离了人的纯客观的理论,即成为一种机械唯物主义。这种做法实际上也是把马克思主义的思想来源和实践哲学的完整体系混淆起来。马克思主义哲学在来源上既有德国古典哲学,又有英国的古典政治经济学和法国、英国的空想社会主义,因此就不能认为哲学与经济、政治无关。在他看来,政治和经济不能从历史中分离出来,实践哲学也是一种历史理论。它们是"交织在一个有机的统一中"④。按照这样的思路,葛兰西就把整个实践哲学理解为一种历史理论,一种把政治、经济融合在一起的历史理论。

应该说,葛兰西的实践哲学把人的问题放在自己整个研究的中心,突出了人的主体地位,克服了旧唯物主义忽视主体能动性的局限性,这无疑是正确的。但他同时又把人、人和世界的关系看作是哲学唯一的研究对象,这就在一定程度上冲淡了一切唯物主义所强调的物质第一性的基本原则,进而以实践一元论代替物质一元论,尽管他宣称超越唯物主义与唯心主义,最后仍然会导致唯心主义。

(二)国家和市民社会关系的理论

市民社会在不同的思想家那里具有不同的含义,其用法也不同。在资本主

---

① [意]葛兰西:《狱中札记》,曹雷雨、姜丽、张跣译,中国社会科学出版社2000年版,第281页。
② [意]葛兰西:《狱中札记》,曹雷雨、姜丽、张跣译,中国社会科学出版社2000年版,第280—281页。
③ [意]葛兰西:《狱中札记》,曹雷雨、姜丽、张跣译,中国社会科学出版社2000年版,第351页。
④ [意]葛兰西:《狱中札记》,曹雷雨、姜丽、张跣译,中国社会科学出版社2000年版,第347页。

义社会建立的过程中，市民社会与国家分离开来，区别于国家。在这里，国家是指维护社会秩序、管理公共事务的国家机关。而市民社会是指个人生活领域，又可以区分为私人生活和公共生活两个方面。在黑格尔那里，这两个方面并没有被严格地区分开来，而当马克思把物质生活关系的总体称为"市民社会"的时候，马克思主要是指私人的经济活动领域，后来演变为经济基础概念。葛兰西所说的"市民社会"则主要是指公民活动领域，特别是知识分子活动的领域，其中包括政党、工会、教会、学校以及新闻出版等文化部门。这个领域在马克思主义哲学中习惯上被看作是上层建筑领域。葛兰西指出："我们目前可以确定两个上层建筑'阶层'：一个可称作'市民社会'，即通常称作'私人的'组织的总和，另一个是'政治社会'或'国家'。"① 他把这两个部分都称为上层建筑。在这个意义上，葛兰西的"市民社会"概念可以被翻译为"公民社会"。

葛兰西认为，上层建筑的两个部分具有不同的功能。政治社会或者国家对社会行使直接统治和管理的职能，而市民社会，是统治集团对社会进行间接管理的媒介。国家借助暴力来直接管理社会，而市民社会通过文化上的措施，例如宣传、教育、诱导等方法来对社会施加影响，从而巩固统治集团的政治统治。市民社会所具有的这种能力被葛兰西称为"文化领导权"（又译为"文化霸权"）。他认为，社会上层建筑的本质功能有两项："独裁+霸权"②，国家是进行"独裁"的，而市民社会是实施"霸权"的。这里的"独裁"是指暴力统治；"霸权"是指文化上的引导，就是要使被统治者认同或者"首肯"统治者的暴力统治。③ 他认为，政治社会的"独裁"在历史发展的过程中将逐步被市民社会的"霸权"取代，文化整合将成为国家管理中的主导因素。这一观点很大程度上把现代社会中所出现的市民社会领域如公民自治组织、文化机构等在社会发展和管理中的作用凸显出来，对后来西方的社会理论具有较大影响。

（三）文化领导权与无产阶级革命策略理论

葛兰西认为，文化领导权在社会发展中具有特殊的地位。在不同的国家，

---

① ［意］葛兰西：《狱中札记》，曹雷雨、姜丽、张跣译，中国社会科学出版社2000年版，第7页。
② ［意］葛兰西：《狱中札记》，曹雷雨、姜丽、张跣译，中国社会科学出版社2000年版，第195页。
③ ［意］葛兰西：《狱中札记》，曹雷雨、姜丽、张跣译，中国社会科学出版社2000年版，第195页。

政治社会和市民社会的关系是不同的。在俄国，资本主义的市场经济没有发展起来，在自由经济的基础上所发生的那种自治组织、民间团体等也没有能够得到充分发展。因此，这个国家的社会管理任务完全是由政治社会来承担的。而在西方，风起云涌的资产阶级革命把国家的政治权力从经济领域中驱逐出去，国家的政治权力领域和社会经济领域发生了分裂。在社会经济领域，自发的社会管理组织以及独立的文化机构发展起来。这些发展起来的社会组织和文化机构与国家权力机关发生着各种关系。由于社会结构的不同，政治权力结构也不同。他指出："在俄国，国家就是一切，市民社会处于原始状态，尚未开化；在西方，国家和市民社会关系得当，国家一旦动摇，稳定的市民社会结构立即就会显露。"① 因此，在西方，市民社会的文化领导权具有特殊的作用。

葛兰西所说的文化领导权，就是通过文化上的宣传、教育使广大人民群众认同国家的政治统治。按照他的分析，国家最重要的功能是提高国民的道德文化水平。法院通过镇压和警示来对国民实施教育，而学校通过文化和品德的教育来提高人民的道德文化水平，因此，它们"是最重要的国家活动；但是在事实上，大批其他所谓的个人主动权和活动也具有同样的目的，它们构成统治阶级政治文化霸权的手段"②。这些所谓的大批民间活动就是葛兰西所说的市民社会领域中的活动，这些民间活动也具有教育的功能，它们是统治阶级实施文化领导权的手段。

葛兰西认为，在西方，统治阶级通过文化领导权来实施政治统治，因此，无产阶级就必须为文化领导权而进行斗争。他借用军事术语把这种为文化领导权而展开的斗争称为"阵地战"。这种"阵地战"与"运动战"不同。"运动战"主要是针对国家中的暴力统治权力的，而"阵地战"主要是针对统治阶级的文化领导权的。因为，文化上的领导权像战争中的壕沟保护着统治阶级的政治领导权，"政治艺术和科学也遵守同样的变化，至少在最先进的国家如此"③。因此，在这些国家中，无产阶级革命首先要争取文化领导权，并在夺取文化领导权之后，夺取政治领导权。

---

① ［意］葛兰西：《狱中札记》，曹雷雨、姜丽、张跣译，中国社会科学出版社2000年版，第194页。
② ［意］葛兰西：《狱中札记》，曹雷雨、姜丽、张跣译，中国社会科学出版社2000年版，第214页。
③ ［意］葛兰西：《狱中札记》，曹雷雨、姜丽、张跣译，中国社会科学出版社2000年版，第191页。

实际上，葛兰西的所有这些理论要解决的主要是这样一个问题，即为什么生产力发达的西方资本主义国家在第一次世界大战中及其后不能成功地进行无产阶级革命，而这种革命却在落后的俄国取得成功。他从国家与市民社会关系的角度思考这个问题，试图揭示西方发达国家市民社会的特点，从而解答无产阶级革命在西方国家失败的原因。

第二节　20世纪30年代以来西方学者的马克思主义哲学研究

十月革命在俄国取得胜利，使西方许多左翼学者对马克思主义产生了强烈的理论兴趣。他们在思考现代资本主义社会中出现的现实问题以及解决这些问题的出路的同时，把马克思主义和形形色色的哲学流派结合起来，在20世纪30—80年代间，出现了法兰克福学派、"存在主义的马克思主义""结构主义的马克思主义""弗洛伊德主义的马克思主义""新实证主义的马克思主义"等社会思潮。其中，有不少自称为马克思主义的学者按照自己的理解来阐发各式各样的"马克思主义观点"，有的对马克思主义哲学进行了有新意的阐释，但许多是对马克思主义片面的、

本章二维码

歪曲的理解，甚至在发展马克思主义的名义下离马克思主义越来越远。对于这些思潮，我们应该保持清醒的批判意识。

法兰克福学派由众多曾在法兰克福社会研究所工作和学习过的西方左翼学者组成。20世纪20年代末，霍克海默尔（1895—1973）开始担任法兰克福社会研究所的所长，并用"批判理论"这个名称把他们所提出的理论与传统理论区别开来。从20世纪20年代末到现在，法兰克福学派有三代思想家：霍克海默尔、阿多诺（1903—1969）、魏特夫（1896—1988）、罗文塔尔（1900—1993）、马尔库塞（1898—1979）、弗洛姆（1900—1980）等是第一代的主要代表人物；哈贝马斯（1929—　）、施密特（1931—　）等是第二代的代表人物；霍耐特（1949—　）是第三代的核心成员。

弗洛伊德（1856—1939）的精神分析理论提出后，许多学者开始把这个理论运用于人文社会科学的各个领域，形成了一个极具影响力的弗洛伊德主义思潮。20世纪二三十年代至五六十年代，一些受到马克思主义影响的左翼思想家

试图把马克思主义和弗洛伊德主义结合起来，分析法西斯主义产生的根源，分析资本主义社会的问题以及人的解放，并因此形成了"弗洛伊德主义的马克思主义"思潮。赖希（1897—1957）、马尔库塞和弗洛姆是其中的主要代表人物。

随着现象学的思想方法影响日益扩大，20 世纪 40—60 年代，西方一些学者开始致力于把马克思主义和存在主义结合起来，试图以存在主义"补充"马克思主义。主要代表人物有萨特（1905—1980）、梅洛-庞蒂（1908—1961）和列斐伏尔（1901—1991）等。

语言学中的结构主义产生后，结构分析的方法被运用于人类学、社会学、心理学等社会科学研究领域。20 世纪六七十年代，法国思想家阿尔都塞（1918—1990）运用结构主义方法，并结合精神分析理论，对马克思主义的基本理论进行了分析。他反对把马克思主义人道主义化，提出马克思思想发展过程中存在"认识论的断裂"的观点。普兰查斯（1936—1979）在阿尔都塞的影响下从结构主义的角度研究了马克思主义的国家理论。

与人道主义思潮不同，西方社会思潮中还有一种试图把马克思主义和实证主义结合起来的"新实证主义的马克思主义"思潮。其主要代表人物是德拉-沃尔佩（1895—1968）和科莱蒂（1924—2001）。他们把马克思主义作为实证科学的理论来对待，并据此来理解马克思的辩证法与黑格尔辩证法之间的关系。

20 世纪 70 年代后，英美等国的一些学者在分析哲学的影响下，开始用语言分析方法来研究马克思主义哲学中的基本概念和基本命题，主要代表人物有柯亨（1941—2009）、罗默（1945— ）、埃尔斯特（1940— ）、赖特（1947— ）等。20 世纪 90 年代之后，他们转向了政治哲学，特别是社会正义问题研究。

20 世纪 50 年代以来，英国的一些具有社会主义思想倾向的思想家以《新左派评论》为阵地，展开了有关阶级、文化、历史观等问题的研究，主要代表人物有威廉斯（1921—1988）、汤普森（1924—1993）、安德森（1938— ）等。此外，还有一些西方学者借用马克思的理论分析生态问题。

20 世纪 70 年代以来，欧洲国家的一些左翼学者吸收了后结构主义的思想，提出一些激进的社会变革的策略。其中的代表人物有拉克劳（1935—2014）、墨菲（1943— ）、哈特（1960— ）、内格里（1933— ）、德勒兹（1925—1995）、巴迪欧（1937— ）等。

在这里，我们主要分析西方左翼学者对马克思主义哲学中的一些理论问题的研究观点。

一、马克思主义的自然观和自然辩证法

在对自然概念的理解上，有的西方学者区分了两种自然，即未被纳入人的实践活动的自然以及被人的实践活动改造过的自然。受到马克思主义影响的某些哲学家承认自然界是外在于人的客观存在，这种客观存在也是有自身的规律的。如萨特就承认自然环境在人类历史发展中的基础地位，认为物质环境是人类关系的最初整体化的条件，但他把自然界看作是一种"纯粹的、非人类的无机物质……受到外在性规律的统制"① 的惰性物质，自身不能实现整体化，不能自觉地以总体的方式来运动，这种整体化只能在人类社会领域中发生。

列斐伏尔等则把这两种自然区分开来，提出"人化自然"的观点。他们也承认自然界是独立存在的，是人类活动的前提，但那些独立于人并且未被纳入人的活动的自然界，对人类来说是没有意义的。他们关注的重点是被人改造过的自然界，即"人化自然"。施密特认为，虽然马克思和其他唯物主义者一样承认自然界的优先地位，但"把马克思的自然概念从一开始同其他种种自然观区别开来的东西，是马克思自然概念的社会-历史性质"②。在他看来，马克思所关注的自然主要是社会历史中的自然，但自然界无论是否被纳入人类活动之中，都对人有意义，未被纳入实践活动的自然对人具有潜在的意义，被纳入人的实践活动的自然对人有直接现实的意义。施密特还提出，马克思强调的是人在实践活动中对自然的改造，而反映论则把人和自然割裂开来，只看到人对自然的反映而忽视了人对自然的改造。实际上，马克思主义哲学认为，人的认识是在实践中发生的，但是这并不意味着人不需要通过反映来把握世界，只不过这种反映不是生物有机体的刺激-反应，而是基于实践基础上的能动反映。

20世纪30年代后，一些西方学者还从不同的角度对恩格斯的自然辩证法提出了质疑。他们的观点是，辩证法是一种社会历史现象或者是思维现象，而不是自然现象。虽然他们都不同程度地把辩证法局限在人的活动或者社会历史

---

① ［法］萨特：《辩证理性批判》上卷，林骧华、徐和瑾、陈伟丰译，安徽文艺出版社1998年版，第261页。
② ［联邦德国］A.施密特：《马克思的自然概念》，欧力同、吴仲昉译，商务印书馆1988年版，第2页。

领域，但他们质疑自然辩证法的理由却各不相同，有时甚至相互冲突。

萨特主要从辩证法、自然以及人类知识的特点来否定自然辩证法。他把辩证法理解为实践总体化的辩证法，即把个人的实践活动纳入社会总体之中的辩证法，而个人通过实践被纳入总体的过程也是个人的自主性丧失的过程。在他看来，人们可以用辩证的方法来研究自然现象，自然科学知识也是一种辩证的知识，但并不意味着自然现象本身具有辩证的特征。自然的知识是辩证的，这是因为人关于自然的知识是人的活动的结果，是人创造出来的；而自然本身与人的实践无关，因此它不是辩证的。这样萨特就面临一个困境：既然关于自然的知识是人对自然现象的把握，而不是人随意创造出来的，如果自然本身没有辩证的性质，那么反映自然的知识如何可能有辩证性质呢？萨特还把黑格尔、马克思、恩格斯的辩证法思想进行了比较，认为马克思不赞成自然辩证法，而黑格尔和恩格斯把辩证法扩展到自然领域。

马尔库塞从黑格尔和马克思的比较上理解辩证法，承认虽然马克思从黑格尔那里继承了辩证法思想，但是马克思的辩证法和黑格尔的辩证法有重要的差别：黑格尔把辩证法本体论化，也就是把辩证法变成了普遍的世界观，而马克思则反对把辩证法本体论化，反对把辩证法当作普遍的世界观。"辩证法因此由于其性质而成为一个历史的方法。辩证的原则并不是一个普遍的适用于任何一个主体物质的原则。"① 他还强调人的主体地位，认为辩证法只存在于社会历史领域。而科莱蒂把恩格斯的自然辩证法与黑格尔哲学加以比较，认为黑格尔的辩证法是"物质辩证法"，他把思想和观念世界中存在的矛盾投射到客观世界，并把它看作是客观世界固有的矛盾；恩格斯提出的唯物辩证法是黑格尔的辩证法的"抄本"。这些观点实质上就是要把恩格斯所提出的自然辩证法黑格尔化，从而否定自然辩证法。

与萨特、马尔库塞等不同的地方在于，施密特只是指出了马克思的辩证法和恩格斯的辩证法之间的差别，并没有根本上否定自然辩证法。他认为，马克思是从历史和经济的维度来理解辩证法的，而恩格斯则试图用辩证法范畴去总结自然科学的成果并构建一个自然哲学体系；马克思在《资本论》中从劳动这个中介出发理解自然，而恩格斯却脱离人的实践来理解自然，恩格斯的自然辩

---

① ［德］马尔库塞：《理性和革命——黑格尔和社会理论的兴起》，程志民等译，重庆出版社1993年版，第284页。

证法有脱离实践的本体化的倾向,这也是两者的辩证法不同的地方。施密特承认,马克思的理论中也包含了"自然辩证法",因为自然能够把人产生出来,而当人产生出来之后,自然辩证法就被包含在人变革自然的活动中了。① 因此,把马克思、恩格斯对立起来,尤其是在辩证法问题上对立起来实际上是不符合事实的,而依据这种对立来否定自然辩证法也缺乏理论依据。应该说,施密特的这种理解是正确的,当然,马克思在理论上的侧重点是社会历史中的辩证法,而恩格斯理论的侧重点是自然辩证法,他们的思想是相互补充的,而不是对立的。

在某种程度上说,西方学者的这些观点,对于我们理解马克思主义自然观和自然辩证法有一定的启发作用。但同时也应看到,这些观点是基于他们自身的理论立场对马克思主义自然观的阐释,他们人为地把马克思主义自然观的整体性割裂开来,有的把马克思主义的自然辩证法和历史辩证法完全对立起来,有的混淆马克思和恩格斯的辩证法思想以及黑格尔的辩证法思想。他们中的某些人在自然观上强调"人化自然",在辩证法上突出"人的主体性",充分暴露了他们理论背后的"人本主义"立场,进而在历史观上最终必然走向唯心主义。

二、经济在历史发展中的作用

马克思主义哲学把生产力的发展看作是历史发展的根本动力,但是西方一些学者对此却持不同的观点。有的认为生产力和社会制度都是社会发展的基础,有的认为生产力完全不是基础(有两种思路),有的则认为生产力就是基础。

哈贝马斯在《重建历史唯物主义》中认为,推动社会历史发展的动力不仅有生产力,而且有生产关系等制度领域的东西。在他看来,人类总是在两个不同的维度内进行学习:一个是在人控制自然的技术理性的维度内进行学习,另一个是在调节人和人之间关系的道德-实践的维度内进行学习。② 这就是说,社会发展依靠生产力和生产关系这两个方面共同推动,但是生产力和生产关系之间不存在谁决定谁的问题,而是各自独立发展的,道德-实践领域的学习遵循的是它"自身的逻辑"。当然,他并不否认生产力和生产关系两者之间还是有联系的:生产力的发展会向生产关系提出"问题",并展示出生产关系对生产

---

① 参见[联邦德国] A. 施密特:《马克思的自然概念》,欧力同、吴仲昉译,商务印书馆1988年版,第57—58页。
② 参见[德] 尤尔根·哈贝马斯:《重建历史唯物主义》,郭官义译,社会科学文献出版社2000年版,第159页。

力所产生的反作用，但是生产关系的变革却不是生产力直接导致的。因此，"可以把生产力的发展理解成为产生问题的机制，它尽管可以引起，但却不能导致生产关系的变革和生产方式的革新"①。

如果说哈贝马斯还承认生产力在一定范围内仍然具有基础地位的话，法国学者鲍德里亚（1929—2007）则通过否定马克思的劳动概念，从根本上否定了马克思关于生产力在社会发展中的基础地位的思想。在他看来，"人具有需要和劳动力的双重潜能，普通的人的这一双重'类'面孔，仅仅是政治经济学体系生产出来的"②。他认为，马克思把生产看作是"人类存在的基本运动"③，并从劳动的发展史理解整个人类历史，这是接受了资产阶级政治经济学对人的理解。这种做法不仅存在着方法论上的错误，而且还成为资产阶级意识形态的牺牲品。他认为，资产阶级意识形态就是要人们认同自己是劳动者，把劳动看作是自己的类本质，使人成为劳动者正是资本所追求的。在他看来，我们不能从政治经济学的角度出发，把整个历史看作是生产的历史，否则就中了"资本的诡计"。

柯亨则用语言分析的方法对生产力概念及其基础地位进行了分析。他指出，马克思所说的"人本身是首要的生产力"这句话的意思是"人的劳动力才是主要生产力"④，也就是只有当人作为劳动力出现的时候，他才是生产力。他指出，在理解生产力的时候，人们常常把生产力和经济结构混淆起来，生产力是社会发展的基础，但是它却不是经济结构中的组成部分。因为"基础"一词具有不同的含义，有时是一个东西的组成部分，有时不是其组成部分。柯亨主张从"功能解释"的角度理解生产力和生产关系之间的关系，就是用被解释对象对其他东西所发挥的功能来解释这个被解释对象。按照功能解释，生产力对于生产关系具有"首要性"，生产关系应该适应生产力的发展水平。⑤ 应该说，这一分析对理解马克思的历史观具有启发意义。

马克思主义关于经济基础决定上层建筑、上层建筑反作用于经济基础的思

---

① ［德］尤尔根·哈贝马斯：《重建历史唯物主义》，郭官义译，社会科学文献出版社2000年版，第157页。
② ［法］鲍德里亚：《生产之镜》，仰海峰译，中央编译出版社2005年版，第11页。
③ ［法］鲍德里亚：《生产之镜》，仰海峰译，中央编译出版社2005年版，第13页。
④ ［英］G. A. 柯亨：《卡尔·马克思的历史理论：一个辩护》，岳长龄译，重庆出版社1989年版，第48页。
⑤ 参见［英］G. A. 柯亨：《卡尔·马克思的历史理论：一个辩护》，岳长龄译，重庆出版社1989年版，第174页。

想，在西方长期被误解为经济决定论而成为批评的对象，也有一些具有马克思主义倾向的西方学者对这一理论从不同角度进行了阐发。

弗洛姆认同马克思关于经济基础决定上层建筑的思想，但认为在经济基础和上层建筑之间还存在着一个中间环节。这个中间环节就是社会性格。他说："社会性格正是社会经济结构和一个社会中普遍流行的思想、理想之间的中介。它在这两个方面，即将经济基础变为思想或将思想变为经济基础的过程中都起到中介作用。"① 在他那里，经济基础和上层建筑之间的关系被理解为一种经验上的因果关系。

一些从黑格尔主义立场出发理解马克思思想的人反对用经验上的因果关系来解释经济基础和上层建筑的关系，而试图从现象和本质关系的角度来理解经济基础和上层建筑。他们把社会理解为一个总体，认为社会没有什么经济基础和上层建筑，没有层次上的差别，但社会作为运动着的总体包含了现象和本质。各种政治制度、意识形态等都是现象，这些现象是由社会中的某种本质力量决定的，这个本质力量就是经济。一切社会现象均依赖于经济结构，而经济结构是可观察到的社会现象的本质。②

阿尔都塞提出了"多元决定"论，这种"多元决定"的实质就是结构意义上的决定。他认为，按照黑格尔主义的方式理解经济基础和上层建筑之间的关系，实际上仍然是经济主义。这种经济主义认为，马克思把经济因素看作是政治和意识形态因素的全部本质。③ 在他看来，马克思不是简单地颠倒黑格尔关于市民社会和政治国家的关系，而是在解释历史方面把术语和术语之间的关系都变了。马克思提出了结构（经济基础）和上层建筑等新术语，这些术语之间的关系不是现象和本质之间的决定关系，而是一种结构上的决定关系。这种结构上的决定关系就是"多元决定"。这就是说，在一定的社会中，政治的、经济的、文化的因素构成了相互作用的结构，这些要素共同决定了社会历史的进程。在他看来，"只有从社会的任何矛盾和构成成分都由多元决定这一观点出发"④，才能真正地理解历史。阿尔都塞的"多元决定"论实际上否定了马克

---

① [美] 埃里希·弗洛姆：《在幻想锁链的彼岸——我所理解的马克思和弗洛伊德》，张燕译，湖南人民出版社1986年版，第92页。
② 参见 [德] 尤尔根·哈贝马斯：《重建历史唯物主义》，郭官义译，社会科学文献出版社2000年版，第154页。
③ 参见 [法] 路易·阿尔都塞：《保卫马克思》，顾良译，商务印书馆2010年版，第97页。
④ [法] 路易·阿尔都塞：《保卫马克思》，顾良译，商务印书馆2010年版，第106页。

思主义关于经济基础决定上层建筑的基本思想。

从因果关系、现象与本质关系或者多元决定等不同角度说明了经济基础和上层建筑之间的关系都在不同程度上坚持了决定论。但是也有学者对于这种决定论的观念采取了完全否定的态度。法兰克福学派的本雅明（1892—1940）在他最后的遗著《历史哲学论纲》中批判了第二国际对于马克思的历史观的决定论的理解，把这种理解称为"历史主义"。他说："历史主义满足于在历史上不同时刻之间建立因果联系。"① 而在他看来，历史的研究不是要揭示因果联系，而是要找出历史事件对于当下的意义。只有从历史主义的桎梏中解放出来的人才能看到历史事件的当下意义。他把历史唯物主义和这种历史主义对立起来。在他看来，历史唯物主义就是要在一闪念之间领悟到过去被遗忘、被压抑、被否定的东西对于我们所产生的期待，而满足这种期待就是要解放这些被遗忘、被压抑和被否定的一切。历史主义站在统治者的立场上认为历史是不断进步的，忽视了历史中存在这些被压抑和被否定的这些东西。

总之，经济基础和上层建筑辩证关系原理是历史唯物主义的理论基础。无论是黑格尔主义的总体性观点还是结构主义的多元决定的观点，都是建立在割裂马克思关于经济基础和上层建筑辩证关系基础上的。他们或是在承认经济基础决定作用的同时，模糊经济基础与上层建筑的界限，把上层建筑对经济基础的反作用与经济基础的决定作用等同起来；或是在承认上层建筑对经济基础的反作用的同时，片面夸大上层建筑的作用。坚持历史唯物主义，就是要坚持经济在历史发展中的基础地位，同时也应该看到其他社会因素与经济因素之间的相互关联。因此，用社会发展要素之间的总体性关系或者结构性关系否定经济的决定地位是错误的，否定它们之间在一定程度上存在的结构性和总体性关系也同样是错误的。而强调一闪念之间把握历史事件意义的所谓"历史唯物主义"虽然要解放被压迫者，但是却否定了客观地解释历史的必要性。

三、马克思主义的阶级和国家的学说

自第一次世界大战特别是第二次世界大战以来，西方社会的阶级结构出现了一些变化，一些西方学者根据这些新变化，对马克思主义的阶级、国家和意

---

① ［德］瓦尔特·本雅明：《本雅明文选》，陈永国、马海良译，中国社会科学出版社1999年版，第414页。

识形态理论进行了研究。

在划分阶级的标准上,魏特夫认为,马克思的阶级理论受到了古典政治经济学的影响,把经济因素作为划分阶级的标准,而忽视了政治力量在阶级关系中的重要地位。他通过对东方传统社会的研究发现,官僚阶级是统治阶级,而其他人则是被统治阶级,政治权力也是划分阶级的主要因素。他还认为,马克思虽然接受了"亚细亚社会"这个概念,却"放弃了官僚统治阶级"的观点。[1] 普兰查斯认为:"马克思、恩格斯、列宁和毛泽东在分析社会阶级的任何时候,都摆脱了单纯的经济标准的界限,他们明确地涉及政治和意识形态标准。"[2] 他主张用一种综合的标准来划分阶级。他说:"一个社会阶级是根据它在社会实践总体中的地位,即根据它在社会总体劳动分工中的地位来加以定义的。这一总体包含着政治的和意识形态的关系。"[3] 这样,社会阶级的划分标准不能仅仅按照经济的标准,而要考虑其他政治和意识形态的要素。汤普森则认为,马克思的阶级概念并没有过时,阶级分析方法仍然是社会分析的重要方法,但不能把阶级分析都归结为经济分析,而是要根据具体文化条件来分析。他的这种理解,导致划分阶级的标准越来越模糊。

此外,还有一些西方学者公开否定阶级的存在。法国社会学家布迪厄(1930—2002)认为,在现代社会,所有的人都在社会空间中占据了一定的位置,但是这并不意味着占据相似位置的人们就组成一个阶级。不同的人会由于不同的原因而加入不同的政治运动,而这些政治运动都是临时组织起来的,这些人并不构成一个固定的阶级。实际上,只要阶级划分的标准被多元化、模糊化,那么阶级的差别也必然会被模糊化。社会各阶层之间的差别,从最根本的意义上说是由经济决定的,经济标准是划分阶级的最根本标准。但是在不同的历史时期,社会其他要素对社会阶层的分化所产生的影响又不同,因此,在划分阶级的时候,要综合其他要素来考察阶级差别。

在关于现代西方社会的阶级状况的问题上,一些人认为,虽然现代西方社会仍然存在着阶级,但是其阶级结构与马克思的时代有很大的不同。赖特认为,在现代资本主义社会中,阶级之间的矛盾关系不是剥削和被剥削的关系,

---

[1] Cf. Karl A. Wittfogel, *Oriental Despotism—A Comparative Study of Total Power*, Yale University Press, New York, 1957, p. 380.
[2] Nicos Poulantzas, *Classes in Contemporary Capitalism*, Verso Books, London, 1978, p. 14.
[3] Nicos Poulantzas, *Classes in Contemporary Capitalism*, Verso Books, London, 1978, p. 14.

而是支配和被支配的关系。剥削的概念不再适合于现代社会的阶级分析。① 在他看来，工人阶级生活水平有了很大提高，无产阶级的贫困化现象不存在了，无产阶级正在消失，而工人阶级的队伍正在扩大，工人阶级队伍的内部构成也在发生变化。法国学者高兹（1924—2007）则提出"后工业的新无产阶级"的概念，这一概念是指未被现实资本主义物质生产过程同化的各阶层。他说："现在，传统的工人阶级不过是特别的少数人，而大多数人口属于后工业的新无产阶级，他们缺乏稳定的工作或者没有确定的阶级身份，而占据着见习的、承包的、偶然的、临时的以及非全日制的雇佣领域。"② 在他看来，这些人并不构成一个确定的阶级，因而与传统工人阶级是有明显区别的。

在国家观问题上，研究马克思主义的西方学者大致有三种不同的倾向。一是工具主义倾向，主要代表是英国的密里本德（1924—1994）。他认为，国家是利用暴力来维护阶级统治的工具，不是相互竞争的利益集团间的中立的裁判者，而是一个深深介入其中的不可避免的偏袒者。它的主要功能是维护资产阶级的统治以及资本主义生产与生产关系的再生产。在他看来，在资本主义国家存在着"一个占统治地位的经济阶级"③，"绝大多数男人和妇女们，始终被那些来自其他在经济和社会上较为优越的和相对来说较为疏远的阶级统治、代表、管理、审判和在战争中指挥，这在发达资本主义国家仍然是一个基本事实"④。二是暴力和非暴力相结合的国家，主要代表是阿尔都塞、普兰查斯。他们认为，在现代西方社会，国家不仅用暴力手段来维护统治阶级的利益，而且还利用意识形态工具来为它的统治的正当性辩护。阿尔都塞认为，马克思主义国家理论应该把国家政权和国家机器区分开来，无产阶级革命是要夺取国家政权，但是国家机器仍然保留下来了；而普兰查斯则把国家机器与经济机器区分开来，从而把国家与个人生活领域区分开来。他们都把国家区分为镇压性国家机器和意识形态国家机器。三是非暴力国家观，主要代表是科莱蒂。他认为，国家的主要职能不是暴力镇压，而是人民的民主自治。无产阶级革命的目标不

---

① 参见［美］埃里克·欧林·赖特：《阶级》，刘磊、吕梁山译，高等教育出版社 2006 年版，第 58 页。
② André Gorz, *Farewell to the Working Class*, Pluto Press, London, 1982, p. 69.
③ ［英］拉尔夫·密里本德：《资本主义社会的国家》，沈汉等译，商务印书馆 1997 年版，第 53 页。
④ ［英］拉尔夫·密里本德：《资本主义社会的国家》，沈汉等译，商务印书馆 1997 年版，第 71—72 页。

是把官僚机器从一些人手中转移到另一些人手中，而是不断扩大民主，消灭资产阶级的国家机器，国家应该是全体公民民主自治的综合体。他所强调的是国家的中立性，把国家看作是民主地调和阶级矛盾的社会机构。

四、意识形态问题

在意识形态理论方面，一些西方学者在意识形态概念、价值以及教育的可能性、存在方式等问题上提出了不同的看法。在意识形态概念问题上，阿尔都塞区分了意识形态和科学，认为意识形态主要被理解为一种虚假意识或者颠倒意识。他甚至把日常生活中对主体的形成发生影响的东西都理解为意识形态，那些把人塑造为生活中的主体的东西都属于意识形态。而马尔库塞和哈贝马斯等则从价值立场上理解意识形态，把那些对于维护统治阶级的政治统治有积极意义的东西看做是意识形态。他们认为，科学技术也可以被用来维护阶级统治而成为政治统治的工具，科学技术在现代资本主义社会成为价值的主要来源，而资本对工人的剥削正在弱化。同时，资本主义的政治统治越来越采取技术的方法，为其政治统治的正当性辩护，科学技术也具有意识形态的功能。

在意识形态的价值问题上，阿尔都塞认为，意识形态等于幻觉或者暗示[①]，甚至是完全虚无的东西，是"一个纯粹的梦"[②]。因此，意识形态是消极的，在生活中应该被排除。美国学者詹姆逊（1934— ）认为，人的意识总是受到一定的条件制约，不能总是把这种意识看作是"错误意识"，而只能看作是有局限性的意识。在他看来，意识形态只能算是有局限性的意识，既不是消极的，也不是积极的，而是中性的。曼海姆（1893—1947）则认为，意识形态在某些情况下还是有积极意义的，它总是努力要把社会观念转化成为社会知识，并被用来认识社会。在认识社会的过程中有些意识落后于时代，有些意识超越于时代，那些落后于时代的就是意识形态，而超越于时代的就是乌托邦。在一定的情况下，无论是意识形态还是乌托邦都有积极的意义。

在意识形态教育的可能性问题上，许多人认为意识形态都与利益斗争有关，进行思想教育和意识形态的斗争是必需的。有发展中国家背景的学者乔治·拉伦（1942— ）认为，长期以来，西方国家对非洲的殖民统治使殖民地

[①] 参见陈越编：《哲学与政治：阿尔都塞读本》，吉林人民出版社2003年版，第353页。
[②] 陈越编：《哲学与政治：阿尔都塞读本》，吉林人民出版社2003年版，第351页。

的人民产生了一种根深蒂固的民族自卑感和边缘感,即使他们从殖民统治中解放了出来,仍然是文化上的附庸,他们的民族文化仍处于边缘地位。① 詹姆逊则认为,现代社会的霸权不是传统意义上的政治霸权,而是文化和话语上的霸权,应该重视文化上的领导权、意识形态上的领导权。但英国学者伊格尔顿(1943—)则认为,人的思想是自由的,人们可以束缚一个人的肉体,却不能束缚一个人的思想。他反对进行思想的改造,认为"心灵是不可侵犯和不可简化的"②。

在意识形态的存在方式和传播方式等问题上,阿尔都塞认为,意识形态具有物的特性。比如,如果一个人守法,那么他就按照法律去游行;如果他相信上帝,那么他就会去教堂跪拜、认罪、祈祷等。在这里,意识形态已经转化为人们的实践行动,是以物质的形式存在的。③ 他认为,意识形态不仅以思想的形式存在着,而且会物化到人们的行动中,成为社会现实中的一个部分。在传播方式问题上,阿尔都塞、普兰查斯认为,在现代资本主义社会,教堂、学校、工会、传媒等都是意识形态的国家机器,都是用来影响人的思想的。阿多诺等认为,由大众传媒所导致的文化工业是一种意识形态,它发挥了控制人的功能。哈贝马斯则把大众传媒等称为文化公共领域,并认为这是实现资本主义民主制度的重要手段。他认为,大众传媒既可能是市场体系的一部分,也可能是"意识形态国家机器"。

总之,受马克思主义影响的西方学者在阶级、国家和意识形态问题上提出了各式各样的观点。这些观点体现了不同的立场和态度,也充满了矛盾和冲突。应该承认,当代资本主义社会的阶级状况与马克思的时代有所不同,但要看到的是资本主义社会的雇佣劳动关系没有发生变化,资本家和工人在劳动中的地位没有发生根本性变化。同样,虽然现代资本主义社会中的权力结构发生了一些变化,但是社会的基本结构没有发生根本性变化。从这个意义上说,马克思对于工人阶级和资产阶级的划分仍然是认识资本主义社会阶级关系的理论基础,他对于上层建筑和经济基础的关系的学说仍然是认识资本主义国家性质

---

① 参见[英]乔治·拉伦:《意识形态与文化身份:现代性和第三世界的在场》,戴从容译,上海教育出版社2005年版,第194页。
② [英]伊格尔顿:《历史中的政治、哲学、爱欲》,马海良译,中国社会科学出版社1999年版,第80页。
③ 参见陈越编:《哲学与政治:阿尔都塞读本》,吉林人民出版社2003年版,第356页。

的理论武器。在马克思主义哲学看来，国家、意识形态都属于上层建筑，是具有鲜明阶级性的历史范畴，国家本质上是阶级统治的工具，意识形态则是建立在一定经济基础之上的对统治阶级的意志的反映。在阶级社会中，统治阶级总是千方百计试图把自己的特有思想观念上升到普遍性的高度，使自己的价值观念成为全社会普遍认同的价值观念，从而维护其统治的"合法性"。西方学者看到了现代资本主义社会阶级、国家和意识形态表现形式的一些新特点和新变化，但他们的理论在某种程度上"遮蔽"了资产阶级国家和意识形态的本质，从而最终变成对资本主义社会"合法性"的"批判性"辩护。因此，我们应该立足现实，正确认识和评价当代西方学者提出的这些理论，既批评他们理论的错误，也吸收其中包含的积极成果。

五、关于人的问题

1932年，马克思的《1844年经济学哲学手稿》全文公开发表后，一些西方学者认为，青年马克思关于人的观念是一种人道主义观点，并把它看作是马克思思想的核心。此后，形成了一种从人道主义角度解读马克思思想的社会思潮，其中最有影响的是法兰克福学派和存在主义。法兰克福学派侧重于研究压抑人的社会、文化和心理机制问题，存在主义则更多地从人的本真存在的角度来讨论人的异化以及消除人的异化的可能性问题。

霍克海默尔认为，本来人的劳动具有解放的功能，但是在资本主义社会中，人的劳动不仅不能导致人的解放，反而使人受到进一步的压制。在他看来，这种压制的根源不能仅仅归结到资本主义的经济制度上，还有政治、社会、心理和文化上的复杂原因。在《启蒙辩证法》中，他和阿多诺认为，人改造自然所使用的方法被用来压制人，这种压制主要是一种内在压制，资本家和工人都要控制自己的贪图享受的本能力量，用有效的方法控制自然，这是因为"工具理性"的思维占据了主导地位。阿多诺和罗文塔尔等从文化工业批判的角度说明了资本主义社会中大众文化对人的控制作用，认为文化工业是把文化产品标准化、工业化、市场化，它所包含的思想方法是同一性的思维，给人提供的满足是虚假的满足，培养起来的人格是扭曲的人格。弗洛姆和马尔库塞等把弗洛伊德的心理分析的思想纳入到资本主义社会批判之中。弗洛姆用人的性格结构来解释现代社会中所出现的那种自由的丧失，认为人从自然的母亲那里独立出来获得自由之后，需要建立一个新的社会纽带，否则人就会"逃避自由",如果具有一种健康的人格,就可以建立一个"健全的社会"。马尔库塞则认为,在现代资本主义社会,人接受了一种额外的压抑,人为了生存就要在一定程度上压制自己的本能,这是必要压抑。但在资本主义社会,人为了满足心理需要而产生一种虚假需求,为了满足自己的虚假需求,人压制自己的本能,这就是额外压制。

哈贝马斯认为,现代资本主义社会对人的压制主要是理性化、系统化的经济系统和行政管理系统对人的自由交流的控制,是"系统入侵了生活世界"。在他看来,个人人格的形成、社会文化的创新、人和人之间的自由结合关系,都要依赖于日常生活中人和人之间的话语交流。要解决资本主义社会中的各种危机,就要使人和人之间的话语交流从系统的束缚中解放出来,只有借助于各种传播手段而进行的自由讨论,真正的民主的法治国家才能建立起来。

列斐伏尔认为,人的异化现象根源于人的本质之中。人总是要进行创造性的改造活动,总是要与自然发生关系,而在这一活动中,无论是被人掌握的自然还是未被人掌握的自然,对人来说都是一种痛苦和威胁。未被掌握的自然充满了必然性和未被认识的偶然性,对人来说充满了痛苦和威胁。而被掌握了的自然在和人发生关系时构成了一个独立的世界,并且这个世界有自身的运动,人不能超越这种运动,因而对于人来说也是痛苦和威胁。列斐伏尔用一种扩展开来的异化概念进行日常生活批判,认为异化是全面的,它笼罩了全部生活,"人是异化的、与自身分离的……每个人都感到社会的集体成就是异化的力量在发挥作用"[1]。因此人应该改造生活,并改变生活的异化状况。

萨特试图用存在主义来"补充"马克思主义,认为马克思主义考察了客观的社会环境对人的作用,说明了历史的总体的运动,而忽视了人的"主体性"。只有从人的主体性出发,回溯到个人存在的起点上,才能解释社会总体的历史。在个人存在的起点上,人是自己创造自己的存在物,是在自己的计划中筹划和实现自己的本质的。但人在自我筹划、自我实现的过程中必然会碰到"匮乏",即没有足够满足个人需要的东西,必然要求人和人之间的结合,进而会扭曲人和人之间的关系,使人和人发生异化,每一个他人都成为异己的存在物。要消除这种异化现象,就要消解那种压制人的集体,即"制度的集团"。

---

[1] Henri Lefebvre, "The Critique of Everyday Life", in Henri Lefebvre: *Key Writings*, Continuum International Publishing Group, New York, 2003, pp. 82-83.

在这里，虽然萨特把异化解释为人类社会中的历史现象，但是他却又把这种现象归结为"匮乏"。按照他的思路，人的解放似乎就是要从匮乏中解放出来，那么，解决异化的问题究竟是要把人从集团的控制中解放出来还是消除匮乏？萨特在理论上陷入了困境。虽然他的异化理论在某种程度上揭示了资本主义社会中人和人之间的冷漠、对抗的现实，却不能提出一个使个人自由地结合起来的建设性方案。

阿尔都塞反对从人道主义的角度理解马克思的思想，认为马克思早期思想中关于人道主义和异化问题的思想不是科学，而是一种意识形态。在1845年前后，即马克思写作《关于费尔巴哈的提纲》和《德意志意识形态》的时候，他的思想从意识形态走向科学，并在后来提出一整套新的问题框架来解析资本主义经济现象。他认为，人本主义是一种意识形态，历史上资产阶级的认识论、历史观、政治经济学都是建立在这一思想基础上的。在这里，阿尔都塞从根本上否定了萨特和列斐伏尔等对马克思主义的人道主义的理解。

实际上，从马克思的思想历程可以看出，无论是把马克思的早期思想和中晚期思想对立起来的结构主义，还是拘泥于马克思的早期思想的人道主义，都没有真正从马克思思想发展的历史联系和进程来准确把握马克思的思想。虽然法兰克福学派和存在主义看到了现代资本主义社会所存在的异化现象，但是他们都没有找到异化现象产生的真正根源，却把异化现象归因于同一性思维、文化工业或者"匮乏"等，因而也找不到消除异化现象的有效途径。应当看到，在关于人的问题上，马克思早期思想与中晚期思想是一脉相承的，虽然他的早期思想仍带有费尔巴哈人本主义的痕迹，但他对人的异化的理解却超越了费尔巴哈。正因为他不是从人本身，而是从人的存在的物质前提出发来探寻人的本质，从而最终找到了资本主义社会导致人的全面异化的真正根源——资本主义生产关系，找到了克服人的异化的基本路径和人的本质能够实现的理想目标，那就是在消灭资本主义制度的基础上，建立"自由人联合体"的共产主义社会。

六、生态问题

20世纪70年代以来，一些西方学者吸收马克思主义的观点来分析资本主义社会中所出现的生态问题。本·阿格尔在《西方马克思主义概论》中把这种新的理论趋势概括为"生态学马克思主义"（the Ecological Marxism）。其中的主要代表人物有：阿格尔（1952—2015）、莱易斯（1939— ）、奥康纳（1930— ）、福斯特（1953— ）、科威尔（1936— ）等。

与反人类中心（反人道主义）者片面地强调自然或生态的中心地位不同，这些学者试图从马克思主义理论中探索保护生态环境的理论依据。其中有两个主要思路。福斯特从马克思的自然观中探讨生态保护的理论基础。在《马克思的生态学——唯物主义与自然》一书中，福斯特认为，马克思的自然观中包含着生态思想。他说："马克思的世界观是一种深刻的、真正系统的生态世界观，而且这种生态观是来源于他的唯物主义的。"[1] 按照他的分析，这主要表现在几个方面：第一，马克思的自然观强调自然的独立性，强调人的生存要依赖于自然，这实际上就确立了自然在本体论上的优先性。对于福斯特来说，自然的这种本体论上的优先性又是与自然的有限性联系在一起的。而马克思的自然有限性的观点实际上吸收了伊壁鸠鲁和费尔巴哈的唯物主义思想。第二，马克思强调，人是自然的存在物。既然人是自然的存在物，那么人和自然界的其他东西一样，人也是有限的。福斯特强调人的有限性不仅仅是指人的生命是像自然界的其他生物那样是有限的，而且更重要的是指，人的生产活动是受限制的，是受到各种外在条件限制的。第三，既然人是自然界的一部分，自然界是人的无机的身体，那么人和自然界就是相互依存的。自然界是没有等级的。在这种唯物主义的基础上，福斯特进一步分析了马克思在《资本论》中对于劳动的理解，即人和自然之间的物质变换。福斯特从生物界的新陈代谢的角度来理解这种物质变换。既然劳动是类似于新陈代谢，那么马克思的劳动概念中就包含了生态平衡的思想。与福斯特不同的第二种思路是，奥康纳从历史唯物主义的角度来探讨生态保护的理论基础。按照奥康纳的分析，历史唯物主义中包含了人和自然相互作用的思想。但是历史唯物主义也有两个缺陷：一方面，它只是从技术的角度来说生产力和生产关系，这是一种技术决定论，它忽视了生产力和生产关系之间的文化元素；另一方面，自然界在历史唯物主义中处于"边缘的地位"[2]。为此，他要从自然因素和文化因素这两个方面补充历史唯物主义，并借此来说明资本主义社会中出现的经济危机和生态危机。其中生态危机是资本主义社会中经济、政治与社会互动的结果。

---

[1] ［美］约翰·贝拉米·福斯特：《马克思的生态学——唯物主义与自然》，刘仁胜、肖峰译，高等教育出版社2006年版，前言第Ⅲ页。

[2] ［美］詹姆斯·奥康纳：《自然的理由》，唐正东、臧佩洪译，南京大学出版社2003年版，第7页。

在生态危机的产生根源上，学者们主要有两种观点：以莱易斯为代表的学者们吸收了法兰克福学派对于工具理性批判的思想，认为生态危机很大程度上与人们致力于控制自然有关。而以福斯特和科威尔为代表的一些学者认为，资本主义制度是导致生态危机的根本原因。莱易斯在他的《自然的控制》一书中，回忆了西方思想史上人们对于控制自然的积极意义理解，并借此指明，在历史上，这些思想家们忽视了控制自然所产生的危害。本来控制自然是为了保卫生命，提高生命的质量，但是，当人们利用有组织的技术方法来控制自然的时候，这种组织方法会改变原来的目标。这种有组织的管理方法不再把提高人的生活质量为目标，而是把控制人本身作为目标。这不仅表现在资源的浪费和滥用上，而且表现在这种技术方法被统治集团所利用，而成为控制人的方法。① 他指出："如果控制自然的观念有任何意义的话，那就是通过这些手段，即通过具有优越的技术能力——一些人企图统治和控制他人。"② 在这里，莱易斯还吸收了法兰克福学派在启蒙辩证法中所阐述的理论。人类在提高控制外在的技术水平的同时，控制人的内在自然的能力也在提高。比如说，当代资本主义在控制自然、提高物质生产能力的同时，也改变人的需求结构。③ 而当人的内在自然（需求）受到控制的时候，人就自愿地接受控制。法西斯主义就是利用这种方法来控制人的。在这样的情况下控制自然的合理性就会受到质疑。自然的反抗也会由此而产生。虽然莱易斯基本上沿袭了法兰克福学派早期代表人物的基本思想，他对于控制自然的思想的批判也不是围绕着生态的角度来展开的，但是他的理论分析却涉及生态理论中一个被忽视的问题，这就是对于控制自然的观念不仅导致自然环境的破坏而且会对人的内在自然产生控制。现代社会中的那些奢侈性消费恰恰是在控制人内在自然的基础上发生的。在《满足的限度》一书中，莱易斯恰恰抓住了现代工业发展对于人的需要的控制，在这种工业化的体系中，人们"曲解了自己的需求的本质"。④

福斯特在分析生态危机产生根源的时候对于上述观点持否定态度。他说，对于生态环境所出现的问题，"许多人将此归结为西方文化中根深蒂固的缺陷，

---

① ［加］威廉·莱斯（我们按照国内学术界通常的做法，把它翻译为"莱易斯"）：《自然的控制》，岳长龄、李建华译，重庆出版社1993年版，第144页。
② ［加］莱易斯：《自然的控制》，岳长龄、李建华译，重庆出版社1993年版，第109页。
③ ［加］莱易斯：《自然的控制》，岳长龄、李建华译，重庆出版社1993年版，第129页。
④ ［加］威廉·莱斯：《满足的限度》，李永学译，商务印书馆2016年版，前言第Ⅱ页。

它发源于'支配大自然'的观念"。① 在他看来,生态问题直接导源于资本主义制度本身。他指出:"生态和资本主义制度是相互对立的两个领域。"② 如果说福斯特这个说法也没有明确指出资本和生态危机之间的因果关系的话,那么科威尔则直截了当地指出:资本是"导致生态危机的'高效原因'"③。从经济学上来说,这种对立表现为,资本对于利润的无限制的追求,而在追求利润的过程中,人们不可能不使用自然资源。对于利润的无限追求与有限的资源之间必然会发生冲突。资本主义不惜任何代价来追求经济增长,而这必然会导致环境的恶化。

那么如何才能避免环境的恶化呢?对于莱易斯来说,这就是要人们对于控制自然的观念进行重新解释。按照他的分析控制自然并不一定对于人类社会有利。这里存在着一个关节点:控制自然是否"威胁到作为整体的人类生物的未来"④。如果超过了这个关节点,那么这种控制就不是合理的。在这里,他特别强调,人们对于控制自然的观念必须做出调整,不能认为,控制自然只是处理人和自然关系的,而不是处理人与人之间关系的。由此,对于控制自然的技术手段,我们也应该有一个新的认识。在这里他吸收了本雅明的思想,认为技术不仅是用来控制自然的,而且会被用来控制人和自然之间的关系。对于福斯特来说,导致生态环境恶化的根本原因在于资本主义制度,因此只有改变资本主义制度本身才能解决问题。在这个问题上,科威尔在他的书名的副标题上已经直白地表达了出来,今天人类社会面临着这样的一种选择:"资本主义的终结还是世界的毁灭"。针对当代社会所出现的各种解决生态危机的具体方法,福斯特也进行了分析和批判。他批判了"非物质化的神话",即经济增长可以减小对于环境的利用。⑤ 同样,他也强调,技术的手段不能解决生态危机的问题,其中的一个重要理由就是资本主义制度会不仅生产使用价值来满足人们的消

---

① [美]约翰·贝拉米·福斯特:《生态危机与资本主义》,耿建新、宋兴无译,上海译文出版社2006年版,第1页。
② [美]约翰·贝拉米·福斯特:《生态危机与资本主义》,耿建新、宋兴无译,上海译文出版社2006年版,前言,第1页。
③ [美]乔尔·科威尔:《自然的敌人——资本主义的终结还是世界的毁灭?》,杨燕飞、冯春涌译,中国人民大学出版社2015年版,第4页。
④ [加]莱易斯:《自然的控制》,岳长龄、李建华译,重庆出版社1993年版,第144页。
⑤ [美]约翰·贝拉米·福斯特:《生态危机与资本主义》,耿建新、宋兴无译,上海译文出版社2006年版,第14页。

费,而且要通过炫耀性的消费来满足心理的需要。在他看来,把资源价格市场化的方法也不能解决生态危机,因为市场化的方法虽然能够短期内减少对于资源的消耗,但是长期来说是无效的。这种做法只是给自然资源定价,而没有从根本上保护自然环境。

为了保护生态环境,西方社会还出现了各种政治组织,如绿党。佩珀提出,生态社会主义思想应该成为这些政治组织的指导思想。这种社会主义思想糅合了马克思主义和无政府主义,站在生态中心主义的立场上来维护所谓的生态正义。

七、公平正义

苏联解体和东欧剧变以来,资本主义全球化的趋势日益明显。西方国家的少数人叫嚣"社会主义的终结"和"马克思主义的终结"。在这样的背景下,一些左翼学者从斯大林主义的批判转向马克思主义与自由主义的论争。这一论争从实践上涉及这样一些现实问题:苏联解体和东欧剧变是不是意味着资本主义在全球范围内的胜利?以古典自由主义为核心的资本主义制度是不是一种正义的社会制度?柯亨等人关于社会正义问题的思考就是在这个大背景下展开的。

早年曾经致力于分析马克思主义哲学基本命题的柯亨在后期发生了巨大的转变,他开始致力于政治哲学问题的思考,力图发掘马克思的社会主义理论背后的伦理观念即平等、正义观念。他试图从罗尔斯(1921—2002)和诺奇克(1938—2002)的思想中吸取思想资源来丰富他的社会主义信念。柯亨在一定程度上接受了罗尔斯平等的自由主义的思想,即平等的个人自由的优先性,社会机会和职位向所有人平等开放以及不平等的分配应该首先关注最少受惠者的利益等。罗尔斯认为,社会的正义和平等的问题是社会结构的问题,或者说,社会的结构应该按照他的两个正义原则而建立起来。柯亨则更进一步认为,两个正义原则不仅仅是用来规定社会结构的,而且也应该是个人的态度与选择。①这就是说,只有个人有这种态度,并进行这种选择的时候,这样的平等的社会结构才能建立起来。柯亨虽然坚持自己是作为马克思主义者而被养育起来的,

---

① G. A. Cohen, *If You're an Egalitarian, How Come You're So Rich?* Harvard University Press, Cambridge, Mass, 2000, preface, p. x.

但是在这个问题上,他似乎背离了马克思主义的基本精神,对于马克思主义来说,社会的平等正义的问题首先是一个社会的基本结构的问题,更根本地说,是社会的经济结构的问题,不解决社会的基本结构的问题,社会的正义和平等就是不可能的。

与柯亨一样,法国学者比岱(1935—)也试图把罗尔斯的契约论和马克思主义结合起来。比岱认为,罗尔斯强调契约原则本身并没有错,而问题在于,契约的原则中所体现的平等自由总是被破坏。马克思的《资本论》说明了这种关系是如何被破坏的。因此,这两者是可以结合在一起的。比岱认为,契约关系应该是一种相互许诺和相互制约的关系,其中不存在任何暴力的强制。从一定意义上说资本主义的市场经济和社会主义的计划经济最初都建立了一种无强制的契约关系,但是这种契约关系后来会走向自己的反面。在这里,他提出了一个现代社会的"元结构"理论,该理论认为,现代社会包含了三个要素:计划、市场和联合。具体说来,在市场经济中,工人和资本家在签订契约的时候是平等的,但是在工作中,工人生产的剩余价值却被资本家剥削了,平等的契约关系被破坏了。在计划经济中,政府和个人之间虽然也建立了契约关系,但是最后官僚阶层却占据了有利地位,并导致一种特殊的阶级关系的产生。实际上,在现代社会中没有一个国家是完全市场,或者完全计划的,而是两者的结合。那么为什么这种契约关系会走向自己的反面呢?这是因为,统治者宣称它所建立的契约是平等的契约,而实际上其中已经蕴含了不平等,被统治者失去了平等参与的契约者地位,于是市场的契约和计划的契约都会解体。这就要求建立新的契约。这就是说,在一定的社会结构中,契约本身会引发一种反抗那些破坏契约的势力,要求实现契约的平等。被压迫者会结合在一起形成反抗力量。这种反抗力量被他解释为社会制度变革的动因。[①] 比岱提出的所谓计划和市场都会走向自己的反面的思想,从理论上说是反对罗尔斯的契约论的,从实际上说就是要为现代资本主义社会中所出现的第三条道路进行辩护。在这里,他一方面为社会中的经济不平等辩护,认为人们之间由于社会和自然的偶然性而产生的社会差别是必然的,契约中的这种不平等关系必然存在,另一方面又认为,我们不仅要接受罗尔斯在经济上补偿社会中的最少受惠者的原

[①] J. Bidet, A Metastructural Reinterpretation of the Rawlsian Theory: From Rawls to Machiavelli. Ratio Juris 2010, 8 (1): 72-73.

则，而且要赋予他们以更多的权力，以平等的权力来弥补他们在经济上的劣势。

法兰克福学派的第三代代表人物霍耐特，继承了德国哲学的传统，从黑格尔早期的伦理学思想中发掘出"承认"的问题，并把社会正义问题的研究从财富分配的角度转换到人在社会中是否得到承认的问题。在他看来，人和人会发生为了承认而展开的斗争。在这种斗争中，个人就是要获得自信、自重和自尊。如果一个人的身体、人格和尊严受到伤害、蔑视和诋毁，那么个人的自信、自重和自尊就受到了伤害。当一个人得到另一个人在身体上的关爱时，这个人就会获得自信，反之，当一个人在身体上受到伤害的时候，那么这个人的自信就受到破坏；在公共生活中当一个人的权利得到尊重的时候，个人作为道德主体的人格就得到了尊重，反之，如果在公共生活中，个人的权利被蔑视了，那么个人的人格就受到伤害；最后在一个价值共同体中，如果一个人对于社会的贡献得到社会的尊重的话，那么，他的尊严就得到了维护，社会的团结就得以产生，反之，如果个人的特殊性和社会贡献得不到承认，那么个人的尊严就受到伤害，社会团结就被破坏。社会的平等就是在人和人之间的相互承认中确立起来的。对于霍耐特的这种平等观，南希·弗雷泽（1947— ）进行了批评。她认为，社会的平等和正义涉及三个相关的问题：经济上的平等分配、文化上的相互承认以及政治上的代表权。在现代社会，处于边缘的社会群体，他们的权利如何才能得到保障也是社会正义中必须解决的问题。在她看来，边缘群体在国家的政治生活中也应该获得同等的代表权。此外，哈维还提出了空间正义的思想。

思考题：

1. 20世纪20、30年代欧洲部分共产党理论家是如何阐述他们关于马克思主义哲学的观点的？如何评价这些观点？
2. 20世纪30年代以来西方学者关于马克思主义哲学研究的主要理论内容是什么？怎样评价他们阐述的理论观点？

第十章　马克思主义哲学中国化的探索和研究

马克思主义哲学中国化的历史进程，就是马克思主义哲学与中国具体实际相结合的历史进程。马克思主义哲学的中国化进程是在特定的历史条件下，为了解决中国社会面临的重大现实问题、适应中国人民的现实需要而展开的，是与中国革命、建设和改革的伟大实践密切联系的。中国共产党在推进马克思主义中国化的历史进程中产生了两大理论成果，即毛泽东思想和中国特色社会主义理论体系。这两大理论成果中蕴含的丰富哲学思想，是马克思主义哲学中国化理论成果的集中体现。在推进马克思主义哲学中国化这一历史进程中，以领袖人物为代表的中国共产党人发挥了主导作用，马克思主义哲学家以及广大马克思主义哲学工作者也作出了突出贡献。

第一节　马克思主义哲学在中国的早期传播

马克思主义在中国的传播内在地包含着马克思主义哲学在中国的传播，它是在特定的历史背景下开始的。推动这一过程的主体是中国先进知识分子，毛泽东的贡献我们将在下一章重点讨论，本节着重阐述李大钊、陈独秀、瞿秋白等对马克思主义哲学在中国的早期传播作出的重要贡献。

一、马克思主义哲学在中国早期传播的历史背景

马克思主义产生于19世纪40年代的欧洲，经过半个多世纪的发展传到中国。几乎与此同时，1840年第一次鸦片战争后，中国的社会性质发生了巨大变化，逐步沦为半殖民地半封建社会。帝国主义的入侵在破坏中国原有的自给自足的自然经济的同时，扼杀了中国封建社会内部自然孕育的资本主义因素，阻断了资本主义在中国正常发展的道路。救亡图存成为近代中国最紧迫最重大的现实问题。为了解决这个问题，先进的中国人纷纷向西方寻求真理。他们尝试了各种不同的救国方案，却屡试屡败。

鸦片战争后试图改变中国社会面貌的种种努力的失败，使先进的中国人认识到，如果不铲除数千年来为封建专制服务的旧思想、旧文化，就不可能彻底

推翻封建专制主义对中国的统治。于是，一场反对旧文化的新文化运动应运而生。陈独秀于1915年在上海创办《青年杂志》（后改名《新青年》），揭开了新文化运动的序幕。新文化运动以民主和科学为武器，对传统的封建旧文化展开了全面、彻底和猛烈的进攻，矛头直指封建专制主义以及为其服务的儒学孔教。新文化运动的历史作用主要在于，它通过对民主科学的大力弘扬和对封建专制主义的揭露批判，打破了封建思想文化的一统天下，极大地促进了人们的思想解放，这就为马克思主义及其哲学在中国的传播和发展扫清了思想障碍。

1917年，俄国十月革命的胜利开辟了人类历史的新纪元。它给饱受帝国主义欺辱的中国人民以巨大的鼓舞，也给正在黑暗中摸索的中国知识界带来了希望。一批中国先进知识分子就是通过了解十月革命转向马克思主义及其哲学的。他们从讴歌和赞扬十月革命开始，到学习和探讨指导十月革命的理论武器——马克思主义及其哲学，进而逐步接受和大力宣传这一科学理论。

马克思主义及其哲学在中国的传播，是以中国工人阶级的成长壮大为阶级基础的。在十月革命影响下，1919年中国发生了反对帝国主义侵略及北洋政府卖国行为的五四运动。如果说十月革命为马克思主义在中国的传播提供了外部动力，那么，五四运动所展现的工人阶级的力量则为马克思主义在中国的传播提出了内在要求。在中国近代史上，无产阶级伴随外国资本主义在华企业而产生，伴随着第二次鸦片战争以后外资企业的大量增加、洋务企业和商办企业的开办而发展，伴随民族资本主义发展而大批出现。中国无产阶级身受多重剥削和压迫，其中不仅有来自本国资产阶级和封建势力的剥削和压迫，而且有来自帝国主义的剥削和压迫，这些剥削和压迫的严重性和残酷性是世界所罕见的。因此，他们的反抗意识比任何其他阶级更强烈，他们的斗争精神比任何其他阶级更坚决更彻底。在五四运动中，工人阶级作为一支独立的力量登上政治舞台，并且以其高度的阶级觉悟、特有的组织性纪律性和坚决彻底的革命精神，成为运动后期的主力军。工人阶级的觉醒必然要求科学理论的指导，而马克思主义及其哲学的产生和发展都是和工人运动分不开的。中国工人阶级由于自己所处的特殊地位，最容易理解也最愿意响应马克思主义的号召，因而他们是马克思主义及其哲学在中国传播最深厚的阶级基础。五四运动的爆发，引发了一场广泛的深层次的马克思主义及其哲学的传播运动。

在五四运动中，1915年开始的新文化运动转变为马克思主义的思想运动、学习运动和宣传运动。首先，新文化运动的主要刊物《新青年》成为宣传马克思主义的主要阵地。五四运动爆发后,《新青年》编辑出版了《马克思主义研究》专号,接着又编辑出版了《劳动纪念》专号,开辟了《俄罗斯研究》专栏,推出了一批介绍马克思主义理论、宣传十月革命和研究中国工人运动的文章。在《新青年》的带动下,许多报刊尽管思想倾向各不相同,但都在不同程度上介绍和宣传过马克思主义的某些观点和思想;马克思主义的一些重要著作,陆续通过各种出版物翻译介绍到中国。其次,新文化运动的内涵发生了深刻变化。新文化运动初期主要是用资产阶级的新文化反对封建主义的旧文化。那时所说的民主属于资产阶级范畴,主要指资产阶级的民主;那时所说的科学还不包括马克思主义。在五四运动中高举的民主和科学大旗,所说的民主已经超越了资产阶级民主的狭隘范围,主要指以工人阶级和大多数劳动人民为主体的民主;所说的科学,在社会领域首先指马克思主义的科学世界观、方法论和社会革命学说。最后,新文化运动的倡导者成为传播马克思主义的先锋。1920年3月,李大钊在北京发起成立了马克思学说研究会;同年5月,陈独秀在上海组织了马克思主义研究会。随后,毛泽东在湖南创刊《湘江评论》并与蔡和森、何叔衡等组织了"新民学会",周恩来在天津组织了"觉悟社",瞿秋白在北京创办了《新社会》周刊,恽代英等在武汉组织了"互助社",王尽美、邓恩铭等在济南成立了马克思学说研究会,方志敏在江西组织了"改造社",等等,都对马克思主义及其哲学进行了宣传和阐释。随后各地纷纷成立共产主义小组,进一步推动了马克思主义及其哲学的宣传、介绍以及著作的出版工作。

总之,马克思主义之所以能够在中国得到广泛传播,最根本的原因在于:这是中国社会内部矛盾运动的结果和社会发展的需要。它是无产阶级的科学世界观,其理论的深刻和论证的严谨是任何西方学说所不可比拟的。尤其是贯穿在马克思主义整个体系之中的唯物主义历史观,它在人类认识史上第一次把对人类社会历史的认识置于唯物主义的基础上予以科学的说明,并用唯物辩证的方法揭示了人类社会发展的一般规律,特别是资本主义社会发展的特殊规律。由于马克思主义的理论、观点和方法,能够对中国社会的历史和现状作出科学的分析,能够对中国社会所面临的现实问题作出合理的解答,能够找到解决问题的正确道路,因此它理所当然地得到中国先进分子和广大人民群众的信仰、理解、接受和运用。

二、李大钊与马克思唯物史观的早期传播

李大钊,出生于河北省乐亭县,是中国共产主义运动的先驱,伟大的

马克思主义者，杰出的无产阶级革命家，中国共产党的主要创始人之一。他于1918年发表的《法俄革命之比较观》《庶民的胜利》《Bolshevism 的胜利》等文章标志着马克思主义在中国传播的开始。他在五四运动中发表的《我的马克思主义观》一文，是中国人写的第一篇力求全面系统地介绍马克思学说的文章。此后他相继发表了《物质变动与道德变动》《唯物史观在现代史学上的价值》《唯物史观在现代社会学上的价值》《马克思的历史哲学与理恺尔的历史哲学》等文章，介绍马克思的唯物史观。

第一，唯物史观的科学意义。李大钊指出，马克思的唯物史观为考察人类社会的历史、现实和未来提供了科学的观点和方法，"这种历史的解释方法不求其原因于心的势力，而求之于物的势力，因为心的变动常是为物的环境所支配"[1]。"自有马氏的唯物史观，才把历史学提到与自然科学同等的地位。此等功绩，实为史学界开一新纪元。"[2] 李大钊还指出，马克思的唯物史观为他的社会主义理论奠定了基础，提供了方法。"离了他的特有的史观，去考他的社会主义，简直的是不可能。因为他根据他的史观，确定社会组织是由如何的根本原因变化而来的；然后根据这个确定的原理，以观察现在的经济状态，就把资本主义的经济组织，为分析的、解剖的研究，豫言现在资本主义的组织不久必移入社会主义的组织，是必然的运命；然后更根据这个豫见，断定实现社会主义的手段、方法仍在最后的阶级竞争。"[3]

第二，唯物史观的主要著作及其要点。李大钊指出，马克思的唯物史观贯穿在他的名著《资本论》始终，其纲要见于1847年发表的《哲学的贫困》及1848年公布的《共产党宣言》，其公式表述在1859年出版的《〈政治经济学批判〉序言》中。他说："马克思的唯物史观有二要点：其一是关于人类文化的经验的说明；其二即社会组织进化论。其一是说人类社会生产关系的总和，构成社会经济的构造。这是社会的基础构造。一切社会上政治的、法制的、伦理的、哲学的，简单说，凡是精神上的构造，都是随着经济的构造变化而变化。……其二是说生产力与社会组织有密切的关系。生产力一有变动，社会组织必须随着他变动。社会组织即社会关系，也是与布帛菽粟一样，是人类依生产力产出的产物。"[4]

---

[1]《李大钊文集》第3卷，人民出版社1999年版，第319页。
[2]《李大钊文集》第3卷，人民出版社1999年版，第347页。
[3]《李大钊文集》第3卷，人民出版社1999年版，第18—19页。
[4]《李大钊文集》第3卷，人民出版社1999年版，第27页。

第三，唯物史观与阶级斗争学说之间的关系。李大钊指出，马克思的社会主义理论体系大致分为三部分：一是他的历史论，也称社会组织进化论；二是他的经济论，也称资本主义的经济论；三是他的政策论，也称社会主义运动论。"他这三部理论，都有不可分的关系，而阶级竞争说恰如一条金线，把这三大原理从根本上联络起来。"① 他还指出，唯物史观认为，现实中种种社会现象都有其经济的原因，都或直接或间接、或多或少是不同阶级之间竞争所表现的结果。他强调："马氏所说的阶级，就是经济上利害相反的阶级，就是有土地或资本等生产手段的有产阶级，与没有土地或资本等生产手段的无产阶级的区别：一方是压服他人，掠夺他人的，一方是受人压服，被人掠夺的。……这样看来，马氏并非承认这阶级竞争是与人类历史相终始的，他只把他的阶级竞争说应用于人类历史的前史，不是通用于过去、现在、未来的全部。与其说他的阶级竞争说是他的唯物史观的要素，不如说是对于过去历史的一个应用。"②

第四，人民群众在历史上的作用。李大钊指出，过去的历史观无视人民群众在历史上的作用，或者着眼于政治，叙述些政治上外交上的史实，至多以伟人说或天才说来解释这些史实；或者着眼于宗教，用人的思想感情来解释历史的发展。"这些唯心的解释的企图，都一一的失败了，于是不得不另辟一条新路。这就是历史的唯物的解释。"③ 唯物史观认为，人的生存全靠他维持自己的能力，经济生活是一切生活的根本条件。"人类的真实历史，不是少数人的历史。人类种族，是由些全靠他们自己工作的果实生存的家族的群众成立的。历史的纯正的主位，是这些群众，决不是几个伟人。"④ 同时，他对英雄人物的作用也作出了恰当的评价，指出："这一班所谓英雄所谓豪杰的人物，并非有与常人有何殊异，只是他们感觉到这社会的要求敏锐些，想要满足社会的要求的情绪热烈些，所以挺身而起为社会献身，在历史上留下可歌可哭的悲剧、壮剧。"⑤

三、陈独秀解说马克思主义的精神实质

陈独秀，安徽怀宁（今属安庆市）人，新文化运动的倡导者之一，中国共

---

① 《李大钊文集》第3卷，人民出版社1999年版，第19页。
② 《李大钊文集》第3卷，人民出版社1999年版，第29—30页。
③ 《李大钊文集》第3卷，人民出版社1999年版，第318—319页。
④ 《李大钊文集》第3卷，人民出版社1999年版，第330页。
⑤ 《李大钊文集》第4卷，人民出版社1999年版，第426页。

产党早期的主要领导人。他以《新青年》《每周评论》和北京大学为主要阵地，积极提倡民主与科学，提倡文学革命，反对封建的旧思想、旧文化、旧礼教，成为新文化运动的倡导者和主要领导人之一。五四运动后期，他开始接受并广泛宣传马克思主义，为马克思主义及其哲学在中国的传播作出了重要贡献。

1922年5月5日，在纪念马克思诞辰和中国社会主义青年团成立大会上，陈独秀发表了题为《马克思的两大精神》的讲演，把马克思的学说和行为概括为实际研究和实际活动两大精神。他认为，马克思应用欧洲近代自然科学的归纳法来研究社会科学，搜集许多事实来证明自己的原理和学说，因此他的经济学或社会学是有根据的，可相信的。同时，马克思又是个革命的社会主义者。凡能实际活动者才可革命，因此，研究马克思的学说不能停留在书房里学问中，还须将其学说应用到实际中去。他号召青年们发挥马克思的实际活动精神，把马克思学说当作社会革命的原动力，实际投身到社会革命当中去。①

1923年5月至6月，陈独秀在《关于社会主义问题》的讲演中提出了共产主义的三个重要原则：一是要有科学的根据，是根据社会之历史的进化和现在社会的经济文化状况种种的客观境界，不是空中楼阁主观的幻想。二是社会改造应有的步骤，各民族之经济的、政治的、文化的进步各不相同，所以改造的步骤不能一致。三是每一步骤都须用革命的方法，从组织共产党一直到实现共产社会，其间须经过几多步骤，每个步骤之中，或者又须经过几多曲折的步骤，但每个步骤都必须采用革命的方法，不可采用改良的方法。他说："以上三个原则，是马克思派共产主义最重要之点，若是忘了第一、第二两个原则，便和其他空想的社会主义无异；若是忘了第三个原则，就变为改良的、堕落的社会民主党。这是我们研究马克思社会主义者应该特别注意的地方！"②

陈独秀于1922年在《新青年》第9卷第6号上发表的《马克思学说》一文，是继李大钊《我的马克思主义观》之后又一篇系统介绍马克思学说的文章。在这篇文章中，陈独秀把唯物史观概括为两点：其一，说明人类文化之变动，即社会生产关系之总和为构成社会经济的基础，法律、政治都建筑在这个基础上面。一切制度、文物、时代精神的构造都是跟着经济的构造变化而变化的，经济的构造是跟着生活资料之生产方法变化而变化的。不是人的意识决定

---

① 参见《陈独秀文章选编》（中），生活·读书·新知三联书店1984年版，第177—178页。
② 《陈独秀文章选编》（中），生活·读书·新知三联书店1984年版，第295—296页。

人的生活，倒是人的社会生活决定人的意识。其二，说明社会制度之变动，即社会的生产力和社会制度有密切的关系，生产力有变动，社会制度也要跟着变动，因为经济的基础（即生产力）有了变动，在这个基础上面的建筑物自然也要或徐或速的革起命来。①

陈独秀在《马克思学说》中，把李大钊阐述唯物史观时所说的"社会组织"和"阶级竞争"分别表述为"社会制度"和"阶级争斗"，使这两个概念的表述更加准确。他对唯物史观与阶级争斗学说之间的关系作了进一步说明，认为马克思所说的革命与空想家所说的不同，是指经济自然进化的结果；马克思所说的阶级争斗也是人类历史进化的自然现象，并不是一种超自然的玄想。所以唯物史观说和阶级争斗说不但不矛盾，并且可以互相证明。他指出，马克思和恩格斯合著的《共产党宣言》一书的精髓，正是根据唯物史观来说明阶级争斗的。其要义，一是"一切过去社会底历史都是阶级争斗底历史"，二是"阶级之成立和争斗崩坏都是经济发展之必然结果"。②他说："马克思说明阶级争斗大略如此，我们实在找不出和唯物史观有矛盾的地方。"③ 他还增添了"劳工专政"的新内容，引证马克思在《共产党宣言》《法兰西内战》《哥达纲领批判》等著作中的论述，说明了无产阶级专政的必然性。他指出，从前有产阶级在反封建斗争中是靠掌握了政权才达到目的，现在无产阶级和有产阶级争斗，也必然要掌握政权利用政权来达到目的。在这里，陈独秀把"劳工专政"与剩余价值、唯物史观、阶级争斗一起视为马克思学说中相互联系的重要内容。

四、瞿秋白与辩证法唯物论的最初介绍

瞿秋白，出生于江苏常州，1917 年秋考入北京俄文专修馆学习。五四运动爆发后，他成为北京学生爱国运动的领导人之一，并参加了李大钊组织的马克思学说研究会。李大钊、陈独秀因为有留学日本的经历，所以主要借助日文资料学习马克思主义；而瞿秋白则是学俄文的，因此他主要借助俄文资料学习马克思主义。1920 年秋，他以记者身份赴苏俄实地采访，在两年时间里，先后撰写了《共产主义之人间化》《苏维埃俄罗斯之经济问题》等数十篇通讯和《俄

---

① 参见《陈独秀文章选编》（中），生活·读书·新知三联书店 1984 年版，第 193—194 页。
② 《陈独秀文章选编》（中），生活·读书·新知三联书店 1984 年版，第 195 页。
③ 《陈独秀文章选编》（中），生活·读书·新知三联书店 1984 年版，第 197 页。

乡纪程》《赤都心史》等著作，客观介绍俄国十月革命后苏俄的真实情况。1923年1月回国后，他运用马克思主义分析中国国情，考察中国社会状况，论证中国革命问题，发表了大量文章，并成为党的早期重要领导人之一。

在研究和传播马克思主义哲学上，瞿秋白最突出的贡献之一，就是他第一个在中国介绍了辩证法唯物论。在此之前，中国人对于马克思主义学说体系的理解主要包括四个部分，即唯物史观、剩余价值学说、阶级斗争和无产阶级专政理论，其中对于马克思主义哲学的宣传主要集中在唯物史观上。瞿秋白首先发现了问题，1926年年初，他在《马克思主义之意义》一文中指出："中国对于马克思主义理论上的研究，至今还是异常的贫乏，对于唯物史观的介绍往往不大确切和明瞭。通常对于唯物史观及马克思主义的译名，即如'唯物史观'一词都嫌疏陋，马克思的哲学学说决不能以唯物史观概括得了。所以，必须知道马克思主义的真切的意义。"① 他认为，马克思主义是对于宇宙、自然界、人类社会之统一的观点、统一的方法。它并不限于经济学说，也不限于社会科学，而是解释宇宙一切现象的方法总论，是综合各科学的方法而说明人类知识能量的认识论。马克思主义理论体系包括四个部分：一是互辩法唯物论的哲学或马克思主义的总宇宙观；二是社会学的方法论或唯物史观即历史唯物论；三是社会经济的理论或经济学；四是无产阶级革命斗争的理论，共产主义或科学的社会主义。其中第二、三部分是用互辩法唯物论的观点研究人类社会生活的结果；第四部分在理论上是前三部分的结论，在实践上是马克思主义整个系统形成之动机和目的；而最根本的基础，贯穿始终的观点则是互辩法唯物论。②

其实，早在1923年瞿秋白在上海大学讲授"社会哲学概论"时，就依据恩格斯《反杜林论》的思想，系统地介绍了辩证法唯物论的基本观点。主要包括：一是"我"与"非我"、"意识"与"实质"的关系问题是哲学中的根本问题。凡是以客观为出发点，用客观解释主观，用实质解释意识的思想家属于唯物论者；凡是以主观为出发点，用主观解释客观，用意识解释实质的思想家属于唯心论者。二者之间还有折中派和二元论。科学的发展不断证明唯物论的正确性，而唯物论也是倾向于科学的。二是人的思想和意识是"脑经"的作用。人本身是自然界的产物，所以人的"脑经"也是自然界的产物。"'意识'

---

① 《瞿秋白文集·政治理论编》第4卷，人民出版社2013年版，第21页。
② 参见《瞿秋白文集·政治理论编》第4卷，人民出版社2013年版，第18—22页。

的正确与否，全在乎他与自然界是否符合，——意识是外界的反映。自然界是一切现象的根本，亦就是人的意识的根本。外界的实质能确定'意识'——这是科学的基础。"① "总而言之：实质确定意识，实质时时变易，意识亦时时变易。"② 三是社会生活中没有一成不变的原则。道德上的善与恶不是绝对的而是相对的，是因时代而变迁的。各个阶级有各阶级自己的善恶标准，其根据在于各阶级的经济地位。所谓平等也不是抽象的，而是随历史的发展改变着其中的含义。人类之所以能脱离自然界及社会关系的束缚而日趋于自由，是因为他能渐渐发现种种事物因果联系的"公律"。"所以自由的意义在于能自治治物。……人类的自由不过是历史发展的必然结果。"③ 四是宇宙间及社会里一切物质和现象都在动之中。动的本身便是矛盾，矛盾之发生又消灭，消灭又发生便成就所谓"动"。"物的矛盾及事的互变便是最根本的原理，——没有矛盾互变便没有动；没有动便没有生命及一切现象。"④ 宇宙及社会里的一切发展，就是数量变更的渐渐积累，而数量的变，到一定程度必定突变为质量的变。"否定之否定"是旧的形式毁灭，新的形式构成，转辗不已，愈演愈复的历程。"自然界、社会关系以及思想都是连环不断的'否定'。"⑤ 总之，"宇宙的根本是物质的动，动的根本性质是矛盾——是否定之否定，是数量质量的互变。社会现象的根本是经济的（生产关系的）动——亦就是'社会的物质'之互变。"⑥

瞿秋白在讲授"现代社会学"时，进一步说明了唯物论特别是辩证法在社会领域的应用。他参考布哈林的《历史唯物主义理论》，阐述了探究社会现象时原因论与目的论、有定论与无定论、动观与静观、突变论与渐变论的对立，并以科学史和哲学史上的大量实例论证了唯物论和辩证法的正确性。他指出，唯心论和唯物论的争执当然要反映到社会科学中来。唯心论认为："意见变动是人类社会中一切现象的根本原因，于是社会科学首先便应当研究所谓'社会意识'，所谓'社会精神'。"⑦ 唯物论认为，社会是自然界的产物，人类亦是如此；社会只能存在于自然界之中，只能采取自然界里对于自己有益的东西以

---

① 《瞿秋白文集·政治理论编》第 2 卷，人民出版社 2013 年版，第 340 页。
② 《瞿秋白文集·政治理论编》第 2 卷，人民出版社 2013 年版，第 341 页。
③ 《瞿秋白文集·政治理论编》第 2 卷，人民出版社 2013 年版，第 346 页。
④ 《瞿秋白文集·政治理论编》第 2 卷，人民出版社 2013 年版，第 348 页。
⑤ 《瞿秋白文集·政治理论编》第 2 卷，人民出版社 2013 年版，第 349 页。
⑥ 《瞿秋白文集·政治理论编》第 2 卷，人民出版社 2013 年版，第 349 页。
⑦ 《瞿秋白文集·政治理论编》第 2 卷，人民出版社 2013 年版，第 437 页。

求生存。"那物质的生产及其资料（物质的生产力）是人类社会生存的根据。……换句话说，就是社会的精神生活，受物质生产的实际状况及其发展的程度之束缚。"① 因此唯物论能解释社会的精神生活的现象，唯心论则不能。他还指出，除了唯心论和唯物论的对立之外，在观察宇宙及社会现象时还有两种互相对立的方法：所谓的静力观和动力观。前者认为，一切都是静的，一成不变的；后者认为，一切都在"动"与"变"之中，"静"不过是人的主观想象而已。这种动力观就叫做"互辩法"或"互变律"。社会科学中的根本方法就是互辩的唯物主义，既要看到现象之间的不断联系，又要看到它们的动向，而历史主义就是把人类社会看作一个经过无数阶段的不断变更的过程。他还认为，历史的发展源于其内部矛盾，社会中无处没有矛盾，其中阶级矛盾和阶级斗争是历史的原动力。社会与自然界一样也有突变，这就是革命。只有经过突变和革命，才能开始向新方向的渐变和改良。

瞿秋白在讲授"社会科学概论"时，还概述了社会现象的联系和社会发展的规律。他指出：生产力之状态是社会最后的根底，是社会结构内的物质成分，这是历史的唯物论的根据；物质世界永远在流变之中，从死物生出生物，从生物的劳动生出社会现象，所以经济也在继续的流变之中；政治、哲学、思想等是经济的产物，一切复杂的社会现象都因物质流变而发生；所谓"进化"根源于经济的变更，开始只是数量上的渐变，积累既久便引起社会上的突变，这就是革命；革命是建设的代价，亦是建设的第一步。他说，"社会的发展律大致如此。然而知道这社会律的人，无产阶级，决不坐待天国的降临"②。

瞿秋白对辩证法唯物论的介绍在中国产生了极其深远的影响。从那时起人们开始认识到，马克思主义哲学不仅有唯物史观，还有辩证法唯物论或唯物辩证法。同时，也由于唯物辩证法的引进，使人们更加历史、辩证地看待各种社会问题和思想，极大地提高了马克思主义哲学在理论批判和现实斗争中的战斗力。

第二节 马克思主义哲学中国化的探索

马克思主义中国化就是把马克思主义基本原理同中国具体实际相结合，同

---

① 《瞿秋白文集·政治理论编》第2卷，人民出版社2013年版，第438—439页。
② 《瞿秋白文集·政治理论编》第2卷，人民出版社2013年版，第587页。

中华民族优秀传统文化相结合，运用马克思主义的立场、观点、方法，研究和解决中国革命、建设、改革开放不同历史时期的实际问题，总结和揭示中国革命、建设、改革开放的经验和规律，并以中国的文化形式和表达方式加以阐述和表现，使之成为具有中国风格、中国气派、中国特色的马克思主义。作为马克思主义中国化的重要组成部分，马克思主义哲学的中国化也是随着中国革命、建设和改革开放的实践而不断发展的。

一、马克思主义及其哲学中国化的提出

中国共产党从成立之日起，就把马克思列宁主义作为自己的指导思想。摆在当时中国共产党人面前的一个重要问题，就是在充分认识中国国情的基础上运用马克思主义解决中国革命的实际问题，使之成为中国化的马克思主义。在民主革命初期，党的早期领导人已经认识到了这个问题的重要性。如李大钊明确提出了"主义"必须与"实境"相结合的基本思想。蔡和森提出，马克思列宁主义应当运用到各国去，应用到实际上去才行，要在自己的争斗中把马克思列宁主义形成自己的理论武器。瞿秋白也明确提出："革命的理论永不能和革命的实践相离"，"应用马克思主义于中国国情的工作，断不可一日或缓"。①但是，尽管我们党找到了马克思列宁主义这个崭新的思想武器，党的早期领导人也认识到了必须将马克思列宁主义与中国实际相结合的问题，然而由于中国共产党处在幼年时期，对于这个问题还没有形成深刻的、完整的、统一的认识，还不能独立地运用马克思主义妥善解决中国革命的一系列理论问题和实际问题，同时由于对中国近代历史状况和社会状况的认识还不是很深刻，因此，党在领导中国革命的进程中犯过一些错误，致使革命遭受了挫折，甚至遭受了重大损失。尤其是以王明为代表的"左"倾教条主义，不顾中国革命的特点，一而再、再而三地要求以城市为中心，幻想通过发动中心城市的武装起义，达到所谓"一省数省的首先胜利"，形成所谓全国革命高潮和全国胜利，导致白区革命力量几乎损失了百分之百，临时中央也被迫于1933年1月迁入中央苏区，中国革命几乎陷入绝境。

为了克服各种"左"、右倾错误思想倾向对党的正确路线、方针和政策的干扰，避免中国革命再次遭受挫折，提出马克思主义中国化的任务已经迫在眉

---

① 《瞿秋白文集·政治理论编》第4卷，人民出版社2013年版，第407—408页。

睫。在这种背景下,针对当时党内那种不顾中国社会和中国革命的具体环境和具体特点,照抄照搬马克思主义的个别论断和苏联经验的思想倾向,毛泽东于1938年10月在中国共产党扩大的六届六中全会上作题为《论新阶段》的政治报告时,向全党提出了一个亟待了解并亟须解决的问题,这就是马克思主义中国化的命题和思想。

毛泽东认为,离开中国特点来谈马克思主义,只是抽象的空洞的马克思主义。马克思主义的中国化,要使之在其每一表现中都带着中国的特性。他指出:"共产党员是国际主义的马克思主义者,但马克思主义必须通过民族形式才能实现。没有抽象的马克思主义,只有具体的马克思主义。所谓具体的马克思主义,就是通过民族形式的马克思主义,就是把马克思主义应用到中国具体环境的具体斗争中去,而不是抽象地应用它。成为伟大中华民族之一部分而与这个民族血肉相联的共产党员,离开中国特点来谈马克思主义,只是抽象的空洞的马克思主义。因此,马克思主义的中国化,使之在其每一表现中带着中国的特性,即是说,按照中国的特点去应用它,成为全党亟待了解并亟须解决的问题。"①

这段话的针对性是非常明确的,就是反对以教条主义的态度对待马克思主义。在这里,毛泽东所说的马克思主义的中国化主要有两层含义:一是把马克思主义的内容与中国的民族形式结合起来,通过中国的民族形式表现出来,使之带有鲜明的中国特色;二是按照中国的特点把马克思主义应用到中国的具体环境和具体斗争中去,把马克思主义基本原理与中国具体实际相结合。联系上下文来看,当时毛泽东在"学习"这一标题下提出了三方面的研究任务:一是研究马克思、恩格斯、列宁、斯大林的理论,二是研究我们民族的历史,三是研究当前运动的情况和趋势。他指出:"指导一个伟大的革命运动的政党,如果没有革命理论,没有历史知识,没有对于实际运动的深刻的了解,要取得胜利是不可能的。"② 这三方面任务实际上指明了解决马克思主义中国化问题的思路或途径。

马克思主义中国化命题的提出,进一步推动了马克思主义哲学的中国化进程。1938年4月,艾思奇在《哲学的现状和任务》一文中就曾呼吁哲学的中国化和现实化。他提出:"现在需要来一个哲学研究的中国化、现实化的运动。

---

① 《中共中央文件选集》第11卷,中共中央党校出版社1991年版,第658—659页。
② 《毛泽东选集》第2卷,人民出版社1991年版,第533页。

过去的哲学只做了一个通俗化的运动,把高深的哲学用通俗的词句加以解释……然而在基本上,整个是通俗化并不等于中国化现实化。"① 在这里,艾思奇所说的哲学的中国化和现实化,主要是指哲学研究的中国化、现实化,其中也包含着推动马克思主义哲学中国化的意思。1941 年,和培元在《论新哲学的特性与新哲学的中国化》一文中明确地提出了马克思主义哲学中国化,指出:"所谓新哲学是指马克思列宁主义的哲学,是指辩证唯物主义与历史唯物主义。"②"所谓新哲学的中国化,这个问题的本质是在于辩证唯物主义的普遍原理与中国的具体的革命实践的结合,与中国的历史实际的结合。"他援引毛泽东关于马克思主义中国化的论述,指出:"新哲学的研究者,必须领会这一深刻的启示,要把辩证唯物主义的普遍原理与中国革命的具体实际结合起来才是真正的中国化。"他认为,"我们在毛泽东同志的一切著作里也可以看出他怎样深刻地灵活地根据辩证唯物主义的理论与方法阐明中国革命的规律性,一九三七年毛泽东同志在抗大的哲学讲座,迄今犹脍炙人口,他的讲授提纲特别是《对立统一律》一章是最好的中国化了的马列主义的哲学著作,他对辩证法原则的阐述之所以那么爽朗、生动、有力,这不仅由于他的文字的流畅易读,更重要的是由于在字里行间洋溢着活的中国革命的经验。这就指示着新哲学中国化的正确道路。"③

马克思主义哲学中国化这个问题的提出绝不是偶然的。在 20 世纪 30 年代前后,中国哲学界存在着一种马克思主义哲学中国化的现实运动。此前,中国哲学界在传播马克思主义哲学方面所做的工作,主要是翻译、介绍、转述马克思主义哲学的经典著作和主要观点,重点是唯物史观。而到了 30 年代,中国哲学界关注的重点转向唯物辩证法,并且力图把马克思主义哲学与中国人民的日常生活,与中国人民的革命斗争,与中国社会的现实状况结合起来。在中国哲学界推动马克思主义哲学中国化的过程中,取得了一批影响广泛深远的成果,其中具有代表性的除了毛泽东的《矛盾论》和《实践论》,还包括李达的《社会学大纲》和艾思奇的《大众哲学》等著作。

---

① 《艾思奇文集》第 1 卷,人民出版社 1981 年版,第 387 页。
② 和培元:《论新哲学的特性与新哲学的中国化》,《中国文化》第 3 卷,第 2、3 期,中国文化社 1941 年版,第 88 页。
③ 和培元:《论新哲学的特性与新哲学的中国化》,《中国文化》第 3 卷,第 2、3 期,中国文化社 1941 年版,第 95 页。

《实践论》和《矛盾论》、《社会学大纲》和《大众哲学》虽然面向不同的社会群体,但都是和中国社会的实际相结合,符合当时中国社会的现实需要。《实践论》和《矛盾论》根据中国革命的经验和需要,生动运用和阐释了马克思主义哲学原理,推动了党的思想路线的形成,为指导中国革命事业提供了重要的世界观和方法论。而《社会学大纲》则通过对马克思主义哲学全面系统的阐释和说明,帮助人们全面深刻地理解客观世界特别是人类社会运动发展的一般规律和必然趋势。《大众哲学》则进一步推动了马克思主义哲学的大众化,帮助人们更好地理解和掌握马克思主义哲学,使之具有广泛深厚的群众基础。

二、李达对马克思主义哲学中国化的贡献

李达,湖南零陵人,著名的马克思主义理论家。五四运动后,在《觉悟》副刊上连续发表文章,介绍欧洲各社会主义政党的情况,并翻译《唯物史观解说》《马克思经济学说》和《社会问题总览》等著作,积极传播和宣传马克思主义。1921年7月参加党的第一次全国代表大会,当选为中央局成员,同年9月创办党的第一个出版社——人民出版社,出版马克思列宁主义的著作和革命丛书。虽然很早就参加革命斗争,但是他后来主要在大学任教,研究和讲授马克思主义,通过著书立说宣传马克思主义,主要著作有《现代社会学》《社会学大纲》等。新中国成立后,经中共中央批准,重新加入中国共产党,主要从事党的教育工作,曾任北京政法大学副校长、湖南大学校长、武汉大学校长,中国科学院哲学社会科学部委员,中国哲学学会会长等职。

李达注重马克思主义的学理研究,即注重其概念的准确、体系的完整和论证的严谨。他早在1926年出版的《现代社会学》中就对唯物史观进行了系统阐述。他在该书序言中指出,这本书是应用唯物史观所做的改造社会科学的一种尝试,"社会学者,社会科学之一,其研究之目的在探求社会进化之原理;其研究之方法,在追溯过去以说明现在,更由现在以逆测将来"①。他还指出:"马克思固未尝著述社会学,亦未尝以社会学者自称,然其所创之唯物史观学说,其在社会学上之价值,实可谓空前绝后。"因此,李达"特采唯物史观学说为根据,编著此书。"② 该书涉及社会的本质、构造、起源、发展、变革、社

---

① 《李达文集》第1卷,人民出版社1980年版,第236页。
② 《李达文集》第1卷,人民出版社1980年版,第237页。

会意识、阶级与国家等一系列基本理论问题，以及帝国主义、世界革命、国际社会运动等重大现实问题，对于科学社会主义的内容和实现共产主义的步骤也专门加以阐述。在书中，李达根据自己的理解给唯物史观的一些基本概念如"社会""社会意识""阶级"和"国家"下了定义，认为："各个人为谋满足欲望而加入生产关系之结合，谓之社会。"① "社会意识者，各个人为谋取生活资料不能不共同服从其支配之意识也。"② "阶级者，社会的生产历程之结果，由生产条件产生而出，因生产手段之分配，及社会人员被分配于生产历程中所构成之社会的系统而生者也。"③ "国家乃社会之机关，由特殊阶级，以经济的剥削之目的支配下层阶级，并为防止内部'革命'与外部攻击而造成者也。"④《现代社会学》一书出版后产生了很大的社会影响，对马克思主义哲学在中国的传播发挥了重要作用。

李达1937年出版的《社会学大纲》一书是中国人自己写的第一部马列主义哲学教科书。全书共四十余万字，分五篇十二章：第一篇"唯物辩证法"，第二篇"当做科学看的历史唯物论"，第三篇"社会的经济构造"，第四篇"社会的政治建筑"，第五篇"社会的意识形态"。在书的开头，李达首先提起全书的根本论纲，指出："社会学的唯一的科学的方法，是唯物辩证法。这个科学的方法，是把社会当作不断的发展着的、生动的有机体解释的。"⑤ 他在书中认为，社会存在规定社会意识，"这个论纲，是历史唯物论的根本论纲，历史唯物论的全部内容，都是这个根本论纲的说明"⑥。历史唯物论的对象，是"在最一般的大纲上说明人类社会之历史的客观的发展过程及其发展法则，阐明各种社会构成形态的特殊发展法则及由一种构成形态到他种高级构成形态的特殊转变法则"⑦。该书不仅系统阐释了唯物辩证法和历史唯物论的基本原理，而且清楚揭示了各种原理之间的相互关系。

第一，唯物辩证法与以往哲学之间的关系。李达认为，唯物辩证法有其产生的历史根据，其哲学的直接的先导，是黑格尔的观念辩证法与费尔巴哈的唯

---

① 《李达文集》第1卷，人民出版社1980年版，第243页。
② 《李达文集》第1卷，人民出版社1980年版，第289页。
③ 《李达文集》第1卷，人民出版社1980年版，第317页。
④ 《李达文集》第1卷，人民出版社1980年版，第330页。
⑤ 《李达文集》第2卷，人民出版社1981年版，第9页。
⑥ 《李达文集》第2卷，人民出版社1981年版，第285页。
⑦ 《李达文集》第2卷，人民出版社1981年版，第298页。

物论，但并不是二者的机械的综合。"辩证法的唯物论，是克服了从来一切形而上学的唯物论、特别是费尔巴哈唯物论的缺陷，并由自然领域扩张于历史领域的唯物论；唯物论的辩证法，是批判的摄取了从来一切哲学中的辩证法、特别是黑格尔辩证法的成果，并综合了现代社会科学与自然科学的诸结论的辩证法。"①"唯物辩证法是科学的历史观与科学的自然观的统一，而两者统一的基础，是社会的——生产的实践。"②

第二，唯物辩证法诸法则之间的关系。李达认为，唯物辩证法是关于自然、社会及人类思维的一般发展法则的科学。"对立统一的法则、由质到量及由量到质的转变的法则与否定之否定的法则，是辩证法的三个根本法则。这三个法则之中，对立统一的法则是最根本的法则，是辩证法的核心，其他两个法则，可说是对立统一法则的不同的显现形态。所以对立统一的法则，实在是包摄着质量间互相转变的法则与否定之否定的法则。唯物辩证法，由于发见对立统一的法则，才能理解自然、社会及思惟的矛盾的发展的根源。"③

第三，认识与实践之间的关系。李达认为，唯物辩证法把实践作为历史的社会的范畴，解释为感性的现实的人类活动，认为实践是认识的出发点和源泉，是认识发展的杠杆、契机和原动力，是认识的真理性的规准。"人类的认识，是一个过程，并且是一个辩证法的过程。认识的过程，由实践出发，而复归于实践，其中包括着由物质到感觉及由感觉到思惟的认识的发展过程。这认识的发展过程，具有其本身所固有的特殊发展法则。"④ 对于客观世界及其过程的认识正确与否，"只有实践才能给以最后的证明，只有实践才能把握对象之历史的具体性。但实践与认识是不可分离的统一着。实践是认识的基础，认识是实践的动因。实践不但证明认识的真理性，并且依据认识的真理性，而积极的变革客观世界"⑤。

第四，唯物辩证法与历史唯物论之间的关系。李达认为，马克思主义创始者首先是从社会的历史的领域，即政治的实践的领域开始的，他们"首先阐明了历史领域中的辩证法，其次由历史的辩证法进到自然辩证法，而在社会的实

---

① 《李达文集》第 2 卷，人民出版社 1981 年版，第 51 页。
② 《李达文集》第 2 卷，人民出版社 1981 年版，第 56 页。
③ 《李达文集》第 2 卷，人民出版社 1981 年版，第 163 页。
④ 《李达文集》第 2 卷，人民出版社 1981 年版，第 209 页。
⑤ 《李达文集》第 2 卷，人民出版社 1981 年版，第 266 页。

践上统一两者以创出科学的世界观的唯物辩证法"①。他还指出，从世界观的角度去看，唯物辩证法是自然科学与社会科学的成果之普遍化的概括，其中包含着两个部分，两个领域，即唯物论的自然观（自然辩证法）与唯物论的历史观（历史辩证法）。"在这种意义上，唯物论的自然观与唯物论的历史观，是唯物辩证法与自然诸科学及社会诸科学之间的媒介的环。"② 从认识方法的角度去看，唯物辩证法的一般法则、原理和范畴，都是从一切个别科学抽象出来的，具有极普遍的性质，所以它不但适合于任何特殊现象的领域，并且适合于一切现象的领域。"唯物辩证法在自然领域中具体的适用起来，就成为自然辩证法；在历史领域中具体的适用起来，就成为历史唯物论。"③

李达的《社会学大纲》比较全面、准确地阐述了马克思主义哲学的基本原理，出版后在中国产生了广泛而持久的影响，极大地提升了马克思主义哲学在中国传播的理论水平。1939年该书出版了第四版，1948年由新华书店翻印，直到1961年毛泽东还建议将该书修改出版，认为它对当时的读者仍有现实意义。④

三、艾思奇对马克思主义哲学大众化的贡献

艾思奇，原名李生萱，出生于云南省腾冲县，是著名的马克思主义哲学家。他青年时代积极参加爱国学生运动，并逐步自觉地走上以马克思主义为武器批判旧世界、建设新世界的道路。1933年，他参加了党领导的社会科学家联盟，1935年加入中国共产党。1937年10月，他根据党中央的安排到延安，曾在抗日军政大学、陕北公学、马列学院任教，具体筹建和主持延安新哲学会。新中国成立后，他历任中央高级党校哲学教研室主任、副校长，中国哲学学会副会长，中国科学院哲学社会科学部委员等职。他的主要著作有《大众哲学》《哲学与生活》《艾思奇文集》《辩证唯物主义 历史唯物主义》等。他致力于用马克思主义哲学基本原理解答人民大众的思想困惑，使马克思主义哲学真正为"普通的民众"和"前进的人们"服务，因此被誉为"人民的哲学家"。

艾思奇的《大众哲学》开启了马克思主义哲学在中国大众化之先河。《大众哲学》是艾思奇1934年11月至1935年10月期间，在上海《读书生活》杂

---

① 《李达文集》第2卷，人民出版社1981年版，第56页。
② 《李达文集》第2卷，人民出版社1981年版，第282页。
③ 《李达文集》第2卷，人民出版社1981年版，第282页。
④ 参见《李达同志生平事略》，《李达文集》第1卷，人民出版社1980年版，第17页。

志上连续发表的 24 篇《哲学讲话》的汇集。该书 1936 年 1 月公开出版时书名为《哲学讲话》，同年 6 月出第四版时易名为《大众哲学》。该书分四章二十四节，从本体论、认识论、方法论等方面阐述了辩证唯物论。其最突出的特点是通俗易懂。艾思奇在第四版代序中写道，"我只希望这本书在都市街头，在店铺内，在乡村里，给那失学者们解一解智识的饥荒"①。《大众哲学》以一种通俗的体裁，日常谈话的笔法，把深奥难懂的哲学道理很具体很现实地表现出来，这在当时是前所未有的。艾思奇认为，哲学是人们对于世界的根本认识和根本态度。哲学并不神秘，在日常生活里随时都有哲学的踪迹，但自然发生的哲学思想有时是错误的，往往把人引入歧途，因此要有意识地去获得正确的哲学，才可以解决当前的困难。他用人们身边常常发生不如意的事来说明物质世界是独立的客观存在，用照相机作比喻来说明唯物论的认识论，用"天晓得"这样一句俗人常说的俗话作开头来讲述方法论，用"不是变戏法"来解释矛盾的统一律等。因为《大众哲学》由浅入深、通俗易懂，所以一出版就受到众多读者包括大学生的热烈欢迎，一版再版，供不应求，到 1949 年已经印行了三十二版，成为名副其实的大众哲学。

《大众哲学》在中国较早地全面而通俗地传播了马克思主义哲学的基本原理，极大地促进了马克思主义哲学在中国的传播。《大众哲学》受到了毛泽东的重视。1936 年 10 月，毛泽东致信叶剑英、刘鼎，要买一批通俗的社会科学、自然科学及哲学书，信中特别提到要经过选择真正是通俗的而又有价值的书，其中就列举了艾思奇的《大众哲学》。② 1937 年 4 月，艾思奇的《哲学与生活》一书在上海出版，同年 9 月，毛泽东在延安阅读了这本书，并作了扼要的摘录。1937 年秋，艾思奇到达延安后不久，毛泽东致信艾思奇说，"你的《哲学与生活》是你的著作中更深刻的书，我读了得益很多"③，并对书中的一个观点提出疑问，表示愿意和艾思奇当面交流。许多人也是通过读这本书理解了人生的意义，从中受到了马克思主义哲学的启蒙教育，而走上了革命的道路。

通过写作《大众哲学》，艾思奇认识到了推进哲学中国化和现实化的重要性和紧迫性。因此，他在《哲学的现状和任务》中旗帜鲜明地提出了马克思主义哲学中国化的主张。他认为，实现哲学中国化，应以研究新哲学辩证唯物论

---

① 《艾思奇文集》第 1 卷，人民出版社 1981 年版，第 284 页。
② 参见《毛泽东书信选集》，人民出版社 1984 年版，第 80 页。
③ 《毛泽东文集》第 2 卷，人民出版社 1993 年版，第 31 页。

为中心，注意吸取其他哲学的合理的积极的东西。他在1939年3月发表的《关于形式论理学和辩证法》一文中总结说："我自己一年多来正努力做这工作，但还没有充分把握。然原则上不外两点：第一要能控制中国传统的哲学思想，熟悉其表现形式；第二要消化今天的抗战实践的经验与教训。"在这里，他把哲学中国化归纳为两条重要途径：一是要与中国传统的哲学思想和表现形式结合，吸取其合理的有用的东西；二是与现实的抗战的实践经验和教训结合，及时消化吸收新鲜养料，才能使马克思主义哲学中国化现实化。

艾思奇之所以强调哲学的中国化现实化，是针对哲学界当时的状况。他指出，在抗战极度紧张的情势下，哲学的空气似乎被消灭了，哲学的问题似乎被忽视了。但哲学在事实上仍以两种形态存在着：一种是消融在实际问题中，作为思想方法潜伏在每一个人对于实际问题的意见和主张里；另一种是脱离实际回避现实，只在学者教授书斋里存在的空理论，它虽然以哲学的面目出现，却是苍白的、没有现实血流贯注的空理论。他认为，这是一个缺陷，单纯对于实际问题的关心，既容易流入狭隘经验主义的泥塘，也容易受到不正确的思想影响；空理论更是危险的，最低限度是使我们脱离实际的任务，最坏是曲解事实，成为正当地解决抗战问题的大障碍。为了使哲学和现实的抗战生活离得近一点，为了让哲学的空气振作起来，艾思奇发出了哲学中国化现实化的号召。

马克思主义哲学要结合中国的实际，要面向中国的现实，要适应中国现实的需要，要为中国现实的革命斗争服务，这就是艾思奇发出哲学中国化现实化号召的深刻内涵。在艾思奇发出这一号召的时候，毛泽东已经根据中国革命的经验，适应中国革命的需要，

本章二维码

写出了《实践论》和《矛盾论》，并以其中的观点在延安的抗日军政大学发表了演讲；李达所著的《社会学大纲》也已经由笔耕堂书店出版。这些成果，不仅在哲学上代表和引导着马克思主义哲学在中国传播的方向，而且在政治上为马克思主义中国化的提出充当了哲学先导，并为其进一步发展奠定了重要的基础。

第三节　新中国成立后马克思主义哲学在中国的传播与研究

新中国成立后，以毛泽东为主要代表的中国共产党人将马克思主义基本原

理与新中国的具体实践相结合,在恢复国民经济、对生产资料所有制进行社会主义改造和全面开展社会主义建设的实践中形成了一系列宝贵经验,为马克思主义哲学在中国的运用和发展创造了新的有利条件,对推动马克思主义哲学中国化的发展作出了重要贡献。在经历了一段曲折的历史发展过程后,进入改革开放历史新时期,随着中国特色社会主义理论体系哲学思想的形成、丰富和发展,马克思主义哲学中国化的研究得到了极大发展,从许多方面丰富和深化了当代中国马克思主义哲学的研究。

新中国成立后,几代党和国家领导人毛泽东、邓小平、江泽民、胡锦涛、习近平在马克思主义理论创新和实践发展方面作出卓绝的贡献,构成这一时期马克思主义哲学史发展的主体和主流,鉴于本书部分章节对此有专门论述,这里只梳理专业马克思主义理论工作者的工作。

一、马克思主义哲学的广泛传播和普及

社会主义革命和建设实践对新中国成立后的马克思主义哲学提出了新的时代课题,马克思主义哲学必须通过不断地通俗化、大众化和普及化为社会主义革命和建设服务。为提高干部、群众的思想理论水平,党中央号召在全国开展学习马克思主义哲学的活动。

大力宣传和普及马克思主义哲学基本知识,用唯物史观武装人们的头脑。这场学习活动以艾思奇的《历史唯物论、社会发展史》和恩格斯的《劳动在从猿到人的转变中的作用》为主要教材。通过学习,广大干部、群众初步树立了"劳动创造世界""人民群众创造历史""阶级和阶级斗争"等马克思主义哲学基本观点,这场学习活动也因此被称为"思想领域的解放战争"。1958—1966年开展了全国范围的群众性学哲学、用哲学运动,哲学逐渐成为人们的认识方法和工作方法,马克思主义哲学得到了广泛传播和普及。

毛泽东哲学著作《实践论》和《矛盾论》重新发表,全国掀起了以学习"两论"为中心的进一步深化马克思主义哲学学习的热潮。为了广泛深入地宣传和普及马克思主义,确立马克思主义哲学在全国范围内的指导地位,《人民日报》分别于1950年12月29日和1952年4月1日重新发表了毛泽东在抗战时期的哲学著作《实践论》和《矛盾论》。广大理论工作者陆续在《新建设》《人民日报》《学习》等报刊上发表介绍、学习、研究《实践论》《矛盾论》的文章。广大干部、群众把对"两论"的学习与实际工作结合起来,将"两论"

中的马克思主义认识论和唯物辩证法当作指导学习和工作的指南。

大量翻译和出版马克思主义经典著作，为全党和全国人民学习、研究马克思主义哲学奠定了坚实的文献基础。为满足干部、群众学习马克思主义哲学的需要，新中国建立初期，成立了负责系统翻译马克思主义经典著作的中共中央马克思恩格斯列宁斯大林著作编译局，《马克思恩格斯全集》《列宁全集》《斯大林全集》以及马克思、恩格斯关于经济、政治、哲学、军事等方面的专门性著作陆续被翻译、出版。中央还成立了毛泽东选集出版委员会，整理出版了四卷本的《毛泽东选集》。大量国外学者研究马克思主义哲学的积极成果也在这一时期得到翻译和介绍。

李达、艾思奇、杨献珍（1896—1992）、冯定（1902—1983）等马克思主义哲学家结合社会主义革命和建设实践中的新情况和新问题，对马克思主义哲学展开了多方面的研究并取得了大量积极成果，对马克思主义哲学在中国的广泛传播和普及发挥了重要作用。

《实践论》和《矛盾论》重新发表后，为了帮助人们更好地学习和领会这两本著作的思想，李达先后写了《〈实践论〉解说》和《〈矛盾论〉解说》。按照理论联系实际的原则，李达对《实践论》和《矛盾论》进行了深入浅出的逐段解说，对于用通俗的语言宣传唯物论起了很大作用。在毛泽东的提议和支持下，李达还着手在《社会学大纲》的基础上重新编写一部《马克思主义哲学大纲》，并于1965年完成了前半部分，即《唯物辩证法大纲》的写作。

新中国成立后，艾思奇在马列学院授课期间完成了《辩证唯物主义讲课提纲》的写作，于1957年由人民出版社出版。在这本著作中，艾思奇紧密结合中国革命和建设的具体实际，系统论述了本体论、认识论、唯物辩证法基本规律和唯物辩证法诸范畴，准确阐明了辩证唯物主义哲学的基本原理，明确提出了"认识的问题，就是哲学的中心问题"的思想，强调"哲学原理的实际意义，就是它的作为认识方法的意义"，并且将毛泽东哲学思想与马克思列宁主义哲学统一起来，用毛泽东哲学思想丰富和发展辩证唯物主义哲学。1961年，人民出版社出版了由艾思奇主编的《辩证唯物主义 历史唯物主义》一书，这是新中国成立后第一部由我国理论工作者编写的较为完整的马克思主义哲学教科书，充分体现了马克思主义哲学中国化、大众化和现实化的特点，对于教育大学生和干部群众发挥了重要作用。

杨献珍在新中国成立前长期从事党的宣传和教育工作，新中国成立后在马列学院和中央党校担任领导工作,同时还从事马克思主义哲学的教学和研究工作。1955年,杨献珍将其为中央党校普通班学员讲授恩格斯的《路德维希·费尔巴哈和德国古典哲学的终结》和列宁的《唯物主义和经验批判主义》等著作的讲稿整理后,以《什么是唯物主义?》为书名在中央党校内部印发。针对一些干部在工作中常犯唯心主义和主观主义的错误,杨献珍指出:"思维对存在的关系这个哲学中最根本的问题,也是我们一切实际工作中最根本的问题。要使干部从根本上克服工作中的主观主义,就必须使干部从思想上解决这个问题。"① 围绕这一问题,杨献珍对马列原著进行深入浅出的解释,系统阐明了唯物主义认识路线和唯心主义认识路线的根本对立。杨献珍还指出,唯物主义是每个党员干部都必须学习的,学习的目的在于学会在认识事物上达到主客观一致。

冯定在新中国成立前主要从事党和军队的革命文化与宣传教育工作,新中国成立后,曾担任北京大学哲学系教授、中国科学院哲学社会科学部学部委员等,长期从事马克思主义哲学的教学和研究工作。1948年,冯定写作、出版了《平凡的真理》一书;新中国成立后,他又结合新的经验和形势对原作进行了修改,由中国青年出版社于1955年出版。《平凡的真理》围绕真理问题依次论述了"真理和智慧""真理和谬误""真理和规律""真理和行为"四个基本问题,由浅入深、层次分明地论述了马克思主义认识论、世界观、辩证法等基本原理。冯定在《平凡的真理》中还把世界观和人生观结合起来,强调要将哲学理论宣传与思想教育结合起来,寓思想教育于哲学宣传中,使广大干部群众在学习马克思主义哲学的同时受到革命传统教育和共产主义教育。

此外,在新中国成立初期还开展了对电影《武训传》的讨论和对唯心史观的批判,对《红楼梦》研究的讨论和对胡适派唯心主义的批判,对于宣传唯物主义思想和确立马克思主义在意识形态领域的指导地位发挥了积极作用。

新中国成立后,马克思主义哲学在干部群众中的广泛传播和普及,不仅在理论上进行了马克思主义哲学的启蒙教育,提高了人民群众的思想觉悟,也在一定程度上清除了封建主义和资产阶级思想的影响,确立了马克思主义在意识形态领域的指导地位,为巩固社会主义政权和促进新中国的经济社会发展发挥

---

① 杨献珍:《什么是唯物主义?》,河北人民出版社1980年版,第44页。

了重要作用。

二、哲学界关于马克思主义哲学若干理论问题的探讨

新中国成立后，如何认识这一历史新时期的特点，解决新的历史条件下的问题，这是中国人民面临的重大课题。广大马克思主义哲学工作者结合中国社会主义革命和建设实际，对马克思主义哲学若干理论问题展开了深入探讨，推动了马克思主义哲学在中国的运用和发展。

（一）关于过渡时期资产阶级与工人阶级矛盾性质问题的讨论

中国的资产阶级分为官僚资产阶级和民族资产阶级两个部分，前者在新中国成立后通过没收官僚资本、镇压反革命运动和农村土地改革运动而得以清除，民族资产阶级和工人阶级之间的矛盾逐步上升为新中国的主要矛盾。如何看待和处理这一矛盾，成为一个迫切需要解决的理论和实践问题。

在1951—1952年的"三反""五反"运动中，一些不法资本家的违法事实被大量揭露出来。1952年年初，《学习》杂志连续三期刊载了几篇基本否定民族资产阶级在过渡时期具有两面性的文章，认为民族资产阶级只有消极、反动的一面而不具有积极、进步的一面。冯定于同年3月24日在《解放日报》上发表《学习毛泽东思想来掌握资产阶级的性格并和资产阶级的思想进行斗争》的文章，阐述了他对这一问题的不同看法。冯定运用毛泽东思想中的辩证法，对资产阶级的共同性和特殊性进行了分析，指出，从民主革命时期到社会主义过渡时期的民族资产阶级的两面性是长期起作用的。

随着对资本主义工商业的社会主义改造运动的不断展开，如何认识民族资产阶级和工人阶级之间矛盾的性质又成了一个新的重要问题。我国哲学界从1956年到1957年在《大公报》《人民日报》《光明日报》《哲学研究》《新建设》等报刊上围绕这一问题展开了热烈讨论。总体看来，主要有以下三种意见：

第一种意见认为，二者的矛盾在本质上是对抗性的。民族资产阶级与工人阶级是两个经济利益根本对立的阶级，二者是剥削与被剥削的关系，他们之间的矛盾在本质上是对抗性的。但在如何解决这一对抗性矛盾的问题上，既有主张只能用对抗性的方法（尽管可以采取和平斗争的形式）来解决的，也有主张在工人阶级成为领导阶级后可以用非对抗性的方法来解决的。

第二种意见认为，二者的矛盾是非对抗性的。在过渡时期的特定历史条件

下，民族资产阶级和工人阶级之间的矛盾基本上是非对抗性的，局部的对抗只是一种补充，全面的、长期的对抗是可以避免的，和平改造就是基于这种矛盾性质的解决办法。

第三种意见认为，二者的矛盾既有对抗性，又有非对抗性。从经济利益和剥削关系上看，二者之间的矛盾是对抗性的；但在中国的特殊情况下，二者又具有反帝、反封建和发展国民经济的共同利益，他们之间的矛盾又是非对抗性的，并且这种对抗与非对抗的两重性也不是绝对平衡的，它们在一定条件下也会发生位置和比重的变化。

对过渡时期我国社会主要矛盾问题的讨论，把马克思主义矛盾学说运用于分析中国社会在过渡时期的民族资产阶级和工人阶级之间的矛盾，不仅推动了哲学理论问题的探讨和研究，也为毛泽东写作《关于正确处理人民内部矛盾的问题》提供了重要的思想材料。

（二）关于过渡时期经济基础和上层建筑问题的讨论

1953年，随着党在过渡时期总路线的逐步执行，我国的经济基础和上层建筑都发生了很大变化，这引起了哲学界关于我国过渡时期的"五种经济成分"是否构成我国经济基础的讨论。主要有三种意见：

第一种意见是"综合经济基础论"。这种意见认为，整个社会中包括占统治地位和不占统治地位的所有生产关系的总和构成这个社会的基础。我国过渡时期的"五种经济成分"（社会主义性质的国营经济、半社会主义性质的合作社经济、农民和手工业者的个体经济、私人资本主义经济和国家资本主义经济）是一个有机的统一整体，包括资本主义经济、小商品经济等非社会主义经济，与社会主义经济一起构成我国过渡时期的经济基础。资本主义经济只能通过改造使之逐步发展成为社会主义经济，而不是简单地消灭。因此，我国过渡时期的上层建筑也不是单一的，而是相当复杂的，既包括社会主义成分，也包括资本主义成分，二者之间进行着激烈的斗争。

第二种意见是"单一经济基础论"。这种意见主张，只有占统治地位的生产关系的总和才是基础，资本主义基础和社会主义基础之间存在着"谁战胜谁"的尖锐矛盾和斗争，过渡时期总路线的实质就是要使社会主义所有制最终成为我国的单一经济基础。我国在过渡时期的经济基础不能是多种生产关系的"综合"，只能是"单一"的社会主义生产关系各个方面的总和，资本主义经济、个体经济等非社会主义性质的生产关系不能被视为我国过渡时期的经济基础。"综合经济基础论"使人们模糊了在社会主义革命中要消灭什么基础，建立什么基础，是一种忽视矛盾、静止看问题的形而上学方法。我国过渡时期的上层建筑只能建立在正在形成和发展着的社会主义经济基础之上，而不能把那些非社会主义的观念形态包含在社会主义上层建筑之内。

第三种意见是"无基础论"。这种意见认为，我国过渡时期的新民主主义社会是一个同时实行社会主义改造和社会主义建设的变革时期，社会主义改造就是为了解决生产关系的基础问题，即用社会主义所有制代替一切私人所有制。因此，过渡时期是社会主义经济基础的发展和形成时期，它不是一个独立的稳定的社会形态，也就没有最终完全形成的经济基础。相应地，我国过渡时期的上层建筑也是在逐步地形成当中，旧的非社会主义上层建筑处于逐渐的消灭过程中。

这次围绕我国过渡时期社会结构状况的讨论，是新中国成立后我国哲学界结合社会主义革命和建设中的现实问题展开的一次规模较大、持续时间较长的讨论，其中形成的一些积极成果为我国探索社会主义发展道路提供了理论基础。但是，由于受到"左"的思想倾向的影响，持"综合经济基础论"的一方被认为是只讲统一、不讲对立的"阶级调和论"而受到不公正的对待。

（三）关于"思维与存在的同一性"问题的讨论

关于"思维与存在的同一性"问题的讨论，起源于20世纪50年代初马列学院师生在学习恩格斯《路德维希·费尔巴哈和德国古典哲学的终结》中关于哲学基本问题"第二方面"的不同理解。艾思奇认为，恩格斯的话肯定了"思维与存在的同一性"，对这一问题既可以作唯心主义的解释，也可以作唯物主义的解释；杨献珍则认为，"思维与存在的同一性"是唯心主义命题，是思维存在等同论。1958年和1959年，《哲学研究》和《光明日报》分别发表了《思维和存在的同一性问题是哲学基本问题的第二个方面》和《"思维和存在的同一性"是唯物主义的原理吗?》两篇观点完全相反的文章，掀起了关于"思维与存在的同一性"问题的公开讨论。全国众多学者纷纷参加讨论，并形成了以艾思奇为代表和以杨献珍为代表的持不同观点的双方，他们在《人民日报》《光明日报》《红旗》杂志和《哲学研究》等报刊上对这一问题进行了深入持久的讨论。

双方的分歧首先表现在如何理解恩格斯关于"思维和存在的同一性问题"的表述上。艾思奇认为，恩格斯肯定了思维与存在的同一性，思维与存在的同一性问题是对哲学基本问题第二方面的概括，无论是唯物主义哲学家还是唯心主义哲学家都必须回答这一问题。杨献珍则认为，思维和存在的同一性从来都是黑格尔唯心主义的基本命题，恩格斯不仅不同意这个观点，而且还要对它进行批判和改造，因此它不能作为对哲学基本问题第二方面的概括。

双方分歧进一步集中到"思维与存在到底是否具有同一性"这个问题上。艾思奇认为："辩证法意义上的同一性，应该毫无例外地运用于任何事物，包括思维与存在的关系在内。"① 思维和存在的同一是对立面的统一，是辩证的同一，即思维是存在的反映，思维又能在一定条件下成为人们改造世界和推动客观存在发展的指导力量。杨献珍则认为，"思维与存在的同一性"与"矛盾的同一性"是两个根本不同的范畴，前者是唯心主义的同一，讲的是思维即存在、存在即思维；后者是唯物辩证法的同一，讲的是对立面的统一。思维和存在毕竟是有差别的，二者不是同一的。如果认为思维和存在是互为存在条件的两个方面，它们相互依赖、相互转化，那么就不能将之与唯心主义的"原则同格论"划清界限。杨献珍在1973年指出："一定要把'思维和存在的同一性'和'思维和存在有同一性'严格地区别开来。'思维和存在的同一性'是说，思维和存在是同一个东西。"② "'思维和存在有同一性'，这是辩证唯物主义的命题，这是把矛盾的同一性原理运用到思维和存在的关系问题上。……我从来没有否认过思维和存在有同一性。"③

双方还在"思维和存在的同一性"与唯物主义认识论的关系问题上展开争论。杨献珍认为，"思维和存在的同一性"与唯物主义认识论是根本对立的。唯物主义认识论是反映论，它首先承认客观世界在人们意识之外独立地存在着，人们的意识是对外部世界的映像；而"思维和存在的同一性"是唯心主义反映论，它首先承认思维第一性，外部世界只是感觉的集合。艾思奇则对此提出了质疑，他反对将"思维和存在的同一性"与唯物主义认识论对立起来，主张唯物主义认识论就是对"思维和存在的同一性问题"的回答，这也是马克思主义辩证法在认识论领域的彻底贯彻。

这场讨论前后持续了二十多年，论题涉及哲学基本问题、认识论问题、辩证法问题、哲学史问题等，是新中国成立后一次历时最长、规模较大、争论较

---

① 《艾思奇文集》第2卷，人民出版社1983年版，第729页。
② 杨献珍：《我的哲学"罪案"》，人民出版社1981年版，第274—275页。
③ 杨献珍：《我的哲学"罪案"》，人民出版社1981年版，第277—278页。

激烈的哲学讨论，对于深化对马克思主义哲学基本问题的理解，促进马克思主义认识论的传播和发展具有积极意义。但是，由于这场讨论主要发生在"大跃进"和人民公社化运动期间，人们在"思维和存在的同一性"问题上的不同看法也反映了人们在如何认识和对待"大跃进"和人民公社化运动问题上的思想分歧，这场讨论也不可避免地受到了运动的影响。

新中国成立后的社会主义建设充满坎坷，马克思主义哲学也经历了一段曲折发展的过程。1966年至1976年，我国发生了"文化大革命"。这是一场由领导者错误发动，被反革命集团利用，给党、国家和各族人民带来严重灾难的内乱。在这场内乱中，我国经济、政治、文化遭到严重破坏，马克思主义哲学发展也在这场内乱中遭遇到严重挫折。典型表现是片面强调矛盾的斗争性，否认矛盾的统一性，把马克思主义哲学简化为"斗争哲学"；片面强调生产关系对于生产力、上层建筑对于经济基础、社会意识对于社会存在的反作用；违背社会发展的客观规律，超越社会发展阶段搞所谓的"穷过渡"，等等。尽管马克思主义哲学在"文化大革命"中遭遇严重挫折，但马克思主义哲学具有强大的生命力，进入改革开放新时期，马克思主义哲学在新的实践中获得了新的发展。

三、改革开放以来马克思主义哲学研究的新进展

改革开放以来，中国马克思主义哲学的发展主要表现为中国特色社会主义理论体系哲学思想的形成、丰富和发展。哲学界的理论研究既对中国特色社会主义理论体系哲学思想的形成和发展发挥了重要作用，也得到了进一步的繁荣发展，取得重要成就。这突出表现在对马克思主义哲学原理以及马克思主义哲学史的研究上。

（一）马克思主义哲学原理研究

改革开放和中国特色社会主义实践，以及世界形势和时代主题的变化，给马克思主义哲学的研究和发展提供了机遇，许多实践的和理论的新问题需要马克思主义哲学去回答。这一时期的马克思主义哲学原理研究，在真理标准、实践观、认识论、辩证法、价值论、历史观、社会发展等具体方面取得了突出成绩。

第一，"实践是检验真理的唯一标准"大讨论。关于真理标准问题的讨论，既是当代中国思想解放和改革开放的理论先导，也开启了马克思主义哲学研究

不断发展的历程。1978年5月11日,《实践是检验真理的唯一标准》一文在《光明日报》发表。文章强调实践不仅是检验真理的标准,而且是唯一标准;马克思主义的理论不是僵死不变的教条,要在实践中不断增加新观点、新结论。这篇文章很快就在全国范围内引发了规模空前的关于真理标准问题的大讨论,拉开了思想解放的序幕,极大地推动了当代中国哲学的繁荣发展。

真理标准问题的讨论是新时期马克思主义哲学研究具有起点意义的标志性事件。围绕拨乱反正和批判"两个凡是"① 等错误思潮的需要而开展的关于真理标准问题讨论的过程,实际上就是批判脱离实际的主观主义、教条主义和本本主义思维方式,重新树立马克思主义科学实践观的过程。马克思主义从科学实践观出发看待认识和真理问题:人类通过实践而发现真理,又通过实践而证实真理和发展真理;实践是认识的基础,是检验真理的唯一标准。因此,真理标准问题大讨论的哲学意义在于,为重新恢复和确立党的实事求是的思想路线奠定了哲学基础,特别是它的辩证唯物主义实践观和真理观基础。

第二,实践观与马克思主义哲学变革实质的研究。真理标准问题的讨论带动了马克思主义实践观的研究,带动了对马克思主义哲学变革实质的研究。在20世纪80年代初期,科学实践观的研究最初集中在实践标准的确定性与不确定性、实践检验真理的过程和机制、实践检验与逻辑证明的关系,以及实践的要素和结构、实践中主体与客体的关系等方面。20世纪80年代中后期以来,关于马克思主义哲学变革的实质、关于马克思主义哲学是不是"实践唯物主义"等问题的讨论也随之展开。

哲学界在关于实践观点对于马克思主义哲学变革的决定性意义、实践观点不仅仅在认识论中而且在整个马克思主义哲学体系中的决定性地位等问题上,几乎没有分歧。引起讨论的问题主要是,能否把马克思主义哲学直接称为"实践唯物主义"。这涉及是否可以认为实践是世界的本体问题,"实践本体论"是否能够得以成立的问题。在这个问题上,哲学界存在三种不同的观点:第一种观点认为,马克思主义哲学是辩证唯物主义和历史唯物主义,不能把马克思主义哲学称为"实践唯物主义",而且这个概念即使可以成立,也只是属于历史唯物主义,属于马克思主义哲学的一个特殊领域。第二种观点认为,马克思主

---

① "两个凡是"指1977年2月7日《人民日报》《红旗》杂志、《解放军报》社论《学好文件抓住纲》中提出的"凡是毛主席作出的决策,我们都坚决维护,凡是毛主席的指示,我们都始终不渝地遵循"。

义哲学就是"实践唯物主义",这个概念最能反映马克思主义哲学的本质,用实践本体超越物质本体,正是马克思主义哲学革命之所在,坚持"实践本体论"还是坚持"物质本体论",是把马克思主义哲学与一切旧唯物主义哲学区分开来的标志。第三种观点认为,"实践唯物主义"与辩证唯物主义和历史唯物主义不是对立的,马克思主义哲学可以分别表述为辩证唯物主义、历史唯物主义或"实践唯物主义",不能用一个否定另一个。此外,在关于实践在马克思主义哲学体系中的地位的认识上,还有的观点认为,虽然不能否认实践具有本体论意义,但不能由此说实践就是世界的本体,不能用"实践本体论"代替"物质本体论"。改革开放后哲学界对实践观的研究,不仅使人们对实践在马克思主义哲学体系中的地位有了新的更深刻的认识,而且对于实践本身的意义有了更广泛和更深入的了解。

第三,认识论研究。真理标准问题的讨论还推动了马克思主义哲学认识论研究。真理标准问题本身就是认识论问题。改革开放后,哲学界在认识论基本原理研究和认识论体系建构等方面,集中探讨了认识的主体性、思维的建构和反思、真理的绝对性与相对性、现代思维方式、史前认识等问题,并在此基础上深入阐述了认识的前提、基础和本质,认识的结构,认识的过程,认识的机制和认识的辩证方法等认识论的重要环节。哲学界对认识论发展历程与思想资源,特别是中国和西方认识论的发展历史进行了整理和发掘,为马克思主义认识论问题研究提供了丰富的理论资源;提出和探讨了认识发生与发展、认识反映与创造、选择与建构、主体认识图式、语义分析方法论等新的理论问题,拓宽了认识论研究的视野,丰富了认识论研究的方法。有的学者还将认识论问题研究与社会历史问题研究整合起来,集中探讨认识的社会性质、社会认识的结构和悖论等问题。

第四,辩证法研究。与认识论研究相伴随的是辩证法研究的持续推进。20世纪80年代,哲学界的辩证法研究在很大程度上是在认识论研究中进行的,辩证法研究以列宁的经典命题"辩证法就是马克思主义的认识论"为依据而展开。20世纪90年代以来,哲学界进一步把辩证法与实践观的研究联系起来,以实践观点自身具有的革命的、批判的精神,并结合时代发展与科学技术进步,来推进辩证法研究。

改革开放后,哲学界关于辩证法的研究主要集中在三个方面:一是辩证法研究重心的变化和内涵。哲学界反思了改革开放以前那种片面突出对立面的斗争性的思维模式,越来越关注"度""关节点""中介"等概念,认为马克思扬弃了黑格尔的概念辩证法,并把它当作实践辩证法的内在环节;通过实践把客观与主观、客体与主体、人的感性存在与精神活动统一起来,超越了传统西方哲学的二元对立思维。二是关于辩证法的存在论基础。哲学界通过对实践观点和生存论或存在论的深入研究和辩证综合,认为辩证法作为人的现实生活的生成与展开,本身具有存在论的性质,辩证法的根基就在现实世界的人的实践活动之中。三是关于自然辩证法的研究。哲学界提出了辩证法研究虽然以实践活动的主客体辩证法为主,但必须承认实践活动的自然存在前提,重视自然辩证法的研究;探讨了自然辩证法的体系、自然界的运动变化、社会与自然的协调发展、科学与非科学的划界、科学技术与社会的互动、科学思维方法与科学创新、科学精神与人文精神等问题,推进了自然辩证法的研究方法革新与研究内容拓展。

第五,价值论研究。实践观和认识论研究进一步推进了哲学界对价值论的研究。价值是人类生活的重要维度,但关于这个问题的研究在我国长期以来是一个空白。改革开放后,哲学界开展了价值论研究,主要集中在三个方面:一是对价值论的基本理论做了比较系统的阐述,包括价值与认识的关系、评价与认识的关系、真理观和价值观的统一、价值的本质、价值的类型、人的价值、价值真理、价值观念、价值与人类历史的关系、价值论在马克思主义哲学中的地位等。二是对价值论研究的方法论进行了反思,将价值论研究中的一系列重要概念和问题置于多学科的理论视野中进行比较研究,对价值和文化、规范等作了逻辑学、语义学的分析,对功利、人的价值以及价值观念等做了人类学、心理学的探讨。三是积极回应社会发展现实问题,结合改革开放和社会生活实践,从价值角度深入思考生产力发展、社会发展与人的发展等现实问题,对个人自由、社会公平、民主政治、文化发展、生态文明等价值形态和理念进行了探讨和研究。

第六,历史观研究。改革开放后,历史观研究逐步成为哲学界研究的重点。历史观研究的问题主要有:由中国特色社会主义现代化道路的探索引发的关于历史发展的普遍规律与各国独特发展道路之间的关系问题,由市场经济的不完善及其负面影响引发的合理看待"以物的依赖性为基础的人的独立性"问题,由社会发展过程中经济、政治和文化之间的互动引发的对社会有机整体的认识,等等。哲学界对历史唯物主义的一系列基本理论进行了深入思考:一是重新阐发一些马克思主义哲学的历史理论问题,如马克思的世界历史理论、人的自由全面发展理论、社会有机体理论、社会发展形态理论、经济社会形态与技术社会形态关系的理论、跨越"卡夫丁峡谷"思想等。二是对历史活动的主体、历史、辩证法、交往实践、科学技术革命与唯物史观的发展、历史进步与代价、历史认识论、历史观与价值观的关系等历史唯物主义基本范畴和原理进行重新阐释。三是对人的问题进行了系统研究,一方面对马克思主义经典作家关于人的问题的思想进行了系统的发掘和阐释,另一方面对人的现代化、人的主体性、人的实践活动、人的全面发展、"以人为本"等进行了具体研究。四是对一些过去较少关注的基本范畴和原理,如分工理论、需要和利益理论、社会交往理论、精神生产和精神文明建设理论、历史决定论和主体选择论、历史认识论和历史价值论、历史时空论等进行了研究。

第七,当代社会发展问题研究。随着改革开放的深入展开,中国特色社会主义实践的不断推进,现代化与现代性问题、全球化问题、发展问题、经济问题、文化问题等,成为哲学界关注的焦点。

一是现代化与现代性问题研究。从马克思主义哲学基本原理出发,研究和探讨中国的现代化建设的有关问题,如从传统农业文明向现代工业文明的历史转型、从计划经济向市场经济的体制转变、现代化进程中的领域分化与社会整合、政治民主与政治体制改革、文化发展与文化体制改革、现代化与人的能力素质的发展等。同时,立足于马克思主义基本理论研究现代性问题,认为虽然经典作家很少直接使用"现代性"这一概念,但其资本主义批判与社会主义建设理论中却蕴含着丰富的现代性思想,并对此进行了深入研究。

二是全球化问题研究。哲学界深入探讨了马克思主义哲学与全球化的关系,认为马克思、恩格斯虽然未使用"全球化"这一术语,但其交往理论、世界历史理论和东方社会理论中蕴含着对全球化早期发展趋势的深刻洞见。同时,深入探讨了全球化的概念和新全球化时代的特征、全球化的实质、全球化与现代性、全球化与资本逻辑、全球化的"中心—边缘"结构、经济全球化、全球风险与社会发展、全球化时代的东西方文明、全球化时代的资本主义与社会主义、全球化时代马克思主义的新发展、全球化与中国社会发展等问题。

三是发展问题研究。随着我国改革开放的深入展开,发展进程持续加速,各种发展的矛盾和问题日益凸显,由此引发哲学界的深入思考,主要涉及发展道路、发展方式与发展观念三个方面。在发展道路上,探讨了发展中国家与发达国家现代化的不同发展路径、发展中国家现代化所面临的特殊矛盾及其解决方式等问题。在发展方式上，探讨了发展的效益与代价、发展的跨越与持续、发展的速度与秩序、发展的均衡与非均衡、发展的内生与外源、发展的理性与非理性、发展的公平和效率、可持续发展与生态环境、经济增长与社会建设、人的全面发展等问题。在发展观念上，探讨了如何既摒弃对人类发展的虚无主义式否定，又扬弃现代以"物的依赖"为基础、以"物"为尺度的发展方式，实现社会发展方式的转变，以及人类存在方式和实践方式的深刻转变等问题。

四是经济问题研究。随着我国市场经济体制的建立和逐步完善，经济建设取得了巨大成就，许多矛盾和问题也逐渐凸显，由此引发哲学界的深入思考，主要有市场经济与社会主义的关系问题、公平与效率关系问题、经济哲学方法论等。市场经济与社会主义的关系问题围绕市场经济如何与社会主义制度相协调展开，主要是资本生产与公有制、资本与生产方式的关系问题。随着资本逻辑研究不断深化，还探讨了资本逻辑与社会时空、社会发展、人的发展等关系问题。公平与效率关系问题得到广泛关注，主要围绕公平与效率的对立与统一关系进行展开，探讨了资源配置、生产方式、分配方式中的效率与公平问题。

五是文化问题研究。改革开放以来，随着国际文化交流的普遍开展和冷战结束后文化（文明）冲突的凸显，文化问题日益引起人们关注，也引发哲学界的深入思考。文化哲学研究涉及的问题，既有文化的本质和特征、文化的类型、文化传统及其变革等基础性研究，也有我国文化发展方向等战略性问题和文化体制改革等对策性研究。在基础性研究方面，文化与自然、社会的关系，文化与文明、文化传统与传统文化、同一性与多样性问题。在对策性研究方面，立足于中国特色社会主义理论和实践，着眼于中国的经济、政治、社会与文化的相对区分与现代转型，对社会主义核心价值体系的内涵、结构和意义等进行了多方面的研究探讨，并对文化体制改革与经济发展、政治建设、社会建设的关系问题进行了多方面的哲学思考；一些学者还对全球化背景下的文化冲突，中国的文化转型与文化精神创新，大众文化，消费文化，网络文化和亚文化等问题展开了研究。

（二）马克思主义哲学史研究

改革开放后，为反思传统马克思主义哲学研究中"史论脱节"的弊端，推动研究中的"史论结合"，哲学界开始了马克思主义哲学史的研究，推动创建了马克思主义哲学史学科，在一些有条件的大学哲学系，开设了马克思主义哲学史课程，并着手合作编写马克思主义哲学史教材。

在进行马克思主义哲学通史研究的同时，哲学界还展开了马克思主义哲学专题史的研究，对马克思主义哲学发展中的特定阶段、特定人物和流派、特定理论观点进行专门研究。一是研究马克思和恩格斯思想发展史，对青年马克思思想中的"两个转变"、青年马克思与成熟马克思的关系、马克思与恩格斯的关系等问题作了深入探讨和阐释，批判了"两个马克思"论和"马恩对立"论，确立了科学的研究方法论。哲学界多数学者不同意把《1844年经济学哲学手稿》看作马克思哲学的成熟著作，更不同意以马克思在该著作中的观点为依据，把马克思一般性地解释为"人道主义的马克思"，并将其与《资本论》对立起来。哲学界针对西方某些"马克思学"家把马克思和恩格斯对立起来的倾向，提出应当充分注意二者的合作关系以及恩格斯对马克思主义哲学的贡献，决不能贬低恩格斯的贡献和地位，将马克思和恩格斯对立起来；应坚持科学的研究方法，特别是历史的和总体的研究方法。二是对中国的马克思主义哲学传播史、发展史进行了较为系统的研究，凸显了中国马克思主义哲学对马克思主义哲学基本原理的创新与发展，开辟了马克思主义哲学中国化这一新的研究领域，对毛泽东哲学思想和中国特色社会主义理论体系哲学思想进行了多角度、多层次的研究，展现了马克思主义哲学中国化的进程。

对马克思主义哲学经典著作进行深入研究是马克思主义哲学史研究的基础。改革开放后，哲学界继续深入研究马克思主义经典著作，回溯思想本源，夯实理论基础，力求扬弃脱离原著抽象探讨理论的研究方式，推动了马克思主义哲学的文本研究、历史研究和原理研究之间的良性互动；开展了多方面的文本研究，清理了马克思、恩格斯文本的写作、流传和刊布情况及其引发的重要事件，分辨了文本研究的不同类型；开展了对马克思、恩格斯的"中学作文"、"博士论文"、《1844年经济学哲学手稿》《穆勒评注》《神圣家族》《关于费尔巴哈的提纲》《德意志意识形态》《共产党宣言》《资本论》及其手稿、"晚年笔记"等具体文本的研究，推动了马克思主义哲学研究。其中，关于《1844年经济学哲学手稿》《德意志意识形态》《资本论》及其手稿的研究最具代表性。学者们近年来在清理文本研究的学术基础之上，开展了文本的个案研究；针对存在翻译争议的例子，探讨文本研究中概念背后的理论问题；也有学者对经典文本作了新的解读，提出了富有启发性的新见解。关于《1844年经济学哲学手稿》的研究，主要探讨了文献、思想和历史地位等问题；关于《德意志意识形态》的研究，主要研究了历史唯物主义的形成、批判与建构等问题；关于《资本论》及其手稿的研究，主要研究了资本逻辑、唯物史观、《资本论》的经济学与哲学的关系等问题。

改革开放后，哲学界还在马克思主义哲学与中国传统哲学、西方哲学和国外马克思主义哲学之间开展了比较研究。一是开展了马克思主义哲学与西方哲学关系的研究，主要研究了马克思主义哲学与康德哲学、黑格尔哲学、青年黑格尔派哲学特别是费尔巴哈哲学的关系问题，具体剖析了马克思、恩格斯对唯心主义的抽象性思维方式和旧唯物主义的直观性思维方式的超越，深刻阐明了马克思主义哲学革命的意义；探讨了马克思与弗洛伊德、尼采、海德格尔等现代西方代表性哲学家，以及马克思主义与精神分析、存在主义、后现代主义、分析哲学等代表性流派的关系问题，从整体上阐明了马克思主义哲学与现代西方哲学的相似性与原则性区别。二是开展了马克思主义哲学与中国传统哲学的比较研究，阐明了它们在关注社会关系和追求社会和谐等方面的相似性，以及在问题意识、思维方式与价值理念上的根本差异；开展了马克思主义哲学中国化的文化机制研究，探讨了马克思主义哲学中国化过程中对中国文化的吸收、利用和改造的过程，以及马克思主义哲学与中国传统文化融合的具体机制和文化途径。三是开展了对国外马克思主义哲学的考察和研究，有选择性地出版了大量关于国外马克思主义哲学研究的著作，既有通论性质的著作或教材，又有人物、流派、文本和专题、理论的个案研究；重新认识了国外马克思主义哲学研究的理论性质，不再采取一概否定的态度，而是对具体人物、观点、流派作具体分析和客观评价，吸收借鉴其中的有益成果。

马克思主义哲学史研究推进了马克思主义哲学在理论、现实和文本研究等多个方面的进展，也积累了马克思主义哲学史研究的经验，如要坚持马克思主义哲学的批判精神，以科学的马克思主义观指导马克思主义哲学史研究；深入把握马克思主义哲学中国化的发展逻辑与传承关系，凸显毛泽东哲学思想和中国特色社会主义理论体系哲学思想的创新实质，在世界文明与中国文明的统一中把握马克思主义哲学中国化的历史意义与当代价值。

思考题：

1. 试述马克思主义哲学在中国早期传播的基本过程和基本经验。

2. 怎样理解马克思主义哲学中国化命题？马克思主义哲学中国化的基本经验是什么？
3. 怎样认识和评价新中国成立后至"文化大革命"前我国马克思主义哲学界发生的三次大的哲学讨论？
4. 试述改革开放以来我国马克思主义哲学研究的新进展。

第十一章　毛泽东哲学思想是马克思主义哲学中国化的伟大成果

毛泽东哲学思想是作为中国共产党集体智慧的毛泽东思想的重要组成部分。它既是以毛泽东为代表的中国共产党第一代领导集体长期实践与理论探索的伟大成果，更是马克思主义哲学与中国革命、建设实践相结合的时代结晶，也是中国共产党理论宝库的灿烂瑰宝。

第一节　毛泽东哲学思想的形成

毛泽东哲学思想形成于中国共产党进行艰苦卓绝的革命道路探索的过程中，其重要标志是中国革命道路的成功开辟和支撑这一道路的思想基础的成熟。

一、毛泽东早期的思想轨迹

毛泽东诞生于1893年12月26日。这是中华民族处于内外交困、风雨飘摇的苦难时期，也是一个期待革命和必然产生革命的时期。正是在这样的时势下，毛泽东开始了他认识世界和改造世界的征途，并在不断探索中，确立起对于马克思主义的坚定信仰。

少年毛泽东一直生活在他的出生地——湖南湘潭偏僻的韶山冲。在封闭的山乡环境中，他除了感受与农事劳作相关的生活内容，开始断断续续地接受中国传统的私塾教育，受到传统"蒙学"的熏陶，点读过"四书""五经"等典籍，还大量地阅读诸如《水浒传》《西游记》《三国演义》《精忠岳传》和《隋唐演义》等"闲书"。这段被他称为"六年孔夫子"的经历，使他获得了对于中国传统文化理解的扎实基础，成就了他"鉴古知今"的终生爱好。

1910年秋天，毛泽东离开闭塞的韶山冲，开始接受新式学校教育。先后就读于湘乡县城附近的东山小学、地处省城长沙的湘乡驻省中学、省立第一高中等。新式学校教育使毛泽东的知识结构更加多元、复合且具有新的时代气息。更为重要的是，走出闭塞的山乡，来到湖南省的政治中心，为他开启了一个认识民族、认识世界、认识时代走向的广阔视界。他接受过康有为、梁启超等维新派的政治启蒙,主张过从"变化民质"、塑造"新民"入手的社会改革;他羡慕过日本通过明治维新达成国家强盛的过程,也感动于华盛顿、林肯、拿破仑、彼得大帝等杰出人物的伟大创举;他支持革命党人推翻清朝、建立民国的纲领,并直接投身于"革命军"的行列;他还热切地关注过"社会主义"思潮,并通过阅读卢梭的《民约论》、达尔文的《物种起源》、亚当·斯密的《原富》、孟德斯鸠的《法意》、赫胥黎的《天演论》、斯宾塞的《群学肄言》等,相当集中地接受了一次较为系统的西方近代思想文化的启蒙。

1913 年春天,毛泽东考入湖南省立第四师范学校学习。这是他怀揣着"十年不得真理,即十年无志;终身不得真理,即终身无志"①的理念而开启的一段新的思想历程。在这里,他师承于兼修中西哲学思想的杨昌济,结识了徐特立、黎锦熙、方维夏等一批良师益友,还与同学组织哲学小组,探求救济时局的真理。尤其他通过研读被当作教材的德国新康德派哲学家泡尔生的《伦理学原理》,接受了具有"心物二元论"性质的思想。在他既有的唯心主义思想信仰上打开了通向唯物主义的缺口。他执持"尚动""主变"的思想,强调"天地盖唯有动而已"②,"国家有变化,乃国家日新之机,社会进化所必要也"③,只有在"动"中求变、求新,国家和社会改造才有可能。当然,由于这一时期思想的过渡性质,毛泽东对于"动"和"变",既指通过实际的社会运动对实际存在的社会制度与人们生活方式的"动"和"变",更指对于人们思想和道德的"动"和"变"。他说:"欲动天下者,当动天下之心,而不徒在显见之迹。动其心者,当具有大本大源。"④又说:"吾国人积弊太深,思想太旧,道德太坏。夫思想主人之心,道德范人之行,两者不洁,遍地皆污。"⑤因此,解决问题的根本之道还在于"从哲学、伦理学入手,改造哲学,改造伦理学,从根本上变换全国之思想"⑥。这实际上是对于当时流行的"新民说"改造"人心"思想主张的接续。

---

① 毛泽东致黎锦熙信,1917 年 8 月 23 日。转引自《毛泽东传(1893—1949)》,中央文献出版社 2004 年版,第 18—19 页。
② 毛泽东:《体育之研究》,《毛泽东早期文稿》,湖南出版社 1990 年版,第 69 页。
③ 毛泽东:《伦理学原理批注》,《毛泽东早期文稿》,湖南出版社 1990 年版,第 200 页。
④ 毛泽东:《伦理学原理批注》,《毛泽东早期文稿》,湖南出版社 1990 年版,第 85 页。
⑤ 毛泽东:《伦理学原理批注》,《毛泽东早期文稿》,湖南出版社 1990 年版,第 86 页。
⑥ 毛泽东:《伦理学原理批注》,《毛泽东早期文稿》,湖南出版社 1990 年版,第 86 页。

毛泽东的思想发生重大转变，形成马克思主义信仰，主要发生于五四运动后。1918年8月，从湖南一师毕业后，为组织青年学生赴法国勤工俭学事宜，毛泽东来到北京，并在李大钊任馆长的北京大学图书馆担任助理馆员。北京大学是当时中国新文化运动的中心，各种思想、学术争奇斗艳。毛泽东在这里接触了新文化运动的著名人物，参与了包括"新闻学研究会"和"哲学研究会"等学术社团的活动。尤其在这里，他亲耳聆听李大钊在天安门广场所作的《庶民的胜利》的演说，也阅读了李大钊的《Bolshevism 的胜利》，以及其他有关十月革命和马克思主义的读物，从而促使他开始深入地了解十月革命和马克思主义。这种思想的转向，直接体现在他创办于五四运动大潮中的《湘江评论》的实践和随后的一系列革命活动中。

在主持《湘江评论》的编辑工作中，毛泽东的直接论题不再是寻找精神性的"大本大源"，而是指向社会改造中的物质基础层面。他说："世界什么问题最大？吃饭问题最大。什么力量最强？民众联合的力量最强。"① 随后，他更是主张对于旧中国必须诉诸"创造其新"的改革，而"不可徒言'改良其旧'"，"劳动者欲求完全之平均分配，非在社会制度改革之后，不能得到。……社会制度之大端为经济制度"②。这些思想的提出，表明毛泽东的思想进入了"踏着人生社会的实际说话"的新阶段，不断地接近唯物史观。

正是以这种思想转变为基础，毛泽东继续在曲折的探索中，先后否定了自己曾经热衷一时的"新村主义""工读互助运动"，以及"无政府主义"和"自治运动"等，并在历史踏进1921年的门槛前后，就十分明确地表述了一种全新的政治信仰。这就是：第一，必须为中国社会"确立一个改造的基础"，即建立共产党，这个党首先是"主义的结合"，"唯物史观是吾党哲学的根据"③。第二，中国社会的改造，必须采取"俄国式的革命"，"俄式系诸路皆走不通了新发明的一条路，只此方法较之别的改造方法所含可能的性质为多"④。第三，中国社会改造要取"劳农主义"的"阶级专政的方法"⑤。其必

---

① 《"湘江评论"创刊宣言》，《毛泽东早期文稿》，湖南出版社1990年版，第292页。
② 《学生之工作》，《毛泽东早期文稿》，湖南出版社1990年版，第454页。
③ 《给蔡和森的信》，《毛泽东文集》第1卷，人民出版社1993年版，第4页。
④ 《在新民学会长沙会员大会上的发言》，《毛泽东文集》第1卷，人民出版社1993年版，第1页。
⑤ 《在新民学会长沙会员大会上的发言》，《毛泽东文集》第1卷，人民出版社1993年版，第2页。

要性不仅在于它是进行革命的基本手段和保证,也是保护劳农大众的利益的需要。因为,世界各种流行的"美其名曰全民政治,实际抛弃了至少百分之九十九的劳工"①。第四,坚持"改造中国与世界"的一致性立场。"中国问题本来是世界的问题,然从事中国改造不着眼及于世界改造,则所改造必为狭义,必妨碍世界"②。他特别强调,中国是由"国际资本帝国主义的侵略"③ 而沦为半殖民地半封建国家的,革命必然伴随着十分复杂和强烈的"外力"因素的干扰,因此,必须把反对国内的反动统治与反对帝国主义结合起来,自觉地把中国革命融入世界革命的范围去观察,从而获得正确的战略与策略。

自从确立起对于马克思主义的坚定信仰,毛泽东就努力地把马克思主义当作一种指导革命的立场观点与方法去运用,并在这种运用中,充分发挥马克思主义解释世界和改造世界的伟大功能,促进马克思主义与中国革命实践的结合,实现马克思主义的中国化发展,从而形成马克思主义哲学中国化的伟大成果——毛泽东哲学思想。

二、第一次国内革命战争时期毛泽东的哲学思想

把马克思主义与中国革命实践相结合,既是毛泽东哲学思想形成的基本路径,也是毛泽东哲学思想的重要理论特质。中国共产党建立后,毛泽东把马克思主义运用于中国革命实际的第一个尝试,主要体现在如何具体地分析革命中的敌我友问题以及如何认识农民运动对于中国革命的特殊意义等问题。

第一,分清敌我友的问题是革命的首要问题。

第一次国内革命战争本质上是一次反帝反封建的战争。它的特殊性不仅在于它是中国共产党与中国国民党合作进行的,而且这种合作是共产党员以个人名义加入国民党的方式实现的。这种崭新的革命方式和复杂的阶级构成,造成了中国社会不同阶级对待革命的不同态度,统一战线内部对于领导权的争夺也日益尖锐化。这就要求中国共产党人对于中国革命的最基本问题——革命对象、依靠力量、领导权以及革命前途等,作出科学的回答,以制定正确的革命战略和策略。

---

① 《更宜注意的问题》,《毛泽东文集》第 1 卷,人民出版社 1993 年版,第 9 页。
② 《在新民学会长沙会员大会上的发言》,《毛泽东文集》第 1 卷,人民出版社 1993 年版,第 1 页。
③ 《外力、军阀与革命》,《毛泽东文集》第 1 卷,人民出版社 1993 年版,第 11 页。

毛泽东对于问题的回答集中体现在以《中国社会各阶级的分析》为代表的一批重要文献中。他认为，中国近代以来一切革命斗争成效甚少，基本的原因在于不能团结真正的朋友，以攻击真正的敌人。革命党是群众的向导，在革命中未有革命党领错路而革命不失败的。我们的革命党要有不领错路和一定成功的把握，不可不注意团结我们真正的朋友，以攻击我们真正的敌人。因此，"谁是我们的敌人？谁是我们的朋友？这个问题是革命的首要问题"①。

那么，如何分清谁是我们真正的敌人、谁是我们真正的朋友？敌人和朋友必体现在对待革命的政治态度上，而政治态度从根本上说，并非仅仅是道德的、思想的问题。根据马克思主义的社会历史观，它归根到底是由人们的经济地位所决定的问题。毛泽东正是以这种理论作为基本方法，提出"我们要分辨真正的敌友，不可不将中国社会各阶级的经济地位及其对于革命的态度，作一个大概的分析"②。这种以各阶级经济地位和政治立场去分析其对待革命态度的做法，鲜明地体现了毛泽东作为马克思主义者应有的思维特质，也体现他作为马克思主义革命家具有一经掌握马克思主义，就力图运用它的实践品格。

首先，社会阶级构成分析，体现中国的特殊国情。他把中国当时真实存在的阶级构成具体划分为：地主阶级、买办阶级、中产阶级或称民族资产阶级、小资产阶级、半无产阶级、无产阶级和游民无产者等。对于小资产阶级，他具体分为"有钱剩米的""经济上大体可以自给的"和"生活下降的"等三部分，对于"半无产阶级"也分为"半自耕农""贫农""小手工业者""店员""小贩"等五种。这种不拘泥于既有理论框架的分类，反映了毛泽东力图把马克思主义理论作为方法去运用，而拒绝照抄照套既有马克思主义阶级划分框架的教条主义学风。

其次，内容分析紧贴中国半殖民地半封建的根本国情。阶级的存在由客观的经济结构所决定，但各阶级的政治态度往往受到各阶级赖以生存的政治、经济、文化等环境的制约，因为这种环境直接地决定着各阶级利益的实现程度和实现方式。这就要求阶级分析必须是具体的，而不能是抽象的，更不能是以既有的理论做形式化的套用。毛泽东的分析很好地体现了这种要

---

① 《毛泽东选集》第1卷，人民出版社1991年版，第3页。
② 《毛泽东选集》第1卷，人民出版社1991年版，第3页。

求。例如，他把"地主阶级"和"买办阶级"相提并论地当作依附帝国主义的反动阶级，这是具有独创性的深刻见解。其根本的依据就是中国社会是一个半殖民地半封建社会的国情。半封建的国情，使得大地主与军阀往往是"二位一体"的存在，并且往往都会利用半殖民地所导致的"外力"即国际资本势力的存在，结成反动的利益联盟，因而"是极端的反革命派"。离开国情的具体分析，无论如何是难以得出这样的结论的。毛泽东对于中国的"中产阶级"，即"民族资产阶级"那种惟妙惟肖的刻画，对于"小资产阶级"的复杂构成、"半无产阶级"的不同部分以及"游民无产者"的分析，也是紧贴具体国情的具体分析。这种分析不是基于概念的演绎，而是对于对象那些并不为人们所了解的特征与可能政治立场的揭示，因而是一种新知的获得和思想的启蔽与解放。

最后，政治原则与政策、策略选择坚持历史唯物主义的方法论要求。一般而言，资产阶级与无产阶级是基于利益根本对立的两个阶级。然而，毛泽东全面分析中国民族资产阶级在半殖民地半封建国情下的基本生存状态，认为它既与无产阶级处于根本利益上的紧张，也受到"外资打击、军阀压迫"，还面临着"国际无产阶级"对于本国无产阶级革命的支持压力。因此，他们"需要革命，赞成反帝国主义反军阀的革命运动；但是当着革命在国内有本国无产阶级的勇猛参加，在国外有国际无产阶级的积极援助，对于其欲达到大资产阶级地位的阶级的发展感觉到威胁时，他们又怀疑革命"[1]。他们主张实现资产阶级一个阶级统治的国家，但在国际"红色的革命大旗"和"白色的反革命大旗"尖锐对垒的条件下，不可能有他们独立于两大阵营的主张，"分化"是他们的基本特点。因此，中国民族资产阶级对于大革命的态度一定是复杂的："其右翼可能是我们的敌人，其左翼可能是我们的朋友。"[2] 这一认识体现了毛泽东把握复杂系统，进行矛盾分析的辩证思维的突出特点，也奠定了中国共产党关于民族资产阶级"二重性"分析的经典性模式，成为中国共产党革命统一战线理论的重要发端。

第二，农民问题乃是中国革命的中心问题。

旧中国是半殖民地半封建的国家。民族资本主义不发达，"现代工业无产

---

[1] 《毛泽东选集》第1卷，人民出版社1991年版，第4页。
[2] 《毛泽东选集》第1卷，人民出版社1991年版，第9页。

阶级人数不多"①。这是中国国情的又一突出表现。党内右倾机会主义者基于这一国情，对革命悲观失望，主张放弃革命主动权。毛泽东则基于深入的阶级分析认为，在广大农村中，存在着一个主要由"半自耕农和贫农"构成的、数量极大的农村"半无产阶级"群体。尽管他们不可能成为革命的领导力量，但由于他们艰难困苦的经济地位，使其"极易接受革命的宣传"，"是我们最接近的朋友"。因此，只要党敢于放手组织农民，开展农民运动，解决农民问题，就能切实推进革命的发展。

首先，农民问题是中国革命的中心问题。毛泽东认为，"农民问题乃国民革命的中心问题，农民不起来参加并拥护国民革命，国民革命不会成功；农民运动不赶速地做起来，农民问题不会解决；农民问题不在现在的革命运动中得到相当的解决，农民不会拥护这个革命"。② 这里除了农民的数量和政治态度外，重要的根据还在于"经济落后之半殖民地的农村封建阶级，乃其国内统治阶级国外帝国主义之唯一坚实的基础"③，政治上全国大小军阀都是地主阶级挑选出来的首领，这帮封建地主首领即封建军阀利用城市买办阶级拉拢帝国主义。而各地军阀每年几万万元的消耗，百分之九十都是直接间接地从地主阶级驯制下的农民身上刮得的，所以，"若无农民从乡村中奋起打倒宗法封建的地主阶级之特权，则军阀与帝国主义势力总不会根本倒塌"④。

其次，解决农民问题要解决"人为的压迫"和"天然的压迫"两大问题。毛泽东指出，"农民问题本来包括两个方面的问题：即帝国主义、军阀、地主阶级等人为的压迫问题，与水旱天灾、病害虫害、技术拙劣、生产减缩等天然的压迫问题。前一个问题固然是目前的紧急问题，同志们的注意力自然都集中在这里。但后一问题也是非常之严重，我们不能不积极地注意。要解决后一个问题，需要着全国的革命的政权与科学的方法，不是即刻能办之事，但时期也就快要到来了，我们应得预先准备"。⑤ 这意味着农民问题，是党的革命策略问题，更是农民的实际解放问题。

再次，解决农民问题必须把农民组织起来。一盘散沙是中国农民在小农生

---

① 《毛泽东选集》第1卷，人民出版社1991年版，第7页。
② 《毛泽东文集》第1卷，人民出版社1993年版，第37页。
③ 《毛泽东文集》第1卷，人民出版社1993年版，第37页。
④ 《毛泽东文集》第1卷，人民出版社1993年版，第39页。
⑤ 《毛泽东文集》第1卷，人民出版社1993年版，第40页。

产状态下的基本存在方式，它既是中国长期处于封建专制主义统治的社会基础，也是农民长期贫穷落后的重要根源。唯有把农民组织起来，才能使数量极大的个体农民聚合成伟大的力量。因此，毛泽东要求党在做好组织工人、学生以及中小商人工作的同时，要有大批同志"去做那组织农民的浩大的工作"。它希望从事组织农民工作的党内同志，要"夏天晒着酷热的太阳，冬天冒着严寒的风雪，挽着农民的手，问他们痛苦些什么，问他们要些什么。从他们的痛苦和需要中，引导他们组织起来，引导他们向土豪劣绅争斗，引导他们与城市的工人、学生、中小商人合作建立起联合战线，引导他们参与反帝国主义反军阀的国民革命运动"①。他说，一旦全国三万万农民，有十分之一的农民组织起来，就可以得到三千万以上有组织的农民。只有到了这个时候，帝国主义、军阀的基础才能确实动摇，国民革命才能得到确实的胜利。这一论述实际上是他的"民众大联合"思想的进一步具体化，所不同的是这里强调了党对于组织农民的重要作用。

最后，坚决捍卫农民运动的正当性。尤其当大革命中农民运动如火如荼地开展起来后，国民党右派、封建地主阶级害怕运动威胁其阶级利益，大叫"糟得很"，斥责农民运动是"痞子运动"，社会的中派人群也批评农民运动"过分""乱来"，等等。党内以陈独秀为代表的右倾机会主义者被各种否定农民运动的叫嚣所吓倒，也责难农民运动。正是为了驳斥对于农民运动的种种责难，毛泽东于1927年1月起，先后在湘潭、湘乡、衡山、醴陵、长沙等地，进行了为时32天的考察，写成了《湖南农民运动考察报告》，坚决捍卫农民运动的正当性，针锋相对地驳斥对于农民运动的各种责难，讴歌农民运动中体现出来的革命首创精神。与"糟得很"的斥责相反，毛泽东高度评价运动中，"农民成就了多年未曾成就的革命事业，农民做了国民革命的重要工作"②，并特别指出，"乡村中一向苦战奋斗的主要力量是贫农"③。"没有贫农，便没有革命。若否认他们，便是否认革命。若打击他们，便是打击革命"。④ 这淋漓尽致地体现了马克思主义者应有的政治立场。

上述思想，揭示了农民和农民运动对于中国革命的特殊意义，回答了中国革命应该如何对待农民这一革命同盟军的问题，也内在地包含着关于中国革命

---

① 《毛泽东文集》第1卷，人民出版社1993年版，第39页。
② 《毛泽东选集》第1卷，人民出版社1991年版，第18—19页。
③ 《毛泽东选集》第1卷，人民出版社1991年版，第20页。
④ 《毛泽东选集》第1卷，人民出版社1991年版，第21页。

道路特殊性的基本根据。

三、中国革命特殊道路思想的形成

中国革命必须走十月革命开辟的武装夺取政权的道路,这是中国共产党人接受马克思主义和经受挫折后形成的共识。在著名的"八七会议"①上,毛泽东总结党的经验教训,指出:"对于军事方面,从前我们骂中山专做军事运动,我们则恰恰相反,不做军事运动专做民众运动。蒋、唐都是拿枪杆子起的,我们独不管。……须知政权是由枪杆子中取得的。"②这是代表党内正确路线对于十月革命原则的坚持。然而,十月革命是以城市为中心武装夺取政权的道路。在半殖民地半封建的中国,照搬这一做法,无法取得成功。毛泽东的重要贡献就在于,"秋收起义"遭遇挫折后,毅然转战井冈山,创建农村革命根据地,从而开辟出一条通过农村包围城市的武装起义的崭新革命道路。他先后写下的《中国的红色政权为什么能够存在?》《井冈山的斗争》《星星之火,可以燎原》《关于纠正党内的错误思想》以及《必须注意经济工作》《关心群众生活,注意工作方法》等,都属于探索和阐述这一革命道路的重要著作。

第一,揭示中国红色政权存在的根本依据。毛泽东指出,"一国之内,在四周白色政权的包围中,有一小块或若干小块红色政权的区域长期地存在,这是世界各国从来没有的事。这种奇事的发生,有其独特的原因。而其存在和发展,亦必有相当的条件"。③ 1927年大革命失败后,中国依然既是城市买办阶级和乡村豪绅阶级统治的地方性经济落后的半封建国家,也是许多相互争夺的帝国主义间接统治的经济落后的半殖民地国家。这种奇怪现象必定伴着另外一件奇怪现象,即各帝国主义和买办豪绅阶级支持着各派新旧军阀,相互间进行着持续不断的战争。正是"因为有了白色政权间的长期的分裂和战争,便给了一种条件,使一小块或若干小块的共产党领导的红色区域,能够在四围白色政

---

① "八七会议"是第一次国内革命战争失败以后,在关系党和革命事业前途和命运的关键时刻,中共中央政治局于1927年8月7日在汉口召开的紧急会议。会议批判和纠正了陈独秀右倾机会主义错误,撤销了他在党内的职务,选出了新的临时中央政治局,确定了土地革命和武装斗争的总方针,决定发动秋收起义。毛泽东出席了这次会议,并提出了著名的"枪杆子里面出政权"的论断。会议通过了《中国共产党中央执行委员会告全党党员书》等议案。"八七会议"在中国革命紧急关头及时地向党和全国人民指明了斗争方向,反对政治上的右倾机会主义,使党在革命中前进了一大步。
② 《毛泽东文集》第1卷,人民出版社1993年版,第47页。
③ 《毛泽东选集》第1卷,人民出版社1991年版,第48—49页。

权包围的中间发生和坚持下来"①。只要中国白色政权的分裂和战争是继续不断的,"则红色政权的发生、存在并且日益发展,便是无疑的"②。

第二,阐明武装斗争对于工农割据的决定性意义。十月革命的重要原则就是武装斗争。中国共产党在大革命时期的重要失误是"不做军事运动"。毛泽东特别强调,在四周白色政权包围下,井冈山的红色割据"必须是武装的"。"'工农武装割据'的思想,是共产党和割据地方的工农群众必须充分具备的一个重要的思想"③。而且,这种"武装割据",不能"只有地方性质的赤卫队,而没有正式的红军"④。"若没有相当力量的正式武装,便决然不能造成割据局面,更不能造成长期的和日益发展的割据局面"。因此,"相当力量的正式红军的存在,是红色政权存在的必要条件"⑤。

第三,论述党对军队的绝对领导权与新型人民军队的建设思想。红军是在革命斗争中从无到有发展起来的,其中"大部分是从旧式军队脱胎出来的"⑥,也有大批各地农民、游民和小资产阶级分子。他们带有各种旧思想、旧习惯、旧制度的残余。因此,改造红军,使它成为适应红色政权建设与发展的新型人民军队,是解决中国革命道路问题的又一重要问题。毛泽东认为,红军是"一个执行革命的政治任务的武装集团"⑦。"它除了打仗消灭敌人军事力量之外,还要负担宣传群众、组织群众、武装群众、帮助群众建立革命政权以至于建立共产党的组织等项重大的任务"⑧。适应这一革命任务,必须切实把"党的领导权"在红军中"绝对建立起来"⑨。贯彻这种领导权,需要严肃纠正红军党内各种错误思想,建立健全"红军中党的组织",认真开展"红军党内教育"和"士兵政治训练"等。通过强化"党的领导权"的各种措施,使红军成为绝对置于党的领导下,执行革命的政治任务的武装集团,使红军士兵都有阶级觉悟,有分配土地、建立政权和武装工农的常识,有为了自己和工农阶级而作战的自觉,从而成

---

① 《毛泽东选集》第 1 卷,人民出版社 1991 年版,第 49 页。
② 《毛泽东选集》第 1 卷,人民出版社 1991 年版,第 49 页。
③ 《毛泽东选集》第 1 卷,人民出版社 1991 年版,第 50 页。
④ 《毛泽东选集》第 1 卷,人民出版社 1991 年版,第 50 页。
⑤ 《毛泽东选集》第 1 卷,人民出版社 1991 年版,第 50 页。
⑥ 《毛泽东文集》第 1 卷,人民出版社 1993 年版,第 65 页。
⑦ 《毛泽东选集》第 1 卷,人民出版社 1991 年版,第 86 页。
⑧ 《毛泽东选集》第 1 卷,人民出版社 1991 年版,第 86 页。
⑨ 《毛泽东文集》第 1 卷,人民出版社 1993 年版,第 65 页。

为新型的人民军队。只有这样，红色政权的存在和发展才有坚实的力量支持。

第四，强调巩固红色政权必须重视经济建设，关心群众生活。在四周白色政权包围下，红色政权只能以"革命战争"方式，求得自身的存在和发展。因此，"革命战争是当前的中心任务"。但是，红色政权面临的不仅是军事上的围剿，还有经济上的残酷封锁。只有不失时机地开展"一切可能的和必须的经济建设"，才能冲破敌人经济封锁的"毒计"。对于这种经济建设的意义，毛泽东指出："只有开展经济战线方面的工作，发展红色区域的经济，才能使革命战争得到相当的物质基础，才能顺利地开展我们军事上的进攻，给敌人的'围剿'以有力的打击；才能使我们有力量去扩大红军，把我们的战线开展到几千里路的地方去，使我们的红军毫无顾虑地在将来顺利的条件下去打南昌，打九江，使我们的红军减少自己找给养的这一部分工作，专心一意去打敌人；也才能使我们的广大群众都得到生活上的相当的满足，而更加高兴地去当红军，去做各项革命工作"。①

对于发展经济，毛泽东认为，"我们的经济建设的中心是发展农业生产，发展工业生产，发展对外贸易和发展合作社"。② 然而，就经济的紧迫程度而言，毛泽东认为，"在当前的条件之下，农业生产是我们经济建设的第一位"。领导这一工作，既需要对于某些重要的农产做出相当的生产计划，动员农民围着这样的计划而努力，也要帮助农民解决农业生产的必要条件方面的困难，尤其要解决劳动力问题、耕牛问题、肥料问题、种子问题、水利问题等。他特别强调，"水利是农业的命脉"，提出"为着促进农业的发展，在各地组织小范围的农事试验场，并设立农业研究学校和农产品展览所"③，等等。这种把动员农民根据红色区域的需要进行生产，与帮助农民解决生产的实际困难相结合的思想，不仅当时具有很强的针对性和有效性，也成为中国共产党后来关于兼顾国家计划与农民利益的政策思维，以及关于科学种田的农业思想的重要来源。

对于"关心群众生活"，毛泽东认为，发展经济，既是为了革命战争，也是为了群众福利，两者都是巩固和发展红色政权的要求。针对党内一些脱离群众利益的官僚主义做法，毛泽东特别阐述了"群众"与"中国革命战争"的关系理论。他指出，"我们现在的中心任务是动员广大群众参加革命战争"④ 真正

---

① 《毛泽东选集》第1卷，人民出版社1991年版，第120页。
② 《毛泽东选集》第1卷，人民出版社1991年版，第130—131页。
③ 《毛泽东选集》第1卷，人民出版社1991年版，第132页。
④ 《毛泽东选集》第1卷，人民出版社1991年版，第136页。

看清楚这个中心任务的同志,对于广大群众的切身利益问题,群众生活问题,就一点也不能疏忽,一点也不能看轻。"因为革命战争是群众的战争,只有动员群众才能进行战争,只有依靠群众才能进行战争。"① 对于关心群众生活的意义,毛泽东的关注程度是细致入微的。他面对"第二次全国工农兵代表大会"的与会者说:"我们应该深刻地注意群众生活的问题,从土地、劳动问题,到柴米油盐问题。妇女群众要学习犁耙,找什么人去教她们呢?小孩子要求读书,小学办起了没有?对面的木桥太小会跌倒行人,要不要修理一下呢?许多人生疮害病,想个什么办法呢?一切这些群众生活上的问题,都应该把它提到自己的议事日程上。应该讨论,应该决定,应该实行,应该检查。要使广大群众认识我们是代表他们的利益的,是和他们呼吸相通的。要使他们从这些事情出发,了解我们提出来的更高的任务,革命战争的任务,拥护革命,把革命推到全国去,接受我们的政治号召,为革命的胜利斗争到底。"② 一旦我们这样做了,"广大群众就必定拥护我们,把革命当作他们的生命,把革命当作他们无上光荣的旗帜。国民党要来进攻红色区域,广大群众就要用生命同国民党决斗"③。由此,他提出了体现马克思主义群众观点的一个著名论断:"真正的铜墙铁壁是什么?是群众,是千百万真心实意地拥护革命的群众。这是真正的铜墙铁壁,什么力量也打不破的,完全打不破的。"④ 一旦"在革命政府的周围团结起千百万群众来,发展我们的革命战争,我们就能消灭一切反革命,我们就能夺取全中国"⑤。

综观上述,所谓中国革命特殊道路,就是毛泽东依据马克思主义的辩证法和历史观,把俄国十月革命的武装斗争思想,在中国创造性地转化为工农武装割据,农村包围城市,最后夺取全国胜利的一系列战略与策略思想体系。这一思想的形成是中国革命发展过程中的重要里程碑,也是马克思主义与中国革命相结合的伟大成果。

四、《实践论》《矛盾论》的理论贡献

毛泽东哲学思想的形成,一般以"两论"(《实践论》和《矛盾论》)为

---

① 《毛泽东选集》第1卷,人民出版社1991年版,第136页。
② 《毛泽东选集》第1卷,人民出版社1991年版,第138页。
③ 《毛泽东选集》第1卷,人民出版社1991年版,第139页。
④ 《毛泽东选集》第1卷,人民出版社1991年版,第139页。
⑤ 《毛泽东选集》第1卷,人民出版社1991年版,第139页。

标志。"两论"是毛泽东基于中国革命道路实践的哲学总结,是在马克思主义的唯物辩证法、认识论和历史观既有基础上"接着说"的重要成果。

(一)"两论"的重要理论准备:"中国革命战争的战略问题"的系统阐发

"两论"从根本上说,是中国长期革命实践的理论产物。然而,"两论"的重要理论准备,是写作于1936年年底的《中国革命战争的战略问题》。这一著作较为全面地总结了第二次国内革命战争期间,中国共产党军事实践的经验和教训,是一部充满着马克思主义战争观,体现马克思主义认识论与辩证法智慧的重要著作。

第一,马克思主义战争观的揭示。依据马克思主义的基本观点,毛泽东力图结合中国革命的实际,揭示马克思主义战争观的基本内容,以提高党内同志对于战争问题认识的自觉性。他指出,"战争——从私有财产和有阶级以来就开始的、用以解决阶级和阶级、民族和民族、国家和国家、政治集团和政治集团之间、在一定发展阶段上的矛盾的一种最高的斗争形式"。① 这一定义揭示了战争的根源和实质,提供了对于战争性质的判别依据。据此分析战争,他认为,战争有正义与非正义之分,区别在于革命还是反革命上。"一切反革命战争都是非正义的,一切革命战争都是正义的。"② 战争性质的判别,是一种价值的确认,不仅对于战争的社会动员、组织方式、舆论导向等,具有重要意义,而且还决定着战略战术的选择。广泛依靠人民群众而进行的战争,只能属于革命性质的战争。战争作为不同人群之间不可调和矛盾斗争的最高形式,毕竟是使人类互相残杀的怪物,人类社会的发展终究要把它消灭。但消灭它的方法只有一个,"就是用战争反对战争,用革命战争反对反革命战争,用民族革命战争反对民族反革命战争,用阶级革命战争反对阶级反革命战争"③。战争未来的最终消灭,只能是"人类社会进步到消灭了阶级,消灭了国家"的时候。"到了那时,什么战争也没有了,反革命战争没有了,革命战争也没有了,非正义战争没有了,正义战争也没有了,这就是人类的永久和平的时代。"④ 他还特别强调,共产党人研究战争,是为了消灭战争。"我们研究革命战争的规律,出发

---

① 《毛泽东选集》第1卷,人民出版社1991年版,第171页。
② 《毛泽东选集》第1卷,人民出版社1991年版,第174页。
③ 《毛泽东选集》第1卷,人民出版社1991年版,第174页。
④ 《毛泽东选集》第1卷,人民出版社1991年版,第174页。

于我们要求消灭一切战争的志愿,这是区别我们共产党人和一切剥削阶级的界线。"① 这些论述鲜明地表达了马克思主义战争观的基本观点,也是一种区分不同性质矛盾的方法论的鲜活体现。

第二,阐述中国革命战争的认识论。毛泽东指出,"不论做什么事,不懂得那件事的情形,它的性质,它和它以外的事情的关联,就不知道那件事的规律,就不知道如何去做,就不能做好那件事"②。中国共产党要取得中国革命战争的胜利,就需要深入地研究和认识战争。

首先,战争是有规律的。"军事的规律,和其他事物的规律一样,是客观实际在我们头脑中的反映,除了我们的头脑以外,一切都是客观实际的东西。"③ 要取得战争的胜利,就必须认识和掌握战争的客观规律。这一过程的关键"就在于把主观与客观二者之间好好地符合起来"④。但问题在于战争既"有时间、地域和性质的差别"⑤,又有双方都是"成群的武装着的活人,而又互相保持秘密"⑥的特点。这不仅决定了人们对于战争规律认识的复杂性,而且通过认识而达到的主观与客观的统一,只能是具体的历史的。他告诫人们,"一切战争指导规律,依照历史的发展而发展,依照战争的发展而发展;一成不变的东西是没有的"⑦。因此,任何对于其他战争指导规律的"呆板移用"都是错误的。

其次,"战争的胜负,主要决定于作战双方的军事、政治、经济、自然诸条件","还决定于作战双方主观指导的能力"。⑧ 毛泽东指出,"军事家不能超过物质条件许可的范围外企图战争的胜利,然而军事家可以而且必须在物质条件许可的范围内争取战争的胜利。军事家活动的舞台建筑在客观物质条件的上面,然而军事家凭着这个舞台,却可以导演出许多有声有色威武雄壮的活剧来。"⑨认识这一点对于弱小的红军,如何通过正确发挥主观能动性,创造克敌

---

① 《毛泽东选集》第1卷,人民出版社1991年版,第174—175页。
② 《毛泽东选集》第1卷,人民出版社1991年版,第171页。
③ 《毛泽东选集》第1卷,人民出版社1991年版,第181—182页。
④ 《毛泽东选集》第1卷,人民出版社1991年版,第179页。
⑤ 《毛泽东选集》第1卷,人民出版社1991年版,第173页。
⑥ 《毛泽东选集》第1卷,人民出版社1991年版,第179页。
⑦ 《毛泽东选集》第1卷,人民出版社1991年版,第173—174页。
⑧ 《毛泽东选集》第1卷,人民出版社1991年版,第182页。
⑨ 《毛泽东选集》第1卷,人民出版社1991年版,第182页。

制胜的条件，具有十分重要的意义。他指出，"我们红军的指导者，在既定的客观物质基础即军事、政治、经济、自然诸条件之上，就必须发挥我们的威力，提挈全军，去打倒那些民族的和阶级的敌人，改变这个不好的世界。这里就用得着而且必须用我们的主观指导的能力"。① 这是对于战争中如何正确发挥主观能动性问题的论述。

最后，战争中的主观能动性包括对于战争指导规律的科学把握，也包括对于战争指导规律的创造性应用。毛泽东把它们看作同一个认识过程的两个不同阶段。他说："指挥员的正确的部署来源于正确的决心，正确的决心来源于正确的判断，正确的判断来源于周到的和必要的侦察，和对于各种侦察材料的联贯起来的思索。指挥员使用一切可能的和必要的侦察手段，将侦察得来的敌方情况的各种材料加以去粗取精、去伪存真、由此及彼、由表及里的思索，然后将自己方面的情况加上去，研究双方的对比和相互的关系，因而构成判断，定下决心，作出计划，——这是军事家在作出每一个战略、战役或战斗的计划之前的一个整个的认识情况的过程。"② 但这只是整个认识过程的一个方面。"认识情况的过程，不但存在于军事计划建立之前，而且存在于军事计划建立之后。当执行某一计划时，从开始执行起，到战局终结止，这是又一个认识情况的过程，即实行的过程。此时，第一个过程中的东西是否符合于实况，需要重新加以检查。如果计划和情况不符合，或者不完全符合，就必须依照新的认识构成新的判断，定下新的决心，把已定计划加以改变，使之适合于新的情况。"③ 把这两个过程联系起来，就是一个基于实践之上的从感性认识到理性认识，再到实践中加以修正、完善的完整认识过程。这实际上就是《实践论》中关于认识论"两个飞跃"的理论原型。

第三，阐述中国革命战争的辩证法。所谓中国革命战争的辩证法，指的是中国革命战争双方相互作用而展开的矛盾运动及其发展。

认识这种辩证法，需要从矛盾双方的特定态势及其构成的相互关系所形成的"中国革命战争的特点"开始。毛泽东认为，中国革命战争有四个主要特点：第一个特点，中国是一个经过了一次大革命的政治经济不平衡的半殖民地的大国；第二个特点是敌人的强大；第三个特点是红军的弱小；第四个特点是

---

① 《毛泽东选集》第1卷，人民出版社1991年版，第182页。
② 《毛泽东选集》第1卷，人民出版社1991年版，第179—180页。
③ 《毛泽东选集》第1卷，人民出版社1991年版，第180页。

共产党的领导和土地革命。这些特点规定了中国革命战争的指导路线及其许多战略战术的原则。概括而言，"第一个特点和第四个特点，规定了中国红军的可能发展和可能战胜其敌人。第二个特点和第三个特点，规定了中国红军的不可能很快发展和不可能很快战胜其敌人，即是规定了战争的持久，而且如果弄得不好的话，还可能失败"①。毛泽东把"顺利的条件"和"困难的条件"同时存在，看作"中国革命战争的根本规律"，并指出"许多规律都是从这个根本的规律发生出来的"。② 他列举一系列有关红军"战略战术"的重要关系，例如进攻时反对冒险主义，防御时反对保守主义，转移时反对逃跑主义，以及反对游击主义与承认游击性，反对战役的持久战和战略的速决战与承认战略的持久战和战役的速决战，反对固定的作战线和阵地战与承认非固定的作战线和运动战，等等，都是遵循"根本规律"决定战略战术的思想方法的体现。这实际上就是一种基于"根本矛盾"起决定作用的矛盾分析法。

此外，在对于中国革命战争中的一系列重要的"战略战术"的分析中，充分体现了毛泽东已经非常娴熟地掌握了基于矛盾分析基础上的辩证方法及其运用。

毛泽东强调，要取得中国革命战争的胜利，必须善于把握战争的全局与局部的关系。他指出，"只要有战争，就有战争的全局"，"凡属带有要照顾各方面和各阶段的性质的，都是战争的全局"。③ 但是全局不能脱离局部而独立，全局是由它的一切局部构成的。有的时候，有些局部破坏了或失败了，可以不对全局构成重大影响，但若组成战争全局的多数战役失败了，或有决定意义的一二个战役失败了，全局就会立即起变化。因此，科学地把握战争的全局与局部的辩证关系，成为战争指导者的一个重要任务。

毛泽东认为，在中国革命战争中，"战略防御"对于红军具有特别重要的意义。中国内战的主要形式是敌人的"围剿"和红军的"反围剿"。这种战争形式决定于敌人的强大和红军的弱小。"敌人是全国的统治者，我们只有一点小部队"，"打破'围剿'的过程往往是迂回曲折的，不是径情直遂的。首先而且严重的问题，是如何保存力量，待机破敌。所以，战略防御问题成为红军作

---

① 《毛泽东选集》第 1 卷，人民出版社 1991 年版，第 191 页。
② 《毛泽东选集》第 1 卷，人民出版社 1991 年版，第 191 页。
③ 《毛泽东选集》第 1 卷，人民出版社 1991 年版，第 175 页。

战中最复杂和最重要的问题"。①战略防御不是逃跑主义的消极防御,而是积极防御,是"为了反攻和进攻的防御",具体而言,对于红军,是为了保存军力,选择和造成有利于红军作战的人民条件和阵地条件,同时也有利于发现敌人的薄弱部分,造成敌人的"兵力疲劳,士气沮丧",使敌人发生过失,等等。这种战略退却的积极意义就在于造成"有利于我不利于敌的条件和形势",以扭转敌人开始进攻时的敌我态势的对比,为红军的战略反攻创造有利条件。因此,它是弱小的红军战胜绝对优势敌人进攻的正确选择,是促使中国革命战争中双方力量转化的积极战略。因此,他告诫党内,"革命和革命战争是进攻的,但是也有防御和后退","为了进攻而防御,为了前进而后退,为了向正面而向侧面,为了走直路而走弯路,是许多事物在发展过程中所不可避免的现象,何况军事运动"。②毛泽东在这里用战略上的进攻与防御、前进与后退、正面与侧面、直路与弯路的辩证法生动地阐述了他的在特定条件下的"积极防御"的军事思想。

毛泽东还认为,在中国革命战争中,红军要实现"战略防御"中的"战略反攻",必须善用"集中兵力"的原则。红军的"战略防御"之所以是积极防御,就在于它"是能够在被动的形式中具有主动的内容的,是能够由形式上的被动阶段转入形式上内容上的主动阶段的"③。然而,要实现这种目的,毛泽东认为,"集中兵力、运动战、速决战、歼灭战,都是必要条件。而集中兵力,是首先的和主要的"④。对于集中兵力何以成为红军实现战略防御条件下的战役或战术优势的条件,毛泽东的分析是:实施集中兵力,就能"将敌军对我军的一个大'围剿',改为我军对敌军的许多各别的小围剿。将敌军对我军的战略上的分进合击,改为我军对敌军的战役或战斗上的分进合击。将敌军对我军的战略上的优势,改为我军对敌军的战役或战斗上的优势。将战略上处于强者地位的敌军,使之在战役或战斗上处于弱者的地位。同时,将自己战略上的弱者地位,使之改变为战役或战斗上的强者的地位。这即是所谓内线作战中的外线作战,'围剿'中的围剿,封锁中的封锁,防御中的进攻,劣势中的优势,弱

---

① 《毛泽东选集》第 1 卷,人民出版社 1991 年版,第 197 页。
② 《毛泽东选集》第 1 卷,人民出版社 1991 年版,第 196 页。
③ 《毛泽东选集》第 1 卷,人民出版社 1991 年版,第 223 页。
④ 《毛泽东选集》第 1 卷,人民出版社 1991 年版,第 223 页。

者中的强者，不利中的有利，被动中的主动"①。毛泽东还认为，集中兵力的原则并非理论上的抽象，而是中国革命战争实践中证明了的，"中国红军以弱小者的姿态出现于内战的战场，其迭挫强敌震惊世界的战绩，依赖于兵力集中使用者甚大"②。在毛泽东的这种论述中，矛盾双方的力量对比，绝非无条件的存在，敌强我弱也不应该成为在革命战争中无所作为的理由，一切都是依条件而变化的。因此，重要的是如何以唯物辩证法去激活人们思考问题和解决问题的思路，充分发挥人的主观能动性。这些思想，体现了毛泽东对于唯物辩证法的出神入化的运用能力，也展现了一种运用矛盾分析法于中国革命战争的逻辑体系。

（二）"两论"写作的理论学术背景

"两论"的思想扎根于中国共产党领导的革命实践，然而，它的写作和问世，与马克思主义在中国进一步广泛传播所形成的理论学术环境直接相关。

20 世纪 30 年代，马克思、恩格斯、列宁等的重要著作，如《哲学的贫困》《共产党宣言》《资本论》《自然辩证法》《反杜林论》《费尔巴哈论》《家庭、私有制和国家的起源》《唯物主义和经验批判主义》，都在中国陆续翻译出版。这推动了马克思主义及其哲学思想的进一步传播，厚植了中国理论学术生态中的马克思主义基础，为中国的马克思主义研究，提供了更为丰富的理论资源，也为毛泽东进一步研读马克思主义经典著作，运用马克思主义的立场、观点和方法去分析与提炼中国革命经验，创造了更好的条件。

在这一过程中，一些理论工作者还翻译介绍了 20 世纪 30 年代苏联哲学家撰写的哲学教科书，其中影响较大的有西洛可夫和爱森堡等人合著的《辩证法唯物论教程》（李达、雷仲坚合译，1932 年 9 月由上海笔耕堂书店出版）、米丁等著的《新哲学大纲》（艾思奇、郑易里译，1936 年 6 月由读书生活出版社出版）、米丁主编的《辩证唯物论与历史唯物论》（沈志远译，1938 年 7 月由商务印书馆出版）等。这些著作不同于马克思主义经典作家著作的最大特点，是提供了一种教科书式的体系化的马克思主义哲学理论，尤其对于马克思主义哲学重要概念范畴及其之间的关系，都做出了明晰化的理论阐释。这使马克思主义哲学理论在中国的传播带上体系化的特点。毛泽东对于这些著作都十分关注，留下了研读的记录和大量的批注。其中有扼要精辟的概述、归纳、引申和

---

① 《毛泽东选集》第 1 卷，人民出版社 1991 年版，第 224 页。
② 《毛泽东选集》第 1 卷，人民出版社 1991 年版，第 225 页。

简明的赞同性评语，也有质疑、商榷和批评，尤其高度重视关于马克思主义认识论和辩证法的内容。这都表明这些著作确实为"两论"的写作提供了重要的理论借鉴和参考。

此外，中国的马克思主义理论家也在这一时期出版了一些哲学论著。其中有艾思奇集结他从1934年11月至1935年10月发表在《读书生活》杂志上的系列"哲学讲话"而成的《大众哲学》，还有艾思奇的《思想方法论》和《哲学与生活》等。1937年5月李达的《社会学大纲》出版，该书被毛泽东誉为中国人自己写的第一本马列主义的哲学教科书。这些论著反映了中国理论界对于马克思主义哲学的接受和理解，也在不同程度上受到毛泽东的关注，构成理解"两论"写作背景的重要内容。

"两论"的写作直接与毛泽东在延安的哲学活动相关。毛泽东认为，"要克服'左'的传统，在于普及与深入马克思主义的方法论（唯物辩证法）于多数干部中"①。从1937年4月至8月，毛泽东撰写了《辩证法唯物论讲授提纲》（以下简称《讲授提纲》），并以"提纲"为逻辑体系，结合中国革命的经验，在中国人民抗日军事大学以授课的方式，向干部宣讲马克思主义哲学。毛泽东所撰写的《讲授提纲》分三章十六节，共六万一千字。第一章讲唯心论与唯物论，第二章讲辩证唯物论，第三章讲唯物辩证法。总体看，《讲授提纲》内容丰富，各章特色明显。为了这一写作和讲授，毛泽东做了近一年的准备和酝酿，精心阅读了大量马克思主义哲学论著，写下了几万字的"哲学批注"，形成了《讲授提纲》中的重要论点。但囿于时局的变化，论述唯物辩证法的第三章，只完成第一节"矛盾统一法则"，其他两节"质量互变法则"和"否定之否定法则"没有写。著名的"两论"分别是在"讲授提纲"第二章中的第十一节"实践论"和第三章的第一节"矛盾统一法则"中补充、删节和修改出来的。了解这一基本背景，有利于我们更加全面准确地理解"两论"的基本内容。

（三）"两论"的基本思想

第一，《实践论》是一篇着重阐述马克思主义认识论的著作。它深刻论述了实践在认识中的作用，具体分析了认识发展的辩证过程，解释了认识发展的总规律，阐明了主观与客观、认识与实践的具体的历史的统一。从而展开了以实践为中心的马克思主义认识论原理，主要内容包括：

---

① 《毛泽东年谱（1893—1949）》（修订本）上卷，中央文献出版社2013年版，第680—681页。

其一,深刻论述实践在认识中的作用。毛泽东指出:"辩证唯物论的认识论把实践提到第一的地位,认为人的认识一点也不能离开实践,排斥一切否认实践重要性、使认识离开实践的错误理论。"① 他强调实践是认识的基础、认识的动力、认识的目的、检验认识真理性的标准。

其二,具体分析认识发展的辩证过程。毛泽东认为,认识过程的第一步,是开始接触外界事物,属于感觉的阶段,即感性认识阶段;第二步,是综合感觉的材料加以整理和改造,属于概念、判断和推理的阶段,即理性认识阶段。理性认识依赖于感性认识,感性认识有待于发展到理性认识。从感性认识上升到理性认识,是认识过程的第一个飞跃。实现这个飞跃需要两个条件:一是掌握丰富的感觉材料,二是加以去粗取精、去伪存真、由此及彼、由表及里的加工制作。从理性认识到实践是认识过程的第二个飞跃,这一飞跃的意义更重要,因为只有实现这一飞跃,才能判断认识是否正确,才能把认识转化为实践,达到改造世界的目的。

其三,科学揭示认识的总规律。"实践、认识、再实践、再认识,这种形式,循环往复以至无穷,而实践和认识之每一循环的内容,都比较地进到了高一级的程度。这就是辩证唯物论的全部认识论,这就是辩证唯物论的知行统一观。"② 毛泽东的这一论述科学解释了认识与实践的辩证关系,阐明了认识是一个在实践基础上的不断发展的过程,概括了认识运动的总规律。

其四,深入阐明了主观和客观、理论与实践的具体的历史的统一。毛泽东指出,右倾机会主义和"左"倾冒险主义,"都是以主观和客观相分裂,以认识与实践相脱离为特征的"③,"我们的结论是主观和客观、理论与实践、知和行的具体的历史的统一,反对一切离开具体历史的'左'的或右的错误思想"④。这些论述,对于反对"左"、右倾机会主义与夺取中国革命的胜利,发挥了重要的指导作用。

第二,《矛盾论》是一篇着重阐述马克思主义辩证法的著作。毛泽东在文中明确提出了辩证法与形而上学是两种对立的宇宙观,深刻地论述了矛盾的普遍性与特殊性以及矛盾问题的精髓,阐明了主要矛盾与次要矛盾、矛盾的主要

---

① 《毛泽东选集》第1卷,人民出版社1991年版,第284页。
② 《毛泽东选集》第1卷,人民出版社1991年版,第296—297页。
③ 《毛泽东选集》第1卷,人民出版社1991年版,第295页。
④ 《毛泽东选集》第1卷,人民出版社1991年版,第296页。

方面与次要方面的相互关系，论述了矛盾诸方面的同一性和斗争性，论述了对抗在矛盾中的地位，从而展开了以对立统一规律为核心的辩证法理论体系。《矛盾论》的主要内容包括：

其一，关于两种对立的宇宙观。毛泽东认为，形而上学与辩证法是两种对立的宇宙观，前者用孤立的、静止的、片面的观点看问题，后者用联系的、运动的、全面的观点看问题。"辩证法的宇宙观，主要地就是教导人们要善于去观察和分析各种事物的矛盾的运动，并根据这种分析，指出解决矛盾的方法。"①

其二，关于矛盾的普遍性和特殊性的相互关系以及矛盾问题的精髓。毛泽东认为，矛盾的普遍性是矛盾的共性、绝对性，是指矛盾存在于一切过程中并贯穿于一切过程的始终；矛盾的特殊性是矛盾的个性、相对性，是指矛盾着的事物区别于其他事物的特殊本质。矛盾的特殊性和普遍性互相联结，矛盾的普遍性存在于矛盾的特殊性之中，二者在一定条件下可以相互转化。"这一共性个性、绝对相对的道理，是关于事物矛盾的问题的精髓，不懂得它，就等于抛弃了辩证法。"②

其三，关于主要矛盾与次要矛盾、矛盾的主要方面与次要方面的关系。毛泽东指出，"任何过程如果有多数矛盾存在的话，其中必定有一种是主要的，起着领导的、决定的作用，其他则处于次要和服从的地位"③。而"矛盾着的两个方面中，必有一方面是主要的，他方面是次要的"④。主要矛盾与次要矛盾、矛盾的主要方面与次要方面可以在一定条件下相互转化。毛泽东强调："对于主要的矛盾和非主要的矛盾、主要的矛盾方面和非主要的矛盾方面的研究，成为革命政党正确地决定其政治上和军事上的战略战术方针的重要方法之一，是一切共产党人都应当注意的。"⑤

其四，关于矛盾的斗争性和同一性。矛盾的斗争性是指矛盾双方的互相排斥，互相对立；矛盾的同一性是指矛盾双方的互相依存，互相转化。毛泽东尤为重视矛盾的转化，强调矛盾转化的重要意义。在他看来，矛盾的同一性是有

---

① 《毛泽东选集》第 1 卷，人民出版社 1991 年版，第 304 页。
② 《毛泽东选集》第 1 卷，人民出版社 1991 年版，第 320 页。
③ 《毛泽东选集》第 1 卷，人民出版社 1991 年版，第 322 页。
④ 《毛泽东选集》第 1 卷，人民出版社 1991 年版，第 322 页。
⑤ 《毛泽东选集》第 1 卷，人民出版社 1991 年版，第 326—327 页。

条件的、相对的，矛盾的斗争性是无条件的、绝对的，"有条件的相对的同一性和无条件的绝对的斗争性相结合，构成了一切事物的矛盾运动"①。任何将斗争性与同一性割裂开来的做法，都是错误的。

（四）"两论"的理论贡献与历史地位

"两论"是中国革命基本经验的哲学总结，是毛泽东哲学思想的重要标志和精华体现。《实践论》的主题是论述认识与实践的统一，《矛盾论》的主题是论述矛盾的普遍性与特殊性的统一。"两个统一"为中国共产党形成马克思主义基本原理同中国革命具体实践相结合的实事求是的思想路线奠定了坚实的哲学基础，为反对党内主观主义特别是教条主义，提供了锐利的思想武器。两篇哲学著作，结合中国革命的实践，深刻地阐明了马克思主义认识论和辩证法的重要内容。其中《实践论》突出了马克思主义哲学的实践精神，集中地阐明了认识与实践之具体历史统一的原理；《矛盾论》深入地阐发了唯物辩证法的实质与核心，强调矛盾普遍性与特殊性关系原理的科学内容。它们都深化、丰富和发展了马克思主义哲学，在马克思主义哲学史上具有极其重要的地位。

本章二维码

"两论"是运用马克思主义哲学批判继承中国传统哲学的成果。《实践论》的副标题是"认识和实践的关系——知和行的关系"，体现了以马克思主义的实践观去解答中国哲学史上长期争论不休的"知行关系"的思路；《矛盾论》批判地总结了中国古代《易传》和《老子》等朴素辩证法思想传统，吸取了阴阳之道、相反相成、物极必反等对立统一思想；同时对中国历史上源远流长的"天不变，道亦不变"的形而上学思想，给予马克思主义的批判。这两篇著作还大量吸收中国传统文化中的其他重要资源与智慧，使阐发马克思主义哲学思想的著作体现出生动活泼的民族形式，具有鲜明的中国风格和中国气派。

《实践论》和《矛盾论》的创作，极大地促进了马克思主义哲学的学习、研究与传播，为马克思主义中国化奠定了坚实的基础。1938年9月，在毛泽东的积极倡导和推动下，延安成立了由艾思奇、何思敬等主持的新哲学会，组织党员干部结合研究历史经验学习马克思主义哲学。1938年10月，毛泽东在扩大的党的六届六中全会上，明确提出使马克思主义中国化的历史任务，强调要

---

① 《毛泽东选集》第1卷，人民出版社1991年版，第333页。

系统地而不是零碎地、实际地而不是空洞地学习马克思列宁主义理论，号召全党开展一个学习竞赛。1941年9月，毛泽东提出研究历史经验要学习理论，并"以研究思想方法论为主"。随后从1942年的延安整风运动，到在全党确立起"实事求是"的思想路线，并最终为党的七大确立起毛泽东思想的指导地位，整个过程都体现和贯穿了《实践论》和《矛盾论》的哲学思想。实践证明，由"两论"确立起来的毛泽东哲学思想，是指导中国革命胜利的最重要的方法论。

《实践论》于1950年12月29日在《人民日报》重新发表，后来收入《毛泽东选集》。和当年毛泽东的讲课记录稿相比较，除了一些文字修改，基本上没有观点的重大变动。《矛盾论》也于1952年4月1日在《人民日报》正式发表，并收入《毛泽东选集》，毛泽东对于它的修改主要是删去原来讲课稿的第二节《形式论理的同一律及辩证法的矛盾律》，并对《矛盾的特殊性》一节做了补充。但主要思想和结构、段落，基本都保留了讲课的内容。随着《实践论》和《矛盾论》在新中国成立后的正式发表，全国持续地掀起了一个"学哲学用哲学"的持久热潮，"两论"由此成为国家社会主义建设的重要方法论。后来"两论"还被翻译成多国文字，在国际上广为传播。

第二节　毛泽东哲学思想在新民主主义革命实践中的运用与发展

毛泽东哲学思想的形成，使中国共产党获得了基于国情和具有民族风格和民族气质的马克思主义世界观和方法论，也极大地推动了中国革命一系列重大理论问题和实践问题的解决，促进了毛泽东哲学思想的多方面展开。

一、实事求是的思想路线

思想路线指人们认识事物和思考问题所遵循的方向、途径、原则和方法。早在1929年，毛泽东在批评红军党内错误思想时就使用过"思想路线"一词。后来在《反对本本主义》中，他强调共产党的正确而不动摇的斗争策略，决不是少数人坐在房子里能够产生的，而只能产生于群众斗争的实际经验。他把这种思想取向和坚持"时时了解社会情况，时时进行实际调查"[①]的工作思路称

[①] 《毛泽东选集》第1卷，人民出版社1991年版，第115页。

作"共产党人从斗争创造新局面的思想路线"①。经过写作《实践论》和《矛盾论》，正确的思想路线得到了充分的哲学论证。进入延安整风期间，毛泽东通过《改造我们的学习》《整顿党的作风》《反对党八股》等文章，确立和论述以"实事求是"为核心的党的思想路线的基本内涵。

"实事求是"原本是古人修学的一种态度，经过毛泽东的重新解释和改造，成为表达党的思想路线的核心概念。毛泽东指出："'实事'就是客观存在着的一切事物，'是'就是客观事物的内部联系，即规律性，'求'就是我们去研究。我们要从国内外、省内外、县内外、区内外的实际情况出发，从其中引出其固有的而不是臆造的规律性，即找出周围事变的内部联系，作为我们行动的向导。而要这样做，就须不凭主观想象，不凭一时的热情，不凭死的书本，而凭客观存在的事实，详细地占有材料，在马克思列宁主义一般原理的指导下，从这些材料中引出正确的结论。"② 这种解释把马克思主义关于人的认识的发生、途径、方法与目的等高度抽象的问题，传神地表达于一个通俗易懂的传统词语中。党的思想路线由此获得了通俗的、准确的、凝练的语言表述。

坚持"实事求是"的思想路线，必然要求坚持一切从实际出发。"实际"既指客观存在的一切事物，也指存在于一切事物之中的客观规律，都是不以主体的意志为转移的对象。毛泽东认为，"马克思主义叫我们看问题不要从抽象的定义出发，而要从客观存在的事实出发，从分析这些事实中找出方针、政策、办法来。"③ 又说："马克思、恩格斯、列宁、斯大林教导我们认真地研究情况，从客观的真实的情况出发，而不是从主观的愿望出发；我们的许多同志却直接违反这一真理。"④ 不愿意对实际情况作系统的周密的调查和研究，仅仅根据一知半解，根据"想当然"就在那里发号施令，这是十分有害的。

坚持"实事求是"的思想路线，必然要求坚持理论联系实际。毛泽东认为，在中国革命的过程中，有轻视理论包括马克思主义理论作用的，这是狭隘的经验论者；有研究马克思主义却"几乎和革命不发生关系"的，这是"古董鉴赏家"；有把马克思主义"当宗教教条看待的"，这种人"把马克思列宁主义书本上的某些个别字句看作现成的灵丹圣药，似乎只要得了它，就可以不费气

---

① 《毛泽东选集》第1卷，人民出版社1991年版，第116页。
② 《毛泽东选集》第3卷，人民出版社1991年版，第801页。
③ 《毛泽东选集》第3卷，人民出版社1991年版，第853页。
④ 《毛泽东选集》第3卷，人民出版社1991年版，第797页。

力地包医百病"①，这是蒙昧无知的人，是危害极大的教条主义者。这三种态度都是错误的。那么，"马克思列宁主义和中国革命实际，怎样互相联系呢？拿一句通俗的话来讲，就是'有的放矢'。'矢'就是箭，'的'就是靶，放箭要对准靶。马克思列宁主义和中国革命的关系，就是箭与靶的关系"②。毛泽东还指出："马克思列宁主义之箭，必须用了去射中国革命之的。这个问题不讲明白，我们党的理论水平永远不会提高，中国革命也永远不会胜利。"③ 这种"箭"与"靶"的关系喻称，就是要求人们能够真正领会马克思主义的实质，真正领会它的立场、观点和方法，并且应用它去深刻地、科学地分析中国革命的实际问题，找出它的发展规律，并引出政策、方针和办法。他还特别指出，如果仅仅读了马克思、恩格斯、列宁、斯大林的著作，"但是没有进一步地根据他们的理论来研究中国的历史实际和革命实际，没有企图在理论上来思考中国的革命实践，我们就不能妄称为马克思主义的理论家"④。

坚持"实事求是"的思想路线，必然要求坚持在实践中检验和发展真理。中国共产党坚持"实事求是"的思想路线，目的在于达到对于客观事物的真理性认识，从而引导出正确的战略、策略，制定出正确的方针、政策和方法。毛泽东指出："真理只有一个，而究竟谁发现了真理，不依靠主观的夸张，而是依靠客观的实践。只有千百万人民的革命实践，才是检验真理的尺度。"⑤ 而且，人的认识发展是一个具体的、历史的过程，真理性的认识也是一个具体的、历史的过程，依靠实践发现和检验真理也是一个具体的、历史的过程。只有坚持在实践中检验真理和发展真理，才能使中国共产党永葆与千百万人民群众的实践的息息脉动，从而不断地消除僵化思想的束缚。

与此同时，毛泽东还非常系统地深入地讨论了反对"主观主义"的问题。痛感于中国革命的一再挫折，他认为必须重视反对主观主义的问题。他说："主观主义是一种不正派的学风，它是反对马克思列宁主义的，它是和共产党不能并存的。"⑥ 又说："我们党内的主观主义有两种：一种是教条主义，一种

---

① 《毛泽东选集》第3卷，人民出版社1991年版，第820页。
② 《毛泽东选集》第3卷，人民出版社1991年版，第819页。
③ 《毛泽东选集》第3卷，人民出版社1991年版，第820页。
④ 《毛泽东选集》第3卷，人民出版社1991年版，第814页。
⑤ 《毛泽东选集》第2卷，人民出版社1991年版，第663页。
⑥ 《毛泽东选集》第3卷，人民出版社1991年版，第812—813页。

是经验主义。"① 他们都是从割裂实际与理论之间联系的"两极发生的东西","我们反对主观主义,必须使上述两种人各向自己缺乏的方面发展,必须使两种人互相结合。有书本知识的人向实际方面发展,然后才可以不停止在书本上,才可以不犯教条主义的错误。有工作经验的人,要向理论方面学习,要认真读书,然后才可以使经验带上条理性、综合性,上升成为理论,然后才可以不把局部经验误认为即是普遍真理,才可不犯经验主义的错误"②。"但是在这两种主观主义中,现在在我们党内还是教条主义更为危险。因为教条主义容易装出马克思主义的面孔,吓唬工农干部,把他们俘虏起来,充作自己的用人,而工农干部不易识破他们;也可以吓唬天真烂漫的青年,把他们充当俘虏。我们如果把教条主义克服了,就可以使有书本知识的干部,愿意和有经验的干部相结合,愿意从事实际事物的研究,可以产生许多理论和经验结合的良好的工作者,可以产生一些真正的理论家。我们如果把教条主义克服了,就可以使有经验的同志得着良好的先生,使他们的经验上升为理论,而避免经验主义的错误。"③ 这些论述,指出了主观主义产生的认识论根源以及克服的途径,对于加强党的思想路线建设具有十分重要的意义。

二、唯物辩证法的实际运用

运用唯物辩证法分析、解决新条件下中国革命问题,形成中国共产党在抗日战争时期新的战略、策略以及新的方针、政策和方法等,是毛泽东哲学思想形成以后的一个重要发展。

(一)辩证法在抗日军事问题中的运用

毛泽东的军事辩证法思想,曾经在他写于1936年的《中国革命战争的战略问题》一文中,有过辉煌的展现。1937年"七七事变"标志着日本帝国主义全面武装侵略中国,全国人民奋起抵抗,抗日战争全面爆发。然而,在对待抗战问题上,国内歧见纷呈,各种错误论调诸如"亡国论""速胜论"甚嚣尘上,不同政治派别明争暗斗,各怀企图。中国共产党内部也存在着"左"的和右的机会主义倾向。直面复杂的政治、军事和舆论局面,毛泽东以唯物辩证法为思想方法,写下《抗日游击战争的战略问题》《论持久战》和《战争与战略问

---

① 《毛泽东选集》第3卷,人民出版社1991年版,第819页。
② 《毛泽东选集》第3卷,人民出版社1991年版,第818—819页。
③ 《毛泽东选集》第3卷,人民出版社1991年版,第819页。

题》等著作，深刻分析中日战争复杂因素及其演进的必然趋势，揭示抗日制胜的战略战术，为中国人民赢得这场战争的胜利提供了强大的精神动力和方向指引。

第一，关于中日战争特点的辩证分析。毛泽东指出："战争问题中的唯心论和机械论的倾向，是一切错误观点的认识论上的根源"，只有"采用客观的观点和全面的观点去考察战争，才能使战争问题得出正确的结论"。① 就中日战争而言，毛泽东认为，中日战争的全部根据在于："乃是半殖民地半封建的中国和帝国主义的日本之间在二十世纪三十年代进行的一个决死的战争。"② 这一根据具体体现为战争双方具有互相反对的许多特点：日本是一个帝国主义强国，中国是一个半殖民地半封建的弱国；日本战争是帝国主义性的，是退步的、野蛮的侵略战争，中国是在积累了近百年民族解放运动基础上进行的解放战争，是进步的、正义的，而且有共产党及其领导下的军队作为这种进步因素的代表；日本国度比较地小，其人力、军力、财力、物力均感缺乏，经不起长期的战争，中国是个大国，地大、物博、人多、兵多，能够支持长期的战争；日本因其战争的侵略性使之失道寡助，中国因其战争的进步性和正义性，使其可以得到国际广大援助。"这些特点是事实上存在的，不是虚造骗人的；是战争的全部基本要素，不是残缺不全的片段"。③ "战争就是这些特点的比赛，这些特点在战争过程中将各依其本性发生变化，一切东西就都从这里发生出来。"④ 依据对这些特点及其变化的分析，毛泽东得出的基本判断是：中国"只有战略的持久战才是争取最后胜利的唯一途径"，任何"亡国论"和"速胜论"都是没有根据的、错误的。

第二，关于战争发展过程的辩证分析。毛泽东认为，根据中日战争既是持久战，最后胜利又将属于中国的判断，可以对战争做出合理的设想，持久战将具体地表现于三个阶段之中。

"第一个阶段，是敌之战略进攻，我之战略防御的时期。"⑤ 在这一阶段中，"敌是优势"，"我是劣势"。中国方面存在着"向下"和"向上"两种不同变化：向下的变化即是土地、人口、经济力量、军事力量和文化机关等的减缩；

---

① 《毛泽东选集》第 2 卷，人民出版社 1991 年版，第 447 页。
② 《毛泽东选集》第 2 卷，人民出版社 1991 年版，第 447 页。
③ 《毛泽东选集》第 2 卷，人民出版社 1991 年版，第 450 页。
④ 《毛泽东选集》第 2 卷，人民出版社 1991 年版，第 450 页。
⑤ 《毛泽东选集》第 2 集，人民出版社 1991 年版，第 462 页。

向上的变化即是战争中的经验,军队的进步,政治的进步,人民的动员,文化的新方向的发展,游击战争的出现,国际援助的增长等等。向下的东西是旧的量和质,主要地表现在量上。向上的东西是新的量和质,主要地表现在质上。日本方面也有"向下"和"向上"两种变化:向下的变化即是军队的伤亡,武器弹药的消耗,士气的颓靡,国内人心的不满,贸易的减缩,庞大的开支,国际舆论的责备等等;向上的变化即是扩大了领土、人口和资源。但日本这种向上的变化具有暂时性和局部性。

"第二个阶段,是敌之战略保守,我之准备反攻的时期"①,也可名之曰"战略的相持阶段"。这一阶段将继续前一阶段双方此消彼长的演变过程,总体态势将是敌之兵力不足和我之坚强抵抗,敌人不得不停止战略进攻,转入保守占领地,我方则因技术条件一时未能完备,尚难以举行战略反攻。敌方会通过各种残酷的军事手段和组织伪政权等政治方式,残酷镇压抗日力量和人民的反抗,大肆搜刮中国资源等,造成地方的严重破坏和人民的极大痛苦。但敌方的军力、财力大量消耗于中国的游击战争,国内人心更加不满,士气更加颓靡,国际上更感孤立。中国则虽将遭遇敌人各种政治和军事疯狂压迫而蒙受艰难痛苦,但政治、军事、文化和人民动员将更加进步,经济方面也将依凭内地的小工业和广大的农业而有某种程度的发展,国际援助将逐渐增加。中日之间这种此长彼消的发展,将促使中国对日本从劣势到平衡到优势的转变,从而完成战略反攻的准备。

"第三个阶段,是我之战略反攻,敌之战略退却的时期"②,"是收复失地的阶段"。毛泽东认为,收复失地,主要地依靠中国自己在前阶段中准备着的和在本阶段中继续地生长着的力量。然而单只靠自己的力量还是不够的,还必须依靠国际力量和敌国内部变化的援助。因此,必须更加重视国际宣传和外交工作。在军事上,伴随着向战略反攻的转变,战略内线将逐步转变为战略外线,这种反攻由于中国政治经济的不平衡状态,不可能在全国整齐划一地推进,只能在不同地域此起彼落地进行。因此,需要加强统一战线和内部团结,务不令内部不协调致反攻半途而废。

这种过程分析,不仅有力地论述抗日战争只能是持久战,而且深入分析影

---

① 《毛泽东选集》第2卷,人民出版社1991年版,第462页。
② 《毛泽东选集》第2卷,人民出版社1991年版,第462页。

响战争发展各因素的消长变化导致中国从战略退却到战略相持与反攻的具体转化过程,并为后来战争发展的实际进程所印证,唯物辩证法对于战争认识的伟大方法论威力也因此得到辉煌的展现。

第三,关于战争中人的自觉能动性问题。对于人的自觉能动性,毛泽东指出,"自觉的能动性是人类的特点。人类在战争中强烈地表现出这样的特点"①,又说,"一切事情是要人做的,持久战和最后胜利没有人做就不会出现。做就必须先有人根据客观事实,引出思想、道理、意见,提出计划、方针、政策、战略、战术,方能做得好。思想等等是主观的东西,做或行动是主观见之于客观的东西,都是人类特殊的能动性。这种能动性,我们名之曰'自觉的能动性',是人之所以区别于物的特点"②。为何需要强调人的自觉能动性?毛泽东指出:"战争的胜负,固然决定于双方军事、政治、经济、地理、战争性质、国际援助诸条件,然而不仅仅决定于这些;仅有这些,还只是有了胜负的可能性,它本身没有分胜负。要分胜负,还须加上主观的努力,这就是指导战争和实行战争,这就是战争中的自觉的能动性。"③他特别强调,我们不赞成任何一个抗日战争的指挥员,离开客观条件,变为乱撞乱碰的鲁莽家,我们必须提倡每一个抗日战争的指挥员变为勇敢而明智的将军。他们不但要有压倒敌人的勇气,而且要有驾驭整个战争变化发展的能力。不懂得人的自觉能动性,只能陷于军事机械论思维而消极于抗日战争,也根本无法体会军事辩证法的伟大魅力。

第四,强调"兵民是胜利之本"。毛泽东认为,在半殖民地半封建的中国,制胜日本的主要条件,是全国的团结和各方面较之过去有十百倍的进步,其中最根本的两个方面,是军队和人民的进步。

军队的进步,表现在革新军制,增强技术条件,实行进步、灵活的战略战术等。然而军队的基础在于士兵,没有进步的政治精神贯注于军队之中,没有进步的政治工作去执行这种贯注,就不能达到真正的官兵一致,就不能激发官兵最大限度的抗战热忱,一切技术和战术就不能得着最好的基础去发挥它们应有的效力。所以,毛泽东特别强调中国共产党领导的新型人民军队必须坚持政治建军原则。他还特别指出:"军队应实行一定限度的民主化,主要地是废除封建主义的打骂制度和官兵生活同甘苦。这样一来,官兵一致的目的就达到

---

① 《毛泽东选集》第 2 卷,人民出版社 1991 年版,第 478 页。
② 《毛泽东选集》第 2 卷,人民出版社 1991 年版,第 477 页。
③ 《毛泽东选集》第 2 卷,人民出版社 1991 年版,第 478 页。

了，军队就增加了绝大的战斗力，长期的残酷的战争就不患不能支持。"①

对于人民，毛泽东强调，战争的伟力之最深厚的根源，存在于民众之中。日本敢于欺负我们，主要的原因在于中国民众的无组织状态。克服了这一缺点，就把日本侵略者置于我们数万万站起来了的人民之前，使它像一匹野牛冲入火阵，我们一声唤也要把它吓一大跳，这匹野牛就非烧死不可。针对如何才能获得军队源源不断补充问题，他严厉批评一些地方采用的"捉兵法""买兵法"，强调"改为广泛的热烈的政治动员"的意义，"这样，要几百万人当兵都是容易的"②。对于解决抗日的财源困难，只要善于动员群众，"则财政也不成问题，岂有如此广土众民的国家而患财穷之理？军队须和民众打成一片，使军队在民众眼睛中看成是自己的军队，这个军队便无敌于天下"③。

懂得"兵民是胜利之本"，必须正确处理官兵之间和军民之间的关系。毛泽东认为，"很多人对于官兵关系、军民关系弄不好，以为是方法不对，我总告诉他们是根本态度（或根本宗旨）问题，这种态度就是尊重士兵和尊重人民。从这态度出发，于是有各种的政策、方法、方式。离了这态度，政策、方法、方式也一定是错误的，官兵之间、军民之间的关系便决然弄不好"④。所以，真正理解"兵民是胜利之本"，从根本上就是要牢固地确立起对唯物史观的坚定信仰，相信只有人民群众才是历史的真正主体。

（二）辩证法在抗日统一战线实践中的运用

抗日统一战线的建立、巩固和发展，是中国取得抗日战争胜利的重要条件。"两论"完成后，毛泽东运用唯物辩证法于抗日统一战线的实践，使中国共产党抗日统一战线的理论与实践进入炉火纯青的境界。毛泽东在这一时期写作的《论反对日本帝国主义的策略》《中国共产党在抗日时期的任务》《目前抗日统一战线中的策略问题》等著作，都体现出他运用辩证法于抗日统一战线的自觉与娴熟，是学习和运用唯物辩证法的典范。

第一，用发展、变化的眼光看待矛盾，依据主要矛盾及其变化分析时局和任务，制定科学的革命策略。事物存在着的矛盾是不断发展、变化的，研究事物的矛盾就必须用发展、变化的眼光看待矛盾，密切关注事物矛盾的发展变

---

① 《毛泽东选集》第 2 卷，人民出版社 1991 年版，第 511 页。
② 《毛泽东选集》第 2 卷，人民出版社 1991 年版，第 512 页。
③ 《毛泽东选集》第 2 卷，人民出版社 1991 年版，第 512 页。
④ 《毛泽东选集》第 2 卷，人民出版社 1991 年版，第 512 页。

化。复杂事物中的主要矛盾，在事物矛盾体系中起着领导和决定作用，解决矛盾的关键就在于抓住主要矛盾。毛泽东指出，伴随着抗日战争的爆发，日本帝国主义要变中国为它的殖民地，中日民族矛盾成为主要矛盾，国内阶级矛盾降到次要和服从的地位。主要矛盾的变化带来国际关系和国内阶级关系的变化，中国进入新的革命阶段，政治形势形成了新的特点——抗日救亡成为首要主题。革命形势的改变，革命的策略、革命的领导方式也必须跟着改变。日本帝国主义和汉奸的目的，是变中国为殖民地；中国共产党的任务，是变中国为独立、自由和领土完整的国家。但是，由于中国革命力量和帝国主义等反革命力量悬殊，要打败日本帝国主义的侵略，就必须争取和团结中间势力等一切可以团结的力量，建立广泛的抗日民族统一战线，形成强大的革命力量。与此同时，中日矛盾改变了国内的阶级关系，使资产阶级甚至军阀都遇到了存亡的问题，在他们及其政党内部逐渐地改变了政治态度，这就为我们争取中间势力、团结一切可以团结的力量，建立抗日民族统一战线、联合抗日提供了可能。虽然中日民族矛盾的发展并没有减少和消灭国内阶级之间的矛盾和政治集团之间的矛盾，中国和日本以外其他帝国主义之间的矛盾依然存在，但是为了团结抗日的总任务，中国共产党就必须适当地调整国内国际在现时必须调整的矛盾，就必须作出适当让步，革命的发展就必须在曲折中前进。毛泽东正是根据主要矛盾和形势发展的新变化，批判关门主义和冒进主义，抓住解决问题的关键矛盾，制定了建立抗日民族统一战线的正确革命策略。

第二，坚持矛盾的普遍性和特殊性的统一，具体矛盾具体分析，为制定科学的革命策略提供坚实的基础。矛盾存在于一切事物的发展过程中，贯穿于每一事物的发展过程的始终，这是矛盾的普遍性。同时，矛盾又有特殊性，不同事物、不同发展过程中，矛盾又是不同的、具体的。毛泽东之所以能提出和制定抗日民族统一战线这一正确的革命策略，是与他坚持矛盾的普遍性和特殊性的统一，用"一分为二"的辩证方法具体认识矛盾、分析情况，全面、客观掌握矛盾的具体表现分不开的。他从矛盾的特殊性入手，对当时的矛盾情况，特别是对各阶级的政治态度作了深入的研究和把握，提出抗日民族统一战线的正确方针，即发展进步势力，争取中间势力，孤立顽固势力，从而解决了联合谁、打击谁的重大问题。毛泽东在分析各阶级的政治态度时，既看到不同阶级的弱点，又指明他们的优点，并且用发展的眼光看待和考察其态度的变化。当时党内有些人存在着以形而上学思维看待各阶级的错误认识，认为中国民族资产阶级的软弱性和妥协性决定了他们的不可信任性,同时抗日也不会使顽固势力的阵营出现分化。毛泽东指出,缺乏对矛盾特殊性和具体性的分析,缺乏对各阶级的政治态度变化和表现的具体认识和把握,决定了教条主义者不能根据革命形势的变化提出正确的革命策略。

第三,辩证地看待矛盾的斗争性和统一性,把团结和斗争有机结合起来,确保抗日民族统一战线正确的发展方向。矛盾的双方既对立又统一,由此推动事物的运动和变化。虽然斗争是绝对的,统一是相对的,但是不妨碍在某些条件下,特别是在一个复杂矛盾体中为了促进主要矛盾的解决,其他矛盾在一定时期内可能会更加突出统一性。矛盾的双方为了统一性就要作出适当的妥协和让步,创造矛盾统一的条件。但是妥协和让步又是有原则的,统一性要靠斗争性来促进和保证。毛泽东指出,为了改变国内的敌对状态,团结一致,共同对敌,中国共产党对国民党作出了一系列让步。例如,中国共产党领导的陕甘宁革命根据地改名为中华民国特区政府,红军改名为国民革命军,受南京中央政府及军事委员会的指导;在特区政府区域内,实行彻底的民主制度;停止武力推翻国民党的方针;停止没收地主的土地。同时中国共产党又保持了在特区和人民军队中的领导,保持了党的独立性和批评的自由。并且为了更好地巩固和壮大抗日民族统一战线,更好地发展进步势力,争取中间势力,中国共产党同顽固势力进行了斗争,对其反共反进步的政策给予了坚决打击。但是,斗争终归是统一战线内部的斗争,要有理、有利、有节,避免统一战线的破裂。总之,中国共产党很好地运用了矛盾斗争性和统一性的辩证法,把让步和对抗有机地结合起来,科学地指导着抗日民族统一战线不断巩固和发展。

(三)工作方法的辩证法

马克思主义对于中国共产党人的意义就在于它为中国革命提供了立场、观点与方法。为推动把辩证法从哲学教科书中解放出来,转化为干部的思维方法和工作方法,从而克服主观主义错误,毛泽东在完成"两论"后,在把辩证法生动活泼地运用于一系列重大问题解决的同时,还努力把它转化为一些领导方法和工作方法。

第一,一般号召和个别指导相结合的方法。这是毛泽东于1943年6月1日在为中共中央起草的《关于领导方法的若干问题》的决定中正式提出的。毛泽东认为:"任何工作任务,如果没有一般的普遍的号召,就不能动员广大群众行动起来。但如果只限于一般号召,而领导人员没有具体地直接地从若干组织将所号召的工作深入实施，突破一点，取得经验，然后利用这种经验去指导其他单位，就无法考验自己提出的一般号召是否正确，也无法充实一般号召的内容，就有使一般号召归于落空的危险。"① 这里的一般不是凭空产生的，而是来自个别，在个别的基础上产生，同时又指导个别。一般号召与个别指导相结合的领导方法，反映了客观世界本身存在的普遍与特殊、共性与个性的辩证关系，体现了人们认识事物从个别到一般又从一般到个别的辩证发展过程，体现了认识发展的辩证法。

一般号召与个别指导相结合的过程，是与从群众中集中起来到群众中坚持下去的过程相一致的。毛泽东指出："从许多个别指导中形成一般意见（一般号召），又拿这一般意见到许多个别单位中去考验（不但自己这样做，而且告诉别人也这样做），然后集中新的经验（总结经验），做成新的指示去普遍地指导群众。"② 这一过程不仅体现了一般号召与个别指导相结合的领导方法和马克思主义认识论的统一，而且体现了马克思主义认识论与唯物史观的统一。在领导活动中，一般号召和个别指导两者不可偏废。既不能只讲一般号召，不顾个别指导；也不能只讲个别指导，忘了一般号召。为了克服流于"一般号召"的高高在上的官僚主义，毛泽东先后提出"蹲点""试点""抓典型""种试验田""开现场会""解剖麻雀"和"以点带面，点面结合"等具体方法。

第二，领导骨干和广大群众相结合。做任何工作，都既要有领导骨干的积极性，又要有广大群众的积极性，二者缺一不可。领导是活动的关键，群众是活动的基础。毛泽东指出："只有领导骨干的积极性，而无广大群众的积极性相结合，便将成为少数人的空忙。但如果只有广大群众的积极性，而无有力的领导骨干去恰当地组织群众的积极性，则群众积极性既不可能持久，也不可能走向正确的方向和提到高级的程度。"③

坚持领导骨干同广大群众相结合，必须注意反对命令主义和尾巴主义。毛泽东认为，命令主义超过了群众的觉悟程度，违反了群众的自愿原则，害了急性病。他们不是从客观实际出发，从群众的实际需要出发，而是违背群众的意愿和利益，把超越客观现实、超越群众觉悟的东西强加在群众头上，这样做的结果只能挫伤群众的积极性，损害群众的实际利益，导致工作的失败。克服命

---

① 《毛泽东选集》第3卷，人民出版社1991年版，第897页。
② 《毛泽东选集》第3卷，人民出版社1991年版，第900页。
③ 《毛泽东选集》第3卷，人民出版社1991年版，第898页。

令主义的唯一办法,就是深入实际、联系群众。而尾巴主义则落后于群众的觉悟程度,违反了领导群众前进一步的原则,害了慢性病,也必然挫伤群众的积极性,损害群众的切身利益,导致工作的失败。毛泽东在批评尾巴主义时指出,不要以为自己还不了解的东西,群众也一概不了解。许多时候,广大群众跑到我们前头去了,迫切地需要前进一步了。

第三,中心工作和其他工作相结合。领导活动千头万绪,错综复杂。既有中心工作,又有其他工作。所谓中心工作是指一定时期内的主要工作,在任何一个地区和单位,只能有一个中心工作,辅以其他工作。毛泽东指出:"领导人员依照每一具体地区的历史条件和环境条件,统筹全局,正确地决定每一时期的工作重心和工作秩序,并把这种决定坚持地贯彻下去,务必得到一定的结果,这是一种领导艺术。"①

毛泽东把抓主要矛盾与解决其他矛盾相结合、把中心工作和其他工作相结合的领导方法生动地比喻为"弹钢琴"的方法。中心工作是主要矛盾,其他工作是次要矛盾。抓中心工作也就是抓工作中的主要矛盾。那种不管轻重缓急、眉毛胡子一把抓的工作方法,实质上是一种否认主要矛盾,否认矛盾不平衡性的形而上学方法;同时,工作中如果只注意抓中心工作,不注意兼顾其他一般性工作,也是一种片面的形而上学的领导方法。毛泽东强调,要克服这种"单打一"的弊病,就要学会"弹钢琴"。弹钢琴要求十个指头都动作,不能有的动,有的不动。但是,十个指头同时都按下去,那也不成调子。要产生好的音乐,十个指头的动作要有节奏,要互相配合。只有十个指头协调一致,才能奏出美妙、和谐的乐章。

第四,全局与局部相结合。所谓全局是指事物的整体及其发展过程,所谓局部是指构成事物整体的各个部分。全局与局部是反映事物的整体与部分及其相互关联的一对范畴。全局与局部的区分是相对的。全局与局部的关系不是僵死的、不变的,应当放到具体的时间、地点、条件下来具体分析。毛泽东在谈到战争中的战略全局时曾经指出:"战争的胜败的主要和首先的问题,是对于全局和各阶段的关照得好或关照得不好。如果全局和各阶段的关照有了重要的缺点或错误,那个战争是一定要失败的。"② 而"懂得了全局性的东西,就更会

---

① 《毛泽东选集》第 3 卷,人民出版社 1991 年版,第 901 页。
② 《毛泽东选集》第 1 卷,人民出版社 1991 年版,第 175 页。

使用局部性的东西"①。在战争中，战役或战斗部署必须服从于整个战略的要求。有时候，在局部看来是不可行的，但在全局看来却是必要的；有时候，在局部看来是可行的，但在全局看来则是无益的。

处理好全局与局部的关系，不仅对于革命战争的胜利至关重要，而且也是一切领导活动面临的十分重要且很有难度的课题。处理好全局与局部的辩证关系，重要的是要全面地考察全局的一切方面和一切联系。毛泽东指出："任何一级的首长，应当把自己注意的重心，放在那些对于他所指挥的全局说来最重要最有决定意义的问题或动作上，而不应当放在其他的问题或动作上。"② 高明的领导，不仅在于他胸中有一盘棋，始终保持全局在胸的清醒头脑，不纠缠于枝枝叶叶；还在于他注意把握对全局有决定意义的重要环节，紧紧抓住机遇，处理好对全局起决定作用的局部。

三、阐述新民主主义革命与国家的学说

中国的新民主主义革命发生于中国半殖民地半封建的国情。它既不同于以资本主义为前途的一般民主主义革命，也不同于直接消灭资本主义的社会主义革命。这就必然产生一系列关于新民主主义革命和革命成功以后的国家性质与发展的重大复杂问题。运用马克思主义的立场、观点与方法，去科学地回答这些重大问题，成为毛泽东这一时期思想发展中又一个杰出的创造性成果。

（一）《新民主主义论》中的新民主主义革命学说

《新民主主义论》是毛泽东发表于1940年2月的重要著作。它运用唯物辩证法，科学地总结了鸦片战争以后、特别是共产党成立以后中国革命的经验教训，深刻论述了中国民主革命发展的基本规律，第一次提出了新民主主义的完整理论，描绘了新民主主义社会的蓝图，创造性地丰富了马克思主义关于革命的学说。

一是阐明了新民主主义革命的现实基础与历史根源。毛泽东指出，中国是半殖民地半封建社会，帝国主义和中华民族的矛盾、封建主义和人民大众的矛盾是社会的主要矛盾。因此，中国革命必须是无产阶级通过共产党领导下的人民大众的反帝反封建的革命，是无产阶级革命的一部分，是新民主主义革命。

---

① 《毛泽东选集》第1卷，人民出版社1991年版，第175页。
② 《毛泽东选集》第1卷，人民出版社1991年版，第176页。

二是阐明了旧民主主义、新民主主义和社会主义的区别和联系。毛泽东论述了革命转变论和革命阶段论的统一等问题，指出中国革命必须分两步走，第一步是民主主义的革命，第二步是社会主义的革命。中国的民主主义革命，现时只能是"新民主主义"革命。新民主主义革命与社会主义革命属于既有区别又有联系的两个阶段，两个革命有如一篇文章的上下篇，新民主主义革命是社会主义革命的必要准备，社会主义革命是新民主主义革命的必然趋势。我们既不能取消两个阶段的差别，走向"一次革命论"；又不能割裂两个阶段的联系，抹杀新民主主义革命的社会主义前途。

三是阐明了新民主主义的政治、经济和文化的辩证法。毛泽东将新民主主义国家看作一个由政治、经济和文化三者联系起来的有机整体："新民主主义的政治、新民主主义的经济和新民主主义的文化相结合，这就是新民主主义共和国，这就是名副其实的中华民国，这就是我们要造成的新中国。"① 在建构新民主主义国家的进程中，不能忽视政治、经济和文化中任一方面的发展，而要促进政治建设、经济建设和文化建设之间有机协调、相互促进和全面发展。

毛泽东的新民主主义革命理论，解决了半殖民地半封建社会的中国无产阶级和人民如何进行革命的问题，为殖民地半殖民地国家人民的革命斗争提供了中国的方案。中国的新民主主义革命，正是在这一理论的指导下取得了胜利，并向社会主义革命转变。

（二）《论人民民主专政》中的国家学说

1949年6月，在中国新民主主义革命取得了决定性胜利、全国性政权即将建立的时刻，毛泽东发表了《论人民民主专政》一文。他结合中国具体实际，论述了即将成立的中华人民共和国的国家性质即人民民主专政，各阶级在国家中的地位及其相互关系，国家对内、对外政策等。《论人民民主专政》是唯物辩证法与唯物史观在中国国家与革命问题上的具体运用与发展。

一是中国社会的特殊性决定了资产阶级共和国不能成功建立，必然走向失败。毛泽东认为，在世界近代史上，西方许多国家都经过资产阶级革命，推翻了封建专制制度，建立了资产阶级共和国，走上了资本主义的发展道路。那么，半殖民地半封建的旧中国，能不能建立资产阶级共和国呢？他把矛盾的特殊性与普遍性相联系的辩证法思想，运用于研究近代中国一百多年来历史的发

---

① 《毛泽东选集》第2卷，人民出版社1991年版，第709页。

展,得出结论:"资产阶级的共和国,外国有过的,中国不能有,因为中国是受帝国主义压迫的国家。唯一的路是经过工人阶级领导的人民共和国。"① 这个人民共和国的性质则是"工人阶级(经过共产党)领导的以工农联盟为基础的人民民主专政"②。

二是人民民主专政的实质内容。人民民主专政是一种新型的国家权力。在帝国主义还存在,国内反动派还存在,国内阶级还存在的条件下,这种国家权力不仅不能削弱,还要强化,目的在于保护人民,实行人民民主,并对国内外反动派实行革命专政。这种"对人民内部的民主方面和对反动派的专政方面,互相结合起来,就是人民民主专政"③。在这里,民主和专政两个方面是对立的,有着严格的区别,不能混淆和颠倒。民主的对象包括全体人民,专政的对象只是少数阶级敌人。专政不适用于人民内部,民主也不能扩大到阶级敌人。否则,人民民主专政就会走向反面。同时,民主和专政两个方面又是互相促进的。人民民主是对敌人专政的基础,只有充分发扬人民民主,才能形成强大的阶级统治力量,对敌人实行有效的专政;而对敌人专政则是人民民主的保障,也只有对敌人实行强有力的专政,才能保障人民享受充分的民主、权利。因此,民主和专政两个方面又是相辅相成的。

三是加强人民民主专政,正是为它的消亡创造条件。毛泽东强调:"必须懂得,消灭阶级,消灭国家权力,消灭党,全人类都要走这一条路的,问题只是时间和条件。"④ 无产阶级需要通过革命建立自己的国家权力,目的在于克服反动派的反抗,使人民"有可能在全国的范围内和全体规模上,用民主的方法,教育自己和改造自己"⑤,从而"经过人民共和国到达社会主义和共产主义,到达阶级的消灭和世界的大同"⑥。随着阶级的消亡,作为阶级斗争产物的政党和国家机器,也就失去作用而完结自己的历史使命,历史将进入更高级的人类社会。在这里,马克思关于无产阶级专政"不过是达到消灭一切阶级和进入无阶级社会的过渡"的思想得到了鲜明的体现。

毛泽东在《论人民民主专政》中所论述的这些思想,奠定了中国人民民主

---

① 《毛泽东选集》第 4 卷,人民出版社 1991 年版,第 1471 页。
② 《毛泽东选集》第 4 卷,人民出版社 1991 年版,第 1480 页。
③ 《毛泽东选集》第 4 卷,人民出版社 1991 年版,第 1475 页。
④ 《毛泽东选集》第 4 卷,人民出版社 1991 年版,第 1468 页。
⑤ 《毛泽东选集》第 4 卷,人民出版社 1991 年版,第 1476 页。
⑥ 《毛泽东选集》第 4 卷,人民出版社 1991 年版,第 1471 页。

专政国家政权的理论基础，也为马克思主义的国家学说贡献了中国方案。

第三节　毛泽东哲学思想在社会主义建设时期的运用与发展

毛泽东在《实践论》中说："马克思列宁主义并没有结束真理，而是在实践中不断地开辟认识真理的道路。"① 新中国成立后，探索适合中国情况的社会主义建设道路，是摆在以毛泽东为代表的中国共产党人面前的重大课题。毛泽东一如既往地坚持把马克思主义与中国社会主义建设实际相结合，写下了《论十大关系》《关于正确处理人民内部矛盾的问题》和《人的正确思想是从哪里来的？》等一大批重要著作，为实现马克思主义与中国实际的"第二次结合"，开创中国的社会主义改革传统，推进马克思主义哲学大众化等，作出了开创性贡献。

一、《论十大关系》探索适合国情的社会主义建设道路

《论十大关系》是中国进入社会主义建设时期，毛泽东力图运用马克思主义的立场、观点和方法，揭示适合中国国情的社会主义建设道路的重要著作。

《论十大关系》来自于毛泽东对中央34个部委的调查研究。从1956年2月14日开始，毛泽东听取中央34个部委的工作汇报。这一天恰好是苏共"二十大"开幕。苏共"二十大"公开批评斯大林。毛泽东认为它既捅了娄子，也揭了盖子，有利于克服照搬照抄苏联社会主义建设模式的教条主义倾向。毛泽东指出："最重要的是要独立思考，把马列主义的基本原理同中国革命和建设的具体实际相结合。民主革命时期，我们吃了大亏之后才成功地实现了这种结合，取得了新民主主义革命的胜利。现在是社会主义革命和建设时期，我们要进行第二次结合，找出在中国怎样建设社会主义的道路。"② 根据这种思想逻辑，在完成对于中央部委调研的基础上，毛泽东于1956年4月25日在中央政治局扩大会议上，做了《论十大关系》的报告，并于4月28日做了会议的总结讲话，对于适合中国国情的社会主义建设道路做出深刻的分析。

---

① 《毛泽东选集》第1卷，人民出版社1991年版，第296页。
② 逄先知等主编：《毛泽东年谱（1949—1976）》第二卷，中央文献出版社2013年版，第557页。

毛泽东认为，十大关系就是十大矛盾，"我们的任务，是要正确处理这些矛盾"①。这十大关系包括：重工业和轻工业、农业的关系；沿海工业和内地工业的关系；经济建设和国防建设的关系；国家、生产单位和生产者个人的关系；中央和地方的关系；汉族和少数民族的关系；党和非党的关系；革命和反革命的关系；是非关系；中国和外国的关系。正确处理这些关系，目的在于"把我国建设成为一个强大的社会主义国家"②，基本的方法则是唯物辩证法。

《论十大关系》在中国社会主义建设史上最具聚焦性的意义，在于它阐述了中国必须进行社会主义性质的改革和开放的思想。

关于改革的问题，主要集中在如何改革高度中央集权体制，以及赋予地方、经济组织的自主权。毛泽东认为，新中国成立初期，由于我们缺乏建设社会主义的经验，也由于党内有些同志忘记了革命时期教条主义使革命遭受严重挫折的教训，照抄照搬苏联模式的许多做法，国家建立起中央高度集权的经济体制和机制，严重束缚了地方政府和经济组织的积极性和创造性。毛泽东指出："我们的国家这样大，人口这样多，情况这样复杂，有中央和地方两个积极性，比只有一个积极性好得多。我们不能像苏联那样，把什么都集中到中央，把地方卡得死死的，一点机动权也没有。"③ 同时，地方内部，如各省对地、县、区、乡也应当给予"正当的独立性"④。特别是，毛泽东提出要思考"企业的独立自主"⑤ 以及经济组织内部的"民主管理问题"⑥，以改革"社会主义整个经济体制"⑦ 等问题。总体而言，他认为："现在我们讲，过分的集中是不利的，不利于调动一切力量来达到建设强大国家的目的……鉴于苏联的教训，请同志们想一想我们党的历史，以便适当地来解决这个分权、集权的问题。"⑧ 当然，也要防止片面性，他指出："我们在讲地方的独立性、讲地方独立自主的时候，要注意不要走向极端，偏到另一方面去了。当然，在现在地方

---

① 《毛泽东文集》第7卷，人民出版社1999年版，第44页。
② 《毛泽东文集》第7卷，人民出版社1999年版，第44页。
③ 《毛泽东文集》第7卷，人民出版社1999年版，第31页。
④ 《毛泽东文集》第7卷，人民出版社1999年版，第33页。
⑤ 《毛泽东文集》第7卷，人民出版社1999年版，第53页。
⑥ 《毛泽东文集》第7卷，人民出版社1999年版，第55页。
⑦ 《毛泽东文集》第7卷，人民出版社1999年版，第53页。
⑧ 《毛泽东文集》第7卷，人民出版社1999年版，第52页。

缺少独立性的时候,强调一下地方的独立自主,是很有必要的。"[1] 他还指示:"国务院组织一个机构,与地方的同志一道,拟一个方案出来"[2]。这些思想直接促成了毛泽东时期的两次以放权地方为指向的机构与体制改革的实践,也成为党的十一届三中全会后开始的社会主义经济体制改革的重要思想来源。

关于对外开放问题,毛泽东认为,每个民族都有它的长处,也有它的短处,"我们的方针是,一切民族、一切国家的长处都要学,政治、经济、科学、技术、文学、艺术的一切真正好的东西都要学。但是,必须有分析有批判地学,不能盲目地学,不能一切照抄,机械搬用"[3]。这一思想,力图矫正国内一味学习苏联而忽视借鉴西方合乎科学的经验的状况。毛泽东告诫大家,"外国资产阶级的一切腐败制度和思想作风,我们要坚决抵制和批判。但是,这并不妨碍我们去学习资本主义国家的先进的科学技术和企业管理方法中合乎科学的方面。工业发达国家的企业,用人少,效率高,会做生意,这些都应当有原则地好好学过来,以利于改进我们的工作"。[4] 他在探讨改革中央与地方的关系时,也特别提到,"这个问题,有些资本主义国家也是很注意的。它们的制度和我们的制度根本不同,但是它们的发展经验,还是值得我们研究"。[5] 后来,他直截了当地指出:"世界上所有国家的有益的东西,我们都要学。找知识要到各方面去找,只到一个地方去找,就单调了。"[6] 在实践上,毛泽东在新中国成立后不久,就"考虑能否不用或者少用苏联的拐杖"[7] 的问题。苏共"二十大"后,毛泽东明确要求全党:"只要有可能,就发展同世界上任何愿意和我们往来的国家通商贸易关系。"[8] 他借助会见比利时众议院议长胡斯曼的机会,告诉客人:"中国是一个经济落后的国家,现在正在进行建设,比利时的技术

---

[1] 《毛泽东文集》第7卷,人民出版社1999年版,第56页。
[2] 《毛泽东文集》第7卷,人民出版社1999年版,第52页。
[3] 《毛泽东文集》第7卷,人民出版社1999年版,第41页。
[4] 《毛泽东文集》第7卷,人民出版社1999年版,第43页。
[5] 《毛泽东文集》第7卷,人民出版社1999年版,第32页。
[6] 《毛泽东文集》第7卷,人民出版社1999年版,第192页。
[7] 逄先知等主编:《毛泽东年谱(1949—1976)》第2卷,中央文献出版社2013年版,第557页。
[8] 逄先知等主编:《毛泽东年谱(1949—1976)》第2卷,中央文献出版社2013年版,第614页。

装备出口可以在中国找到广大的活动余地。"① 他还在会见法国共产党代表团时提出，中国是未被开垦的处女地。在落后的经济基础上建设工业化国家并不容易，希望法国能够摆脱美国干涉，同中国建立外交关系，开展贸易往来，并强调这种贸易主要的不是指一般做生意，而是指"技术和装备出口"，"是说替中国设计工厂，供应设备，安装装备并教会中国工人开动机器"②。与此同时，毛泽东还与周恩来总理探讨向西方国家派遣留学生的可能性，指出："不论美国、法国、瑞士、挪威等等，只要他们要我们的留学生，我们就派去。"③ 尽管当时的国际形势并不有利于中国的对外开放，毛泽东的开放愿望难以全面实现，但这些对外开放思想，是对于落后的中国如何更好、更快地建设社会主义的一种构想，成为毛泽东社会主义建设思想的重要组成部分，并为后来的改革开放所全面实践。

二、《关于正确处理人民内部矛盾的问题》揭示中国社会主义社会的矛盾运动规律

如果说，在《论十大关系》中，毛泽东通过分析中国社会主义建设的一系列具体矛盾关系，揭示中国社会主义建设的特殊道路的话，那么《关于正确处理人民内部矛盾的问题》则是他直接阐述中国社会主义条件下的矛盾问题，从哲学的高度丰富历史辩证法的重要著作。

（一）"没有矛盾的想法是不符合客观实际的天真的想法"

社会主义社会的发展动力是什么，这既是一个深刻的理论问题，又是一个重大的实践问题。从马克思主义发展史来看，马克思、恩格斯对社会主义社会提出了一些构想，但是没有经历过社会主义的实践。斯大林认为，在社会主义条件下，"生产关系同生产力状况完全适合"④，受斯大林的影响，苏联理论界也曾普遍持这一看法。对于这一观点，毛泽东是不同意的，并对此进行了批

---

① 逄先知等主编：《毛泽东年谱（1949—1976）》第 2 卷，中央文献出版社 2013 年版，第 642 页。
② 逄先知等主编：《毛泽东年谱（1949—1976）》第 3 卷，中央文献出版社 2013 年版，第 1—2 页。
③ 逄先知等主编：《毛泽东年谱（1949—1976）》第 2 卷，中央文献出版社 2013 年版，第 537 页。
④ 《斯大林选集》下卷，人民出版社 1979 年版，第 449 页。

评。他指出，"没有矛盾的想法是不符合客观实际的天真的想法"①。"马克思主义的哲学认为，对立统一规律是宇宙的根本规律。这个规律，不论在自然界、人类社会和人们的思想中，都是普遍存在的。矛盾着的对立面又统一，又斗争，由此推动事物的运动和变化。"② 但是，对于许多人说来，承认这个规律是一回事，应用这个规律去观察问题和处理问题又是一回事，许多人不承认社会主义社会还有矛盾，因而他们在社会矛盾面前缩手缩脚处于被动地位，不懂得在不断地正确处理和解决矛盾的过程中，将会使社会主义社会内部的统一和团结日益巩固。因此，有必要引导人民尤其是干部，认识社会主义社会中的矛盾，并懂得采用正确的方法处理这种矛盾。

如何认识社会主义社会的矛盾呢？毛泽东认为，"在社会主义社会中，基本的矛盾仍然是生产关系与生产力之间的矛盾，上层建筑与经济基础之间的矛盾"③。我国现在的社会制度比较旧时代的社会制度要优越得多，能够容许生产力以旧社会所没有的速度迅速发展，因而生产不断扩大，人民不断增长的需要也能够逐步得到满足。这是社会主义社会基本矛盾的基本方面。但是，我国社会主义制度还刚刚建立，还没有完全建成，还不巩固。在生产关系方面，既存在着所有制方面的改进问题，也有各经济部门如何按照社会主义的原则、逐步形成生产和交换的比较适当的形式的问题，还存在着社会主义经济形式之间积累和消费的分配的复杂问题等。在上层建筑方面，既存在着资产阶级意识形态的影响，国家机构中也有某些官僚主义作风的存在，以及国家制度中某些环节上的缺陷等。这都说明，在社会主义社会中，生产关系与生产力、上层建筑与经济基础之间依然存在着矛盾的方面。

但是，社会主义社会的这些矛盾，同旧社会的生产关系和生产力的矛盾、上层建筑和经济基础的矛盾，具有根本不同的性质和情况。"资本主义社会的矛盾表现为剧烈的对抗和冲突，表现为激烈的阶级斗争。"④ 社会主义社会的矛盾不是对抗性矛盾，"它可以经过社会主义制度本身，不断地得到解决"⑤。这里，"经过社会主义制度本身"不断解决矛盾的思想，就是社会主义制度自我

---

① 《毛泽东文集》第7卷，人民出版社1999年版，第204页。
② 《毛泽东文集》第7卷，人民出版社1999年版，第213页。
③ 《毛泽东文集》第7卷，人民出版社1999年版，第214页。
④ 《毛泽东文集》第7卷，人民出版社1999年版，第213页。
⑤ 《毛泽东文集》第7卷，人民出版社1999年版，第213—214页。

改革的思想。依据这一思想，在随后召开的中国共产党全国宣传工作会议上，毛泽东把领导国家进行"改革和建设"①当作党在社会主义时期的重要任务，并提出要通过整风，不断消除错误的东西，以便使党更好地担当起领导"改革和建设"的任务，更好地团结党外的仁人志士，按照社会主义和共产主义的方向，"一起来为改革和建设我们的社会而无所畏惧地奋斗"②。"改革"不仅由此成为不断调整和解决社会主义社会基本矛盾的本质要求，而且成为与"发展"紧密相连、"双轨"并进推动社会主义社会不断向前的基本动力。

(二) 正确处理人民内部矛盾应当成为国家政治生活的主题

毛泽东认为，随着我国工人阶级领导的以工农联盟为基础的人民民主专政国家的建立，随着国家经济战线的社会主义改造的完成，急风暴雨式的群众阶级斗争基本结束，正确处理人民内部矛盾应当成为国家政治生活的主题，以便团结全国各族人民进行一场新的战争——向自然界开战，发展我们的经济和文化。

对于我国社会主义条件下的人民内部矛盾，毛泽东认为，包括工人阶级、农民阶级、知识分子等内部的矛盾，也包括工农阶级之间、工农阶级与知识分子之间、工人阶级和其他劳动人民同民族资产阶级之间，以及民族资产阶级内部的矛盾，等等。还包括人民政府与人民群众之间围绕着国家利益、集体利益同个人利益之间的矛盾，民主同集中的矛盾，领导与被领导之间的矛盾，国家机关某些工作人员的官僚主义作风同群众之间的矛盾，等等。"一般说来，人民内部的矛盾，是在人民利益根本一致的基础上的矛盾"③，不具有对抗性质。但是如果处理不当，或者失去警觉，麻痹大意，也可能发生对抗。

对于解决人民内部的矛盾，毛泽东认为只能用民主的方法。这个方法可以具体化为"团结—批评—团结"，即从团结的愿望出发，经过批评或者斗争使矛盾得到解决，从而在新的基础上达到新的团结。在解决不同矛盾类型时，还需要采取不同的具体方法。对于经济方面的矛盾，要用"统筹兼顾、适当安排"的方法，兼顾国家、集体、个人三者利益；在科学文化上，要用"百花齐放、百家争鸣"的方针和方法；在党与民主党派的关系上，要用"长期共存、互相监督"的方法；在处理党群关系上，要以整风与教育的方针和方法，克服

---

① 《毛泽东文集》第7卷，人民出版社1999年版，第275页。
② 《毛泽东文集》第7卷，人民出版社1999年版，第275页。
③ 《毛泽东文集》第7卷，人民出版社1999年版，第206页。

官僚主义；在汉族同少数民族的关系上，则应以各民族团结平等、既反对大汉族主义也反对地方民族主义的方法，等等。这些方法本质上是人民内部的自我教育，因而都同属于人民民主的方法。

毛泽东还特别强调，大规模的急风暴雨式的群众阶级斗争基本结束，但阶级斗争还没有完全结束。尤其无产阶级和资产阶级之间在意识形态方面的阶级斗争，还是长期的、曲折的，有时甚至是很激烈的。"如果对于这种形势认识不足，或者根本不认识，那就要犯绝大的错误，就会忽视必要的思想斗争。"① 这是毛泽东对于社会主义社会条件下，阶级斗争问题的新判断，也是对于全党防止出现一种倾向掩盖另一种倾向的提醒，对于时下的社会主义实践依然具有重要的警示作用。

三、"读社会主义政治经济学批注和谈话"进一步探索中国特色的社会主义经济革命和经济建设的重要问题

"读社会主义政治经济学批注和谈话"主要指开始于1958年年底，毛泽东阅读斯大林的《苏联社会主义经济问题》和苏联科学院经济研究所编的《政治经济学教科书》第三版下册时留下的批注和谈话，是探索中国社会主义经济革命和经济建设的一笔重要思想遗产。

为什么在中国全面开始大规模的社会主义建设的高潮时刻，毛泽东专注于关于社会主义政治经济学的阅读？他在《关于读书的建议》中指出："现在很多人有一大堆混乱思想"，"有些号称马克思主义经济学家的同志，在最近几个月内，就是如此。他们在读马克思主义政治经济学的时候是马克思主义者，一临到目前经济实践中某些具体问题，他们的马克思主义就打了折扣了。现在需要读书和辩论，以期对一切同志有益。"② 他要求发起读书活动并要求中央、省市自治区、地、县这四级党的委员会委员都参加，"乡级同志如有兴趣，也可以读"③。读书时"三五个人为一组，逐章逐节加以讨论"，"要联系中国社会主义经济革命和经济建设去读"④，等等。可以看出，读书是为了"澄清"混乱思想，促进社会主义经济革命和经济建设沿着正确的方向发展。从根本上说

---

① 《毛泽东文集》第 7 卷，人民出版社 1999 年版，第 231 页。
② 《毛泽东文集》第 7 卷，人民出版社 1999 年版，第 432 页。
③ 《毛泽东文集》第 7 卷，人民出版社 1999 年版，第 433 页。
④ 《毛泽东文集》第 7 卷，人民出版社 1999 年版，第 432 页。

是推动马克思主义与中国社会实际的第二次结合。

正确解决中国的社会主义经济革命和经济建设问题,需要马克思主义哲学的基本思维方式。苏联《政治经济学教科书》中有一个观点认为"随着生产资料社会主义公有化,'人们成为自己社会经济关系的主人','能够完全自觉地掌握和利用规律'"①。这种观点既缺乏唯物论,也不懂辩证法。毛泽东认为,"人们的主观运动的规律和外界的客观运动的规律是同一的。辩证法的规律,是客观所固有的,是客观运动的规律,这种客观运动的规律,反映在人们的头脑中,就成为主观辩证法。这个客观辩证法和主观辩证法是同一的。"② 但是,"思维和存在不能划等号。说二者同一,不是说二者等同,不是说思维等同于存在"③。因为,"思维是'移入人的头脑并在人的头脑中改造过的物质的东西'"④。因此,人们对于客观规律的掌握,必须坚持"存在是第一性的,思维是第二性的"⑤,还要坚持人的认识既受到客观对象的发展过程制约的观点,也受到人的认识所依赖的实践发展过程制约的观点,还受到人类认识有个从"不认识到认识",从"少数人认识"到"多数人认识"等不断积累过程制约的观点。只有坚持既唯物又辩证的世界观和方法论,才能正确确立起"人们认识规律要有一个过程"的思想,避免把掌握和利用社会主义建设规律的事情,"说得太容易"⑥ 而陷入实践上的被动。

正确解决中国的社会主义经济革命和经济建设问题,必须坚持从中国社会的实际出发,反对照搬照套苏联模式的教条主义做法。回顾中国的革命与建设过程,毛泽东认为:"一九四九年中华人民共和国建立,标志着新民主主义革命阶段的基本结束和社会主义革命阶段的开始。"⑦ 然而,"解放后,三年恢复时期,对搞建设,我们还是懵懵懂懂的。接着搞第一个五年计划,对建设还是懵懵懂懂的,只能基本上照抄苏联的办法,但总觉得不满意,心情不舒畅"⑧。他赞赏教科书中关于"'每一个'国家都'具有自己特别的具体的社会主义建

---

① 《毛泽东文集》第8卷,人民出版社1999年版,第104页。
② 《毛泽东文集》第8卷,人民出版社1999年版,第103页。
③ 《毛泽东文集》第8卷,人民出版社1999年版,第103页。
④ 《毛泽东文集》第8卷,人民出版社1999年版,第104页。
⑤ 《毛泽东文集》第8卷,人民出版社1999年版,第104页。
⑥ 《毛泽东文集》第8卷,人民出版社1999年版,第104页。
⑦ 《毛泽东文集》第8卷,人民出版社1999年版,第113页。
⑧ 《毛泽东文集》第8卷,人民出版社1999年版,第117页。

设的形式和方法'"的提法,强调中国的社会主义经济革命和经济建设要坚持"普遍规律和具体特点相结合",并高度肯定1956年春,通过与三十几个部长谈话后,形成《论十大关系》,对于中国走自己的建设道路的积极意义。

毛泽东认为,中国的社会主义经济革命和经济建设的重要目标是实现中国从农业国向现代化的工业国转变。实现这个转变,首先要建立起国家自身"完整的工业体系"。《政治经济学教科书》认为,中华人民共和国是个大国,人口居世界第一,拥有丰富的种类繁多的自然资源,因此它自然给自己提出建立完整的工业体系的任务。毛泽东的评论是:"要知道这是经过我们同他们争论,才这样写下来的。过去,他们和东欧的一些国家都曾经要我们不搞完整的工业体系。"① 建设"完整的工业体系",是新中国在实现政治独立的基础上,保证国家具有技术上经济上的独立和国防力量的必要条件。同时,建设现代化的工业国,必须落实优先发展重工业的政策。因为,没有发达的重工业,社会主义国家不仅难以用先进技术改造和装备整个国民经济,甚至会面临着丧失民族独立的直接威胁。然而,优先发展重工业势必影响改善人民生活。借鉴苏联的经验,毛泽东提出:"我国人民现在还要像苏联那个时候一样,忍受一点牺牲,但是只要我们能够使农业、轻工业、重工业都同时高速度地向前发展,我们就可以保证在迅速发展重工业的同时,适当改善人民的生活。苏联和我们的经验都证明,农业不发展,轻工业不发展,对重工业的发展是不利的。"② 因此,推进国家工业化发展的正确策略,应该是"在优先发展重工业的条件下,发展工业和发展农业同时并举"③。与此同时,他还论述了在推进国家工业化过程中,坚持"土洋并举""大中小并举",以及大力发展"内地工业与沿海工业"的关系,实行"中央与地方分权","注意发挥企业积极性"等一系列促进国家工业化发展的重要问题,为国家的工业化发展提供了重要的指引。

社会主义经济革命和经济建设的另一个重要方面是农业问题。毛泽东从来都不是以孤立的观点去看待农业问题的。农业作为国民经济的一个基础性部分,直接联系着工业和城乡人民的生活,也内含着农村与农民的发展,更关系

---

① 逄先知等主编:《毛泽东年谱(1949—1976)》第4卷,中央文献出版社2013年版,第321页。
② 逄先知等主编:《毛泽东年谱(1949—1976)》第4卷,中央文献出版社2013年版,第258—259页。
③ 《毛泽东文集》第8卷,人民出版社1999年版,第123页。

到国家工农联盟的政治基础和社会主义发展的前途。因此，对于农业问题，必须坚持以农业为基础、以工业为主导的统筹兼顾原则，并在政策实施上，努力做到见物又见人。对于中国农业的发展，毛泽东坚持在走集体化的社会主义道路过程中，要避免苏联集体农庄的发展模式。苏联集体农庄不搞工业，只搞农业，农业还搞广种薄收，这不适合我国农村人多地少的国情。中国的农村发展，在走集体化道路的过程中，要坚持"工农商学兵，农林牧副渔"全面发展的方针。要在国家统一计划下，"大办工业，使农民就地成为工人"，并形成农村区域中的"经济中心"。这样，农业现代化过程中精减下来的"农村的人口就不会再向城市盲目流动"①。他特别批评苏联教科书没有看到我们的人民公社实行工农业并举，只说公社的多种经济中，包括地方性的辅助性手工业。"实际上我们是根据需要和可能，按照计划安排，广泛地发展半机械化的到机械化的社办工业"②。在这里，毛泽东提出的是一条"在地工业化"，进而"在地城镇化"的农村现代化发展思路。对于农业本身的发展，毛泽东坚持中国必须走"农业现代化"发展道路，大力开展农田水利基本建设，推进农业机械化，实施科学种田。他还特别告诫人们：农业现代化不等于农业"化学化"。"农业生产必须依靠有机肥，有机肥料和无机肥料相结合。"③ 光靠化学化来得到稳定的丰收，有危险。无机化肥要有，但是如果只靠它，而不同有机肥结合起来，会使土壤硬化。无机肥不如有机肥。这一见解体现了农业发展的可持续的要求。

在社会主义经济革命和经济建设中，有一个如何看待商品生产与社会主义的关系问题。毛泽东从中国商品生产不发达的实际和从"商品生产"与不同所有制结合的历史出发，继承了斯大林关于"社会主义制度下的商品生产"的提法，直接使用"社会主义商品生产"的概念。毛泽东认为，"我国是商品生产很不发达的国家，比印度、巴西还落后"④，"需要有一个发展商品生产的阶段"⑤。但有许多人"一提商品生产就发愁，觉得这是资本主义的东西，没有分清社会主义商品生产和资本主义商品生产的区别，不懂得在社会主义条件下利

---

① 逄先知等主编：《毛泽东年谱（1949—1976）》第 4 卷，中央文献出版社 2013 年版，第 260 页。
② 《毛泽东读社会主义政治经济学批注和谈话》，中华人民共和国国史学会 1998 年，第 248 页。
③ 逄先知等主编：《毛泽东年谱（1949—1976）》第 4 卷，中央文献出版社 2013 年版，第 272 页。
④ 《毛泽东文集》第 7 卷，人民出版社 1999 年版，第 435 页。
⑤ 《毛泽东文集》第 7 卷，人民出版社 1999 年版，第 436 页。

用商品生产的作用的重要性"①。事实上，商品生产不能与资本主义混为一谈。不能孤立地看商品生产，"商品生产，要看它是同什么经济制度相联系，同资本主义制度相联系就是资本主义的商品生产，同社会主义制度相联系就是社会主义的商品生产"②。社会主义商品生产存在的根本原因在于不同所有制的存在。"只要存在两种所有制，商品生产和商品交换就是极其必要、极其有用的。"③ 也只有在产品充分发展之后，才有可能使商品流通趋于消失。因此，在目前阶段，"有了人民公社以后，商品生产、商品交换更要发展，要有计划地大大发展社会主义的商品生产"④。他还特别告诫党内同志："我们建国才九年就急着不要商品，这是不现实的"⑤，"搞社会主义没有耐心怎么行？没有耐心是不行的"⑥。这些思想反映了中国社会主义经济发展的现实要求，也极大地丰富了马克思主义关于社会主义的经济思想。

不论进行社会主义经济革命还是经济建设，目的都在于推进社会主义基本价值的实现。毛泽东一直批评那种把社会主义经济活动仅仅看作关于物质财富问题的错误认识。他认为，社会主义生产关系是一个全面的范畴，在建立了社会主义所有制和确立起按劳分配原则后，社会主义经济革命还需要把确立起人与人之间的平等关系，作为重要的内容。因为人与人之间的平等关系虽然决定于所有制，但人与人之间的平等关系并没有随着社会主义所有制关系的确立而自然而然地实现。毛泽东多次提到，我们解决生产关系中的所有制问题，也解决了按劳分配问题，但是在生产中，干部与群众的关系依然是猫与老鼠的关系。这不仅背离了社会主义的应有价值，而且压制了劳动者的主体性和创造性。因此，探索建立新型的干部与群众之间的关系，应该成为社会主义经济革命的重要内容。毛泽东批评苏联《政治经济学教科书》中把人民享有的所谓"真正的社会主义的民主"仅仅理解为劳动者享受各种福利的权利，而"没有讲劳动者管理国家、管理军队、管理各种企业、管理文化教育的权利。实际上，这是社会主义制度下劳动者最大的权利，最根本的权利。没有这种权利，劳动者的工作权、休息权、受教育权等等权利，就没有保证。……我们不能够

---

① 《毛泽东文集》第 7 卷，人民出版社 1999 年版，第 437 页。
② 《毛泽东文集》第 7 卷，人民出版社 1999 年版，第 439 页。
③ 《毛泽东文集》第 7 卷，人民出版社 1999 年版，第 440 页。
④ 《毛泽东文集》第 7 卷，人民出版社 1999 年版，第 437 页。
⑤ 《毛泽东文集》第 7 卷，人民出版社 1999 年版，第 440 页。
⑥ 《毛泽东文集》第 7 卷，人民出版社 1999 年版，第 441 页。

把人民的权利问题，了解为国家只由一部分人管理，人民在这些人的管理下享受劳动、教育、社会保险等等权利"①。社会主义经济革命与经济建设的发展，只有引导出人民群众参与管理，才能真正体现出社会主义对于人民主体实现的应有价值。这一思想应该是毛泽东这一时期深入思考和探索的杰出成果。

四、"让哲学从哲学家的课堂上和书本里解放出来"

《论十大关系》和《关于正确处理人民内部矛盾的问题》，都是毛泽东哲学智慧与中国社会主义建设实践交融一体的重要著作。与这一理论实践相适应，毛泽东还在专门的哲学问题上进行研究和探索，留下了丰富的思想。例如1957年1月关于唯物辩证法的论述，1958年关于工作方法六十条，1959年至1960年读苏联《政治经济学教科书》的有关谈话，1961年关于实事求是、调查研究的论述，1962年关于自由与必然关系的阐释，1963年关于《人的正确思想是从哪里来的？》一文，1964年8月关于哲学问题和坂田文章的谈话，以及1965年12月关于哲学问题的谈话等，都对哲学基本理论作了多方面的阐述与发挥，并提出"让哲学从哲学家的课堂上和书本里解放出来"的倡导。

第一，关于坚持实事求是、开展调查研究的新阐述。实事求是是毛泽东哲学思想的基本命题，毛泽东一向十分重视调查研究。从1958年年底开始，由于觉察到了经济建设中出现极左倾向，毛泽东就强调要把解决工作方法问题，当作重点，以落实党的领导、群众路线和实事求是。1960年12月到1961年1月，中央工作会议和党的八届九中全会先后在北京召开，在这两个会议上，毛泽东着重论述了实事求是、调查研究的问题。他指出，有些干部就是凭主观想当然，不搞调查研究，所以我们要大兴调查研究之风，1961年应成为调查研究年、实事求是年。他强调做工作要有三条：一是情况明，二是决心大，三是方法对。情况明是第一条，是一切工作的基础。1961年3月，毛泽东在广州召开的中央工作会议上进一步论述了调查研究的重要性，并且在会上印发了他在1930年写的《反对本本主义》一文，强调情况不明，政策就不对，决心就不大，方法也就不对头。所有这些论述，以及在这之后毛泽东、刘少奇、周恩来、朱德等率领调查组到各地进行调查研究，对在全党加强实事求是教育、大

---

① 逄先知等主编：《毛泽东年谱（1949—1976）》第4卷，中央文献出版社2013年版，第266—267页。

兴调查研究之风，起了重要作用。

第二，关于自由与必然的新见解。自由与必然问题，是毛泽东认识论思想的一个重要内容。这不仅是对自由与必然这对范畴新的探讨与阐发，也是对社会主义建设曲折历程和经验教训的哲学总结。毛泽东论述了自由与必然这对概念的基本含义，指出："自由是对必然的认识和对客观世界的改造。……必然，就是客观存在的规律性，在没有认识它以前，我们的行动总是不自觉的，带着盲目性的。"① 他还论述了自由与必然的辩证规律，指出："只有在认识必然的基础上，人们才有自由的活动。这是自由和必然的辩证规律。"② 他特别强调，从必然到自由是一个发展过程，对于社会主义建设规律的认识也是一个过程，"先是不认识或者不完全认识，经过反复的实践，在实践里面得到成绩，有了胜利，又翻过斤斗，碰了钉子，有了成功和失败的比较，然后才有可能逐步地发展成为完全的认识或者比较完全的认识"③。毛泽东认为，人类总得不断总结经验，有所发现，有所发明，有所创造，有所前进。停止的论点，悲观的论点，无所作为和骄傲自满的论点，都是错误的。

第三，关于"物质可以变成精神，精神可以变成物质"的新概括。1963年5月，毛泽东在《人的正确思想是从哪里来的?》一文中提出了"物质可以变成精神，精神可以变成物质"的命题。毛泽东的"两变"命题，是对马克思主义认识论的发挥。物质可以变成精神，是指人们在社会实践中，通过眼、耳、鼻、舌、身等把客观物质反映到头脑中来，经过头脑加工，变成思想，这也就是马克思在《〈资本论〉第二版跋》中所说的，"观念的东西不外是移入人的头脑并在人的头脑中改造过的物质的东西而已"④。这是认识过程的第一个飞跃。精神可以变成物质，是指人们通过社会实践可以把认识过程第一个飞跃得到的主观认识变成客观的东西，这也就是列宁在《黑格尔〈逻辑学〉一书摘要》中所说的，"观念的东西转化为实在的东西"⑤。这是认识过程的第二个飞跃，这一飞跃的意义更加重要和伟大。这是因为人们认识世界的目的是为了改造世界，同时人的认识正确与否，只有在实践中才能得以检验。毛泽东强调这

---

① 《毛泽东著作选读》下册，人民出版社1986年版，第833页。
② 《毛泽东著作选读》下册，人民出版社1986年版，第833页。
③ 《毛泽东著作选读》下册，人民出版社1986年版，第833页。
④ 《马克思恩格斯文集》第5卷，人民出版社2009年版，第22页。
⑤ 《列宁全集》第55卷，人民出版社2017年版，第97页。

些思想,目的在于对干部进行"辩证唯物主义的认识论教育",以便戒除脱离实际的不良作风。

第四,关于唯物辩证法规律和体系的新思考。如何理解唯物辩证法的规律,如何建构唯物辩证法的体系,是毛泽东晚年在探讨如何更好地把马克思主义哲学普及于广大干部群众时思考的重要内容。恩格斯提出了唯物辩证法的三条规律,即量转化为质和质转化为量、对立的相互渗透、否定的否定的规律。列宁肯定了这三大规律,同时强调对立统一规律是辩证法的实质与核心。斯大林在《论辩证唯物主义和历史唯物主义》中只论及了量变质变和对立统一规律,既没有提否定之否定规律,也没有谈核心问题。毛泽东认为:"旧哲学传下来的几个规律并列的方法不妥"[①],"辩证法的核心是对立统一规律,其他范畴如质量互变、否定之否定、联系、发展等等,都可以在核心规律中予以说明"[②]。并强调这在列宁已基本上解决了,我们的任务是加以解释和发挥。毛泽东的论述反映了他对唯物辩证法规律和唯物辩证法体系的一种思考和理解。

第五,"让哲学从哲学家的课堂上和书本里解放出来。"[③] 发挥哲学对于认识世界和改造世界的功能,是马克思主义哲学的传统。毛泽东自从接受马克思主义以来,从来都是把它作为立场、观点和方法,运用于中国革命与实践之中。他批评脱离中国革命与建设的实际,空谈马克思主义的倾向,也在不同时期结合党的不同任务,努力把马克思主义化为群众和干部能够掌握和运用的一系列工作方法。新中国成立后,毛泽东就提出:"关于辩证唯物论的通俗宣传,过去做得太少,而这是广大工作干部和青年学生的迫切需要。"[④] 1957年11月在《莫斯科共产党和工人党代表会议上的讲话》中,他又提出:"关于对立面的统一的观念,关于辩证法,需要作广泛的宣传。我说辩证法应该从哲学家的圈子走到广大人民群众中间去。"[⑤] 1963年5月,毛泽东在杭州会议期间进一步提出:"为了做好我们的工作,各级党委应当大大提倡学习马克思主义的认识论,使之群众化,为广大干部和人民群众所掌握,让哲学从哲学家的课堂上和书本里解放出来,变为群众手中的尖锐武器。"[⑥] 1964年8月,在关于日本

---

① 《毛泽东文集》第8卷,人民出版社1999年版,第327页。
② 《毛泽东文集》第8卷,人民出版社1999年版,第326页。
③ 《毛泽东文集》第8卷,人民出版社1999年版,第323页。
④ 《毛泽东文集》第6卷,人民出版社1999年版,第154页。
⑤ 《毛泽东文集》第7卷,人民出版社1999年版,第332页。
⑥ 《毛泽东文集》第8卷,人民出版社1999年版,第323页。

物理学家坂田昌一文章的谈话中,毛泽东明确指出:"什么叫哲学?哲学就是认识论。"① 1965年年底,他要求哲学工作者:"你们搞哲学的,要写实际的哲学,才有人看。书本式的哲学难懂,写给谁看?希望搞哲学的人,到工厂、农村去跑几年,把哲学体系改造一下……要写通俗的文章,要用劳动人民的语言写。"② 所有这些论述,都集中于如何把马克思主义哲学变为干部和群众认识世界、改造世界的思想武器的问题。这既是对于马克思主义哲学传统的一种理解和继承,也是对于新中国哲学走向实践,走向生活,走向人民大众的一种期待!

思考题:

1. 如何把握《实践论》《矛盾论》的基本内容及其对马克思主义哲学的贡献?
2. 如何深刻认识实事求是的科学内涵及其在毛泽东哲学思想中的重要地位?
3. 毛泽东怎样运用唯物辩证法解决抗日战争中的实际问题?
4. 如何认识毛泽东的《新民主主义论》中的哲学思想?
5. 如何认识毛泽东的《论十大关系》《关于正确处理人民内部矛盾的问题》的哲学意义?

---

① 逄先知等主编:《毛泽东年谱(1949—1976)》第5卷,中央文献出版社2013年版,第396页。
② 逄先知等主编:《毛泽东年谱(1949—1976)》第5卷,中央文献出版社2013年版,第548页。

第十二章 中国特色社会主义理论体系哲学思想

以1978年党的十一届三中全会召开为标志，中国进入改革开放和现代化建设新时期。马克思主义哲学在中国的发展也进入了新阶段，形成了中国特色社会主义理论体系哲学思想。这一哲学思想，坚持辩证唯物主义和历史唯物主义的基本原理，并用新的实践经验丰富和发展马克思列宁主义哲学、毛泽东哲学思想的一系列重要观点，是马克思主义哲学中国化的成果，是中国共产党和中国人民集体智慧的结晶。

第一节 中国特色社会主义理论体系哲学思想的形成与发展

中国特色社会主义理论体系哲学思想，是中国共产党在改革开放的历史进程中，坚持把马克思主义哲学基本原理与时代特征和基本国情相结合，不断推进马克思主义哲学中国化，在深刻总结历史和现实经验的基础上逐步形成和发展起来的。习近平指出："坚持不忘初心、继续前进，就要坚持马克思主义的指导地位，坚持把马克思主义基本原理同当代中国实际和时代特点紧密结合起来，推进理论创新、实践创新，不断把马克思主义中国化推向前进。"① 中国特色社会主义理论体系哲学思想正是在不断推进马克思主义中国化进程中所形成的重大思想成果。

一、中国特色社会主义理论体系哲学思想的理论来源与实践基础

中国特色社会主义理论体系具有坚实的哲学基础、丰富的哲学内涵和深刻的哲学意蕴，是新的历史条件下对马克思主义哲学的丰富和发展。

中国特色社会主义理论体系哲学思想是以马克思主义哲学特别是毛泽东哲学思想为理论来源形成和发展起来的。马克思主义哲学中关于世界的物质统一性的原理、关于事物普遍联系和永恒发展的原理、关于物质世界运动和发展的普遍规律的原理、关于社会存在和社会意识辩证关系的原理、关于社会基本矛

---

① 《习近平谈治国理政》第2卷，外文出版社2017年版，第33页。

盾运动规律的原理、关于人民群众是推动历史前进的根本力量的原理等一系列基本原理，都为中国特色社会主义理论体系哲学思想的形成和发展提供了根本的理论基础。毛泽东哲学思想中关于实事求是、群众路线、独立自主的观点，关于理论联系实际、在实践中检验和发展真理的观点，关于正确处理人民内部矛盾的观点，关于主观和客观、认识和实践的辩证统一的观点等，构成了中国特色社会主义理论体系哲学思想的直接理论来源。改革开放以来，中国共产党科学概括了毛泽东哲学思想的基本内容，并将其作为继续推进马克思主义哲学中国化的科学世界观和方法论。可以说，中国特色社会主义理论体系哲学思想与马克思列宁主义哲学、毛泽东哲学思想是一脉相承而又与时俱进的。

中国特色社会主义理论体系哲学思想，是准确把握时代特征、顺应时代发展潮流形成和发展起来的。中国特色社会主义伟大实践是在国情极其复杂、外部环境发生深刻变化的情况下进行的。20 世纪 70 年代末 80 年代初以来，随着世界多极化和经济全球化深入发展，世界进入了大变动、大发展、大调整时期，和平与发展成为时代主题，但世界范围内的各种矛盾和冲突也出现新的特点。尤其是 20 世纪 80 年代末 90 年代初苏联东欧剧变，国际共产主义运动遭受重大挫折，马克思主义及其哲学也面临新的挑战。面对世界局势如此深刻、如此广泛的变化，中国共产党始终高举马克思主义旗帜，坚持和运用辩证唯物主义、历史唯物主义的世界观和方法论，从纷繁复杂的普遍联系中把握矛盾，认识和处理问题，形成了独具特色的哲学思想，为中国特色社会主义事业顺利推进提供了重要的世界观和方法论指导。

中国特色社会主义理论体系哲学思想，是在改革开放和社会主义现代化建设的生动实践中形成和发展起来的。改革开放是在新的时代条件下中国共产党领导人民进行的新的伟大革命。这场新的革命，改变了中国的落后面貌，推动了中国经济、政治、文化、社会和生态等各项事业快速发展，也为中国特色社会主义理论体系及其哲学思想的形成和发展提供了实践基础。40 多年来，中国改革开放和现代化建设在经济、政治、文化、社会和生态等各领域全面推进，中国特色社会主义理论体系哲学思想也随着实践的深化而不断被赋予新的时代精神和实践内涵。改革开放的每一步发展都推动了包括哲学在内的理论创新，理论创新反过来又不断推动了实践的发展，而新的实践发展又为新的理论创新提供了活力源泉。一部改革开放的历史，就是中国共产党在新时期实践探索和理论创新共同推进的历史，也是中国特色社会主义理论体系哲学思想形成和发展的历史。

中国特色社会主义理论体系哲学思想是在深刻总结国际共产主义运动，特别是中国社会主义建设的经验教训基础上形成和发展起来的。中国特色社会主义理论体系哲学思想，深化了中国共产党对新中国成立以来特别是改革开放以来社会主义建设实践的哲学认识，也体现了党对国际共产主义运动经验教训的深刻思考。党的十一届三中全会和十一届六中全会，认真总结新中国成立以来社会主义建设的历史经验，果断地纠正长期以来"左"的错误，同时，又坚决肯定和继承了党在长期社会主义建设实践中取得的一切积极成果。此后，党又多次认真总结社会主义建设的实践经验，借鉴其他国家社会主义成败和一些国家谋求现代化的经验教训。正如邓小平说过的，没有对历史经验教训的深刻总结，"就不可能制定十一届三中全会以来的思想、政治、组织路线和一系列政策"①。可以说，中国特色社会主义理论体系哲学思想的形成和发展，也是与坚持运用辩证唯物主义和历史唯物主义认识、分析和解决中国问题，善于总结和深刻吸取正反两方面经验教训分不开的。

二、中国特色社会主义理论体系哲学思想的形成发展过程

改革开放40多年来，中国共产党的一切理论和实践都是紧紧围绕中国特色社会主义这个主题进行的。围绕这一主题，我们党在新的实践基础上系统回答了什么是马克思主义、怎样对待马克思主义，什么是社会主义、怎样建设社会主义，建设什么样的党、怎样建设党，实现什么样的发展、怎样发展，新时代坚持和发展什么样的中国特色社会主义、怎样坚持和发展中国特色社会主义等重大理论和实际问题，形成了包括邓小平理论、"三个代表"重要思想、科学发展观、习近平新时代中国特色社会主义思想在内的中国特色社会主义理论体系，提出了一系列重要的哲学命题和哲学论断，形成了中国特色社会主义理论体系哲学思想。这一哲学思想形成和发展的过程主要经历了四个阶段。

第一阶段：以邓小平为主要代表的中国共产党人，把马克思主义基本原理同新的实际和时代特征结合起来，提出了一系列具有开创意义的思想观点，奠定了中国特色社会主义理论体系哲学思想的基础。

以党的十一届三中全会为转折点，中国共产党重新确立了解放思想、实事

---

① 《邓小平文选》第3卷，人民出版社1993年版，第272页。

求是的思想路线，为正确认识中国特色社会主义的重大理论和实践问题提供了方法论依据。在此基础上，中国共产党明确提出，在中国建设社会主义首先必须搞清楚什么是社会主义、怎样建设社会主义这个重大问题。邓小平说："我们的经验教训有许多条，最重要的一条，就是要搞清楚这个问题。"① 在党的十二大开幕式上，邓小平第一次提出"把马克思主义的普遍真理同我国的具体实际结合起来，走自己的道路，建设有中国特色的社会主义"② 的重大命题，指明了新时期党的理论和实践探索的方向。邓小平运用辩证唯物主义和历史唯物主义基本原理，深刻揭示了社会主义的本质，阐明了社会主义初级阶段理论，提出了社会主义也可以搞市场经济的重要思想，第一次比较系统地初步回答了在中国这样一个经济、文化比较落后的国家如何建设社会主义、如何巩固和发展社会主义的一系列基本问题。他强调，物质文明和精神文明都搞好，才是有中国特色的社会主义，提出了"分三步"基本实现现代化的战略步骤。1992年，他在南方谈话中进一步深刻阐明了社会主义本质、计划和市场的关系、革命是解放生产力、改革也是解放生产力、坚持党的基本路线一百年不动摇等问题，从根本上解除了束缚人们的思想障碍。1992年，党的十四大对这些理论观点进行了系统概括，把它称为"邓小平同志建设有中国特色社会主义理论"。1997年，党的十五大又将其命名为"邓小平理论"，并作为指导思想载入党章。

邓小平理论坚持辩证唯物主义和历史唯物主义的世界观和方法论，继承和发扬了毛泽东哲学思想，提出了一系列重要的哲学命题和论断，如：在认识论上，坚持唯物主义认识路线，强调"实践是检验真理的唯一标准"，阐明了解放思想与实事求是的辩证关系，科学概括了社会主义本质；在唯物史观上，坚持强调生产力的基础地位，提出"社会主义初级阶段""发展是硬道理""科学技术是第一生产力""解决中国的问题关键在发展"等论断；在辩证法上，强调在矛盾的对立中把握同一，提出"计划与市场都是手段""一国两制"等；在方法论上，强调"两手抓"的同时处理好"重点与一般"、整体和局部的关系，发挥主观能动性等一系列重要哲学命题，从多方面丰富和发展了马克思主义哲学。

第二阶段：以江泽民为主要代表的中国共产党人，继续推进中国特色社会

---

① 《邓小平文选》第3卷，人民出版社1993年版，第116页。
② 《邓小平文选》第3卷，人民出版社1993年版，第3页。

主义伟大事业，提出了一系列新思想、新观点，丰富和发展了中国特色社会主义理论体系哲学思想。

党的十三届四中全会以后，面对20世纪80年代末90年代初国际国内严峻的政治形势和国内改革发展的繁重任务，以江泽民同志为核心的党中央鲜明强调，必须始终坚持党的十一届三中全会以来的路线和基本政策。一是要坚定不移，毫不动摇；二是要全面执行，一以贯之。江泽民指出，建设中国特色社会主义是"一篇大文章"，邓小平为它确定了基本思想和基本原则，要继续把这篇文章作好。他强调，必须始终关注两大问题，一个是在新的历史条件下不断加强党的建设、巩固党的执政地位；一个是坚持党的基本路线、加快社会主义现代化建设。他指出，社会主义现代化建设是党的中心任务，而要抓好现代化建设"关键在于加强和改善党的领导"①。"建设什么样的党、怎样建设党，是一个重大现实问题，直接关系到我们党和国家的前途命运。"② 对这两个问题的长期思考和探索，形成了"三个代表"重要思想。2000年，江泽民在广东省调研时首次表述了"三个代表"重要思想；2001年，他对"三个代表"重要思想的科学内涵进行了全面阐述；2002年，党的十六大把"三个代表"重要思想同马克思列宁主义、毛泽东思想、邓小平理论一道确立为党必须长期坚持的指导思想，实现了指导思想的又一次与时俱进。"三个代表"重要思想的提出，进一步回答了什么是社会主义、怎样建设社会主义的问题，创造性地回答了建设什么样的党、怎样建设党的问题，丰富和发展了中国特色社会主义理论体系。

"三个代表"重要思想坚持马克思主义哲学的立场、观点和方法，强调解放思想和实事求是是一个永无止境的过程，与时俱进是马克思主义最重要的理论品质；强调要始终代表中国先进生产力的发展要求，发展是党执政兴国的第一要务，坚持发展生产力在社会主义建设中的基础地位，重视经济社会发展与人的全面发展的统一，体现了尊重规律与驾驭规律的有机统一；强调要始终代表中国先进文化的前进方向，阐明社会主义先进文化的实质及其对经济社会发展的重要作用；强调始终要代表中国最广大人民的根本利益，坚持人民群众创造历史的观点和党的群众路线，做到"立党为公、执政为民"，提出在现阶段

---

① 《十五大以来重要文献选编》上，人民出版社2000年版，第427页。
② 《江泽民文选》第3卷，人民出版社2006年版，第44页。

人民群众包括广大工人、农民、知识分子，以及在改革开放过程中出现的新的社会阶层，他们都是中国特色社会主义的建设者，把加强党的阶级基础与扩大党的群众基础统一起来等等。其哲学思想是在新的历史条件下对毛泽东哲学思想和邓小平理论哲学思想的丰富和发展。

第三阶段：以胡锦涛为主要代表的中国共产党人，在发展中国特色社会主义的历史进程中，提出一系列重大理论观点、重大战略思想、重大工作部署，发展了中国特色社会主义理论体系哲学思想。

进入新世纪，中国共产党站在历史和时代的高度，立足社会主义初级阶段基本国情，深入分析中国发展的阶段性特征，认真总结中国发展实践，准确把握世界发展趋势，借鉴国外发展经验，深刻回答了中国社会主义经济建设、政治建设、文化建设、社会建设、生态文明建设以及党的建设等一系列重大问题，进一步发展了中国特色社会主义理论体系。中国共产党提出以人为本、全面协调可持续发展；提出统筹城乡发展、统筹区域发展、统筹经济社会发展、统筹人与自然和谐发展、统筹国内发展和对外开放；提出建设社会主义新农村，建设创新型国家，建设资源节约型、环境友好型社会，牢固树立社会主义荣辱观，建设社会主义核心价值体系，坚定不移地走和平发展道路，构建社会主义和谐社会等重大战略思想和战略任务；提出全面加强党的执政能力建设和先进性建设，深化了对中国特色社会主义规律的认识，形成了科学发展观这一中国特色社会主义理论体系的重要成果。党的十七大深刻阐述了科学发展观的历史地位、时代背景、科学内涵、精神实质和根本要求，强调科学发展观是中国经济社会发展的重要指导方针，是发展中国特色社会主义必须坚持和贯彻的重大战略思想。科学发展观继续回答了什么是社会主义、怎样建设社会主义，建设什么样的党、怎样建设党的问题，创造性地回答了实现什么样的发展、怎样发展的问题，开拓了马克思主义中国化的新境界。

科学发展观坚持辩证唯物主义和历史唯物主义的基本原理，继承和发展马克思主义关于人类社会前进最终是由生产力发展决定的、马克思主义执政党要致力于发展社会生产力，人民是历史发展的主体、是推动社会前进的根本力量，未来社会是每个人自由而全面发展的社会、社会主义必须不断促进人的全面发展，社会发展必须使生产关系与生产力、上层建筑与经济基础相协调相适应，人类依存于自然界、人和自然界应和谐相处，社会生产各个部类、各个方面、各个环节彼此相互联系、不可分割等重要观点，是马克思主义关于发展的世界观和方法论的集中体现。科学发展观提出了一系列重要的哲学命题和论断，如强调发展是第一要义，坚持唯物史观的生产力观点和"发展是硬道理"的论断；强调以人为本是核心，把"依靠谁发展"和"为了谁发展"统一起来，丰富和发展了马克思主义哲学的群众史观和人的全面发展理论的内涵；强调全面协调可持续发展，提出统筹城乡发展、统筹区域发展、统筹经济社会发展、统筹人与自然和谐发展、统筹国内发展和对外开放，贯穿了唯物辩证法的辩证思维方法等等，丰富和发展了中国特色社会主义理论体系哲学思想。

第四阶段：以习近平为主要代表的中国共产党人，在中国特色社会主义进入新时代的新的历史方位，在中华民族从站起来、富起来到强起来的历史阶段，提出了一系列具有开创性意义的新理念新思想新战略，形成了中国特色社会主义理论体系哲学思想的最新成果。

党的十八大以来，国内外形势发生深刻复杂变化，我国发展处于重要战略机遇期，给我们提出了一个重大时代课题，这就是必须从理论和实践结合上系统回答新时代坚持和发展什么样的中国特色社会主义、怎样坚持和发展中国特色社会主义，围绕这个重大时代课题，我们党坚持以马克思列宁主义、毛泽东思想、邓小平理论、"三个代表"重要思想、科学发展观为指导，坚持解放思想、实事求是、与时俱进、求真务实，坚持辩证唯物主义和历史唯物主义，紧密结合新的时代条件和实践要求，以全新的视野深化对共产党执政规律、社会主义建设规律、人类社会发展规律的认识，进行艰辛理论探索，取得重大理论创新成果，形成了习近平新时代中国特色社会主义思想。习近平新时代中国特色社会主义思想，紧紧围绕坚持和发展中国特色社会主义这个主题，涵盖经济建设、政治建设、文化建设、社会建设、生态文明建设和党的建设各个领域，涉及改革发展稳定、内政外交国防、治党治军治国等各个方面，是一个系统完整、逻辑严密的科学理论体系。正是在习近平新时代中国特色社会主义思想的指导下，党的十八大以来，我国政府出台了一系列重大方针政策，推动了一系列重大工作，解决了许多长期想解决而没有解决的难题，办成了许多过去想办而没有办成的大事，推动党和国家事业取得历史性成就。

习近平新时代中国特色社会主义思想坚持辩证唯物主义和历史唯物主义基本原理，继承和发展了马克思主义关于社会基本矛盾及其运动规律的观点，提出"五位一体"总体布局、"四个全面"战略布局，倡导新发展理念，作出我国社会主要矛盾已经转化为人民日益增长的美好生活需要和不平衡不充分的发展之间的矛盾的重要判断；继承和发展了马克思主义关于人与自然、社会关系的观点，提出人与自然是生命共同体、绿水青山就是金山银山；继承和发展了人民群众是历史创造者的观点，提出以人民为中心的发展思想，坚持以人民为中心的价值取向；继承和发展了马克思主义的实践观点，提出空谈误国、实干兴邦，进一步深化改革、扩大开放；继承和发展了马克思主义的世界历史理论，提出要铸牢中华民族共同体意识，提出"一带一路"倡议和构建人类命运共同体理念；继承和发展了经济基础决定上层建筑的观点，积极推动党风廉政建设和反腐败斗争，把权力关进制度的笼子里。

三、中国特色社会主义理论体系的哲学贡献与指导意义

中国特色社会主义理论体系哲学思想是中国共产党人在改革开放和现代化建设实践中创造的宝贵精神财富。这一哲学思想，进一步丰富和发展了马克思主义哲学，为中国特色社会主义提供了世界观和方法论的重要指导。

（一）中国特色社会主义理论体系的哲学贡献

中国特色社会主义理论体系哲学思想从中国具体实际出发，坚持解放思想、实事求是、与时俱进，提出了一系列新思想、新观点、新论断，为马克思主义哲学在当代中国的运用、丰富和发展作出了多方面的理论贡献。

第一，坚持和发展了实践与认识辩证关系的原理，提出在改革开放实践中不断发现真理，检验和发展真理。马克思主义哲学认为，实践是认识的基础、动力和目的，是检验认识的真理性标准。中国特色社会主义理论体系哲学思想，坚持和发展了实践与认识辩证关系的基本原理，把解放思想、实事求是、与时俱进作为中国特色社会主义理论体系的精髓和灵魂。通过实践是检验真理唯一标准的大讨论，科学地阐明了解放思想对坚持实事求是的重要性。强调解放思想就是在马克思主义指导下，打破习惯势力和主观偏见的束缚，研究新情况，解决新问题；实事求是就是使思想和实际相符合，使主观和客观相符合；与时俱进是马克思主义最重要的理论品质，坚持与时俱进就是要使党的全部理论和工作体现时代性、把握规律性、富于创造性。解放思想是党的思想路线的本质要求，是发展中国特色社会主义的一大法宝；求真务实是辩证唯物主义和历史唯物主义一以贯之的科学精神，是党的思想路线的核心内容。这些思想，是中国特色社会主义理论体系哲学思想在新的历史条件下，在改革开放实践中不断发现真理、检验真理、发展真理，对马克思主义思想路线的重大创新。

第二,坚持和发展了生产力发展是社会发展最终决定力量的原理,强调不断解放生产力、发展生产力。马克思主义哲学认为,人类社会是在社会基本矛盾运动中发展的。在社会基本矛盾运动中,生产力是最终起决定作用的因素。生产力作为人类改造自然使其适应自身需要的物质力量,不仅直接决定着社会物质生活,而且规定和制约着全部社会生活。整个社会的产生和发展是建立在社会生产力发展基础之上的。中国特色社会主义理论体系哲学思想,坚持和发展了生产力发展是社会发展最终决定力量的原理,强调了发展对于解决中国一切问题的关键作用,发展才是硬道理;能不能解决好发展问题,直接关系人心向背、事业兴衰。强调中国特色社会主义是靠发展来不断巩固和前进的;科学技术是第一生产力,发展应该是科学发展,是又好又快发展;要坚持走生产发展、生活富裕、生态良好的文明发展道路。这些思想,集中体现了马克思主义关于发展的世界观和方法论,是唯物史观的生产力理论在发展问题上的科学运用和发展。

第三,坚持和发展了人民群众是历史主体的原理,强调群众路线是党的一切工作的立足点和出发点,强调把人民群众主体力量与人才优势结合起来。马克思主义哲学认为,人民群众作为社会生产的直接承担者,始终是社会物质财富和精神财富的创造者,是社会变革的决定性力量。中国特色社会主义理论体系哲学思想,坚持和发展了人民群众是历史主体的原理,把以人民为中心作为中国特色社会主义的根本出发点和落脚点。强调群众路线是党的一切工作的立足点和出发点,必须以人民的利益作为各项工作的根本标准,制定方针政策要看人民拥护不拥护、赞成不赞成、高兴不高兴、答应不答应;必须把实现人民的愿望、满足人民的需要、维护人民的利益作为工作的根本目的;必须坚持以人民为中心、服务人民,坚持权为民所用、情为民所系、利为民所谋。强调人民的素质能力全面发展,突出社会发展中人才优势的重要性,将发挥人民群众的主体力量与凸显人才优势有机结合起来。这些思想,是对唯物史观和党的群众路线的继承和升华。

第四,坚持和发展了生产力与生产关系、经济基础与上层建筑相互作用的原理,通过改革不断解放和发展生产力,积极发挥生产关系、上层建筑的能动作用来推动生产力发展。马克思主义哲学认为,生产力与生产关系、经济基础与上层建筑的矛盾是人类社会的基本矛盾,它们的运动发展构成了人类社会发展的基本规律,即生产关系一定要适合生产力状况的规律,上层建筑一定要适合经济基础的发展要求的规律。在生产力与生产关系的矛盾运动中，生产力对生产关系具有决定作用，生产关系对生产力具有反作用。在经济基础与上层建筑的矛盾运动中，经济基础对上层建筑起决定作用，上层建筑对经济基础具有反作用。中国特色社会主义理论体系哲学思想，坚持和发展了生产力与生产关系、经济基础与上层建筑相互作用的原理，更多地发挥上层建筑的能动的反作用来推动生产力和经济基础的发展，把改革开放作为发展中国特色社会主义的必由之路、推动经济社会发展的强大动力加以强调。强调社会主义制度建立后仍然有一个通过自觉改革解放生产力的问题，革命是解放生产力，改革也是解放生产力；开放也是改革，是必须长期坚持的基本国策。实行改革开放是社会主义中国的强国之路，必须坚定不移地推动改革开放；改革是推动各项工作的动力，是解决体制转变中的深层次矛盾的关键。改革开放是决定当代中国命运的关键抉择，是发展中国特色社会主义、实现中华民族伟大复兴的必由之路；只有社会主义才能救中国，只有改革开放才能发展中国、发展社会主义、发展马克思主义。这些思想，进一步发展了唯物史观关于社会主义社会发展动力的理论，揭示了社会主义发展活力的源泉。

第五，坚持和发展了关于各种社会因素交互作用的思想，提出了中国特色社会主义事业"五位一体"总体布局。马克思的社会有机体思想与恩格斯的"各种社会要素交互作用"思想，都鲜明地体现出马克思主义哲学的社会整体性观点。马克思主义哲学认为，人类社会是一个统一的活的有机整体，从活动领域来看，包括经济、政治、文化、社会、生态等要素。社会的发展是由各种要素的相互作用推动的。中国特色社会主义理论体系哲学思想，强调必须坚持以经济建设为中心，全面推进社会各因素、各领域的发展。改革开放以来提出的"共同富裕""民主法制""小康社会"建设、"两个文明一起抓""统筹兼顾"、新发展理念等重要论断，都包含全面发展的思想。强调要按照"五位一体"总体布局推进社会主义经济建设、政治建设、文化建设、社会建设、生态文明建设，加强党的建设；社会和谐是中国特色社会主义的本质属性，要维护和实现社会公平正义，保障和改善民生，全面推进中国特色社会主义事业。中国特色社会主义理论体系哲学思想，在强调物质文明建设的同时，重视精神文明建设；在加强经济建设、政治建设的同时，重视文化建设。强调"两手抓，两手都要硬"，提出要把社会主义精神文明建设放到更加突出的战略地位，始终代表中国先进文化的前进方向。把文化建设作为中国特色社会主义事业"五位一体"总体布局的重要内容加以强调，要求大力发展社会主义先进文化，积极建设社会主义核心价值体系，着力建设社会主义文化强国。绿水青山就是金山银山，像保护眼睛一样保护生态环境，坚持绿色发展理念，建设美丽中国。这些思想，坚持和发展了马克思主义关于社会系统各个方面相互作用、协调发展的思想，进一步揭示了社会主义社会发展规律，揭示了推动中国特色社会主义社会全面进步的总体思路和方法。

综上，中国特色社会主义理论体系哲学思想包含深刻的哲学内涵，特别是它强调在矛盾的对立中把握统一，更加注重矛盾双方在对立中相互依存、互为条件、相互转化，在同一性中把握对立性，在实践中深化了辩证唯物主义与历史唯物主义基本原理的内涵，为正确认识和处理改革实践中一系列重大关系问题提供了方法论依据。中国特色社会主义理论体系哲学思想，是当代中国共产党人对马克思主义哲学发展作出的重大理论贡献。同时，这一哲学思想，是随着实践而不断丰富和发展的，需要在理论上不断进行总结，在实践中不断深化认识。

(二) 中国特色社会主义理论体系哲学思想的指导意义

中国特色社会主义理论体系哲学思想，既坚持了马克思主义哲学基本原理，又赋予其鲜明的实践特色、民族特色、时代特色，是坚持和发展中国特色社会主义的重要指导思想，是在新的历史起点上继续推进改革开放和社会主义现代化建设的科学世界观和方法论。

中国特色社会主义理论体系哲学思想，对于坚持和发展党的思想路线、推进理论创新具有重要意义。实践的观点是马克思主义哲学首要的和最基本的观点，也是中国特色社会主义理论体系哲学思想首要的和最基本的观点。马克思主义的理论源泉是实践，发展依据是实践，检验标准也是实践。在历史上的一些时期，中国共产党在前进中曾经犯过错误甚至遇到严重挫折，根本原因就在于当时的指导思想脱离了中国实际。党能够依靠自己和人民的力量纠正错误，在挫折中奋起，继续胜利前进，根本原因在于始终坚持马克思主义的实践观，重新恢复和坚持贯彻实事求是的思想路线。在新的历史条件下坚持和发展党的思想路线，大力推进理论创新，必须坚持中国特色社会主义理论体系哲学思想，既坚持马克思主义基本原理，又坚持一切从实际出发，以中国改革开放和社会主义现代化建设的实际问题、以我们正在做的事情为中心，及时总结党领导人民创造的新鲜经验，作出新的理论概括，为中国特色社会主义保持正确的发展方向提供坚实的思想基础和科学的方法指导。

中国特色社会主义理论体系哲学思想，对于科学判断中国所处的历史方位，准确把握中国现阶段发展的阶段性特征具有重要意义。改革开放以来，中国共产党坚持运用马克思主义的世界观和方法论认识和把握当代中国的基本国情，作出了中国还处于并将长期处于社会主义初级阶段的科学论断，并以此为基础明确概括并全面阐发了"一个中心、两个基本点"的社会主义初级阶段的基本路线。要看到，社会主义初级阶段是一个相当长的历史发展过程，在发展中必然呈现出阶段性特征，会面临不同的发展机遇和挑战。中国特色社会主义理论体系哲学思想，为正确把握中国的基本国情，把握在发展过程的不同阶段、不同时期的阶段性特征，紧紧抓住和利用重要战略机遇期，更好地推动经济社会发展特别是长远发展，提供了正确的理论指导和方法论依据。中国特色社会主义理论体系哲学思想，对于正确处理改革、发展、稳定的关系，推进改革开放和现代化建设具有重要意义。改革开放以来，中国经济体制改革取得了重大进展，社会主义市场经济体制初步建立，社会主义初级阶段基本经济制度不断巩固，社会主义初级阶段的分配制度不断完善。但也必须看到，中国经济体制改革的任务并没有完成，生产力发展面临的诸多体制性障碍仍有待进一步破除，改革、发展、稳定的任务十分繁重。继续推进改革开放和现代化建设，必须坚持中国特色社会主义理论体系哲学思想，既要坚定不移地大胆探索、勇于尝试，又要头脑清醒、积极稳妥地推进各项改革，把改革的力度、发展的速度和社会可承受的程度统一起来，在社会稳定中推进改革和发展，通过改革和发展促进社会稳定。

中国特色社会主义理论体系哲学思想，对于统筹协调各种社会利益关系，促进社会和谐具有重要意义。改革开放以来，由于经济体制深刻变革、社会结构深刻变动、利益格局深刻调整、思想观念深刻变化，由于发展中不平衡、不协调、不可持续问题短期内难以得到根本解决，人民内部各种利益矛盾难以避免地会经常地、大量地表现出来。这既反映了广大人民群众在生活水平不断提高的基础上，对自身利益的进一步追求，也使得协调兼顾各方面利益的难度增大。促进社会和谐，必须坚持以中国特色社会主义理论体系哲学思想为指导，着眼于最大限度增加和谐因素、最大限度减少不和谐因素，使各方面利益关系得到妥善协调，使人民内部矛盾和其他社会矛盾得到正确处理，切实维护和实现人民的合法权益，充分发挥社会各阶层在推动经济社会发展中的作用。

中国特色社会主义理论体系哲学思想，对于促进经济社会全面协调可持续发展具有重要意义。推进全面协调可持续发展，反映了现阶段经济社会发展的客观要求。经过改革开放40多年的努力，一方面，经过长期发展，中国积累了较为雄厚的物质技术基础，可以在推进全面协调可持续发展上有更大作为；另一方面，城乡区域发展不平衡、经济社会发展不协调、经济发展与人口资源环境不适应等问题也更加突出地摆在了面前。必须坚持以中国特色社会主义理论体系哲学思想为指导，既坚持以经济建设为中心，又全面推进社会主义经济建设、政治建设、文化建设、社会建设、生态文明建设和党的建设，使发展的各个方面、各个环节相互适应、相互促进；既要立足当前，又要着眼长远，保持经济社会长期稳定发展。

中国特色社会主义理论体系哲学思想，对于正确把握国际和国内两个大局，掌握发展的主动权具有重大意义。新中国成立特别是改革开放以来，中国从努力突破封锁到全方位开放，以崭新的面貌登上并屹立于世界舞台。当代中国与世界前所未有地紧密联系在一起，中国的发展离不开世界，世界的繁荣与稳定也离不开中国。同时也要看到，对外开放日益扩大，面临的国际竞争日趋激烈，发达国家在经济、科技上占优势的压力长期存在，可以预见和难以预见的风险增多，统筹国内发展和对外开放要求更高。这就要求必须坚持以中国特色社会主义理论体系哲学思想为指导，正确看待世界形势中出现的新机遇、新挑战和新矛盾、新问题，既通过维护世界和平发展自己，又通过自身发展维护世界和平；既强调依靠自身力量和改革创新实现发展，又坚持对外开放、学习借鉴别国长处，在日趋激烈的综合国力竞争中牢牢把握发展的主动权。

总之，中国特色社会主义理论体系哲学思想集中体现了马克思主义的科学世界观和方法论，是中国共产党人在改革开放和现代化建设的伟大实践中创造的宝贵财富，必须在发展中国特色社会主义过程中长期不懈地坚持，并在实践中不断丰富和发展。

第二节　邓小平理论中的哲学思想

1982年邓小平在党的十二大开幕词中明确指出："把马克思主义的普遍真理同我国的具体实际结合起来，走自己的道路，建设有中国特色的社会主义，这就是我们总结长期历史经验得出的基本结论。"① "中国特色社会主义"的理论探索和实践创新由此开始。什么是社会主义,怎样建设社会主义,是邓小平理论首要的基本的问题,在对这一问题的理论思考和实践解答中,形成了邓小平理论。邓小平理论中所包含的丰富的哲学思想围绕这一主题展开,运用和发展了辩证唯物主义和历史唯物主义的基本原理,为不断坚持和发展中国特色社会主义道路提供了哲学基础。

一、实事求是、一切从实际出发的思想路线

实践的观点是马克思主义哲学首要的和基本的观点,这就要求党必须坚持实事求是的思想路线。邓小平理论坚持实践基础上的马克思主义认识路线,为重新恢复和确立党的思想路线、实行改革开放和开辟中国特色社会主义道路提供了哲学基础。

(一)实践观和价值观相统一的认识论

邓小平理论继承和发展了马克思主义认识论,特别是毛泽东认识论思想,阐述了实践观和价值观相统一的认识论。

第一,强调发挥实践主体能动性思想,突出实践的价值功能,并将两者有机地统一起来。毛泽东曾把实践定义为人们根据一定的思想、理论、计划、方案以从事变革客观现实的活动,是主观见之于客观的做或行动。能动性是实践的重要特点,邓小平在此基础上进一步发挥了实践能动性思想,强调改革开放胆子要大一些,敢于试验,"要克服一个怕字,要有勇气。什么事情总要有人试第一个,才能开拓新路。试第一个就要准备失败,失败也不要紧"②。同时,要预见到实践进程中可能出现的各种复杂情况和风险。由于改革开放是全新的事业,没有现成的经验和理论可照搬,也没有十全十美的、万无一失的政策可用,加之改革开放要触及很多人的利益,会遇到很多障碍,也可能遇到国内外敌对势力的捣乱破坏,不可能一帆风顺,因而要担很大风险,对风险不要麻痹大意,但也不要惊慌失措。

第二,强调实践的评价功能,提出"实践是检验路线、方针、政策是否正确的唯一标准"③。把实践标准运用于社会历史领域,提出了生产力标准,进而

---

① 《邓小平文选》第3卷,人民出版社1993年版,第3页。
② 《邓小平文选》第3卷,人民出版社1993年版,第367页。
③ 《邓小平文选》第3卷,人民出版社1993年版,第28页。

转化为衡量社会发展的综合评价指标,即"三个有利于"① 标准。同时,注重实践的功效作用,要讲实效、重结果,反对无谓的争论,办事要讲实际效果、实际效率、实际速度、实际质量、实际成本,反对说空话、说大话、说假话。

第三,阐明实践标准和生产力标准的辩证关系。真理是人们对客观事物及其规律的正确反映。检验真理的标准,不能到主观领域去寻找,只能到能够把主观和客观联结起来的社会实践中去寻找。生产力标准与实践标准的联系主要在于:生产力标准是实践标准的深化和发展,是实践标准在社会历史领域的具体化;生产力标准对人们的实践活动起一定导向作用。两者的区别主要在于:实践标准是一个认识论问题,是真理标准;生产力标准属于历史观范畴的价值标准。两者检验对象的范围不同,实践标准是普遍的、一般的检验标准,生产力标准仅限于社会历史领域的认识和实践。

(二)实事求是思想路线的重新确立和发展

实事求是是"无产阶级世界观的基础,是马克思主义的思想基础"②。邓小平理论进一步阐述了实事求是思想路线的重要地位和丰富内涵,把解放思想、实事求是、与时俱进、求真务实统一起来,为开创中国特色社会主义道路奠定了彻底的唯物主义基础。

第一,把解放思想与实事求是辩证地统一起来,丰富了党的思想路线内涵。"实事求是,一切从实际出发,理论联系实际,坚持实践是检验真理的标准,这就是我们党的思想路线。"③ 解放思想和实事求是之间是辩证关系。一方面,实事求是离不开解放思想,解放思想是实事求是的前提条件。另一方面,解放思想离不开实事求是,要以实事求是为基础。解放思想,就是使思想和实际相符合,使主观和客观相符合,就是实事求是。只有解放思想,才能达到实事求是;只有实事求是,才是真正的解放思想。

---

① "三个有利于"是指:是否有利于发展社会主义社会的生产力、是否有利于增强社会主义国家的综合国力、是否有利于提高人民的生活水平。1992年初,邓小平在视察南方发表的谈话中,针对一段时期以来,中国共产党内和国内不少人在改革开放问题上迈不开步子,不敢闯,以及理论界对改革开放性质的争论,指出:"要看是姓'资'还是姓'社'的问题,判断的标准,应该主要看是否有利于发展社会主义社会的生产力,是否有利于增强社会主义国家的综合国力,是否有利于提高人民的生活水平。"从此,"三个有利于"成为人们评判一切工作的是非得失的根本标准。
② 《邓小平文选》第2卷,人民出版社1994年版,第143页。
③ 《邓小平文选》第2卷,人民出版社1994年版,第278页。

第二，解放思想、实事求是是一个永无止境的过程。强调解放思想、实事求是，"是引导社会前进的强大力量"①，也是永无止境的过程。改革开放和社会主义现代化建设的全过程，都必须始终坚持解放思想、实事求是，不断破除各种错误思想的干扰，勇于开拓前进。这就从辩证唯物主义的认识论原理阐明了解放思想与实事求是的统一是具体的历史的统一，思想路线是在实践基础上不断发展的。

第三，与时俱进是马克思主义的理论品质。坚持一切从实际出发，理论联系实际，实事求是，在实践中检验真理和发展真理，是170多年来马克思主义始终保持蓬勃生命力的关键所在。要坚持实践是检验真理的唯一标准，自觉地把思想认识从那些不合时宜的观念、做法和体制中解放出来，从对马克思主义错误的和教条式的理解中解放出来，从主观主义和形而上学的桎梏中解放出来，不断推进理论创新，用发展着的马克思主义指导新的实践。

第四，大力弘扬求真务实精神。"求真务实，是辩证唯物主义和历史唯物主义一以贯之的科学精神，是我们党的思想路线的核心内容，也是党的优良传统和共产党人应该具备的政治品格。"② 大力弘扬求真务实精神、大兴求真务实之风，关键是要求社会主义初级阶段基本国情之真，务长期艰苦奋斗之实；求社会主义建设规律和人类社会发展规律之真，务抓好发展我党执政兴国的第一要务之实；求人民群众的历史地位和作用之真，务发展最广大人民根本利益之实；求共产党执政规律之真，务全面加强和改进党的建设之实。这是对党的思想路线的进一步科学阐发，充分体现了马克思主义科学世界观和方法论的基本要求。

二、改革开放是中国发展的必由之路

邓小平理论运用和发展了辩证唯物主义和历史唯物主义的基本原理，科学把握社会主义社会的基本矛盾和主要矛盾，阐明了社会主义改革开放的必然性与合理性，将改革开放理解为中国发展的必由之路，为实行改革开放和开辟中国特色社会主义道路提供了哲学基础。

第一，明确现阶段中国社会的主要矛盾。毛泽东在《关于正确处理人民内

---

① 江泽民：《在庆祝中国共产党成立八十周年大会上的讲话》，人民出版社2001年版，第28页。
② 《十六大以来党和国家重要文献选编》上（一），人民出版社2005年版，第547页。

部矛盾的问题》一文中指出，在社会主义社会，基本的矛盾仍然是生产关系和生产力之间的矛盾，上层建筑和经济基础之间的矛盾。改革开放以来，中国共产党继承和发展了毛泽东关于社会主义社会基本矛盾和正确处理人民内部矛盾的思想，同时指出在认识社会主义社会基本矛盾的基础上，还要进一步明确现阶段的主要矛盾。现阶段，中国生产力发展水平还很低，远远不能满足人民和国家的需要，人民日益增长的物质文化需要与落后的社会生产之间的矛盾仍然是现阶段中国社会的主要矛盾，解决这个主要矛盾是党和国家的中心任务。这为进一步认识社会主义社会发展的动力指明了方向。

第二，强调改革是社会主义发展的强大动力。党的十一届三中全会以来，党提出改革开放是党在新的时代条件下带领人民进行的新的伟大革命，认为在社会主义制度条件下，生产力与生产关系、经济基础与上层建筑之间的矛盾，主要通过改革的方式来解决。改革就是改变经济基础和上层建筑中不适应生产力发展要求的部分，进而解放和发展生产力。在此意义上，改革和革命的性质是一样的。但改革不是要改变社会主义制度，而是要解放和发展社会生产力，实现国家现代化，让中国人民富裕起来，振兴伟大的中华民族；推动社会主义制度的自我完善和发展，赋予社会主义新的生机活力，建设和发展中国特色社会主义；在引领当代中国发展进步中加强和改进党的建设，保持和发展党的先进性，确保党始终走在时代前列。改革的实质和目标，是要从根本上改变束缚生产力发展的经济体制，建立充满生机和活力的社会主义新经济体制，同时相应地改革政治体制和其他方面的体制。在此基础上，习近平指出："坚持不忘初心、继续前进，就要坚定不移高举改革开放旗帜，勇于全面深化改革，进一步解放思想、解放和发展社会生产力、解放和增强社会活力，不断把改革开放推向前进。"[1]

第三，关于计划与市场的关系。深刻阐述计划与市场的辩证关系，是中国特色社会主义理论体系哲学思想的创造性贡献。这一哲学思想科学地说明了计划和市场的属性，强调计划与市场既相互排斥、相互对立，各自拥有自身的优势和缺陷，但又相互依赖、相互制约，共同存在于社会化大生产条件下的经济运行过程中。在实践中，计划多一点还是市场多一点取决于是否有利于解放和发展生产力，是否有利于提高综合国力，是否有利于改善人民生活。发展社会

---

[1] 《习近平谈治国理政》第 2 卷，外文出版社 2017 年版，第 38—39 页。

主义市场经济，就是要把计划与市场的优势结合起来，既要利用发挥市场对资源配置的基础性作用，又要用国家宏观调控包括计划调控来弥补市场经济的缺陷，实现计划和市场的辩证统一。

第四，关于社会主义和资本主义的关系。社会主义与资本主义两种制度，在性质上是对立的，但它们之间存在着广泛的联系：一方面是历史的联系，资本主义是社会主义的母体，社会主义是在资本主义创造的物质和精神财富基础上发展起来的；另一方面是现实的联系，存在互相依存、互相利用、互相学习的现状。两种制度之间是对立中有联系，联系中有对立。只讲对立，不讲联系，或只讲联系，不讲对立，都不符合辩证法。一方面，由于社会主义和资本主义是两种不同的思想体系和社会制度，因此要始终保持清醒的头脑，坚持四项基本原则，不能搞"全盘西化"，要坚持共产党的领导，坚持公有制的主体地位和实现共同富裕的基本原则，巩固马克思主义在意识形态领域的指导地位，坚决抵制外来腐朽思想的侵蚀。另一方面，要学习和利用资本主义建设社会主义，社会主义要赢得与资本主义相比较的优势，就必须大胆吸收和借鉴人类社会创造的一切文明成果，吸收和借鉴当今世界各国包括资本主义发达国家的一切反映现代社会化生产规律的先进经营方式、管理方法。同时，在祖国统一问题上提出"一国两制"构想，强调在异中求同，在对立中求统一，在区别中求联系。

三、"发展是硬道理"

邓小平理论运用和发展了辩证唯物主义和历史唯物主义的基本原理，形成了以解放和发展生产力为基点的唯物主义发展观和发展辩证法，科学把握社会主义的根本任务，强调指出"发展是硬道理"，为我国坚持改革开放，不断发展中国特色社会主义道路提供了哲学基础。

第一，明确社会主义的根本任务是发展生产力。生产力是推动人类社会发展的根本力量。中国特色社会主义理论体系哲学思想把解放生产力和发展生产力作为社会主义的本质要求，这是对唯物史观的一个重要贡献。它强调，"社会主义的本质，是解放生产力，发展生产力，消灭剥削，消除两极分化，最终达到共同富裕"[1]。"贫穷不是社会主义，社会主义要消灭贫穷。不发展生产力，

---

[1] 《邓小平文选》第3卷，人民出版社1993年版，第373页。

不提高人民的生活水平,不能说是符合社会主义要求的。"① 社会主义的首要任务是发展生产力,逐步提高人民的物质和文化生活水平。

第二,强调"发展是硬道理"。"发展是解决中国一切问题的'总钥匙'"②,对于全面建设小康社会、加快推进社会主义现代化,对于开创中国特色社会主义事业新局面、实现中华民族伟大复兴,具有决定性意义。坚持发展问题上的唯物论,提出解决中国的所有问题关键在发展,坚定对社会主义和祖国未来前途的信念与信心最终也要靠发展。坚持发展是党执政兴国的第一要务,把发展问题同党的历史命运和党的建设的要求结合起来,把坚持党的先进性和发挥社会主义制度的优越性,落实到发展先进生产力、发展先进文化、实现最广大人民的根本利益上来。

第三,关于改革、发展、稳定的关系。如何处理好改革、发展、稳定的关系,是中国特色社会主义道路中一个极为重要的问题。改革、发展、稳定是现代化建设总体布局中的三枚重要棋子。发展是解决经济社会一切问题的关键,改革是经济社会发展的主要动力,稳定是改革发展的前提和保证,三者是内在统一的有机整体。任何一个方面出了问题,都会影响全局。站在新的历史起点上处理这三者之间的关系,其结合点就是实现好、维护好、发展好最广大人民群众的根本利益,始终注意把握好改革的力度、发展的速度和社会可以承受的程度。在此基础上,习近平进一步指出:"发展是硬道理,稳定也是硬道理,抓发展、抓稳定两手都要硬。要坚定不移走中国特色社会主义社会治理之路,善于把党的领导和我国社会主义制度优势转化为社会治理优势,着力推进社会治理系统化、科学化、智能化、法治化,不断完善中国特色社会主义社会治理体系,确保人民安居乐业、社会安定有序、国家长治久安。"③ 从而在中国特色社会主义进入新时代的条件下发展深化了关于改革、发展和稳定的思考。

第四,提出"科学技术是第一生产力"。马克思曾经指出,机器生产的发展要求自觉地应用自然科学,生产力因素中也包括科学。改革开放以来,邓小平敏锐把握世界新科技革命的发展趋势,深刻认识到科学技术在人类社会发展中的重要作用,提出了"科学技术是第一生产力"的观点,强调社会生产力的

---

① 《邓小平文选》第 3 卷,人民出版社 1993 年版,第 116 页。
② 胡锦涛:《在全党深入学习实践科学发展观活动动员大会暨省部级主要领导干部专题研讨班上的讲话》,人民出版社 2009 年版,第 15 页。
③ 《习近平谈治国理政》第 2 卷,外文出版社 2017 年版,第 384 页。

巨大发展、劳动生产率的大幅度提高，最主要的是靠科学的力量、技术的力量。这一观点深化了马克思主义科学技术观和生产力理论，反映了当代社会发展和社会主义现代化建设的新要求，为中国特色社会主义的发展提供了极具时代精神的哲学指导。在此基础上，习近平进一步发展了"科学技术是第一生产力的思想"，强调指出，"科技创新是核心，抓住了科技创新就抓住了牵动我国发展全局的'牛鼻子'。"①

第五，关于先富与共富的关系。根据事物发展是一个过程和事物发展不平衡规律的哲学思想，提出了通过"先富"而实现"共富"和把握好"两个大局"的思想，充分体现了经济发展的辩证法。1978年年底，邓小平首次提出允许一部分地区、一部分人先富起来的思想。通过"先富"带动"共富"，"这是一个大政策，一个能够影响和带动整个国民经济的政策"②。让一部分人和一部分地区先富起来，目的是发挥先富者的激励带动作用，最终走向共同富裕。沿海地区先发展起来，沿海地区发展起来以后拿出更多力量帮助内地发展，这是加速发展、达到共同富裕的捷径。条件好的地区要加快对外开放，较快地先发展起来，落后地区要顾全这个大局。反过来，发展到一定的时候，又要求先发展起来的地区拿出更多力量来帮助落后地区发展，那时发达地区也要服从这个大局。这里提出的"两个大局"，是辩证解决"先富"与"共富"关系的重要思路和举措。

四、走有中国特色的社会主义建设道路

邓小平理论运用和发展了辩证唯物主义和历史唯物主义的基本原理，创造性地运用和发展了关于普遍性与特殊性、普遍历史规律与特殊发展道路的辩证法，提出了走有中国特色的社会主义建设道路理论。

第一，马克思主义普遍真理与中国具体实际相结合。唯物辩证法的观点认为，世界上任何事物都是共性与个性、一般与特殊的统一。世界上没有只有共性而没有个性的事物，也没有只有个性而没有共性的事物。共性与个性不可分割，共同构成了事物之间既相互联系又相互区别的世界。坚持马克思主义普遍真理与中国具体实际相结合，是我党长期历史经验的总结，也是对唯物辩证法

---

① 《习近平谈治国理政》第2卷，外文出版社2017年版，第271页。
② 《邓小平文选》第2卷，人民出版社1994年版，第152页。

的自觉运用和发展。马克思主义普遍真理，反映的是事物发展的普遍规律。中国具体实际，体现的是中国社会的特殊国情、党和人民在各个历史时期面临的特殊形势和问题，把握的是中国经济社会发展的特殊规律。

"有中国特色的社会主义"是马克思主义普遍真理与中国具体实际相结合的产物，是共性与个性的统一。列宁曾指出："一切民族都将走向社会主义，这是不可避免的，但是一切民族的走法却不会完全一样，在民主的这种或那种形式上，在无产阶级专政的这种或那种形态上，在社会生活各方面的社会主义改造的速度上，每个民族都会有自己的特点。"[1] 在"社会主义"这个共性中，每个民族每个国家又会有各自的特点，"中国特色"就是众多个性中的一种。毛泽东把共性和个性的辩证关系视为"事物矛盾的问题的精髓"，他在领导中国革命和社会主义建设的过程中，自觉运用这一精髓，取得了革命的成功和新中国社会主义建设的成就。邓小平在领导中国社会主义建设和改革的过程中，自觉运用这一精髓，取得了改革开放以来社会主义现代化建设的巨大成就。

第二，社会主义建设的共性与个性。社会主义作为一种社会制度，有其共性的历史规律，然而，并没有固定的一成不变的模式；社会主义建设普遍规律的实现，需要各种特定社会条件下的特定发展道路。"中国特色社会主义"，共性是"社会主义"，个性是"中国特色"。社会主义是我国社会的基本性质，社会主义所揭示的基本规律是区别于其他社会制度而只适用于社会主义国家的。"中国特色"是在社会主义的本质规定中的特殊性，不能背离社会主义的基本规律。我国的经济、政治、文化、社会、生态文明建设，都必须坚持社会主义方向，体现社会主义性质。我国的社会主义现代化建设要以是否有利于发展社会主义社会的生产力、有利于增强社会主义国家的综合国力、有利于提高人民的生活水平作为成功与否的评判标准。

"中国特色"也要有其特殊性，要符合我国的具体实际、适合中国国情。社会主义发展具有一般规律，但实现规律却需要适应各种具体情况的不同道路。不同的国家、地区、民族都具有自身的历史文化传统，面临着不同的经济社会发展状况，把科学社会主义的一般原理运用于各国实际，就会有各自的特殊性，带有各国自己的特色。毛泽东在研读苏联科学院经济研究所编的《政治

---

[1] 《列宁全集》第28卷，人民出版社1990年版，第163页。

经济学教科书》的过程中,就强调我国的国情与苏联是不一样的,因而他明确指出,各国应根据自己国家的特点决定方针、政策,把马克思主义同本国特点结合起来。邓小平在总结社会主义建设正反两方面经验的基础上,提出中国特色社会主义理论,并强调必须从中国的实际出发。他说,照抄照搬别国经验、别国模式,从来不能得到成功。"特色"是各个事物都具有的,是一事物区别于他事物的特殊性。中国特色社会主义的"特色"并不是书斋里设计出来的,而是全体人民在党的领导下参与社会主义革命、建设和改革实践的过程中形成的。

第三,社会主义现代化的共性与个性。中国特色社会主义,主要是进行我国的现代化建设。邓小平在党的十二大开幕词中说,我们的现代化建设,必须从中国的实际出发,无论是革命还是建设,都要注意学习和借鉴外国经验。但是照抄照搬别国经验、别国模式是不行的。我们学习和借鉴别国经验,既包括社会主义国家的经验,也包括资本主义国家的经验。在世界范围内,现代化建设是共性,社会主义国家的现代化建设是个性;在社会主义国家里,社会主义现代化是共性,我国的现代化建设是个性。世界范围内有些国家特别是一些发达资本主义国家的现代化建设经验丰富,社会主义国家的现代化建设也都有其各自的特点。我国的现代化建设要从中国的国情出发,着力分析和解决我国现代化建设中的问题和短板,而不能照抄照搬别国模式。

我们在学习和借鉴资本主义的同时,要注意保持社会主义的性质。市场经济是资本主义国家运用已久的经济手段,我们要学习和利用资本主义的市场经济手段,使市场在资源配置中发挥决定性作用。然而,我们的市场经济是建立在以公有制为主导的基础上

本章二维码

的,这就是"中国特色"。社会主义市场经济,既保持了社会主义的性质,发挥了社会主义的优势,也体现了市场经济的一般规律;既体现了"中国特色",也与世界经济保持密切联系,是共性与个性的结合。

第三节 "三个代表"重要思想中的哲学思想

"三个代表"重要思想的主要内容是,中国共产党始终代表中国先进生产力的发展要求、中国先进文化的前进方向、中国最广大人民的根本利益,是我

们党的立党之本、执政之基、力量之源。"三个代表"重要思想运用和发展了辩证唯物主义和历史唯物主义的基本原理,为不断坚持和发展中国特色社会主义道路提供了哲学基础。

一、始终代表先进生产力的发展要求

"三个代表"重要思想强调党要始终代表中国先进生产力的发展要求。"必须努力符合生产力发展的规律,体现不断推动社会生产力的解放和发展的要求,尤其要体现推动先进生产力发展的要求,通过发展生产力不断提高人民群众的生活水平。"① 既尊重生产力发展的客观规律,更突出强调要自觉认识、运用这一规律,充分体现了尊重客观规律和发挥主观能动性的有机统一,体现了在认识和运用马克思主义生产力理论上的辩证法。

广大工人、农民和知识分子始终是推动我国先进生产力发展和社会全面进步的根本力量,体现了人民是创造历史的主体这一历史唯物主义基本原理。人民是历史的创造者,是历史的真正主人。知识分子是先进生产力的开拓者,在改革开放和现代化建设中发挥着重要作用。工人、农民、知识分子和其他劳动群众乃至全体人民的思想道德素质和科学文化素质,特别是劳动技能和创造才能,是推动我国先进生产力发展的根本力量。人是生产力中最活跃的因素。人才资源是第一资源,发挥广大人才的积极性和创造性,能为我国创新型国家的建设发挥重要作用。

科学技术是第一生产力,科学技术进步和创新是发展生产力的决定性因素。马克思揭示了科学向技术转化和应用的周期越来越短,科学技术对于推动生产力发展的作用越来越突出。从 20 世纪 50 年代提出四个现代化,到邓小平提出科学技术是第一生产力,再到江泽民指出"振兴经济首先要振兴科技"②。"我们要牢记一条道理,这就是没有强大的科技实力,就没有社会主义现代化。"③ 这些都体现了科学技术是第一生产力的基本原理。

促进生产力的发展,就要使生产关系和上层建筑的各个方面不断体现先进生产力的发展要求。敏锐把握我国社会生产力的发展趋势,以经济建设为中心,不断完善社会主义的生产关系和上层建筑,不断为解放和发展生产力提供

---

① 《江泽民文选》第 3 卷,人民出版社 2006 年版,第 272—273 页。
② 《江泽民文选》第 1 卷,人民出版社 2006 年版,第 232 页。
③ 江泽民:《论科学技术》,中央文献出版社 2001 年版,第 64 页。

制度保障。

二、始终代表先进文化的前进方向

"三个代表"重要思想强调党要始终代表中国先进文化的前进方向。唯物史观认为,文化是人类改造世界的精神成果,就其性质而言,有先进和落后之分。先进文化是反映生产力发展要求、符合最广大人民群众根本利益、体现社会进步方向的文化。"三个代表"重要思想中的哲学思想,进一步阐明了社会主义先进文化的内涵和实质,强调发展中国特色社会主义先进文化,指出当代中国的先进文化就是马克思主义指导的,面向现代化、面向世界、面向未来的,民族的科学的大众的社会主义文化。社会主义先进文化是马克思主义政党思想的精神旗帜,要始终代表先进文化的发展方向。要坚持为人民服务、为社会主义服务的方向和百花齐放、百家争鸣的方针,坚持古为今用、洋为中用的原则,体现继承与创新的统一,体现弘扬主旋律与实现多样化的统一,大力发展先进文化,支持健康有益文化,努力改造落后文化,坚决抵制腐朽文化,推动社会主义文化大发展大繁荣。

发展社会主义先进文化,就是建设社会主义精神文明。江泽民指出,社会主义精神文明,是我们进行改革开放和现代化建设的重要目标,也是搞好改革开放和现代化建设的重要保证。加强文化建设,必须"以科学的理论武装人,以正确的舆论引导人,以高尚的精神塑造人,以优秀的作品鼓舞人"[1]。民族精神是社会主义精神文明的重要内容,培育和弘扬民族精神是文化建设的重要任务。中华民族五千多年的发展中,已经形成了以爱国主义为核心的团结统一、爱好和平、勤劳勇敢、自强不息的伟大民族精神。民族精神是中国共产党带领广大人民在革命、建设和改革中努力奋斗、攻坚克难的精神动力。社会主义思想道德建设,是发展先进文化的重要内容和中心环节。弘扬爱国主义精神,以为人民服务为核心、以集体主义为原则、以诚实守信为重点,加强社会公德、职业道德和家庭美德教育,引导人们树立中国特色社会主义共同理想,树立正确的世界观、人生观和价值观。

三、始终代表最广大人民的根本利益

"三个代表"重要思想强调党要始终代表中国最广大人民的根本利益。人

---

[1] 《江泽民文选》第1卷,人民出版社2006年版,第497页。

民群众创造历史,这是唯物史观的基本原理。"三个代表"重要思想,坚持马克思主义的群众观点和党的群众路线,在多方面发展了唯物史观。一是坚持人民群众的历史主体地位。历史唯物主义认为,人是生产力中最活跃的因素,人民群众是历史的创造者,是推动社会发展的根本力量。"三个代表"重要思想在说明社会发展动力时,强调把生产力作用与人民群众作用有机统一起来,把相信谁、依靠谁、为了谁,是否始终站在最广大人民的立场作为区分唯物史观和唯心史观的分水岭。

坚持人民群众是历史的创造者的观点,强调中国特色社会主义是全国各族人民实现自己利益、创造美好生活的共同事业,发挥包括工人、农民、知识分子等社会各阶层在内的中国最广大人民群众的主体作用,是社会主义事业兴旺发达的根本保证。要坚持党的群众路线,密切联系群众,全面贯彻尊重劳动、尊重知识、尊重人才、尊重创造的方针,充分发挥人民的积极性、主动性、创造性,最大限度地集中全社会、全民族的智慧和力量,使中国特色社会主义获得最广泛、最可靠的群众基础和最深厚的力量源泉。

强调坚持尊重社会发展规律与尊重人民群众历史主体地位的一致性,坚持为崇高理想奋斗与为最广大人民谋利益的一致性,坚持完成党的各项工作与实现人民利益的一致性,坚持保障人民权益与促进人的全面发展的一致性,科学地解决了如何充分发挥好人民群众在社会历史发展中的作用问题,丰富和发展了唯物史观关于人民群众创造历史、推动历史进步的基本原理。在此基础上,习近平进一步提出:"着力践行以人民为中心的发展思想。这是党的十八届五中全会首次提出来的,体现了我们党全心全意为人民服务的根本宗旨,体现了人民是推动发展的根本力量的唯物史观。"[①]

强调物质生产、精神生产的辩证关系与社会主义文化建设。"三个代表"重要思想,运用历史唯物主义关于经济基础与上层建筑、物质生产与精神生产相互作用关系的原理,坚持在经济社会发展的同时推动文化建设,在建设物质文明的同时建设精神文明,阐明了精神文明和文化建设在社会主义建设总体布局和中国特色社会主义发展进程中的战略地位,丰富和发展了马克思主义哲学的文化观。"三个代表"重要思想还强调指出,社会主义精神文明是社会主义社会的重要特征。在重视物质文明的同时,"必须把社会主义精神文明建设提

[①] 《习近平谈治国理政》第 2 卷,外文出版社 2017 年版,第 213 页。

到更加突出的地位"①。从社会发展的整体性出发，坚持物质文明和精神文明"两手抓"。既反对那种以牺牲精神文明为代价去换取经济一时发展的观点，也反对那种认为物质文明发展了精神文明就可以自然而然发展起来的观点，强调精神文明重在建设，要在建设高度物质文明的同时，建设高度的社会主义精神文明，走中国特色社会主义文化发展道路。

四、发展是党执政兴国的第一要务

从发展是硬道理，到发展是党执政兴国的第一要务，体现了我党对于推进经济社会全面发展、满足人民日益增长的物质文化生活需要的决心，体现了人民主体思想。社会主义的优越性，关键体现在发展。江泽民反复强调："发展是硬道理，这是我们必须始终坚持的一个战略思想。"② 我国作为最大的发展中国家，能否解决好发展问题，直接关系到人心向背、事业兴衰。党要承担起推动中国社会进步的历史责任，就必须始终紧紧抓住发展这个执政兴国的第一要务，把坚持党的先进性和发挥社会主义制度的优越性，落实在发展先进生产力、发展先进文化、实现最广大人民根本利益上来，推动社会全面进步，促进人的全面发展。

发展是党执政兴国的第一要务，体现了发展这个唯物辩证法的基本原理。江泽民强调，无论国际国内形势如何变化，无论遇到什么样的困难，只要正确坚持和贯彻发展的思想，我们就能够从容应对挑战，克服困难，不断前进。改革开放以来，我们党的路线方针政策得到全体人民的拥护，我们能够战胜各种困难和风险，都与紧紧扭住发展这个主题密切相关。坚持以发展为主题，用发展的眼光、发展的思路、发展的办法解决前进中的问题，就能把中国特色社会主义事业不断推向前进。把发展作为党执政兴国的第一要务紧紧抓住，有利于实现党的历史使命和中华民族的奋斗目标。只有发展，才能实现全面建设小康社会的宏伟目标，进一步提高人民的物质文化生活水平，才能增强我国的综合国力，实现中华民族伟大复兴。

第四节　科学发展观中的哲学思想

科学发展观，第一要义是发展，核心立场是以人为本，基本要求是全面协

---

① 《江泽民文选》第 1 卷，人民出版社 2006 年版，第 474 页。
② 《江泽民文选》第 3 卷，人民出版社 2006 年版，第 118 页。

调可持续，根本方法是统筹兼顾。科学发展观中的哲学思想运用和发展了辩证唯物主义和历史唯物主义的基本原理，进一步丰富了中国特色社会主义发展观的内涵，为不断坚持和发展中国特色社会主义道路提供了哲学基础。

一、坚持以人为本

科学发展观将以人为本作为核心立场，坚持马克思主义的群众观点、群众路线。坚持人民利益高于一切，强调发展为了人民、发展依靠人民、发展成果由人民共享，把实现好、维护好、发展好最广大人民的根本利益作为党的各项工作的出发点和归宿，不断使人民得到更多的实惠，使全体人民朝着共同富裕的方向稳步前进。

坚持立党为公、执政为民，牢固树立全心全意为人民服务的思想和真心实意对人民负责的精神，做到心里装着群众、凡事想着群众、工作依靠群众、一切为了群众。坚持把人民拥护不拥护、赞成不赞成、高兴不高兴、答应不答应作为衡量一切决策的标准，倾听群众呼声，反映群众意愿，集中群众智慧，推进决策科学化民主化。始终把群众的利益放在第一位，把经济社会发展的长远战略目标和提高人民生活水平的阶段性任务统一起来，把实现人民的长远利益和当前利益结合起来，做到权为民所用、情为民所系、利为民所谋，与群众心连心、同呼吸、共命运。

把发展的目的真正落实到满足人民日益增长的物质文化需要上。要在经济社会发展的各个环节、各项工作中都体现和保障人民的利益：经济建设要着眼于创造更丰富的社会物质财富，全面改善人民生活，不断提高人民生活水平；政治建设要着眼于保障人民当家作主的权利和合法权益，不断发展社会主义民主，健全社会主义法制；文化建设要着眼于满足人民群众精神文化需求，提高人民群众精神生活质量，不断丰富人们的精神世界，增强人们的精神力量；社会建设要着眼于协调好各方面的利益关系，建设全体人民各尽其能、各得其所而又和谐相处的社会。

改革发展取得的各方面成果，要体现在不断提高人民的生活质量和健康水平上，体现在不断提高人民的思想道德素质和科学文化素质上，体现在充分保障人民享有的经济、政治、文化、社会权益上。要在经济发展的基础上，着力提高人民物质文化生活水平，切实保障人民各项权益。要在全体人民根本利益一致的基础上，正确反映和兼顾不同地区、不同部门、不同方面群众的利益，妥善协调各方面的利益关系，走共同富裕道路；更加注重发展成果的普惠性，正确处理效率与公平的关系，统筹兼顾全体社会成员的利益，促进创造财富和公平分配的协调。要满足人们的发展愿望和多样性需求，关心人的价值、权益和自由，关注人们的生活质量、发展潜能和幸福指数，体现社会主义的人道主义和人文关怀。

二、辩证唯物论的发展观

科学发展观的基本要求是全面协调可持续，充分运用和发展了辩证唯物论的发展观。

要推进经济发展与社会全面进步。社会主义社会是全面发展、全面进步的社会。经济、政治、文化全面发展，物质文明、政治文明、精神文明都搞好，才是中国特色社会主义。要坚持"两手抓，两手都要硬"，实现社会的全面进步，基础和前提是以经济建设为中心。而社会全面进步，既包括物质文明的进步，也包括精神文明的进步，缺少任何一个方面，社会就是畸形的，不可能健康地向前发展。

强调发展是又好又快的发展，必须实现发展理念的重大转变。发展中如何处理"好"和"快"的关系一直是中国特色社会主义建设面临的重要课题。经济社会又好又快发展，是速度与结构、质量与效益相统一的发展，是长期、稳定、可持续的发展。又好又快，要求快以好为前提，坚持好字优先，在好的前提下，实现经济持续快速增长。同时，快也是好的必要条件，较快增长本身是较好发展的基础。只有保持经济较快增长，才能抓住机遇，不断增强经济实力，使经济增长的潜力充分发挥出来，更好地解决发展中存在的矛盾和问题。

全面协调可持续发展体现了发展问题上的辩证法。全面，是指发展要有全面性、整体性，不仅经济要发展，而且各个方面都要发展；协调，是指发展要有协调性、均衡性，各个方面、各个环节的发展要相互适应、相互促进；可持续，是指发展要有持久性、连续性，不仅当前要发展，而且要保证长远发展。要正确处理经济与社会发展、城市与农村发展、东中西部发展、人与自然界发展、国内发展和对外开放、经济建设和国防建设、实现富国和强军相统一等现代化建设中的重大关系问题；统筹安排和处理好消费与投资，供给与需求，发展的速度与结构、质量、效益，科技进步与人力资源优势的充分发挥，市场机制与宏观调控等经济发展的重大关系问题；坚持把社会主义物质文明、政治文明、精神文明、和谐社会建设以及生态文明建设和人的全面发展，看成彼此相互联系、相互促进、不可分割的过程。

强调构建社会主义和谐社会是一个不断解决社会矛盾的过程。社会和谐是科学社会主义的应有之义，是中国特色社会主义的本质属性。未来理想社会是社会生产力高度发达和人的精神生活高度发展的社会，是每个人自由而全面发展的社会，是人与人和谐相处、人与自然和谐共生的社会。构建社会主义和谐社会，反映了建设富强民主文明和谐的社会主义现代化国家的内在要求，深化了对社会主义本质的认识。同时，坚持马克思主义关于社会主义社会矛盾的思想，强调任何社会都不可能没有矛盾，人类社会总是在矛盾运动中发展进步的，构建社会主义和谐社会就是一个不断解决社会矛盾的持续过程。矛盾是对立面的统一，和谐是矛盾的协调和融汇，是矛盾发展的新境界；但和谐并不意味着没有矛盾，相反，和谐恰恰是建立在协调矛盾和解决矛盾的过程中。必须科学分析影响社会和谐的矛盾和问题及其产生的原因，更加积极主动地正视矛盾、化解矛盾，最大限度地增加和谐因素，最大限度地减少不和谐因素，不断促进社会和谐。

三、统筹兼顾的方法论

科学发展观的根本方法是统筹兼顾，充分运用和发展了唯物辩证法的普遍联系观点。唯物辩证法认为，事物是普遍联系的，事物及事物各要素相互影响、相互制约，整个世界是相互联系的整体，也是相互作用的系统。坚持唯物辩证法，就要从客观事物的内在联系去把握事物，去认识问题、处理问题。统筹兼顾是马克思主义世界观、方法论的具体体现和科学运用，是指导科学发展的根本方法。统筹兼顾，就是要总揽全局、科学筹划、协调发展、兼顾各方。统筹兼顾的根本方法，是辩证唯物主义思想方法在现代化建设中的具体运用。

总揽全局，统筹规划。把社会主义现代化建设作为一个统一整体，既坚持以经济建设为中心，又全面推进经济建设、政治建设、文化建设、社会建设以及生态文明建设和人的全面发展。坚持以宽广的胸怀把握全局，审时度势，与时俱进；以辩证的思维分析全局，顺势而为，因势利导；以系统的方法谋划全局，瞻前顾后，统筹安排。

立足当前，着眼长远。把当前发展和长远发展联系起来，既考虑现在发展需要，又考虑未来发展需要；既遵循经济规律，又遵循自然规律；既讲究经济社会效益，又讲究生态环境效益，着眼于实现阶段性发展目标和促进可持续发展，着眼于满足人民群众的现实需要和促进人的全面发展。要坚决防止急功近利的短期行为，努力实现经济与社会、人与自然的协调发展，切实为人民群众创造良好的生产生活条件，保证有利于中华民族的永续发展。

全面推进，重点突破。把现代化建设和党的建设各项工作看作辩证统一的整体，坚持以点带面、协调推进，善于在纷繁复杂的矛盾中抓住根本，在不断变化的形势中把握方向，把工作的着力点真正放到解决改革、发展、稳定中的重要问题上，放到解决群众生产生活中的紧迫问题上，放到解决党的建设中的突出问题上。

兼顾各方，综合平衡。把经济社会发展看作是从平衡到不平衡再到新的平衡的循环往复的发展过程，既善于调动各方面发展的积极性，抓住机遇加快发展，又注重保持发展的协调性和持续性，努力实现均衡发展。坚持因地制宜、因人制宜、因时制宜，不强求一律，不搞齐步走、一刀切，防止顾此失彼。正确认识和充分考虑不同地区、不同行业、不同群体的利益要求，善于把握各方利益的结合点，使各个方面的利益和发展要求得到兼顾。

统筹兼顾，就是把中国特色社会主义作为一个系统整体来认识和构建，贯彻了辩证唯物主义的系统论思想。统筹兼顾的根本方法，是自觉运用辩证唯物主义的系统论来认识人类社会发展规律和中国特色社会主义发展规律的体现，也是对马克思主义哲学的重大贡献。

思考题：

1. 怎样理解中国特色社会主义理论体系哲学思想与马克思列宁主义哲学、毛泽东哲学思想的关系？
2. 试述中国特色社会主义理论体系哲学思想的基本内容及其贡献。
3. 试述邓小平理论中的哲学思想。
4. 试述"三个代表"重要思想中的哲学思想。
5. 试述科学发展观中的哲学思想。

第十三章　习近平新时代中国特色社会主义思想对马克思主义哲学的创造性运用与发展

时代是思想之母，实践是理论之源。习近平新时代中国特色社会主义思想是适应中国特色社会主义进入新时代的迫切需要产生的时代精神的精华。正如习近平强调的，我们这个时代需要理论思维，"必须不断接受马克思主义哲学智慧的滋养，更加自觉地坚持和运用辩证唯物主义世界观和方法论"①，"努力把马克思主义哲学作为自己的看家本领"②。在新的时代条件下，习近平坚持一切从实际出发，立足中国，面向世界，创造性地运用马克思主义哲学基本原理，科学回答了"坚持和发展什么样的中国特色社会主义，怎样坚持和发展中国特色社会主义"这一重大时代课题，系统阐明了新时代坚持和发展中国特色社会主义的历史方位和主要矛盾、奋斗目标和主要任务、基本立场和价值取向、发展动力和发展理念、外部条件和内部保障以及科学方法论等一系列重要问题，科学解答了时代之问、人民之问，有力地推动了马克思主义哲学中国化的历史进程，丰富和发展了中国特色社会主义理论体系的哲学思想，开辟了马克思主义哲学中国化的新境界。

第一节　社会主要矛盾新认识

习近平在党的十九大报告中指出，经过长期努力，"中国特色社会主义进入新时代，我国社会主要矛盾已经转化为人民日益增长的美好生活需要和不平衡不充分的发展之间的矛盾"。他强调："我国社会主要矛盾的变化是关系全局的历史性变化，对党和国家的工作提出了许多新要求。"③ 同时，他精辟阐述了社会主要矛盾"变"与"不变"的辩证法，揭示了我国社会主要矛盾连续性与阶段性的统一、合规律性与合目的性的统一的特点，体现了马克思主义物质观、真

---

① 《习近平关于全面建成小康社会论述摘编》，中央文献出版社2016年版，第194页。
② 《习近平关于社会主义文化建设论述摘编》，中央文献出版社2017年版，第63页。
③ 习近平：《决胜全面建成小康社会　夺取新时代中国特色社会主义伟大胜利——在中国共产党第十九次全国代表大会上的报告》，人民出版社2017年版，第11页。

理观与价值观的统一,是对马克思主义社会矛盾理论的创造性运用和发展。

一、新时代社会主要矛盾的科学判断

中国特色社会主义进入新时代,这是对我国发展所处新的历史方位的重大判断。时代的发展有一个从量变到质变的过程,在量变中蕴含和孕育着质变,质变是量变的结果,同时又开启新的量变过程。中国特色社会主义进入新时代的重大判断主要是根据我国社会主要矛盾发生新变化的客观事实作出的。社会主要矛盾状况是社会发展阶段性划分的重要依据。经过新中国成立以来,特别是改革开放以来党和人民的长期努力,我国经济实力、科技实力、国防实力、综合国力进入世界前列,国际地位实现前所未有的提升,党的面貌、国家的面貌、人民的面貌、军队的面貌、中华民族的面貌发生了前所未有的变化,中华民族正以崭新姿态屹立于世界的东方,我国发展进入新时代。这个新时代,是承前启后、继往开来、在新的历史条件下继续夺取中国特色社会主义伟大胜利的时代,是决胜全面建成小康社会、进而全面建设社会主义现代化强国的时代,是全国各族人民团结奋斗、不断创造美好生活、逐步实现全体人民共同富裕的时代,是全体中华儿女勠力同心、奋力实现中华民族伟大复兴中国梦的时代,是我国日益走近世界舞台中央、不断为人类作出更大贡献的时代。在这个新时代,我国社会主要矛盾已经由人民日益增长的物质文化需要同落后的社会生产之间的矛盾,转化为人民日益增长的美好生活需要和不平衡不充分的发展之间的矛盾。中国特色社会主义进入新时代与社会主要矛盾变化相辅相成,社会主要矛盾变化是中国特色社会主义进入新时代的主要依据和重要标识,中国特色社会主义新时代是新社会主要矛盾的时空背景。当前,我国人民生活已经实现了由温饱到小康的过渡,即将全面建成小康社会,对美好生活的需要日益广泛。同时,我国社会生产力水平显著提高,社会生产能力在很多方面进入世界前列,但也存在发展不平衡和不充分的问题,成为满足人民日益增长的美好生活需要的主要制约因素。

毛泽东指出:"在复杂的事物的发展过程中,有许多的矛盾存在,其中必有一种是主要的矛盾,由于它的存在和发展规定或影响着其他矛盾的存在和发展。"[①] 习近平新时代中国特色社会主义思想对马克思主义哲学的发展,首先表

[①] 《毛泽东选集》第1卷,人民出版社1991年版,第320页。

现在对新时代我国社会主要矛盾的认识和解决思路上。

习近平新时代中国特色社会主义思想对社会主要矛盾认识上的创新发展，不在于社会主要矛盾概念的提出，而在于在中国特色社会主义进入新时代，主要矛盾转化的事实确认基础上，对于新的社会主要矛盾的内容、特征、样态的认识以及科学应对。习近平在党的十九大报告中明确指出："我国社会主要矛盾已经转化为人民日益增长的美好生活需要和不平衡不充分的发展之间的矛盾"[①]。这一关于中国特色社会主义新时代社会主要矛盾转化事实的重大论断和新的社会主要矛盾样态的认识，反映了我国现阶段社会发展的客观实际，指明了解决当代中国发展主要问题的根本着力点，是坚持党的实事求是思想路线、坚持矛盾观点和辩证思维方法得出的正确结论，丰富和发展了马克思主义关于社会矛盾的学说。

人类社会是在矛盾运动中不断向前发展的。抓住主要矛盾带动全局工作，是唯物辩证法的客观要求，也是我们党一贯倡导和坚持的重要方法。推动党和国家事业不断向前发展，必须找准我国社会的主要矛盾。新中国成立后，特别是由社会主义改造进入社会主义建设时期以来，我国社会主要矛盾随着建设过程的发展而经历了几次变化，这个不断变化过程反映的正是我国社会主义建设不断向前发展的客观事实。1956年9月，党的第八次全国代表大会最早对我国当时的社会主要矛盾作出明确概括，八大通过的政治决议指出：由于社会主义改造取得决定性胜利，我国无产阶级同资产阶级之间的矛盾已经基本解决，几千年来阶级剥削制度的历史已经基本上结束，社会主义的社会制度在我国已经基本上建立起来了，"我们国内的主要矛盾，已经是人民对于建立先进的工业国的要求同落后的农业国的现实之间的矛盾，已经是人民对于经济文化迅速发展的需要同当前经济文化不能满足人民需要的状况之间的矛盾。这一矛盾的实质，在我国社会主义制度已经建立的情况下，也就是先进的社会主义制度同落后的社会生产力之间的矛盾。"因此，"党和全国人民的当前的主要任务，就是集中力量来解决这个矛盾，把我国尽快地从落后的农业国变为先进的工业国"[②]。党的八大作出的这个判断是正确的，是对中国进入社会主义社会之后基本国情的科学概括，为我党制定正确的政治路线提供了客观依据。但是，由于

---

① 习近平：《决胜全面建成小康社会 夺取新时代中国特色社会主义伟大胜利——在中国共产党第十九次全国代表大会上的报告》，人民出版社2017年版，第11页。
② 参见谢春涛：《中国特色社会主义史》（上），福建人民出版社2008年版，第158页。

国内外复杂因素的影响，后来对社会主要矛盾的认识出现了偏差乃至错误，致使我国经济社会发展逐渐偏离了正确的轨道，甚至发生了"文化大革命"这样全局性的错误。1978年召开的十一届三中全会实现了党的工作重心的转移，启动了改革开放和社会主义现代化建设的新征程，回到了以经济建设为中心的正确轨道上来。1981年党的十一届六中全会通过的《关于建国以来党的若干历史问题的决议》在深刻分析我国国情基础上，对党的八大关于社会主要矛盾的提法作出了更加规范的表述，明确提出"我国所要解决的主要矛盾，是人民日益增长的物质文化需要同落后的社会生产之间的矛盾"①。改革开放后我们党关于我国社会主要矛盾的这个认识和概括回到了党的八大的认识上来。社会主要矛盾的样态没有变化，也就是说社会主要矛盾没有发生根本的转变，但是，与"文化大革命"中"以阶级斗争为纲"，即以阶级斗争作为社会主要矛盾的认识和判断则有本质的区别。因此党的十一届六中全会通过的《关于建国以来党的若干历史问题的决议》中关于社会主要矛盾的认识和概括，仍然可以认为是关于社会主要矛盾认识上的一次飞跃。它反映了在改革开放和社会主义现代化建设新时期我们党工作重心转变的客观事实。而党的十九大报告关于中国特色社会主义进入新时代条件下的社会主要矛盾的认识与概括，从人民日益增长的"物质文化需要"到人民日益增长的"美好生活需要"，从"落后的社会生产"到"不平衡不充分的发展"，其意义绝不只是文字上的变动，而是对新的事实的新认识，是又一次关于社会主要矛盾认识的飞跃。

二、社会主要矛盾新概括反映了新时代新特征

新时代我国社会主要矛盾的变化，反映了现阶段我国社会发展的客观实际和人民群众对于新的时代条件下发展的新要求，这种要求就是力图使我们的发展不仅在一般意义上实现社会生产与社会需求的统一，而且在深层意义上提出了充分发展与平衡发展相协调、相统一的要求，从而是一个科学发展的要求。新时代的社会主要矛盾解决中的这个要求是以改革开放40年来我国社会发展的实际为依据的，反映了中国特色社会主义新时代社会主要矛盾的新特征。

1. 我国社会生产力水平显著提高，社会生产能力多方面进入世界前列

---

① 《三中全会以来重要文献选编》（下），中央文献出版社2011年版，第168页。

经过改革开放 40 多年发展,我国国内生产总值稳居世界第二位,货物进出口和服务贸易总额均居世界第二位,对外投资和利用外资分别居世界第二位、第三位,基础设施建设遥遥领先,工农业生产能力大幅提高,220 多种主要工农业产品生产能力稳居世界第一位。① 我国生产力水平和生产能力已经发生根本性变化,这是我国社会主要矛盾发生转化的客观依据和物质基础。

2. 人民生活水平显著提高,提出了"日益增长的美好生活"新需求

随着中国特色社会主义新时代的到来,人民不仅对物质文化生活提出了更高要求,而且提出了日益增长的对美好生活的渴望,在民主、法治、公平、正义、安全、环境等方面的要求日益增长。改革开放以来,我国人民生活水平不断提升,人均国内生产总值从 1978 年的 385 元增长到 2017 年的 59660 元,年均增长约 9.5%,已经达到中等偏上收入国家水平;城镇居民人均可支配收入和农村居民人均可支配收入分别从 1978 年的 343.4 元、133.6 元提高到 2017 年的 36396 元、13432 元;居民受教育程度不断提高,高等教育入学率大幅提升,城乡居民健康状况显著改善,社会保障水平显著提高。② 伴随生活水平不断提高,人民的需要日益呈现出多样化、多层次、多方面的特点,期盼更好的教育、更稳定的工作、更满意的收入、更可靠的社会保障、更高水平的医疗卫生服务、更舒适的居住条件、更优美的环境、更丰富的精神文化生活,民主意识、公平意识、法治意识、参与意识、监督意识、维权意识不断增强。这充分说明,人民群众的需要已经远远超出物质文化的范畴和层次,只讲"物质文化需要"已经不能真实全面反映人民群众的愿望和要求。

3. 社会主要矛盾集中体现为发展不平衡不充分问题

发展不平衡,主要指各区域各领域各方面发展不够平衡,存在"一条腿长、一条腿短"的失衡现象,制约了整体发展水平的提升。发展不充分,主要指一些地区、领域、方面存在发展不足,发展的任务依然很重。从社会生产力来看,我国既有世界领先的生产力,也有大量落后生产力,而且不同地区、领域的生产力水平和布局很不均衡。从经济建设、政治建设、文化建设、社会建设和生态文明建设的"五位一体"总体布局来看,社会生活各个方面的发展也不均衡,有的方面问题还很突出。此外,城乡之间、区域之间发展水平差距仍

---

① 《习近平新时代中国特色社会主义思想三十讲》,学习出版社 2018 年版,第 68 页。
② 《习近平新时代中国特色社会主义思想三十讲》,学习出版社 2018 年版,第 68—69 页。

然较大。发展不平衡不充分问题是现阶段各种社会矛盾、社会问题交织的主要根源，成为满足人民日益增长的美好生活需要的主要制约因素，成为社会主要矛盾的主要方面，必须下功夫去认识它、解决它，否则就会制约发展全局。不平衡不充分是矛盾和问题的两个方面，发展应该在平衡与充分两个方面用力。但是二者又是相互联系的两个方面，它们之间可以相互促进，也可能相互制约，二者之间应该是协调的。充分发展不能仅仅是这一方面或那个方面的充分发展，而应该是各个方面的充分发展。平衡就是均衡、协调，平衡本身就是一种全面性要求。但是平衡不能离开充分发展，是在充分发展基础上寻求平衡，没有发展或充分发展，则无平衡可言。另一方面，充分发展也需要平衡发展，没有平衡，发展就难以持续，充分发展就失去现实性。总之，通过新时代社会主要矛盾的科学表达，提出发展的平衡与充分的问题，深化了对新发展理念的理解，在一定程度上丰富了马克思主义社会发展理论，特别是社会主义社会发展的辩证法。

三、正确对待社会主要矛盾变化

我国社会主要矛盾变化意味着整个社会矛盾体系要进行调整和重构，因而是关系全局的变化，对党和国家工作提出了许多新要求，对中国特色社会主义事业全局产生着广泛而深刻的影响。正确认识和把握我国社会主要矛盾变化，正确认识和把握我国社会发展的阶段性特征，要坚持辩证唯物主义和历史唯物主义的方法论，从历史和现实、理论和实践、国内和国际等方面的结合上进行思考，从我国社会发展的新的历史方位上进行思考，从党和国家事业发展大局出发进行思考。

1. 正确看待社会主要矛盾变与不变的辩证法

习近平在党的十九大报告中指出："必须认识到，我国社会主要矛盾的变化，没有改变我们对我国社会主义所处历史阶段的判断，我国仍处于并将长期处于社会主义初级阶段的基本国情没有变，我国是世界最大发展中国家的国际地位没有变。"① "没有改变我们对我国社会主义所处历史阶段的判断"，客观上是由我国社会主义初级阶段的基本国情决定的，理论上则是由社会主要矛盾

---

① 习近平：《决胜全面建成小康社会　夺取新时代中国特色社会主义伟大胜利——在中国共产党第十九次全国代表大会上的报告》，人民出版社2017年版，第12页。

与社会发展关系的辩证法决定的。我们要科学把握我国社会主要矛盾"变"与"不变"的辩证法：一方面，要清醒认识我国社会主要矛盾已经转化的事实，清醒谋划我国经济社会发展的目标和任务，正确回应人民群众对经济、政治、文化、社会和生态文明等方面提出的新要求；另一方面，又要清醒认识我国仍处于并将长期处于社会主义初级阶段的国情，清醒认识我国依然是世界上最大发展中国家的实际，据此把握我国现阶段的主要矛盾和矛盾的主要方面，自觉坚持党的基本路线，既不落后于时代，也不脱离实际、超越阶段。

2. 充分发挥生产关系和上层建筑的能动反作用，着力解决发展不平衡问题

唯物史观认为，社会基本矛盾运动是人类社会发展的根本动力。一方面，生产力决定生产关系、经济基础决定上层建筑；另一方面，生产关系对生产力、上层建筑对经济基础又具有能动的反作用。事实上，一个先进的社会制度之所以先进，就在于其生产关系能够较好发挥对生产力的解放和促进作用，其上层建筑能够较好发挥对经济基础的保证和促进作用。在我国社会主要矛盾已经发生变化的情况下，在我国经济社会发展不平衡问题突出的情况下，要解决人民日益增长的美好生活需要同不平衡发展之间的矛盾，就必须充分发挥上层建筑特别是国家政权的重要作用，通过调整和变革生产关系，通过行政的、法律的、政策的和舆论的等多种途径和手段，营造公正合理的环境和氛围，逐步扭转发展不平衡问题，大力促进经济社会的均衡发展。

3. 牢牢坚持党的基本路线，着力解决发展不充分问题

物质资料的生产是人类社会存在和发展的基础。生产力是人类社会发展的最终决定力量，发展是硬道理，是解决我国一切矛盾和问题的基础，也是解决新时代我国社会主要矛盾的物质基础。我国依然处于并将长期处于社会主义初级阶段的基本国情，决定了我们必须要牢牢立足社会主义初级阶段这个最大实际，牢牢坚持社会主义初级阶段的基本路线，坚持以经济建设为中心不动摇，坚持四项基本原则不松懈，坚持更高层次更高水平的改革开放，正确处理好经济社会发展中的一系列重大关系，着力解决好发展不充分问题，更好满足人民日益增长的美好生活需要，更好推动人的全面发展、社会全面进步。一是正确处理生产和分配、交换、消费的关系，正确处理供给和需求的关系，引导群众树立正确的消费观；二是正确处理经济发展和生态保护的关系，树立绿色生产方式、消费方式和生活方式，树立正确的生态观；三是正确处理先富和后富、局部富裕和共同富裕、当前富裕和长远富裕的关系，树立并践行正确的富裕

观；四是正确处理经济发展和政治、文化、社会、生态发展的关系，树立均衡发展观；五是正确处理经济社会发展和人的全面发展的关系，树立以人民为中心的、不断促进人的全面发展的当代发展观。

第二节 坚持以人民为中心的根本立场

唯物史观认为，人民群众是社会历史的主体，是社会物质财富和精神财富的创造者，也是社会变革的决定力量。人民性是马克思主义最鲜明的品格。始终同人民在一起，为人民利益而奋斗，是马克思主义哲学的根本立场和价值取向。中国共产党作为马克思主义政党，党性和人民性从来都是一致的、统一的，除了国家、民族、人民的利益，没有任何自己的特殊利益。中国共产党继承和发展了马克思主义的人民性思想，并且在不同的历史时期提出了与时俱进的新内容，形成了颇具中国特色的群众观点和群众路线。党的十八大以来，以习近平同志为核心的党中央创造性地运用和发展了中国化马克思主义的群众观，提出了"坚持以人民为中心"的鲜明论断，把马克思主义的人民性思想推进到新高度。

一、把人民对美好生活的向往作为奋斗目标

始终代表广大人民的根本利益，是马克思主义哲学的根本价值立场。马克思主义哲学从社会发展的客观现实出发，揭示了社会发展的客观规律，找到了实现劳动群众和人类解放的现实之路——建立社会主义和共产主义制度。纵观历史，中国共产党人干革命、搞建设、抓改革，都是为人民谋利益，让人民过上好日子。中国共产党从成立之日起，就是中国工人阶级的先锋队，也是中国人民和中华民族的先锋队，把为人民谋幸福、为国家谋富强、为民族谋复兴作为自己的初心和使命。改革开放以来，中国共产党人把实现好、维护好、发展好最广大人民的根本利益作为工作的出发点和落脚点，体现了鲜明的人民立场。党的十八大以来，以习近平同志为核心的党中央明确提出了坚持以人民为中心的根本立场和价值取向，更加重视在发展中保障和改善民生，在发展中让人民群众充分享用改革发展成果，让人民群众有更多获得感。习近平在党的十八大后上任伊始就掷地有声地宣告："人民对美好生活的向往就是我们的奋斗

目标。我的执政理念，概括起来说就是：为人民服务，担当起该担当的责任。"① 他明确指出："让人民满意是我们党做好一切工作的价值取向和根本标准，群众意见是一把最好的尺子。"② 人民是价值的创造者，也是价值的享用者，满足人民的利益和要求是中国共产党人一切工作的出发点和落脚点。人民根本利益是共产党人的最高利益，是衡量一切工作的价值标准。因此，党的一切工作，必须以最广大人民根本利益作为最高标准，把人民对美好生活的向往作为奋斗目标。检验一切工作的成效，最终都要看人民是否真正得到了实惠，人民生活是否真正得到了改善，人民权益是否真正得到了保障。党的十八大以来习近平提出的坚持以人民为中心的发展观，让人民满意是党做好一切工作的价值取向和根本标准，以及新发展理念等创新理念和思想，都具有明显的原创性，是对马克思主义价值理论的创造性运用和发展。

二、依靠人民创造历史伟业

马克思指出："历史活动是群众的活动，随着历史活动的深入，必将是群众队伍的扩大。"③ 社会主义制度的建立，第一次使人民群众真正成为国家的主人，成为国家各项事业的主体和发展的动力。列宁指出："一个国家的力量在于群众的觉悟。只有当群众知道一切，能判断一切，并自觉地从事一切的时候，国家才有力量。"④ 他强调："社会主义不是按上面的命令创立的。它和官场中的官僚机械主义根本不能相容；生气勃勃的创造性的社会主义是由人民群众自己创立的。"⑤ 毛泽东指出："人民，只有人民，才是创造世界历史的动力"。⑥ 毛泽东思想、邓小平理论、"三个代表"重要思想和科学发展观都贯穿着群众观点和群众路线。习近平指出，人民是历史的创造者，群众是真正的英雄。人民群众是我们力量的源泉。我们深深知道，每个人的力量是有限的，但只要我们万众一心、众志成城，就没有克服不了的困难。他强调，人民不仅是历史的创造者，也是决定党和国家前途命运的根本力量。因此，"必须坚持人民主体地位，坚持立党为公、执政为民，践行全心全意为人民服务的根本宗

---

① 《习近平接受俄罗斯电视台专访》，《人民日报》2014年2月9日第1版。
② 《习近平总书记重要讲话文章选编》，中央文献出版社、党建读物出版社2016年版，第167页。
③ 《马克思恩格斯文集》第1卷，人民出版社2009年版，第287页。
④ 《列宁选集》第3卷，人民出版社2012年版，第347页。
⑤ 《列宁全集》第33卷，人民出版社2017年版，第57页。
⑥ 《毛泽东选集》第3卷，人民出版社1991年版，第1031页。

旨，把党的群众路线贯彻到治国理政全部活动之中，把人民对美好生活的向往作为奋斗目标，依靠人民创造历史伟业。"①

人民是历史的创造者，人民是真正的英雄。回望上下五千年，波澜壮阔的中华民族发展史是中国人民书写的，博大精深的中华文明是中国人民创造的，历久弥新的中华民族精神是中国人民培育的，中华民族从站起来、富起来到强起来的伟大飞跃是中国人民奋斗出来的。我国革命、建设和改革开放之所以能够取得巨大成就，就在于中国共产党始终代表了广大人民群众的根本利益，充分调动和发挥了广大人民群众的主体力量和主体作用。坚持人民主体地位，充分调动人民积极性，始终是我们党立于不败之地的强大根基。中国共产党之所以能够发展壮大，中国特色社会主义之所以能够不断前进，正是因为紧紧依靠人民。谋划发展，最了解实际情况的，是人民群众；推动改革，最大的依靠力量，也是人民群众。改革开放在认识和实践上的每一次突破和发展，改革开放中每一个新生事物的产生和发展，改革开放每一个方面经验的创造和积累，无不来自亿万人民的实践和智慧。我们党只要有人民支持和参与，就没有克服不了的困难，就没有完成不了的任务。人民群众有着无尽的智慧和力量，必须充分尊重人民群众所表达的意愿、所创造的经验、所拥有的权利、所发挥的作用，自觉拜人民为师，不断从人民群众丰富多彩的伟大实践中吸取营养和力量。在新时代，我们面临的形势更加复杂，任务更加艰巨，考验更加严峻，我们党要始终与人民心心相印、同甘共苦、团结奋斗，进一步动员和激发人民群众的积极性、主动性和创造性，使他们满腔热情地投身到建设祖国的美好未来和创造自己的幸福生活中去。

习近平指出："时代是出卷人，我们是答卷人，人民是阅卷人。"② 人民群众是我们党的工作的最高裁决者和最终评判者。党的执政水平和执政成效必须而且只能由人民来评判，最终都要看人民是否真正得到了实惠，人民生活是否真正得到了改善，人民权益是否真正得到了保障。在新时代，我们党面临的"赶考"远未结束。要坚持把人民拥护不拥护、赞成不赞成、高兴不高兴、答应不答应作为衡量一切工作得失的根本标准，在新时代坚持和发展中国特色社

---

① 习近平：《决胜全面建成小康社会 夺取新时代中国特色社会主义伟大胜利——在中国共产党第十九次全国代表大会上的报告》，人民出版社 2017 年版，第 21 页。
② 《以时不我待只争朝夕的精神投入工作 开创新时代中国特色社会主义事业新局面》，《人民日报》2018 年 1 月 6 日第 1 版。

会主义的伟大实践中，在统筹推进"五位一体"总体布局、协调推进"四个全面"战略布局、统揽伟大斗争、伟大工程、伟大事业、伟大梦想中，自觉坚持党的领导地位和人民主体地位的统一，充分调动人民群众参与改革开放和现代化建设的热情和创造活力，努力向历史、向人民交出更加优异的答卷。

三、朝着实现全体人民共同富裕不断迈进

实现共同富裕，反映了社会主义的本质要求，体现了以人民为中心的根本立场。实现共同富裕，是马克思主义哲学指向的一个基本价值目标。马克思、恩格斯认为，在理想的共产主义社会里将彻底消除阶级之间、城乡之间、脑力劳动和体力劳动之间的对立和差别，实行各尽所能、按需分配，真正实现社会共享和每个人自由而全面的发展。到那时，"生产将以所有的人富裕为目的"①，"所有人共同享受大家创造出来的福利"②。恩格斯指出，社会主义制度"将给所有的人提供健康而有益的工作，给所有的人提供充裕的物质生活和闲暇时间，给所有的人提供真正的充分的自由"③。

人类社会发展的历史表明，对幸福生活的追求是推动人类文明进步最持久的力量。中国共产党作为马克思主义先进政党，始终致力于带领人民为创造美好生活、实现共同富裕、推动社会进步而不懈奋斗，形成了具有中国特色的共同富裕观。新中国成立之初，毛泽东就提出实现国家富强的目标，强调"这个富，是共同的富，这个强，是共同的强，大家都有份"④。邓小平多次强调共同富裕，指出"社会主义不是少数人富起来、大多数人穷，不是那个样子。社会主义最大的优越性就是共同富裕，这是体现社会主义本质的一个东西"⑤。江泽民强调："实现共同富裕是社会主义的根本原则和本质特征，绝不能动摇。"⑥ 胡锦涛要求"使发展成果更多更公平惠及全体人民，朝着共同富裕的方向稳步前进"⑦。

进入新时代，我国走上了创造美好生活、逐步实现全体人民共同富裕的新

---

① 《马克思恩格斯全集》第 31 卷，人民出版社 1998 年版，第 104 页。
② 《马克思恩格斯文集》第 1 卷，人民出版社 2009 年版，第 689 页。
③ 《马克思恩格斯全集》第 21 卷，人民出版社 1965 年版，第 570 页。
④ 《毛泽东文集》第 6 卷，人民出版社 1999 年版，第 495 页。
⑤ 《邓小平文选》第 3 卷，人民出版社 1993 年版，第 364 页。
⑥ 《江泽民文选》第 1 卷，人民出版社 2006 年版，第 466 页。
⑦ 胡锦涛：《坚定不移沿着中国特色社会主义道路前进 为全面建成小康社会而奋斗——在中国共产党第十八次全国代表大会上的报告》，人民出版社 2012 年版，第 15 页。

征程，对共同富裕的认识更加深刻。习近平指出，共同富裕是中国特色社会主义的根本原则，实现共同富裕是我们党的重要使命。他强调，我们追求的发展是造福人民的发展，我们追求的富裕是全体人民共同富裕，"必须坚持以人民为中心的发展思想，不断促进人的全面发展、全体人民共同富裕"①。在长期实践过程中，我们党形成了先富带动后富、逐步实现共同富裕的规律性认识，推动人民生活质量和社会共享水平显著提升。今天，困扰我国人民几千年来的忍饥挨饿、缺吃少穿、生活困顿问题总体上解决了，14亿中国人民迎来了从温饱不足到小康富裕的伟大飞跃。这是中华民族发展史上的重要里程碑！

实现全体人民共同富裕的宏伟目标，归根到底要靠发展。发展是基础，唯有经济、政治、文化、社会和生态文明的全面协调发展才能不断满足人民对美好生活的热切向往。没有发展，没有扎扎实实的发展成果，共同富裕就无从谈起。要毫不动摇坚持发展是硬道理、发展应该是科学发展和高质量发展的战略思想，动员广大人民群众积极参与到中国特色社会主义伟大事业中去，不断把"蛋糕"做大。同时，要在不断发展基础上促进社会公平正义，把不断做大的"蛋糕"分好，让社会主义制度的优越性更加充分地体现出来，让实现全体人民共同富裕在广大人民现实生活中更加充分地展示出来。当然，我们必须深刻认识到我国正处于并将长期处于社会主义初级阶段的基本国情，深刻认识到实现全体人民共同富裕的目标需要一个很长的历史过程，需要分阶段有步骤地逐步达成一个又一个阶段性目标，我们不能做超越阶段的事情。但是我们在逐步实现共同富裕方面可以有所作为，要立足现有条件把能做的事情尽量做起来，积小胜为大胜，不断朝着实现全体人民共同富裕的目标前进。

第三节 发展理念的重大创新

发展观是关于发展问题的整体看法和根本观点，直接影响着一个国家发展政策的制定，影响着一个国家经济社会发展进程。改革发展是中国特色社会主义一以贯之的主题。党的十八大以来，以习近平同志为核心的党中央顺应时代

---

① 习近平：《决胜全面建成小康社会　夺取新时代中国特色社会主义伟大胜利——在中国共产党第十九次全国代表大会上的报告》，人民出版社2017年版，第19页。

和实践发展的新要求,鲜明提出要坚定不移地贯彻创新、协调、绿色、开放、共享的新发展理念,引领我国发展全局发生历史性变革。新发展理念坚持以人民为中心的发展思想,进一步科学回答了实现什么样的发展、怎样实现发展的问题,充分体现了以习近平同志为核心的党中央对坚持和发展中国特色社会主义内在规律的深刻把握,有力指导了我国新的发展实践,是当代中国马克思主义发展观的集中体现,是中国化马克思主义哲学关于发展问题的重大成果,具有突出的理论创新价值和现实指导意义。

一、新发展理念是对经济社会发展规律认识的深化

新发展理念是对新时代我国经济社会发展实际和内在规律的科学认识。党的十八届五中全会通过的《中共中央关于制定国民经济和社会发展第十三个五年规划的建议》首次提出创新、协调、绿色、开放、共享的新发展理念,并强调这是关系我国发展全局的一场深刻变革。将新发展理念作为一个有机整体写进中央全会文件,这在中国共产党历史上是第一次。

新发展理念是对马克思主义哲学关于发展问题的继承和发展,反映了以习近平同志为核心的党中央对新时代我国经济社会发展规律认识的进一步深化。马克思、恩格斯创立的唯物史观奠定了现代发展理论的基础,唯物史观是根本的、一般的社会发展理论,深刻阐明了社会实现良性发展的根本立场、根本方法和制度保障,即人民立场、和谐发展和先进社会制度保障;列宁关于俄国及东方经济文化落后国家社会发展道路的理论,关于经济文化落后国家建设社会主义的道路、规律的探索,特别是他创造性地提出的新经济政策,对于像中国这样的国家如何巩固和发展社会主义具有重要启发意义;毛泽东关于社会主义社会基本矛盾和主要矛盾的学说,关于正确处理社会主义建设中的"十大关系"和人民内部矛盾问题的思想,关于实现四个现代化的设想,特别是作为毛泽东思想活的灵魂的实事求是、群众路线和独立自主,为马克思主义发展理论的中国化提供了理论基础;邓小平关于社会主义改革开放的思想,关于"发展是硬道理"的思想,关于"坚持以经济建设为中心"和"两个文明一起抓,两手都要硬"的思想等,为中国特色社会主义发展观奠定了理论基础;江泽民提出的"三个代表"重要思想,强调"发展是党执政兴国的第一要务",我们党要始终代表先进生产力的发展要求、始终代表先进文化的前进方向、始终代表最广大人民的根本利益,从物质文明、精神文明、政治文明三个维度揭示了发

展的丰富内涵，赋予了中国特色社会主义发展观新的内容；进入21世纪，胡锦涛明确提出了坚持以人为本、全面协调可持续的科学发展观，强调第一要务是发展，核心是以人为本，基本要求是全面协调可持续，基本方法是统筹兼顾，从物质文明、精神文明、政治文明和社会文明四个维度揭示了发展的丰富内涵，进一步丰富了中国特色社会主义发展观的内涵。以上关于社会发展问题的逐步深入的认识，成为习近平与时俱进地提出新发展理念的坚实理论基础。新发展理念是在继承和发展马克思主义发展理论、深刻总结国内外发展经验教训、分析国内外发展大势基础上形成的，是针对我国发展中的突出矛盾和问题提出来的。新发展理念深刻揭示了新时代实现更高质量、更有效率、更加公平、可持续发展的必由之路，是引领我国发展全局深刻变革的科学指引，对于进一步转变发展方式、优化经济结构、转换增长动力，推动我国经济实现高质量发展具有重大指导意义。

新发展理念是针对我国经济发展进入新常态、世界经济出现新形势提出的治本之策。党的十八大以来，面对错综复杂的国内外经济形势，以习近平同志为核心的党中央从我国经济发展的阶段性特征出发，作出我国经济发展进入新常态的战略判断。新常态是我国经济发展到一定阶段必然会出现的一种客观状态。在新常态下，我国经济发展的环境、条件、任务、要求等都发生了新的变化，增长速度要从高速转向中高速，发展方式要从规模速度型转向质量效率型，经济结构调整要从增量扩能为主转向调整存量、做优增量并举，发展动力要从主要依靠资源和低成本劳动力等要素投入转向创新驱动。世界经济在大调整大变革中出现了新变化新趋势，国际金融危机深层次影响持续蔓延，世界经济进入深度调整期，国际贸易低迷，金融市场跌宕起伏，保护主义抬头。面对国内外新形势新要求，沿袭传统的粗放发展模式和增长方式明显不可行，必须确立新发展理念来引领和推动我国经济转向高质量发展阶段。高质量发展，是创新成为第一动力、协调成为内生特点、绿色成为普遍形态、开放成为必由之路、共享成为根本目的的发展，是体现新发展理念的发展，是能够更好满足人民日益增长的美好生活需要的发展。

新发展理念是针对我国发展面临的突出矛盾和问题提出的战略指引。改革开放以来，我国经济实力、科技实力、国防实力、国际影响力都上了一个大台阶，经济社会发展取得重大成就，为发展理念的转变提供了坚实物质条件和实践基础。同时，发展不平衡不充分的问题仍然比较突出，创新能力不强，发展质量和效益不高，生态环境保护任重道远；城乡区域发展和收入分配差距仍然较大，脱贫攻坚任务艰巨，民生领域存在不少短板，群众在就业、教育、医疗、居住、养老等方面面临不少难题；等等。这些矛盾和问题，必须运用新理念新思路加以解决，着力在化解矛盾、补齐短板、优化结构、增强动力上取得突破性进展。

新发展理念是发展行动的先导，是发展思路、发展方向、发展着力点的集中体现，是管全局、管根本、管长远的思想。孤立起来看，创新、协调、绿色、开放、共享似乎不是新的词汇，但把创新、协调、绿色、开放、共享作为一个有机整体提出来，并上升到新发展理念的高度，具有重要的创新意义。新发展理念是在我国由大国走向强国、走向现代化和民族伟大复兴的新的历史起点上，对发展全局进行的顶层设计：在发展动力上，由要素驱动、投资规模驱动转向创新驱动；在发展要求上，由不协调发展走向协调发展；在发展质量上，由以自然环境为代价的发展走向绿色发展；在发展环境和条件上，由单向开放式发展走向双向开放、全面开放、高端开放、互利共赢式发展；在发展目的上，由一部分人缺少获得感的发展走向人人拥有更多获得感的发展。新发展理念是在深刻认识中国特色社会主义发展规律基础上的理性结论，揭示了发展的全局和本质，是应对新时代我国社会主要矛盾变化的发展总纲，体现了新时代发展的系统性、整体性、协同性和开放性的要求，充分体现了中国共产党人推进我国发展全局深刻变革的历史使命和责任担当，具有很强的战略性、纲领性、引领性，是对马克思主义社会发展理论的重大创新。

二、新发展理念的科学内涵

创新、协调、绿色、开放、共享，是一个相互联系、相互贯通、相互促进的有机整体，涉及我国发展中最基本的关系、最基本的方面，关系我国经济社会发展全局，具有丰富的科学内涵、严密的逻辑和独特的内在要求。

创新，顾名思义，就是改进或创造新的事物、方法、环境等，并能获得一定有益效果的行为。创新是一个民族进步的灵魂，是一个国家兴旺发达的不竭动力。创新是中华民族的优秀传统，是中国共产党领导人民不断前进、不断取得重大成就的宝贵品格和不竭动力。创新主要包括理论创新、制度创新、科技创新和文化创新等方面创新。其中理论创新是基础和先导，制度创新是保障，科技创新是核心，文化创新是灵魂，四者相互影响、相互作用、相互促进。新发展理念把创新发展列为第一位，强调创新是引领发展的第一动力，是影响我国经济社会发展全局的"牛鼻子",是解决我国发展"虚胖",进而由"大国"走向"强国"的关键,把创新摆在国家发展全局的核心位置,让创新贯穿党和国家一切工作,突出强调了创新的重要地位和不可替代的引领作用,这是对邓小平"科学技术是第一生产力"论断的进一步发展,丰富了马克思主义的发展动力理论。

协调,是唯物辩证法的客观要求,是持续健康发展的内在需要。唯物辩证法认为,事物之间和事物内部诸要素之间是相互联系、相互影响、相互作用的,各个要素之间必须保持平衡、协调,才能使事物保持良性状态,才能促进事物向好的方面发展。协调发展强调发展布局以及发展的整体性和系统性,注重解决发展不平衡问题,它既涉及区域、城乡、部门、行业之间的关系,也涉及物质文明与精神文明的关系,还涉及人与人之间的关系,强调我国在经济社会发展过程中,城乡之间、地区之间、部门之间、行业之间、人与人之间要保持平衡、协调、和谐的状态。协调发展理念体现了统筹兼顾的根本要求,涉及经济、政治、文化、社会发展各个领域,贯穿了马克思主义全面发展的思想,拓宽了传统意义上协调发展的内涵,是对马克思主义发展观内涵的丰富和发展。发展的不协调、不平衡,不仅影响着人民群众积极性、主动性的发挥,而且直接影响着全面建成小康社会目标的实现,进而影响"两个一百年"奋斗目标和中华民族伟大复兴中国梦的实现。树立协调发展理念,要求牢牢把握中国特色社会主义事业"五位一体"总体布局,正确处理发展中的重大关系,重点推动区域协调发展、城乡协调发展、物质文明和精神文明协调发展,推动经济建设、国防建设融合发展,不断增强发展的整体性、协调性。

绿色,是永续发展的必要条件和人民对美好生活追求的重要体现。绿色,是一种形象的说法,主要涉及人与自然、人与环境的关系,指的是人与自然、人与环境之间保持和谐、良好的关系和状态,进而引申为健康的发展质量。绿色发展注重的是解决人与自然和谐共生问题,强调实现经济社会发展和生态环境保护协同共进。习近平指出,生态环境保护是功在当代、利在千秋的事业,要正确处理好经济发展同生态环境保护的关系,"牢固树立保护生态环境就是保护生产力、改善生态环境就是发展生产力的理念"[1]。他用简洁明快的语言指出"既要金山银山,也要绿水青山"[2],特别肯定了"绿水青山就是金山银

---

[1] 《习近平谈治国理政》第1卷,外文出版社2018年版,第209页。
[2] 《习近平谈治国理政》第1卷,外文出版社2018年版,第434页。

山"①。这些富有时代特色的深邃思想丰富了马克思主义生产力的内涵，提升了生态环境与生产力内在关系的认识，是对马克思主义生产力理论的重大贡献。在全面建成小康社会和实现社会主义现代化进程中，我国依然面临着人与自然的尖锐矛盾，环境污染、生态破坏、能源短缺等问题十分突出，人与自然关系十分紧张。因此，我们要为建设美丽中国和环境友好型社会付出艰辛努力。绿色发展作为中国发展理念的内涵，是对世纪之交中国生态文明建设实践经验的总结和理论探索的升华，奠定了当代中国马克思主义发展理论的坚实基础。树立绿色发展理念，要求坚持节约资源和保护环境的基本国策，坚持可持续发展，坚定走生产发展、生活富裕、生态良好的文明发展道路，加快建设资源节约型、环境友好型社会，形成人与自然和谐发展的良好关系，推进美丽中国建设，并为全球生态安全作出新贡献。

开放，表示张开、释放，解除限制等含义，开放发展注重的是解决发展内外联动问题，强调发展更高层次的开放型经济，以扩大开放推进改革发展。开放是国家繁荣发展的必由之路，是正确处理中国与世界关系的根本途径，也是营造良好国内外发展环境的重要方面。当今世界是开放的世界。正是在融入并顺应世界发展潮流进程中，中国发展起来了，并快速走上强国之路。没有对外开放，中国几十年的快速发展是不可想象的。同时，中国的发展也对世界发展作出了重大贡献。目前，我国的开放总体上还是低层次的开放，"引进来"和"走出去"的水平还不够高，高端开放程度还不够，互利共赢式开放有待加强。在开放中，我们既要利用西方先进文明成果，利用西方的资金、技术和先进管理经验，也要警惕种种"陷阱"。对此，习近平强调指出："我们要坚持开放的发展，让发展成果惠及各方。在经济全球化时代，各国要打开大门搞建设，促进生产要素在全球范围更加自由便捷地流动。各国要共同维护多边贸易体制，构建开放型经济，实现共商、共建、共享。要尊重彼此的发展选择，相互借鉴发展经验，让不同发展道路交汇在成功的彼岸，让发展成果为各国人民共享。"② 树立开放发展理念，要求提高对外开放的质量和发展的内外联动性，主动参与和推动经济全球化进程，发展更高层次的开放型经济，积极参与全球经济治理和公共产品供给，提高我国在全球经济治理中的制度性话语权，不断壮

---

① 《习近平谈治国理政》第 2 卷，外文出版社 2017 年版，第 209 页。
② 习近平：《谋共同永续发展 做合作共赢伙伴——在联合国发展峰会上的讲话》，《人民日报》2015 年 9 月 27 日第 2 版。

大我国经济实力和综合国力。开放发展理念揭示了在经济全球化背景下中国与世界息息相关的内在共赢逻辑,在更广的范围和领域提升了开放型经济发展水平和层次,丰富和发展了马克思主义的世界历史理论。

共享,就是共同享有、共同享受,讲的是发展目的,主要涉及人与发展的关系。共享是中国特色社会主义的本质要求,共享发展注重的是解决社会公平正义问题。在我国,人民群众是改革发展的主体,也是改革发展成果的共享者。当然,在社会发展的一定时期,由于受生产力发展水平等方面的制约,不可能实现人人同步富裕。但是,在制度安排上,一定要充分体现最广大人民的根本利益。党的十九大报告明确指出,新时代我国社会的主要矛盾已经转化为人民日益增长的美好生活需要和不平衡不充分的发展之间的矛盾。目前,我国发展不平衡问题严重存在,城乡差距、地区差距、行业差距比较严重,这些差距有其复杂原因,需要认真分析并在发展中给予解决。发展不平衡问题不仅影响着广大群众积极参与社会主义现代化建设的热情和积极性、主动性,而且影响着社会稳定,成为影响我国实现"两个一百年"奋斗目标和民族伟大复兴的根本问题和"短板"之一。坚定不移走共同富裕道路,是社会主义的本质要求,是社会主义制度优越性的集中体现。习近平指出,"生活在我们伟大祖国和伟大时代的中国人民,共同享有人生出彩的机会,共同享有梦想成真的机会,共同享有同祖国和时代一起成长与进步的机会"[①]。树立共享发展理念,必须坚持发展为了人民、发展依靠人民、发展成果由人民共享,依据我国社会主要矛盾转化的客观现实作出更有效的制度安排,坚持全民共享、全面共享、共建共享、渐进共享,使全体人民有更多获得感、幸福感、安全感,朝着共同富裕方向稳步前进。共享发展理念反映了新时代中国特色社会主义的新特点新要求,强调让全体人民共享改革发展成果,是对马克思主义发展目的论的继承与发展,为马克思主义发展观注入了新内涵。

第四节 推动构建人类命运共同体

推动构建人类命运共同体是习近平站在人类历史发展进程的高度,正确把

---

① 《习近平谈治国理政》第 1 卷,外文出版社 2018 年版,第 40 页。

握国际形势的深刻变化，顺应和平、发展、合作、共赢的时代潮流，立足中国、面向未来，高瞻远瞩地提出的处理国际关系的重要理念和战略思想，是对"世界怎么了，人类向何处去，我们怎么办"这一世界性难题的中国解答，是对马克思主义世界历史理论的继承和发展，是对新中国成立以来我国外交理念和实践经验的总结和升华，反映了马克思主义世界历史理论和共同体思想的理论逻辑与当代世界和中国发展的历史逻辑、实践逻辑的有机统一，既充分体现了中国共产党人始终为人类作出新的更大贡献的崇高历史使命，始终反对强权政治和冷战思维的革命斗争精神，也充分体现了中华民族特有的开放包容、公平正义、以和为贵及自强、自立、自信的民族精神，为世界和平贡献了中国智慧和中国方案，受到中国人民和世界人民的广泛赞誉和积极支持。

一、马克思主义世界历史理论的创造性运用

早在19世纪40年代中期，马克思、恩格斯就以惊人的科学洞察力预言了伴随现代资产阶级生产方式不断拓展而不断加深的世界历史的发展趋势。他们在《德意志意识形态》一书中从分析资本主义生产方式的运动趋势出发，阐述了人类历史向世界历史转变的总体走向，深刻指出："各个相互影响的活动范围在这个发展进程中越是扩大，各民族的原始封闭状态由于日益完善的生产方式、交往以及因交往而自然形成的不同民族之间的分工消灭得越是彻底，历史也就越是成为世界历史。"① 在随后发表的《共产党宣言》中，他们进一步从资本主义产生和发展的历史过程出发，更加深入地阐述了人类历史正在走向世界历史的大趋势："资产阶级，由于开拓了世界市场，使一切国家的生产和消费都成为世界性的了。"② "过去那种地方的和民族的自给自足和闭关自守状态，被各民族的各方面的互相往来和各方面的互相依赖所代替了。物质的生产是如此，精神的生产也是如此。"③ "各自独立的、几乎只有同盟关系的、各有不同利益、不同法律、不同政府、不同关税的各个地区，现在已经结合为一个拥有**统一的**政府、**统一的**法律、**统一的**民族阶级利益和**统一的**关税的**统一的民族**。"④

---

① 《马克思恩格斯选集》第1卷，人民出版社2012年版，第168页。
② 《马克思恩格斯选集》第1卷，人民出版社2012年版，第404页。
③ 《马克思恩格斯选集》第1卷，人民出版社2012年版，第404页。
④ 《马克思恩格斯选集》第1卷，人民出版社2012年版，第405页。

马克思、恩格斯的世界历史理论深刻揭示了历史向世界历史转变的大趋势,揭示了人类社会从地方的、民族的历史走向世界历史的发展逻辑,揭示了从资本主义社会过渡到更高阶段的社会主义和共产主义社会的历史必然性,从而指明了共产党人的时代方位和肩负的历史使命。马克思、恩格斯对世界历史理论的阐述和对共同体理论的阐释是密切联系的。马克思对"自然共同体""虚假共同体"和"真正共同体"做过许多深刻阐述。关于资本主义社会这一"虚假共同体",他认为,资本家和工人在劳动力市场上:"双方都只顾自己。使他们连在一起并发生关系的唯一力量,是他们的利己心,是他们的特殊利益,是他们的私人利益。正因为人人只顾自己,谁也不管别人,所以大家都是在事物的前定和谐下,或者说,在全能的神的保佑下,完成着互惠互利、共同有益、全体有利的事业。"① 马克思在这里借用了莱布尼茨的语句,说明在资本主义社会这一"虚假共同体"中,资本家和工人都只看到自己的特殊利益,尽管他们在一定意义上是利益共同体,但资产阶级所谓的代表全体国民的说辞显然是虚假不实的。在马克思、恩格斯心目中,"真正共同体"是将来的共产主义社会,即"自由人联合体",它需要经过长期努力在满足一系列复杂的主客观条件之后才能最终实现,资本主义社会是为真正的世界历史准备物质条件的过渡阶段,"真正的世界历史"在共产主义社会才能实现,这是共产党人致力追求的最终目标,"代替那存在着阶级和阶级对立的资产阶级旧社会的,将是这样一个联合体,在那里,每个人的自由发展是一切人的自由发展的条件"。②

中国社会主义制度的建立,从根本上说,就是遵循唯物史观的基本原理,遵循马克思主义世界历史理论和共同体思想,顺应世界历史发展的大趋势建立起来的,为我国这个古老大国走向现代化和全面进步提供了广阔的发展前景。20世纪50年代,我国就提出了国与国之间交往合作的和平共处五项原则,并得到了国际社会的普遍认可。"文化大革命"结束后,邓小平深刻分析了世界局势发展变化的新特点,作出了"和平与发展是时代的两大主题"的正确论断,把改革开放作为我国的基本国策。他一贯强调,现在的世界是开放的世界,中国的发展离不开世界。伴随我国改革开放的不断深入,"三个代表"重要思想和科学发展观对新的国际形势和新形势下我国外交战略作了进一步的阐

---

① 《马克思恩格斯文集》第5卷,人民出版社2009年版,第204—205页。
② 《马克思恩格斯选集》第1卷,人民出版社2012年版,第422页。

述，把维护世界和平与促进共同发展作为我们的重要历史任务。江泽民在党的十六大报告中指出："我们主张顺应历史潮流，维护全人类的共同利益。""世界是丰富多彩的。世界上的各种文明、不同的社会制度和发展道路应彼此尊重，在竞争比较中取长补短，在求同存异中共同发展。"① 胡锦涛在党的十七大报告中指出："各国人民携手努力，推动建设持久和平、共同繁荣的和谐世界。"② 党的十八大报告提出，"要倡导人类命运共同体意识""增进人类共同利益"。③ 这些主张和理念为习近平系统阐述"推动构建人类命运共同体"提供了理论基础和丰富资源。

今天，人类交往的世界性比过去任何时候都更深入、更广泛，各国相互联系和彼此依存比过去任何时候都更频繁、更紧密，马克思、恩格斯阐述的"历史向世界历史的转变"成为现代社会发展的基本特征。当今世界正处于大发展大变革大调整时期，世界多极化、经济全球化、文化多样化深入发展，全球治理体系和国际秩序变革加速推进，各国相互联系和依存日益加深，和平与发展仍然是时代主题。正如习近平所言："这个世界，各国相互联系、相互依存的程度空前加深，人类生活在同一个地球村里，生活在历史和现实交汇的同一个时空里，越来越成为你中有我、我中有你的命运共同体。"④ 与此同时，全球发展深层次矛盾突出，霸权主义、强权政治依然存在，保护主义、单边主义不断抬头，战乱恐袭、饥荒疫情此伏彼现，传统安全和非传统安全问题复杂交织；治理赤字、信任赤字、和平赤字、发展赤字，成为摆在全人类面前的严峻挑战，世界面临的不稳定性不确定性突出。面对动荡不定的世界，面对百年不遇的大变局，没有哪个国家能够独自应对人类面临的各种挑战，也没有哪个国家能够退回到自我封闭的孤岛，各个国家必须携手并肩，共同应对。习近平提出的"推动构建人类命运共同体"，反映了中国发展的逻辑进程和实际需要，顺应了世界发展的总体趋势和客观要求，反映了人类的"共同价值"，是有效应对世界大发展大变革大调整的中国智慧和中国方案。2017 年 1 月 19 日，

---

① 江泽民：《全面建设小康社会　开创中国特色社会主义事业新局面——在中国共产党第十六次全国代表大会上的报告》，人民出版社 2002 年版，第 47、48 页。
② 胡锦涛：《高举中国特色社会主义伟大旗帜　为夺取全面建设小康社会新胜利而奋斗——在中国共产党第十七次全国代表大会上的报告》，人民出版社 2007 年版，第 46 页。
③ 胡锦涛：《坚定不移沿着中国特色社会主义道路前进　为全面建成小康社会而奋斗——在中国共产党第十八次全国代表大会上的报告》，人民出版社 2012 年版，第 47 页。
④ 《习近平谈治国理政》第 1 卷，外文出版社 2018 年版，第 272 页。

习近平在联合国日内瓦总部演讲中明确提出了全球治理的中国方案:"让和平的薪火代代相传,让发展的动力源源不断,让文明的光芒熠熠生辉,是各国人民的期待,也是我们这一代政治家应有的担当。中国方案是:构建人类命运共同体,实现共赢共享。"① 此后,"推动构建人类命运共同体"的中国方案被载入联合国人权理事会第三十四次会议,成为国际社会普遍认可的价值理念。人类命运共同体,顾名思义,就是每个民族、每个国家的前途命运都紧紧联系在一起,应该风雨同舟,荣辱与共,努力把我们生于斯、长于斯的这个星球建成一个和睦的大家庭,把世界各国人民对美好生活的向往变成现实。② 习近平提出的"推动构建人类命运共同体"理念是对马克思主义世界历史理论的创造性运用和发展,也是对中华优秀传统文化进行创造性转化、创新性发展的理论结晶。中华民族历来讲求"天下一家",主张和平和谐、讲信修睦、和而不同、民胞物与、协和万邦、天下大同,憧憬"大道之行,天下为公"的美好世界。世界各国尽管有这样那样的矛盾分歧,但各国人民都生活在同一片蓝天下、拥有同一个家园,应该是一家人,应该秉持"天下一家"理念,彼此理解,求同存异,共同为构建人类命运共同体而努力。

二、推动构建人类命运共同体的基本内涵

人类只有一个地球,各国共处一个世界。当今科学技术的日益进步,生产方式和交往方式的不断发展,使得经济全球化步伐越来越快,世界历史的趋势越来越明显,各个民族、各个国家的前途命运越来越紧密地联系在一起,人类生活在同一个地球村里,越来越成为你中有我、我中有你的命运共同体。"人类命运共同体"是走向未来共产主义社会"自由人联合体"必不可少的过渡阶段,推动构建人类命运共同体,对于促进世界和平与发展,增进世界人民福祉,创造世界人民美好生活具有重要意义。习近平在多个重要场合对推动构建人类命运共同体的基本内涵进行了深入阐释,指出了构建人类命运共同体的基本原则,指明了构建人类命运共同体的基本目标,具有重要的理论意义和现实指导意义。

第一,从伙伴关系来说,坚持协商对话,建设一个持久和平的世界。和

---

① 习近平:《共同构建人类命运共同体》,《人民日报》2017年1月20日。
② 习近平:《论坚持推动构建人类命运共同体》,中央文献出版社2018年版,第510页。

平,既是构建人类命运共同体的基本前提,又是构建人类命运共同体的重要目标之一。人类历史上战乱频仍,生灵涂炭,从公元前的伯罗奔尼撒战争到两次世界大战,再到延续40余年的冷战,教训十分深刻。国家和,则世界安;国家斗,则世界乱。这是人类历史昭示的必然结论。持久和平关乎全人类的共同福祉,但和平需要世界各国共同维护共同建设。建设一个持久和平的世界,根本要义在于国家之间构建平等相待、互商互谅的伙伴关系。国与国之间存在认识差异、利益分歧在所难免,军事手段绝非上策,协商对话才是解决全球争端的有效途径。要相互尊重、平等协商,坚决摒弃冷战思维和强权政治,走对话而不对抗、结伴而不结盟的国与国交往新路。

第二,从安全格局来说,坚持共建共享,建设一个普遍安全的世界。普遍安全,是构建人类命运共同体的基础。当今社会已经进入风险社会,有自然界的风险,也有因不当实践造成的各种人为风险;有传统安全问题,也有各种新出现的非传统安全问题;有一国内部的安全问题,也有他国造成的外部安全问题。对此,各国必须审时度势,正确应对。习近平指出:"世上没有绝对安全的世外桃源,一国的安全不能建立在别国的动荡之上,他国的威胁也可能成为本国的挑战。邻居出了问题,不能光想着扎好自家篱笆,而应该去帮一把。"[①]在各种安全问题此起彼伏的现时代,各国要坚持以对话解决争端、以协商化解分歧,统筹应对传统和非传统安全威胁,反对一切形式的恐怖主义。要坚持共同、综合、合作、可持续的新安全观,共同营造公平正义、共建共享的安全格局。

第三,从经济发展来说,坚持合作共赢,建设一个共同繁荣的世界。共同繁荣,是构建人类命运共同体的重要目标。今天,日新月异的科技进步给社会生产力的迅速发展和经济繁荣提供了广阔的空间,世界市场和普遍交往为经济发展带来了前所未有的机遇,经济一体化成为无可置疑的现实存在。习近平强调:当今时代,各国是相互依存、彼此融合的利益共同体,开放包容、合作共赢是唯一正确的选择。世界经济发展的历史证明,开放带来进步,封闭导致落后。重回以邻为壑的老路,不仅无法摆脱自身危机和衰退,而且会收窄世界经济共同空间,导致"双输"局面。因此,各国要求同存异,同舟共济,坚持你好我好大家好的理念,促进贸易和投资自由化便利化,推动世界经济朝着更加

---

① 习近平:《共同构建人类命运共同体》,《人民日报》2017年1月20日。

开放、包容、普惠、平衡、共赢的方向发展。顺应经济全球化大势，加强协调、完善治理，引导经济全球化健康发展，既做大蛋糕，又分好蛋糕。要抓住新一轮科学技术革命和产业变革的历史机遇，坚持创新驱动，转变经济发展方式，进一步激发和释放社会创造活力，进一步发展社会生产力。

第四，从文明交流来说，坚持交流互鉴，建设一个开放包容的世界。不同文明之间的开放包容，是构建人类命运共同体的重要目标，也是推动构建人类命运共同体的重要动力。世界上有200多个国家和地区、2500多个民族、多种宗教。不同历史和国情，不同民族和习俗，孕育了不同文明。文明没有高下、优劣之分，只有特色、地域之别。中国古人云："万物并育而不相害，道并行而不相悖。"人类文明多样性是世界的基本特征，也是人类进步的动力。每种文明都有其独特魅力和深厚底蕴，都是人类的宝贵财富。所谓的"文明冲突论"不仅与人类发展的整体事实不符，而且在世界历史的大趋势下具有很大的误导作用。在经济全球化和各国文化交流交融成为常态的情况下，不同文明要取长补短、共同进步，让文明交流互鉴成为推动人类社会进步的动力、维护世界和平的纽带。每个国家都有自身的历史文化传统，要尊重世界文明多样性，以文明交流超越文明隔阂、文明互鉴超越文明冲突、文明共存超越文明优越。

第五，从生态建设来说，坚持绿色低碳，建设一个清洁美丽的世界。建设一个清洁美丽的世界，是构建人类命运共同体的又一重要目标。基于形成人与自然之间良好共生关系、实现人与自然之间矛盾真正解决的初衷，马克思、恩格斯对于资本主义社会对自然和生态的严重破坏给予了严厉批判和谴责，迄今仍然具有重要指导意义。地球是人类的共同家园，也是人类到目前为止唯一的家园。由于各种主客观因素影响，当今世界人与自然关系面临着严峻挑战，生态危机、资源短缺、环境污染、人口爆炸等，这一切问题都使人类共同生存的空间面临着严重威胁。习近平深刻指出，工业化创造了前所未有的物质财富，也产生了难以弥补的生态创伤。我们不能吃祖宗饭、断子孙路，用破坏性方式搞发展。要牢固树立尊重自然、顺应自然、保护自然的意识，以人与自然和谐相处为目标，解决好工业文明带来的矛盾，实现世界的可持续发展和人的全面发展。倡导绿色、低碳、循环、可持续的生产生活方式，积极采取行动应对气候变化的新挑战，不断开拓生产发展、生活富裕、生态良好的文明发展道路，构筑尊崇自然、绿色发展的全球生态体系。

习近平关于推动构建人类命运共同体基本内涵的深刻阐释，反映了人类社会共同价值追求，汇聚了世界各国人民对和平、发展、繁荣向往的最大公约数，为人类社会实现共同发展、持续繁荣、长治久安绘制了蓝图，指明了前进方向，对中国和平发展、世界繁荣进步都具有重大而深远的意义。构建人类命运共同体，建设持久和平、普遍安全、共同繁荣、开放包容、清洁美丽的世界，是一个历史过程，不可能一蹴而就，更不可能一帆风顺，需要一步一个脚印沿着正确的道路前进。推动建设相互尊重、公平正义、合作共赢的新型国际关系，是构建人类命运共同体的基本路径。其中，相互尊重是前提，公平正义是准则，合作共赢是目标。构建新型国际关系，就是要倡导各国秉持相互尊重原则，共同追求国际关系和国际秩序的公平正义，携手合作、同舟共济、互利共赢。构建新型国际关系的实质，就是要走出一条国与国之间交往的新路，为构建人类命运共同体开辟道路、积累条件。

习近平不仅从宏大视野回答了在复杂多变的国际形势下"世界各国怎么办"这一重大时代课题，而且立足于中国特色社会主义新时代的时空方位和历史任务，回答了"中国怎么办"这一重大历史问题。

当今世界，尽管国际形势复杂多变，但和平发展大势不可逆转。在此背景下，中国将始终不渝坚持走和平发展道路，这既是中国自身对推动构建人类命运共同体的负责任回应，也是中国基于自身国家民族利益的必然选择。中国要在新时代实现社会主义现代化和中华民族伟大复兴的宏伟目标，必须要有和平的国际环境。没有和平，中国和世界都不可能顺利发展；没有发展，中国和世界也不可能拥有持久和平。中国只有坚持走和平发展道路，同世界各国一道坚决维护世界和平，才能实现自己的目标，才能为推动构建人类命运共同体打下坚实基础，才能为维护世界和平、促进共同发展作出更大贡献。

中国坚持走和平发展道路，是文化传统、思想自信和实践自觉的有机统一。中国走和平发展道路，是从对历史、现实和未来的理性判断中得出的必然结论，是主动自觉的选择，绝不是权宜之计，更不是外交辞令。这种主动自觉的选择，来源于中华文明的深厚积淀，和平、和睦、和谐的追求自古以来就深深植根于中华民族的精神世界中，深深融化在中国人民的血脉里；来源于对实现中国发展目标条件的理性认知，中国人民从近代以来的历史经验中学到的不是弱肉强食的强盗逻辑，不认同不接受国强必霸的思维逻辑；来源于对世界发展大势的全面把握，中国人民珍视和平的宝贵，珍视发展的价值，倡导共赢的理念，在发展过程中更加坚定了维护和平的决心，真诚愿意同世界各国人民和睦相处、和谐发展,共谋和平、共护和平、共享和平。

"一带一路"倡议是习近平从全球视野对中国和平发展与世界共同发展联动关系的深刻反映,是推动构建人类命运共同体的重要平台,是我国在新的历史条件下实行全方位对外开放的重大举措。这一重大倡议,既对新时代我国开放空间布局进行了统筹谋划,又对中国与世界实现开放共赢的路径进行了顶层设计,彰显了中国特色社会主义道路自信、理论自信、制度自信、文化自信。"一带一路"倡议是破解人类发展难题的中国智慧和中国方案。当今世界,世界经济深度调整、贫富分化加剧,反全球化、民粹主义等思潮抬头。提出"一带一路"重大倡议,着眼于世界各国人民追求和平与发展的共同梦想,致力于推动经济全球化朝着更加开放、包容、普惠、平衡、共赢的方向发展,旨在同沿线和世界各国分享中国发展机遇,不仅造福中国人民,也造福世界各国人民。这一重大倡议,为全球发展合作提供了创新思路,为破解全球发展难题贡献了中国智慧和中国方案。"一带一路"倡议也是探索全球经济治理新模式的重要路径。"一带一路"建设不是封闭的,而是开放包容的;不是中国一家独奏,而是沿线和世界各国的合唱。这一重大倡议,强调继承创新、主动作为、求同存异、兼容并蓄,旨在打造不同文明和谐共融的利益共同体、责任共同体、命运共同体,为完善全球治理体系提供了新思路新方案。"一带一路"是和平之路、繁荣之路、开放之路、创新之路、文明之路,"一带一路"建设已经在实践中取得明显成效,并展现出更加光明的前景。"一带一路"建设的成就,为世界上那些既希望加快发展又希望保持自身独立性的国家和民族提供了重要借鉴,提升了中国特色社会主义制度的国际影响力和感召力。

第五节 治国理政的科学方法论

习近平治国理政的科学方法论,是马克思主义科学方法论和毛泽东倡导的科学思想方法、领导方法、工作方法的继承和发展,是辩证唯物主义和历史唯物主义世界观和方法论的创造性运用和发展。习近平治国理政的科学方法论,是在我国改革开放40年、特别是党的十八大以来坚持和发展中国特色社会主义的伟大实践中形成和发展起来的,它既是中国特色社会主义现代化建设伟大实践经验的方法论总结,又是全党和全国人民实现民族伟大复兴的方法论指南。习近平治国理政的科学方法论,具有丰富而深刻的哲学内涵和鲜明的实践性、时代性和创新性的理论特色,它以正确认识和处理中国特色社会主义现代化建设所面临的一系列重大战略问题为主题,以提高全党科学思维能力和战略定力为目标,着力研究和解决观大势、谋大局、遵规律、定方向、把统筹等重大理论问题和实践问题。习近平在创造性地运用和发展马克思主义科学方法论的基础上,提出了一系列相互联系、相互贯通的治国理政新理念新思想新战略,其中包括:关于把马克思主义哲学作为看家本领的论述、关于提高科学思维能力的论述、关于全面深化改革的正确方法论的论述、关于坚持知行统一的论述等,充分体现了世界观和方法论的统一,认识世界和改造世界的统一,真理论、价值论和方法论的统一,大大丰富和发展了马克思主义哲学的科学方法论。

一、把马克思主义哲学作为看家本领

马克思主义哲学又叫辩证唯物主义和历史唯物主义,它作为科学的世界观和方法论,深刻反映了自然界、人类社会和思维发展的普遍规律,是马克思主义理论的基础和核心内容。学习和运用马克思主义哲学,是中国共产党人的优良传统、思想优势和政治优势。毛泽东对马克思主义哲学有精深研究,他在1937年写的《实践论》《矛盾论》是马克思主义哲学中国化的经典之作,对于从哲学高度武装中国共产党人发挥了十分重要的作用。新中国成立后,毛泽东的《论十大关系》《关于正确处理人民内部矛盾的问题》,创造性地运用马克思主义的世界观和方法论,形成了具有鲜明特色的中国化马克思主义哲学思想,为中国共产党人学习和运用马克思主义哲学树立了典范。邓小平非常善于运用马克思主义哲学判断复杂形势,解决实际问题,并在此基础上提出了一系列重要创新论断。他强调,必须抓住社会主义初级阶段的主要矛盾,坚持以经济建设为中心;必须用实践来检验我们的工作,坚持"三个有利于"标准;必须坚持"两手抓、两手都要硬""摸着石头过河",处理好计划和市场、先富和共富等关系。江泽民认为:"如果头脑里没有辩证唯物主义、历史唯物主义的世界观,就不可能以正确的立场和科学的态度来认识纷繁复杂的客观事物,把握事物发展的规律"。① 胡锦涛指出:"辩证唯物主义和历史唯物主义的世界观和方法论,

---

① 《十五大以来重要文献选编(上)》,中央文献出版社2011年版,第433页。

是马克思主义最根本的理论特征",要学习掌握马克思主义哲学,努力提高探索解决新时期基本问题的本领。① 党的十八大以来,中央政治局先后两次集体学习马克思主义哲学,充分表明习近平对全党尤其是党的各级领导干部学哲学、用哲学的高度重视。

本章二维码

毛泽东把马克思主义哲学形象地比喻为"望远镜"和"显微镜"。习近平深刻领悟这一比喻的内涵,十分注重发挥马克思主义哲学的世界观和方法论功能,明确指出:"学习党的基本理论,掌握马克思主义立场观点方法,以此作为政治上的望远镜和显微镜。"② 他还指出,马克思主义哲学深刻揭示的客观世界特别是人类社会发展的一般规律,在当今时代依然有着强大生命力,依然是指导我们共产党人前进的强大思想武器。③ 我们要赢得优势、赢得主动、赢得未来,必须把马克思主义哲学作为自己的看家本领。在新时代,学习和掌握马克思主义哲学,对于我们正确分析复杂形势,深入认识客观事物的内在规律,制定正确的路线方针政策,仍然具有重要指导意义和引领作用。

习近平创造性地运用辩证唯物主义基本原理,丰富和发展了中国化马克思主义的哲学思想。一是主张学习掌握世界统一于物质、物质决定意识的原理,坚持从客观实际出发提出理论、制定政策、推动工作。世界物质统一性原理是辩证唯物主义最基本、最核心的观点,是马克思主义哲学的基石。遵循这一基本观点,最重要的就是坚持一切从客观实际出发。当代中国最大的客观实际就是我国仍处于并将长期处于社会主义初级阶段的基本国情,同时,中国特色社会主义已经进入新时代。习近平正是从中国特色社会主义新时代和我国社会主要矛盾变化的实际出发,提出了坚持和发展中国特色社会主义的指导思想和基本方略,为全面建设社会主义现代化、实现民族伟大复兴的宏伟目标提供了理论指导和行动指南。二是主张学习掌握事物矛盾运动的基本原理,不断强化问题意识,积极面对和化解前进中遇到的矛盾。人们的认识活动和实践活动,从根本上说就是不断认识矛盾、不断解决矛盾的过程。问题是事物矛盾的表现形式,增强问题意识、坚持问题导向,就是承认矛盾的普遍性、客观性,就是要

---

① 胡锦涛:《在"三个代表"重要思想理论研讨会上的讲话》,人民出版社2003年版,第6页。
② 习近平:《努力克服不良文风 积极倡导优良文风》,《求是》2010年第10期。
③ 《习近平在中共中央政治局第十一次集体学习时强调 推动全党学习和掌握历史唯物主义 更好认识规律更加能动地推进工作》,《人民日报》2013年12月5日第1版。

善于把认识和化解矛盾作为打开工作局面的突破口。当前，我国社会主要矛盾已经转化为人民日益增长的美好生活需要同不平衡不充分发展之间的矛盾，我国发展面临的矛盾更加复杂，既有过去长期积累而成的矛盾，也有在解决旧矛盾过程中产生的新矛盾，还有大量随着形势变化出现的新矛盾。对待矛盾的正确态度，就是直面矛盾，认真分析矛盾，科学解决矛盾，在解决矛盾过程中推动事物发展。三是主张学习掌握唯物辩证法的根本方法，不断增强辩证思维能力，提高驾驭复杂局面、处理复杂问题的本领。我们的事业越是向纵深发展，越要不断增强辩证思维能力。当前，我国社会各种利益关系十分复杂，这就要求我们善于处理局部和全局、当前和长远、重点和非重点的关系，在权衡利弊中趋利避害、作出最有利的战略抉择。同时，要具体问题具体分析，充分考虑不同地区、不同行业、不同群体的利益诉求，准确把握各方利益的交汇点和结合点，使改革成果更多更公平惠及全体人民。习近平指出，学习和运用唯物辩证法，就要反对形而上学的思想方法。一方面要加强调查研究，准确把握客观实际，真正掌握规律；另一方面要坚持发展地而不是静止地、全面地而不是片面地、系统地而不是零散地、普遍联系地而不是单一孤立地观察事物，妥善处理各种重大关系。四是主张学习掌握认识和实践辩证关系的原理，坚持实践第一的观点，不断推进实践基础上的理论创新。实践观点是马克思主义认识论首要的、基本的观点。实践决定认识，是认识的最终源泉和发展动力，也是认识的目的和归宿。认识对实践具有能动反作用，正确的认识推动正确的实践，错误的认识导致错误的实践。必须高度重视科学理论的作用，对经过反复实践和比较得出的正确理论，要坚定不移坚持。同时，要根据时代变化和实践发展，不断总结经验，不断深化认识，不断实现理论创新和实践创新良性互动。

习近平创造性地运用历史唯物主义基本原理，丰富和发展了中国化马克思主义的哲学思想。一是主张学习和掌握社会基本矛盾分析法，把社会基本矛盾作为一个整体来观察。只有把生产力和生产关系的矛盾运动同经济基础和上层建筑的矛盾运动结合起来观察，把社会基本矛盾作为一个整体来观察，才能全面把握整个社会的基本面貌和发展方向。坚持和发展中国特色社会主义，必须不断适应社会生产力发展调整生产关系，不断适应经济基础发展完善上层建筑。我们之所以提出进行全面深化改革，就是要适应我国社会基本矛盾运动的变化来推进社会的不断发展。社会基本矛盾是不断发展的，调整生产关系、完善上层建筑需要不断进行下去。改革开放只有进行时、没有完成时，这是历史唯物主义的必然要求。二是主张学习和掌握物质生产是社会生活的基础的观点，推动我国社会生产力不断向前发展。生产力是推动社会进步的最活跃、最革命的力量。社会主义的根本任务是解放和发展社会生产力。在全面深化改革中，我们要坚持发展仍是解决我国所有问题的关键这个重大战略判断，推动我国社会生产力不断向前发展，实现物的不断丰富和人的全面发展的统一。在社会发展进程中，生产力决定生产关系，经济基础决定上层建筑，但是，生产关系对于生产力、上层建筑对于经济基础具有反作用，它们之间并不是单线式的简单的决定和被决定的关系。改革就是既要解决生产关系对于生产力不相适应的问题，又要解决上层建筑对于经济基础不相适应的问题。三是主张学习和掌握人民群众是历史创造者的观点，坚持以人民为中心。人民是历史的创造者。要坚持把实现好、维护好、发展好最广大人民根本利益作为推进改革的出发点和落脚点，做到发展为了人民、发展依靠人民、发展成果由人民共享。要处理好尊重客观规律和发挥主观能动性的关系，坚持一切从实际出发，按照客观规律办事。同时，鼓励地方、基层、群众大胆探索、先行先试，勇于推进理论和实践创新，不断深化对改革规律的认识。

二、提高科学思维能力

一个民族要想站在科学的最高峰，就一刻也不能没有理论思维。习近平始终注重通过学习和掌握马克思主义哲学来提高党和人民的理论思维能力，获得认识问题、分析问题、解决问题的科学理论与方法。在新时代，我们党面对着错综复杂的国内外环境，肩负着繁重的执政使命，面临着各种风险和考验，必须自觉提高科学思维能力，特别是战略思维能力、历史思维能力、辩证思维能力、创新思维能力、法治思维能力和底线思维能力这"六大思维能力"，以增强工作的科学性、预见性、主动性和创造性。"六大思维能力"从人们的意识层面延伸到思维方式、认知方式、领导方式和工作方式层面，是对马克思主义哲学认识论和方法论的重要发展。

不断提高战略思维能力。战略思维能力，就是高瞻远瞩、统揽全局，善于把握事物发展总体趋势和方向的能力。"不畏浮云遮望眼，自缘身在最高层。"当今世界和中国，情况错综复杂，矛盾复杂多样，广大党员干部必须自觉提高战略思维能力，做到视野开阔、胸襟博大、眼观六路、耳听八方，立足当前放眼长远。这样才能始终站在时代前沿和战略高度观察、思考和处理问题，透过复杂的表面现象把握事物的本质和规律，在解决突出问题中实现战略突破，在把握全局中统筹推进各项工作。

不断提高历史思维能力。历史思维能力，就是以史为鉴、知古鉴今，善于运用历史眼光认识发展规律、把握前进方向、指导现实工作的能力。唯物史观认为，人类社会发展是由社会基本矛盾推动的不断向前发展的曲折复杂的过程，社会主义是人类历史发展的必然，它本身也处在不断发展变革过程之中。"乱花渐欲迷人眼"，要对当今各种令人眼花缭乱的历史事件作出清醒认识和科学判断，必须不断提高历史思维能力。习近平指出，"历史是最好的教科书"，"中国革命历史是最好的营养剂"。[1] 广大党员干部要切实提高历史思维能力，必须加强对中国历史、中共党史、社会主义发展史和人类社会发展史的学习研究，这样才能深刻把握历史规律、认清历史趋势、总结历史经验、牢记历史教训，在对历史的深入思考中做好现实工作、更好走向未来。

不断提高辩证思维能力。辩证思维能力，就是承认矛盾、分析矛盾、解决矛盾，善于抓住关键、找准重点、洞察事物发展规律的能力。习近平深刻指出："在任何工作中，我们既要讲两点论，又要讲重点论，没有主次，不加区别，眉毛胡子一把抓，是做不好工作的。"[2] 中国特色社会主义伟大事业越向纵深发展，越要不断增强辩证思维能力。提高辩证思维能力，要求我们客观地而不是主观地、发展地而不是静止地、全面地而不是片面地、系统地而不是零散地、普遍联系地而不是孤立地观察事物、分析问题、解决问题。要正确分析矛盾，在事物的对立统一过程中把握其内在规律和发展趋势，克服极端化、片面化，善于运用辩证思维谋划经济社会发展。

不断提高创新思维能力。创新思维能力，就是破除迷信、超越陈规，善于因时制宜、知难而进、开拓创新的能力。创新是一个国家和民族进步的灵魂，是一个政党永葆生机的动力所在。习近平指出，惟创新者进，惟创新者强，惟创新者胜。他强调："落实好全面建成小康社会、全面深化改革、全面依法治国、全面从严治党的战略布局，要求全党同志以与时俱进、奋发有为的精神状

---

[1] 《习近平总书记系列重要讲话读本》，学习出版社、人民出版社2016年版，第287页。
[2] 《习近平关于协调推进"四个全面"战略布局论述摘编》，中央文献出版社2015年版，第160页。

态,不断推进实践创新和理论创新,继续书写马克思主义中国化、时代化新篇章。"① 我们所处的时代是一个呈加速度发展变化的时代,国内外形势变化迅速,我国现代化建设实践日新月异。在此时代背景下,广大党员干部必须具有创新思维能力,才可能适应新形势新要求。提高创新思维能力,要求人们从根本上打破迷信经验、迷信本本、迷信权威的惯性思维,破除因循守旧、思想僵化、形式主义和无所作为,以敢为人先的锐气,勇于开拓新的方向,在把握事物发展客观规律的基础上实现变革和创新。

不断提高法治思维能力。法治是中国特色社会主义制度的重要保障,依法治国是新时代坚持和发展中国特色社会主义的基本方略。法治思维能力,就是增强尊法学法守法用法意识,善于运用法治方式治国理政的能力。提高法治思维能力,要求增强法治观念,尊崇和遵守宪法法律,做到在法治之下、而不是法治之外、更不是法治之上想问题、作决策、办事情,自觉在法治轨道上运用法治思维和法治方式深化改革、推动发展、化解矛盾、维护稳定。

不断提高底线思维能力。底线思维能力,就是客观地设定最低目标,立足最低点,争取最大期望值的能力。通俗地说就是:从最坏处打算,向最好处努力。质量互变规律强调质变和量变之间的必然联系,要求把握好事物的"度",这是树立底线思维能力的哲学基础。习近平多次强调,要善于运用"底线思维"方法,凡事从坏处准备,努力争取最好的结果,牢牢把握工作主动权,着力防范化解重大风险,特别是要重点防控那些可能迟滞或中断中华民族伟大复兴进程的全局性风险。提高底线思维能力,必须居安思危,增强忧患意识、前瞻意识、机遇意识,超前谋划,未雨绸缪,见微知著,防微杜渐,及时变不利为有利。这样,才能牢牢把握事物发展的主动权,积极推动事物朝着好的方向发展。

三、全面深化改革的正确方法论

唯物辩证法是认识世界和改造世界的科学方法论,也是指导我国全面深化改革的锐利思想武器。普遍联系和变化发展的观点,矛盾普遍性和特殊性辩证关系的观点,系统论的观点,以及社会基本矛盾辩证运动的观点等唯物辩证的观点,是我国全面深化改革的哲学依据。习近平创造性地运用和发展了马克思

---

① 《习近平关于协调推进"四个全面"战略布局论述摘编》,中央文献出版社2015年版,第161页。

主义的唯物辩证法，深刻阐明了全面深化改革的正确方法论。他强调："改革开放是前无古人的崭新事业，必须坚持正确的方法论，在不断实践探索中推进。"① 全面深化改革是一个涉及经济社会发展各领域的复杂系统工程，需要统筹谋划各个方面、各个层次、各个要素，注重推动各项改革相互促进、良性互动、协同配合。

1. 注重系统性、整体性、协同性

这是全面深化改革的内在要求，也是推进改革的重要方法。全面深化改革涉及经济、政治、文化、社会、生态和党的建设各个领域，关涉到社会各阶层、各群体的利益调整，需要对经济体制、政治体制、文化体制、社会体制、生态管理体制等作出整体谋划、统筹安排，需要对各项改革的关联性、互动性作出正确研判，以使得全面深化改革的成效达到最优化。当前的全面深化改革面临的往往是牵涉多领域的问题，牵一发而动全身，需要全面考量、协同推进，不能孤军深入。要厘清重大改革的逻辑关系，打好改革"组合拳"，做到前后呼应、衔接配套，防止单兵突进、顾此失彼。在整体推进过程中要注重抓主要矛盾和矛盾的主要方面，注重抓重要领域和关键环节。要注意协同配合，既抓改革方案协同，也抓改革落实协同，更抓改革效果协同，促进各项改革举措在政策取向上相互配合、在实施过程中相互促进、在改革成效上相得益彰。

2. 坚持顶层设计和"摸着石头过河"相结合

加强顶层设计和"摸着石头过河"相结合，是富有中国特色、符合中国国情的改革方法。所谓顶层设计，就是要对我国的经济体制、政治体制、文化体制、社会体制、生态体制作出高屋建瓴的统筹规划、协同安排。"摸着石头过河"，就是在实践中摸索规律，把握规律，就是要尊重实践、尊重创造、尊重规律，在实践中开创新路。对必须取得突破但一时还没有把握的改革，可以试点探索、投石问路，看准了再推开。坚持二者结合，就是要做到二者良性互动，自觉把顶层设计和实践探索紧密结合起来，在顶层设计指导下鼓励探索创新，同时在探索创新的实践基础上进一步丰富和完善顶层设计。当前，随着改革不断推进，必须加强顶层设计和总体规划，提高改革决策科学性、增强改革措施协调性。"摸着石头过河"和加强顶层设计是辩证统一的，推进局部的阶段性改革要在加强顶层设计的前提下进行，加强顶层设计要在推进局部的阶段

---

① 《习近平关于全面深化改革论述摘编》，中央文献出版社2014年版，第34页。

性改革的基础上来谋划。既要加强宏观思考和顶层设计，又要继续鼓励大胆试验、大胆突破，不断把改革引向深入。

3. 坚持胆子要大和步子要稳相结合

全面深化改革胆子要大，但步子一定要稳。胆子要大，就是改革再难也要向前推进，敢于担当，敢于啃硬骨头，敢于涉险滩。胆子大不是蛮干，而是要坚定必胜信念，坚持正确方向，充分发挥主观能动性，满怀信心地推进各项改革。步子要稳，就是方向一定要准，行驶一定要稳，尤其是不能犯颠覆性错误。步子要稳是要尊重客观规律，稳扎稳打，积小胜为大胜，逐步达到胜利的目标。当然，搞改革不可能都是四平八稳、没有任何风险。只要经过充分论证和评估，是符合实际、必须做的，就要大胆地干。对一些重大改革，不可能毕其功于一役，要稳扎稳打，做到蹄疾而步稳。

4. 坚持改革发展稳定的辩证统一

改革发展稳定是我国社会主义现代化建设的三个重要支点，改革、发展、稳定是辩证统一的。改革是经济社会发展的强大动力，发展是解决一切经济社会问题的关键。在今天，我国改革和发展高度融合，二者相互影响、相互制约，发展每前进一步就需要改革前进一步，改革不断前进就能为发展提供强劲动力。稳定是改革发展的前提。只有社会稳定，改革发展才能不断推进；只有改革发展不断推进，社会稳定才能具有坚实基础。我们必须把改革的力度、发展的速度和社会可承受的程度统一起来，在保持社会稳定中推进改革发展，同时通过改革发展促进社会稳定。

5. 坚持改革和法治相统一

改革和法治如车之两轮、鸟之两翼，相辅相成、相伴而生。要坚持改革决策和立法决策相统一、相衔接，做到改革和法治同步推进。充分运用法治思维和法治方式，积极发挥法治引导、推动、规范、保障改革的作用。加强对相关立法工作的协调，确保在法治轨道上推进改革。与此同时，实践证明行之有效的，要及时上升为法律。实践条件还不成熟、需要先行先试的，要按照法定程序作出授权。对不适应改革要求的法律法规，要及时进行修改和废止。

四、坚持知行合一

马克思主义哲学历来主张理论和实践、认识世界和改造世界的统一，并把它看作马克思主义哲学的基本理论原则和理论品格。毛泽东在《实践论》中从认识和实践、知和行的关系的角度进一步阐释了这一原则,在辩证唯物主义的世界观、认识论和方法论有机统一的意义上,强调了"我们的结论是主观和客观、理论和实践、知和行的具体的历史的统一,反对一切离开具体历史的'左'的或右的错误思想。"① 在这里,毛泽东第一次提出"辩证唯物论的知行统一观"概念,并把它看作"辩证唯物论的全部认识论",指出:"实践、认识、再实践、再认识,这种形式,循环往复以至无穷,而实践和认识之每一循环的内容,都比较地进到了高一级的程度。这就是辩证唯物论的全部认识论,这就是辩证唯物论的知行统一观。"②毛泽东关于主观和客观、理论和实践、知和行的关系的精辟论述,为中国共产党人实事求是思想路线的确立打下了坚实理论基础。

在领导新时代中国特色社会主义建设过程中,根据新形势新要求,习近平多次谈到认识和实践、知和行的辩证关系问题,强调要坚持认识和实践的统一,坚持"知行合一"。在党的十八届中央政治局第二十次集体学习的讲话中,习近平指出,实践观点是马克思主义哲学的核心观点。实践决定认识,认识对实践具有反作用,正确的认识推动正确的实践,错误的认识导致错误的实践。在2019年春季中青年干部培训班的讲话中,习近平进一步指出,广大干部特别是年轻干部,"要在常学常新中加强理论修养,在知行合一中主动担当作为"。他深刻阐述了坚持知行合一的理念和方法,指出学习理论最有效的办法是读原著、学原文、悟原理,强读强记,常学常新,往深里走、往实里走、往心里走,把自己摆进去、把职责摆进去、把工作摆进去,做到"学、思、用贯通,知、信、行统一"。广大干部特别是年轻干部要在常学常新中加强理论修养,在真学真信中坚定理想信念,在学思践悟中牢记初心使命,在细照笃行中不断修炼自我,在知行合一中主动担当作为。要牢记空谈误国、实干兴邦的道理,坚持知行合一、真抓实干,做实干家。要做起而行之的行动者、不做坐而论道的清谈客,当攻坚克难的奋斗者、不当怕见风雨的泥菩萨,在摸爬滚打中增长才干,在层层历练中积累经验。③ 这些饱含深刻见解的精辟论述,充分体现了真理观、价值观和方法论的统一,进一步深化了马克思主义哲学的世界观和方法论

---

① 《毛泽东选集》第1卷,人民出版社1991年版,第296页。
② 《毛泽东选集》第1卷,人民出版社1991年版,第296—297页。
③ 《习近平:在常学常新中加强理论修养 在知行合一中主动担当作为》,《人民日报》2019年3月2日第1版。

功能，把马克思主义哲学的知行统一观转化为中国共产党人想问题、办事情、做决策的基本原则，转化为中国共产党人基本的思想方法、领导方法和工作方法。

要做到知行合一，必须坚持以下三点：

坚持问题导向。坚持问题导向，其实质就是要把理论和实践结合起来，认识问题、分析问题和解决问题有机统一起来，在认识和实践的良性互动中推进事业发展。习近平指出："每个时代总有属于它自己的问题，只要科学地认识、准确地把握、正确地解决这些问题，就能够把我们的社会不断推向前进。"[1] 坚持问题导向，首先，要善于认识客观实际，善于发现问题。问题是时代的声音。问题无处不在、无时不有，如何才能发现真问题？要从历史和现实相贯通、国际和国内相关联、理论和实际相结合的宽广视角，聚焦我国发展和我们党执政面临的重大理论和实践问题，进行深入思考和全面把握。其次，要正确分析问题。分析问题更见功力。"乱花渐欲迷人眼"。要善于透过现象看本质，从苗头问题中发现事物的倾向性，从偶然问题中揭示事物的必然性，从繁杂问题中把握事物的规律性。要善于抓主要矛盾和矛盾的主要方面，明确破解问题的主攻方向，以推进事业全面发展。最后，要勇于和善于解决问题。中国共产党人干革命、搞建设、抓改革，从来都是为了解决中国的现实问题。要以解决问题为工作导向，瞄着问题去，追着问题走，善于把化解矛盾、破解难题作为打开局面的突破口。对事关战略全局、长远发展、人民福祉的重要问题，要科学统筹、优先解决，确保实效。对一些带有共性、规律性的问题，要注意总结和反思，以利于更好前进。

重视调查研究。注重调查研究与坚持问题导向是有机衔接的，坚持问题导向能够使调查研究有的放矢，通过调查研究能够把问题导向落到实处。调查研究是我们党的传家宝，是做好各项工作的基本功，是提高决策科学化水平的重要途径，其目的就是把事情的全貌和真相调查清楚，把问题的本质和规律把握准确，把解决问题的思路和对策研究透彻，实质就是弄清问题、制定政策、推进工作。习近平强调：调查研究是谋事之基、成事之道，没有调查就没有发言权，没有调查就没有决策权。[2] 做好调查研究，要重点处理好调查和研究两个环节的关系。首先，要从客观实际出发，对调查了解到的真实情况和各种问题

---

[1] 习近平：《之江新语》，浙江出版联合集团、浙江人民出版社2007年版，第235页。
[2] 《习近平总书记系列重要讲话读本》，学习出版社、人民出版社2016年版，第288—289页。

进行全面细致的梳理，使之系统化，坚持原汁原味，客观真实。其次，要在深入调查的基础上进行耐心细致的辩证分析，通过"去粗取精，去伪存真，由此及彼，由表及里"的反复研究比较，找到问题的症结，找到事物的本质和规律，找到解决问题的正确办法，在此基础上制定正确的政策措施，不断推进工作的正确开展。

发扬钉钉子精神。发扬钉钉子精神与坚持问题导向和调查研究是相互补充、有机统一的。坚持问题导向和调查研究重在认知、重在理论，就是认识事物、把握规律、制定政策，发扬钉钉子精神则重在实践、重在行动，就是要以踏踏实实的工作作风连续不断地把工作做好。发扬钉钉子精神有两大要义：一是强调工作的连续性、整体性。"政贵有恒，治须有常。"发扬钉钉子精神，就要一张蓝图绘到底。一张好的蓝图，只要是科学的、切合实际的、符合人民愿望的，就要一茬一茬接着干，不折腾、不反复，切实把工作干出成效来。不要换一届领导就兜底翻，更不要为了显示所谓政绩去另搞一套。领导干部要有"功成不必在我"的境界和"功成必定有我"的担当，正确处理好大我和小我、长远利益、根本利益和个人抱负、个人利益的关系，多做打基础、利长远的事，真正做到对历史和人民负责。二是强调踏实、严谨的工作作风。习近平一再强调：空谈误国，实干兴邦。世界上的事情都是干出来的，不干，半点马克思主义也没有。不抓实，再好的蓝图只能是一纸空文，再近的目标只能是镜花水月。中国特色社会主义伟大事业需要千百万人一起踏实稳健地努力奋斗，必须发扬钉钉子精神，一步一个脚印向前走，在本世纪中叶如期实现社会主义现代化和民族伟大复兴的宏伟目标。

思考题：

1. 试述习近平新时代中国特色社会主义思想中的哲学思想。
2. 如何理解中国特色社会主义新时代我国社会主要矛盾的变化？如何应对这种变化？
3. 如何理解坚持以人民为中心的根本立场？
4. 如何理解新发展理念的科学内涵？
5. 如何理解推动构建人类命运共同体的基本内涵？
6. 如何理解习近平治国理政的科学方法论？

阅 读 文 献

- 马克思:《〈黑格尔法哲学批判〉导言》,《马克思恩格斯文集》第1卷,人民出版社2009年版。

- 马克思:《论犹太人问题》,《马克思恩格斯文集》第1卷,人民出版社2009年版。

- 恩格斯:《国民经济学批判大纲》,《马克思恩格斯文集》第1卷,人民出版社2009年版。

- 马克思:《1844年经济学哲学手稿》,《马克思恩格斯文集》第1卷,人民出版社2009年版。

- 马克思、恩格斯:《神圣家族》(节选),《马克思恩格斯文集》第1卷,人民出版社2009年版。

- 恩格斯:《英国工人阶级状况》,《马克思恩格斯文集》第1卷,人民出版社2009年版。

- 马克思:《关于费尔巴哈的提纲》,《马克思恩格斯文集》第1卷,人民出版社2009年版。

- 马克思、恩格斯:《德意志意识形态》(节选),《马克思恩格斯文集》第1卷,人民出版社2009年版。

- 马克思:《哲学的贫困》(节选),《马克思恩格斯文集》第1卷,人民出版社2009年版。

- 马克思、恩格斯:《共产党宣言》,《马克思恩格斯文集》第2卷,人民出版社2009年版。

- 马克思:《〈政治经济学批判〉导言》,《马克思恩格斯文集》第8卷,人民出版社2009年版。

- 马克思:《〈政治经济学批判〉序言》,《马克思恩格斯文集》第2卷,人民出版社2009年版。

- 马克思：《资本论》第1卷，《马克思恩格斯文集》第5卷，人民出版社2009年版。

- 恩格斯：《反杜林论》，《马克思恩格斯文集》第9卷，人民出版社2009年版。

- 恩格斯：《自然辩证法》，《马克思恩格斯文集》第9卷，人民出版社2009年版。

- 恩格斯：《家庭、私有制和国家的起源》，《马克思恩格斯文集》第4卷，人民出版社2009年版。

- 恩格斯：《路德维希·费尔巴哈和德国古典哲学的终结》，《马克思恩格斯文集》第4卷，人民出版社2009年版。

- 马克思、恩格斯晚年关于历史唯物主义的书信，《马克思恩格斯文集》第10卷，人民出版社2009年版。

- 中央编译局编译：《马克思古代社会史笔记》，人民出版社1996年版。

- 列宁：《什么是"人民之友"以及他们如何攻击社会民主党人?》（节选），《列宁专题文集　论辩证唯物主义和历史唯物主义》，人民出版社2009年版。

- 列宁：《唯物主义和经验批判主义》（节选），《列宁专题文集　论辩证唯物主义和历史唯物主义》，人民出版社2009年版。

- 列宁：《哲学笔记》（节选），《列宁专题文集　论辩证唯物主义和历史唯物主义》，人民出版社2009年版。

- 列宁：《马克思主义的三个来源和三个组成部分》，《列宁专题文集　论马克思主义》，人民出版社2009年版。

- 列宁：《论马克思主义历史发展中的几个特点》，《列宁专题文集　论马克思主义》，人民出版社2009年版。

- 列宁：《论欧洲联邦口号》，《列宁专题文集　论社会主义》，人民出版社2009年版。

- 列宁：《无产阶级革命的军事纲领》，《列宁专题文集　论社会主义》，人民出版社2009年版。

- 列宁：《帝国主义是资本主义的最高阶段》，《列宁专题文集 论资本主义》，人民出版社 2009 年版。

- 列宁：《论粮食税》（节选），《列宁专题文集 论社会主义》，人民出版社 2009 年版。

- 列宁：《论战斗唯物主义的意义》，《列宁专题文集 论辩证唯物主义和历史唯物主义》，人民出版社 2009 年版。

- 列宁：《论我国革命》，《列宁专题文集 论社会主义》，人民出版社 2009 年版。

- 斯大林：《论辩证唯物主义和历史唯物主义》，《斯大林文集》（1934—1952 年），人民出版社 1985 年版。

- 斯大林：《马克思主义和语言学问题》，《斯大林文集》（1934—1952 年），人民出版社 1985 年版。

- 毛泽东：《中国社会各阶级的分析》，《毛泽东选集》第 1 卷，人民出版社 1991 年版。

- 毛泽东：《反对本本主义》，《毛泽东选集》第 1 卷，人民出版社 1991 年版。

- 毛泽东：《实践论》，《毛泽东选集》第 1 卷，人民出版社 1991 年版。

- 毛泽东：《矛盾论》，《毛泽东选集》第 1 卷，人民出版社 1991 年版。

- 毛泽东：《论十大关系》，《毛泽东文集》第 7 卷，人民出版社 1999 年版。

- 毛泽东：《关于正确处理人民内部矛盾的问题》，《毛泽东文集》第 7 卷，人民出版社 1999 年版。

- 毛泽东：《读〈苏联政治经济学教科书〉的谈话》（节选），《毛泽东文集》第 8 卷，人民出版社 1999 年版。

- 毛泽东：《人的正确思想是从哪里来的？》，《毛泽东文集》第 8 卷，人民出版社 1999 年版。

- 邓小平：《"两个凡是"不符合马克思主义》，《邓小平文选》第 2 卷，人民出版社 1994 年版。

- 邓小平：《解放思想，实事求是，团结一致向前看》，《邓小平文选》第 2 卷，人民出版社 1994 年版。

- 邓小平：《科学技术是第一生产力》，《邓小平文选》第 3 卷，人民出版社 1993 年版。

- 邓小平：《建设有中国特色的社会主义》，《邓小平文选》第 3 卷，人民出版社 1993 年版。

- 邓小平：《在武昌、深圳、珠海、上海等地的谈话要点》，《邓小平文选》第 3 卷，人民出版社 1993 年版。

- 江泽民：《科学对待马克思主义》，《江泽民文选》第 3 卷，人民出版社 2006 年版。

- 江泽民：《高举邓小平理论伟大旗帜，把建设有中国特色社会主义事业全面推向二十一世纪》，《江泽民文选》第 2 卷，人民出版社 2006 年版。

- 江泽民：《全面建设小康社会，开创中国特色社会主义事业新局面》，《江泽民文选》第 3 卷，人民出版社 2006 年版。

- 胡锦涛：《树立和落实科学发展观》，《十六大以来重要文献选编》（上），中央文献出版社 2005 年版。

- 胡锦涛：《高举中国特色社会主义伟大旗帜　为夺取全面建设小康社会新胜利而奋斗——在中国共产党第十七次全国代表大会上的报告》，人民出版社 2007 年版。

- 胡锦涛：《在庆祝中国共产党成立 90 周年大会上的讲话》，人民出版社 2011 年版。

- 《习近平谈治国理政》第 1 卷，外文出版社 2018 年版。

- 《习近平谈治国理政》第 2 卷，外文出版社 2017 年版。

- 习近平：《决胜全面建成小康社会　夺取新时代中国特色社会主义伟大胜利——在中国共产党第十九次全国代表大会上的报告》，人民出版社 2017 年版。

- 习近平：《在纪念马克思诞辰 200 周年大会上的讲话》，人民出版社 2018 年版。

人名译名对照表

[奥地利]	阿德勒	Viktor Adler
[苏联]	阿多拉茨基	Владимир Викторович
[德]	阿多诺	Theodor Wiesengrund Adorno
[法]	阿尔都塞	Louis Althusser
[德]	阿芬那留斯	Richard Avenarius
[俄]	阿克雪里罗德	Павел Борисович Аксельрод
[苏联]	阿斯穆斯	Валентин Фердинандович Асмус
[美]	埃尔斯特	Jon Elster
[法]	爱尔维修	Claude Adrien Helvétius
[俄]	爱森堡	А. Айзеньберг
[英]	安德森	Perry Anderson
[俄]	安年科夫	Павел Васильевич Анненков
[苏联]	奥伊泽尔曼	Теодо Ильич Ойзерман
[苏联]	巴加图利亚	Г. А. Багатурия
[俄]	巴枯宁	Михаил Александрович Бакунин
[德]	巴罗	Rudolf Bahro
[法]	鲍德里亚	Jean Baudrillard
[德]	鲍威尔	Bruno Bauer
[德]	倍倍尔	August Bebel
[德]	贝多芬	Ludwig van Beethoven
[德]	贝克尔	Philip Johann Becker
[古希腊]	毕达哥拉斯	Pythagoras
[南斯拉夫]	彼得洛维奇	Gajo Petrovic
[德]	俾斯麦	Otto Fürst von Bismarck-Schönhausen
[德]	毕希纳	Ludwig Büchner
[德]	伯恩施坦	Eduard Bernstein
[苏联]	波格丹诺夫	Александр Александрович Богданов
[法]	波拿巴	Charles-Louis-Napoléon Bonaparte
[法]	布迪厄	Pierre Bourdieu

[苏联]	布哈林	Николай Иванович Бухарин
[法]	布朗基	Louis Auguste Blanqui
[德]	蔡特金	Clara Zetkin
[俄]	查苏利奇	Вера Ивановна Засулич
[英]	达尔文	Charles Robert Darwin
[法]	丹东	Georges Jacques Danton
[俄]	丹尼尔逊	Николай Францевич Даниельсон
[英]	道尔顿	John Dalton
[苏联]	德波林	Абрам Моисеевич Деборин
[意大利]	德拉-沃尔佩	Galvano Della-Vólpe
[古希腊]	德谟克利特	Dēmocritos
[法]	德穆兰	Camille Desmoulins
[德]	狄慈根	Joseph Dietzgen
[法]	笛卡儿	René Descartes
[德]	杜林	Karl Eugen Dühring
[德]	恩格斯	Friedrich Engels
[英]	菲尔	John Phear
[德]	费尔巴哈	Ludwig Andreas Feuerbach
[德]	费希特	Johann Gottlieb Fichte
[德]	福格特	Karl Vogt
[南斯拉夫]	弗兰尼茨基	Predrag Vranicki
[法]	傅立叶	Charles Fourier
[苏联]	弗罗洛夫	Иван Тимофеевич Фролов
[美]	弗洛姆	Erich Fromm
[奥地利]	弗洛伊德	Sigmund Freud
[法]	盖得	Jules Guesde
[法]	高兹	André Gorz
[波兰]	哥白尼	Nicolaus Copernicus
[苏联]	戈尔巴乔夫	Михаил Сергеевич Горбачев
[意大利]	葛兰西	Antonio Gramsci
[英]	格罗特	George Grote
[德]	格律恩	Karl Grün

[法]	贡斯当	Benjamin Constantde Rebecque
[德]	哈贝马斯	Jürgen Habermas
[德]	哈森克莱维尔	Wilhelm Hasenclever
[英]	海德门	Henry Mayers Hyndman
[苏联]	赫鲁晓夫	Никита Сергеевич Хрущёв
[德]	赫斯	Moses Hess
[德]	黑格尔	Georg Wilhelm Friedrich Hegel
[英]	霍布斯	Thomas Hobbes
[德]	霍克海默尔	Max Horkheimer
[德]	霍耐特	Axel Honneth
[苏联]	季米里亚捷夫	Аркадий Климентьевич Тимирязев
[法]	基佐	François Pierre Guillaume Guizot
[英]	焦耳	James Prescott Joule
[俄]	捷依奇	Лев Григорьевич Дейч
[英]	卡莱尔	Thomas Carlyle
[苏联]	卡烈夫	Николай Александрович Карев
[俄]	卡列也夫	Николай Иванович Кареев
[苏联]	凯德罗夫	Бонифатий Михайлович Кедров
[苏联]	凯列	Владислав Жахович Келле
[德]	康德	Immanuel Kant
[苏联]	康斯坦丁诺夫	Федор Васильевич Константин
[德]	考茨基	Karl Kautsky
[德]	科本	Karl Friedrich Köppen
[德]	柯尔施	Karl Korsch
[英]	柯亨	Gerald Allan Jerry Cohen
[美]	克拉德	Lawrence Krader
[法]	科拉尔	Pierre-Paul Royer-Collard
[波兰]	科拉科夫斯基	Leszek Kolakowski
[意大利]	科莱蒂	Lucio Colletti
[苏联]	科普宁	Павел Васильевич Копнин
[俄]	柯瓦列夫斯基	Максим Максимович Ковалевский
[捷]	科西克	Karel Kosik

[法]	魁奈	François Quesnay
[苏联]	拉宾	Николай Иванович Лапин
[英]	拉伯克	John Lubbock
[意大利]	拉布里奥拉	Antonio Labriola
[法]	拉法格	Paul Lafargue
[智利]	拉伦	Jorge Larrain
[法]	拉普拉斯	Pierre Simon de Laplace
[德]	拉萨尔	Ferdinand Lassalle
[美]	赖特	Eric Olin Wright
[奥地利]	赖希	Wilhelm Reich
[法]	劳拉	Laura Lafargue
[德]	李卜克内西	Wilhelm Liebknecht
[英]	李嘉图	David Ricardo
[苏联]	李森科	Трофим Денисович Лысенко
[德]	李斯特	Friedrich List
[俄]	梁赞诺夫	Давид Борисович Рязанов
[法]	列斐伏尔	Henri Lefebvre
[苏联]	列克托尔斯基	Владислав Александрович Лекторский
[俄]	列宁	Владимир Ильич Ленин
[古希腊]	留基伯	Leucippos
[苏联]	卢波尔	Иван Капитонович Луппол
[匈牙利]	卢卡奇	Lukács György
[苏联]	卢那察尔斯基	Анатолий Васильевич Луначарский
[德]	卢森堡	Rosa Luxemburg
[法]	卢梭	Jean-Jacques Rousseau
[法]	罗伯斯比尔	Maximilien de Robespierre
[英]	洛克	John Locke
[美]	罗默	John Roemer
[苏联]	罗森塔尔	Марк Моисеевич Розенталь
[德]	罗文塔尔	Leo Löwenthal
[苏联]	马尔	Николай Яковлевич Марр
[南斯拉夫]	马尔科维奇	Mihailo Markovic

[德]	马尔库塞	Herbert Marcuse
[俄]	马尔托夫	Нарцис Тупорылов Мртов
[奥地利]	马赫	Ernst Mach
[德]	马克思	Karl Marx
[德]	迈尔	Julius Robert Mayer
[德]	曼海姆	Karl Mannheim
[德]	毛勒	Georg Ludwig von Maurer
[英]	梅恩	Henry James Sumner Maine
[德]	梅林	Franz Mehring
[法]	孟德斯鸠	Charles de Secondat, baron de Montesquieu
[苏联]	米丁	Марк Борисович Митин
[俄]	米海洛夫斯基	Николай Константинович Михайловский
[法]	米勒兰	Alexandre Millerand
[英]	密里本德	Ralph Miliband
[法]	米涅	François Auguste Marie Mignet
[苏联]	米丘林	Иван Владимирович Мичурин
[美]	摩尔根	Lewis Henry Morgan
[美]	摩尔根	Thomas Hunt Morgan
[意大利]	摩莱肖特	Jacob Moleschott
[英]	穆勒	John Stuart Mill
[法]	拿破仑	Napoléon Bonaparte
[南斯拉夫]	涅杰利科维奇	Dusan Nedeljkocic
[英]	牛顿	Isaac Newton
[英]	欧文	Robert Owen
[法]	庞蒂	Maurice Merleau Ponty
[英]	培根	Francis Bacon
[希腊]	普兰查斯	Nicos Poulautzas
[俄]	普列汉诺夫	Георгий Валентинович Плеханов
[法]	蒲鲁东	Pierre Joseph Proudhon
[波兰]	契希考夫斯基	August Cieszkowski
[俄]	切尔诺夫	Виьтор Михайлович Чернов
[法]	饶勒斯	Jean Jaurès

[苏联]	日丹诺夫	Андрей Александрович Жданов
[法]	萨特	Jean-Paul Sartre
[法]	萨伊	Jean Baptiste Say
[波兰]	沙夫	Adam Schaff
[法]	圣茹斯特	Louis Antoine Saint-Just
[法]	圣西门	Claude Henri de Saint-Simon
[丹麦]	施达克	Carl Nicolai Starcke
[德]	施蒂纳	Max Stirner
[德]	施密特	Carl Schmidt
[德]	施特劳斯	David Friedrich Strauss
[德]	施韦尔	Joham Schevill
[意大利]	斯巴芬达	Bertrando Spaventa
[荷兰]	斯宾诺莎	Baruch Spinoza
[英]	斯宾塞	Herbert Spencer
[苏联]	斯大林	Иосиф Виссарионович Сталин
[苏联]	斯捷潘诺夫	Иван Иванович Скворцов-Степанов
[英]	斯密	Adam Smith
[苏联]	斯腾	Ян Эрнестович Стэн
[俄]	司徒卢威	Петр Бернгардович Струве
[南斯拉夫]	斯托扬诺维奇	Svetozar Stojanovic
[南斯拉夫]	斯托伊科维奇	Andrija Stojkovic
[俄]	苏汉诺夫	Н. Суханов
[南斯拉夫]	苏佩克	Rudi Supek
[英]	汤普森	Edward Palmer Thompson
[法]	梯叶里	Augustin Thierry
[意大利]	屠拉梯	Filippo Turati
[俄]	托洛茨基	Лев Давидович Троцкий
[德]	魏德迈	Joseph Weydemeyer
[意大利]	维科	Giovanni Battista Vico
[英]	韦克菲尔德	Edward Gibbon Wakefield
[德]	威廉三世	Friedrich Wilhelm III
[英]	威廉斯	Raymond Williams

[美]	威士涅威茨基	Florence Kelley Wischnewetzky
[德]	魏特夫	Karl August Wittfogel
[德]	魏特林	Wilhelm Weitling
[德]	希法亭	Rudolf Hilferding
[苏联]	西洛可夫	И. Широков
[德]	谢林	Friedrich Wilhelm Joseph von Schelling
[英]	休谟	David Hume
[苏联]	亚历山大罗夫	Георгий Фёдорович Александров
[波兰]	雅罗舍夫斯基	Т. М. Ярошевский
[苏联]	叶夫格拉弗夫	В. Е. Евграфов
[古希腊]	伊壁鸠鲁	Epicuros
[英]	伊格尔顿	Terry Eagleton
[俄]	伊格纳托夫	Ефим Никитич Игнатов
[苏联]	伊利因科夫	Эвалъд Васильевич Ильенков
[苏联]	尤金	Павел Фёдорович Юдин
[法]	雨果	Victor Hugo
[美]	詹姆逊	Fredric Jameson
[美]	左尔格	Friedrich Adolf Sorge

第一版后记

《马克思主义哲学史》是马克思主义理论研究和建设工程重点教材。在编写过程中,得到了马克思主义理论研究和建设工程咨询委员会的指导,得到了中央有关部门和有关专家学者的帮助和支持。同时,广泛听取了高校"马克思主义哲学史"课程教师和大学生的意见和建议。

本教材由首席专家赵家祥、梁树发、庄福龄主持编写,叶汝贤参与主持了大纲的制订和初稿的讨论;赵家祥、李淑梅、徐俊忠、聂锦芳、何萍、梁树发、王晓升、郭建宁、周向军、侯衍社、李涛、黄继锋、邱守娟、郗戈、黄刚参加了写作、统稿和修订;李德阳、马瑞杰做了辅助工作。张磊主持了工程办公室组织的审改和统稿工作。田岩、宋凌云、邢云文、邵文辉、何成、冯静、武斌、张造群、刘洪森、山郁林、宋义栋、王燕燕、宫长瑞、汤荣光、唐棣宣、魏学江、任文启等参加了具体审改和统稿工作。参加集中阅看并提出修改意见的有:范鹏、王东、安启念、吴向东、许全兴、韩庆祥、鲁克俭、郑一明、宫敬才、郝立忠、赵昆、魏书胜等。

2012 年 4 月

第二版后记

组织全面修订马克思主义理论研究和建设工程重点教材，是推动习近平新时代中国特色社会主义思想和党的十九大精神进教材、进课堂、进头脑的重要举措。《马克思主义哲学史》（第二版）是在第一版教材基础上修订而成的。在教材修订过程中，得到了马克思主义理论研究和建设工程咨询委员会的指导，得到了中央有关部门和有关专家学者的帮助和支持。同时，也广泛听取了高校专业课程教师和学生的意见和建议。

教材修订课题组由梁树发、赵家祥任首席专家，梁树发主持修订，王晓升、李淑梅、侯衍社、郗戈、聂锦芳、徐俊忠作为主要成员参加修订，李百玲作为学术助手做了辅助性工作。何成主持了工程办公室组织的审改定稿工作。田岩、冯静、吴学锐、王昆、王勇、曹守亮、张文君、徐立恒等参加了审改。参加集中审阅并提出修改意见的有：韩庆祥、杨金海、安启念、丰子义、吴向东、魏小萍、周丹等。

2020 年 3 月

郑重声明

高等教育出版社依法对本书享有专有出版权。任何未经许可的复制、销售行为均违反《中华人民共和国著作权法》，其行为人将承担相应的民事责任和行政责任；构成犯罪的，将被依法追究刑事责任。为了维护市场秩序，保护读者的合法权益，避免读者误用盗版书造成不良后果，我社将配合行政执法部门和司法机关对违法犯罪的单位和个人进行严厉打击。社会各界人士如发现上述侵权行为，希望及时举报，我社将奖励举报有功人员。

反盗版举报电话　　(010)58581999　58582371
反盗版举报邮箱　　dd@hep.com.cn
通信地址　　北京市西城区德外大街4号
　　　　　　高等教育出版社法律事务部
邮政编码　　100120

读者意见反馈

为收集对教材的意见建议，进一步完善教材编写并做好服务工作，读者可将对本教材的意见建议通过如下渠道反馈至我社。

咨询电话　　400-810-0598
读者服务邮箱　　gjdzfwb@pub.hep.cn
通信地址　　北京市朝阳区惠新东街4号富盛大厦1座
　　　　　　高等教育出版社总编辑办公室
邮政编码　　100029

防伪查询说明

用户购书后刮开封底防伪涂层，使用手机微信等软件扫描二维码，会跳转至防伪查询网页，获得所购图书详细信息。

防伪客服电话　　(010)58582300